Noel Jan Tyl

Ganzheits-Astrologie

Noel Jan Tyl

Ganzheits-Astrologie

Das Horoskop als Gesamtschaubild des Menschen

Ebertin Verlag
Freiburg im Breisgau

Die amerikanische Originalausgabe erschien 1980 unter dem Titel
HOLISTIC ASTROLOGY
The Analysis of Inner and Outer Environments
bei TAI Books, McLean/Virginia.

Ins Deutsche übertragen von Sylvia Luetjohann.

CIP-Kurztitelaufnahme der Deutschen Bibliothek

Tyl, Noel Jan
Ganzheits-Astrologie: d. Horoskop
als Gesamtschaubild d. Menschen
Freiburg im Breisgau: Ebertin, 1980.
Einheitssacht.: Holistic astrology ‹dt.›
ISBN 3-87186-055-7

1980
ISBN 3-87186-055-7

Satz: LibroSatz J. Witt KG, Kriftel.
Druck und Bindung: Druck- und Buchbinderei-Werkstätten
May & Co. Nachf., Darmstadt.
Printed in Germany.

»Sehr wenige Ärzte verfügen über genaues Wissen
von Krankheiten und ihren Ursachen,
doch meine Bücher sind nicht wie jene anderer Ärzte geschrieben,
die lediglich von den alten Gewährsmännern abschreiben.
Ich habe die meinigen auf der Grundlage der Erfahrung verfaßt,
welche die größte Lehrmeisterin ist.«

Paracelsus

Vorwort

Dieses Buch handelt von Wahrnehmung, Einfühlungsvermögen und Kunst. Es ist uns allen als Astrologen und der Astrologie unserer Zeit als Hilfe gewidmet, damit wir die Welt wahrnehmen können, in der wir leben, damit wir uns in die Strukturmuster einfühlen, die unser Wachstum bedingen, und es will bei der Kunst behilflich sein, anderen zu helfen.

Ich habe versucht, uns allen den dramatischen Entwicklungsprozeß zwischen den Bedürfnissen der inneren und den Vorschriften der äußeren Welt bewußt zu machen. Dieser Entwicklungsprozeß schließt komplexe Verhaltensmuster in sich ein, deren Wurzeln in beiden Welten liegen und die durch die Zeit und die jeweilige Zeitepoche zu Routine und stereotyper Form werden. Die Erforschung dieses Vorgangs folgt einer kunstvollen Analyse, welche die Botschaft der Umwelt, die Bewußtwerdung innerer Unruhe und den Prozeß der Heilung einbezieht. Damit wird beabsichtigt, Astrologen nicht nur den Weg zu einer ergiebigen Horoskopdeutung zu weisen, sondern auch zu einem Leben voller Mitgefühl und Verständnis und gleichzeitig in die persönliche Wertschätzung der Existenz, die wir alle gemeinsam erfahren.

Dieses Buch ist gänzlich aus Wahrnehmung, Einfühlungsvermögen und Kunst der analytischen Erfahrung heraus entstanden. Meine tiefste Anerkennung bringe ich gegenüber denjenigen Klienten zum Ausdruck, die jahrelang ihr Leben mit mir geteilt und die Erlaubnis dazu gegeben haben, daß Sie in diesem Buch an ihrem Leben teilhaben können.

Noel Jan Tyl
November 1979

»Die Erfahrung ist die größte Lehrmeisterin«

Paracelsus

Erster Teil

Die Botschaft der Umwelt

Erstes Kapitel

Beobachtungen

Eine sehr lange Reihe von Juden wurde von der Bahnstation zu einer Untersuchungszone gebracht. Dort wurde die Reihe geteilt: Die Stärkeren kamen in Barackenlager, um sich auf die Arbeit für die Kriegsziele der Nazis vorzubereiten; die Schwachen kamen in Duschräume, um sich auf ein neues Leben vorzubereiten. Auschwitz 1944.

Am Freitag, dem 22. November 1963, wechselten die Klassen nach der Frühstückspause. Die siebente Klasse einer Mittelschule in Pike County, Alabama, wurde vom Lehrer zur Ruhe gerufen; er gab bekannt, auf den Präsidenten der Vereinigten Staaten wäre geschossen worden und er würde wahrscheinlich sterben. Die Klasse brach spontan in Überraschungs- und Freudenrufe aus.

Nach der nächsten Schulstunde gab der Lehrer bekannt, daß der Präsident gestorben wäre. Die Schüler der siebenten Klasse gerieten in Aufruhr; sie klatschten Beifall und schrieen vor Begeisterung.

Ende April trafen sich viele Tausende vier Tage lang auf dem Gelände des Kapitols in Washington. Sie versammelten sich, weil sie mittels der Appropriate Community Technology Fair-Conference (Ausstellungskongreß über Sanfte Technologie) auf die Umwelt einwirken und sich für die Nutzung von Sonnenenergie einsetzen wollten.

Diese drei Streiflichter des Lebens entsprechen der Realität. Sie zeigen uns individuelle Reaktionen bezüglich der Umwelt. Die Auslöschung der Juden während des Zweiten Weltkriegs zeigt uns die *Ausnutzung* durch die Umwelt; die Reaktion der Siebtkläßler auf die Ermordung von Präsident Kennedy zeigt uns die *Widerspiegelung* ihrer Umwelt; die ACT Fair-Conference in Washington zeigt uns, wie Menschen gemeinsam an der *Veränderung* ihrer Umwelt arbeiten.

Keinesfalls würden die Einzelhoroskope der Millionen Juden, die von den Nazis ausgenutzt bzw. deren Opfer wurden, der durch die politische Einstellung ihrer Eltern geprägten Siebtkläßler oder der für Veränderung und Verbesserung eintretenden Befürworter der Sonnenenergie diese spezifischen Beziehungen zur Umwelt verläßlich aufweisen. Dennoch ist die Umwelt unaufhörlich wirksam: Sie formt die Individuation, sie leitet die Entwicklung der Persönlichkeit in bestimmte Kanäle, und sie lenkt das Schicksal.

In der Astrologie richten wir unsere gesamte Aufmerksamkeit auf das Horoskop. Wenn wir diese Allgemeingültigkeit des horoskopischen Umfeldes voraussetzen, vergessen wir leicht den Standort des Einzelnen innerhalb des gesellschaftlichen Gefüges; wir lassen die soziale Matrix außer acht, in und von der aus sich der Einzelne entwickelt. Wenn wir uns auf die Bedeutung der Messungen innerhalb des Horoskops konzentrieren, ignorieren wir allzu leicht die umfassende Einschätzung und Bewertung der Umwelt. Wenn wir das Gefühl haben, daß unsere Analysen unvollständig oder oberflächlich sind, ziehen wir Meßwerte in unhaltbarer Weise heran und versuchen, das Individuum allein durch sein Horoskop zur Umwelt in Verbindung zu setzen. Damit wir dem abhelfen und unsere Astrologie verbessern, müssen wir die Rolle der Umwelt innerhalb der Lebensentwicklung verstehen lernen.

Bei jedem Klienten müssen wir uns nach der Umweltbeeinflussung und individuellen Reaktion darauf fragen. In welchem Ausmaß wird der Klient von seiner Umwelt beeinflußt? Wie steht es um die Veränderungen innerhalb dieser Umwelt für diesen einzelnen Menschen während seiner Entwicklung im Leben? Welche Bedürfnisse bestehen im Hinblick auf verschiedene Umweltdimensionen? Wie sind die persönlichen Dimensionen des Klienten gegenüber dem lebensnotwendigen Zugriff der Umwelt beschaffen, was die passive Ausnutzung, unkritische Widerspiegelung oder bewußte Veränderung betrifft? Auf welche Weise hat der Klient an Beziehungen innerhalb der Umwelt Anteil gehabt? Wie hat er in all diesem seine Individualität entwickelt?

Die Symbole und Meßwerte der Astrologie sind nichts anderes als Abkürzungsformeln dessen, was wir wissen, was wir über das Leben gelernt haben. Der Bedeutungsumfang dieser Symbole und Meßwerte nimmt mit dem wachsenden Bewußtsein des Astrologen ständig zu. Unser symbolisches Pantheon hat für uns heute eine ungleich größere Bedeutung als beispielsweise für Astrologen in England um die Jahrhundertwende. Unser heutiges Leben ist komplexer und entwickelt sich schneller. Tatsächlich sucht sich jede Lebensepoche die Astrologie, die sie braucht, um ihre Struktur aus individuellem Verhalten und kollektiver Philosophie zu erklären. Die Bedeutung unserer symbolischen Formen nimmt zu – und sie sollte zunehmen, um mit den Zeiten, in denen wir leben, um mit den vielfältigen Dimensionen der Umwelt Schritt halten zu können.

Anstatt daß wir versuchen, den Einzelnen an das Horoskop anzupassen und dadurch die Individualität auf das *begrenzen*, was wir durch die Symbole der Astrologie wissen und zum Ausdruck bringen, sollten wir den Vorgang umkehren und das Horoskop in Relation zu dem einzelnen Menschen sehen. Auf diese Weise erfahren wir mehr darüber, was die Symbole innerhalb eines bestimmten Lebens bedeuten. Diese Erfahrung wird dann natürlich auch die Umwelt innerhalb der Entwicklung des Einzelnen einbeziehen, und die Astrologie wird mit Leben erfüllt.

Es ist ein subtiles, jedoch sehr wirksames Konzept, wenn wir das Horoskop in Relation zu dem Individuum setzen. Wir verzichten auf die wertlosen Ego-Bestätigungen, die starren Beschreibungen der Astrologie beweisen zu wollen, und erkennen statt dessen die Frische der Astrologie an, wie sie von einem menschlichen Wesen gelebt wird. Während dieses Vorgangs erfahren wir das Leben und erfüllen das, worum es in der Astrologie geht.

Wir untersuchen, wie der Einzelne sein Horoskop ausgearbeitet hat. Immer wenn das Symbolprofil eines Horoskops eine Dimension anzeigt, die sich im Leben oder Bewußtsein eines Individuums allem Anschein nach nicht niedergeschlagen hat, müssen wir wissen, daß irgendein Faktor innerhalb der individuellen Entwicklung diese Akzentsetzung verlagert hat. Fast immer liegt der Schlüssel dafür in Umwelteinflüssen, besonders während der frühen Entwicklungsjahre.

Zum Beispiel ist eine Frau zu Beginn der zwanziger Jahre in einer kleinen Stadt in Oklahoma oder Kansas geboren. Ihr Horoskop zeigt betonte Ichkräfte aufgrund eines offensichtlichen Schwerpunktes im Widder, doch die Frau, mittlerweile Ende Fünfzig, führt ein angepaßtes Leben der Gewohnheit, und auch ihre Vergangenheit läßt im großen und ganzen wenig von dem kraftvollen Ausdruckspotential des Widders erkennen. Wir spüren, daß das Erreichte hinter den Möglichkeiten zurückgeblieben ist; wir zweifeln die Genauigkeit des Horoskops an; unsere Analyse mißlingt.

Doch denken wir einen Augenblick nach: Welche Zeitverhältnisse herrschten in den zwanziger und dreißiger Jahren in jenem Teil des Landes? Wie sah die Situation einer Frau innerhalb dieser Umgebung aus? Welches Kulturideal wurde von der Familie an das junge Mädchen während seiner Entwicklungsjahre weitergegeben? Welche Umweltzwänge existierten während dieser außerordentlich wichtigen frühen Entwicklungsphase? Man könnte eine bestimmte Auslösung durch Sonnenbogen-Progression, sekundär progressive und/oder laufende Planeten während der ersten sechzehn Lebensjahre dieses Menschen erwarten. Wie dürfte die individuelle Berührung mit dem Umweltdruck zu dieser Zeit ausgesehen haben? Welche Wirkung hat die Reorganisation der Familie auf die Ziele der Frau für sie selbst, ihre Verhaltensmuster, ihr kulturelles Profil genommen?

Unsere Antworten wären sehr aufschlußreich: eine ländliche Lebensform, wahrscheinlich auf einem Bauernhof; eine nationale Wirtschaftsdepression, wodurch die ökonomische Lage der Familie stark in Mitleidenschaft gezogen wurde; wahrscheinlich eine größere Familiengruppe mit mehreren Geschwistern, die alle individuelle Bedürfnisse mit familiären Notwendigkeiten verbinden mußten; den Männern pflegte die Zukunft zu gehören, und sie erhielten eine minimalen Ansprüchen genügende Ausbildung; von den Frauen wurde erwartet, daß sie heiraten und Kinder bekommen würden – Erziehung und die Förderung anderer Fähigkeiten hielt man bei ihnen daher für Vergeudung. Vielleicht war die Mutter gestorben, als die Frau vierzehn Jahre alt war, und als älteste Tochter war sie dazu gezwungen, sich um den gesamten Haushalt zu kümmern. Dank der Widder-Energie arbeitete sie hart und ohne Murren, doch insgeheim sehnte sie sich danach, durch eine Heirat aus dieser Situation befreit und in eine andere, sehr ähnliche, doch weniger hektische und unterdrückte versetzt zu werden. Die Heirat kam nur allzu früh. Sie wurde in eine andere Gewohnheit hinein befreit. Das Leben ging weiter. Die Routine verstärkte sich. Eintönigkeit war identisch mit Sicherheit. Die Wertmaßstäbe der früheren Umgebung blieben erhalten.

Diese Umweltbeschreibung ist sehr aufschlußreich. Sie ist ein gültiges demographisches und kulturelles Profil für jenen Zeitraum und jenes geographische Gebiet. Die Frau, jetzt Ende Fünfzig, ist zum Astrologen gekommen, weil sie einen neuen Weg von persönlicher Sinngebung finden möchte. Die sich verändernden Zeiten, neue Werte, ein neues Umfeld haben sie diese Notwendigkeit erkennen lassen. Sie bringt dies alles äußerst einfach, aber dramatisch in ihrem Wunsch zum Ausdruck, daß sie gerne in einer anderen Zeit, in einer unterschiedlichen Umgebung geboren worden wäre.

Individuation

Schon lange haben sich die Philosophen mit den Problemen der Individuation innerhalb der sozialen Umwelt abgemüht. Giambattista Vico, ein italienischer Gesellschaftstheoretiker und Geschichtsphilosoph, schrieb zu Anfang des 18. Jahrhunderts, daß jede Geschichtsepoche ihre eigene Denkweise habe, wodurch sie eine besondere und ihr angemessene kulturelle Geistesrichtung erhalte. Dies gelte nicht nur für geschichtliche Zeiträume, sondern auch im Hinblick auf bestimmte Generationen und Gebiete. Karl Marx hat in seiner *Einführung in die Kritik der Politischen Ökonomie* erklärt, daß nicht das Bewußtsein der Menschen ihre Existenz bestimme, sondern daß im Gegenteil ihre gesellschaftliche Existenz ihr Bewußtsein präge. Für Marx beruhte das Individualbewußtsein auf einem Unterbau von besonderen menschlichen Verhältnissen. Eine andere Gruppe von Philosophen, wozu Emile Durkheim und Karl Mannheim zählen, sah das Individuum als die wahrscheinlichste Fehlerquelle innerhalb jeder sozialen Form und die Gesellschaft als die verläßlichste Quelle der Wahrheit an. – Es bleibt weiterhin ein Dilemma der Philosophie, die soziale Wirklichkeit auf die individuelle Wirklichkeit reduzieren zu wollen. Die Astrologie löst dieses Dilemma durch die Erkenntnis, daß der Mensch im Brennpunkt von *beiden* steht.

In der Philosophie und Praxis der Astrologie, bei der Beschäftigung mit der Identität des Einzelnen, müssen wir uns mit allen Lebensdimensionen um uns herum in der Umwelt und in uns in Relation zu dieser Umwelt auseinandersetzen. Wir müssen uns mit allem auseinandersetzen, was zur Sicherung der Identität die *Gleichheit bewahren* und was zur Entfaltung der Persönlichkeit die *Gleichheit verändern* will. Wir müssen uns mit den Dingen beschäftigen, die gesellschaftlich wirksam sind und die astrologischen Erwartungen innerhalb unserer kulturell entwickelten Symbolformen bestätigen, und wir müssen mit jenen Dingen arbeiten, die individuell wirksam sind und die gleichen astrologischen Symbolformen auf eine persönliche Ebene bringen. Wir müssen auf Ausnutzung durch die Umwelt, Widerspiegelung und aktive Veränderung der Umwelt achten. Es ist eine Herausforderung für den Astrologen bei der astrologischen Horoskopanalyse und für das Individuum im praktischen Er-Leben des Horoskops, diesen Wachstumsprozeß zu verstehen. Das Gleichgewicht, das in jedem beliebigen Entwicklungsmoment zwischen diesen Dimensionen geklärt und erreicht wird, bildet den Maßstab für die Befähigung des Astrologen und die Identität des Einzelnen.

Sehr viele Kräfte sind wirksam im Verhältnis eines Individuums zu seiner Umwelt, innerhalb des Drucks von mehreren Seiten: der gleiche zu bleiben und sich dennoch zu verändern. Das Leben wird gekennzeichnet von dauernder Veränderung – die Menschen altern, die Bäume verlieren ihre Blätter, das Eis schmilzt, und der Wind weht –, und innerhalb dieser Zwänge existiert die ständige Bedrohung durch Unsicherheit. Wir führen eine Veränderung herbei, und sofort haben wir mit Unsicherheit zu kämpfen. Wir müssen irgendwie derselbe bleiben und an formgebenden Werten der Umwelteinflüsse festhalten, damit wir die Unsicherheit auf ein Minimum beschränken. Dadurch wird das Ausmaß der Veränderung verkleinert, während gleichzeitig ein früherer Status quo bestärkt wird. Die Veränderung gerät ins Wanken: Die Gewohnheit schützt davor, und Identitäten sorgen für Stabilisierung. Die drehenden Winde füllen keine Segel.

Es darf nicht verwundern, daß die Menschen ihre persönliche Entwicklung gerne aus dem Hauptstrom der Veränderung heraushalten. Innerhalb des sich verändernden Drucks der Zeit wird eine gewisse voraussagbare und behagliche, eine sichere und dauerhafte Identität als feste Grundlage benötigt. Sie ist für den Menschen von essentieller Bedeutung, damit er Herausforderungen für seine Entwicklung standhalten kann und nicht daran zugrunde geht. Doch in welchem Ausmaß wird die Gleichheit um der Sicherheit willen aufrechterhalten und die Herausforderung um der Veränderung willen akzeptiert? – Es darf nicht verwundern, daß sich viele damit zufrieden geben, ihr Leben nach der soziologischen Tatsache zu leben, daß individuelles Fehlverhalten oder mangelnde Leistung durch eine allgemein übliche gesellschaftliche Haltung neutralisiert oder abgetrennt werden kann. Wenn wir in kultureller Hinsicht wie die anderen denken und unser Bewußtsein auf die Wertmaßstäbe unserer Gesellschaft einstellen, so trägt dies zur Zufriedenheit unserer Eltern und der Gruppe sozial Gleichgestellter (Peer-group) bei und prägt unsere Beziehungen, doch gleichzeitig bringt es unsere innere Stimme nach Wachstum und Veränderung zum Schweigen.

Dies sind einige der Probleme, mit denen wir uns alle innerhalb des Entwicklungsprozesses konfrontiert sehen. Diese Dimensionen werden von elektrischen Impulsen in unserem Gehirn weitergegeben, sie werden farbig in unseren Träumen ausgemalt, sie sind in unseren Worten versteckt und in der Symbolik unserer Horoskope enthalten. Mit diesen Aspekten muß sich die holistische astrologische Analyse beschäftigen.

Vor einem Vierteljahrhundert hat Abraham Maslow die Welt der psychologischen Forschung dadurch aufgeschreckt, daß er die menschliche Selbst-Verwirklichung im Sinne eines zugrunde liegenden Positivismus untersuchte. Das Neue an seinen Theorien bestand in seiner Annahme, die dem Menschen angeborene Natur wäre ihrem Wesen nach niemals böse, sondern gut. Die psychologischen Theorien der damaligen Zeit gingen davon aus, daß die menschlichen Instinkte und Motivationen schlecht wären und durch Sozialisation geschult werden müßten. Maslow behauptete, daß die Menschen *nur aufgrund der Umwelt* »schlecht« würden und ihre Leistungen hinter ihren Fähigkeiten zurückblieben. Das Individuum hätte besondere Bedürfnisse; würden diese durch Interaktion mit der Umwelt nicht in ausreichendem Maße erfüllt, so entstünden negative Verhaltensweisen. Die heutigen Psychologen beabsichtigen, Untersuchungen nach ähnlich positiven Richtlinien durchzuführen. Sie arbeiten daran, den Begriff des Selbst im Sinne von Liebe, Hoffnung und zwischenmenschlicher Dynamik zu verstehen und einzuschätzen, wodurch eher ein Bezug zu subjektivem Identitätsbewußtsein als zu objektiven Verhaltensformen hergestellt wird. Die Betonung hat sich auf die innere Welt und ihre positiven Werte verlagert; damit soll die äußere Umgebung nicht ignoriert werden, sondern die dynamische Wechselwirkung zwischen beiden Welten soll zusätzlich innere Einsicht erhalten.

In ähnlicher Weise hat sich auch unsere Astrologie verändert. Wir bezeichnen diesen Wandel als eine Einwirkung des Wassermannzeitalters. Wir haben die analytischen Linsen der Astrologie neu geschliffen, damit sie innere Zustände psychologischer Bewußtheit reflektieren können. Wir arbeiten daran, negative Begriffe der »alten Zeit« aus unseren Symbolwörterbüchern zu verbannen. Wir versuchen, das Wissen über die äußere Welt durch Einfühlungsvermögen in die innere Welt zu ergänzen. Nur allzu leicht konzentriert man sich auf das eine ohne das andere. Die holistische Astrologie hat den Anspruch, daß beide integriert werden müssen, daß soziale und individuelle Wirklichkeit im Menschen miteinander verschmelzen, daß das Horoskop in Relation zu dem konkreten Leben des Individuums gesetzt werden muß.

Der holistisch vorgehende Astrologe muß die Veränderung innerhalb der Astrologie anerkennen, die sich aus dem Bewußtsein des einzelnen Klienten und dem Erkennen einer veränderten Zeit und all ihrer mehrseitigen Zwänge ergibt. Jedes Individuum sieht sich während seiner normalen Entwicklungszeit mit einem Generationswandel konfrontiert. Klienten, die innerhalb der Wertmaßstäbe der früheren »Überlebensgesellschaft« vor 1940 geboren sind, leben jetzt innerhalb der Erwartungen und Werte der gegenwärtigen »Identitätsgesellschaft«. Die zielorientierte Erziehung, die sich in der uniformen Anpassung zur Bewahrung der individuellen Sicherheit weiter fortgesetzt hat, stößt auf die rollenorientierten Forderungen einer veränderten Umwelt. Heute ist es notwendig, als Person anerkannt und nicht als Funktion bestätigt zu werden. Der holistisch arbeitende Astrologe muß diese Umweltveränderung erforschen und verstehen, wie sich ihre Dynamik im Bewußtsein des Klienten widerspiegelt.

Man kann nicht nur für die Werte der einen oder der anderen Gesellschaftsform eintreten – für das dramatische Geschehen im Leben des Klienten müssen die Wertmaßstäbe beider herangezogen werden. In der Achtung für den Kampf, im Verständnis für die Anpassungen, wodurch das Leben mit möglichst geringer Verunsicherung weiterläuft, in der Assimilation von Abweichungen, welche die Sicherheit bedrohen, aber Wachstum verheißen, muß alles dies Berücksichtigung finden. Auf diese Weise wird die holistische Astrologie in ihren Enthüllungen zum lebendigen Bestandteil eines dynamischen Lernprozesses. Auf diese Weise entwickeln sich die Symbole der Astrologie weiter. Auf diese Weise wird anerkannt, daß soziale und individuelle Wirklichkeit im Individuum zusammenfließen, und das einzelne Horoskop lebt in einem Sinnzusammenhang, so wie der einzelne Mensch sein Leben lebt.

Die Aufrechterhaltung der Gleichheit

Wir alle neigen außerordentlich stark dazu, Gleichheit und Identität bewahren zu wollen. Dies haben wir an dem erwähnten Beispiel der Frau, die in den zwanziger Jahren im ländlichen Südwesten geboren wurde, klar gesehen. Die Tendenz, das zu bleiben, was wir sind oder was von uns erwartet wird, dient dazu, die Unsicherheit in der Herausforderung durch Veränderung auf ein Minimum zu reduzieren. Diese Triebkraft ist so stark, weil sie schon bei der Geburt aktiviert und sogar unbewußt von den Eltern bereits vor der Geburt ihres getreuen Abbildes geformt und programmiert wird und sich während der entscheidenden Entwicklungsjahre im Elternhaus noch verstärkt. Wie wir bald sehen werden, werden Anpassung, Beständigkeit, Voraussagbarkeit in unserer Gesellschaft zu allen Zeiten kräftig belohnt. Sie werden erlernt; sie machen den Lebensstil aus – und sie bilden das Hauptbollwerk gegen die Dynamik von Veränderung und Individuation.

Wir können dieses Phänomen tagtäglich in Nebensächlichkeiten wahrnehmen: Die steife Konversation in einem Aufzug oder mit einem flüchtigen Bekannten im Treppenhaus sucht auf zuverlässige Weise ein gesellschaftlich konditioniertes Muster auszufüllen. Gespräche über das Wetter, oberflächliche Erkundigungen nach der Gesundheit, müßiges Geplauder über die Postzustellung, das neueste Sportgeschehen oder eine Zeitungsnachricht – dies alles bewegt sich innerhalb der »Erwartungen«. Kleidungsvorschriften verleihen gesellschaftlichen Status, und dieser schreibt die Zugänglichkeit und den Gesprächsinhalt vor. Alle diese Beobachtungen lassen einen gesellschaftlichen Rhythmus erkennen. Wenn wir *nicht* in verbindlicher Weise innerhalb dieses rhythmischen Strukturmusters kooperieren, so läßt dies starke Spannung entstehen, führt zur Bedrohung durch Ablehnung und hemmt die Sozialisation. Die mangelnde Kooperation widersetzt sich den Vorschriften über die Beziehung zur Umwelt und bringt Isolation mit sich.

Der gesellschaftliche Rhythmus ist auch in tieferen Schichten wahrzunehmen: Wir werden dazu angehalten, Vater und Mutter zu ehren; wir werden dahingehend konditioniert, daß wir persönliche Vorzüge und eine scharfe Persönlichkeitsbestimmung verbergen und uns sogar dafür entschuldigen; es wird von uns erwartet, daß wir Ansichten haben und weitergeben, die von irgendeiner größeren Gruppe oder Autorität vertreten werden.

Es gibt schwerwiegende Probleme, wenn wir innerhalb dieser rhythmischen Abfolge einen Takt überspringen: Später erkennen wir vielleicht, daß der innere Druck zur Individuation dazu führt, daß wir uns von unseren Eltern unterscheiden; daß wir zuerst uns selbst anerkennen müssen, um andere anerkennen zu können; daß wir ein starkes Gefühl von Lebendigsein bekommen, wenn wir unseren eigenen Geist achten lernen.

Diese Beispiele sind eine Kurzform der astrologischen Lektionen, wie sie von den drei Felderkreuzen innerhalb des Horoskops gelehrt werden. Der Aszendent *bildet ein Quadrat* zur elterlichen Achse (X–IV, die Familie- und Berufsachse): Es ist notwendig für unsere individuelle Entwicklung, daß unsere Eltern uns aufziehen, doch wir brauchen sie auch als Kontrast; dieses Felderkreuz wird dann ergänzt, wenn das VII. Feld in unser Entwicklungsbewußtsein eintritt, wenn wir Beziehungen zu anderen mit den gleichen Individuationsbelangen haben. Das II. Feld, das symbolisch für Selbstwert steht, *bildet ein Quadrat* zur Liebe gebenden und empfangenden Achse (V–XI, die Liebes- und Freundschaftsachse): Es herrscht eine Entwicklungsspannung zwischen der Fähigkeit, sich selbst zu lieben, anderen Liebe zu geben und im Austausch dafür Liebe zu erwarten; die Ergänzung wird durch das VIII. Feld versinnbildlicht, das der entsprechenden Selbstwert-»Hälfte« all derer entspricht, zu denen wir in Beziehung stehen. Das III. Feld, das symbolisch unsere Kommunikationsformen und Überzeugungen darstellt, *bildet ein Quadrat* zum VI. Feld der zwischenmenschlichen Kooperation und zum XII. Feld der gesellschaftlichen Institutionalisierung: Es besteht eine Entwicklungsspannung zwischen der Möglichkeit, sich selbst mitzuteilen und die individuelle und kollektive Unterstützung von anderen zu erhalten. Das Strukturmuster dieser Lektion wird ergänzt durch die Einführung des IX. Feldes – die Gesetze der Gesellschaft, Erziehung, Propaganda, die Meinungen anderer Menschen.

In jedem dieser Aspekte begegnen wir jemand anderem in unserer Umwelt mit der gleichen Kernfrage. *Zum Glück sind wir nicht allein.* Durch Beziehungen von unterschiedlicher Häufigkeit, Tiefe und Dauer erlernen wir daher Mittelwege, Kompromisse. Wir lernen, eine Annäherung an die Gleichheit zu bewahren, damit wir die persönliche Verunsicherung während der Entwicklung auf ein Minimum beschränken. Dies tun wir gemeinsam mit anderen, welche die gleichen Probleme haben. Zum Zwecke der Erhaltung werden wir immer mit den gleichen Elementen verbunden, in die hinein wir geboren und mit denen wir aufgewachsen sind; zum Zwecke unseres Wachstums werden wir immer durch abweichende Faktoren herausgefordert. Nicht immer ist für das Gleichgewicht zwischen beiden gesorgt.

Wir bewahren die Gleichheit, weil uns die Umwelt in Form von *Unterstützung und Billigung* darin bestärkt und dafür belohnt. Abgesehen von der individuellen Bestärkung durch Beziehungen zu anderen, die genau dieselben Interessen innerhalb ihres Entwicklungsprozesses haben, erhalten wir die unterstützende Billigung der Umwelt in ihren verschiedenen Untergruppen: unsere Familie, unsere Nachbarschaft, unsere Gemeinde, unsere Mitarbeiter, unser Staatswesen, unsere Religion. Diese Bereiche von Unterstützung und Billigung haben eine ungeheuer bestätigende Kraft: Viele Erwachsene können im Rückblick erkennen, daß sie ihre Identitätsstärke, das Vertrauen in ihren Selbstwert und ihre geistige Unabhängigkeit dadurch verloren haben, daß sie sich den Forderungen und in Aussicht gestellten Bestätigungen von Eltern und anderen Galionsfiguren der Umwelt fügten. Viele Erwachsene können feststellen, wie sich dieses Schema während ihres ganzen Lebens in unterschiedlicher

Weise weiter fortsetzt. Die Bestätigung durch Unterstützung und Billigung läßt sich nicht ableugnen; ihr Einfluß macht sich die menschliche Verwundbarkeit zunutze, indem er den Weg der Sicherheit während der Herausforderungen für die Entwicklung aufzeigt. Der Einzelne verzichtet in gewissem Maße auf seine Identität, damit er an der Anerkennung durch die Umwelt teilhat.

Dieser Zwang ist unerbittlich, doch ist der Ablauf verständlich. Wir können dies als Überlebensstrategie bezeichnen, die den Frieden aufrechterhalten will (Waage in Opposition zu Widder) und einer direkten Konfrontation ausweicht – Schicksalsergebenheit. Alle Menschen müssen eine gewisse Gleichheit bewahren, damit sie die Unterstützung der Umwelt erhalten, doch *das Ausmaß, in dem sich verschiedene Menschen an diesem Vorgang beteiligen*, steht in direkter Beziehung zu ihrer persönlichen Unsicherheit, zu ihrer Identitätsentwicklung und Reife.

Dieser Prozeß, die Widerspiegelung der Umwelt, ist der Mittelweg zwischen Ausnutzung durch die Umwelt und Veränderung der Umwelt. Die Schüler der siebenten Klasse wurden von der Ankündigung der Ermordung des Präsidenten überrascht: Es gab keinen Präzedenzfall, der einen Wertmaßstab errichtet oder die Reaktion vorgeschrieben hätte. Das Verhalten der Jugendlichen spiegelte die Ansichten und Erwartungen ihrer Eltern wider. Sie mußten der Forderung, auf diese alarmierende Nachricht zu reagieren, in sicherer Art und Weise nachkommen – und welche Reaktion konnte für diese ganz jungen Menschen stärker abgesichert sein als die Reaktion ihrer Eltern?

Diese Widerspiegelung der Umwelt ist ganz und gar aus dem Leben gegriffen. Wie viele Frauen heiraten Männer, die ihren Vätern gleichen? Wie viele Männer heiraten symbolische Abbilder ihrer Mütter? Wie groß ist die Anzahl derer, die niemals ihre Heimatgemeinde verlassen oder, wenn sie es tun, in einen sehr ähnlichen Ort umziehen? Wie oft spiegeln mehrfache Heiraten ähnliche Verhältnisse als Echo auf ungelöste Entwicklungsspannungen im Elternhaus wider? Wie oft haben Menschen Probleme damit, ihre Liebe zum Ausdruck zu bringen, weil sie in ihrem Elternhaus wenig Erfahrung mit Liebesäußerungen gemacht haben?

Wenn die Menschen im Verlaufe ihrer Entwicklung die Umwelt in unterschiedlichem Ausmaß widerspiegeln, so schaffen sie eine veläßliche, voraussagbare Struktur und reduzieren damit die Unsicherheit auf ein Minimum. Als Individuen, die ständig im Werden begriffen sind, arbeiten wir – so gut wir können – an der *Erfüllung individualisierter Bedürfnisse* durch die Beziehung zu anderen im besonderen und zur Umwelt im allgemeinen. Wir setzen unsere persönlichen Fähigkeiten ein, wir bestimmen, welche Fertigkeiten wir haben, streben einen Austausch an, bewegen uns zu einem neuen Kreislauf von Bedürfnisdruck, Bedürfnisbefriedigung und momentaner Stabilisierung weiter. Während dieses Vorgangs gibt es unterschiedliche Grade von Spannung, die in Relation zu dem Druck besonderer Bedürfnisse nach Erfüllung und dem Ausmaß von Mühelosigkeit oder Schwierigkeit während des Vorgangs ihrer Befriedigung stehen. Unsicherheit stellt immer eine Bedrohung dar. Wir müssen immer die Gesellschaftsstruktur festigen.

Wir spiegeln die Umwelt wider, weil wir eine gewisse Gleichheit bewahren möchten und die Unterstützung und Billigung von verschiedenen Untergruppen der Umwelt zu bekommen suchen. Die Struktur, die wir errichten und die uns zusagt, spiegelt unsere Vergangenheitserfahrung wider und sagt gewöhnlich ziemlich viel – manchmal alles – darüber aus, wer wir sind. Es ist empfehlenswert, diesen Gedanken (so als wäre er für Astrologen geschrieben!) in dem Buch *Societal Structures of the Mind* von Uriel und Edna Foa nachzulesen: »Der Mensch unterscheidet verschiedene Stimuli und ordnet sie nach Gruppen; die Umwelt gewinnt innerhalb dieses Vorgangs an Bedeutung, und die Erfahrungen der Vergangenheit ermöglichen es ihm, die Gegenwart zu verstehen und die Zukunft vorauszusagen.«[1]*

Selbst einer der Extremfälle in unserer Diskussion, die Ausnutzung (oder Opferung) durch die Umwelt, enthält in ihrer Dynamik eine Dimension der Aufrechterhaltung, eine Bewahrung des Status quo. Es gibt viele Berichte über gesunde Menschen, die sich hinsetzen, um zu sterben, nachdem sie erfahren haben, daß ein Zauberfluch über sie verhängt worden ist. Sie sterben binnen kurzer Zeit, so als wollten sie die Erwartung der Umwelt erfüllen. Die Verwünschung, die Ausnutzung soll auf diese Weise wirksam sein. Wir kennen den grausigen Bericht des kultischen Massenselbstmordes in Jonestown, Guyana. Die Anhänger der Sekte hatten ihre persönliche Identität im Austausch für bestimmte Umweltbestätigungen (Unterstützung und Anerkennung) einem Führer überlassen. Die Einwilligung in den Selbstmord war nur eine Erweiterung dieser Struktur, wobei ihnen allen gemeinsam die Belohnung in einem anderen Leben verheißen wurde.

Angesichts der Ausnutzung haben wir das Gefühl von Irrationalität. Es ist irrational, wenn sich die Umwelt ihrer eigenen Mitglieder entledigt,

---

*[1] Die hochgestellten Ziffern beziehen sich auf die Anmerkungen am Schluß des Buches.

die sie zur Unterstützung und Aufrechterhaltung braucht. Wir können nicht auf andere, die uns ähnlich sind, das projizieren, was für uns selbst unvorstellbar ist. Daher muß die autoritäre, befähigtere Schicht der Umwelt schon im Recht sein! Wir fügen uns den Forderungen von Ausnutzung und Opferung. Verstehen tun wir sie nicht; wir versuchen, sie rational zu erklären ... »Alles wird schon seine Ordnung haben; es wird das kommen, was kommen soll« ... Der Verstand vertraut sich selbst. Lemminge folgen ihrer Art bis ins Meer, wo sie ertrinken. Die Unkenntnis darüber während des Ablaufs ist ein vergänglicher Segen – das nachträgliche Verstehen kaltes Grausen.

Denken wir an die Zeiten, wo Eltern willkürlich die Bedürfnisse ihres Kindes ignorieren und ihm Verhaltensmuster und Ansichten, seine Schicksalsbestimmung aufzwingen. Denken wir an die Zeiten, wo das Kind zum Sündenbock für die Enttäuschungen der Eltern wird. Denken wir an das Schuldgefühl, das nur manchmal auftraucht und zur Bestätigung und Belohnung des Kindes als Kompensation führt. Denken wir daran, wie diese Belohnungen tatsächlich als Bestärkung des frühen Verhaltens dienen. Denken wir an all die Verwirrung, die sich ihren Weg in die Entwicklung hinein bahnt. Für das Kind kann Fügsamkeit zur Gewohnheit werden. Es glaubt, was ist, sollte auch so sein; das, was ist, kommt von der Umwelt, die manchmal hilft und gelegentlich sogar belohnt. Wie viele Menschen haben ein negatives Bild von sich selbst, sind in gewissem Grade »gestorben«, weil der sie erniedrigende Umweltdruck so häufig innerhalb ihrer Entwicklung auftrat, daß er langsam zu einer gewohnheitsmäßig sich fügenden Reaktion geführt hat?

Bei dem anderen Extrem unserer Diskussion, der Veränderung unserer Umwelt, sehen wir eine Gruppe von Menschen, die sich um eine bestimmte Idee herum zusammenschließt, um einen neuen Status quo zu errichten, um eine neue Gleichheit zu schaffen, die dann zum Wohle der Allgemeinheit aufrechterhalten werden soll. Wenn die Gruppe zu einer Mehrheit wird, achtet die Demokratie auf ihre Stimme; bleibt sie eine Minderheit, werden ihre Ansichten als Abweichung und Bedrohung des Status quo eingestuft, den die Mehrheit zu bewahren sucht.

John Steinbeck hat geschrieben: »Es liegt in der Natur des Menschen, wenn er älter wird ... gegen Veränderung, besonders eine Wendung zum Besseren, zu protestieren.« Dieser Gedanke erhellt unsere ganze Diskussion: Wenn unsere Entwicklung in unterschiedlichem Ausmaß die Umwelt widerspiegelt, fürchten wir uns vor der Unsicherheit, die eine Veränderung darstellt. Wenn wir im Verlaufe unseres Lebens durch mehrere Generationen gehen, sehen wir uns mit den veränderten Wertvorstellungen sich wandelnder Zeiten konfrontiert. Dem widersetzen wir uns aufgrund des machtvollen Einflusses all jener Umweltvorschriften, die wir angesammelt haben. Insgeheim mögen wir uns danach sehnen – vielleicht unternehmen wir sogar den Versuch einer Änderung, um uns aus dem Zugriff des Funktionalismus zu befreien und uns zu der neu verstandenen Rollenidentifizierung zu bekennen.

Wir können die Präsenz der Veränderung eingestehen und uns von den Spannungen der Konfrontation dadurch frei halten, daß wir die abweichenden Werte verdammen. Auf diese Art und Weise klammern wir uns stärker an das, was wir schon immer gewesen sind. Werden die anderen Wertvorstellungen als »besser« hingestellt, so müssen wir dies instinktiv ableugnen, weil es die Tendenz zur Abwertung von all dem enthält, was wir während unseres ganzen Lebens verkörpert haben. Doch heimlich stellen wir uns vor, was sein könnte. Unsere Verteidigungsmechanismen arbeiten offen mittels Ablehnung und versteckt durch die Wunschvorstellungen der Phantasie.

Es geschieht jedoch durch die Kraft einer verstärkten Wunschvorstellung, daß die Veränderung nicht nur assimiliert, sondern wirklich angenommen werden kann. Am 28. August 1963 versammelten sich viele Tausende in Washington, um für die Bürgerrechtsbewegung einzutreten, um das »Wunschbild« eines Volkes zu stärken und eine Realität zu verändern. Millionen in der ganzen Welt waren Zuschauer für das Sichtbarwerden von Veränderung; Millionen hielten sich abwartend an der Peripherie der Bewegung, um sich ihr unterstützend anzuschließen, wenn ihre Zahlen, Kräfte und Bestätigungen genügend Einfluß erlangt hätten, um nicht mehr überhört zu werden. Martin Luther King Jr. machte nicht dadurch Geschichte, daß er verkündete, er habe einen *Plan* – dies wäre allzu handgreiflich, ableugbar und angreifbar gewesen –, sondern er proklamierte einen *Traum*. Dadurch wurden viele inspiriert. An einem Traum konnte man ohne Unsicherheit festhalten; ein Traum wurde von allen geteilt; ein Traum war zukunftsorientiert und verurteilte nicht die Vergangenheit. Auf der Suche nach Veränderung haben Zukunftsträume einen belebenderen Einfluß als die Vergangenheitsgeschichte.

Auf der hauptsächlich individuellen Ebene muß die Motivation zur Veränderung visualisiert oder irgendwie aufgezeigt werden – durch einen anderen Menschen, durch Wunschvorstellung, Traum, Hoffnung, durch irgendein Erwachen. Veränderung und Wachstum können nicht erreicht werden, ohne daß irgendwelche Beziehungsfaktoren Bestärkung finden. Für den Mut zu individualisiertem Selbst-Bewußtsein benötigen wir die zustimmenden Kräfte eines anderen Menschen. In der Astrologie assoziieren wir die symbolische Bedeutung des Planeten Uranus mit der Intensivierung der Persönlichkeitsbildung. Durch den Projektionskontakt zwischen Uranus und den Eckpunkten des Horoskops, besonders dem Aszendenten, haben wir empirisch gelernt, eine geographische Ortsveränderung vorauszusehen. Dies zeigt uns, daß ein Wechsel der Umgebung und der Verzicht auf angesammelte Gleichheit Begleitumstände von individueller Selbst-Behauptung sind. Es ermöglicht einen neuen Anfang, »irgendwo anders hinzugehen«. Durch diese Beobachtung erkennen wir, daß ein Individuum zu solchen Zeiten mündig wird.

Während der Entwicklungszeit versucht der junge Organismus ständig, sich durchzusetzen, das Risiko der individuellen Selbst-Behauptung einzugehen und, als Folge davon, Veränderung zu bewirken. Die Umwelt reagiert darauf: In Form von liebevoller Anleitung und Anerkennung erteilt sie Belohnung und Unterstützung, in Form von Bestrafung oder Vernachlässigung erteilt sie Tadel und Verhaltensmaßregelung. Meistens bleiben persönliche Bedürfnisse in unterschiedlichem Ausmaß unerfüllt, und es entstehen negative Verhaltensweisen. Die Struktur der Umwelt wird dominierend, was dazu führt, daß sie das individuelle Bedürfnisprofil verdrängt. Die Enttäuschung wächst. Die relative Intensität nimmt bis zur individuellen Mündigkeit zu – ein Zeitpunkt, wo persönlicher Mut möglich ist.

Die holistische Astrologie muß über all diese Dinge genau Bescheid wissen. Dies ist aus zwei Gründen nicht schwierig: Erstens nehmen wir alle am menschlichen Entwicklungsprozeß teil, und dieser wird uns enthüllt, wenn wir unser Bewußtsein dafür öffnen; zweitens bleibt dieser Prozeß immer der gleiche, nur mit stereotypen zeitlichen und räumlichen Dimensionen, welche die Struktur auf unterschiedliche Weise verdeutlichen. Auf diese Dinge weisen die Geburtsdaten (Zeit und Ort) hin, sie sind innerhalb der individuellen Horoskopstruktur konzentriert und werden weiterhin durch Erscheinung und Mitteilung des betreffenden Menschen zum Ausdruck gebracht. Diese Dinge bestimmen die Bezugsebene des Horoskops und lassen das deutlich werden, was ich als das Natürliche Gesetz der Astrologie bezeichne: *Ein Horoskop wirkt auf ein Individuum ein, auf natürliche Weise seine potentiellen Möglichkeiten zum Ausdruck zu bringen und seine Bedürfnisse zu erfüllen, soweit die Umwelt dies zuläßt, unterstützt oder bestärkt.*

Das Umweltbewußtsein

Der Prozeß der Interaktion mit der Umwelt zieht sich durch unser gesamtes Bewußtsein von Identität und Leben. Wie wir gesehen haben, beginnt er sogar vor der Geburt – vielleicht schon vor der Zeugung – mit den Plänen, die unsere Eltern für uns schmieden, er wird durch die Entstehung unseres Horoskops aktiviert und läßt sich nicht von der Lebensentwicklung trennen. Die Zeiten von Zufriedenheit und Enttäuschung, von Sicherheit und Unsicherheit wechseln sich ständig ab. Da wir von der Interaktion mit der Umwelt völlig in Anspruch genommen werden, sind wir uns der spezifischen Dimensionen in diesem Vorgang nicht bewußt. Aus Stufen der Widerspiegelung gehen Stufen der Ausnutzung hervor, und wir lullen uns in Selbstgefälligkeit ein. Aus dieser Behaglichkeit entsteht eine gewohnheitsmäßige Zufriedenheit, und wir richten uns noch tiefer in der Unwissenheit ein. Doch nur mit verstärkter Bewußtheit kann die Fähigkeit zur Veränderung erweckt werden.

Wenn ich durch das weite, offene Land mit einzelnen, verstreut am Horizont liegenden Bauernhöfen fahre oder vorbei an Straßen um Straßen immer gleicher Eigenheime in einem blitzsauberen Vorort oder vorbei an den dichtgedrängten Reihen von Mietskasernen inmitten einer Stadt, dann frage ich mich häufig nach den Horoskopen ihrer Bewohner. Die Umgebung ist an diesen Orten so unverkennbar, weil sie die soziale Schichtung versinnbildlicht. Der Einfluß solcher Umfelder auf den Geist der Bewohner ist von Soziologen und Sozialpsychologen immer wieder untersucht worden, doch jedes menschliche Wesen lebt sein Horoskop instinktiv so natürlich aus, wie es die Umgebung zulassen wird. Ich frage mich, was die Horoskope durch den Umweltfilter erzählen würden, doch weiß ich, daß es *nicht* die Lebensgeschichte wäre. Der einzelne Mensch würde sie erzählen können, indem er die Bezugsebene und Ausdrucksform des Horoskops mittels des Interaktionsprozesses mit der Umwelt abklärt.

Je deutlicher sich eine soziale Umweltschichtung für einen Menschen durchsetzt, desto schwieriger kann er davon abweichen. Sein Bewußtsein ist häufig in defensiver Weise stolz auf solche Entwicklungsanfänge. Noch immer benützen Humoristen das Leben der Lower East Side in New York, die vermögenden Vororte in Connecticut und gesellschaftlich niedere »Minderheiten« für menschliche und lebensnahe Situationen. Man gibt vor, dieses Umweltklischee zu verstehen; ein Sinn für Humor gegenüber diesen Situationen verstärkt ihre Bedeutung und einen subtilen Identifikationsprozeß, wodurch das gesamte Verhältnis zur Umwelt sozusagen in der Familie bleibt. Wir wissen, daß diese Zustände existieren und daß derjenige, der dieser festgeprägten Form entkommt, große Anerkennung verdient. Der größte Handlungsumschwung und Applaus tauchen bei Situationskomödien im Fernsehen immer dann auf, wenn sich eine handelnde Person den Erwartungen widersetzt und stolz ihren eigenen Willen behauptet. Abweichung von der Norm ist etwas, wofür man eintritt, worauf man stolz sein kann. Wir loben sie bei anderen und wünschen sie für uns selbst.

Im Jahre 1950, während der Spannungen des Kalten Krieges, hatte Gian-Carlo Menottis Oper *Der Konsul* ihre Premiere am Ethel Barrymore-Theater in New York. Sie gewann die Auszeichnung des New York Drama Critics' Circle für das beste Musikstück und den Pulitzer-Preis für Musik. Das musikalische Drama schildert, wie der erschütternde Zwang der Bürokratie die Heldin, Magda Sorrel, nach endlosen Versuchen, ein unterdrücktes Land zu verlassen und sich ihrem für die Freiheit kämpfenden Mann anzuschließen, zum Selbstmord treibt. Magda Sorrel wollte ihre Umgebung verlassen und sich ihrem Mann anschließen, der dabei war, diese zu verändern. Beide fielen dieser Umwelt zum Opfer.

Im Warteraum des Konsulates warten Menschen aus mehreren sozialen Schichten, aus verschiedenen Sub-Umwelten, die alle aus bestimmten persönlichen Gründen die Autoritätsfigur der Umwelt sehen möchten. Bei jeder Gelegenheit wird ihnen ein Strich durch die Rechnung gemacht. Ein alter Mann lindert den Schmerz dadurch, daß er auf morgen hofft; einer Ausländerin, die versucht, zu ihrer kranken Tochter zu kommen, wird gesagt, sie solle Geduld haben; andere werden summarisch übersehen. Ein Zauberkünstler, der versucht, in das Land *einzureisen*, um seine Kunst auszuüben, wird ebenfalls abgewiesen. Das Konsulat ist gefühllos darum bemüht, die Gleichheit der Umwelt aufrechtzuerhalten – keiner darf hinein oder heraus.

Der Zauberkünstler sucht sich selbst zu bestätigen, und er hypnotisiert alle Personen im Warteraum. Mittels der Wunschvorstellung entbindet er sie von allen Schmerzen der Wirklichkeit und befreit sie für einen Augenblick, um vom herrlichen Tanz, dem so hellen Licht und der so lieblichen Musik zu singen.

Dann stellt sich Magda Sorrel in einem der dramatischsten Momente der gesamten Theaterpraxis vor. In tiefster Enttäuschung singt sie: »Dahin sind wir gekommen, daß der Mensch als Fremder auf Gottes Erde geboren wird, daß er gewählt wird und selbst keine Möglichkeit der

Wahl hat, daß er gejagt wird und keine Hoffnung auf Zuflucht hat.« Auf die Fragen der Sekretärin des Konsuls antwortet sie: Mein Name ist – Frau; mein Alter – noch jung; Haarfarbe – grau; Augenfarbe – die Farbe der Tränen; Beruf – Warten.

Die Bedeutung dieses Beispiels innerhalb unserer Diskussion ist nicht schwer zu erkennen. Wir sehen die Analogie zwischen dem Wartezimmer des Konsuls und dem uns umgebenden Leben. Wir warten auf »morgen« und vertrauen auf die Geduld. Wir verstehen Magda Sorrels Schmerz: Ihr Name ist eine Nummer, ihr Mann ist geflohen, ihr Kind liegt tot in seiner Wiege, ihre Stimme bleibt ungehört. Die persönliche Identifizierung mit diesen extremen Werten geschieht unmittelbar aufgrund ihrer Realität, aufgrund ihrer Gültigkeit. Jedes Individuum hat eine bestimmte Stufe des Umweltbewußtseins in Relation zu seiner persönlichen Identität, und diese liegt irgendwo zwischen der Sicherheit der Selbstzufriedenheit und der Gewißheit des Todes.

Bei der holistischen Analyse ist es für den Astrologen unbedingt notwendig, die Bewußtseinsstufe eines Klienten über den Umweltprozeß zu bestimmen. Auf der Ebene soziologischer Erwartung haben wir gesehen, daß Zeit und Ort der Geburt Rückschlüsse darauf zulassen und die Erscheinung und Kommunikation des Klienten weitere Erhellung bringen. Das Ausmaß, in dem der Astrologe das Kulturprofil vorausahnend erkennt, und das Ausmaß, in dem der Klient Übereinstimmung oder Abweichung von dem vorgegebenen Profil zeigt, werden in fruchtbarer Weise den Einschätzungsprozeß beginnen lassen.

Wir wissen, daß die Planeten innerhalb des Horoskops symbolisch für Bedürfnisse und Verhaltensfähigkeiten zur Befriedigung dieser Bedürfnisse stehen. Auf diese Theorie habe ich in meinen früheren Veröffentlichungen hingewiesen, und danach wird das Hauptbedürfnis der Persönlichkeit durch den Mond symbolisiert, während die Symbolik der Sonne für die Art und Weise und die Energie der Ich-Durchsetzung herangezogen wird. Weiterhin habe ich die Ansicht geäußert, daß Merkur in seinem Zeichen sinnbildlich dafür steht, wie der Mensch für die wirksame Erfüllung seiner Bedürfnisse denken muß. Die Venus in ihrem Zeichen läßt auf die Sozialisationsbedürfnisse schließen, die im Idealfall für die befriedigende Erfüllung des Menschen erforderlich sind. Mars symbolisiert das Bedürfnis, zum Zwecke der Erfüllung eine bestimmte Form von Energie einzusetzen. Jupiter läßt auf das Bedürfnis nach einer besonderen Art von Bestätigung schließen, worauf das Zeichen hinweist, in dem er sich befindet. Saturn zeigt an, wie die Bedürfnisse – im Rahmen der

Verinnerlichung notwendiger Kontrollen – daran arbeiten, den Lernprozeß zu absorbieren. Uranus steht symbolisch für die Intensivierung des Selbst, Neptun für die Unterdrückung des Selbst und Pluto für eine umfassende Perspektive.

Die Aspekte zwischen den Planeten symbolisieren den Bedürfnisdruck; dabei fügt Mars die Dringlichkeit der Bedürfnisbefriedigung hinzu, Jupiter die Hoffnung, Saturn die Lernstrategie, Uranus trägt zur Intensivierung bei, Neptun zur Kraft des Vorstellungsvermögens, und Pluto sorgt für eine zusätzliche Funktion von Quantität und Richtung.

Dieses Wechselspiel zwischen Bedürfnisdruck und Verhaltenspotential ist innerhalb des Kreises von Feldern wirksam, welche symbolisch für die Dimensionen der Umwelt stehen, auf die unser Interesse gerichtet ist. Ein Planet, *der in einem bestimmten Feld steht oder es regiert*, wird als *Signifikator* dieses Feldes bezeichnet. *Der Signifikator eines jeden Feldes verweist uns zuverlässig und schnell auf den entsprechenden Bereich der psychodynamischen Interaktion mit der Umwelt.*

Mit der einleitenden Vorwegnahme des soziologischen Profils durch Geburtsdatum und -ort sucht der Astrologe nach Übereinstimmung oder Abweichung dieser Vorwegnahme innerhalb des Klienten. Zu diesem Zweck ist es äußerst wichtig, daß er von Anfang an während der gesamten Konsultation mit dem Klienten auf dessen Wortwahl, Gesprächsniveau, Grammatik und aufschlußreiche Redewendungen achtet. Er muß die Garderobe des Klienten einschätzen, damit er das ökonomische und ästhetische Niveau daraus ableiten kann. Er muß jedem Anhaltspunkt für Hintergrund und Bezugsebene der Umwelt Beachtung schenken. Der Klient hat eine neue Umgebung betreten; die Aussicht auf eine astrologische Untersuchung ruft Unsicherheit hervor, und diese bringt die der Person eigenen, verläßlichen Hilfsmittel für die Interaktion mit der Umwelt in Gang, welche über Jahre der Entwicklung hinweg konditioniert worden sind. Unter diesem Druck wird vieles sichtbar, um das analytische Umfeld innerhalb des Horoskops vorzubereiten.

Wenn das Horoskop den (die) Signifikator(en) der elterlichen Achse (X–IV) unter Aspektspannung zeigt (Quadrat, Opposition, starke Konjunktion, Anderthalbquadratur, Halbquadratur), so weiß der Astrologe, daß die elterlichen Spannungen der frühen Entwicklungsphase im Elternhaus im Dialog mit dem Klienten genau untersucht werden müssen. Der Astrologe wird abschätzen müssen, wie die Entwicklungsspannungen aussahen und was aus ihnen entstand, als das Individuum Unterstützung und Anerkennung durch diese Umwelt suchte. In der Regel sollte man eine gewisse Auslösung durch Sonnenbogen-Progression, durch sekundär progressive und/oder laufende Planeten während dieser Entwicklungsjahre überprüfen; auch das Gespräch pflegt den lebenswichtigen Hintergrund der Umwelt weiter zu erhellen.

Wenn das Horoskop den Signifikator des Erziehungsfeldes (IX) unter starker Aspektspannung zeigt, so ist die Annahme, daß die Erziehung eine Unterbrechung erfahren hat, äußerst verläßlich. Was hat diese Unterbrechung für den Klienten bedeutet? Stand die akademische Ausbildung hoch im Kurs, oder tut sie dies jetzt, nachdem man viele Jahre ohne sie ausgekommen ist? Der Astrologe muß über die Bedeutung einer akademischen Ausbildung zum Zeitpunkt und innerhalb der gesellschaftlichen Struktur der frühen Entwicklung des Klienten Bescheid wissen. Der Astrologe muß in Erfahrung bringen, ob der Klient irgend etwas wegen der Probleme mit seinen Eltern oder mangelnder Ausbildung unternommen hat, ob eine dieser Angelegenheiten sich tatsächlich ereignete und Einfluß auf die Entwicklung nahm.

Wenn das Horoskop den Signifikator des Selbstwert-Feldes (II) unter Aspektspannung zeigt, so kann der Astrologe von Selbstwert-Belangen ausgehen. Aus welchem Bereich der Interaktion mit der Umwelt haben sie sich entwickelt? Existiert eine Selbstwert-Spannung *und* eine elterliche Spannung *und/oder* Unsicherheit wegen der Ausbildung? Wie sind sie miteinander verbunden? Wird eine dieser Spannungen auf Beziehungen übertragen, was durch den Signifikator des VII. Feldes angedeutet wird?

All diese Dinge werden wir später in diesem Buch ausführlicher behandeln und die gründliche Untersuchung von Abwehrmechanismen einbeziehen, doch jetzt in dieser sorgfältigen Diskussion der Umweltdynamik müssen wir erkennen, wie ein Individuum durch seine Reaktionen auf die Vorschriften der Umwelt lebt. Der Astrologe beginnt damit, daß er verläßlichen Anhaltspunkten nachgeht, um den Status des vorweggenommenen Umweltprofils auszufüllen. Er weiß um die Dynamik der Interaktion mit der Umwelt. Das Horoskop zeigt bestimmte Bereiche an, die mit hoher Wahrscheinlichkeit eine Entwicklungsspannung innerhalb des Interaktionsprozesses mit der Umwelt aufweisen. Durch die Besprechung dieser Entwicklungsfragen ersieht der Astrologe ihren Wert für den Klienten.

Wir müssen wissen, daß kein Ereignis in sich selbst bedeutungsvoll ist. *Ereignisse im Entwicklungsprozeß erhalten ihren Wert durch die Reaktion des Individuums.* Diese Werte bestimmen, in welchem Maße ein Individuum die Umwelt widerspiegelt, wie anfällig es für die Ausnutzung durch die

Umwelt ist und wie erfolgreich bei der Veränderung der Umwelt. Diese Werte bestimmen die Bezugsebene des Horoskops und die Form, wie sich das Natürliche Gesetz der Astrologie äußert. Sie bestimmen, warum der Klient zum Astrologen gekommen ist. Sie bestimmen die Bewußtseinsstufe des Klienten innerhalb des komplizierten Lebensprozesses.

Im Verlauf der Konsultation wird der Astrologe mit dem Klienten klären können, inwieweit sein Hauptbedürfnis Erfüllung gefunden hat. Eine Fachsprache ist niemals dafür erforderlich, das geschickte Gespräch ausreichend. – In der Regel wird der Mond im Widder auf ein Bedürfnis hinweisen, sich selbst wichtig vorzukommen und die Nummer Eins zu sein (hat es Konflikte mit diesem Bedürfnis gegeben; wurde das Bedürfnis durch Umweltdruck bezwungen?). Der Mond im Stier wird ein tiefes Bedürfnis andeuten, die Dinge bewahren zu wollen und der Veränderung als der Bedrohung von Sicherheit Widerstand entgegenzusetzen (ist dadurch die Widerspiegelung der Umwelt bestärkt worden?); in den Zwillingen ist es das Bedürfnis nach Abwechslungsreichtum (hat dieses Bedürfnis die gezielte Ich-Durchsetzung geschwächt?).

Im Krebs zeigt der Mond das Bedürfnis nach emotionaler Sicherheit an (hat dieses Bedürfnis Selbst-Aufopferung um den Preis von Sicherheit gefordert?), im Löwen ein monarchisches Bedürfnis, König oder Königin, Prinz oder Prinzessin zu sein (hat dieses Bedürfnis darin unterstützt, die Umwelt zu verändern, oder ist es zerstört worden?), in der Jungfrau das Bedürfnis, korrekt zu sein und durch richtige Ansichten Achtung zu finden (hat sich der Geist unabhängig gemacht, oder hat er die formbildende Umwelt bestätigt?).

Mit dem Mond in der Waage existiert das Bedürfnis, beliebt zu sein, akzeptiert zu werden (eine besondere Neigung, daß die Umwelt vom Bewußtsein des Einzelnen Besitz ergreift). Im Skorpion steht der Mond symbolisch für das Hauptbedürfnis, als zutiefst bedeutsam angesehen und verstanden zu werden (hat sich derjenige zurückgezogen oder erfolgreiche Zähigkeit bei seiner Persönlichkeitsbildung bewiesen?), im Schützen für das Bedürfnis, daß die eigenen Anschauungen respektiert werden (hat dieses Bedürfnis dazu beigetragen, den Menschen aus einer stereotypen Umwelt herauszuholen?).

Mit dem Mond im Steinbock besteht das Bedürfnis, strategisch wirksam zu sein (welche Art von Umwelt akzeptiert dieses Bedürfnis?), im Wassermann, aufgrund von persönlichen Eigenheiten zu gefallen (hat die Erfüllung dieses Bedürfnisses Beweglichkeit und Veränderung ermöglicht?), in den Fischen, um der Sensibilität willen anerkannt zu werden (hat dieses Bedürfnis die Ausnutzung durch die Umwelt herausgefordert?).

Diese Kurzprofile des Hauptbedürfnisses müssen natürlich von dem Astrologen ganz ausgefüllt werden. Ein jedes von ihnen läßt auf eine Fülle von Verhaltenserwartungen schließen, und ebenso können mögliche Verzweigungen als Grad der Bedürfnisbefriedigung eingeschätzt werden. Sie dienen dazu, uns auf eine bestimmte unbestreitbare Interaktionsdynamik zwischen dem Klienten und seiner Umgebung hinzuweisen. Wie stark zeigt sich die Sonne/Mond-Analyse in der Selbst-Darstellung des Klienten gegenüber dem Astrologen? Welches Maß der Erfüllung hat der Klient innerhalb der Vorwegnahme, im Rahmen der Erhellung durch das Gespräch erreicht? Auf welche Ausdrucksweise reagiert der Klient bewußt zur Bekräftigung? Ist sie akademisch oder philosophisch strukturiert oder mit Umgangssprache vermischt? Welche Begriffe welcher Werte lassen sich dem Klienten und vom Klienten zum Astrologen am besten mitteilen? Diese Erkenntnisse erfassen die soziale Wirklichkeit, die sich im Menschen mit der individuellen Wirklichkeit verbunden hat. Tatsächlich arbeitet der Astrologe mit dem Klienten daran, Entwicklungsumfelder neu zu erschaffen und wiederherzustellen.

Natürlich sind sich alle Menschen materialistisch gearteter Bedürfnisse bewußt. Jeder kann Bedürfnisse nach Geld, nach einem Haus oder einem Beruf äußern – aber nicht jeder kann Bedürfnisse nach Liebe oder gesellschaftlicher Stellung, nach den Dimensionen einer »guten Beziehung«, nach den Zielen der Interaktion zum Ausdruck bringen oder sich wenigstens darüber bewußt sein. Diese Bedürfnisse mögen vielleicht niemals in einer praktisch zu handhabenden Form registriert worden sein, weil es in der besonderen Umwelt der frühen Entwicklung des Individuums keine Gespräche darüber oder keine Anzeichen dafür gegeben haben mag. Vielleicht hat der Weggang von zu Hause, eine eindeutige Lerndimension der Hochschulerfahrung, im Sinne einer Veränderung der Umgebung und einer Erweiterung der Perspektive in Wirklichkeit niemals stattgefunden.

In Fällen, wo die Artikulation von Gefühlen und feineren Nuancen schwierig oder nicht praktikabel ist, wird es der Astrologe lernen, Gesichts- und Körperausdruck zu beobachten, die ebenfalls Bedürfnisse, Enttäuschung und Befriedigung deutlich erkennen lassen. Ebenso wie wir gesehen haben, daß die Umwelt dort sprechen kann, wo die Identität schweigt, so erinnert sich der Körper und speichert das auf, was der Geist vergißt oder niemals lernt.

Reaktionsmuster

Sehr viele Erfahrungen mit der Ganzheitsanalyse in der Astrologie, welche sich gründlich mit der Umwelt beschäftigt und das Horoskop mit Leben erfüllt durch das Individuum, das sich innerhalb der und durch die gesellschaftliche Struktur entwickelt, enthüllen lebensfähige Reaktionsmuster innerhalb des individuellen Verhaltens. Diese Reaktionsmuster müssen dem Astrologen gegenwärtig sein. Sie können leicht durch astrologische Messungen aufgezeigt werden, und dies wird schrittweise in diesem Buch unternommen, doch ist es von entscheidender Wichtigkeit, diese Strukturen *zuerst im Leben* wahrzunehmen, *ehe wir ihre symbolisierte Form im Horoskop erkennen*. Auf diese Art und Weise wissen wir die Botschaft der Umwelt um so mehr zu schätzen und lernen es, die Bezugsebene eines jeden Horoskops, mit dem wir uns beschäftigen, im voraus zu bestimmen.

Jeder kennt den normalen Verlauf der gesellschaftlichen Entwicklung: Die ersten Lebensjahre werden zu Hause verbracht, die nächsten Jahre in der Schule, die Sozialisationserfahrungen der Reifezeit, dann die Entscheidung für die weitere Ausbildung; darauf Heirat, Beruf, Kinder; danach Umzüge, berufliches Vorwärtskommen, Probleme mit den Kindern, schließlich Befreitsein von den Kindern, wenn sie das Haus verlassen, Pensionierung; endlich Enkelkinder und die letzten Jahre, die zu Hause verlebt werden. Wir brauchen uns hier nicht gründlich damit zu beschäftigen – dieser Ablauf wird überall um uns herum gelebt und ist in seinem Umriß wohlbekannt. Wir müssen jedoch einige der Reaktionsmuster untersuchen, die innerhalb des Verlaufs dieser gesellschaftlichen Entwicklung aufgebaut werden, besonders während der formbildenden Entwicklungsphase im Elternhaus.

Erinnern wir uns an unser erstes Beispiel: die Frau, die in den zwanziger Jahren im Südwesten geboren wurde. Wir haben die Gesellschaftsstruktur erkannt, in der sie aufgewachsen ist. Ihre Individuationskräfte mußten sich in diese Struktur einfügen, damit sie Bestärkung fanden – eine andere Form der Bestätigung und Unterstützung war ihr nicht zugänglich. Mit fortschreitender Zeit und Entwicklung wurden ihre Reaktionen schablonenhaft, da sie unbewußt die Sicherheit der Gleichheit aufrechterhielt. Ihr Verhalten entsprach einem sehr realen und weitverbreiteten Reaktionsmuster.

Regional bedingte Stereotypen innerhalb der Entwicklung weichen im Hinblick auf die Geographie und auf das Jahrzehnt geringfügig voneinander ab. Eine aufmerksame Wahrnehmung, die Lektüre von Familienzeitschriften, das Betrachten des Werbefernsehens mit den Augen eines Käufers, die Beschäftigung mit sozialen Handlungsräumen und dramatischen Werten, wie sie in Filmen gezeigt werden, die Untersuchung von Meinungsumfragen, die sich durch geographische Lage, Beruf, Ausbildung, Einkommen usw. aufschlüsseln lassen – alle diese Medienträger lassen das soziologische Profil durch die Jahre hindurch und in vielen verschiedenen Teilen der Gesellschaftsstruktur deutlich erkennen. Jeder Astrologe sollte mit diesem Aufbau des Lebens vertraut sein, an dem alle Menschen teilhaben, denen er jemals von Nutzen sein kann.

Wir wollen nun typische Reaktionsmuster betrachten, wie sie aus drei Arten des familiären Umfeldes hervorgehen. Diese Strukturmuster sind typisch und allgemein verbreitet, obgleich sie in diesem Beispiel hier um der Klarheit willen extrem dargestellt werden. Bestandteile von jedem Beispiel lassen sich manchmal auch in den anderen Fällen finden.

Zuerst haben wir den Menschen, der behauptet, daß zu Hause alles nur prima, geradezu ideal gewesen ist. Als zweites haben wir ein Elternhaus, das einfach schrecklich gewesen ist und mehr an Problemen und traumatischen Erfahrungen enthielt, als daß sie in einem Theaterstück glaubhaft erschienen. Als drittes wird das Elternhaus so beschrieben, daß es seine Höhen und Tiefen gehabt hat und daß insbesondere ein Elternteil manchmal zu einem Problem geworden ist.

Nun, das Reaktionsmuster des ersten idealisierten Beispiels pflegt man niemals gerne aufzugeben. In der Regel existiert ein schwaches Maß an Motivierung für die eigene, selbständige Entwicklung. Der Umfang der Isolation war im allgemeinen außerordentlich groß; die Idealisierung wurde in einem solchen Ausmaß bestärkt, daß die Wendigkeit für die Begegnung mit der äußeren Welt (innerhalb einer anderen, davon abweichenden Umwelt) minimal sein konnte. Bestenfalls ist dieses Reaktionsmuster Höflichkeit – im Normalfall ist es eine Lüge.

Das Reaktionsmuster zeigt uns durch den Klienten an, daß Emotionen verborgen wurden, daß das Kind niemals an dem Vorgang teilhatte, eine Entscheidung zu treffen, daß die Werte von Anstrengung, Hoffnung, Zurückgewinnung, Planung, Veränderung und die Einsetzung von Fähigkeiten innerhalb des Lern- und Lebensprozesses niemals eine vorherrschende Rolle erhielten. Häufig herrscht innerhalb dieser Struktur eine starke Identifikation zwischen dem betreffenden Menschen und dem Elternteil des gleichen Geschlechts. Die Tochter wird von der »Mami« geradezu perfekt erzogen, damit sie es lernt, ihren etwaigen Ehemann auf die gleiche Art und Weise zu versorgen, wie es ihre Mutter tut. Es kommt der Tochter niemals zum Bewußtsein, daß ihre Eltern getrennte Schlafzimmer haben oder selten zusammen sind – der »Papi« ist immer »so beschäftigt« gewesen.

Dieses Strukturmuster läßt darauf schließen, daß in diesem Haushalt ein unglaubwürdiger Friede geherrscht hat. Jeder hat über die Zeit hinaus gearbeitet, um die perfekte Umwelt widerzuspiegeln, die genauso wie die Umwelt all ihrer Freunde aussah (Gleichheit der Umwelt, die durch den Status der Nachbarn, die Freundesclique von Arbeitskollegen, das Einkommensbewußtsein vorgeschrieben wird), und dies hat schließlich bei allen Familienangehörigen dazu geführt, daß sie dadurch ausgenutzt und um das wirkliche Leben betrogen worden sind. Als Folge davon steht die Tochter Herausforderung und Veränderung mit keinerlei Einfallsreichtum gegenüber. – (Das Geschlecht ist innerhalb dieses Musters beliebig auszutauschen.)

Im Rahmen dieser Struktur – um der Klarheit willen extrem formuliert, doch ihrem Wesen nach alltäglich, da sie in das von den öffentlichen Medien angepriesene Idealbild hineinpaßt – gibt es ein begrenztes Spektrum von etablierten Werten. Die elterliche Zuwendung ist nicht ausgewogen, daher dominiert ein Elternteil. Die Tochter oder der Sohn hat keinen wirklichen Überblick über gesellschaftliche Interaktion. Es besteht die reale Möglichkeit, daß die Mutter ihr Leben durch die Tochter und vielleicht gegen den Vater gelebt hat; es besteht die reale Möglichkeit, daß sich der Vater mit dem Sohn gegen die Mutter verbündet hat. Eine weitere Möglichkeit ist die, daß dieses mangelnde Gleichgewicht in der Tochter oder dem Sohn eine stereotype Reaktion gegen Menschen des anderen Geschlechts entstehen läßt. Die Gefühle der Mutter gegenüber dem Vater werden von der Tochter auf alle Männer ausgedehnt, und das Umgekehrte gilt für den Sohn. Dies wird als die Bevorzugung eines Modells aufgrund von so viel Liebe und Achtung innerhalb der häuslichen Umwelt angesehen, doch übrig bleibt eine zweckdienliche Sicherheitsmaßnahme zur Aufrechterhaltung von Gleichheit. Häufig geschieht es, daß Tochter oder Sohn in eine ähnliche Umwelt heiraten. Warum nicht? Die Sicherheit der Gleichheit wird weiter fortgesetzt.

Wenn sich dem erfahrenen Astrologen dieses oder ein ähnliches Bild präsentiert, muß er sich darüber im klaren sein, daß der Wert, der dieser Umweltstruktur von dem Klienten beigemessen wird, eine Lüge sein kann. Es ist nur allzu natürlich, daß der Klient die Formen der Gleichheit verteidigen möchte, welche seine gesamte frühe Erziehung ausgemacht haben. Jetzt, draußen in der Welt, in einer viel stärker strukturierten Umwelt, bekommt er die Mängel seiner früheren Umgebung zu spüren. Er hört, daß diese Umgebung Kritik erfährt; er versucht mit Nachdruck, an dem festzuhalten, was von Wert gewesen ist, erkennt jedoch, daß vieles gefehlt hat. Der Klient sucht den Astrologen aufgrund von innerer Spannung auf; der Anspruch irgendeiner Entscheidung oder Wahrnehmung hat ins Mark der mangelnden Flexibilität getroffen, die aus der idealisierten frühen Umwelt übernommen worden ist. Unter dem Druck innerer Spannung nehmen die Abwehrmechanismen zu; der Organismus ist angestrengt darum bemüht, das Gebäude zu schützen und die Unsicherheit abzuwehren. Innerhalb eines solchen Strukturmusters ist es nur allzu natürlich, einen falschen Eindruck von den Werten des frühen Elternhauses zu erwecken.

Für die Diskussion über das Verständnis dieser Situation ist höchstes Feingefühl erforderlich, keine direkte Konfrontation oder Aufdeckung. Vielmehr muß ein taktvolles Gespräch die gesicherte Objektivierung der frühen Umweltstruktur in Relation zu den heutigen Umweltforderungen zuwege bringen: »Sie haben ohne Zweifel viele Vorteile gehabt, eine ganz besondere Erziehung; und eben weil so vieles ideal gewesen ist, können wir als sicher voraussetzen, daß ein Teil der Vorbereitung auf Probleme wie diejenigen, die Sie jetzt haben, gefehlt hat. Sollen wir darüber sprechen, damit wir näher an die Gegenwart herankommen können?« – In der holistischen Astrologie mögen wir ein Traumbild modifizieren, doch sollten wir es niemals zerstören; dies sollte der Klient selbst tun, oder die Umwelt wird diese Aufgabe nur allzu wirkungsvoll übernehmen.

Das zweite Reaktionsmuster innerhalb dieser abgekürzten Verallgemeinerungen ist das extreme Gegenteil: Das Leben im Elternhaus ist einfach schrecklich gewesen. Als Folge davon entwickelt das Individuum gewöhnlich eine außerordentlich starke Motivation, die bisherige Umwelt zu verlassen und ohne fremde Hilfe an einen neuen Ort zu gehen. Das Individuum pflegt sich schon sehr früh und nachdrücklich, vielleicht in Form einer traumatischen Erfahrung, darüber bewußt zu werden, und daraus kann ein sehr starker Motivationsantrieb erwachsen; doch gleichzeitig verursacht dieses Bewußtsein auch große Niedergeschlagenheit, denn es müssen viele Jahre vergehen, ehe der Verstand alle Dimensionen der Störungen im Elternhaus assimilieren kann und ehe die individuellen Fähigkeiten heranreifen können, damit eine Veränderung der Umwelt bewirkt werden kann.

Das Reaktionsmuster weist im allgemeinen Rückzugstendenzen auf. Der natürlichste Abwehrmechanismus im Menschen ist der *Geist.* Der junge Mensch muß die traumatische Erfahrung assimilieren. Wir können mit dem Rückzug in eine Traumwelt als Teil des Strukturmusters rechnen. Hierbei gibt es jedoch verschiedene Möglichkeiten, die durch die Stärken und Schwächen des individuellen Horoskops bestimmt sein werden: Aspekte zwischen Merkur und Neptun lassen auf die Verfügbarkeit und Bestätigungen der Traumwelt schließen (wir werden später in diesem Buch sehen, wie dieser Verdrängungsmechanismus der Vorstellungswelt fast immer eine Begleiterscheinung von ausgeprägten Schwierigkeiten im Leben ist); ist Venus mit eingeschlossen, so kann vielleicht eine Idealisierung von unerreichbaren Dimensionen auftreten; bei starker Aspektierung mit Uranus eine verstärkte innere Unruhe und unter Umständen das Kampf- oder Fluchtsymptom; mit Jupiter vielleicht eine spirituelle oder religiöse Rationalisierung; mit Saturn möglicherweise eine Depression, doch schließlich die Überwindung durch innere Reifung; mit Mars vielleicht der Plan anzugreifen, fortzulaufen, sich kämpferisch zu verhalten; mit Pluto vielleicht die unterstützende Identifizierung mit Sub-Gruppen außerhalb der Familie.

Innerhalb eines solchen Reaktionsmusters gegenüber der Umwelt wird dann die persönliche Rationalisierung äußerst empfindlich und wichtig. Ein junges Mädchen wurde zwischen dem zehnten und zwölften Lebensjahr dazu gezwungen, seinen Vater regelmäßig zum Zwecke sexueller Handlungen in sein Bett zu lassen. Zwei Jahre lang litt es unter dem Geheimnis und den Ängsten; als es zwölf Jahre alt war, starb der Vater plötzlich. Ihre Sensibilität (Merkur im Schützen im Quadrat zu Neptun und Sextil zu Jupiter) sagt ihr, daß Gott den Vater hinweggenommen hat, weil er so schlecht war. In diesem Falle war die Sache damit erledigt: Gott nahm sich der Dinge an, das Problem blieb auf eine Person – den Vater – beschränkt und wurde nicht für alle Männer verallgemeinert. Diese verstandesmäßige Erklärung gab der traumatischen Erfahrung eine konstruktive und abschließende Bewertung; das junge Mädchen hatte großes Glück.

Möglicherweise wird der Geist überhaupt nicht mit einbezogen, vielleicht stumpft er ab gegenüber dem ständigen Schmerz, dem Wortschwall unter Alkoholeinfluß, den Schlägen, den Gefühlen der Einsamkeit aufgrund von Vernachlässigung. Der Körper kann psychosomatische Erkrankungen während der Kindheit registrieren: Asthma (auch dies eine Erscheinungsform von Merkur), Geschwüre (Saturn), angegriffener

Magen (Hervorhebung von Mars und Krebs), übermäßiger Genuß von Süßigkeiten, was zu Haut- und Verdauungsproblemen führt (Venus-Jupiter, Pluto; Spannungen mit dem Zeichen Jungfrau) usw.

Das unter starker Spannung stehende Reaktionsmuster lehrt schließlich ausgeprägte Fähigkeiten und Einfallsreichtum, wenn das Horoskop ein scharfes Individuationspotential aufweist und der Klient eine bewundernswerte Ausgeglichenheit beim Erkennen der Gesamtsituation gezeigt hat. In diesem Falle braucht der Astrologe die Verhältnisse nur selten ausführlich zu besprechen – der Klient selbst hat bereits gute Arbeit geleistet. Diese Struktur der häuslichen Umgebung wird nicht ausschlaggebend dafür sein, warum die betreffende Person den Astrologen aufgesucht hat. Es genügt, den persönlichen Triumph des Klienten zu erkennen, um diesen Bereich der Konsultation abzudecken und dem Astrologen eine umfassende Kenntnis von dieser Struktur zu geben.

Andererseits kann dieses Strukturmuster allerdings einen jungen Menschen, der nicht mit besonderen Fertigkeiten ausgestattet ist, völlig überwältigen und Selbstwert- und Beziehungsprobleme bei dem Erwachsenen hinterlassen, deren Lösung gründlicher Arbeit und therapeutischer Hilfe bedarf.

Das dritte Reaktionsmuster, eine Umwelt mit ihren Höhen und Tiefen, läßt die Probleme spezifischer werden. Stärke und Schwäche der Motivation vermischen sich. Hier besteht die Gefahr, daß es lange dauert, bis die spezifisch erkannten Probleme behoben werden können – wenn überhaupt. Das heißt nicht unbedingt, daß die Probleme ernstlich sind, doch *man kann mit ihnen leben*, weil der Ausgleich zwischen den »Höhen und Tiefen« erträglich ist und von dem betreffenden Menschen, der bei der Peer-group von ähnlichen Situationen erfährt, tatsächlich als normal wahrgenommen wird. Diese Erkenntnis innerhalb der Umweltstruktur, daß eine derartige Situation im Elternhaus »normal« ist, trägt ziemlich viel dazu bei, daß den persönlich wahrgenommenen und spezifischen Problemen der Stachel genommen wird. Im späteren Leben werden dann Sätze wie »Ich habe schon Schlimmeres gesehen« oder »Ich habe schon härtere Zeiten erlebt« oder »Ich weiß, daß ich zu vielem fähig bin« zu Beschreibungen von praktischer und effektvoller Ausgeglichenheit. In der Regel ist das Begeisterungsprofil nur schwach ausgeprägt.

In dieser Situation zeigt das Strukturmuster im allgemeinen auf, daß ein Elternteil – gewöhnlich der Vater – aus irgendeinem Grund nicht wirklich als Autoritätsgestalt der Familie in Erscheinung tritt. Er ist tot, lebt getrennt, verhält sich passiv, oder er ist ein Tyrann und wird von daher gemieden. Die Autoritätsfigur des Elternhauses gibt dem jungen Menschen nicht in ausreichendem Maße liebevolle Führung oder kann sie ihm nicht geben. Die Mutter muß mehr arbeiten, als angemessen ist (und sie mag sich Arbeit schaffen, um damit anderen Problemen aus dem Weg zu gehen), oder sie kann häufig krank sein. Zuneigungsäußerungen zwischen den Eltern oder wirkliche Gespräche gibt es kaum. Die Brüder und Schwestern kommen und gehen.

Meistens bleibt der Betreffende sich selbst überlassen. Der Rückzug ist wohlüberlegt, und die allein verbrachte Zeit wird instinktiv zu einem Wert erhoben: Tagträumerei, die Lektüre von Büchern über Abenteuer, Romanzen, das Schreiben von Gedichten, körperliches Training. Wirklicher Schmerz und Einsamkeit, echte Gefühle der Zurückweisung fehlen. Das Leben verläuft eintönig und gewohnheitsmäßig, bis sich der erwachsene Mensch dann über ungelöste Probleme bewußt wird, von denen er annimmt, daß sie auf die frühe Umweltstruktur zurückgehen.

Das Horoskop wird auf die spezifischen Problemzonen hinweisen, durch welche die Entwicklungsspannungen aus der frühen »normalen« Umwelt Eingang in die Persönlichkeit gefunden haben. Selbstwert-Probleme sind sowohl bei Männern als auch bei Frauen überaus weit verbreitet; wahrscheinlich haben beide nicht gelernt, selbst Komplimente zu erhalten oder sie anderen zu machen. Das Sexualprofil wird im Hinblick auf die Natürlichkeit der Funktion und die Bestätigung der Funktion innerhalb der Sozialisation und in der Erfüllung jener früher errichteten »rettenden« Phantasievorstellungen untersucht werden müssen. Für Männer wie Frauen wird der Sozialisationsprozeß durch einen Problembereich in der Regel erschwert: Entweder ist man schüchtern, fühlt sich unbeliebt – oder ein Reaktionsmuster von hochmütiger Arroganz soll die überkommenen Minderwertigkeitsgefühle kompensieren. Doch auch alles dies ist »normal«, denn die Peer-group wird größtenteils das gleiche »normale« Elternhaus gehabt haben. Für Männer wie Frauen wird dadurch in der Regel eine erfolgreiche Sozialisation erschwert; Intimität ist erschreckend, Liebesäußerungen erzeugen Unbehagen. Die Aussicht, daß der Ehepartner ähnliche Probleme hat, ist sehr groß, und ein solches Spiegelbild dient häufig dem Zweck, das Ausmaß der »normalen« Probleme in jedem scharf zu beleuchten.

Diese drei abgekürzt dargestellten Reaktionsmuster gegenüber der frühen Umweltstruktur sowie das schon vorher besprochene Beispiel zeigen alle den Prozeß der Widerspiegelung der Umwelt bis hin zu Selbstzufriedenheit, Fügsamkeit und Ausnutzung, Normalität. Innerhalb der Entwicklungsstruktur werden, bewußt oder unbewußt, Fähigkeiten angesammelt, die Individuation wird unterstützt und in ihrem Wert bestimmt – alles dies, um durch die schließlich erreichte Unabhängigkeit Veränderung zu bewirken (der Gegenpol zur familiären Umwelt). Der junge Organismus *muß* alles dies in sich aufnehmen. Die hauptsächlichen Sonnenbogen-Progressionen, die Stellung von sekundär progressiven und/oder laufenden Planeten zu wichtigen Punkten im individuellen Horoskop, besonders zu den Eckpunkten, lassen auf Zeiten von besonderer Entwicklungsspannung schließen, doch für den jungen Menschen wird diese Entwicklung auch durch die elterliche Struktur, durch die familiäre Umwelt aufgenommen.

Beispielsweise kann ein größerer Umzug der Familie den Rückhalt durch eine Peer-group zunichte machen, den sich der junge Mensch gegen die Schwierigkeiten im Elternhaus geschaffen hat. Er trifft auf eine weitere Schwierigkeit, da die Bestätigung und Unterstützung der Sub-Umwelt weggenommen wird. Ein größerer Wechsel in der Anstellung des Vaters mag das Einkommen und den sozialen Status der Familie beträchtlich verändern und neue Wertzwänge in die Umwelt der Eltern und damit in die Umwelt des Kindes hineinbringen. Der Tod eines Elternteils kann die Rollenerwartungen innerhalb der Funktionsweise der Familieneinheit durcheinanderbringen; es werden höhere Anforderungen an die sich entwickelnden Fähigkeiten des Kindes gestellt, und ebenso werden die Wertmaßstäbe des Kindes hauptsächlich durch die Wertmaßstäbe des überlebenden Elternteils konditioniert.

Dieser Gedankengang läßt sich astrologisch leicht stützen: Die wichtigsten Projektionstechniken im Kontakt zu den Eckpunkten des Horoskops während der frühen Entwicklungsjahre müssen von den Eltern der betreffenden Person, von der Umweltstruktur begleitet werden. Der Aszendent des Betreffenden entspricht der vierten Felderspitze des im X. Feld erscheinenden Elternteils und der zehnten Felderspitze des im IV. Feld erscheinenden Elternteils. Für das VII. Feld trifft das Umgekehrte zu. Das X. und das IV. Feld sind offensichtlich die jeweiligen Aszendenten der Eltern des Betreffenden. Spätere Kapitel werden dies ausführlicher behandeln, doch im Augenblick ist es entscheidend für uns zu verstehen, daß Vorkommnisse innerhalb des Zeitraums der familiären Umweltstruktur fast immer durch die Eltern in Erscheinung treten werden. Der junge Mensch wird auf alles, was sich ereignet, reagieren und ihm einen Wert beimessen, und er wird dies in Relation zu dem Reaktionsmuster tun, das entscheidend für den Entwicklungsfortschritt ist.

Die Ansammlung von Wertmaßstäben durch die Erfahrung, das Wissen um die Funktionen innerhalb der Umweltstruktur lassen den jungen Menschen erkennen, wer er ist. Er muß dieses durch die Umwelt geformte Bild der eigenen Persönlichkeit widerspiegeln, damit er weiterleben kann, damit er Unterstützung und Bestätigung erhält, damit er jede mögliche Sicherheit bewahrt. Das Bedürfnis nach Zugehörigkeit ist ungeachtet der Verhältnisse in hohem Maße dominierend. Innerhalb dieses Vorgangs werden die persönlichen Fähigkeiten ausgebildet und gespeichert. Die Astrologie weist uns dramatisch auf das Alter von 21 Jahren hin – und die Gesellschaft tut dies mit dem gleichen Nachdruck –, wenn der laufende Saturn das Quadrat zu seiner Geburtsposition vollendet, wenn der laufende Uranus ein Quadrat zu seiner Geburtsposition bildet, wenn der laufende Jupiter das Quadrat zu seiner Geburtsposition vollendet und der laufende Mars in Opposition zu seiner Geburtsposition steht: Dies ist der Zeitpunkt für Veränderung, für Aufbruch, für Abweichung. Sozial gesehen ist es die Zeit für überstürzte Heirat, für Auflehnung, für ungestüme Berufswahl; es ist die Zeit für Irrtümer, weil die betreffende Person eine Umgebung verläßt und eine andere mit unterschiedlichen Wertmaßstäben, Erwartungen und Regeln betritt. Die angesammelten Fähigkeiten werden einer ernstlichen Prüfung unterzogen.

Die akademische Ausbildung kann als Übergang zwischen der häuslichen Umgebung und der breiteren sozialen Umwelt angesehen werden, die sich daran anschließt. Diese Zeit führt den Menschen im allgemeinen aus dem Elternhaus an einen anderen geographischen Ort; diese Ortsveränderung ist häufig der hauptsächliche Antrieb für den Hochschulbesuch, denn sie ermöglicht gewissermaßen die »Flucht« und eine kräftigende Selbständigkeit. Wenn diese Vorteile *nicht* genutzt werden können, so ist der Übergang in eine breitere Umwelt schwierig. Aus Gründen der Sicherheit neigt man dazu, die Gleichheit der familiären Umgebung zu bewahren. Die Entwicklungsphase der Irrtümer beginnt früher, und die daraus hervorgehenden Probleme sind weitaus nachhaltiger.

Bei den gerade besprochenen Strukturmustern können nun bestimmte Einblicke untereinander ausgetauscht werden. Das Ziel besteht nicht darin, eine feststehende Formel auswendig zu lernen, sondern die ständig fließende Bewegung zu verstehen – die Strömungen des Umweltdrucks auf die Entwicklung auf verschiedenen gesellschaftlichen Ebenen, zu unterschiedlichen gesellschaftlichen Zeiträumen, an verschiedenen gesellschaftlichen Standorten. Die Beschreibungen dieser Strukturmuster hier sind nicht negativ, sondern nur realistisch. Wir alle haben verwandte

Strukturen durchlebt. Wenn wir die Einzelteile dieser Strukturen nicht in uns selbst wahrnehmen, dann können wir sie auch in anderen nicht erkennen. Die holistische Astrologie gründet sich auf Bewußtheit und Einfühlungsvermögen. Wir müssen die Rolle der Wunschvorstellung, der Rationalisierung, der Beziehungsdynamik nicht nur bei uns selbst, sondern bei allen anderen Menschen in unserem Umkreis überprüfen, und dies nicht zum Zwecke von Werturteilen, sondern zum Zwecke der Anerkennung von Werten durch das Individuum.

In weiterer Relation zu den als Beispiel angeführten Strukturmustern können wir sicher sein, daß die Mehrzahl der darin lebenden Menschen das Gefühl von einer gewissen »Normalität« der persönlichen Umweltstruktur hat. Jeder Mensch findet in der Regel bei der Peer-group innerhalb desselben Umfeldes Parallelen und Entsprechungen der Umwelt. Jugendliche wachsen zusammen in Cliquen oder Straßenbanden auf; Debütantinnen werden auf bestimmten Tanzveranstaltungen in die Gesellschaft eingeführt, sie kommen aus der einen Umwelt heraus und in eine andere hinein; Jugendliche auf dem Lande gehen zur Jagd, sie schließen sich Gruppen wie dem CVJM oder den Pfadfindern an; Vereinigungen von Studenten oder Studentinnen bauen die Identität des Hintergrundes noch systematischer auf; Anstellungen erhält man durch Freunde der Eltern oder akademische Arbeitsvermittlungsstellen, die ihren darüber unterrichteten Auftraggebern stereotype Profile anbieten. Das Maschennetz der Gleichheit innerhalb des Umweltgewebes bleibt konstant erhalten. Junge Leute suchen sich ständig Menschen wie sie selbst aus oder werden mit ihnen zusammengebracht. Ältere Menschen folgen einem ähnlichen Bedürfnisdruck. Das Gefühl der Zugehörigkeit ist entscheidend für die Sicherheit; die Zugehörigkeit bringt Unterstützung und Anerkennung mit sich. *Ein Gefühl von persönlicher Normalität findet Eingang in die persönliche Wertbestimmung.*

Es ist jedoch möglich, gleichzeitig normal und unglücklich zu sein. Wenn Glück (eine besonders für Amerika typische Vorstellung) und Zufriedenheit solche Primärbedürfnisse unseres Lebens sind, so ist es erstaunlich, wie selten sie erfüllt werden. Das Individuum schenkt dem Vorgang ihrer Erfüllung nicht in ausreichendem Maße besondere Beachtung, weil die Definition dieser Zustände von unserer Gesellschaft nicht im Sinne von greifbaren Zielen genau festgelegt wird. Wir werden bald sehen, daß Belange wie Geld, Status, Beruf, Beliebtheit und vieles mehr höher in der Bedürfnishierarchie stehen als Glück und Zufriedenheit. Das Problem ergibt sich aus der Ordnung von Wertmaßstäben in Relation zu den persönlichen Fähigkeiten, die durch die Umwelt bedingt werden. Das Symptom von Magengeschwüren, Strukturen von innerer Unruhe und Angst, Ernährungsprobleme, Aggression, Zwang und Frustration werden weitaus häufiger erfüllt als Glück und Zufriedenheit. Diesen ungesunden Formen der Befriedigung wenden wir aufgrund von Umweltvorschriften den größten Teil unserer schöpferischen Aufmerksamkeit zu.

In seinem ausgezeichneten Buch *The Transparent Self* faßt Sidney M. Jourard unsere Erörterung kurz zusammen: »Als Psychotherapeut bin ich häufig um Familienberatung ersucht worden, und dabei ist mir der unglaubliche Mangel an Kunstfertigkeit und Kreativität bei den Beteiligten aufgefallen. Jeder von ihnen mag erfinderisch in den Möglichkeiten sein, wie man Geld verdient oder die Wohnung ausschmückt, doch wenn es darum geht, ihre Beziehungen anders zu gestalten, dann ist ihre Erfindungskraft wie ausgebrannt. Tag für Tag, und das über Jahre, schlafen die Familienmitglieder abends mit ihrem Familiendrama ein, das in einer bestimmten Form strukturiert ist, die vielleicht keinen befriedigt – zu eng, zu distanziert, langweilig, erdrückend –, und wenn sie am nächsten Morgen wieder aufwachen, schaffen sie erneut die gleichen Rollen, die gleichen Beziehungen, den gleichen Handlungskern, die gleiche Szenerie, die gleichen Opfer. Die Art und Weise, in welcher die Ehefrau, der Ehemann und ihre Kinder aufeinander einwirken, wird noch jahrelang unangefochten und unverändert bestehen bleiben, nachdem sie schon lange aufgehört hat, Freude, Anreiz und die Möglichkeit zum Wachstum hervorzurufen.«[2]

Das Dilemma der Freiheit

Die Konditionierung durch die Umwelt lastet schwer auf dem Drang des Individuums, frei zu sein, sich frei zu fühlen. Das Dilemma liegt darin, daß der nach Freiheit strebende Einzelne tatsächlich dasjenige benötigt, was seine Suche schwierig werden läßt: Er braucht in der Tat die schwer auf ihm lastende Konditionierung durch die Umwelt, um zu lernen, sich klar auszudrücken und die persönlichen Fähigkeiten anzusammeln, die durch die Umwelt Bestärkung finden, damit er das Gefühl von persönlicher Freiheit gewinnen kann. Wie wir in unserer Untersuchung der inneren Unruhe in Teil II dieses Buches sehen werden, läßt sich diese Verunsicherung nicht vermeiden – das Individuum muß sich durch sie hindurch entwickeln. Daher muß der Mensch, als ein soziales Wesen, die individuelle Freiheit durch die Konformitätszwänge der Umweltstrukturen erlangen.

Der Mensch fühlt sich nur dann frei, wenn er sich in einer Weise verhalten kann, die für die *innere* Welt lohnenswert und zufriedenstellend ist. Er muß gewisse Kräfte, gewisse Fähigkeiten haben. Die Ansammlung dieser persönlichen »Kapazität«, dieser Fertigkeiten, mittels der äußeren Billigung durch die Gesellschaft setzt ein großes Maß an Abhängigkeit von der Umwelt voraus. Es handelt sich dabei um eine komplexe und wechselseitige Interaktion.

Damit schließlich Veränderung bewirkt und Individuation erreicht werden kann, ist es erforderlich, daß der Mensch nicht sein persönliches Identitätsbewußtsein mit der von der Umwelt festgesetzten Bestimmung seiner Identität verwechselt. Das funktionale Gleichgewicht zwischen den beiden macht die persönliche Freiheit aus; in diesem Gleichgewicht wird der Mensch, mit den Worten von Alan Watts, »gleichzeitig universell und einmalig«[3].

Das menschliche Wesen ist in dem Maße frei, wie es sich für persönlich signifikante Ziele oder Verhaltensweisen entscheiden, wie es zwischen verschiedenen Alternativen wählen kann. Wir können uns Magda Sorrels enttäuschte Erklärung im Büro des Konsuls ins Gedächtnis zurückrufen: »Dahin sind wir gekommen, daß der Mensch als Fremder auf Gottes Erde geboren wird, daß er gewählt wird und selbst keine Möglichkeit der Wahl hat.« Das Ausmaß, in dem wir eine Wahl im Leben treffen können, ist von unserer persönlichen Befähigung dazu und der unterstützenden Erlaubnis der Umwelt abhängig. Wir können die Möglichkeit herbeiwünschen, die Entscheidungen eines Präsidenten zu treffen und die Welt zu retten, doch unsere Mittel dazu werden nicht anerkannt; wir sind nicht der Präsident, und die Gesellschaft wird uns dies nicht zugestehen. Wir können davon träumen, von einem Ritter auf einem weißen Hengst errettet zu werden, doch unsere persönlichen Vorzüge reichen nicht aus, um den Ritter anzuziehen, und die Vorschriften der Umwelt zwingen uns zur Anpassung unserer Wunschvorstellungen. Die Hoffnung auf persönliche Freiheit wird ständig durch die Realität der Umwelt reguliert.

Da die Freiheit der Wahl, etwas zu tun, ein äußerst komplizierter Begriff innerhalb der Umweltstruktur ist, geben wir dem Freiheitsbegriff in der Regel eine andere, einfachere Definition. Wir sprechen von »Freiheiten *von*«: Freiheit von Mangel, von den Eltern, von schlechter Gesundheit, von Trennung, von Spannung, von Klischees, von Erwartungen, von Verpflichtungen und – tatsächlich auch – von Freiheit selbst. Wir sehnen uns nach Freiheit von all dem, was uns davon abhält, unabhängig eine Wahl zu treffen; *wir verlangen nach Freiheit von der Maschinerie des Angewiesenseins auf die Umwelt.*

Diese Wünsche nach Freiheit können außerordentlich intensiv werden. Sie können sich, was ihre Funktion betrifft, unabhängig von der Umweltforderung machen, unseren Beitrag für die Aufrechterhaltung der Gleichheit zu leisten. Sie können zu Verhaltenszielen in sich selbst werden: Träume oder Wunschvorstellungen können so stark idealisiert werden, daß selbst ihre partielle Erfüllung praktisch unmöglich ist und der vergebliche Antrieb, sie weiterhin erfüllen zu wollen, unser Leben beherrscht. Solche Wünsche nach Freiheit können als Mechanismen der Vermeidung (Verdrängung) angesehen werden: Sie verhindern, daß wir uns mit den wirklichen Spannungen innerhalb unserer Welt auseinandersetzen, damit wir das Selbst-Bewußtsein mit den Umweltforderungen in ein Gleichgewicht bringen können.

Das Verlangen nach der Freiheit *von* Freiheit läßt sich am besten in der Angst vor der Freiheit verstehen. Die Gleichheit der Identität, welche durch Widerspiegelung der Gesellschaftsstruktur aufrechterhalten wird, fürchtet die Veränderung, die Unsicherheit, welche die Freiheit der Wahl verkörpert. »Ich kann diese Verantwortung nicht übernehmen« oder »Bitte fragen Sie bloß mich nicht« heißt in Wirklichkeit »Ich bin nicht derjenige, von dem man erwarten kann, dies in meiner Stellung zu tun« beziehungsweise »Was würde die Familie Jones denken, wenn ich diese Frage so beantworten würde, wie ich es gerne tun möchte«. Selbst die geringste Abweichung von der persönlichen Funktion, wie sie innerhalb der Gesellschaftsstruktur festgelegt wird, alarmiert tatsächliche Angst vor gesellschaftlicher Mißbilligung und Unsicherheit. Der dunkelhäutige Schuhputzer, der auf so vielfältige Weise von seiner Umwelt unterdrückt und ausgenutzt wird, hat es gelernt, daß er nur dann kein Risiko eingeht, wenn er auf jede oberflächliche Konversation nur beipflichtend antwortet, wenn seiner Zustimmung ein leichtes Lächeln folgt, wenn er mit keinerlei persönlichem Engagement spricht. Der Geschäftsmann auf einer Cocktailparty plappert mechanisch die Ansichten seiner sozialen Gruppe nach; wenn er mit einer besonders gravierenden Behauptung konfrontiert wird, so wiederholt er einfach den Inhalt des gerade gehörten Satzes und wartet verzweifelt darauf, daß er aus der Zwangslage befreit wird, einen individuellen Standpunkt einzunehmen, einen persönlichen Kommentar abzugeben.

Wir fürchten uns vor der Freiheit, weil wir, wenn wir der Isolation durch die Umwelt entkommen, das Wiedererwachen von unterdrückten persönlichen Ängsten befürchten, die Wiederbelebung von verdrängten Leiden an der Gesellschaft, die durch Widerspiegelung der Umwelt während eines ganzen Lebens aufgefangen worden sind. Wir fürchten uns davor, daß alles, was wir aus dem Weg geräumt haben, wieder auftauchen wird; unser Körper schmerzt vor Angst, wenn er sich an die Qualen während der Entwicklung erinnert. Angesichts der Freiheit und unserer Furcht davor sind wir häufig verloren, sprachlos, machtlos. Unsere Angst vor der Freiheit ist auch die Angst vor dem persönlich Unbekannten, so wie ein Kind, wenn es während einer Zirkusvorstellung von einem Clown aus der Familiengruppe herausgeholt wird, sich fürchtet und hinter dem Kleid seiner Mutter versteckt. Wie häufig haben wir das Gefühl: »Dies kann ich alleine nicht schaffen. Ich möchte diese Freiheit der Wahl gerne haben, doch sie erschreckt mich.«

Dieses Dilemma weist wiederum auf die Bedeutung der Erziehung zur Kräftigung der persönlichen Fertigkeiten hin. Die Erziehung erhöht das Bildungsniveau und verstärkt die Kapazität zur Wahl. Die Lernerfahrung wird stark vergrößert, wenn sie mit einer deutlichen Ortsveränderung verbunden ist (so wie dies häufig bei einem Hochschulbesuch der Fall ist). Der Bildungsprozeß umfaßt jedoch noch weitaus mehr als die formelle Pädagogik: Es ist von grundlegender Wichtigkeit, *auf jede erdenkliche Weise die Erfahrung von anderen Formen der Umwelt, von anderen Standpunkten zu machen.* Dieser Vorgang beginnt mit dem Lesen oder wenn uns beispielsweise beim Fernsehen oder in Filmen Dimensionen bewußt werden, die über die bloße Unterhaltung hinausgehen. Der Prozeß setzt sich fort, wenn wir unsere Intuition erforschen und unsere Gefühle erfahren, wenn wir verschiedene Interessen und Hobbys ausbilden.

Der Mensch gewinnt Fertigkeiten, wenn er von anderen Formen der Umwelt erfährt, wenn er verschiedene Interessen ausbildet und sich ein Wissen über möglichst viele menschliche und gesellschaftliche Werte aufbaut. Mit diesen Fertigkeiten wächst die Kapazität, eine Wahl zu treffen, sich frei zu fühlen und der Identität Gestalt zu geben. Wenn wir zu irgendeinem geselligen Beisammensein gehen, fühlen wir uns unsicher, bis wir feststellen, daß jemand dort sein wird, den wir kennen. Wir erfahren tatsächlich physische Erleichterung, wenn wir wissen, daß jemand dort sein wird, *der uns kennt.* Wir werden uns einfügen und die Widerspiegelung von Gleichheit vorfinden, die uns gewöhnlich Sicherheit gibt. Wenn wir dann auf der Party sind, können wir in den Gesprächen die gleiche höfliche Eintönigkeit der Umwelt vernehmen, die uns von uns selbst abschirmt. Wir können die Atmosphäre nach einem Funken von Spannung erforschen, worin sich persönliche Freiheit, unterstützt von individuellen Fertigkeiten, erkennen läßt. Wenn der Funken aufblitzt, haben wir einen Augenblick die Möglichkeit der Wahl: Wir können das Licht ignorieren und der Gefahr entgehen, verbrannt zu werden, oder wir können die persönliche Umwelt dadurch erweitern, daß wir auf die Aufforderung eines anderen zur Freiheit eingehen, daß wir das Feuer anfachen und unserer eigenen Möglichkeit von persönlicher Freiheit näherkommen.

In der Regel wird der Klient nicht direkt von Angst sprechen. Die Gesellschaft, mit all ihren Abwehrmechanismen für denjenigen, der sich momentan unsicher fühlt, entschuldigt das Gefühl von Angst nicht, weil es durchblicken läßt, daß die Gesellschaftsstruktur nicht gut genug funktioniert: »Wovor hast du denn Angst, mein(e) Liebe(r)? Habe ich dich nicht gut behandelt?« Der Klient wird gewöhnlich mehr von *Beschränkung* sprechen, und dies ist etwas, das die Gesellschaft gut verstehen kann. Das Erkennen von Beschränkung schließt den Wunsch nach Freiheit in sich ein. In der Astrologie wissen wir, daß das XII. Feld einen symbolischen Bezug zur Beschränkung enthält. Das hat mit keiner okkulten, dämonischen oder verborgenen Macht zu tun, sondern einfach den Grund, daß das XII. Feld die Institutionalisierung der Gesellschaft darstellt, das Zusammenwirken (Dynamik vom sechsten Haus des VII. Feldes der Öffentlichkeit) von der Gesellschaftsstruktur und unserer Arbeit, das uns das Gefühl von Freiheit innerhalb der Identität gibt. Unter diesem Aspekt dürfen wir nicht vergessen, daß das XII. Feld an den Aszendenten angrenzt, zu ihm hinführt und ihn unterstützt.

Im Verlauf des Entwicklungsprozesses, mit unterschiedlichen Formen von Widerspiegelung der Umwelt, Ausnutzung durch die Umwelt und Gefühlen der Beschränkung durch einen Verlust an Freiheit, kann der Mensch den Kampf um Wachstum, die Hoffnung auf Veränderung völlig aufgeben und die Beschränkung durch gesellschaftliche Gleichförmigkeit voll und ganz annehmen. Der Lernvorgang ist beschnitten; Gewohnheit herrscht vor Wahlmöglichkeit; Wunschvorstellungen und Träume werden so verborgen und abgerückt, daß sie sich völlig vom Leben entfernen. Es ist verständlich, daß die persönlichen Hoffnungen der Erwachsenen dann auf die Kinder übertragen werden: »Unsere Kinder werden einmal das haben, was wir niemals gehabt haben« oder »Wir möchten soviel wie möglich für unsere Kinder tun«. Die Konzentration auf die Kinder ist eine bequeme und allgemein gebräuchliche Rationalisierung dafür, daß man lebendig, daß man normal ist; sie ist für die Eltern auch eine bequeme und allgemein gebräuchliche Flucht vor der eigenen Unsicherheit, wo sie selbst im Mittelpunkt stehen. – So ist es, und so ist es schon immer gewesen.

Wenn wir uns die reichhaltige Sammlung von Dingen, von denen wir frei sein möchten, eingestehen, so müssen wir gleichzeitig die Frage stellen, was wir denn mit der Freiheit tun würden, wenn wir sie hätten. Es ist eine negative Freiheit, *von* etwas frei zu sein; es ist eine positive Freiheit, wenn wir die Freiheit konstruktiv für die Veränderung zu stetiger persönlicher Entwicklung einsetzen. Dies bedeutet, daß positive Freiheit bemüht ist, neue Beziehungen innerhalb einer veränderten oder erweiterten Gesellschaftsstruktur herzustellen – nicht mittels Flucht, sondern durch einen offeneren Standpunkt. Wo negative Freiheit das menschliche Wesen *isoliert*, verbindet positive Freiheit das menschliche Wesen mit den Dimensionen stetiger Entwicklung.

»Wir haben ein Haus, und es ist abbezahlt. Noch zwei Jahre, dann werden wir pensioniert. Wir sind frei von Schulden und unseren Kindern. Wir freuen uns auf unseren Ruhestand!« *Freuen worauf?*

Ein anderes Beispiel für negative Freiheit: »Wir beide haben wunderbare Berufe, eine große Wohnung. Wir möchten keine Kinder. Wir machen zweimal Urlaub im Jahr. Mensch, wir sind frei!« *Wird dieses Gefühl anhalten?*

Im ersten Beispiel wurde ein ganzes Leben damit zugebracht, frei *von* vielerlei Schulden gegenüber der Umwelt zu sein. Wahrscheinlich hat darin das Hauptziel bestanden. Nun wird der Ruhestand kommen, und es gibt keine negativen Formen der Freiheit mehr, die noch abzuarbeiten wären. Was wird das Gefühl von positiver Freiheit entzünden und neues Wachstum in das Leben hineinbringen? Im zweiten Beispiel glaubt man, die negative Freiheit schon sehr früh erkämpft zu haben. Wann aber werden die Ansprüche der positiven Freiheit laut werden und persönliche Werte zu weiteren Beziehungen innerhalb einer erweiterten Umwelt herausfordern? Diese Punkte sind von entscheidender Bedeutung für den Heilungsprozeß, wie wir in Teil III dieses Buches sehen werden. Eine Scheidung kann negative Freiheit bedeuten, die Veränderung *innerhalb* einer Ehe positive Freiheit, weil man den Problemen nicht ausweicht, sondern sie löst, weil man vor der inneren Unruhe nicht subjektiv flieht, sondern ihr objektiv gegenübertritt.

Die Antwort auf das Dilemma der Freiheit, die Dominanz der negativen über die positive Freiheit, schlägt eine von zwei Richtungen ein. Zunächst wird die ausgedachte Freiheit innerhalb der erkämpften »Freiheiten von« *aufgegeben werden*, damit man der Isolation und inneren Unruhe entgeht. Die Umweltvorschriften der alten Lebensweise werden wieder auftauchen. Das pensionierte Ehepaar wird ein Boot oder einen Wohnwagenanhänger kaufen, den es eigentlich nicht braucht, und eine Teilzeitarbeit annehmen. Die Rückkehr zu Schulden und Umweltbetriebsamkeit wird gut tun. Innerhalb der alten Gleichförmigkeit werden sich die beiden wieder lebendig fühlen. Das junge Paar wird sich in Anschaffungen verausgaben, die seine Mittel übersteigen, es wird das Trugbild der Zufriedenheit verlieren oder sich so miteinander langweilen, daß sich die Einheit spalten wird, welche die »Freiheiten von« erkämpft hat. Jeder Einzelne wird neu belebt werden, wenn er noch einmal in die Wachstumsstruktur der Umwelt eintritt. Die Wahrscheinlichkeit ist groß, daß in keinem der beiden Fälle *die Bestätigungen durch Unterstützung und Anerkennung*, für die jeweils der andere *innerhalb der geteilten inneren Welt* sorgte, ebenso substantiell oder bedeutsam gewesen sind wie *die Bestätigungen durch Unterstützung und Anerkennung, welche die Struktur der äußeren Welt zu bieten hat.*

Eine zweite Antwort, die gesunde Antwort, legt nahe, daß Freiheit von der Tendenz, nach »Freiheiten von« zu suchen, zu einer neuen, gewagteren Beziehung innerhalb einer erweiterten und vielfältigen Umweltstruktur aufgrund eines offeneren Standpunktes ermutigen kann. Mut und visionäre Kraft können auf einem Bewußtsein von Triumph basieren, auf einem gemeinsam geführten Kampf, auf einer gereiften Liebe, auf der Grundlage zweier individueller Persönlichkeiten, die aufgrund der Ausübung ihrer individualisierten Identität füreinander interessant und anziehend bleiben können. Ihre angestrengte Aktivität im Verlauf der Jahre, die innere Unruhe aufgrund von Beschränkungen während der Entwicklung zu beschwichtigen, könnte ebenso bewußt dafür eingesetzt worden sein, um das Wissen zu vergrößern und die Sensibilität für Bestätigungen durch interpersonelle Unterstützung und Anerkennung zum Zwecke individualisierter Fähigkeiten zu verfeinern.

Die Hoffnungen auf positive Freiheit beginnen mit der Geburt: Während das menschliche Wesen innerhalb seiner Beziehungen zur Umwelt seine Erfahrungen macht, differenziert es individuelle Werte für die innere Welt. Diese Hoffnungen auf die Freiheit, die innere Welt zum

Ausdruck zu bringen, stehen in dynamischer Beziehung zu den Kontrollen, die innerhalb der Vorschriften der äußeren Welt festgelegt sind. Das Gleichgewicht zwischen beiden bestimmt die individuellen Ansichten, die Bezugsebene des Horoskops und die persönliche Freiheit.

Schlußfolgerung

Wir müssen bei der holistischen Analyse so gründlich wie möglich die Botschaft der formbildenden Umwelt erkennen, die innerhalb der Dynamik der Gesellschaftsstruktur enthalten ist. Wir haben uns mit allen gesellschaftlichen Einwirkungen auseinanderzusetzen, damit wir unser Wissen von den astrologischen Symbolen erhalten und vergrößern. Unsere Anwendung der Astrologie muß mit den Realitäten der Gegenwart *und* der Vergangenheit übereinstimmen. Wir müssen uns mit allen Wirkkräften in der inneren Welt eines Menschen auseinandersetzen, damit wir die gleichen astrologischen Symbole mit individuellen Bedürfnissen und Verhaltensfunktionen in Verbindung setzen können. Wir müssen richtig einschätzen können, wie ein Mensch denkt, Dinge miteinander verknüpft, Energie einsetzt, auf Bestätigung hofft, Kontrollen für taktisches Vorgehen verinnerlicht, die Persönlichkeit stärkt, Veränderung visualisiert und Perspektiven verwirklicht. Wir müssen Bedürfnisse klarstellen, von denen die betreffende Person nichts wissen mag. *Die Planeten müssen die komplizierte Interaktion zwischen innerer und äußerer Welt bezeugen.* Wir müssen uns an Maslows einschneidende Beobachtung erinnern, daß der Mensch nur aufgrund der Umwelt in Elend gerät und seine Fähigkeiten nicht verwirklicht und daß die relative Erfüllung von Bedürfnissen seine positive oder negative Einstellung bedingt.

Unsere Astrologie muß auf einer genauen Kenntnis der sich unaufhörlich wiederholenden Verhaltensmuster und Wertmaßstäbe der Umwelt beruhen und dann eine auf die Person bezogene Relevanz durch die äußerst komplexen Reaktionsmuster der inneren Welt eines jeden Individuums erhalten. Wenn wir das Horoskop zum Leben des betreffenden Menschen in Beziehung setzen, müssen wir es ihm zugestehen und ihn mit Hilfe von Erfahrung und Vorstellungsvermögen dazu führen, daß er seine Geschichte erzählt. Gemeinsam mit dem Klienten müssen wir in taktvoller Weise die Stärke der Widerspiegelung der Umwelt, der Ausnutzung durch die Umwelt und der angesammelten Fähigkeiten zur Veränderung in Erfahrung bringen. Wir müssen herauszufinden suchen, welche Bedeutung die Freiheit im Laufe der zeitlichen Entwicklung gehabt hat.

Wenn wir gemeinsam mit dem Klienten seine Form der Interaktion mit der Umwelt richtig einschätzen, wenn wir den Erfahrungen der Vergangenheit eine Bedeutung im Sinne von Entwicklung geben, können wir die Gegenwart in die richtige Perspektive rücken und die Zukunft wissend willkommen heißen. Das holistische Verständnis verpflichtet uns mit Nachdruck den Problemen des Generationswachstums. Wir entwirren das Sicherheitsstreben der persönlichen Identität innerhalb der Anpassungen, die von der Zeit und Veränderung gefordert werden. Wenn wir dies verstehen lernen – und zeigen, daß wir es tun –, gehen wir damit eine enge Verbindung (»Rapport«) zu dem Klienten ein: Wir errichten eine von Freundschaft getragene Beziehung; wir geben den menschlichen Verhältnissen unsere Unterstützung und erkennen das Bemühen eines Individuums um Freisein an. Auf diese Art und Weise stellen wir für einen anderen Menschen eine wertvolle Bestärkung dar – durch uns selbst und durch unsere Astrologie.

Zweites Kapitel

Die Welt des Horoskops

Wir betrachten das horoskopische Rad der Felder als die einen Kreis beschreibende Ganzheit der Lebenserfahrung. So wie sich die Welt jeden Tag vollständig um ihre eigene Achse dreht, werden sämtliche Werte und potentiellen Möglichkeiten unserer gesamten Lebenserfahrung innerhalb der Wirklichkeit unserer Existenz überprüft. Diese Felder existieren symbolisch auf zwei Ebenen: Erstens sind es philosophisch und empirisch bestimmte Aktivitätsbereiche, welche die *Erfahrung der äußeren Welt* widerspiegeln, und zweitens sind es psychodynamische Reaktionsbereiche aus der *inneren Welt* des Menschen, die durch planetarische Signifikatoren und die Aspektstrukturen zwischen ihnen Ausdruck erhalten. Die Bedeutung der Felder fluktuiert zwischen Bezügen zur äußeren und zur inneren Welt. Im Verlaufe der Lebensentwicklung verändert sich ihre *Manifestationsebene*, und der Ring der Felder nimmt die Form einer Spirale um eine zeitliche Achse herum an.

Mit dem Beginn des menschlichen Lebens wird die Dynamik von Konzentrationspunkt und erstem Anstoß in die Eckpunkte des Horoskops aufgenommen. Die innere Welt wird augenblicklich – häufig in traumatischer Form – der äußeren Welt gewahr. Die menschliche Seele erhält ihre von sich selbst bewußte Form innerhalb der Umwelt. Der Prozeß der Umweltwiderspiegelung nimmt seinen Anfang. Sofort ist sich das menschliche Wesen des Atemholens, des Einatmens, und der Forderung des Ausatmens, des Zurückgebens, bewußt. Der Austausch der Reserven beginnt, die Dynamik des Nehmens und Gebens wird errichtet; das Innere wird sich des Äußeren, das Ich wird sich der »anderen« bewußt. Diese Konfrontation setzt die Horizontlinie fest, welche die Hemisphäre der eigenen Identität im Osten mit der Hemisphäre der Identität anderer im Westen verbindet. Die diese beiden Hemisphären miteinander verknüpfenden Bereiche der Lebenserfahrung, die sich unterhalb des Horizonts in Vorbereitung befinden und oberhalb des Horizonts an die Öffentlichkeit treten, drängen auf ihre planmäßige Entwicklung; sie sind fest mit dem »Rückgrat« der Identität verbunden, das durch Zenit und Nadir gebildet wird – den Eltern innerhalb der Struktur des Zuhauses. Diese Bereiche von Lebenserfahrung und psychodynamischer Reaktion warten darauf, daß sie von dem sich entwickelnden Individuum kognitiv erkannt und differenziert werden.

Mit jedem Lebenstag, ebenso wie sich die Welt, der wir angehören, um sich selbst dreht, gewinnt jedes Feld, jede Erfahrungszone und jeder Reaktionsbereich, an Bedeutung. Es verhält sich so, als würden wir innerhalb der sich unerbittlich weiterdrehenden Zeit täglich daran erinnert, daß wir potentiell »ganz« sind, daß uns alles zugänglich ist. Es ist so, als würden unsere ständig angesammelten Erfahrungen und Bewertungen wie im Rückblick an uns vorüberziehen, um das Gleichgewicht zwischen unseren Fähigkeiten und unserer Identitätsstruktur innerhalb der Umwelt hervorzuheben. In jedem beliebigen Augenblick können wir die drehende Bewegung innerhalb unseres Bewußtseins anhalten und uns auf eine besondere Erfahrung oder ein bestimmtes Reaktionsmerkmal konzentrieren. Die ganzheitliche Betrachtung des Horoskops ist vorübergehend aufgehoben, und dies gibt uns als Astrologen die Möglichkeit, den Schwerpunkt auf jeden beliebigen Bereich der Erfahrung oder psychodynamischen Reaktion zu verlegen. Von diesem neuen Ausgangspunkt aus können wir dann mittels der im Horoskop dargestellten holistischen Wechselbeziehung weiterarbeiten.

Wenn wir diese Technik der abgeleiteten Felderanalyse anwenden, können wir beispielsweise feststellen, daß das II. Feld des Selbstwertes (auf der psychodynamischen Ebene) dem fünften Haus des durch das X. Feld versinnbildlichten Elternteils entspricht. Wenn wir unsere Aufmerksamkeit auf den durch die Himmelsmitte (MC = Medium coeli) symbolisierten Elternteil richten und ihm für den Augenblick besondere Bedeutung zuweisen, so sind unsere Selbstwert-Belange mittels der Liebe gebenden Dynamik des fünften Hauses in Relation zu dem betreffenden Elternteil mit einbezogen. Innerhalb der holistischen Analyse zeigt uns dies, daß ein Großteil unserer Selbstwert-Belange, ob zum Schaden oder Nutzen, mit der Liebe verbunden ist, die von jenem Elternteil gegeben und angenommen wird. Wir können überdies daraus erfahren, daß die Gefühlsäußerungen des Elternteils uns – oder dem anderen Elternteil – gegenüber Eingang in unsere Selbstwert-Belange finden, wenn wir selbst dazu aufgefordert sind, anderen Liebe zu geben. Der gesamte Vorgang ist im wesentlichen an der Tatsache orientiert, daß der Bereich unseres II. Feldes ein Quadrat zum Bereich unseres V. Feldes bildet: *Die Selbstwert-*

Bestimmung und die Fähigkeiten, anderen Liebe zu geben, befinden sich notwendigerweise immer in Entwicklungsspannung. Ein Problem in jedem der beiden Bereiche kann kausal mit der Fähigkeit des Elternteils, Liebe zu geben, verbunden sein. Das Netzwerk der unter Spannung stehenden Signifikatoren im Horoskop wird uns dies aufzeigen und von der Bestätigung durch den Klienten unterstützt werden.

Wenn wir nach der gleichen abgeleiteten Methode dem V. Feld den bestimmenden Einfluß zuweisen, so können wir feststellen, daß der Elternteil des IV. Feldes in einer Dynamik des zwölften Hauses mit dem V. Feld in Beziehung steht. Dies zeigt uns, daß innerhalb der Umweltstruktur insbesondere ein Elternteil irgendwie den Ausdruck unserer Liebesfähigkeit beschränken kann. Diese Beschränkung könnte unsere Effektivität in Angelegenheiten des V. Feldes auf sinnvolle Weise unterstützen, bis wir es lernen, uns auf unser eigenes Urteil zu verlassen, oder sie könnte auch unser persönliches Werturteil und Vertrauen völlig untergraben.

Da eine solche Wertbestimmung der Dynamik innerhalb des horoskopischen Umfeldes äußere und innere Welt, soziale und individuelle Wirklichkeit erfaßt, die sich im Menschen miteinander verbinden, klärt sie das Reaktionsprofil des Menschen, wenn er unterschiedliche Grade der Bedürfniserfüllung erreicht. Die holistische Astrologie leitet, ihrer Definition nach, ständig in jeder Hinsicht etwas ab.

Die Bereiche von Erfahrung und psychodynamischer Reaktion stehen auf diese Art und Weise in gegenseitiger Beziehung, daß jeder von ihnen wesentliche Bestandteile und Nuancierungen von allen übrigen Bereichen übernimmt, wenn innere und äußere Welt aufeinander einwirken. Der Mensch gibt diesen Wechselbeziehungen durch den *Erkenntnisprozeß* Bedeutung und funktionale Wirksamkeit. Das Erkennungsvermögen ordnet die Bereiche von Erfahrung und psychodynamischer Reaktion zu bewußten Verhaltensmustern.

Innerhalb seiner Entwicklung errichtet der Mensch erkenntnismäßige Gruppen von Erfahrung und Reaktion. Dieser Vorgang der erkenntnismäßigen Klassifikation bringt tatsächlich die Felderspitzen in ein System und legt die Grenzen zwischen Erfahrungs- und Reaktionsbereichen fest. Das Kleinkind wird sich seines Körpers auf einer sehr frühen Wahrnehmungsstufe des Selbstwertes bewußt. Im frühen Erkennen des III. Feldes lernt es dann, Laute hervorzubringen und sich mitzuteilen. Im Erkennen der elterlichen Achse hält es an allem fest, was die Eltern darstellen.

Wenn sich die Felder im Laufe der späteren Entwicklung spiralförmig um die Achse der Zeit weiterbewegen, finden im II. Feld der betreffenden Person kompliziertere Selbstwert-Belange Berücksichtigung; das gleiche gilt für das III. Feld im Hinblick auf Kommunikation und geistige Bewußtheit und für das IV. Feld im Hinblick auf elterliche Unterstützung. Die Bedeutungsspirale verändert kontinuierlich ihre Bezugsebene in dem Maße, wie die Wahrnehmung immer feinere Klassifizierungen macht. Ein sehr realer Maßstab für die soziale Entwicklung zeigt sich dann im Ausmaß der Sinngebung und des Verständnisses, das mittels der Erkenntnis überall innerhalb des horoskopischen Umfeldes gebildet wird.

Das Erkennen setzt nicht nur eine Folge von Erfahrungen und persönlichen psychodynamischen Reaktionen fest, sondern auch die wechselseitig abgeleiteten Netzwerke, die Teil des gewohnheitsmäßigen Verhaltens sind. Innerhalb der vielschichtigen Herausforderungen des Lebens, das Ich auf der Suche nach Unterstützung und Anerkennung gegen die Umwelt im Gleichgewicht zu halten, versucht der Erkenntnisprozeß, *seine Begriffsfindungen abzukürzen* und in ein eindeutiges System zu bringen, damit die ständige Störung des Lernens, Ordnens und Speicherns neuer Nuancen vermieden wird. Das Bemühen geht dahin, auf zuverlässige Weise Reaktionen auszubilden, so daß sie als erwiesen betrachtet werden können. Zur Verstärkung der Sicherheit wird die Komplexität der Umgebung auf ein Minimum reduziert – damit nehmen gedankenlose, gewohnheitsmäßige Verhaltensweisen und stagnierende Werturteile ihren Anfang.

Beispielsweise erfährt ein Mensch nur geringe Liebeszuwendung von dem autoritären Elternteil des Zuhauses. Er leidet darunter, doch allmählich *gewöhnt* er sich daran: Ein Bedürfnis ist nicht erfüllt worden. Der Erkenntnisprozeß hat dem durch die Anpassung von Verhalten und Reaktion Rechnung getragen: »Ich glaube, daß es stimmt, wenn sie sagen, daß ich nicht lieb genug bin« oder »Ich glaube, daß ich nicht hübsch genug bin, damit ich umarmt werde – da gehe ich ihnen doch besser aus dem Weg«. Damit ist das Verhaltensmuster erklärt: Die Erbitterung wird durch Resignation abgeschwächt; Fügsamkeit wird zu routinemäßigem Verhalten. Das Bedürfnis nach Liebe wird niemals ausreichend erfüllt; das Erkennen davon läßt das Bedürfnis zum Selbstschutz einschlafen, während das Verhaltensmuster der Fügsamkeit gegenüber der Umweltsituation weiterbestehen bleibt. Als Erwachsener stellt der Betreffende fest, daß Liebe nicht angenommen werden kann, wenn sie tatsächlich angeboten *wird*.

Die Erkenntnis klassifiziert daher nicht nur das Bewußtsein von der Umwelt, bringt die Verhaltensmuster in ein System und erklärt die Kausalität, sondern sie begründet auch Werturteile. Der Erkenntnisprozeß ist um Ordnung bemüht, und als Folge davon erreicht er einen Status quo, ein erkennbares Vorstellungsklischee. Dieser Status quo des Identitätswachstums kann dann auf einen Endpunkt stoßen, wenn genügend Vorschriften der Umwelterwartungen erfüllt sind, um die funktionale Sicherheit voraussagbar zu machen, wenn die Bedürfnisse, mehr zu lernen und Fähigkeiten einfühlsamer differenzieren zu wollen, nicht mehr durch das Vorbild der Umwelt oder persönliche Träume motiviert werden.

Die amerikanischen Farbigen hatten sich beispielsweise den auf vernunftwidrige Weise herabsetzenden Umweltvorschriften gefügt, bis die Bürgerrechtsbewegung und Beispiel und Traum von Martin Luther King Jr. zur Neuordnung ihrer Erkenntnisstrukturen beitrugen. Juden kämpfen regelmäßig gegen irrationale Feindseligkeiten aufgrund des Nachdrucks, den ihre familiäre Umwelt auf die Vorteile der Erziehung, auf merkantile Zweckdienlichkeit, kulturelle Einbeziehung und historischen Stolz legt. Bewohner der mittleren USA, die geographisch von den sehr stark auf Wettbewerb beruhenden und sich unterscheidenden Werten der großen Städte entfernt leben, suchen ihr Selbstgefühl in ihren »Kornkammer«-Reserven zu finden, die der Nation einen vollen Tisch decken. Amerikaner, die in den Städten leben und regelmäßig gegen eine große Anzahl von Reizzwängen innerhalb einer komplexen Umweltbetriebsamkeit anzukämpfen haben, sind dazu gezwungen, Überlebensfähigkeiten stärker als die Werte des Austausches von Liebe zu verfechten, da so viele Ansprüche und die Unbeständigkeit von Kontakten einem echten Austausch von Liebe entgegenwirken.

In jeder dieser soziologischen Gruppen (und den vielen weiteren, die noch benannt werden können) gibt es eindeutige Werte und Fähigkeiten, doch werden sie durch das Gruppenumfeld bestimmt. Diese Vorschriften und Maßstäbe garantieren nicht, daß der Einzelne innerhalb von ihnen im Hinblick auf seine *innere* Welt Erfüllung finden wird. Das *Individuum* benötigt eine *personalisierte Form* von Wissen, Vorbild und Traum, damit es die Gruppenvorschriften der Umwelt einlösen und sich außerdem durch sie weiterentwickeln kann. Dies bedeutet die notwendige Konzentration auf die innere Welt, das Bedürfnisprofil, die persönlichen Fähigkeiten. – Wieviele Menschen vermeiden es, sich mit den Unruhen der Entwicklung auseinanderzusetzen und suchen einen Halt in den gewohnheitsmäßigen Vorschriften der äußeren Gesellschaftsstruktur? Die innere Welt wird verleugnet, damit die Bestätigungen durch Unterstützung und Anerkennung der äußeren Welt erlangt werden.

Wir müssen uns daher klar darüber sein, daß innere und äußere Welt um einen Ausgleich bemüht sind. Auf der einen Seite schreibt die äußere Welt Formen der Anpassung vor, die zum Zwecke der Bestätigungen durch Unterstützung und Anerkennung der Umwelt wirken; auf der anderen Seite schreibt die innere Welt Bedürfnisse vor, die auf Erfüllung hoffen. Die Felder enthalten beide: die Gebiete der äußeren Umwelterfahrung und die Bereiche des inneren Umweltausdrucks. *Astrologisch gesehen wird jede Dimension durch die gleichen Symbole und Strukturmuster verdeutlicht und erhält ihre Definition durch das erkennende Bewußtsein des Individuums.*

Es ist daher sehr einfach, innerhalb des Horoskops zu verstehen, wie eine deutliche Anordnung der Planeten in der *östlichen* Hemisphäre in irgendeiner Weise den Konzentrationspunkt des Aszendenten abschirmt. Das Gleichgewicht ist gestört. Dieses Muster verknüpft Erkenntnisstrukturen miteinander, welche diese Veranlagung zur Verteidigung der Identität aufweisen werden. Wir können daraus ableiten, daß die individuelle Wahrnehmung schwieriger, komplexer, vielleicht langsamer verläuft, da sie das Bewußtsein ständig durch selbstbestimmte Bedingungen filtert. Vielleicht wird allzu viel Material angesammelt, so daß die erkennende Wahrnehmung übermäßig beansprucht wird.

Eine deutliche Anordnung der Planeten in der *westlichen* Hemisphäre läßt auf das genaue Gegenteil schließen: Das Gleichgewicht hat sich auf eine Orientierung am Brennpunkt des Deszendenten verlagert – die Äußerlichkeiten, die innerhalb von Beziehungen registriert werden. Wir können daraus ableiten, daß ein Teil des Ichs aufgrund des Impulses aufgegeben wird, andere widerzuspiegeln, Erkenntnisstrukturen durch andere aufzubauen. – Diese beiden entgegengesetzten Ausrichtungen werden in eindrucksvoller Weise durch die Symbolik von Widder und Waage erfaßt: die Ichkraft, die sich selbst den Weg bahnt, und die Ichkraft, die mittels gesellschaftlicher Widerspiegelung gefunden wird.

Wir können verstehen, wie eine deutliche Gruppierung der Planeten unterhalb des Horizonts, die sich um den Halbsummenpunkt des Nadir konzentriert, auf einen verzögerten Erkenntnisprozeß schließen läßt, der an den Werten der frühen Vorbereitung auf das Leben festhält, ehe der Schritt in die Öffentlichkeit durch Beziehungen oberhalb des Horizonts gewagt wird. Liegen die Planeten deutlich oberhalb der Horizontlinie, so können wir die potentielle Möglichkeit von gesellschaftlicher Ausnutzung nachempfinden, da die Erkenntnisstrukturen ihre unterstützende Verankerung innerhalb der frühen Grundlagen unterhalb der Horizontlinie verloren haben. – Diese beiden entgegengesetzten Ausrichtungen werden durch die Symbolik von Krebs und Steinbock erfaßt: die Ichkraft, die völlig von Sicherheitsdenken in Anspruch genommen wird, und die Ichkraft, die sich durch äußerliche Selbstverwirklichung ausdrückt.

Holistisch gesehen greift natürlich jede dieser deutlich festgelegten Strukturen auf die anderen über; die Hemisphären der Orientierung sind durch Aspektstrukturen zwischen den Signifikatoren miteinander verbunden. Der gleiche Vorgang des Übergreifens findet sich auch innerhalb der Differenzierung von Erkenntnisstrukturen, innerhalb der individuellen Festsetzung von persönlichen Fertigkeiten, die in Felderbezügen begründet sind. Beispielsweise greift der am Aszendenten errichtete Konzentrationspunkt der Identität auf das II. Feld der Selbstwert-Belange über, das wiederum auf das Bewußtsein von Meinungen und Gedankenabläufen, von Geschwistern und der Nachbarschaft übergreift. Die drei Bereiche des Erkennens haben natürlich Feldergrenzen, doch diese Begrenzungen haben unterschiedliche Grade der Durchlässigkeit, was durch die Modalität (kardinal, fix, veränderlich) ihrer Signifikatoren innerhalb der Reaktionsmuster des Verhaltens (Aspektstrukturen) angezeigt wird.

Wir können dieses Beispiel weiter verfolgen und sehen, wie die wichtigsten Selbstwert-Belange auf den Aszendenten übergreifen und auf das Identitätsbewußtsein einwirken, wie sie auf das III. Feld übergreifen und Kommunikationsform und Denkweise bedingen. Die Felderspitzen wirken als Grenzen für den erkenntnismäßigen Bezug, *aber nicht zum Zwecke der funktionalen Abtrennung*. Dieser Gedanke findet seine Entsprechung in der Tatsache, daß die psychologischen »Sektoren« in uns nicht starr und unbeweglich feststehen. Eine Reaktion, die in einem bestimmten Teilbereich des Bewußtseins ausgelöst wird, greift auf Teilbereiche über, die »nahegelegen«, das heißt verwandt sind, und in einem geringeren Ausmaß auch auf Teilbereiche, die »weiter entfernt« liegen. Dieses »Übergreifen« wird durch das Netzwerk von Aspekten zwischen den Signifikatoren erreicht.

Wenn Sie beispielsweise Ihre Stellung (X. Feld) verlieren, so wirkt sich dies primär auf die Ziele aus, die Sie sich selbst gesetzt haben, und auf die Bestätigung, die Sie von anderen erhoffen (XI. Feld, die Einkünfte aus der Arbeit, das Liebe-und-Lob-spendende fünfte Haus des VII. Feldes) sowie auf Ihr Bewußtsein von den für Sie gültigen Vorschriften der Öffentlichkeit, diese bestimmte Art von Beschäftigung zu haben (IX. Feld, das dritte Haus des VII. Feldes). Durch die psychologischen Strukturen, die sich im Netzwerk der Aspekte zwischen den Signifikatoren innerhalb des Horoskops widerspiegeln, kann das Erkenntnismuster jedoch noch viel weitreichender sein: Ihr Selbstwert mag geschwächt sein (Quadrat zwischen XI. und II. Feld), wenn die entsprechenden Signifikatoren durch geburtliche Prädisposition oder Ereignisorientierung (innere oder äußere Welt) belastet sind; Ihre Ehe kann beeinträchtigt werden (das X. Feld bildet ein Quadrat zum VII. Feld, und das VII. Feld ist das zehnte Haus des X. Feldes); Sie können mit elterlicher Ermahnung oder durch elterliche Maßstäbe bedingten Schuldgefühlen konfrontiert werden (das X. Feld bildet eine Opposition zum IV. Feld); Ihr Gefühl, nicht geliebt zu werden (das XI. Feld ist durch den Selbstwert des zweiten Hauses mit der beruflichen Stellung im X. Feld verbunden), kann es erschweren, frei Liebe zu geben (denn das XI. Feld steht in Opposition zum V. Feld), und dadurch kann die Identität völlig bestimmt werden, weil der der beruflichen Stellung zugemessene Wert notwendigerweise den Konzentrationspunkt unserer Identität unterstützt (Sextil zwischen XI. Feld und dem Aszendenten).

Wir können sogar noch weiter gehen: Die kooperative Unterstützung und Anerkennung von der Arbeitsgesellschaft (das III. Feld ist in einer Dynamik des sechsten Hauses mit dem X. Feld verbunden) werden entzogen, und dies kann Sie zu einer Neueinschätzung der wahrnehmenden Denkstruktur zwingen (III. Feld); Ihre Kooperation mit anderen ist für den Augenblick aus dem Gleichgewicht gebracht (VI. Feld; Quadrat zum III. Feld), weil Sie nicht mehr mühelos in Ihren Arbeitsbedingungen an den institutionalisierten Vorschriften der Gesellschaft teilhaben können (das XII. Feld, in Opposition zum VI. Feld, ist das dritte Haus des X. Feldes und bildet ein Quadrat zum III. Feld). Die Ziele, die durch die Arbeitsbasis errichtet worden sind (VIII. Feld, elftes Haus des X. Feldes), müssen erkenntnismäßig neu eingeschätzt werden, und dabei können die Selbstwert-Belange Ihres Ehepartners berührt werden (das VIII. Feld ist das zweite Haus des VII. Feldes). – Die ganze Welt dreht sich im Kreis. Viele Interessen gewinnen an Bedeutung. Von dem Kernpunkt des besonderen Erkenntnisbereiches greift das Netzwerk von Interessen auf andere Beeiche über und wird durch die Aspektstrukturen zwischen den Signifikatoren und die individuelle Bewußtseinsstufe durch die gesamte Identität gelenkt. Alle Felder sind davon berührt worden. Dies ist holistische Bewußtheit bei der Analyse, für uns selbst und für unsere Klienten.

Im Falle von Komplexen und Zwangsvorstellungen taucht dieses Übergreifen *nicht* auf. Die Grenzen um einen Erkenntnisbereich, der ein bestimmtes psychodynamisches Reaktionsmuster umfaßt, können geringe Durchlässigkeit haben, können bis zum Extrem an sich ständig wiederholende Strukturmuster gebunden sein. In dieser Situation dreht sich die Welt des betreffenden Menschen *nicht* mehr. Die fixe Vorstellung trennt das Problem ab und beraubt die Identität des Erleichterung schaffenden Einfallsreichtums, der in anderen Erkenntnisstrukturen und psychodynamischen Verhaltensreaktionen gespeichert ist. Die ausschließliche Konzentration auf den beruflichen Mißerfolg kann sich beispielsweise in einem solchen Ausmaß im Denken festsetzen, daß ein normalerweise gesichertes Selbstwert-Bewußtsein oder Geld auf der Bank oder eine außergewöhnliche Unterstützung durch die Ehe nicht dafür eingesetzt werden kann, um die Bedürfnisversagung zu mildern und eine neue Perspektive zu errichten.

In der Regel sammeln die Menschen genügend Sicherheit und Ausgewogenheit innerhalb der gesellschaftlichen Strukturen an, so daß sie vorübergehende Enttäuschung und Störung ohne die Erfahrung eines bedenklich gestörten Gleichgewichts aufnehmen können; es kann jedoch bestimmte empfindliche Bereiche geben, in denen Enttäuschung und Störung nicht zu ertragen sind, und das Bewußtsein und die Abwehr von diesen setzen sich in Ausdruck und Verhalten der Persönlichkeit fest. Ein volkstümlicher Ratschlag sucht die Grenzen einer sich derart isolierenden fixen Vorstellung aufzubrechen; er lautet: »Mach' dich davon frei und gehe weiter – sei dankbar für das, was du hast!«

Dies alles führt uns die Komplexität der inneren Welt vor Augen, wenn sie auf die Vorschriften der äußeren Welt stößt. Der Mensch schwimmt innerhalb dieser Vorschriften, damit er die Gleichheit bewahrt, er spiegelt die besonderen gesellschaftlichen Formen wider und erleidet Ausnutzung, damit er Unterstützung und Anerkennung erhält. Die ganze Zeit über versucht er, persönliche Bedürfnisse in einem Ausmaß zu erfüllen, das Veränderung und die Weiterentwicklung zur Freiheit hin ermöglichen wird. Er speichert Fertigkeiten (die Kapazität zu bestimmten Verhaltensformen) innerhalb von verschiedenen, differenzierten Erkenntnisstrukturen. Die Aktivierung dieser besonderen Fertigkeiten ruft augenblicklich die holistische Ganzheit auf den Plan. Dieser Vorgang entspricht dem Lebensprozeß und dem Individuationswachstum; es ist der innerhalb des Horoskops lebendige Prozeß.

Innerhalb der gesellschaftlichen Struktur, die wir alle miteinander teilen, ist das, was wir auf unserer jeweiligen Entwicklungsstufe darstellen, um die Bewahrung des Gleichgewichts mit dem bemüht, was andere auf ihrer Entwicklungsstufe darstellen. Das gemeinsame Leben und die gegenseitige Interaktion machen den Austausch von Fähigkeiten zwischen den Menschen erforderlich. Jeder innerhalb der gleichen Gesellschaftsstruktur hat dieselben Grundbedürfnisse, die durch den individuellen Erkenntnisprozeß eine persönliche Form annehmen, und jeder muß kooperieren, damit er diese Bedürfnisse erfüllen und die Ruhe innerhalb der Gesamtstruktur aufrechterhalten kann.

Wir haben bereits früher die Orientierung der Felderkreuze innerhalb des Horoskops erkannt. Sie wird im Verlaufe dieses Buches bis ins einzelne ausgearbeitet werden. Wir weisen jetzt wiederum auf sie hin, damit wir die Ansammlung von persönlichen Fähigkeiten und den Austausch dieser Fähigkeiten mit anderen, welche genau die gleichen Interessen haben, verstehen können. Die im folgenden angeführten Verhaltensmuster schließen tatsächliche Lebenssituationen ein, die in unterschiedlichem Ausmaß von uns allen – von Astrologen und ihren Klienten – erfahren werden. Wir müssen diese denkbaren Strukturmuster erkennen und ein Gefühl dafür bekommen, damit wir die astrologischen Symbolformen bereichern und die Horoskopstrukturen mit Leben erfüllen können.

Im wesentlichen werden unsere Fähigkeiten durch Erfahrung angesammelt und mittels gewohnheitsmäßiger Verhaltensmuster in drei Untergruppen eingestuft, die in Beziehung zu den Felderkreuzen stehen. Jede dieser drei Unterteilungen ist innerhalb der Erkenntnisstrukturen auf *zwei* Ebenen wirksam, um die Vorschriften der äußeren Welt und die Bedürfnisse der inneren Welt widerzuspiegeln. Die Fähigkeiten in den Eckfeldern, die sich auf das I., IV., VII. und X. Feld beziehen, stufen Status (außen) und Identität (innen) ein. Die Fähigkeiten in den Fixfeldern (II., V., VIII. und XI. Feld) stufen Geld (außen) und Liebe (innen) ein. Die Fähigkeiten in den Wechselfeldern (III., VI., IX. und XII. Feld) stufen Information (außen) und Perspektive (innen) ein. Wir können sofort im voraus erkennen, wie diese Einstufungen der Fähigkeiten aufeinander übergreifen: Status/Identität greift auf Geld/Liebe über, Geld/Liebe auf Information/Perspektive, und umgekehrt greift Information/Perspektive wiederum auf Status/Identität über. Ständig dreht sich die

Welt, überschreiten wir die Linien, die unsere Erkenntnisstrukturen errichtet haben, treten aufgestellte Verhaltensmuster in Wechselbeziehung zu *allen* unseren Fähigkeiten.

Ein Kind wird beispielsweise erwarten, daß bestimmte Dienstleistungen zu seinem Nutzen ausgeführt werden, lange nachdem es diese selbständig erledigen kann, weil es diese Dienstleistungen nämlich mit Liebe gleichsetzt. Innerhalb der Astrologie fallen »Dienstleistungen« unter die Kooperationsdynamik des VI. Feldes, das zu dem Felderkreuz von Information/Perspektive gehört. Das VI. Feld ist das zweite Haus des V. und das fünfte Haus des II. Feldes; mit dem XI. Feld (empfangene, erhoffte, erwartete, vorausgesetzte Liebe) ist es in einer kooperativen Dynamik des sechsten Hauses verbunden. Die »Dienstleistungen«, die in Kooperation mit anderen ausgeführt werden, sind immer eng mit unserer Einstufung des Austausches von Liebesfähigkeiten verbunden.

Wir begründen verstandesmäßig, daß andere ein besseres Gefühl in bezug auf sich selbst haben werden, wenn sie mit uns kooperieren, wenn sie uns helfen, wenn sie unsere Bedürfnisse nach Liebe anerkennen: Das VI. Feld bildet ein unterstützendes Sextil zum VIII. Feld, den Selbstwert-Fähigkeiten von anderen, und dieses VIII. Feld befindet sich in Opposition zu unserem II. Feld. Gleichzeitig kommt es selten vor, daß eine Liebesäußerung nicht auch Status im äußeren Bezugsrahmen verleiht, wodurch die Identität im inneren Bezugsrahmen bestärkt wird (die Beziehung zwischen II. Feld und Aszendenten; das Sextil des XI. Feldes zum Aszendenten; das XI. und V. Feld in einer Dynamik des zweiten Hauses zum X. bzw. IV. Feld; das XI. und V. Feld in Trigon- und Sextilbeziehung zum VII. Feld). Denken wir nur daran, wie Probleme in jedem beliebigen Bereich auf so viele weitere übergreifen können.

Die Menschen errichten ihren persönlichen Status durch Teilhaben an Information. Die Beteiligung an privilegierter Information bedeutet eine Aufforderung zu privilegierterem Status. Als Tauschwert erwarten wir dafür Anerkennung, Liebe, Achtung, höheren Status, größere Vertrautheit. Das Teilhaben an einem Geheimnis führt in besonderem Maße zu vertrauterem Umgang und erhöht den persönlichen Status aufgrund von spezialisierten Beziehungen – »wir sind eingeweiht und wissen Bescheid«. Information/Perspektive, die Fähigkeiten der Wechselfelder, leiten über zu Status/Identität, den Fähigkeiten der Eckfelder. Mit jedem Lernprozeß gewinnen wir Fähigkeiten, welche die Bezugsebenen verlagern und neue Erfahrungsebenen in den Mittelpunkt stellen und initiieren.

In seinem Buch *The Transparent Self* macht Sidney M. Jourard die

Beobachtung, daß jeder Mensch ein »lebendiger Fragebogen«[4] ist. Er erkennt, daß alle Menschen ein ganzes Bündel an Fragen mit sich herumtragen, die sie an jeden richten, mit dem sie in näheren Kontakt kommen. Wir können diesen Vorgang innerhalb unserer Diskussion über den Erwerb und Austausch von Fähigkeiten mit anderen wahrnehmen. Mittels Kommunikation und Verhaltenswahrnehmung haken wir im Geiste Antworten zu unserem Fragenbündel auf zwei Ebenen ab: Erstens, wie viele ähnliche Fähigkeiten können wir feststellen, um die andere Person mit unserer Umweltstruktur in Verbindung zu bringen? Zweitens, welche besonderen, persönlich differenzierten Fähigkeiten können wir bei der anderen Person feststellen, die einen Austausch nutzbringend machen werden, um uns bei der Erfüllung *unserer* persönlichen Bedürfnisse zu helfen?

Wir wissen, daß jedes der Felder (Fähigkeitsbereiche) unterhalb der Horizontlinie in Opposition mit den gleichen Fähigkeitsbereichen von jemand anderem verbunden ist, der innerhalb der Gesellschaftsstruktur in Beziehung zu uns steht, das heißt, unser VII. Feld zeigt die gleiche Felderdynamik wie der Aszendent des anderen. Innerhalb von Beziehungen hat unser Identitätsmittelpunkt am Aszendenten die volle Bewußtheit (Opposition) vom Identitätsmittelpunkt jedes anderen Menschen und der Öffentlichkeit in ihrer Gesamtheit. Dieses Bewußtsein stellt eine Herausforderung für Status/Identität dar. Der innere Kern der Fähigkeiten im Kreuz der Eckfelder schließt alle vier Eckpunkte in sich ein, da sich der Aszendent in Entwicklungsspannung mit der Zenit/Nadir-Achse befindet und genau die gleiche Entwicklungsspannung für den anderen Menschen durch den abgeleiteten Aszendenten in unserem VII. Feld hergestellt wird. Wenn zwei Menschen heiraten, werden die Eltern des einen zu den Schwiegereltern des anderen.

Alles, was ein Mensch aus der formgebenden Beziehung innerhalb der frühen Umwelt verinnerlicht und zur Widerspiegelung ausgewählt hat, konzentriert sich in seinem Identitätsbewußtsein. Die individuelle Status/Identitäts-Ebene eines Menschen stößt auf die individuelle Status/Identitäts-Ebene eines anderen Menschen. Zwei »Fragebogen« begegnen sich. Der Prozeß der Beantwortung ihrer »Fragen« bestimmt die soziale Interaktion. *Das Bewußtsein errichtet die Notwendigkeit von Vergleich und das Potential für Austausch.*

Dieser Vergleichsvorgang verläuft instinktiv und ist von grundlegender Wichtigkeit: Wir müssen in Erfahrung bringen, woher der andere »kommt«. Wir müssen Gleichheit oder Abweichungen seines Hintergrundes feststellen. Wir müssen erkennen, wie ähnlich uns der andere im Hinblick auf potentielle Unterstützung durch Austausch ist. Wir müssen sehen, wie der Abstand zwischen uns geschlossen werden kann oder weiter geöffnet werden sollte. Die Verhaltensmuster erforschen die Sicherheitspositionen, die innerhalb einer neuen Herausforderung des Bewußtseins möglich sind. Diese Schlußfolgerungen werden häufig sofort am Anfang gezogen und dann bis ins kleinste Detail von Vergleich und Austausch der Fähigkeiten ausgearbeitet.

Um der Sicherheit willen sind wir meistens darum bemüht, Menschen zu begegnen, die über etwas verfügen, das wir brauchen können, und die gleichzeitig genügend Ähnlichkeiten mit uns gemeinsam haben, daß ein Austausch ermöglicht wird. Wir treffen in Gruppen und Institutionen zusammen, die eine gesicherte Gleichheit der Umweltstruktur anzubieten haben. Stärken und Schwächen der individuellen Fähigkeiten sind daher nicht völlig grundverschieden voneinander. Betty weiß zum Beispiel eine Menge über Astrologie. Ich bin ihr auf einer Tagung begegnet und erkenne, daß ich ihr Wissen benötige, weil es für meinen Status als Astrologe und für meine Identität als sich entwickelndes Individuum eine Hilfe bedeutet. Meine Sensibilität sagt mir, daß Betty aufgrund ihrer persönlichen Eigenheiten Anerkennung braucht. Die Information, die sie mir geben kann, ist es wert, daß ich sie dafür in meinen persönlichen Bereich oder meine Gruppe aufnehmen und freundlich zu ihr sein werde. Die Grenzen dessen, was beide zu geben haben, begegnen sich in einem Kompromiß mit dem, was beide brauchen, und dies wird durch die Umweltstruktur unterstützt, die beide gemeinsam haben.

So sieht der normale Ablauf aus. Der Prozeß des Austauschs wird von jedem Menschen innerhalb einer Beziehung im Hinblick auf seine Bedürfnisse bewertet werden. Eine Person mit besonders dringlichen Selbstwert-Belangen (geringen Selbstwert-Fähigkeiten) und möglicherweise hochentwickelten Informationsfähigkeiten wird die letzteren austauschen, um die erstgenannten dadurch zu erfüllen.

Wenn sich jedoch zwei Menschen begegnen und *beide* in der *gleichen* allgemeinen Fähigkeitsgruppe wenig entwickelt sind, dann müssen sie andere Fähigkeiten miteinander austauschen und leiden häufig unter mangelnder Erfüllung in dem besonderen Fähigkeitsbereich, der bei beiden schwach ausgeprägt ist. Zum Beispiel können zwei Menschen mit geringen Informationsfähigkeiten nicht wissen, worüber sie reden sollen, doch mögen beide sehr einsam sein und sich gegenseitig dadurch Zufriedenheit schenken, daß sie aufgrund von Gleichheiten in der Widerspiegelung der Umwelt an einer gemeinsamen Sicherheit teilhaben (eine Art von Liebe), daß jeder den Status des anderen innerhalb ähnlich problematischer Strukturen kräftigt. Freunde und Liebespartner bauen ihre Beziehung auf wechselseitiger Selbst-Enthüllung auf und gehen am Anfang immer von freudig erkannten Ähnlichkeiten aus.

Wenn sich eine solche Beziehung weiterentwickelt, können die gemeinsamen Stärken auf bestimmten Gebieten fast unmerklich auf die schwächer ausgeprägten Bereiche übergreifen, so daß zwischen diesen eine gewisse Angleichung möglich wird. Im allgemeinen werden die zwischenmenschlichen Tauschwerte im Bereich der gemeinsamen Schwäche jedoch äußerst heikel werden: Eine Schönheitskönigin mit tiefgreifenden Selbstwert-Belangen kann ihren Schönheitsstatus gegen die finanzielle Sicherheit eines reichen Mannes eintauschen. Der reiche Mann erlangt den sozialen Status, eine Schönheitskönigin zur Frau zu haben. Wenn er ebenfalls tiefgreifende Selbstwert-Belange hat, so können die Tauschwerte in der Beziehung die gemeinsamen Unsicherheiten nur vorübergehend abschwächen. Eine solche Heirat (Beziehung) kann grundlegende Bedürfnisbelange zwecks Bestätigung durch periphere Erfüllung außer acht lassen.

Ein wohlhabender Mann wird dadurch sozialen Status zu erlangen suchen, daß er der sozialen Umwelt Geldspenden macht; diese mag äußerst wichtig für ihn sein, weil seine Fähigkeiten innerhalb der Einstufung von Identität oder Liebe nur wenig entwickelt sind. Ein Mann gibt einer Prostituierten Geld für Liebesdienste; die Prostituierte gibt ihre Liebesdienste für Geld oder Information. Wir werden feststellen, daß die meistverbreiteten Formen des Austauschs primäre Grundbedürfnisse übersehen können und lediglich eine Fähigkeit durch eine andere ersetzen.

Sozialpsychologische Forscher erklären, daß Liebe als die meistgeschätzte und grundlegende Fähigkeit des Austauschs innerhalb der normalen gesellschaftlichen Interaktion eingestuft wird. Wir Astrologen wissen, daß Liebe mit den Belangen des II. Feldes beginnt, die um den Selbstwert orientiert sind. Wir kennen das biblische Gebot »Liebe deinen Nächsten wie dich selbst« (III. Feld, I. Feld; Halbsumme im II. Feld), was darauf schließen läßt, daß Eigenliebe *nicht* von gesellschaftlichen Vorschriften abweicht. Auf der individuellen Interaktionsebene können wir jedoch beobachten, daß andere sehr häufig ihr Mißfallen bekunden, wenn man eine hohe Meinung von sich selbst hat. Dies deutet darauf hin, daß viele Menschen auf der Ebene der inneren Welt die hohe Selbst-Einschätzung eines anderen nicht ohne weiteres akzeptieren können, weil sie selbst nicht ein derart gesichertes Bild ihres Selbstwertes haben. Es ist ein allzu offenkundiger Vergleich, den Selbstwert eines anderen innerhalb des Bewußtseins von einer Beziehung (Opposition) anzuerkennen. Umgekehrt stellen die Untersuchungen von Fromm, Horney, Rogers, Adler, Crandall und Bellugi, Omwake und Stock alle einen positiven Bezug zwischen Selbst-Annahme und Anerkennung von anderen fest. Astrologisch gesehen stehen die vitalen Selbstwert-Belange des II. Feldes in bewußter Opposition dem VIII. Feld gegenüber – dem zweiten Haus des VII. Feldes, den Selbstwert-Belangen anderer. Diese Achse wird im Horoskop durch die fixen Zeichen gehalten, die nach der natürlichen Reihenfolge dem Kreuz der Fixfelder zugeordnet werden. Wir können feststellen, daß die Austauschbarkeit der Dimensionen von Selbstwert und Liebe zum Drehpunkt des gesamten horoskopischen Rades wird.

Wenn Beziehungen enger werden, heißt es, daß die Vertrautheit zunimmt. Diese Vertrautheit setzt eine wechselseitige persönliche Selbst-Enthüllung voraus. Die inneren Welten beider Menschen treten in wachsender Vertrautheit miteinander in Verbindung. Bedürfnisse werden in unterschiedlichem Maße durch Austausch erfüllt. Fähigkeiten greifen auf eine ganzheitliche Interaktion über. Selbstwert und Selbstachtung werden miteinander geteilt und gegenseitig widergespiegelt. Mit dem Verschmelzen der inneren Welten wird Gleichheit bestärkt, Ausnutzung vermindert, individuelle Stärken werden bekräftigt, damit weitere Entwicklung und Veränderung möglich wird. Das Individuum gewinnt einen Verbündeten, und die Persönlichkeit findet weitgehend Bestätigung.

Wenn wir Beziehungen zu anderen suchen, die uns sehr ähnlich sind, wenn wir Vertrautheit herstellen, so schützt uns dies vor dem Alleinsein. Jemand, der homosexuelle Neigungen oder extreme politische Tendenzen oder ein starkes religiöses Bewußtsein oder eine besondere Ernährungsweise als lebensnotwendig für seine persönliche Identität anerkennt (alles, was innerhalb der persönlichen Erkenntnisstruktur stark ausgeprägt ist und durch deutliche Verhaltensmuster bestärkt wird), muß sich andere mit den gleichen Besonderheiten aussuchen, damit ein sinnvoller Austausch in Gang gebracht werden kann. Wenn wir andere mit diesen Entsprechungen nicht finden, so führt dies zu ständig sich ansammelnder Enttäuschung. Regelmäßige Enttäuschung leistet weiteren Verhaltensmustern Vorschub, die Mißerfolg voraussehen lassen, die chronische Gefühle eines geringen Selbstwertes bis zu dem Punkte begünstigen, daß ein sich auf Vertrautheit richtender Austausch unmöglich wird. Das Alleinsein wird weiter fortgesetzt. Wird Status offeriert, kann er nicht angenommen werden; wird Liebe angeboten, kann sie nicht akzeptiert werden; wird Information gegeben, kann sie nicht gewürdigt werden.

Wir können im Leben und bei so vielen Konsultationen beobachten, daß viele Menschen mit Selbstwert-Unsicherheiten ungern ein Kompliment machen. Sie haben das Gefühl, daß sie selbst dadurch herabgesetzt werden. Häufig können dieselben Menschen auch selbst kein Kompliment entgegennehmen; sie haben das Gefühl, daß es unaufrichtig ist, daß sie es nicht verdienen. Die psychologische Forschung hat jedoch immer wieder festgestellt, daß im Austausch weggegebene Liebe *nicht* die Liebesfähigkeiten des Gebenden erschöpft – ganz im Gegenteil: Das Schenken von Liebe erhöht die Liebesfähigkeiten des Gebenden. Darum schenken Menschen gerne Liebe, wenn sie die Selbstwert-Sicherheit dafür besitzen, denn sie wissen, daß der Liebesaustausch zu den lebenswichtigen Fähigkeiten innerhalb unserer Gesellschaftsstruktur zählt und die geschenkte Liebe zurückgegeben wird. Für diejenigen mit einem mangelnden Selbstwert-Bewußtsein ist es somit äußerst schwierig, den Austausch – das Kompliment – einzugestehen; wenn sie es jedoch lernen, ein derart einfaches Zugeständnis zu machen, so werden die Selbstwert-Belange allmählich wieder gestärkt, und der Mensch wird in den Hauptstrom der sozialen Interaktion zurückgebracht.

Bei dem lebenswichtigen Austauschprozeß von Fähigkeiten innerhalb der sozialen Interaktion besteht daher ein grundlegender erster Schritt darin, das Angebot von Status/Identität, Geld/Liebe, Information/Perspektive einzugestehen. Dieses Eingeständnis muß das Bewußtsein in sich einschließen, daß Anerkennung und Fähigkeiten von anderen angeboten werden, weil unser eigenes Ich etwas hat, das der andere braucht. Die persönlichen Fähigkeiten irgendwo in unserer Identität mag ein anderer nicht so ausgeschöpft sehen, wie wir sie uns selbst vorstellen mögen. – Diese im Umriß dargestellten Belange bilden den Kern der Entwicklung eines jeden Menschen. Sie sind um Erfüllung bemüht, und sie lassen den unaufhörlichen Druck der inneren Unruhe deutlich erkennen.

Problematische Strukturmuster

Wenn Signifikatoren innerhalb des Horoskopmusters darauf hinweisen, daß irgendeines der Felderkreuze unter Anspannung steht (die für das

Wachstum unbedingt notwendige Entwicklungsspannung), so können wir von bestimmten Verhaltensmustern ausgehen, welche die mangelnde Sicherheit über bestimmte Fähigkeiten verteidigen oder andere, stärker entwickelte Fähigkeiten innerhalb des Austauschs an ihre Stelle setzen sollen. Die holistische Analyse muß sich über die Problembereiche und das daraus hervorgehende Verhaltensnetzwerk bewußt sein; dadurch erhält die Richtungssymbolik, die im Bereich der astrologischen Meßwerte angewendet wird, mehr Gehalt und eine größere Strukturierung. Wir können das Lebensdrama des Klienten sichtbar werden lassen.

Die holistische Analyse muß die Tatsache im Gedächtnis behalten, daß Probleme aus einer Felderkreuzzone (Status/Identität, Geld/Liebe oder Information/Perspektive) sehr leicht auf andere Bereiche übergreifen und sich schließlich im Umkreis der Selbstwert-Belange festsetzen werden, die mit dem Kreuz der Fixfelder (Geld/Liebe) verbunden sind. Kaum einmal wird jemand in unserer Gesellschaft Freiheit durch Bestätigung auf der »Elementarebene« anders als in Form von Geld- oder Liebeserfüllung zum Ausdruck bringen.

Status/Identitäts-Probleme (die Signifikatoren der Bereiche im Kreuz der Eckfelder stehen unter Entwicklungsspannung) können innerhalb der Entwicklung durch Schwierigkeiten mit der Umwelt in Relation zu den persönlichen Bedürfnissen auf vielen verschiedenen Ebenen verursacht werden: ein Elternhaus mit sehr niedrigem Umweltstatus und/oder ohne bestätigende Beziehung zu der Vaterfigur; Ablehnung von Fähigkeiten, die aus der Erziehung gewonnen werden und das Wissen stärken, wodurch wiederum die Veränderung der Umwelt bestärkt wird; unterschiedliche Bewertung des beruflichen Status durch die Umwelt und die persönliche, innere Einschätzung; eine eheliche Verbindung, die wenig zur Ausbildung von Status/Identität beiträgt, was eine Erweiterung der Umwelt und die Möglichkeit zu Veränderung betrifft. Alle diese Belange (und viele weitere) konzentrieren sich auf die Realität, wie sie mittels des Bewußtseins von der Struktur der äußeren Welt wahrgenommen und wie sie in Relation zu den Bedürfnissen der inneren Welt eingeschätzt wird.

Bei Problemen mit Status/Identität wird das Beziehungsgleichgewicht gestört und die Wechselseitigkeit übersehen. Wenn derartige Probleme auf die Entwicklung drücken, gibt es zwei hauptsächliche Verhaltensmöglichkeiten: Selbstbehauptung oder Rückzug. Selbstbehauptung bedeutet Aggression zur Errichtung von Status/Identität; Rückzug ist die Verweigerung von Status/Identität anderen und/oder sich selbst gegenüber.

Im Falle der Selbstbehauptung können wir eine aggressiv vertretene soziale Stellung, aber auch Verstellung bemerken. Die innere Unsicherheit löst eine Reaktionsbildung, eine Abwehrmaßnahme aus, die einen inneren Unruheherd durch den *entgegengesetzten* Komplex verdrängt, der durch Verschwendungssucht, Großspurigkeit oder zwanghaftes Verhalten charakterisiert wird. Astrologisch gesehen dient ein verstärkt arbeitendes Reaktionsmuster innerhalb des Horoskops als Ersatz für die anderweitig mangelnden Fähigkeiten. Ein T-Quadrat ist typisch für eine derartige Energiereserve, die immer einsatzbereit ist, um in einer defensiven Reaktionsbildung Ausdruck zu finden.

Personen mit einem derart aggressiven Selbstbehauptungswillen können sehr stark auf Titel mit einer bürokratischen Funktion achten und sich mit dem Aufputz von Status und Autorität umgeben; sie können mehr Aufhebens von sich selbst machen, als es die Vorschriften der besonderen Umwelt zulassen werden; Status durch Anschluß an andere zu erlangen suchen, die Status bereits errichtet haben; sie können sich ständig Augenblicke der Vergangenheit in Erinnerung rufen, wo Status noch anerkannt wurde; alles das, was sie repräsentieren, bis zum äußersten verteidigen und überkritisch Statuspositionen von anderen herabsetzen. Diese Menschen können leicht übertriebene Förmlichkeit mit Status gleichsetzen und Personen mit deutlich etabliertem Status schmeicheln (mit der Hoffnung auf die gleiche Statusanerkennung als Gegenleistung) oder sich äußere Formen zur privaten Erfüllung des Status-»Spiels«, das gerade betrieben wird, in unaufrichtiger Weise zunutze machen.

Im Falle des Rückzugs wird Status/Identität anderen gegenüber abgeleugnet oder verweigert. Der Rückzug erfolgt eigentlich in dem Sinne, daß man selbst keine Beziehung zu anderen eingehen möchte, weil sie diese Beziehung nicht »verdienen«. Wenn man sich selbst unnahbar macht, glaubt man, den persönlichen Status damit zu vergrößern, doch in Wirklichkeit vermindert sich dadurch das persönliche Wachstumspotential, weil die Möglichkeiten zum Austausch von Fähigkeiten beschnitten werden, die für Aufrechterhaltung und Verbesserung des Status von entscheidender Bedeutung sind. Ein sehr stark ausgeprägtes Selbst-Bewußtsein, eine Ichbezogenheit isoliert den betreffenden Menschen an sich schon von der gesellschaftlichen Hauptströmung. Er wird keinem anderen direkt Status zubilligen. Zur Wahrung eines oberflächlichen Friedens wird er ersatzweise Fähigkeiten anerkennen, die nicht zum Kernpunkt seiner eigenen Interessen gehören. Beispielsweise wird ein Autor zu einem anderen sagen: »Ich besitze Ihr letztes Buch. Der Schutzumschlag ist wirklich besonders schön. Wer hat ihn denn gestaltet?«

Menschen mit Status/Identitäts-Problemen werden sich abwechselnd *beides,* Aggression und Rückzug, Selbstbehauptung und Verweigerung, in unterschiedlichem Ausmaß zunutze machen. In ihrer herausfordernden Weise werden sie andere finden, die ihre eigenen Formen der Überkompensation von Status/Identität unterstützen, und sie um selbst festgesetzte Normen vereinigen. Damit ist eine Clique der Sub-Umwelt begründet, die sich dann von der Hauptgruppe zurückziehen wird. Auf fragwürdige Weise wird ein Statussammelpunkt errichtet; die wirkliche Identität des Einzelnen bleibt umwölkt.

Innerhalb des mittleren Reaktionsfeldes kann die betreffende Person mit Status/Identitäts-Belangen Aggression bevorzugen und ihre Fähigkeiten voll zur Schau stellen, da sie auf Statusbestätigung durch Annahme von allem oder doch einem Teil dessen hofft, was sie anbietet. Hier fördert Aggression wirkliche Substanz, die sich durch Altruismus auszeichnet. Tatsächlich sagt das Verhaltensmuster aus: »Hier bin ich und biete dir alles an, was ich habe – bitte akzeptiere mich«. Fähigkeiten aus dem Bereich von Information/Perspektive werden ernstlich im Austausch gegen Anerkennung (Liebe) und daraus hervorgehende Statusbestätigung angeboten. Bei diesem Austausch werden Stärken innerhalb des Horoskops natürlicherweise auf die aggressive Selbstenthüllung übergreifen, doch gleichzeitig kann auch das normale Gleichgewicht der Interaktionsdynamik, wie es von anderen erfahren wird, gestört sein. Beschäftigung mit und Anwendung von so vielem kann zu einem *Zuviel,* zu einer Überflutung führen. Die Besonderheit der betreffenden Person mit Status/Identitäts-Belangen gewinnt Anerkennung, führt jedoch zu einem Verlust an Vertrautheit. Die Einmaligkeit weicht allzu sehr von Gleichheit ab. Wenn sich andere mit dem Betreffenden vergleichen, so löst dies bei *ihnen* durch das Bewußtsein von Opposition innerhalb dieser Beziehung Reaktionen von Schüchternheit und Unsicherheit aus; sogar eine Selbstbehauptung ohne Aggression kann Distanz schaffen, und das Problem wird nicht gelöst. Die Einmaligkeit findet Anerkennung, doch gleichzeitig entzieht sie sich der Reichweite des Austauschs.

Ein weiteres mittleres Reaktionsfeld bevorzugt den Rückzug. Tatsächlich bedeutet diese Verhaltensform ein Sichfügen, ein Annehmen. Aufgrund von innerer Unruhe über Status/Identität bietet die betreffende Person nur wenig im Austausch der Fähigkeiten an; aus dem gleichen Grund verlangt sie auch wenig. Jegliche Begeisterung scheint verstummt zu sein; ein direkter Augenkontakt wird vermieden, eine persönliche Meinung selten vorgebracht. Der Betreffende entscheidet sich dafür, den Status quo aufrechtzuerhalten – wie auch immer dieser aussehen mag. Gewohnheitsmäßige Routine fördert die Entstehung von genügsamer Zufriedenheit im Beruf; die Erziehung der Kinder ist ausreichend. Die Routine isoliert und läßt die Rechtfertigung »Andere haben es auch nicht viel besser« entstehen: der bequeme Trost der Gleichheit.

Obwohl Status/Identitäts-Belange innerhalb jeder Generation existieren, scheinen sie in mehrfacher Hinsicht für die vor oder nach 1940 Geborenen besonders entscheidend zu sein. In seinem Buch *Identität und Gesellschaft* verweist William Glasser auf die vor 1940 geborene Generation als »Überlebensgesellschaft« und auf die nach 1940 Geborenen als »Identitätsgesellschaft«[5]. Die erstgenannte war zielorientiert, letztere ist rollenorientiert. Wir können innerhalb unserer Diskussion erkennen, wie sich ein Mensch durch *Zielorientierung* auf die Vorschriften der äußeren Welt und durch *Rollenorientierung* auf die Bedürfnisse der inneren Welt bezieht. Die Tatsache, daß Glasser in überzeugender Weise den Umbruch zwischen den Generationen um 1940 ansetzt, bestätigt das astrologische Wissen, daß Pluto das Zeichen Krebs nach 25jährigem Durchgang verlassen hat und im Jahre 1940 mit Sicherheit in das Zeichen Löwe eingetreten ist. Die generationsmäßig bedingte Perspektive verlagerte sich von dem Ziel, eine Mahlzeit auf den Tisch zu bringen, einen festen Arbeitsplatz zu haben und die Sicherheit der Familie zu wahren, auf das Interesse, die Bedeutung der Rolle des Individuums innerhalb des Lebensdramas zu erkennen und sich die Gesellschaft zur Unterstützung des persönlichen Rechtes auf Freiheit zunutze zu machen.

Eltern aus der Überlebensgesellschaft sehen heute ihre Kinder innerhalb der Identitätsgesellschaft und geraten in Verwirrung über ihre eigene Identität. Sie fühlen sich nicht mehr am richtigen Platz, weil der Wechsel zu neuen gesellschaftlichen Wertmaßstäben zu einer Abwertung des Status neigt, für den sie so lange gearbeitet haben. Sie haben ihren Kindern soviel Sicherheit wie möglich gegeben – häufig weitaus mehr, als sie selbst jemals gehabt haben. Die Kinder setzen die Sicherheit, die sie genossen haben, als selbstverständlich voraus und wollen nun ihre persönliche Freiheit ausnutzen. Sie verstehen nicht ohne weiteres, daß diese Sicherheit innerhalb der häuslichen Umwelt der Arbeit und Zielerfüllung ihrer Eltern zuzuschreiben ist, daß sie vorübergehend ist und daß die äußere Umwelt im weiteren Sinne immer noch die gleichen rigorosen Maßstäbe aufrechterhält, die ihre Eltern erfüllt haben. Die rollenorientierte Gesellschaft erwartet, daß sich die gesicherte familiäre Umwelt durch institutionelle Unterstützung und Anerkennung des Individuums weiter fortsetzt. Möglicherweise kann es damit zu einem Umweltschock und zu einer Krise von Status/Identität kommen.

Wenn wir jemanden aus der Überlebensgesellschaft fragen: »Wer sind Sie?«, so wird er antworten: »Ich bin Bauunternehmer, Rechtsanwalt, Arzt, Hausfrau, Bauer, Mechaniker«; die Antwort ist an seiner Zielfunktion orientiert. Jemand aus der Identitätsgeneration wird antworten: »Ich bin Löwe; ich bin ein Mensch; ich bin Trude Schmidt«; diese Antwort ist an individualisiertem Bewußtsein orientiert. Beide Antworten sind tendenziös oder unvollständig: Die Reaktion des »Überlebens« hat die Tendenz, nur die äußere Welt einzugestehen, und die Antwort der »Identität« neigt dazu, nur die innere Welt anzuerkennen. Das mangelnde Gleichgewicht macht es unmöglich, Selbstverwirklichung mit Überleben oder Pflichtbewußtsein mit Identität zu verbinden.

Während die Überlebensgesellschaft zwischen den Jahren 1914 und 1940 den Lauf von Pluto durch das Zeichen Krebs innerlich erlebte, bildeten die äußeren Planeten ständig große Anforderungen stellende Aspekte untereinander, welche die grundlegende Entwicklungsspannung während des gesamten Zeitraums signalisierten. Der Zeitabschnitt wurde durch Saturn und Pluto in Konjunktion im Krebs Ende 1914 und 1915 eingeleitet: Soziale Vorschriften und persönliche Perspektive drängten auf eine Lösung.[6]

Wo auch immer diese Konjunktion im Felderkreis des Horoskops auftrat, mußte der Betreffende hart dafür arbeiten, um persönliche Fähigkeiten während des gesellschaftlichen Überlebenskampfes anzusammeln, aufrechtzuerhalten und zu verteidigen. Wenn jeder der beiden Planeten durch Feldherrschaft oder die Konjunktion durch Feldposition mit einem Eckpunkt verknüpft war, waren Status/Identitäts-Belange in der Regel wahrscheinlich äußerst wichtig innerhalb der Entwicklung, besonders dann, wenn der laufende Saturn Quadratur-Aspekte zu seiner Geburtsposition bildete (das heißt, wenn der Betreffende, 7, 14, 21, 28, 35 usw. Jahre alt war) und/oder während Uranus von Mitte 1927 ab und durch die Jahre 1928 und 1929 im Quadrat zu der Geburtskonjunktion stand. Dies waren Zeiten von intensiver Bewußtwerdung der erzwungenen Unterwerfung unter die Umwelt und des inneren Antriebs zu Veränderung.

Von Mitte 1917 bis Mitte 1918 zeigte der Planetenstand bei der Geburt eine Konjunktion von Saturn und Neptun, was darauf schließen läßt, daß zwei Welten gleichzeitig existieren: die Maßstäbe der äußeren Umwelt und das potentielle innere Vorstellungsvermögen von Veränderung oder die Rechtfertigung des Status quo. Wenn aufgrund dieser Disposition ein Bezug zu den Eckpunkten durch Feldherrschaft oder -position angezeigt war, so ließ dies klar auf Status/Identitäts-Belange in der Entwicklung schließen, die während der Quadratur-Aspekte des laufenden Saturn zu der Geburtskonjunktion eine deutliche Konzentration erfuhren und/oder als der laufende Uranus in der zweiten Hälfte von 1935 und während des ganzen Jahres 1936 bis in das Jahr 1937 hinein ein Quadrat zu der Konjunktion bildete. Dies waren Zeiten von intensiver Bewußtwerdung über Umweltverhältnisse und die innere Hoffnung auf Veränderung.

Mitte 1920 betonte die Opposition von Saturn und Uranus nachdrücklich das Potential zu einem Generationswechsel, das Zurückweichen des Alten gegenüber dem Neuen, den Kampf zwischen zwei Polen. Wurden Eckpunkte des Horoskops durch Signifikatoren hervorgehoben, existierten deutliche Status/Identitäts-Belange im Rahmen unseres Verständnisses von generationsbedingten Interessen während der Entwicklungsjahrzehnte, innerhalb der Strukturen von geographischer Lage und Umwelt. Die Quadratur-Aspekte des laufenden Saturn pflegten diese Belange regelmäßig zu betonen, und die Konjunktion von Neptun und dem Geburtspol des Saturn Ende 1929 und während der Jahre 1930 und 1931 wirkte sich auf Rationalisierung, auf Einwilligung in die Vorschriften der Überlebensgesellschaft aus. Natürlich ereignete sich dieser Entwicklungsdurchgang im persönlichen Horoskop im Alter von 10 oder 11 Jahren und wurde primär durch die elterliche Position während des Zeitraums von 1930 und 1931 aufgenommen.

Während des ganzen Jahres 1922 bildete Saturn ein Quadrat mit Pluto, und die in dieser Zeit Geborenen verinnerlichten einen revolutionären Geist: Der Druck, Umweltvorschriften zu internalisieren, stand in scharfer Entwicklungsspannung zu der persönlichen Perspektive – da würde schließlich irgend etwas geschehen müssen. Dieses Potential zu revolutionärer Veränderung wurde früh im Leben – während sehr schwieriger Zeiten – verstärkt, als der laufende Uranus in den Jahren 1928 und 1929 eine Opposition mit dem Geburtssaturn und ein Quadrat mit dem Geburtspluto bildete. Es könnte sich in den Jahren 1944–1947 während der Konjunktion des laufenden Neptun mit dem Geburtssaturn und seinem Quadrat mit dem Geburtspluto zurückgebildet haben, wobei sich außerdem viel Energie in den Anstrengungen des Krieges entlud. Es könnte dann wieder reagiert haben, als Uranus Ende 1951 und während des Jahres 1952 mit dem Geburtspluto eine Konjunktion und mit dem Geburtssaturn ein Quadrat bildete, wodurch ein Individuationspotential innerhalb einer neuen Generation angeregt wurde, oder als der laufende Pluto in den Jahren 1974 und 1975 in Konjunktion mit dem Geburtssaturn stand und mit seiner eigenen Geburtsposition ein Quadrat bildete.

Ende 1925 und fast während des ganzen Jahres 1926 war die Schlüsselkonstellation der äußeren Planeten ein Quadrat zwischen Saturn und Neptun. Auch dies entspricht wiederum in seinem Wesen einer verstandesmäßig gerechtfertigten Einwilligung in beschränkende Vorschriften der Umwelt. Die Ambitionen lagen weitgehend brach. Die damaligen Zeiten waren hart: Die äußere Welt übte durch die Eltern Druck auf das Kind aus. Dieses Bewußtsein erfuhr regelmäßig eine Konzentration während der Quadratur-Aspekte des Saturn; in den Jahren 1939 und 1940 bildete Uranus innerhalb dieser Geburtskonstellation ein Quadrat mit Neptun und eine Opposition mit Saturn, wodurch während der Adoleszenz die Fähigkeit zu möglicher Individuation, zu möglichem Durchbruch eines Tages erweckt wurde. Dieser Durchbruch könnte vielleicht 1979 im Alter von 53 oder 54 Jahren realisiert worden sein, als der laufende Uranus ein weiteres Quadrat mit dem Geburtsneptun bei gleichzeitiger Konjunktion mit dem Geburtssaturn bildete – das Neue, das endlich an die Stelle des Alten trat.

In den Jahren 1930 und 1931 bildete Saturn ein Quadrat mit Uranus, und dies entsprach einem lebenslangen Entwicklungskampf zur Versöhnung des Neuen mit dem Alten, hatte vielleicht eine Schlüsselbedeutung für die Herausforderung des Generationswechsels. Eine Hervorhebung der Eckpunkte durch Signifikatoren war ein deutlicher Hinweis auf Status/Identitäts-Belange im Bereich der Veränderung von Tradition zu Avantgarde. Diese Auseinandersetzung wurde etwa acht Jahre lang zwischen 1943 und 1951 durch Opposition des laufenden Neptun mit dem Geburtsuranus und sein Qudrat mit dem Geburtssaturn verstärkt. Diese Jahre der Adoleszenz zeigten normalerweise Unschlüssigkeit und Wankelmut, Aufbruch und Stillstand bei dem Wunsch, sich als Generation neue Wertmaßstäbe zu eigen zu machen. Vielleicht wurde der Prozeß einer neuen Status/Identitäts-Findung schließlich zwischen 1950 und 1953 realisiert, als der laufende Uranus ein Quadrat mit dem Geburtsuranus und eine Opposition mit dem Geburtssaturn bildete, oder als er in ähnlicher Weise zwischen 1969 und 1971 und bei gleichzeitiger Opposition zu seinem Geburtsstand ein Quadrat mit dem Geburtssaturn bildete, oder als sich schließlich der laufende Pluto zwischen 1971 und 1979 dem

Kampf zugesellte. – Diese besondere Generationssignatur, die in den Jahren 1930/31 begründet ist, scheint prototypisch für die Überlebensgeneration zu sein, die sich von der Wirtschaftsdepression erholte, die mitten zwischen zwei Weltkriegen lag, die Reifezeit genau nach dem Zweiten Weltkrieg erreichte und in bessere Ausbildungsmöglichkeiten und größere gesellschaftliche Sicherheiten hineinwuchs.

Die zwischen 1932 und 1934 Geborenen haben ein Quadrat zwischen Uranus und Pluto. Für ihre Entwicklung ist eine frühzeitige Bewußtheit über ihr persönliches Potential zu individualisierter Perspektive kennzeichnend. Sie nahmen die Vorteile der Nachkriegszeit in sich auf, für die eine stärker gesicherte Umwelt sorgte. Sie reagierten auf das Angebot zu persönlicher Freiheit innerhalb neuer generationsbedingter Werte, und dies fand Ende 1945 und bis in das Jahr 1946 hinein Bestärkung durch das Quadrat des laufenden Saturn mit dem Geburtsuranus und seine Konjunktion mit dem Geburtspluto. Dieses Bemühen, eine neue Erfüllung von Status/Identität zu finden, wurde dann 1968 und zu Anfang 1969 durch die Konjunktion des laufenden Saturn mit dem Geburtsuranus und sein Quadrat mit dem Geburtspluto abgeschwächt; durch den Lauf des Pluto durch die letzte Hälfte des Zeichens Waage, wobei dieser zwischen 1977 und 1983 in Opposition zum Geburtsuranus und im Quadrat zu seiner eigenen Geburtsposition steht, drängt jenes Bemühen jedoch wieder auf Erfüllung.

Von Mitte 1935 bis zum Frühling 1937 war die Opposition zwischen Saturn und Neptun ein Schlüssel für die Geburtssignatur. Diese Achse wird sich in irgendeinem der sechs Achspaare zwischen den Feldern finden, wobei bestimmte Fähigkeitsbereiche unter Entwicklungsspannung durch Feldposition und Feldherrschaft miteinander verknüpft werden. Wenn die Eckpunkte durch Signifikatoren hervorgehoben sind, werden die Status/Identitäts-Belange mit der Tatsache in Verbindung stehen, daß diese Gruppe von Menschen während des Übergangs von der Überlebens- zur Identitätsgesellschaft geboren wurde. Materielle Struktur, Ehrgeiz und der Prozeß der Verinnerlichung von Umweltvorschriften mögen sich Verwirrung ausgesetzt sehen. Gewöhnlich können diese Menschen die neuen gesellschaftlichen Werte klar erkennen. Ein Teil in ihnen hat den einen, ein weiterer Teil den anderen Bezugsrahmen: Das Praktische weist in die eine, das Phantasievolle in die andere Richtung. Status und Identität können quer durch die Generationsgrenzen eine Herausforderung erfahren. Die Verhaltensvorschriften werden einer regelmäßigen Anpassung unterzogen. Entscheidungen für die eine oder andere Form der Sicherheit waren wahrscheinlich Ende 1965 oder Anfang 1966 erkennbar, als der laufende Uranus eine Konjunktion mit Neptun und eine Opposition mit Saturn bildete. Die Enttäuschung über jede getroffene Entscheidung oder eine neue, zusätzliche Entscheidung kann in den Jahren 1978–1980 im Brennpunkt gestanden haben, als der laufende Neptun ein Quadrat zu der Geburtsachse gebildet und Saturn sich gleichzeitig in Opposition mit seinem eigenen Stand bei der Geburt und in Konjunktion mit dem Geburtsneptun befunden hat.

Der Eintritt des Pluto in das Zeichen Löwe im Jahre 1940 begründet die Identitätsgesellschaft. Im Rückblick erkennen wir, daß sich die gesellschaftliche Perspektive rascher entwickelt: Pluto hat 31 Jahre (Februar 1853–Frühling 1884) im Zeichen Stier verbracht und dabei das Überleben mit der »Rekonstruktion« (Anm. der Übers.: Neuordnung der politischen Verhältnisse in den amerikanischen Südstaaten nach dem Sezessionskrieg) und dem Aufbau der amerikanischen Lebensform verbunden; Pluto hat 30 Jahre (Frühling 1884–Frühling 1914) in den Zwillingen verbracht und in dieser Zeit das Überleben mit Geschicklichkeit und Erfindungskraft verbunden; Pluto hat 25 Jahre (Frühling 1914–Ende 1939) im Krebs verbracht und das Überleben auf einen vollen Bauch und ein gesichertes Zuhause bezogen. Pluto wird sich nur 18 Jahre im Löwen, 15 Jahre in der Jungfrau, 12 Jahre in der Waage und 11 Jahre im Skorpion aufhalten, bis er Ende 1995 in das Zeichen Schütze eintritt. Die Veränderung nimmt zu und beschleunigt sich. Die alten Werte werden rascher von neuen Werten überdeckt. Der Lebensfortschritt rast um den Erdball und durch den Himmel – doch Status/Identitäts-Belange bleiben erhalten.

Eine größere Verpflichtung zu Wachstum und Entwicklung steht bei denjenigen Menschen im Brennpunkt, die während dreier aufeinanderfolgender, sich rascher entwickelnden Zeiten geboren sind. Die in der Mitte des Jahres 1940 Geborenen haben ein Quadrat zwischen Saturn und Pluto; bei einer Geburt im Sommer sind auch Jupiter und Mars mit einbezogen. Diese kraftvolle Planetenstellung läßt eine frühzeitige und weitreichende Umwälzung erwarten. Das Ich ist in hohem Maße betont und in den Jahren 1956–58, im jugendlichen Erwachsenenalter, einem starken Druck ausgesetzt, als der laufende Neptun in Opposition mit dem Geburtssaturn und im Quadrat mit dem Geburtspluto stand und der laufende Uranus mit Geburtssaturn und Geburtspluto Quadrate bildete. Dies war der Aufbruch zu revolutionärer Umwälzung, die sich in den sechziger Jahren niedergeschlagen hat, wobei die Vision durch Drogen getrübt und die Individuation durch neue, auf Gleichheit ausgerichtete Umweltvorschriften abgeschwächt wurde. Der Umweltschock innerhalb der Status/Identitäts-Belange trat mit der individuellen Erfahrung des zurückkehrenden Saturn in den Jahren 1969/70 und später auf – die für jeden Einzelnen zeitlich festgelegten Mahnungen, daß sich die entscheidenden Umweltvorschriften erfolgreich durchsetzen.

Die zwischen Mitte 1951 und Mitte 1955 Geborenen haben ein Quadrat zwischen Neptun in der Waage und Uranus im Krebs: Spiritualität (oder Selbst-Täuschung) führt zu einer Entwicklung von Identitätssicherheit. Mitte 1957 ist Pluto in das Zeichen Jungfrau eingetreten und konzentriert damit die Identität auf ein Umweltbewußtsein, richtige Ernährung, Grundsätze der Kooperation und spirituelle Lehrmeinungen. Der laufende Pluto signalisiert die Rollenerhellung dieser Identitätsbelange äußerst stark innerhalb des Zeitraums zwischen 1977 und 1983 während seiner Konjunktion mit dem Geburtsneptun. Alle Träume und Illusionen werden notwendigerweise im Hinblick auf die Umweltrealität gründlich überprüft, untersucht und eingeschätzt werden müssen. Eine tiefgreifende Persönlichkeitsumwandlung in dieser oder jener Rolle wird klargestellt werden.

Diese Untersuchung über Status/Identitäts-Probleme ist an den Eckpunkten des Horoskops festgemacht worden; diese Probleme werden dadurch angezeigt, daß die Signifikatoren der Eckpunkte unter Entwicklungsspannung stehen. Holistisch betrachtet greifen die im Brennpunkt stehenden Fähigkeiten von Status/Identität auf alle übrigen Qualitäten über. Status/Identitäts-Belange werden zwangsläufig Verhaltensmuster der anderen Erkenntnisstrukturen in sich einschließen, wozu die allgemeinen Einstufungen von Geld/Liebe und Information/Perspektive gehören.

Dieses Übergreifen können wir in Verhaltensmustern im Bereich der äußeren Umwelt und in Strukturmustern zwischen den Meßwerten des horoskopischen Umfeldes erkennen. Die holistische Analyse kann zahllose Beziehungen auf ihre Bedeutung hin untersuchen: Ein Erkennen der Struktur durchdringt das Leben, damit Wechselbeziehungen innerhalb des Verhaltens erklärt werden; ein Wissen um die Struktur durchdringt das Horoskop, damit die Realität widergespiegelt wird. Wir kennen in der Astrologie beispielsweise den Quincunx-Aspekt, der 150° beträgt. Wir weisen ihm die Bedeutung von *Angleichung* oder *Anpassung* zu. Im Hinblick auf Status/Identitäts-Belange innerhalb des ganzheitlichen

Netzwerks von Verhaltensmustern, welche zum Erkennen von Fähigkeiten beitragen, können wir sehen, daß der Aszendent durch einen Quincunx-Aspekt mit dem VI. und VIII. Feld verbunden ist: Der Status der eigenen Identität muß sich ständig den Realitäten der Selbstwert-Vorstellungen anderer (VIII. Feld, zweites Haus des VII. Feldes) und der Dynamik von unserer Kooperation mit anderen (VI. Feld) innerhalb des Austauschs von Fähigkeiten anpassen. Das VII. Feld, das sich in Opposition zum Aszendenten befindet, ist ein Mittelweg – die volle Bewußtheit in der Beziehung.

Das IV. Feld bildet einen Quincunx-Aspekt mit dem IX. und dem XI. Feld: Der Status unserer Herkunft, die Verankerung in unserem Elternhaus, paßt sich durch Erziehung (IX. Feld; die Meinungen anderer, das dritte Haus des VII. Feldes) und den Wert unserer Arbeit im Leben (XI. Feld, das zweite Haus des VII. Feldes) an, damit wir öffentliches Lob (das XI. Feld ist das fünfte Haus des VII. Feldes) und einen »Platz an der Sonne« (Halbsummenpunkt im X. Feld) erringen.

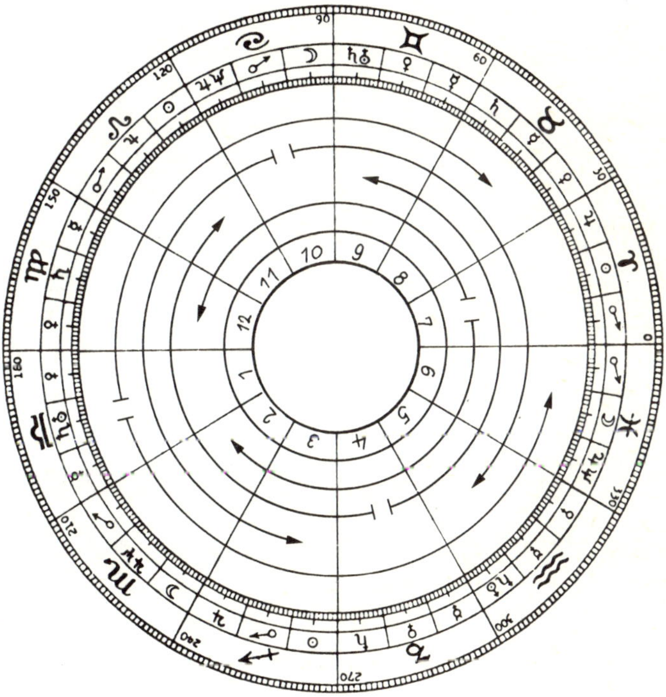

Das VII. Feld bildet einen Quincunx-Aspekt mit dem II. und dem XII. Feld: Der Status unserer Beziehungen, in denen wir die persönliche Identität widergespiegelt sehen, muß sich ständig im Hinblick auf die persönliche Selbstwert-Einschätzung (II. Feld) und die Kooperation der Gesellschaft mit unseren Bemühungen (XII. Feld, das sechste Haus des VII. Feldes) angleichen. Der Halbsummenpunkt innerhalb dieses Vorgangs legt eine verstärkte Betonung auf den Aszendenten.

Das X. Feld bildet einen Quincunx-Aspekt mit dem III. und dem V. Feld: Der Status unserer Arbeit, unserer »Stellung im Leben«, zeigt immer eine Anpassung im Hinblick auf unsere Denkvorgänge und ihre Kommunikation (III. Feld) und unsere schöpferische Selbst-Darstellung (V. Feld, wozu auch Kinder gehören). Bei diesem Prozeß sind wir uns bewußt über die Verankerung in unserer Herkunft (Halbsummenpunkt im IV. Feld), über ihre Unterstützung unserer Leistungen im Leben, über den Kontrast zwischen ihr und uns als persönlich geprägten Einzelwesen.

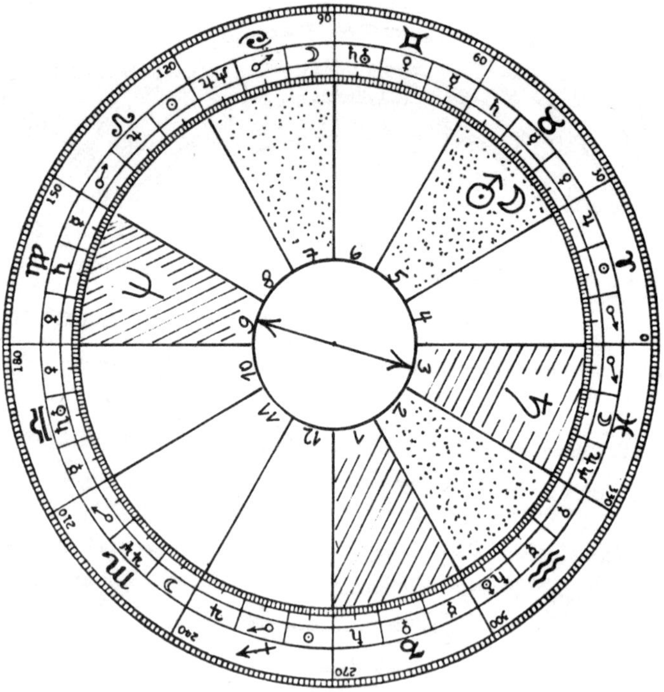

Wenn wir daher um der Klarheit willen besondere Belange isoliert betrachten und Verhaltensmuster generalisieren, so dürfen wir dabei nicht die Belange und verallgemeinerten Strukturmuster der anderen Fähigkeitsbereiche ausschließen und ihre ganzheitlichen Wechselbeziehungen übersehen. Das Netzwerk der Aspekte im Horoskop, die Schlüsselstellung der Signifikatoren, wird die analytische Aufmerksamkeit auf besondere Erfahrungszonen und Bereiche der Verhaltensfähigkeiten lenken.

Zum Beispiel könnte sich die Achse der Opposition Saturn/Neptun bei der Geburtskonstellation in einem Horoskop zwischen dem III. und dem IX. Feld befinden. Saturn in den Fischen herrscht im Aszendenten Steinbock, und Neptun in der Jungfrau im IX. Feld regiert das III. Feld. Aszendent, III. und IX. Feld zeigen durch Feldposition und Feldherrschaft Entwicklungsspannung an und lenken die Aufmerksamkeit der holistischen Astrologie auf sich. Die Status/Identitäts-Belange schließen ohne Zweifel Fähigkeiten aus dem Bereich Information/Perspektive ein, die sich irgendwo zwischen Erziehungsproblemen, geistiger Verfassung, Vorstellungsbildung der Realität, Beziehung zu Geschwistern und der Kooperation mit dem Elternteil im X. Feld bewegen (das III. Feld ist das sechste Haus des X. Feldes; das IX. Feld ist das zwölfte Haus des X. Feldes usw.).

Wäre der Mond bei diesem Horoskop im Stier (ein Bedürfnis, die Dinge so zu erhalten, wie sie sind; der Veränderung um jeder Sicherheit willen, die innerhalb der Status quo existiert, Widerstand entgegenzusetzen) und in Konjunktion mit Uranus im V. Feld, so müßten die Beziehungen im VII. Feld mit in die Analyse hineingenommen werden, weil der Mond im Krebs und damit bei diesem Beispiel im VII. Feld herrscht; das gleiche gilt auch für den Selbstwert-Druck des II. Feldes im Wassermann, das von Uranus regiert wird. Alle diese möglichen Schlüsselbeziehungen zwischen den verschiedenen Fähigkeiten würden äußerst deutlich innerhalb des besprochenen Potentials von Verhaltensmustern und innerhalb der Astrologie, die mit der vom Klienten aufgezeigten Realität korrespondiert. Diese Schlußfolgerungen wirken als Auslöser für das Umweltbewußtsein des holistisch arbeitenden Astrologen, und die Richtungssymbolik der Astrologie wird mit Leben erfüllt.

Probleme und Verhaltensmuster im Bereich des Kreuzes der Fixfelder, die persönlichen Fähigkeiten innerhalb der allgemeinen Zuordnung zu Geld/Liebe, stehen im Kernpunkt des Lebens und auch des Horoskops.

Materielle Werte auf der Ebene der äußeren Welt und Selbstwert-Belange auf der Ebene der psychodynamischen inneren Welt sind die hauptsächlichen Bezugspunkte für »Glück« innerhalb unserer Gesellschaft. Das Interesse an materiellen Werten ist ebenso dauerhaft wie »Monopoly«, das äußerst beliebte und niemals endende Spiel unserer Kultur. Selbstwert-Belange sind ebenso allgegenwärtig wie die Hoffnung auf Liebe, die immerfort in den Herzen der Menschen entsteht. Diese Fähigkeiten werden ständig innerhalb von Beziehungen ausgetauscht, und unser persönlicher Vorrat an ihnen unterliegt konstanter Einschätzung; der gesamte gesellschaftliche Umgang ist von ihnen betroffen, und der holistisch arbeitende Astrologe muß über diese Umgangsformen Bescheid wissen.

Sehr häufig sind die allgemeinen Zuordnungen zu »Geld« oder »Liebe« untereinander austauschbar. Das psychodynamische Selbstwert-Bewußtsein erhält seine Sicherheit und sogar seine Definition in Form von materiellen Eigenschaften, wenn etwa jemand seine Fähigkeit, Liebe zu geben oder geliebt zu werden, mittels materieller Werte beweisen will. Das Akzeptieren eines *Mangels* an materiellen Werten kann eine höhere Bewertung der Dimension »Liebe« innerhalb von engen Beziehungen oder übertragen auf die Welt zur Folge haben, wenn etwa Liebende ihre Liebe über alles stellen oder wenn die Reichtümer der Welt um religiöser oder humanitärer Ziele willen aufgegeben werden.

Aufgrund der eindeutig materiellen Maßstäbe der äußeren Welt sind Bedürfnisse, die sich auf die allgemeine Zuordnung zu Geld beziehen, leichter zu verbalisieren und zu ermessen. Aufgrund der Unbestimmbarkeit der inneren Welt im Ansturm der äußeren Vorschriften sind Bedürfnisse, die mit der allgemeinen Zuordnung zu Liebe verbunden sind, weitaus schwieriger zu verbalisieren. Die Geldbedürfnisse sind eine Sache der Buchführung, die Liebesbedürfnisse sind eine poetische Angelegenheit. Innerhalb gesellschaftlicher Stereotypen lassen sich Buchhalter und Dichter nicht so ohne weiteres zusammenstecken; vermutlich haben sie nicht viele gemeinsame Gesprächsthemen(!). Bei der ersatzweisen Überlagerung dieser beiden Bereiche innerhalb von Beziehungen ist der Vorgang, Liebe zu *verdienen,* jedoch allgemein gebräuchlich, klar und häufig problematisch.

Das Dilemma ist in der traditionellen Bedeutung zu sehen, die der astrologischen Orientierung des II. Feldes zugeschrieben wird. Lange Zeit war das II. Feld den Geldangelegenheiten vorbehalten. In ähnlicher Weise erhielten alle Felder Wesensmerkmale im Sinne der äußeren Umwelt zugeordnet, weil diese während der Entwicklungszeit der empirischen Astrologie allmächtig war. Die äußeren Vorschriften setzten eine strenge Verhaltens- und Statusregelung fest. Die Gebote des sozialen Status waren mit persönlichem Ansehen, Vermögenseinschätzung, Besitzungen und Familienstammbaum verbunden. Mit dem Erwachen der inneren Welt aufgrund größerer politischer Freiheiten in einer reifer gewordenen Sozialstruktur, während eines psychologisch bewußteren Zeitalters, innerhalb der Identitätsgesellschaft, mußten den Wesensmerkmalen der astrologischen Felder bei der Deutung neue Dimensionen hinzugefügt werden. In meinen früheren Veröffentlichungen *The Principles and Practice of Astrology* habe ich die begrifflichen Vorstellungen des Selbstwertes eingeführt, damit der Bezug zur inneren Welt innerhalb des II. Feldes und die Beziehungen zwischen dem Geben bzw. Empfangen von Liebe und dem V. bzw. XI. Feld Beachtung finden. Die Einbeziehung beider, für den Entwicklungsprozeß wirksamen Welten hilft den holistisch vorgehenden Astrologen dabei, nach dynamisch bedeutsamen Anzeichen innerhalb des Dilemmas zwischen Geld/Liebe-Fähigkeiten zu suchen.

Wenn Signifikatoren im Horoskop Entwicklungsspannung im Bereich der Fähigkeiten von Geld/Liebe anzeigen, so können wir von bestimmten, auf eine allgemeine Formel gebrachten Verhaltensmustern ausgehen. Ähnlich wie bei den verallgemeinerten Verhaltensmustern im Bereich der Status/Identitäts-Belange helfen uns auch hier zwei Gegenpole bei der systematischen Gliederung: Selbstbehauptung und Rückzug oder – in Relation zu Geld/Liebe-Belangen vielleicht spezifischer – Überkompensation und Opfer/Verzicht.

Innerhalb der allgemeinen Zuordnung zu dem Dilemma Geld/Liebe mißbilligt unsere Gesellschaft die sich selbst behauptende Überkompensation, wenn sie *sich in der Entwicklung befindet,* bewundert sie jedoch, wenn sie *ihr Ziel erreicht hat.* Wir haben das Gefühl, daß wir durch diesen Vorgang persönlich ausgenutzt werden können, doch möchten wir gerne das gleiche Ziel durch ihn erreichen. Häufig empfinden wir Neid. Wir sind rasch bei der Hand damit, übermäßige Geldgeschäfte als »sündhaft« zu bezeichnen, bewundern aber den damit erreichten Status. Diese Doppelmoral läßt die Erwartung entstehen, der Reiche sollte große Spenden wieder in die Gesellschaftsstruktur zurückfließen lassen, die durch den Vorgang der Ansammlung von Besitz ausgebeutet oder ausgenutzt worden sein könnte. Das Vorgehen, alle Reichtümer aufzugeben oder auf einen Teil von ihnen zu verzichten, bezeichnen wir dann als »heilig«, als einen »Akt der Liebe«. Unsere Erkenntnisstrukturen begreifen, daß wir alle an diesem Prozeß teilhaben und ihn auf verschiedenen persönlichen Ebenen – sei es zum Trost oder als Problem – erfahren. Robert Louis Stevenson hat diese Einsicht in vollkommener Weise eingefangen, als er schrieb: »Heilige sind Sünder, die einfach immer weitermachen.«

Hat jemand Probleme mit Geld im Hinblick auf sozialen Status und/oder Probleme mit Liebe im Hinblick auf interpersonelle Identität, so wird er sich über diese besondere Fähigkeitsschwäche durch den Vergleich zwischen sich selbst und dem gesellschaftlichen Bild bewußt, das in den öffentlichen Medien propagiert wird, oder durch den Vergleich mit den Fähigkeiten von anderen, die sich aufgrund der komplexen Dynamik in zwischenmenschlichen Beziehungen zeigen. Man erfährt ein gewisses Mangelgefühl. Gewöhnlich ist Überkompensation das erste Reaktionsmuster (besonders wenn Mars durch Zeichen und Netzwerk der Aspekte im Horoskop betont ist). Andere Fähigkeiten werden in die Beziehung eingebracht, damit ein Gleichgewicht erreicht wird oder sich die Waagschale zum persönlichen Vorteil neigt. Kinder werden mit den Fähigkeiten ihrer Eltern prahlen, weil ihre eigenen noch nicht klar ausgeprägt sind. Erwachsene werden Statussymbole eines höheren Einkommens ansammeln, welche der Realität nicht entsprechen und die tatsächlichen Geldreserven sogar noch weiter erschöpfen; andere werden versuchen, ihren Wert durch Information zu erhöhen, indem sie Klatschgeschichten sammeln oder zu einer wahren »Nachrichtenquelle« werden, damit sie auf unterschiedlichen Ebenen und in verschiedenen Beziehungen unentbehrlich werden.

Jemand, der Selbstwert-Belange übermäßig kompensiert, kann auf der interpersonellen Ebene zum Zwecke der Selbstbehauptung anderen übertrieben schmeicheln in der Hoffnung, dafür selbst Komplimente als Gegenleistung zu erhalten (dies gilt besonders im Schaugeschäft, wobei der Druck der öffentlichen Aufführung angesichts der sofortigen Bewertung persönliche Unsicherheiten beträchtlich vergrößert); jemand mag einen anderen mit überschwenglichen Liebesbezeigungen überschütten und mittels dieser kostbaren Fähigkeit den unersetzlichen Wert des Gebers für den Empfänger beweisen wollen; jemand kann durch Prahlerei über seine sexuelle Potenz seinen persönlichen Selbstwert verstärken.

Überkompensatorische Anstrengungen zielen auf die Kernbedürfnisse anderer in einer Weise, von der man erhofft, daß sie vielsagend ist und man umgekehrt dadurch persönlichen Wert zurückerhält. Geldgeschenke und verschwenderische Ausgaben, übertriebene und hochtrabende Versprechungen sind häufig Begleiterscheinungen von Unsicherheit im Bereich von Geld/Liebe-Erkenntnisstrukturen. Der heruntergekommene Theateragent beispielsweise, der nicht weiß, wie er die Büromiete bezahlen soll, wird noch immer sagen müssen: »Unterschreiben Sie bei mir, und ich werde einen Star aus Ihnen machen!« Das Versprechen trifft das Kernbedürfnis der anderen Person; es verfolgt den Plan, als Gegenleistung Vertrauen und Liebe hervorzulocken, und es mildert die Sorgen ab. Hier wirkt die Dynamik als Hilfe, damit das Leben für beide weitergeht.

Die Fähigkeiten von Information/Perspektive können durch die Verdrängungsmechanismen von Wunschvorstellung und Traum bis zu dem Punkte angezapft und entfacht werden, daß Projektionen von Weltreichen, Camelots und Nirvanas als Überkompensation zutage treten können, um durch die Verbindung mit imaginären, für den Betreffenden hochbedeutsamen Zuständen persönlichen Wert zu begründen. Der unsichere Lehrer oder Guru verspricht außerordentliche Fähigkeiten gegen den Einsatz von Geld, Loyalität und Liebe durch Schüler und Anhänger.

Wie wir bei unserer Diskussion von Status/Identitäts-Belangen im Abschnitt über Aggression gesehen haben, schafft das Übermaß Distanz aufgrund seiner quantitativen Einmaligkeit. Übermäßig kompensierendes Verhalten verlangt Kapitulation, verliert jedoch meistens an Boden innerhalb der starken Forderungen nach Ausgewogenheit, nach Normalität und Gleichheit, die von der äußeren Umwelt aufgestellt und in der individuellen Entwicklungsstruktur des anderen Menschen aufrechterhalten werden. Unsere Gesellschaft hat uns beigebracht, einem Überangebot an Waren in der Hauptsache zu mißtrauen. Damit ist es jedoch äußerst schwierig bestellt, wenn es bei dem Verkaufsangebot um Fähigkeiten geht, die wir benötigen, wenn es Status durch Geld oder Liebe in Aussicht stellt.

Innerhalb des mittleren Reaktionsfeldes können sich Menschen mit Belangen in der Gruppe der Geld/Liebe-Fähigkeiten durch den beobachteten persönlichen Mangel an diesen Qualitäten schließlich so einschüchtern lassen, daß sie fest an ihren herabgesetzten Status glauben und sich dem Gewohnheitsverhalten des Rückzugs, des Opfers/Verzichts fügen. Für diese Menschen kann es schwierig oder undurchführbar sein, ein Kompliment zu machen, weil sie sich dadurch noch weiter herabgesetzt fühlen würden; sie mögen Wunschvorstellungen zur Untersützung ihres privaten Ruhmes ansammeln und die Fähigkeiten und Maßstäbe von anderen im Bereich von Geld/Liebe abwerten. Im wesentlichen werden sie ihre persönlichen Fähigkeiten jedem Bereich vorenthalten und dadurch den Fähigkeitsaustausch innerhalb von Beziehungen beschränken. Aufgrund von Unsicherheit verzichten sie auf ihr Wachstumspotential und machen die Unsicherheit nur noch schlimmer.

Wenn die Beklemmung der Einsamkeit das Maß des Erträglichen überschreitet, soll häufig die offenkundige Selbsterniedrigung unterstützende Beachtung oder Mitleid erwecken. Im wesentlichen wird auf den individuellen Status zugunsten des Status quo der äußeren Umweltbedingungen verzichtet, werden Bedürfnisse der persönlichen Identität den Werten und Bedürfnissen anderer geopfert. Für so viele können Selbstwert-Probleme zu einer übermäßigen Beschäftigung mit Selbstmord, zu Masochismus führen, um aus der Depression heraus Zuwendung und liebevolle Führung zu gewinnen.

Wir können den Verlust des Selbst-Bewußtseins als eine Art Tod der Identität sehen, um der Spannung, sich nicht sonderlich liebenswert zu fühlen, nicht mehr als das zu »verdienen«, was innerhalb jeder gewöhnlichen Situation normal ist, aus dem Weg zu gehen. Wir können die Selbst-Verherrlichung als eine Art Lebenswillen der Identität auf Kosten anderer betrachten.

Bei dieser allgemeinen Untersuchung einiger Verhaltensmuster, die durch Selbstwert-Belange verursacht werden, taucht ein äußerst wesentlicher Punkt auf: Das Kernproblem, der Gedanke des Bedürfnisses nach Liebe, das sich auf Selbstwert, auf Selbst-Liebe gründen muß, wird übersehen. Ohne Umschweife und fortgesetzt werden andere Fähigkeiten als Ersatz herangezogen, wenn tatsächlich Liebe der umstrittene Punkt ist. Dies geschieht, weil die dynamischen Kräfte der Liebe für unsere Gesellschaft zu schwierig auszudrücken sind. Wir besitzen nur ein einziges Wort für »Liebe«. Wir haben innerhalb unserer Gesellschaft kaum historisches Hintergrundmaterial, aus dem die verschiedenen Bedeutungen von Liebe zu ersehen wären; wir kennen keine amerikanischen Ritter, keine Minnesänger, keine Kunstgeschichte; unsere Psychologen haben gerade erst damit begonnen, die Begriffe von Identität, Selbstwert, Liebesaustausch, Idealisierung, Übermittlung von ästhetischen Werten, Selbst-Bewußtsein in Zusammenhang mit der inneren Welt zu erforschen; in unserer Entwicklung innerhalb der Weltgemeinschaft haben wir kaum das Zeitalter der Reife erreicht.

Die Überlebensgesellschaft hat stoisches Verhalen verherrlicht, wobei Liebe nur in besonderen, vorgeschriebenen Umständen eingestanden oder zum Ausdruck gebracht wurde, oder im Trauma, wenn die innere

Welt ins Bewußtsein rückte, oder kurz vor dem Tode, so als gelte es, das Leben endlich doch noch vollständig zu machen. Der Identitätsgesellschaft, die jetzt in den achtziger Jahren in den sozialen Führungsrollen auftauchen wird, geht es in erster Linie um Anerkennung und Ausdruck von Begriffen der Liebe, die auf internationale Brüderlichkeit, gesellschaftliche Kollektivität und spirituelles Bewußtsein übertragen werden. Dieser Richtungswechsel fängt die historische Tatsache ein, daß die Neurosen der einen Generation immer zu den Freiheiten der nächsten Generation werden. Das mittlere Reaktionsfeld des interpersonellen Liebesaustauschs, der sich auf einem anerkannten Selbstwert gründet, bleibt jedoch weiterhin ein Kommunikationsproblem, eine Frage der Bewertung und eine Herausforderung der Sozialisation. Dies alles nimmt seinen Anfang mit der richtigen Einschätzung des Ichs: die innere Welt der persönlichen Bedürfnisse in Beziehung zu der äußeren Welt der gesellschaftlichen Vorschriften. – Alle diese Belange sind von entscheidender Bedeutung für den holistisch arbeitenden Astrologen, damit er den Hintergrund und die möglichen Strukturmuster im horoskopischen Umfeld eines Individuums frühzeitig bestimmen kann.

Einer der deutlichsten Erkennungsschlüssel innerhalb der astrologischen Diagnose ist das Auftreten des rückläufigen Saturn, der besondere Bedeutung im Bereich von Selbstwert-Belangen hat. Der Saturn hat die symbolische Funktion des innersten Wesens von Zeit – dasjenige, was im Verlauf der Lebenszeit für die strategische Planung der Entwicklung gelernt wird. Dieser Brennpunkt des Lernens konzentriert sich notwendigerweise in gesellschaftlichen Autoritätsfiguren, beginnend mit der Autoritätsfigur im Elternhaus (gewöhnlich der Vater) und ausgedehnt auf Lehrer in der Schule, Leitfiguren in beruflichen Stellungen, im Gemeinwesen, im Bereich von staatlichen Gesetzen und religiösen Geboten. Saturn versinnbildlicht, kurz gesagt, die Umweltstruktur, die während der Entwicklungszeit verinnerlicht wird. In früheren Veröffentlichungen habe ich den Vorschlag gemacht, daß Saturn symbolisch für den Begriff der »notwendigen Kontrollen« steht. Diese Kontrollen *müssen* zur strategischen Planung von Entwicklung verinnerlicht werden. Das Individuum bekommt seine Lektionen erteilt, damit es ein Gleichgewicht zwischen innerer und äußerer Welt schaffen kann. Der Vorgang der Verinnerlichung dieser Kontrollen, das Erlernen dieser Lektionen, mag subjektiv beschwerlich sein, doch letztlich dient er der persönlichen Leistungsfähigkeit. In der Symbolik des Saturn ist vieles vom dramatischen Geschehen der Sozialisation enthalten.

Wir wissen, daß der Wachstumsprozeß zuerst und auf äußerst nachdrückliche Weise im Elternhaus in ein System gebracht wird. In dem jeweiligen Feld, wo Saturn innerhalb des Horoskops plaziert ist, können wir eine Entwicklungsspannung in dem Sinne vermuten, daß notwendige Kontrollen für die eventuelle Leistungsfähigkeit innerhalb der Dynamik von Beziehungen und des Erkennens von Fähigkeiten zu erlernen sind. Steht Saturn beispielsweise im XI. Feld, so wird er den Lernprozeß auf Kontrollen konzentrieren, die Einfluß auf die Erwartung von Liebe nehmen; im Verhalten wird sich ein übermäßig starkes Bedürfnis nach Liebe ausdrücken. Steht Saturn im V. Feld, wird eine Kontrollvorstellung in den Lernprozeß eingebaut, die sich auf die Fähigkeit bezieht, leicht Liebe geben zu können. Die Dynamik von Aspektstrukturen zwischen Signifikatoren wird weitere Bereiche einbeziehen, da holistisch betrachtet das gesamte Verhaltensprofil der Identität zur Sprache kommt.

Ist Saturn rückläufig, wird eine bestimmte Angelegenheit kontrapunktisch hervorgehoben. Die Kontrollen werden durch Felderplazierung angezeigt, und der Faktor der Rückläufigkeit weist auf eine Verzögerung beim Prozeß der Verinnerlichung hin. Holistisch gesehen können wir nach diesem Sozialisationsphänomen in erster Linie während der frühen Entwicklungsjahre und in der Autoritätsfigur des Elternhauses, gewöhnlich dem Vater, Ausschau halten.

Ein rückläufiger Saturn weist fast immer auf überkommene Minderwertigkeitsgefühle aufgrund von einem oder mehreren der folgenden Umstände hin: Die Autoritätsfigur des frühen Elternhauses, gewöhnlich der Vater, trat im Hinblick auf liebevolle Anleitung und Unterstützung aus irgendeinem Grunde nicht klar in Erscheinung. Er wurde durch Tod oder Trennung weggenommen, war die meiste Zeit auf Reisen, oder er war passiv (schweigsam aufgrund seines Charakters oder durch Alkohol oder auch von der Mutter unterdrückt). Es besteht auch die Möglichkeit, daß der Vater streng und herrschsüchtig war und das Kind deshalb niemals liebevolle Anleitung und Unterstützung erfahren hat. Jeweils einer oder mehrere dieser Umstände werden durch einen rückläufigen Saturn beeinflußt. Das Kind verliert die Bestärkung durch liebevolle Anleitung in Relation zu seinen besonderen inneren Bedürfnissen. Es entsteht ein wachsendes Gefühl von Unsicherheit; fast immer ist das Selbstwert-Bewußtsein bedroht. Sehr starke Sonnenbogen-Projektionen zu den Eckpunkten des Horoskops (oder ähnlich starke Aspekte der laufenden Planeten zu den Eckpunkten) während der ersten 14 Lebensjahre werden gewöhnlich die kritischen Phasen dieses Entwicklungsbrennpunktes innerhalb und aufgrund der familiären Struktur und auch im Bewußtsein des Kindes selbst etwa im Alter von 10 oder 12 Jahren und später datieren.

Bei diesem Vorgang bilden sich Minderwertigkeitsgefühle in Relation zu den entstehenden Bedürfnissen, die sich durch das Planetenprofil des Kindes individuell ausformen. Eine starke Konzentration im Widder, besonders bei einer Frau, verlangt beispielsweise besonders viel Aufmerksamkeit für das Erlernen von strategischer Kontrolle über die Impulsivität des Ichs. Bei einem rückläufigen Saturn können die sehr starken Widder-Bedürfnisse in auffälliger Weise weniger Erfüllung erfahren, als wenn sich das Planetenprofil innerhalb des Horoskops im Stier oder in den Fischen konzentriert. Im Stier können die Bedürfnisse die Situation akzeptieren und im Rahmen des Umweltmangels zum Tragen kommen; in den Fischen können die Bedürfnisse die Situation im stillen annehmen und Bestärkung aus einem inneren Bereich suchen. In den Zwillingen, im Schützen und Wassermann kann persönlicher Einfallsreichtum die Situation dem Anschein nach retten, doch mag der innerste Kern niemals jene Stabilität erlangen, die für die Sicherheit im späteren Leben wesentlich wird. Die Minderwertigkeitsgefühle dringen sehr tief in die Identität der Persönlichkeit ein. Die Fähigkeiten sind auf der äußeren Ebene bemüht, einen irgendwie leicht zu handhabenden Status zu errichten; der Gedanke des Selbstwertes wird durch andere Fähigkeiten überdeckt. Es entstehen Reaktionsbildungen. Bei Sonne im Widder und Mond in den Fischen wird das Auftreten des rückläufigen Saturn beispielsweise eine normale Entwicklungsbedingung innerhalb dieser Sonne/Mond-Analyse besonders hervorheben: eine äußere Demonstration von Stärke, wodurch innere Schüchternheit überdeckt wird.

Die Reaktionsbildungen, welche diesen unangenehmen Mangel an liebevoller Anleitung und früher Bestärkung des Selbstwertes wieder ausgleichen sollen, nehmen häufig die Form eines kompensierenden Überwertigkeitskomplexes an. Tatsächlich wächst das Kind heran und hat den Gedanken: »Ihr Menschen dort draußen in der Welt könnt machen, was ihr wollt, doch tief im Innern weiß ich, daß ich besser bin als ihr!« In Wirklichkeit macht diese Vorstellung von überkompensierenden Superioritätsgefühlen den Betreffenden gefügig gegenüber der Führung durch andere: Er ist äußerst anfällig für Schmeichelei, für die liebevolle Bestärkung, die er so sehr braucht.

Sehr häufig ist derjenige mit einsamen Belohnungen und Selbstwert-Bestätigungen innerhalb seiner Einsamkeit beschäftigt, die schon selbst die Belastung ist: Junge Menschen werden sich in ihr privates Eigenleben zurückziehen und träumen. Besonders bei einem Aspekt zwischen Merkur und Neptun wird Tagträumerei zur Stützung der Identität beitragen. Die frühe Ausbildung der Vorstellungswelt wird unter dem Einfluß von Idealisierung stehen, besonders bei einer Merkur/Venus-Konjunktion, bei starker Aspektierung der Venus durch Neptun und/oder Jupiter oder bei Aspekten zwischen Jupiter/Neptun. Für die Identität und das Selbstwert-Bewußtsein werden diese Idealisierungen zu einem Schutz, für die Entwicklung werden sie zu Projektionen. Bei einem solchen Komplex, besonders wenn sich der Signifikator des VII. Feldes unter Spannung befindet, wird der Idealisierungsvorgang auf Beziehungen projiziert werden und diese sehr problematisch machen, weil nur wenige andere Menschen die idealisierten Erwartungen werden erfüllen können.

Diese unableugbaren Strukturmuster ergeben sich innerhalb der holistischen Wahrnehmung eines verunsicherten Selbstwertes; sie tauchen praktisch konstant auf, wenn sie sich um einen rückläufigen Saturn konzentrieren. Ihre Bestätigung führt die holistische Analyse zu unmittelbar relevanten Beobachtungen.

Diese Strukturmuster können in der Realität eines Menschen auch ohne einen im Horoskop angezeigten rückläufigen Saturn vorhanden sein. Die Selbstwert-Bestimmung kann auf vielerlei Art und Weise unter Entwicklungsspannung stehen. Wichtiger als die Schlüsselzahlen der Meßwerte ist die umfassende Bewußtheit des holistischen Astrologen über die Wirklichkeit der Identität und die Beunruhigung über den Selbstwert während der Entwicklung sowie die Kenntnis der grundlegenden Verhaltensmuster, welche das Symptom begleiten (entweder durch den rückläufigen Saturn angezeigt oder subtilere Aspektierungen oder einfach durch den Klienten aufgedeckt).

Zum Beispiel geht Jungfrau in einem Horoskop auf und steht (aufgrund von Feldereinschließung) auch an der Spitze des II. Feldes. Die Zwillinge können innerhalb des X. Feldes eingeschlossen sein. Saturn ist nicht rückläufig, doch Merkur in den Fischen im VII. Feld befindet sich in Opposition mit Neptun in der Jungfrau am Aszendenten. Merkur, der Signifikator des Aszendenten, des II. Feldes der Selbstwert-Belange und des von den Zwillingen eingeschlossenen Teils des elterlichen X. Feldes, steht durch Opposition mit Neptun unter Entwicklungsspannung. Durch die Felderpositionen von Neptun und Merkur werden außerdem der Aszendent und das VII. Feld der Beziehungen noch zusätzlich in diese Entwicklungsspannung einbezogen. Die Aspektkonstellation ist ein klassischer Hinweis auf Tagträumerei. Das Netzwerk der Signifikatoren impliziert Verwirrung über Identität (Aszendent) und Selbstwert (II. Feld), die im besonderen mit einem Elternteil in Verbindung steht (Zwillinge eingeschlossen im X. Feld); diese Verwirrung schließt auch Beziehungen ein (Merkurs Stellung im VII. Feld). Deutlich wird eine unbestimmte Selbstwert-Sicherheit angezeigt. Tagträumerei ist im allgemeinen ein perfekter Verdrängungsmechanismus innerhalb der Einsamkeit. Die Feststellung wird für die Analyse von besonderer Wichtigkeit sein, *welchen Inhalt* diese Wachträume gehabt haben, *wie stark* spezifische Kennzeichen von Beziehungen idealisiert worden sind. Ein Heilungsprozeß würde mit großer Wahrscheinlichkeit ein leistungsfähiges, praktisches Gleichgewicht zwischen all diesen Belangen anstreben.

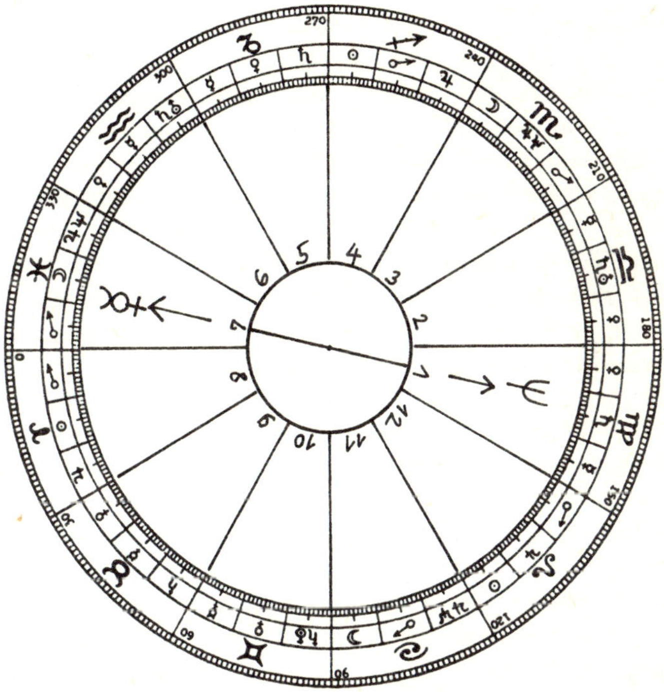

Wenn Saturn in diesem Beispiel rückläufig wäre, so gäbe es einfach keinerlei Zweifel über das Symptom der Selbstwert-Verunsicherung. Bei dieser Konstellation würde Saturn im V. Feld (Steinbock) herrschen. Die Schwierigkeit, Liebe zu geben, wäre automatisch in Relation zu den Selbstwert-Spannungen angezeigt, welche durch die Opposition Merkur/Neptun nahegelegt werden. In voller Kenntnis des gesamten Symptomenkomplexes kann sich der holistische Astrologe sofort gut vorbereitet mit der Entwicklungsdynamik im Elternhaus beschäftigen und diese in Beziehung zu der fortschreitenden Identitätsentwicklung in den frühen Jahren und beim erwachsenen Klienten setzen.

Es gibt Situationen, wo die Horoskope von mehreren Kindern in der gleichen Familie nur bei einem besonders ausgeprägte Selbstwert-Belange anzeigen. Vielleicht hat nur ein Kind einen rückläufigen Saturn und die anderen nicht. Das Phänomen behält trotzdem seine Gültigkeit: Das eine Kind mit dem rückläufigen Saturn wird die Familiendynamik persönlich in Form eigener Begriffe deuten, die mit dem Individuationsprofil seiner inneren Welt in Verbindung stehen, und dies in einer Weise tun, die sich in Übereinstimmung mit dem Symptomenkomplex des Verhaltens befindet.

Wenn Eltern ein kleines Kind mit einem rückläufigen Saturn haben, so verdammt dieses Symptom nicht die gesamte familiäre Struktur. Es betont vielmehr die persönliche Sensibilität des Kindes im Hinblick auf die Relation seiner individuellen Bedürfnisse zur Struktur der Familie. Es wird zu einer Lektion für die Eltern, sich selbst zur Wachsamkeit gegenüber den Entwicklungsbedürfnissen des Kindes aufzurufen. Als Erwachsener wird das Kind dann auf die einfühlsamen Fragen des Astrologen über den rückläufigen Saturn antworten können: »Ich weiß, was Sie damit sagen wollen. Meine Eltern scheinen über meine Bedürfnisse ganz genau Bescheid gewußt zu haben; wir haben oft darüber gesprochen, und sie haben mir soviel Liebe und Hilfe wie möglich gegeben. Natürlich habe ich die Dinge oftmals nicht gerade rosig gesehen, aber ich glaube, daß wir alle unser Bestes versucht haben.« Dies wäre unter den gegebenen Umständen die positivste Erkenntnisstruktur, und dieses Bewußtsein könnte zu einer großen Kraftquelle für den betreffenden Menschen geworden sein.

Als einen weiteren, sehr wesentlichen Gesichtspunkt müssen wir innerhalb der Ganzheitsanalyse bedenken, daß nur ein sehr, sehr geringer Prozentsatz der Bevölkerung jemals einen Astrologen aufsucht und sich um ein verstärktes Bewußtsein und Verständnis von sich selbst bemüht. Die überwiegende Mehrheit der Bevölkerung nimmt das Leben so hin, wie es ist, findet Unterstützung bei anderen innerhalb gesellschaftlich gleicher Strukturen. Astrologisch ausgedrückt ist bei der Mehrheit die Selbst-Beobachtung nicht ausreichend entwickelt. In einem routinemäßig ablaufenden Leben steht die Selbst-Erforschung nicht hoch im Kurs, oder es fehlt an der Zeit für die Beschäftigung damit. Eine Schlußfolgerung des Astrologen, wie scharfsinnig sie auch sein mag, kann daher aufgrund des starken Einflusses der Isolation durch Alltagsroutine und Widerspiegelung der sozial gleichgestellten Gruppe leicht abgeleugnet oder entkräftet werden. Oft muß der Zugang zu den Problemen unmerklich verlagert werden. Der Astrologe muß wissen, wann er mit dem Klienten tiefgreifende analytische Einsichten teilt oder mit einer weniger durchdringenden Haltung an sie herangeht. Die Erkenntnisebene des Klienten liefert den Schlüssel dafür: Seine Bewußtseinsstufe, Ausdrucksfähigkeit, Sensibilität und Hierarchie von Werten zeigen einem Astrologen an, wie er analytische Einsicht auf wirksame Weise vermitteln kann. Geschickte Fragen über kausale Verbindungen innerhalb von Verhaltensmustern sind oft leichter zu handhaben als die direkte analytische Darlegung. Gewöhnlich hat der Astrologe im Dienste eines Klienten jedoch einen Vorteil: Der Klient ist dazu bereit, sein Inneres zu erforschen. Das taktvolle Vorgehen des Astrologen entscheidet dabei über den Nutzen für den Klienten.

Ein weiterer, sehr einflußreicher Schlüssel im Horoskop, innerhalb der Umgebung des frühen Elternhauses im Hinblick auf das Selbstwert-Bewußtsein, ist in der Mondknotenachse zu sehen. Meine ausgedehnten Untersuchungen bei Klienten weisen unbestreitbar darauf hin, daß die enge Aspektierung jedes Planeten, des Aszendenten oder des MC mit den beiden Polen der Mondknotenachse auf einen mütterlichen Einfluß schließen läßt, der innerhalb der Lebensentwicklung von äußerster Wichtigkeit ist. Entscheidend ist, daß die Wirkungsbereiche (der Orbis) dicht beieinanderliegen (am zuverlässigsten innerhalb von ein oder zwei Grad); die Konjunktion/Opposition, das heißt, das Teilhaben an der Mondknotenachse, oder Quadrate zu ihr sind am wirkungsvollsten. Ist Merkur einbezogen, so ist der mütterliche Einfluß auf das Bedürfnis des Betreffenden, in einer bestimmten Art und Weise zu denken, offensichtlich. Eine einfache Frage über die mütterliche Beeinflussung während der Entwicklung wird eine Menge an relevantem Material für die Analyse zum Vorschein bringen.

Die Schlüssel des rückläufigen Saturn und einer Aspektkonfiguration mit der Mondknotenachse lassen auf eine mangelnde Ausgewogenheit schließen. Entweder hat die liebevolle Anleitung des Vaters gefehlt, oder die Mutter hatte einen übermäßig starken Einfluß. Häufig treten die beiden Konzepte gemeinsam auf. Jedes von ihnen oder beide zusammen verweisen auf reichhaltiges Untersuchungsmaterial und führen zu einer sicheren Analyse.

Da das II. Feld der Selbstwert-Belange weitere Bezüge innerhalb des Kreuzes der Fixfelder herstellt, kommen wir nun zu einer anderen wesentlichen Form der Verhaltensstrukturierung, die symbolisch im V. Feld, dem Geben von Liebe, zum Ausdruck kommt. In unserer Gesellschaft äußerst sich diese Dynamik am eindeutigsten im Bereich der Sexualität. Das Sexualprofil ist ein kritischer Punkt innerhalb von zwischenmenschlichen Beziehungen. Im Bereich der Sexualität treffen individuelle Psychologie, Nervensystem und wechselseitige Beziehung zusammen. Aufgrund der Interessen des V. Feldes sucht jeder Mensch bedeutungsvolle Beziehungen zu unterhalten (das V. Feld bildet ein Sextil mit dem VII. Feld). Die sexuelle Dimension des V. Feldes gründet sich auf seiner schöpferisch-hervorbringenden Trigonalverbindung mit dem Aszendenten: Durch das Empfangen von Kindern erschaffen wir Abbilder von uns selbst, damit die Lebensprozesse weitergehen können. Das V. Feld ist das fünfte Haus des I. Feldes; das IX. Feld ist das fünfte Haus des V. Feldes, und das I. Feld ist wiederum das fünfte Haus des IX. Feldes. Dieses Netzwerk hat die astrologischen Feuerzeichen tief in seine Symbolik aufgenommen – die Inspiration der Erhöhung des Schöpfungsaktes durch Projektion von uns selbst auf andere, auf Zeiten, die durch unsere Kinder, unsere Enkel und Urenkel kommen werden.

Bei unserer Diskussion der Werte von Geld/Liebe im Kreuz der Fixfelder nimmt das V. Feld im Hinblick auf die äußere Welt die Bedeutung von Spekulation (hoffnungsvolle, schöpferische Ausdehnung des Ichs) und im Hinblick auf die innere Welt der psychodynamischen Bedürfniserfüllung die Eigenschaft von Sexualität an. Im Rahmen des Austauschs von Fähigkeiten, der für Beziehungen und individuelles Wachstum von entscheidender Bedeutung ist, haben wir es auch hier wieder mit einem komplizierten Wertproblem zu tun: Wenn wir jemandem in spekulativer Absicht Geld geben, so verlangen wir eine Gegenleistung; zumindest haben wir die Hoffnung, daß wir ohne Verlust abschneiden werden. Wir ertragen einen Zeitraum des Mangels (erschöpfte Mittel), damit wir in der Zukunft eine gewinnbringende Befriedigung erhalten. Im Hinblick auf Liebe oder Sexualität ist der »Ausgleich der Zahlungen« sozusagen nicht so klar: Wir wissen aus den Schlußfolgerungen der psychologischen Forschung, daß wir Liebe nicht verlieren, wenn wir sie geben; die Fähigkeiten von Liebe oder Sexualität erschöpfen sich selbst nicht.

Dies soll nicht heißen, daß wir Liebe und Sexualität nicht vorsätzlich zur Bestärkung von persönlichem Status und Identität zurückhalten oder diese Fähigkeiten aufgrund von Unsicherheit furchtsam hüten, sondern daß wir uns durch den Akt des Gebens von Liebe oder Sexualität tatsächlich selbst erfüllen können. Wir hoffen auf Gegenleistungen, doch sie sind nicht von essentieller Bedeutung.

Sexualität kann leicht von Liebe unterschieden werden, da die Äußerung von Liebe so problematisch für unsere Gesellschaft ist. Sexualität ist eine Druck ausübende, natürliche Veranlagung, die eng mit unserem Nervensystem verbunden ist. Die Natürlichkeit dieser Funktion wird einzig und allein durch gesellschaftliche Vorschriften verschleiert. Durch Beschränkungen übt die Sexualität um so mehr Druck aus; durch Idealisierungen wird die Liebe um so nebulöser und unerreichbarer. Obgleich selbst problematisch, gewinnt Sexualität damit eine größere Bedeutung als Liebe, weil sie direkter zu handhaben ist.

Wenn der Signifikator des V. Feldes innerhalb des Horoskops unter Entwicklungsspannung steht oder wenn sich die Selbstwert-Belange des II. Feldes unter Druck befinden, so muß das Sexualprofil einer genauen Prüfung unterzogen werden. Für den Mann ist Sexualität hauptsächlich mit einer Status/Identitäts-Bestärkung verbunden, und damit wird die gesellschaftliche Tendenz zu einer Privilegierung des Männlichen erfüllt. Für die Frau ist Sexualität hauptsächlich mit einer Status/Identitäts-Ergänzung des Männlichen verbunden, und damit wird die soziale Neigung zu einer unterstützenden Funktion des Weiblichen erfüllt.

Innerhalb der Identitätsgeneration verändern sich die gesellschaftlichen Maßstäbe und gestehen den Frauen gleiche Rechte auf eine individuelle Ausbildung von Status/Identität und auf sexuelle Erfüllung in persönlicher Hinsicht zu. Diese für viele Frauen neue Freiheit prallt leicht auf tief verinnerlichte Maßstäbe aus der Überlebensgeneration. Ohne Zweifel konzentriert sich durch die Komplexität der sozialen Vorschriften und ihren Wandel, durch die Komplexität der sexuellen Reaktion bei der Frau die Entwicklungsspannung innerhalb der Sexualität stärker auf die Frau als auf den Mann.[7]

Wenn starke Selbstwert-Belange im Horoskop einer Frau auftreten, besonders wenn sie durch Signifikatoren auf das V. Feld verweisen, dann gibt es allen Grund, eine sexuelle Funktionsstörung anzunehmen: eine mangelnde Befriedigung aufgrund der Schwierigkeit, innerhalb einer sexuellen Beziehung (überhaupt oder verläßlich) einen Orgasmus zu erleben. Unter dem »Ergänzungszwang« der früheren Generationen wurde diese Schwierigkeit durch ständige Wiederholung verstärkt, durch einen Mangel an Information und die fehlende Kommunikation zwischen den Partnern gefühllos verschlimmert und als ein »sexuelles

Problem« bekannt und akzeptiert: Die Frau war »frigid«. Damit wurde das Selbstwert-Profil der Frau noch weiter erschöpft; die mangelnde Befriedigung innerhalb der Sexualität setzte die Häufigkeit des Geschlechtsverkehrs herab; das Problem griff von der Sexualität auf andere Beziehungsqualitäten über und verursachte eine mangelnde Ausgewogenheit in anderen Bereichen des Lebens und im Austausch von Fähigkeiten. In vielen, vielen Fällen wurde das gesamte Lebensprofil durch das vermeintliche sexuelle Problem beeinträchtigt.

Die unangenehme »Funktionsstörung« tritt noch immer auch bei Frauen der jüngeren Generation auf, doch zeigen sie eher die Neigung, darüber zu sprechen, nach einer Lösung zu suchen. In den öffentlichen Medien steht der Orgasmus heute hoch im Kurs; jede Frauenzeitschrift beschäftigt sich damit. Der Orgasmus kann ohne weiteres als ein Symbolzeichen für die persönliche Freiheit der modernen Frau betrachtet werden – doch ebenso leicht kann eine Orgasmusstörung zu einer schweren Belastung und einer Verunsicherung des Selbstwertgefühls werden.

Das holistische Wissen, wonach sich das Geben von Liebe (die Sexualität eingeschlossen) immer in einer Entwicklungsspannung zu den Selbstwert-Belangen befindet (das V. Feld bildet immer ein Quadrat mit dem II. Feld und ein Sextil mit dem VII. Feld; zwischen II. und VII. Feld besteht ein Quincunx-Aspekt), zeigt uns deutlich, daß die sogenannten sexuellen Probleme fast immer überhaupt keine sexuellen Probleme sind, sondern Beziehungsfragen. Wir wissen, daß jemand mit einem verunsicherten Selbstwert bemüht sein wird, sich davon mittels Wunschvorstellungen, mittels Idealisierung zu befreien, wobei ihm das klar im Bewußtsein bleiben wird, was die Unsicherheitsgefühle freisetzen wird. Durch Idealisierung erhält die Sexualität wieder einen Bezug zur Liebe; die Freiheit wird durch »die große Liebe« gefunden werden.

In Beziehungen, die für Wachstum und Austausch von Fähigkeiten so lebensnotwendig sind, finden Partner die idealisierten Maßstäbe der inneren Welt nicht erfüllt. Die Beziehungen sind ohne Vertrauen, nicht frei, nicht »vollkommen«. Der psychoneurologische Prozeß hält die sexuelle Reaktion zurück, und es tritt eine Funktionsstörung auf. Reaktionen auf mangelnde Befriedigung und Schuldgefühle, weil Erwartungen nicht erfüllt werden, greifen auf Kommunikationsfähigkeiten und Status/Identitäts-Belange über. Eine wiederholte Funktionsstörung wird vermieden; Dynamik und Frequenz der Beziehung brechen zusammen. Gescheiterte Freiheiten werden zu errungenen Beschränkungen. Tadel wird zugewiesen, Schuld angenommen, der Selbstwert herabgesetzt. Die nervösen

Spannungen nehmen zu und greifen auf andere Fähigkeitsbereiche über. Die gesamte Persönlichkeit kann in Mitleidenschaft gezogen werden. – Die Darstellung dieses Strukturmusters gegenüber einem Klienten mit solchen Problemen ist eine eindrucksvolle Widerspiegelung der Realität, die Astrologen und Klienten in eine produktive Beziehung zueinander setzt.

Da eine derartige Funktionsstörung fast immer eine Beziehungsfrage und kein primär neurophysiologisches Problem ist, können wir davon ausgehen, daß der Orgasmus zuverlässig und natürlich bei der Masturbation auftritt, einer Form der sexuellen Befriedigung, die nicht von einer persönlichen Beziehung abhängig ist. Auch dies ist fast immer zutreffend. Weil der Orgasmus während der Selbstbefriedigung kein Problem darstellt, erkennen Frauen häufig ihr vermeintliches sexuelles Problem innerhalb der Beziehung keineswegs als sexuelle, sondern als relationale Schwierigkeit. Eine sorgfältige Untersuchung des Hauptinhalts der Wunschvorstellungen bei der Masturbation wird eine eindeutige Dynamik enthüllen, welche die idealisierenden Selbstwert-Bedürfnisse deutlich unterstützt. Die Angleichung dieser Wunschvorstellungen an eine praktikablere Übereinstimmung mit tatsächlich vorhandenen Beziehungen ist ein Schlüssel für die Heilung von sexueller Unsicherheit, die mit Selbstwert-Belangen verbunden ist. Die Sexualtherapie erforscht und empfiehlt, wie mit Hilfe von Masturbationstechnik, Wunschvorstellung und Erfolgsgefühl eine Grundlage der Selbstwürdigung (Selbstwert) aufzubauen ist, die dann auf sexuelle Beziehungen übertragen wird. Die Reaktionsfähigkeit innerhalb von Beziehungen wird zuverlässig, wenn sie für sich allein gesichert ist. Viele Dimensionen des V. Feldes gehen aus einer Entwicklungsspannung mit dem II. Feld hervor. Sicherheit im V. Feld beruht auf Sicherheit im II. Feld.

VIII. und XI. Feld des Fixfelder-Kreuzes, die sich oberhalb der Horizontlinie befinden, symbolisieren in dynamischer Weise Selbstwert und Liebesfähigkeiten bei anderen, zu denen wir in Beziehung stehen. Diese Dynamik ist wahrhaft eindrucksvoll, wie in diesem Kapitel und in weiteren Teilen des Buches aufgezeigt wird. Unser Leben wird unerbittlich von Geld/Liebe-Belangen gelenkt. Sie wirken energetisch auf den Aufbau und katalysierend auf die Chemie aller wechselseitigen Beziehungen. Andere Fähigkeiten werden für den Kampf um Erfüllung aufgeboten. Es ist nicht verwunderlich, daß das Kreuz der Fixfelder bei der natürlichen Zeichenverteilung die fixen Zeichen enthält.

Ein verunsicherter Selbstwert kann die Ursache sein für Glücksspiel, für die Zurschaustellung jeder persönlichen Fähigkeit und die unterschiedslose Spekulation in allen Ausdrucksformen des Lebens; er kann der Grund dafür sein, mit seinen Pfunden zu wuchern oder sie zu verschleudern, Gelegenheiten durch Verzögern oder Vermeiden von Situationen zu versäumen, was sich hinter einer unzweckmäßigen Idealisierung versteckt. Diese innere Unsicherheit über den Selbstwert *muß* existieren, damit die Persönlichkeitsentwicklung ermöglicht wird. Wenn sie innerhalb des horoskopischen Umfelds angezeigt wird, ist sie deutlich ausgeprägt, ist sie mit dem Bedürfnisprofil der inneren Welt des Individuums verbunden. Durch unsere eigenen, individuellen Wachstumsenergien werden wir uns nicht nur über uns selbst und unsere Schwierigkeiten bewußt, sondern auch über andere mit den gleichen Problemen. Jeder hat an der gleichen Komplexität teil, damit wir gegenseitig zu unserer Erfüllung beitragen können. Mit den Worten von Montaigne: »Zwischen uns und anderen besteht genauso viel Unterschied wie zu uns selbst.«

Die Probleme und Verhaltensmuster im Bereich des Kreuzes der Wechselfelder, die persönlichen Fähigkeiten innerhalb der allgemeinen Zuordnung zu Information/Perspektive, greifen aufgrund ihrer wechselnden Natur (veränderliche Zeichen) leicht auf andere Fähigkeitsbereiche über. Wir haben gesehen, wie Information zur Unterstützung von Status/Identität eingesetzt werden kann; wir können abschätzen, wie Perspektive mit Geld/Liebe-Belangen verbunden ist. Beim Kreuz der Eckfelder zeigten die Status/Identitäts-Belange eine dem Mars entsprechende Dynamik von Konzentrationspunkt und erstem (bzw. neuem) Anstoß, die auf die natürliche Stellung des Zeichens Widder an der Spitze des I. Feldes verweist. Beim Kreuz der Fixfelder wiesen die Geld/Liebe-Belange eine der Venus entsprechende Dynamik der systematisierenden Ordnung von Werten auf, die sich auf die natürliche Stellung des Zeichens Stier an der II. Felderspitze bezieht. Beim Kreuz der Wechselfelder, zu welchem in Relation mit der äußeren Welt Fragen der Information und in Relation mit der inneren Welt die Werteinschätzung der Perspektive gehören, behandeln wir nun eine dem Merkur entsprechende Dynamik, die auf die natürliche Stellung des Zeichens Zwillinge an der Spitze des III. Feldes bezogen ist.

Wir beschäftigen uns nun mit Anpassungsvermögen, Flexibilität und Einstellungen, alles hauptsächlich konzentriert auf Denkweise und Kommunikation (III), Kooperation mit anderen (VI), das Erlernen der Gedanken von anderen (IX) und die Unterstützung durch die Institutionen der

Gesellschaft (XII). Innerhalb dieses Netzwerks bilden wir unser Bewußtsein von Status/Identität, errichten wir im Geiste sogar persönliche Maßstäbe für das, was wir innerhalb dieser Belange benötigen, sammeln wir Vergleichswerte für die Fähigkeiten von Geld/Liebe. Kurz gesagt, wir sammeln Antworten für unseren eigenen Fragebogen, vergleichen sie mit den Antworten, die wir auf die Fragebögen von anderen geben, bestimmen unsere Haltung, wo wir uns innerhalb der fortschreitenden Entwicklung befinden. Da sich die Spirale der Felder, welche die Belange der äußeren Welt und die Bedürfnisse der inneren Welt miteinander verbindet, um die Achse der Zeit entfaltet, zeigt das Kreuz der Wechselfelder den Drehpunkt an, von dem aus sich unsere Entwicklung auf ein weiteres Eckfeld von Konzentrationspunkt und neuem Anstoß verlagert.

Alle Forschungen und Institutionen zur Selbsthilfe arbeiten mit dem Geist. Norman Vincent Peale sagt: »Verändere deine Gedanken, und du veränderst die Welt.« Dale Carnegie sagt: »Denke daran, Glück hängt nicht davon ab, wer du bist oder was du hast; es hängt einzig und allein davon ab, was du denkst.« Haridas Chaudhuri sagt: »Die Fähigkeit, entsprechend der Zielsetzung und potentiellen inneren Kraft des eigenen Wesens Entscheidungen zu treffen, ist der wesentlichste Faktor für konstruktives und bedeutungsvolles Wachstum.« Buddha hat gesagt: »Sei dir selbst ein Licht.« Der Geist, das Denken, wird von allen hervorgehoben. Die Identitätsgesellschaft hat Descartes' These »Ich denke, also bin ich« aufgegriffen und abgeändert in »Ich bin so, wie ich denke.« Veränderte Bewußtseinszustände, Mind Control, Biofeedback und Kybernetik arbeiten alle an der Intensivierung der individuellen Selbst-Wahrnehmung im Bereich der Information/Perspektive-Fähigkeiten eines neuen Zeitalters.

Der Verstand ist immer auf dem Sprung, jeden Augenblick oder jede Situation lohnenswert zu machen. Dies entspricht dem Erkenntnisprozeß: Er ist darum bemüht, die persönliche Perspektive innerhalb des Bewußtseins von Veränderung anzugleichen, der routinemäßigen Gewohnheit Bedeutung zuzuweisen und die Ausnutzung verstandesmäßig zu rechtfertigen. Unsere Lebensweise, unsere gesellschaftlichen Maßstäbe zwingen uns zur Geschäftigkeit. Müßigkeit ist vermeintliches Teufelswerk, was nahelegt, daß sie dann auftritt, wenn keine Wertmaßstäbe existieren oder diese nicht klar sind, wenn wir verwirrt, unschlüssig, unbeteiligt oder in einem gewissen Stadium steckengeblieben sind. Wir sind gezwungen, (für uns) selbst zu denken, doch dies in der »bestmöglichen Weise«, immer in voller Bewußtheit darüber zu tun, was und wie alle anderen auch denken. Wir werden dazu angehalten, andere so zu behandeln, wie sie uns behandeln, was die Vorstellung von idealem Gleichgewicht der gesellschaftlichen Kooperation innerhalb des Austauschs von Fähigkeiten erweckt. Es wird uns vorgeschrieben, welche Ausbildung wir für verschiedene Formen der Beschäftigung benötigen. Wir beten, wenn die Perspektive bedroht ist, und wir fluchen, wenn wir uns im Stich gelassen fühlen. – Es kann nicht verwundern, daß gesellschaftliche Information und persönliche Perspektive ständig unter Entwicklungsspannung stehen. Der Verstand läuft auf Hochtouren, um sich einer rasch dahineilenden Realität zur Unterstützung für den Austausch aller Fähigkeiten anzugleichen. Der Astrologe muß sich bei der holistischen Analyse völlig über diese Spannungen zwischen den verschiedenen Fähigkeitsbereichen im klaren sein. Denken wir nur an die Lebensprobleme in ihrer Verbindung mit diesem Netzwerk von Begriffsbildungen!

Innerhalb des Horoskops ist das III. Feld die Halbsumme zwischen dem Aszendenten und dem V. Feld und bildet ein Trigon mit dem VII. und dem XI. Feld: Information/Perspektive vermittelt zwischen den Fähigkeitsbereichen von Status/Identität und Geld/Liebe. Das III. Feld bildet einen Quincunx-Aspekt mit dem X. Feld: Die Angleichung von Information/Perspektive sollte zum Teil durch die kooperative Beziehung (Dynamik des sechsten Hauses) mit dem im X. Feld bezeichneten Elternteil und außerdem in der Anpassung an den beruflichen Status erreicht werden. Gleichzeitig können wir sehen, daß das III. Feld das zwölfte Haus des IV. Feldes ist, was auf die Möglichkeit hinweist, daß die Information/Perspektive-Fähigkeiten des Menschen mit einem Elternteil (X. Feld) kooperieren und für den anderen Elternteil einengend oder begrenzend sein können. In einer solchen Situation kann auch umgekehrt der im IV. Feld symbolisierte Elternteil aus wohlüberlegten oder selbstsüchtigen Motiven heraus eine Beschränkung für die Fähigkeiten des V. Feldes der betreffenden Person, des Kindes, darstellen (das IV. Feld ist das zwölfte Haus des V. Feldes). Auch hier wird die Bedeutung der Felder wiederum durch die holistische Analyse stark bereichert.

Wenn innerhalb des Kreuzes der Wechselfelder (III, VI, IX, XII) eine deutliche Entwicklungsspannung hervortritt, die durch das Netzwerk der Aspekte zwischen den Signifikatoren der entsprechenden Felder angezeigt wird, so können wir davon ausgehen, daß die Information/Perspektive-Fähigkeiten eine wesentliche Bedeutung innerhalb der Entwicklung einnehmen. Das Spektrum von Reaktionsmustern kann wiederum die zwei Pole von Selbstbehauptung oder Rückzug umspannen, die für den Bereich der Fähigkeiten von Information/Perspektive treffender als *Sichaufzwingen* oder *Sichanpassen* bezeichnet werden.

Innerhalb des extremen Verhaltensreaktionsmusters wird jemand, der eine unterbrochene Ausbildung (jegliche unvollständige Lernerfahrung) überkompensiert, beispielsweise wenn der Signifikator des IX. Feldes unter deutlicher Entwicklungsspannung steht, die Tendenz haben, anderen seine persönlichen Meinungen aufzuzwingen und übermäßig rechthaberisch zu sein. Der Betreffende empfindet eine Unzulänglichkeit und bietet alle Fähigkeiten auf, um diesen Mangel wettzumachen. Seine Art und Weise, die Dinge zu sehen, ist praktisch die *einzige* Möglichkeit, die Dinge zu sehen. Das entgegengesetzte Verhaltensmuster ist eine denkbare Reaktion auf genau denselben Mangel: die völlige Anpassung an die Gedanken und Meinungen von anderen. Die betreffende Person schließt sich leicht der Denkweise anderer an. Der Unterschied in den Reaktionsmustern entsteht im Verlauf der Lebensentwicklung in Relation zu der individuellen Strukturierung von persönlichen Fähigkeiten, Temperament, Energie, Beziehungsdynamik, Ehrgeiz usw.

Für denjenigen, der sich und seine Ansichten aufzwingen will, ist im Extremfall die persönliche Information/Perspektive identisch mit persönlichem Status/Identität: Ein politischer Standpunkt, ein Wertsystem oder eine religiöse Glaubensvorstellung wird zur Identität. Die Existenzform als wirklich konservativer Republikaner, als Mitglied des Ku Klux Klan, als Moon-Anhänger übernimmt die Autonomie von gesellschaftlichem Status und persönlicher Identität. Ein Vorstellungssystem wird ausschlaggebend als persönliche Fähigkeit, die bestimmt, wer der Betreffende ist. Er ist fixiert auf einen bestimmten Denkprozeß, ein gesellschaftliches Etikett, den Gehorsam gegenüber Gruppenvorschriften auf Kosten von vielfältigen persönlichen Bedürfnissen, die in einem ausgewogenen Austausch von Fähigkeiten mit anderen erfüllt werden. Dieses extreme Verhaltensmuster entspricht gesellschaftlicher Widerspiegelung und individueller Ausnutzung in ihrer ausgeprägtesten Form. Die Mängel in anderen Fähigkeitsbereichen sind gewöhnlich unerträglich geworden, und der Geist beeilt sich, um sich mit etwas zu identifizieren, das Status zu bieten hat, damit das Leben wieder Sinn erhält.

Das gleiche Phänomen kann im Zusammenhang mit der inneren Welt auftreten: Die völlige Anpassung des individuellen Bewußtseins kann an einer fixen Idee festgemacht sein, an einem Angstgefühl, einer Phobie, einer Reihe von Verdächtigungen, einer zwanghaften Gedankenfolge, damit sich die betreffende Person lebendig fühlt und weiß, wer sie ist. Ein

Mann hat beispielsweise seine sämtlichen Planeten im Horoskop oberhalb der Horizontlinie zwischen dem VIII. und XI. Feld zusammengeballt (die potentielle Möglichkeit, sich aufgrund von Erfahrung ausgenutzt zu fühlen). Die Achse zwischen III. und IX. Feld liegt zwischen Steinbock und Krebs; der eine Signifikator, Saturn im VIII. Feld, bildet ein Quadrat mit Neptun und mit dem Mond, dem anderen Signifikator. Die Venus herrscht in der Waage im XII. Feld und bildet ein Quadrat mit Uranus im VIII. Feld; Mars herrscht im Widder im VI. Feld und befindet sich sowohl mit Merkur als auch mit Neptun in Konjunktion. Die Signifikatoren des gesamten Kreuzes der Wechselfelder stehen unter Entwicklungsspannung, wobei Neptun im Brennpunkt steht. Pluto schließlich, der durch seine Stellung am MC sehr stark das Ich-Bewußtsein innerhalb der bzw. gegen die Gesellschaft hervorhebt, bildet ein Quadrat mit seinem Skorpion-Aszendenten. Eine Reihe von außergewöhnlichen Meßwerten wurde kürzlich in seinem Leben dadurch bestätigt, daß beide Elternteile binnen einer Woche und gänzlich ohne Vorwarnung starben. Der Schock war außerordentlich groß; sein gesamter Organismus wurde von

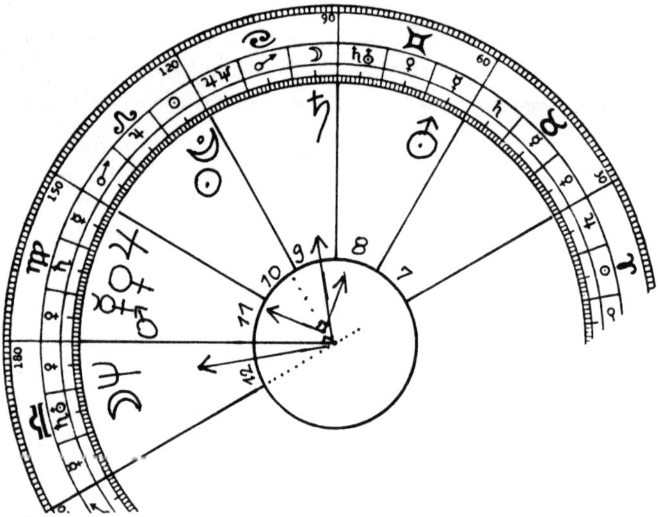

Angst ergriffen. Seit dieser traumatischen Zeit war er ständig von innerer Unruhe erfüllt, daß er selbst, sein Bruder oder seine Schwester der nächste wäre. Der seelische Schock hatte die seit der Geburt bestehende Veranlagung der Furcht vor Trugbildern hervortreten lassen. Keine anderen Fähigkeiten konnten herangezogen werden, um diese Zwangsvorstellung zu durchbrechen – weder eine verstandesmäßige Diskussion noch

Liebe, weder Zerstreuung noch Religion. Im Rahmen der Analyse wurde jedoch entdeckt, daß ihm diese fixe Idee in irgendeiner Weise das Gefühl von außerordentlicher Lebendigkeit gab; durch die eingebildete Bedrohung wurde seine potentielle Lebenskraft nachdrücklich hervorgehoben. Eine neue Perspektive trat in Erscheinung; der traumatische Schock hatte eine gewohnheitsmäßige Trägheit aufgestöbert, die schon lange Teil der Entwicklung gewesen war.

Wir haben bereits über die Dimension der Selbst-Enthüllung als Mittel zur Begründung von Vertrautheit gesprochen. Umgekehrt hat die Forschung festgestellt, daß die Vermeidung von Selbst-Enthüllung eine Hauptquelle für die Entfremdung von jeder Gruppe ist. Die Beantwortung der persönlichen »Fragebogen« ist von grundlegender Wichtigkeit für die Errichtung des sozialen Umfeldes zum Austausch von Fähigkeiten und zur Klärung von Status/Identität, Geld/Liebe und Information/Perspektive. Wenn sich zwei Menschen begegnen, befolgen sie die gesellschaftlichen Vorschriften und fragen: »Wie geht es Ihnen?« Man stellt eine Frage nach dem verallgemeinerten Status. Die mechanische Antwort des »Gut, und wie geht es Ihnen?« ist ebenfalls vorgeschrieben. Mit anderen Worten, die Bedingungen für den Austausch werden auf der Grundlage errichtet, daß »alles rundherum in Ordnung ist«, daß keinerlei gestörtes Gleichgewicht den Austausch von Fähigkeiten bedroht. Tatsächlich müßte die Frage in ihrer vollständigen Form lauten: »Wie gehen die Dinge für Sie?« Dies zeigt noch klarer, wie Information und Perspektive benötigt werden, damit die soziale Interaktion in Gang kommt. Die Tatsache, daß die Antworten auf diese eindringliche Frage ebenfalls als positiv vorgeschrieben sind, weist auf den Umstand hin, daß keine Seite in die individuelle Wirklichkeit einer persönlichen Dimension hineingezogen werden möchte. Begegnungen dienen dem Austausch von Fähigkeiten mehr im Sinne der äußeren als im Sinne der inneren Welt. Diese vorgeschriebene Verdrängung der inneren Welt baut außerordentlich große Spannungen auf.

Die Frage nach persönlicher Information/Perspektive gibt den Menschen innerhalb der Verhaltensextreme von Reaktionsmustern jedoch die Gelegenheit, ihre Sache anzubringen: Derjenige, der sich und seine Meinung aufzwingt, kann jeglichen autoritativen Ausspruch von seiner Rednertribüne herunterdeklamieren; derjenige, der sich und seine Meinung anpaßt, kann durch Selbsterniedrigung und chronische Klagen in Strukturmuster der Ausnutzung hineingleiten. Der eine kann leicht den Status von anderen herabsetzen, während der andere bemitleidet werden möchte. Wenn wir das System der Selbst-Enthüllung mit Einfühlungsvermögen untersuchen, so erkennen wir, daß es von der Gesellschaft außerordentlich erschwert wird, sich selbst offen zu zeigen. Als Folge davon ist Vertrautheit selten, wird Routine verstärkt, werden soziale Entfernungen im Gleichgewicht gehalten und finden ganz persönliche Vorstellungen kaum einmal Erfüllung.

Die Wunschvorstellung übernimmt ihre Rolle, die verborgenen geistigen Abläufe im Bewußtsein freizusetzen: Damit wird die Selbstwert-Schwächung geschützt, wird Unterstützung angesichts des bedrohten Status geboten. Die Vorstellungswelt beginnt, ein Eigenleben zu führen. Idealisierungsprozesse drängen denjenigen, der sich aufzwingt, in Fanatismus und denjenigen, der sich anpaßt, in Selbst-Isolation hinein.

Wenn sich die Signikatoren des Kreuzes der Wechselfelder unter starker Entwicklungsspannung befinden, können wir im mittleren Reaktionsfeld der Verhaltensprobleme von Information/Perspektive Unschlüssigkeit erwarten. Fehlende Entschlossenheit kann häufig aus einer mangelnden Klarwerdung über sich selbst in der Umgebung des frühen Elternhauses hervorgehen. Bis zu einem gewissen Punkt ist es notwendig, daß die Eltern die Entscheidungen für ihre Kinder treffen. Wenn sich die Kinder über sich selbst als Individuen klarwerden und differenzieren, ist die tatsächliche Entscheidung, die zu treffen ist, von geringerer Bedeutung als der Entscheidungsprozeß selbst.

Im Horoskop unserer Eltern und derjenigen Menschen, mit denen wir enge Beziehungen eingehen, sind die drei Felderkreuze (Eckfelder, Fixfelder und Wechselfelder) kongruent mit den entsprechenden Felderkreuzen innerhalb unseres eigenen Horoskops. Dadurch wird die Gleichartigkeit und Interaktion aller Interessen und Verhaltensmuster zwischen denjenigen verstärkt, mit denen wir im engsten Entwicklungskontakt stehen. Im Hinblick auf das Felderkreuz von Information/Perspektive können wir unschwer erkennen, daß die jeweiligen dritten Häuser unserer Eltern mit unserem VI. und XII. Feld zusammenfallen. Es ist unumgänglich, daß unsere Eltern uns ihre Denkvorgänge auferlegen und uns beibringen, wie wir innerhalb von Beziehungen (VI) und innerhalb der Gesamtgesellschaft (XII) zu kooperieren haben. Gleichzeitig sind wir uns darüber bewußt (Opposition), wie die Gesellschaft denkt, da wir durch die gesellschaftliche Erziehung und die Denkweise der uns Nahestehenden lernen (das IX. Feld ist das dritte Haus des VII. Feldes). Wir stehen unter dem ständigen Druck von dogmatischen Urteilen, und nur allzu leicht kann die Gewohnheit, daß uns Dinge aufgezwungen werden, zur

Anpassung nötigen; vielleicht lernen wir niemals den Prozeß der Wertbestimmung kennen, vielleicht lernen wir niemals unser eigenes Denkvermögen kennen.

Da sich Denkstrukturen in Übereinstimmung mit den Maßstäben des frühen Elternhauses entwickeln und dann auf die gesellschaftliche Umwelt unmittelbar um diesen häuslichen Mittelpunkt herum ausdehnen, wird die gesellschaftliche Widerspiegelung in hohem Maße bestärkt. Wenn die weitere Ausbildung durch die Hochschulerfahrung (vorzugsweise in einer anderen Umgebung) oder Freizeitbeschäftigungen oder selbständige Weiterbildung die persönliche Widerspiegelung der gesellschaftlichen Struktur nicht modifizieren, bleibt der Betreffende auf die gleichen Formen der Umwelt festgelegt. Männer- und Frauenvereine, Gewerkschaften und gesellschaftliche Aktivitäten wollen alle diese Gleichheit schützen und sie bedeutungsvoll machen. Die Dynamik des Aufzwingens kann die soziale Vereinigung in die Vorhutstellung einer politischen Minderheit heben; die Dynamik des Anpassens kann die soziale Vereinigung in einem von der Mehrheit unterstützten System aufgehen lassen. Die Feststellung ist interessant, daß jede Clique oder politisch extreme Bewegung, vom Ku Klux Klan über die »Minutemen« bis zu den Nazis, ihre Ziele im Hinblick darauf rechtfertigt, daß sie die Gesellschaft reinigt und die Gleichheit schützt – dies alles zum Wohle der Gesellschaft. Man schwelgt in Patriotismus; die Identifikation mit einem »glorreichen« Konzept gibt den daran beteiligten, zur Masse gewordenen Individuen eine scharf bestimmte Identität. Die persönliche Unschlüssigkeit wird zugunsten eines »bedeutungsvollen« und entschlossenen, kollektiven Standpunktes aufgegeben, der wiederum das Verhalten innerhalb der Gleichheit einer Sub-Umwelt prägt. Eine spezialisierte Information verleiht Status; eine geklärte persönliche Perspektive begründet die Identität.

Religiöse Lehren schreiben vor, daß wir unseren Mitmenschen Gutes erweisen sollen (III. Feld), daß wir die andere Wange hinhalten, daß wir zum Nutzen anderer wirken sollen. Damit wird gesagt, daß wir darauf zu achten haben, was unsere Mitmenschen denken. Deshalb fürchten wir uns davor, gesellschaftlich geächtet, bloßgestellt, durch einen Skandal öffentlich bestraft zu werden. Wenn wir uns umgekehrt nicht um die Meinung unserer Mitmenschen kümmern (Rückzug unter Belastung von Information/Perspektive), so läßt dies darauf schließen, daß es keinerlei Wirkung hervorrufen wird, eine Gefängnisstrafe anzutreten oder sich Kritik ausgesetzt zu sehen: Wir können unseren »guten Ruf« gar nicht verlieren. Sätze wie »Wen kümmert's schon?« oder »Was macht das denn?« oder »Na und?« weisen darauf hin, daß Status/Identitäts-Fähigkeiten abgeklärt, verfestigt und in Resignation stagniert sind; sie zeigen an, daß Information/Perspektive-Fähigkeiten keinerlei Potential mehr haben. Diese Einstellung der Hilflosigkeit kann auch eine Reaktionsbildung von Überwertigkeitsgefühlen gegen ständige mangelnde Erfüllung sein: »Ich bin, was ich bin, und ich kümmere mich nicht darum, was andere denken.« Wie häufig können wir diese Einstellung während der Konsultation mit Klienten entdecken.

Die meisten Stunden unseres Wachzustandes verbringen wir bei der Arbeit mit anderen. Wir müssen ständig kommunizieren, wobei wir unsere persönlichen Ansichten mit anderen teilen. Die Entwicklungsspannung zwischen unseren Standpunkten und den Standpunkten anderer ist ein Angelpunkt (III/IX-Achse) innerhalb der kooperativen Arbeitssituation (das VI. Feld bildet ein Quadrat mit der III/IX-Achse), da sie auf die Bestätigung oder Veränderung von Status/Identität einwirkt (die Gruppe der Wechselfelder leitet zur Gruppe der Eckfelder über). Wenn Unstimmigkeiten innerhalb dieses Meinungsaustauschs überwiegen, so sagen wir: »Diese Person macht mit krank!« (VI. Feld). Wir versuchen, der Situation von gemeinsamer Arbeit und Kommunikation zu entkommen: Wir können nichts daraus lernen, wir können in ihr nicht kooperieren; sie führt zu nichts, und wir werden krank. Mit Krankheit kann man sich objektiv auseinandersetzen.[8]

Die Gesellschaft, in der wir leben, legt sehr großen Nachdruck auf unsere Information/Perspektive-Fähigkeiten. Wir erwarten von politischen Kandidaten, daß sie in aggressiver Weise durch Information und Perspektive beeindrucken. Eine selbstbewußte und sichere Profilierung von Information/Perspektive nennen wir »Charisma«. John F. Kennedy besaß Charisma: Seine III/IX-Achse lag zwischen den Zeichen Schütze und Zwillinge. Merkur bildete ein Trigon mit dem Mond in der Jungfrau, eine Konjunktion mit Mars und Jupiter (dem anderen Signifikator), ein Sextil mit Saturn, ein Quadrat mit Uranus und eine Halbquadratur mit Pluto im IX. Feld. Dies zeigt ein außerordentlich kraftvolles Strukturmuster von Kommunikationsvermögen, von starken Fähigkeiten im Bereich Information/Perspektive.

Auch Adolf Hitler hatte Charisma: Seine III/IX-Achse lag ebenfalls zwischen den Zeichen Schütze und Zwillinge. Jupiter bildete ein Trigon mit der Sonne im VII. Feld, eine Konjunktion mit dem Mond im III. Feld und Trigone mit Venus und Mars. Merkur, der andere Signifikator, bildete eine Konjunktion mit der Sonne, ein Trigon mit dem Mond und eine Opposition mit Uranus.

Edgar Cayce, Medium und Geistheiler, besaß Charisma aufgrund seiner vollkommenen Anpassung an die Kontrollinstanzen einer anderen Kommunikationsdimension: Seine III/IX-Achse lag zwischen den Zeichen Waage und Widder. Venus bildete ein Sextil mit dem Mond, eine Konjunktion mit Merkur, ein Sextil mit Mars und eine Konjunktion mit Saturn. Mars, der andere Signifikator, bildete ein Trigon mit dem Mond, Sextile mit Merkur und Saturn und ein Trigon mit Neptun, der sich mit dem Mond im IX. Feld in Konjunktion befand.

Der Durchschnittsmensch hat Charisma im Hinblick auf die gesicherte Stärke seines Kommunikationsvermögens im Bereich seiner spezifischen Umweltvorschriften. Jeder Astrologe wird beispielsweise jeden Tag innerhalb des sozialen Umgangs gefragt: »Glauben Sie an Astrologie?« oder »Glauben Sie an Karma?« Solche Fragen prüfen das Vorstellungssystem des Astrologen, seine Informationsreserven und den Standort seiner persönlichen Perspektive. Der Fragesteller »glaubt« offensichtlich nicht, sonst wäre die Frage niemals gestellt worden. Die Frage verlockt denjenigen, der seine Meinung gerne aufdrängt, zu einem Redeschwall voller Bekehrungseifer (Charisma schon allein aufgrund des Umfangs der Antwort), oder sie bringt denjenigen, der sich lieber anpaßt und sich selbst im Hintergrund hält, zu der bescheidenen Antwort: »Oh, ich lerne auch erst« (eine Form des Charisma, das Routine darin hat, niemals allzu sehr abzuweichen, niemals Status zu verlieren, sondern immer zum Austausch aufzufordern).

Die eingehende Betrachtung der Dynamik innerhalb eines solchen Austauschs – ein Modellfall, der sich bei verschiedenen Punkten von Information und Perspektive während der Sozialisation stetig wiederholt – kann den Schluß nahelegen, daß »Glaube« nicht der entscheidende Punkt ist, wenn es darum geht, wie Information und Perspektive innerhalb der Astrologie (oder überhaupt bei allem) am zweckdienlichsten in ein Gleichgewicht gebracht werden können. Die Astrologie kann nicht etwas sein, woran man glaubt, sondern sie muß etwas sein, das man weiß. Eine solche Antwort verlagert die Bewertung innerhalb des potentiellen Austauschs von Fähigkeiten weg von der Perspektive der inneren Welt und in Richtung von Information der äußeren Welt. Die Variable der Information ist leichter zu handhaben; die Variable der persönlichen Perspektive, die auf einer Glaubensvorstellung beruht, wird immer bedrohlich sein. Dies ist eine Schlüsselerkenntnis für den einfühlsamen Heilungsprozeß innerhalb der holistischen Analyse.

Das Kreuz der Wechselfelder kennzeichnet Fähigkeiten, die durch Information und Kommunikation auf der Stufe der äußeren Welt und durch Glaubensüberzeugung und Perspektive auf der Stufe der inneren Welt einen Maßstab für die Sozialisation bilden. Innerhalb der Vergleiche ziehenden Dynamik des wechselseitigen sozialen Austauschs ist die äußere Welt weitaus leichter zu handhaben. Wirkliche Selbst-Enthüllung ist daher schwierig und riskant, und obwohl die Fähigkeiten von Information/Perspektive innerhalb des Austauschs ständig aktiv sind, lassen sie sich kaum bewußt wahrnehmen.

Zur Wahrung unserer Status/Identitäts-Fähigkeiten setzen wir häufig unsere Information/Perspektive-Fähigkeiten in defensiver Weise ein. Wir können privilegierte Informationen horten und dadurch das Gefühl von einer verbesserten Perspektive des persönlichen Status gewinnen. Wir erleben Menschen, die niemals eine Frage stellen werden, da dies einer Schwäche in den persönlichen Fähigkeiten von Information/Perspektive gleichkommen würde. Wir behaupten, alles sei »ausgezeichnet, einfach ausgezeichnet«, damit wir keine Herausforderung für unsere persönliche Evtwicklung im Bereich von Status/Identität oder Geld/Liebe aufdecken müssen. Wir können auf eine Stellung in der Welt in Anbetracht von gesicherter religiöser Information und der Perspektive von »Belohnung« verzichten. Wir isolieren uns selbst durch rationale Rechtfertigung und bestätigen uns durch Wunschvorstellung.

Unser gesamtes Tun entsteht in erster Linie aus der Veränderlichkeit unserer Fähigkeiten von Information/Perspektive. Einerseits lassen sich diese Fähigkeiten innerhalb der Astrologie am schwierigsten festlegen, doch andererseits sind sie der Schlüssel für die Heilung von persönlichen Problembelangen. Ständig ereignen sich Geschehnisse, ist unser Geist auf dem Sprung, ihnen einen Wert beizumessen. Die Bewertung, die wir den Geschehnissen geben, beeinflußt nicht nur die Struktur unserer Information/Perspektive-Fähigkeiten, sondern auch unsere Selbstwert-Belange im Hinblick auf Status/Identität und Geld/Liebe. Die holistische Analyse muß sich über das gesamte, wechselseitig verwobene Strukturgefüge bewußt sein. Probleme bei der richtigen Einschätzung des dichten Gewebes werden auf verläßliche Weise durch die Entwicklungsspannung angezeigt, die durch die Aspektstrukturen zwischen den Signifikatoren im Kreuz der Wechselfelder entsteht. Ihre Vorwegnahme aufgrund von Wissen begründet die Wahrnehmung des holistisch vorgehenden Astrologen.

Schlußfolgerung

Wenn der Klient den Astrologen aufsucht, so stellt er letztlich die Frage: »Was wissen Sie über mich?« Er fragt den Astrologen nach Antworten auf seinen eigenen »Fragebogen«. Dieser Fragebogen ist kompliziert, und der Astrologe muß das holistische Wissen von der Konditionierung durch die Umwelt auf zwei Ebenen in Erfahrung bringen: die vorgeschriebene Struktur der äußeren Welt und die durch Bedürfnisse Druck ausübende Struktur der inneren Welt. Der Astrologe muß erkennen, wie sich beide auf Ausgewogenheit und Unausgewogenheit innerhalb routinemäßig festgelegter Verhaltensmuster auswirken. Das Netzwerk der Signifikatoren zeigt Problembelange von Status/Identität, Geld/Liebe und Information/Perspektive an. Diese Fragen werden dann im Hinblick auf ihre Erkenntnisstruktur und kausale Beziehungen innerhalb der eigenen Sicht des Klienten von seiner Entwicklung überprüft.

Der analytische Prozeß ist einfach, nicht aber sein Inhalt. Die Frage des Klienten ist einfach, nicht aber die Antwort darauf. Die astrologischen Meßwerte bleiben jedoch immer die gleichen: Die Felder zeigen die an äußeren Vorschriften festgemachten Interessensbereiche an, die planetarischen Strukturmuster innerhalb der Felder zeigen die an inneren Bedürfnissen festgemachten Interessensbereiche an, und die Planeten-Signifikatoren der Felder verbinden die beiden Bereiche miteinander. Der Klient muß die Bezugsebene in Einklang mit seinem eigenen Gesetz der Natürlichkeit klären. Es ist dann Sache des Astrologen, den Angelpunkt für den gesamten Vorgang zu finden, um den sich alles dreht. Das holistische Wissen des Astrologen über das Leben macht die astrologischen Messungen bedeutungsvoll für den Klienten.

Wenn der Astrologe die Strukturmuster der äußeren Welt und des horoskopischen Umfeldes kennt, kann er die Analyse ohne Schwierigkeiten auf die innere Welt des Klienten ausrichten. Wenn er über das Leben aufgrund von Beobachtung, Erfahrung und Einfühlungsvermögen informiert ist, kann er ein tiefgehendes Gespräch mit dem Klienten beginnen. Da er aufgrund all dieser Erfahrungen davon überzeugt ist, daß alle Menschen innerhalb unserer Gesellschaft anerkanntermaßen so wie alle übrigen sind, kann er dann sicher auftreten, Einsicht zeigen und Hilfe geben.

Drittes Kapitel

Anwendungsbereiche in der Horoskopanalyse

Für unsere Gesellschaft ist die Astrologie eine sehr junge Wissenschaft. Ihr Rückgrat wurde aus dem England der Jahrhundertwende übernommen, wobei die einzelnen Rückenwirbel in einem Strukturgefüge von Zeit, Erfahrung, Werten und Wissen angeordnet waren, das völlig von unserer eigenen Gegenwart abweicht. Das äußere Erscheinungsbild der »Dinge«, der Geschehnisse und Verhaltensformen hat allzu leicht und allzu lange die Hauptrichtung der astrologischen Praxis geprägt. Der psychodynamische, innere Wesenskern der »Dinge«, die komplexen Bedürfnisse, denen das Verhalten dient, und die Werte, die Ereignissen beigemessen werden, sind übersehen worden. Nur langsam hat unsere Wirbelsäule Flexibilität und Stärke entwickelt.

Die Zeiten haben sich verändert, und das gleiche gilt für unsere Astrologie: Die raschere Entwicklung innerhalb der Zeit und die Komplexität der äußeren Umwelt haben endlich die vollständige innere Welt in ihrem Anspruch auf persönliche Erfüllung ans Tageslicht gebracht. Die Ganzheitsanalyse innerhalb der holistischen Astrologie muß die moderne Dynamik einfangen, die sich im Entwicklungsprozeß eines jeden Individuums, die sich im Horoskop eines jeden Individuums zeigt. In voller Kenntnis des soziologischen Hintergrundes, der Generationsprofile, der äußeren Umweltvorschriften und des Kampfes um Individuation – Einflüsse, die beim Austausch von Fähigkeiten im Rahmen aller wechselseitigen Beziehungen auftauchen – muß der holistisch arbeitende Astrologe in unserer Zeit gewillt sein, seine analytischen Untersuchungen direkt auf Entwicklungsfragen zu lenken, die wesentlich, die für den Klienten von wirklicher Bedeutung sind.

Weiterhin reicht es heute auch nicht aus, die psychodynamischen Fragenbereiche einfach nur zu beschreiben; die holistische Analyse muß dazu bereit sein, die miteinander verbundenen Problemkreise innerhalb der Realität des Klienten und im Hinblick auf seine individuellen Bedürfnisse zu erklären. Das Wort »Analyse« leitet sich aus der griechischen

Wurzel mit der Bedeutung »aufbrechen«, »loslösen« ab. Mittels der Analyse teilen wir ein Ganzes in seine einzelnen Bestandteile auf; wir brechen und lösen die Persönlichkeitsstruktur auf, damit wir ihr Entwicklungsgerüst einsehen können. Wir müssen die Teile jedoch wieder zusammenfügen; wir müssen nach Art der holistischen Betrachtung die Funktionsweise zwischen den einzelnen Bauteilen erkennen, damit das Ganze einen lebendigen Sinnzusammenhang erhält. Der holistisch vorgehende Astrologe erklärt eher, als daß er beschreibt, löst lieber auf, als daß er zusammenzieht, untersucht eher die Funktion innerhalb der Entwicklung als den statischen Sachverhalt. Sein Ziel ist eine Angleichung des Bewußtseins anstelle einer Lösung für die Verhältnisse.

Die folgenden Fälle sind nicht besonders ausgewählt worden, sondern lediglich einige Fälle aus meiner Praxis während der vergangenen Woche. Innerhalb des thematischen Umkreises der ersten beiden Kapitel dieses Buches sind sie insofern völlig »normal«, als daß sie durch die Ganzheitsanalyse auf dramatische Weise eine ganz individuelle Form annehmen. Jede Abweichung von dem, was als übliche Horoskopdeutung angesehen wird, zeigt einfach die Oberflächlichkeit dieser Routinearbeit und den Unterschied zwischen dem Verständnis von »Deutung« und dem Verständnis von »Analyse« an.

FALL 1 (Schaubild auf Seite 115)

Vorbereitende Notizen

Vor dem Konsultationstermin wurde das Horoskop gründlich ausgearbeitet und mit bestimmten vorbereitenden Anmerkungen versehen. Die Sonne/Mond-Analyse, Sonne im Wassermann und Mond im Widder, ließ im Idealfall auf den folgenden Energiefluß im Kern der Persönlichkeit schließen (nach Band III, *The Principles and Practice of Astrology*): ». . . ein rascher und angriffslustiger Verstand, ein ausgeprägtes Bewußtsein der intellektuellen Fähigkeiten . . . eine Art von kritisch urteilender Haltung gegenüber der restlichen Welt. Diese Position ist typisch für einen echten Überwertigkeitskomplex. Die Flamme des Denkens lodert allzu stark. Das soziale Gleichgewicht muß berücksichtigt werden, damit sich die geistigen Kräfte wirksam zum Ausdruck bringen können.« Dies könnte normalerweise erwartet werden: Die Energie der Sonne im Wassermann verbunden mit der starken Ich-Konzentration des Mondes im

Fall 1: Weiblich

KFV
482
FLWE
4307

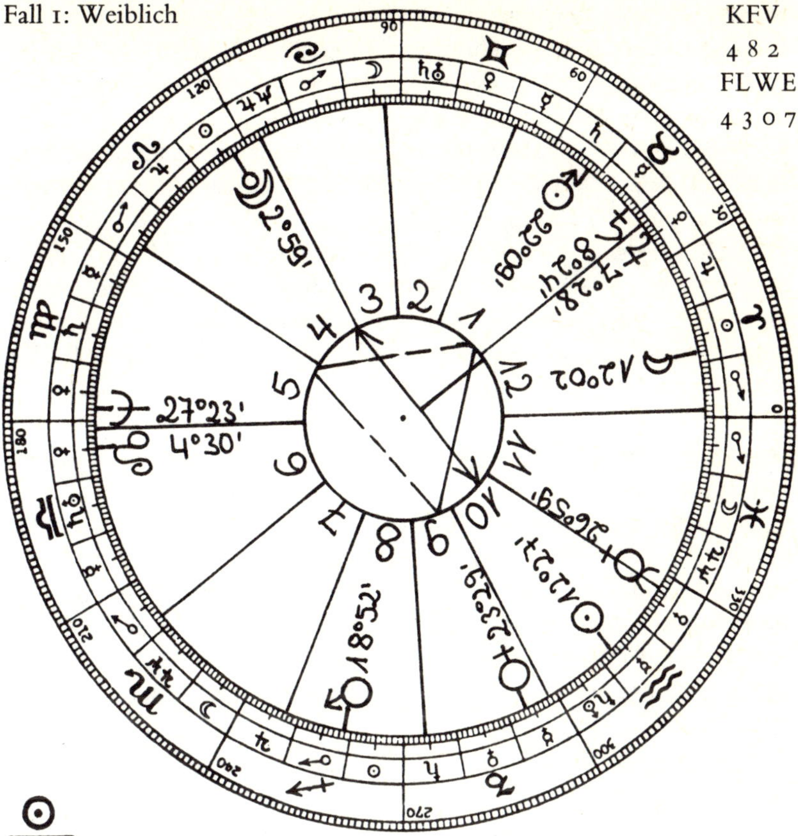

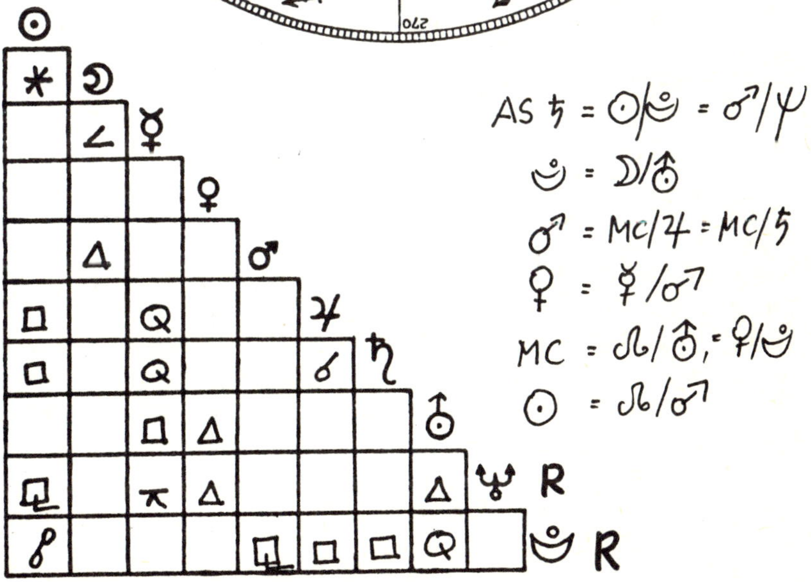

Widder – soziale Bewußtheit, welche den hervorstechenden Bedürfnissen des Ichs die Energie zu ihrer vollen Entfaltung verleiht.

Der Telefonanruf zur Festsetzung des Termins ließ jedoch eine Frau erkennen, deren Worte, Reaktionszeit und Schüchternheit auf alles andere hinwiesen als auf das, was man von der Sonne/Mond-Analyse hätte erwarten können. Sie war zwischen den Generationen geboren und hatte wahrscheinlich die Komplexität des Generationsübergangs in sich aufgenommen. Irgend etwas stand dem normalen Sonne/Mond-Fluß im Wege. Sie war in einem fremden Land geboren, das soziologisch durch eine scharfe Trennung zwischen der besitzenden und der besitzlosen Klasse gekennzeichnet war, was durch einen durchdringenden Einfluß der katholischen Kirche rationalisiert wurde. Aufgrund der soziologischen und generationsbedingten Problematik konnte ich ein Gefühl dafür entwickeln, daß das Ich der Frau durch äußere Umstände unterdrückt worden war.

Innerhalb des Horoskops befindet sich der Widder-Mond im XII. Feld, ein klares Anzeichen dafür, daß irgendein Schleier die natürliche Demonstration seiner potentiellen Fähigkeiten dämpft, wahrscheinlich im Hinblick auf die soziologischen Verhältnisse und vielleicht durch die Beziehung oder deren Fehlen zu dem im X. Feld symbolisierten Elternteil (das XII. Feld ist das sechste Haus des VII. Feldes und das dritte Haus des X. Feldes).

Der Planet Saturn, Herrscher des X. Feldes, ist eine Bogenminute von exakter Konjunktion mit dem Aszendenten im Stier entfernt. Damit werden sofort zwei Eckpunkte, der MC und der Aszendent, durch den Signifikator Saturn miteinander verknüpft; Saturn regiert im X. Feld und ist selbst am Aszendenten plaziert. Weiterhin stellen wir augenblicklich fest, daß Saturn/Aszendent ein Quadrat mit der Oppositionsachse Sonne/Pluto im Bereich der elterlichen Achse bilden. Durch die Sonne/Pluto-Opposition innerhalb der X/IV-Achse, durch den Mond, der im IV. Feld herrscht und im XII. Feld steht, und durch Pluto, der im VII. Feld herrscht, sind sämtliche Felder des Eckkreuzes in eine starke Entwicklungsspannung einbezogen. Es steht ohne Zweifel fest, daß die kraftvolle Sonne/Mond-Analyse durch soziologische Umstände und die frühe familiäre Umwelt gedämpft ist und daß sich daraus ein auffallend wichtiges Status/Identitäts-Problem innerhalb von Beziehungen ergibt. Darüber kann einfach nicht der geringste Zweifel bestehen.

Wir untersuchen dann das Selbstwert-Profil, das durch das II. Feld angezeigt und hier von Merkur beherrscht wird. Merkur bildet ein

Quadrat mit Uranus: Das Selbstwert-Profil befindet sich unter starker Anspannung, wahrscheinlich Nervosität und innere Unruhe im Hinblick darauf, ein Ziel zu erreichen und geliebt zu werden (Uranus herrscht im XI. Feld); diese innere Unruhe innerhalb des wachsenden Bewußtseins von Verdrängung, die sich in der Analyse des Status/Identitäts-Bereiches unter Einbeziehung der Eckpunkte zeigt, gleicht sich (auf natürliche Weise) mittels der Wunschvorstellung an – durch den Quincunx-Aspekt zwischen Merkur und Neptun.

Aufgrund von Feldereinschließung wird das V. Feld von der Sonne und Merkur beherrscht. Neptun ist rückläufig und im V. Feld plaziert. Die Spannungen aus den Status/Identitäts-Belangen greifen auf die Selbstwert-Belange über und stehen in besonderem Zusammenhang mit der Sicherheit darin, sich selbst zu geben. Wir erkennen sofort, daß diese gesamte vorbereitende Analyse das Potential von Natürlichkeit und Erfüllung innerhalb von wechselseitigen Beziehungen berühren wird. Wir haben festgestellt, daß Pluto, der Herrscher des VII. Feldes, rückläufig ist und im IV. Feld innerhalb eines starken T-Quadrats fixer Zeichen steht. Die fixen Zeichen dieses T-Quadrats und seine Ausrichtung auf Eckfelder lassen auf geringe Durchlässigkeit (Flexibilität) schließen, auf Widerstand gegenüber Veränderung und Loslassen. Die Status/Identitäts-Probleme, begleitet von einer Verunsicherung über den Selbstwert, sind starr, tief verwurzelt im Elternhaus, problematisch innerhalb von Beziehungen; sie werden mittels der Wunschvorstellung angepaßt und ängstlich verdrängt.

Der junge Organismus benötigt in seiner frühen Entwicklungszeit Abwehrmechanismen, damit er seine Identität unter Schwierigkeiten bewahren kann. Das ist normal. In diesem Horoskop hier ist die Komponente der Wunschvorstellung nicht allzu stark ausgeprägt (Quincunx Merkur/Neptun); es muß noch mehr zur Verteidigung herangezogen werden können.

Wir können sogleich die Trigonstruktur der Erdzeichen erkennen, die Venus, Herrscher des Aszendenten, Uranus und Neptun einschließt. Diese Konstellation wird sich als ein geschlossener Kreislauf von praktischer (Erde) Selbst-Genügsamkeit, als ein Verhaltensmuster niederschlagen, sich angesichts eines starken Entwicklungsdrucks auf sich selbst zurückzuziehen. Im realen Leben wird ein derart in sich selbst geschlossener Abwehrmechanismus diese Frau weiter von Beziehungen isolieren, während er sie gleichzeitig vor dem harten Druck der Umwelt schützt.

Bei dieser Trigonstruktur ist eine besondere Seltenheit zu beobachten, da sie nämlich weder Sonne noch Mond einbezieht. Das Abwehrsystem wird unabhängig vom natürlichen Kernpunkt der Lebensenergie und zwischen den Tiefenschichten des Ichs und der äußeren Welt wirksam sein. Damit ist jeder Hinweis auf weiteren Rückzug vor einer direkten Beziehung mit anderen gegeben.

Die Übersicht über die Elemente und die Natur der Zeichen zeigt einen hohen Anteil an fixen Zeichen und ein Fehlen des Wasser-Elementes. Die Betonung auf den fixen Zeichen, die in Beziehung zu dem T-Quadrat mit dem Aszendenten steht, läßt auf geringe Durchlässigkeit und anhaltende Verfestigung der Status/Identitäts-Belange schließen. Die fehlende Betonung des Elementes Wasser weist auf eine schwache Ausprägung von emotionaler Bewußtheit und Ausdrucksmöglichkeit auf der persönlichen Ebene hin, wodurch das Vorhandensein von Verdrängung und Selbstwert-Belangen bestätigt wird, die vom II. auf das V. Feld übergreifen, wie wir bereits besprochen haben.

Die vorbereitenden Notizen lassen eindeutige Schlußfolgerungen zu. Sie lenken die holistische Analyse in überzeugender Weise auf die Problembelange des frühen Elternhauses und die Entwicklungsstrukturen des Schutzes der Persönlichkeit und des Rückzugs von Beziehungen.

Eine weitere Nuancierung ist in ähnlicher Weise auffallend: Plutos Stellung im IV. Feld deutet an, daß die Verteidigung der persönlichen Perspektive eine Ansammlung von Wissen, Bewahrung innerer Ausgeglichenheit und den Schutz des inneren Wesenskerns, dies alles im Hinblick auf die frühe Erziehung, zur Folge haben wird.

Die Analyse der Halbsummenpunkte zeigt, daß die Konjunktion Aszendent/Saturn innerhalb des engen Wirkungsbereichs der Halbsumme Sonne/Pluto liegt, wodurch die grundlegende Bedeutung des T-Quadrats noch stärker hervorgehoben wird. Es handelt sich dabei um eine Krise der individuellen Selbst-Bewahrung unter verschiedenen Formen der Beschränkung. Der Aszendent wird notwendigerweise durch die Symbolik des Saturn eingeengt; dieses dramatische Geschehen tritt innerhalb der frühen Entwicklungszeit auf und führt schließlich dazu, daß die Lebenshoffnung (Sonne im X. Feld) auf die volle Bewußtheit (Opposition) der Wertperspektive (Pluto) gesetzt wird. Dadurch könnten die Werte des Elternhauses absorbiert und möglicherweise durch den Austausch mit einer breiteren Umwelt innerhalb von Beziehungen (Pluto herrscht im VII. Feld) verändert werden. Die fixe Natur des T-Quadrats deutet an, daß dieser Prozeß schwierig sein wird; das Rückzugsprofil hebt diese Schwierigkeit noch stärker hervor, und die Selbstwert-Belange und undifferenzierten emotionalen Fähigkeiten (keine Betonung des Wasser-Elementes) erschweren die Angelegenheit vollends.

Auch andere Halbsummenbilder sprechen eine deutliche Sprache: Mars bildet ein Quadrat mit der Halbsumme Saturn/MC (das heißt, Mars = Saturn/MC), was anzeigt, daß die praktische Einsetzung von Energie (flüchtig und wahrscheinlich kurzlebig im Zeichen Schütze) im Bereich von Saturn/MC eingefangen ist, der eine Schlüsselstellung für das wichtige T-Quadrat hat. Wir erkennen Pluto = Mond/Uranus, worauf Ebertin als einen »Neuaufbau auf Trümmern« hinweist. Dieses Halbsummenbild bestätigt den Schluß, den wir aus Plutos Erscheinen im IV. Feld für das Abwehrprofil gezogen haben.

Jupiters Konjunktion mit Saturn am Aszendenten legt die Vermutung nahe, daß Erziehung und Auslandsreisen von entscheidender Bedeutung für die Frau sind, um ihre Umwelt zu verändern, ihren Horizont zu erweitern und Status/Identität innerhalb neuer Wertperspektiven zu finden. Saturn herrscht im IX. Feld, was im allgemeinen darauf schließen läßt, daß die Erziehung eine Unterbrechung erfahren hat, doch Jupiters Konjunktion mit Saturn, sein Quadrat mit der Sonne und sein Quintil mit Merkur lassen erwarten, daß diese Entwicklungsspannung letztlich von Nutzen sein dürfte. Ohne Zweifel wäre die Erziehung nach einer Unterbrechung wiederaufgenommen worden. Venus und Saturn befinden sich in gegenseitiger Rezeption, wodurch die verlangsamte emotionale Reifung (Venus im Steinbock) mit den Entwicklungsproblemen des frühen Elternhauses sowie auch mit dem Erziehungsprozeß und der Übersiedlung ins Ausland als Betätigungsfeld für die Stärkung der praktischen Selbst-Genügsamkeit in Verbindung zu bringen ist (Venus steht im IX. Feld, herrscht am Aszendenten und hat eine Schlüsselstellung für die Trigonstruktur der Erdzeichen).

Der Planet Uranus schließlich, der das nervöse Selbst-Bewußtsein innerhalb der Entwicklungsspannung verstärkt (Stellung am Aszendenten, Quadrat mit Merkur und Einbeziehung in die Trigonstruktur), steht durch eine Anderthalbquadratur in einer lockeren Beziehung zum Mondknoten. Zusammen mit der Halbquadratur von Mond und Merkur und dem Trigon von Mond und Mars (Mars im VIII. Feld, dem fünften Haus des IV. Feldes, die Liebe, die von der Mutter gegeben wird, wobei wir das IV. Feld der Mutter zuordnen aufgrund der Felderspitze im Krebs und durch die starke Saturn-Dynamik des X. Feldes) können wir einen durchdringenden mütterlichen Einfluß erwarten.

Die Information/Perspektive-Fähigkeiten der Klientin, die sich im Kreuz der Wechselfelder widerspiegeln, sind offensichtlich ganz in dieses vorbereitende Profil mit einbezogen: Saturn herrscht im IX. Feld, Venus herrscht im VI. Feld, und der Mond, der im XII. Feld steht, herrscht im II. Feld. In ihrer Wahrnehmung sind ihre Fähigkeiten zu kommunizieren, zu kooperieren, zu lernen, eine Beziehung zur gesellschaftlichen Institution herzustellen, alle stark in Mitleidenschaft gezogen durch die Strukturen der Entwicklungsspannung, mit denen wir uns bereits im Rahmen dieser vorbereitenden Aufzeichnungen beschäftigt haben. Holistisch betrachtet greifen die Status/Identitäts-Belange auf alle Bereiche über, und dieser Prozeß läßt sich durch horoskopische Richtlinien deutlich erkennen. Der Astrologe ist für die holistische Analyse mit der Klientin vorbereitet, welche die Schlußfolgerungen in Zusammenhang mit ihrer eigenen Bezugsebene, ihrem eigenen Gesetz der Natürlichkeit abklären wird.

Analyse und Resonanz bei der Klientin

Die Klientin erschien frühzeitig (eine zuverlässige Bereitschaft zu teilen). Sie ist gepflegt, hübsch, gutgekleidet, spricht wohlbedacht und ruhig. Ihr Händedruck ist so schwach, als würde er nicht existieren. Ihre Augen sind strahlend, doch ihr Blick wird leicht durch eine gewisse innere Selbstbefangenheit abgelenkt. Sie hat ein nervöses Lachen, das wiederum mit der inneren Selbstbefangenheit verbunden zu sein scheint. Sie lebt im Augenblick allein und hat eine feste, sehr gute Anstellung bei einer weltbekannten, hochangesehenen internationalen Institution. Ihre Tätigkeit liegt im Bereich der Öffentlichkeitsarbeit.

Die vorbereitenden Notizen für die Analyse lassen sich sofort einfügen: Eine Anstellung in der Öffentlichkeitsarbeit (Tätigkeit und Status der äußeren Welt) tritt an die Stelle der Erfüllung in persönlichen, wechselseitigen Beziehungen, die sich wahrscheinlich überaus schwierig gestalten (Identität der inneren Welt). Die Venus steht in ihrem Horoskop im Osten (sie geht unmittelbar vor der Sonne auf), was darauf schließen läßt, daß die Anerkennung durch die Arbeit ein wichtiger Ersatz für die direkte persönliche Wertschätzung sein wird. Wir können sogleich davon ausgehen, daß die Klarheit über den äußeren Status während des Entwicklungsdrucks in einem sicheren Licht erscheint, während die Fragen der inneren Identität unterdrückt und unklar bleiben.

Die Frau hatte gerade damit begonnen, sich mit Astrologie zu beschäftigen. Dies zeigte ihre eifrige Bereitschaft, selbständig zu denken, sich aus eigenem Antrieb mit ihrer Entwicklung und ihrem Wachstumspotential zu beschäftigen. Während sie kurz darüber sprach, war es ein leichtes, einen kurzen Blick auf die vorbereitenden Messungen zu werfen und festzustellen, daß diese Beschäftigung vor kurzem während der Opposition zwischen dem sekundär progressiven Mond und ihrem Merkur begonnen hatte; dies war eine einwandfreie Bestätigung nicht nur für das Ereignis selbst, sondern auch für seine Bedeutung innerhalb des vorweggenommenen analytischen Profils ihrer gesamten Lebensentwicklung.

Unter Verwendung einiger einfacher astrologischer Informationen auf ihrer Anfängerstufe brachte ich die Bedeutung des T-Quadrats ins Gespräch. Rasch, aber behutsam, kam ich auf die frühe Umwelt des Elternhauses zu sprechen und wies darauf hin, daß die wirklichen Stärken ihres Ichs aus irgendeinem Grunde durch diese Umgebung innerhalb ihrer Entwicklung einen anderen Verlauf genommen hätten. Ich fragte im besonderen nach den frühestmöglichen Ereignissen im Umkreis ihrer Geburt und kurz danach (weil der Aszendent in der Horoskopstruktur so stark und kritisch besetzt war).

Ohne Gefühlsregung erklärte die Klientin, daß sie ihren Vater niemals gekannt hätte, daß er an den Folgen eines Unfalls gestorben wäre, als sie zwei Jahre alt war. Damit wurde eine Schlüsselfolgerung aus den vorbereitenden Aufzeichnungen bestätigt. Ohne Schwierigkeit ließ sich die Symbolik der Meßwerte rasch weiter in das Horoskop einfügen: Als sie zwei Jahre alt war (24+ Monate), hatte der sekundär progressive Mond den Aszendenten und Saturn durchlaufen, hatte der laufende Pluto ein Quadrat mit dem empfindlichen Aszendent/Saturn-Bereich gebildet und ließ sich die Halbsummenachse der Radix-Opposition Sonne/Pluto bei 7 Skorpion/Stier durch den Brennpunkt von Aszendent/Saturn projizieren. Wenn man außerdem mittels Projektion die Geburtsposition von Pluto um 2 Grad vorschob und Pluto damit auf 5+ Löwe brachte, so entstand das Bild Sonnenbogen des Pluto (Pluto s) = Sonne/MC (13½ Grad trennen MC und Sonne; werden diese durch 2 geteilt, ergibt dies 6¾ Grad, die, zum MC addiert, für Sonne/MC einen Halbsummenpunkt zwischen 5 und 6 Grad Wassermann/Löwe ergeben).

Die Erklärung der Klientin ist ausreichend, um mit der holistischen Analyse auf der Grundlage der vorbereitenden Notizen zu beginnen. Mittels Erfahrung und einer gründlichen Vorbereitung der Horoskopmessung können jedoch Projektionen von Halbsummenpunkten und um den Sonnenbogen dirigierte Näherungswerte innerhalb der Entwicklung mit einem kurzen Blick überprüft werden, während die Klientin spricht, um die Genauigkeit der Messung und die Reaktion der Klientin zuverlässig in den Meßwerten verankern zu können. Endgültige Messungen nach der Konsultation haben ergeben, daß die Näherungswerte tatsächlich exakt waren: Pluto s erreichte 8 Monate nach ihrem zweiten Geburtstag den Halbsummenpunkt von Sonne/MC; außerdem bildete Sonne s 9 Monate nach ihrem zweiten Geburtstag Quadrate mit den Halbsummenpunkten von Saturn/Uranus und Uranus/Aszendent. Es handelte sich um eine kritische Zeit in ihrer Entwicklung.

Die Aussage der Klientin klärte den Kernpunkt der vorbereitenden Notizen: Sie hatte den Vater durch den Tod verloren, die Entwicklung verlief ohne ihn. Die Mutter hatte nicht wieder geheiratet. Die Klientin erklärte, daß das Leben ereignislos und gleichförmig weiterging. Ich äußerte meine Vermutung, daß das Leben in der häuslichen Umwelt »langweilig« verlief, und dies wurde bestätigt. Ich fügte hinzu: »Vielleicht bis zum Alter von etwa dreizehn Jahren?« Diese Schlußfolgerung schob einfach den Spannungspunkt Aszendent/Saturn durch Sonnenbogen-Progression zur Konjunktion mit dem Geburtsuranus vor, die Entfernung von 13–14 Grad entspricht 13–14 Jahren bei einer Geburt im Winter. Erfahrung und Wissen vom Rhythmus der laufenden Planeten ließen ebenfalls die Annahme zu, daß während dieser Zeitspanne zwischen dreizehn und vierzehn Jahren der laufende Uranus über zwei Zeichen gegangen war (7 Jahre pro Zeichen; $7 \times 12 = 84$) und sich in der Nähe ihrer IV. Felderspitze befand; daß der laufende Neptun während dieses Zeitraums ein Zeichen durchlaufen hatte und ein Quadrat mit der IV. Felderspitze bildete; daß der laufende Saturn in Opposition zu seiner eigenen Geburtsposition stand und gerade die VII. Felderspitze überquerte. Ich konnte fast sicher ein weiteres Trauma innerhalb der gedanklichen Konstruktion einer Entwicklungsspannung erwarten, die sich klar aus meinen vorbereitenden Notizen ergeben hatte.

Die Klientin bestätigte, daß im November ihres dreizehnten Lebensjahres ihre Mutter gestorben wäre. Ihre Erklärung war ruhig und ohne Emotion.

Die Aussage der Klientin war alles, was benötigt wurde, um die holistische Analyse weiterzuführen. Die auf Erfahrung beruhende Annäherung der eindrucksvollen Meßwertsymbolik ergab einwandfrei eine Bestätigung ihrer realen Lebensituation. Endgültige Messungen nach der Konsultation erhärteten die Schlußfolgerung ganz konkret: Im Todesmonat ihrer Mutter befand sich der sekundär progressive Mond in genauer Opposition zu seiner Geburtsposition; zwei Monate vor dem Tod ihrer Mutter war Saturn s in Konjunktion mit dem Geburtsuranus und Aszendent s in Konjunktion mit Uranus; einen Monat vor ihrem Tod war die Konstellation Mars s = Merkur/Saturn-Aszendent; im Monat ihres Todes war der laufende Uranus in Konjunktion mit der IV. Felderspitze und der laufende Neptun im Quadrat zu dem gleichen Punkt; zum Zeitpunkt des Todes der Mutter bildete der laufende Pluto eine exakte Opposition mit dem Geburtsmerkur der Klientin. Damit war eine vollständige Veränderung der persönlichen Perpektive angezeigt. Die vorbereitenden Notizen für die Analyse waren fest in der tatsächlichen Erfahrung der Klientin begründet.

Die Entwicklungsjahre zwischen dem Tode des Vaters und dem Tode der Mutter wurden gründlich im Rahmen des Verhaltensmusters besprochen, das holistisch gesehen (und in den vorbereitenden Notizen umrißhaft dargestellt) und innerhalb der Soziologie des Geburtsortes der Klientin erwartet werden konnte. Es war uns beiden klar, daß sich die Mutter nach dem Tode des Vaters nicht wieder verheiratete, sondern arbeitete, um ein sorgenfreies, nichttraumatisches Leben aufrechterhalten zu können. Das junge Mädchen war viel allein; es sah sich keiner besonderen Herausforderung, keiner autoritären Führung ausgesetzt, welche die Entwicklung hätte anspornen, bewerten und lenken können. Die Identität suchte sich Unterstützung in der Wunschvorstellung: »Wissen Sie, ich träumte davon, fortzugehen und einen Prinzen zu heiraten.« Die Klientin betrachtete dies als normal unter den gegebenen Umständen. Sie hatte recht; es handelt sich dabei um ein ganz eindeutiges Verhaltenspotential, wie wir in den vorhergehenden Kapiteln gesehen haben. Sie war durch Alltagsroutine isoliert, allein, sie brauchte Ermutigung und individuelle Anerkennung (Mond im Widder). Da sie dies nicht erhielt, projizierte die Wunschvorstellung die Ausbildung der Identität in idealisierter Form an einen anderen Ort, in eine andere Umgebung. Die potentiell starken Energien des Ichs blieben ungenützt. Die Alltagsroutine beraubte sie einer Herausforderung für ihre Entwicklung.

Beim Tode der Mutter war die Klientin allein. Sie hatte nur wenige entwickelte Fähigkeiten. Mit dreizehn Jahren wurde sie von Verwandten aufgenommen. Die Abwehrkräfte ihrer Erd-Trigonstruktur wurden zum Einsatz gezwungen: Langsam begann sie zu erkennen, daß sie sich allein durchs Leben würde schlagen müssen, daß sie ihr Alleinsein verstärken, vorsichtig und zurückhaltend in ihrer Ausdrucksweise sein müßte, daß sie ihre Empfindlichkeit, die durch traumatischen Schock so schwerwiegend verletzt worden war, schützen und daß sie möglichst versuchen müßte, das ihr fehlende Entwicklungsgerüst wieder aufzuholen.

Die Klientin sagte: »Jahrelang konnte ich mich selbst überhaupt nicht ausdrücken. Ich hatte das Gefühl, es wäre töricht, wenn ich etwas sagen wollte. Sicherlich war es ein Komplex. Ich kann mich daran erinnern, daß meine Mutter und meine Großmutter mir sagten, ich wäre dickköpfig, seitdem ich sechs oder sieben Jahre alt war. Häufig wurde ich für etwas bestraft und machte mich sofort daran, das gleiche wieder zu tun.« – Der Rückzug wurde deutlich bestätigt; die Gründe dafür waren klar, da die frühen traumatischen Lebenserfahrungen mit den verwundbaren Punkten von Status/Identität in ihrem Horoskop zusammenfielen. Die Abwehrmechanismen begannen sie zu isolieren; durch die verlangsamte emotionale Entwicklung wurde die Taktik des Rückzugs verstärkt. Der Einfluß der fixen Zeichen auf die gesamte Krise zeigte sich frühzeitig als Starrköpfigkeit und blieb dann für lange Zeit als festgefahrene Verhaltensroutine bestehen. Ich äußerte die Vermutung, daß sie in den Augenblicken ihres rebellischen Verhaltens als Kind in Wirklichkeit angestrengt versuchte, Anerkennung, Führung, Anleitung, Motivation für sich zu gewinnen. Sie pflichtete mir bei und ergänzte: »Nun, das habe ich nicht bekommen. Ich zog mich zurück.«

Ihr Leben führte sie durch wenige vormalige Beziehungen zu jungen Männern, wobei der Katholizismus und soziale Vorschriften die Beziehungen in einem komplizierten Netzwerk aus familiärer Billigung, Moral und Bekräftigung der Normen ansiedelten (als Venus s mit der Sonne in Konjunktion stand). Sie verließ ihr Heimatland und reiste in mehrere Länder, ging in verschiedene Schulen, Sprachen und soziologischen Strukturen ein und aus. Kaum jemals hatte sie Schwierigkeiten, eine gute Anstellung zu finden, doch immer hatte sie Probleme mit zwischenmenschlichen Beziehungen: »Ich kann mich auf keine Beziehung ohne Angst einlassen. Ich will mich selbst absichern. Ich möchte immer gerne wissen, wie sie wohl einmal enden werden, bevor sie überhaupt begonnen haben.«

Ihr Verhaltensmuster blieb weiterhin mit geringfügigen Angleichungen bestehen, welche den Aspektstrukturen entsprachen, die der laufende Saturn mit einer hochgradig empfänglichen Zenit/Nadir-Achse bildete. Sie hat niemals eine tiefe, freie, bedeutungsvolle Beziehung gehabt, doch immer hervorragende Arbeitssituationen. Ihre augenblickliche Beschäftigung in der Öffentlichkeitsarbeit für ein internationales Unternehmen mit hohem Prestige ersetzt die mangelnde Erfüllung in zwischenmenschlichen Beziehungen im Bereich der Status/Identitäts-Belange, die auf so dramatische Weise im Horoskop angezeigt werden.

Bemerkungen

Die Sonne/Mond-Analyse mit einer so starken potentiellen Energie war durch Umweltverhältnisse und traumatische Erfahrungen an ihrer vollen Entfaltung gehindert worden. Die Abwehrmechanismen von Rückzug und Selbst-Genügsamkeit der Klientin waren wirksam in Kraft getreten. Die Wunschvorstellung hatte ihr gelegentlich Zufriedenheit und flüchtige Hoffnung gegeben. Sie hatte ihre Wahlmöglichkeiten deutlich vor sich gesehen: »Ich hätte einfach dort bleiben, heiraten und Kinder haben können, alles wäre beim alten geblieben. Doch ich habe mich sehr darum bemüht, herauszukommen und irgendwo anders eine neue Lebensform zu finden.« Diese Veränderung der Umwelt war tatsächlich ein Triumph für sie, doch die gewohnheitsmäßigen Verhaltensstrukturen von Abwehr und Rückzug blieben bestehen; sie waren durch ihre Umwelt tief in ihr verwurzelt. Sie meinte: »Ich habe mich immer gewundert, warum Mädchen (aus ihrem Land) keine Willenskraft zu haben scheinen.«

Die Konsultation erreichte ein umfassendes Verstehen des gesamten Umweltdrucks und aller individueller Bedürfnisse und wandte sich dann dem Heilungsprozeß zu. Dieser konzentrierte sich auf das Potential, welches im Horoskop durch die Opposition zwischen Sonne und Pluto symbolisiert wird: die potentielle Fähigkeit, eine frühere Perpektive zu durchbrechen und neue Wertmaßstäbe zu errichten. Dies wurde im Horoskop weiter bekräftigt durch Pluto = Mond/Uranus – einen »Neuaufbau auf Trümmern«. Mit anderen Worten, die einflußreiche Umweltstruktur, die im Horoskop angezeigt war und sich während der frühen Entwicklungsjahre manifestiert hatte, wurde mittels Erkenntnis, Objektivierung und Veränderungen der Umgebung, Perspektive und durch die Zeit auf eine andere Ebene gehoben. Der Einfluß der Venus wurde aus der Starrheit der Trigonstruktur herausgenommen und fand Bestärkung durch das Halbsummenbild Venus = Merkur/Mars – eine geistige Beweglichkeit zu lieben. Der MC wurde bestärkt durch das Erkennen seiner Position als Halbsumme von Uranus/Mondknoten – plötzliche Veränderung durch den Ausbau von Beziehungen – und im Quadrat zur Halbsumme von Venus/Pluto – ein Potential zu tiefer Liebesfähigkeit. Die Angst wurde durch Verständnis beseitigt; die Energien wurden durch das Eingeständnis der in der Gegenwart gewonnenen Sicherheit freigesetzt. Die potentiellen Möglichkeiten für ein rascheres und freieres Wachstum in der Zukunft wurden schließlich durch einfache Techniken der Selbst-Einschätzung gefördert, die in Teil III dieses Buches, »Heilung«, ausführlich behandelt werden. Es stand fest, daß die Klientin die Botschaft ihrer Umwelt begriffen hatte, und ihr Händedruck war wesentlich kräftiger, als die Konsultation beendet war.

FALL 2 (Schaubild auf Seite 127)

Vorbereitende Notizen

Diese Klientin folgte auf die Frau von Fall 1. Die Horoskope und Entwicklungsprobleme von beiden weisen offensichtliche Ähnlichkeiten auf. Die Klientin 2 ist zwar vierzehn Jahre jünger als die Klientin 1, doch beide haben das T-Quadrat fixer Zeichen mit Saturn im Quadrat zur Oppositionsachse von Sonne/Pluto gemeinsam. In beiden Fällen steht Venus im Steinbock und herrscht am Aszendenten. In Fall 2 wird die Dimension der Wunschvorstellung zum hauptsächlichen Schutzmechanismus, da sich der rückläufige Neptun am Aszendenten in Konjunktion mit dem Mond befindet. Diese Vorstellungsdimension wird für die Frau von Fall 2 ebenso stark wirksam sein wie die Trigonstruktur für die Frau von Fall 1. In beiden Fällen zeigen die Signifikatoren eine Status/Identitäts-Problematik an, die im Horoskop mit Spannungen in den Eckfeldern und im realen Leben mit der familiären Umwelt verbunden ist.

Obgleich diese junge Frau Mitte Zwanzig ist, wurde die Verabredung von ihrer Mutter getroffen. Die Mutter erkundigte sich voll innerer Spannung, ob wohl die Astrologie ihrer Tochter helfen könnte, die nichts anderes tat, als »den ganzen Tag zu Hause herumzusitzen«. Als ich nachfragte, wie lange diese Situation bereits bestanden hätte, stellte es sich heraus, daß sich die Tochter wegen Lernschwierigkeiten und psychologischen Problemen bereits einigen Tests unterzogen hatte. Dabei konnte nichts Entscheidendes festgestellt werden. Die Tochter hatte die höhere Schule absolviert, seitdem jedoch nichts mehr getan. Ich bat darum, mit der Tochter selbst zu sprechen, und zögernd tauschten wir einige kurze, einfache, fast kindische Sätze aus. Der Termin wurde festgesetzt.

Das Horoskop zeigte eine deutlich ausgeprägte Rückläufigkeit: Nur Venus (Herrscher des Aszendenten), Mars (im Widder am Deszendenten)

Fall 2: Weiblich

KFV
950
FLWE
2741

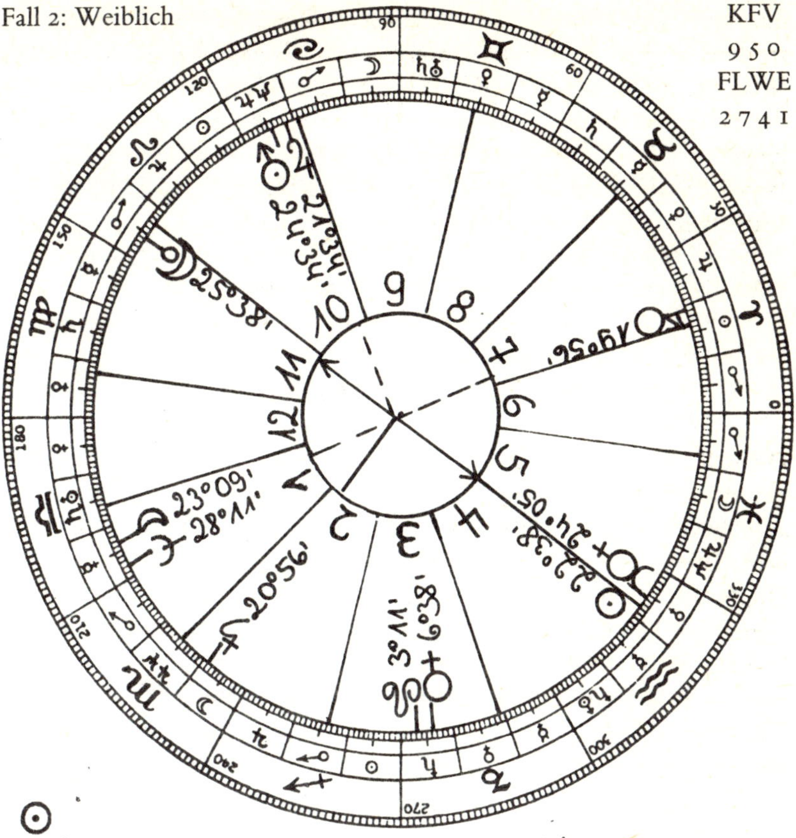

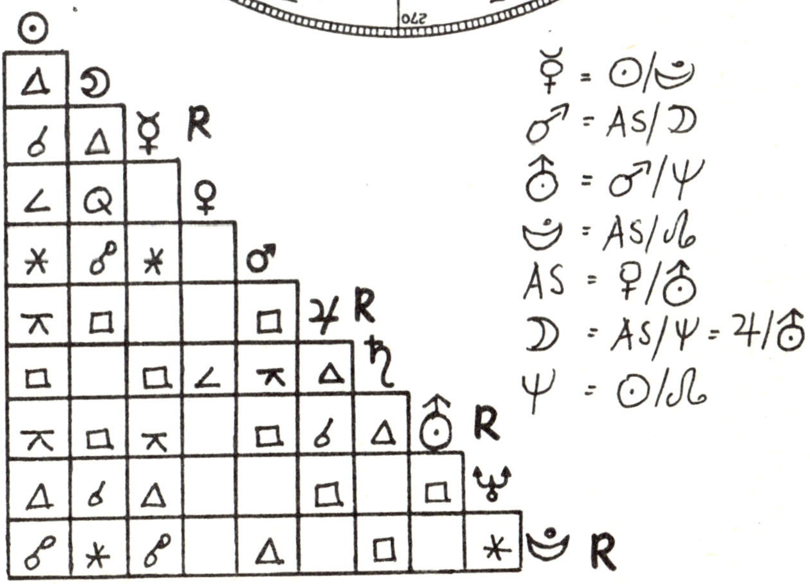

und Saturn (innerhalb des T-Quadrats der fixen Zeichen) bewegen sich rechtläufig (von Westen nach Osten). Die Struktur der Rückläufigkeit verstärkt ohne Zweifel die Symbolik der Konjunktion von Sonne/Merkur rückläufig und der Konjunktion von Mond/Neptun rückläufig am Aszendenten: Diese junge Frau lebt in einer eigenen Welt für sich. Die Venus im Steinbock läßt auf eine verlangsamte Reifung schließen und befindet sich in loser Konjunktion mit dem Mondknoten, wodurch der mütterliche Einfluß mittels der persönlichen Projektion der jungen Frau hineingebracht wird (Venus herrscht am Aszendenten).

Saturn herrscht im Steinbock im IV. Feld und bildet ein Quadrat mit der Opposition Sonne/Pluto; der Mond herrscht im entgegengesetzten Eckfeld, dem X. Feld im Krebs, befindet sich in Konjunktion mit Neptun und in Opposition mit Mars, dem Herrscher des VII. Feldes im Widder. Venus, Herrscher des Aszendenten, hat den Mondknotenkontakt, was auf den Einfluß der Mutter schließen läßt, und ist verhältnismäßig schwach aspektiert; sie bildet nur Halbquadraturen mit Sonne und Saturn und ein Quintil mit dem Mond. Zusammengefaßt läßt sich sagen, daß alle Eckpunkte in eine scharfe Entwicklungsspannung einbezogen sind; die Fähigkeiten zur Bestätigung von Status/Identität sind angespannt.

Außerdem bildet die Konjunktion von Jupiter/Uranus rückläufig im X. Feld, die gleichzeitig eine Schlüsselstellung für dieses Eckfeld hat, ein Quadrat mit der Opposition zwischen Mond/Neptun und Mars, die ebenfalls Eckfelder und Kardinalzeichen einbezieht. Dieses zweite T-Quadrat ist außerordentlich gewichtig und ein weiterer Schlüssel für die Spannung von Status/Identität. Obgleich dieses T-Quadrat zwischen Eckfeldern und Kardinalzeichen besteht, wird es eine größere Durchlässigkeit besitzen als das T-Quadrat der Fixfelder und fixen Zeichen, weil die Kombination aus Eckfeldern und Kardinalzeichen darauf hinweist, daß etwas getan werden muß, um die innerhalb der Erkenntnisstruktur vorhandenen energetischen Verhaltensmuster freizusetzen. Durch das Vorhandensein des rückläufigen Neptun können wir davon ausgehen, daß die Verdrängung in die Vorstellungswelt das Ventil für diese Spannungen sein wird.

Das T-Quadrat der Fixfelder und fixen Zeichen, das Saturn, Sonne und Pluto einbezieht, wird eine weitaus geringere Durchlässigkeit besitzen und tief in der Persönlichkeitsentwicklung verwurzelt sein. Die Planetensymbole innerhalb dieses T-Quadrats verweisen durch Feldposition auf das XI., V. und II. Feld und durch Feldherrschaft auf das XI. und II. Feld. Der gesamte Bereich des Selbstwertes ist außerordentlich belastet; die Selbstwert-Belange, die mit der Fähigkeit verbunden sind, Liebe, Anerkennung usw. zu geben und zu erwarten, stehen unter starkem Entwicklungsdruck. Außerdem bilden Mond, Neptun und Mars Quadrate mit Uranus, der im V. Feld herrscht. Das zweite T-Quadrat im Bereich von Status/Identität steht in Verbindung mit dem ersten T-Quadrat im Umkreis der Selbstwert-Belange.

Jeder Planet innerhalb des Horoskops mit Ausnahme der Venus ist in diese beiden T-Quadrate mit einbezogen. Venus regiert auch das Zeichen Stier im VIII. Feld, dem zweiten Haus des VII. Feldes, die Selbstwert-Belange, Wertmaßstäbe usw. von anderen. Bei diesen vorbereitenden Beobachtungen entwickelte ich ein deutliches Gefühl für die Status/Identitäts- und Geld/Liebe-Belange der jungen Frau in all ihren Verästelungen. Ich erkannte die Vorstellungskraft als Rückzug in eine private Welt. Ich spürte, daß die Energiereserven den Kampf aufgegeben hatten. Der deutlich betonte Mars im Widder am Deszendenten war mittels der Wunschvorstellung zum Schweigen gebracht worden. Alles dies wurde während des Telefongesprächs von der Mutter durch die Schilderung der wortkargen Passivität des jungen Mädchens und von der Tochter selbst durch die stockende Unterhaltung mit mir bestätigt.

Auch die Sonne/Mond-Analyse würde durch dieses gesamte komplizierte »Kanalisationssystem« gelenkt werden. Mit Sonne im Wassermann und Mond in der Waage ist eine besondere Leichtigkeit im sozialen Umgang und in Liebesbeziehungen zu erwarten. Diese Erwartung ist im allgemeinen gültig, doch die Verhaltensmuster, welche hier die Bedürfnisse der inneren Welt mit der Struktur der äußeren Welt verbinden, deuten auf einen kurzgeschlossenen Kreislauf innerhalb dieser individuellen Wirklichkeit hin. Gleichzeitig bringt diese Sonne/Mond-Analyse mit ihrer theoretisch ungezwungenen Ausdruckskraft in der Regel eine Naivität mit sich, die Beharrlichkeit und Ausdauer sehr leicht abschwächt. Unsere junge Frau hier würde bei stark ausgeprägtem Entwicklungsdruck wahrscheinlich rasch jede Anstrengung aufgeben, irgend etwas dagegen zu unternehmen; sie würde sich damit abfinden und mit ihrer eigenen inneren Welt begnügen.

Durch das Bild der Radix-Halbsummenpunkte wird viel von diesem Geburtsprofil bestätigt: Merkur ist rückläufig und in Opposition mit Pluto (die Tendenz, die wirkliche Position des Ichs nicht wahrhaben zu wollen, wenn sich diese Position unter Anspannung befindet; ein etwaiges Gefühl von Sinnlosigkeit); Merkur herrscht im IX. und XII. Feld, die zum Kreuz der Wechselfelder mit den Fähigkeiten von Information/

Perspektive gehören, und er befindet sich am Halbsummenpunkt der Opposition von Sonne/Pluto. Dadurch ist er noch stärker mit der Sonne/Pluto-Symbolik eines Verschwindens von Werten, einer Veränderung der Perspektive verbunden.

Mars befindet sich in Opposition mit dem Mond, doch gleichzeitig auch am Halbsummenpunkt von Mond/Aszendent, was auf häufig wechselnde Stimmungen schließen läßt. Da Neptun stark durch den Mond aspektiert wird und im VI. Feld herrscht, einem weiteren Arm des Kreuzes der Wechselfelder (Information/Perspektive), können wir annehmen, daß Stimmungsschwankungen und Wunschvorstellung damit zu tun haben, die kooperative Unterstützung von anderen im Hinblick auf eine berufliche Anstellung zu erlangen. Der berufliche Status wäre wesentlich für die Bestimmung der Identitätswerte, besonders aufgrund der östlichen Position von Venus (wie in Fall 1). Der Bezugspunkt für diese Werte wird vom Ich weggelenkt und auf die Arbeit übertragen.

Uranus befindet sich am Halbsummenpunkt von Mars/Neptun: wechselhafte Energien und Schwäche. Der Mond steht am Halbsummenpunkt von Neptun/Aszendent: emotionale Ruhelosigkeit. Neptun bildet ein Quadrat mit der Halbsumme von Sonne/Mondknoten: eine Schwierigkeit, Wunschvorstellung und Identität an Beziehungen (Mondknoten) anzupassen.

Jupiter herrscht im III. Feld, dem grundlegenden Bereich der Information/Perspektive-Belange. Er ist rückläufig und in Konjunktion mit dem MC. Seine Konjunktion mit Uranus, der ebenfalls rückläufig ist, verspricht mögliche Erfüllung, doch der kontrapunktische Faktor der Rückläufigkeit ist mit dem T-Quadrat der Eckfelder und Kardinalzeichen verknüpft, spiegelt sich in der Wunschvorstellung wider und erfordert die Anpassung des Ausdrucks von Lebensenergie (Jupiter und Uranus bilden beide Quincunx-Aspekte mit der Sonne).

Das gesamte Horoskop steht unter hochgradiger Entwicklungsspannung. Diese befindet sich wahrscheinlich im Ruhezustand, wird durch eine sich in alles fügende Haltung unterdrückt, innerhalb der Bestätigung durch die Wunschvorstellung toleriert und auf die Arbeit als Lösung dafür projiziert, eine Klärung von Status/Identität zu erreichen. Eine größere Veränderung während der Entwicklungszeit hatte sich wahrscheinlich um das dreizehnte oder vierzehnte Lebensjahr ereignet, als die Sonnenbogen-Projektion des Saturn (Teil des T-Quadrats der Fixfelder und fixen Zeichen, Herrscher des IV. Feldes) eine Anderthalbquadratur mit dem MC bildete.

Vermutlich würde die junge Frau nicht dazu in der Lage sein, irgendeinen dieser Problembelange nutzbringend zu artikulieren. Eine mangelnde Reife im imformativen und emotionalen Bereich liegt klar auf der Hand. Die Wertmaßstäbe des Ichs und für den gegenseitigen Austausch mit anderen sind verschwunden.

Analyse und Resonanz bei der Klientin

Die junge Frau erschien pünktlich zu ihrem Termin. Sie war größer und kräftiger in ihrer Erscheinung, als ich es erwartet hatte. Ihre dicken Brillengläser waren eine offensichtliche Bestätigung von Problemen mit den Augen, was bereits die stark belastete Stellung von Sonne und Mond in ihrem Horoskop vermuten ließ. Ihre Haare waren gefärbt, was auf ein bewußtes Gefühl von Eitelkeit hinwies. Ihre Stimmung war weitaus herzlicher und offener als während des Telefongesprächs, vielleicht deshalb, weil sie allein war und ihre Selbstdarstellung nicht durch ihre Mutter geschah.

Durch zwangloses Geplauder wurden wir etwas vertraut miteinander. Es wurde deutlich, daß sich das Gespräch nicht durch theoretischen Austausch oder kommentierte Selbstbeobachtung mühelos würde entwickeln können. Vorsichtige Fragen mußten bedeutungsvolle Antworten herausfinden.

Allmählich konnte ich mich nach der Beziehung zu ihrer Mutter erkundigen, und zwar im Hinblick auf ihr teilnahmsloses »Herumsitzen zu Hause«. Sie zeigte eine sehr faire Einschätzung der Besorgnis ihrer Mutter über ihre Untätigkeit. Sie konnte voller Wissen über ihre eigene Situation lächeln. Sie war nicht dazu in der Lage, eine Stellung zu finden, weil »Arbeitgeber, Interviewer mich als zögernd, verkrampft, nicht konzentrationsfähig ansehen«. Wenn die Besorgnis ihrer Mutter bis zu einem gewissen Punkt anwuchs, so versuchte sie in der Regel, eine Stellung zu finden. Der Versuch schlug fehl, die Besorgnis ihrer Mutter ließ nach, und sie selbst machte es sich wieder bei Unterhaltungslektüre und dem Fernsehen bequem.

Die Klientin hatte einen guten Wortschatz. Sie sagte, daß sie häufig Dinge im Wörterbuch nachschlug. In ihrer eigenen Welt kam sie gut zurecht. Ihre Wertvorstellungen beruhten auf ihrem Lese- und Fernsehvergnügen. Sie hatte nur wenige Freunde: »Sie alle heiraten nämlich, ziehen um, gehen fort.«

Während all dieser Schilderungen blieb sie äußerst heiter. Keine tiefe

Verletzung oder Gefühlsregung wurde sichtbar. Die Sätze waren kurz, sachlich, ungeniert und lieferten eine klare Beschreibung des gesamten Profils, das in der Horoskopanalyse vorbereitet worden war. Alles das, was nach astrologischer Erwartung in hohem Grade bedeutsam war, wurde bemäntelt und aus dem Bewußtsein herausgehalten.

Ich erkundigte mich nach ihrem Vater und erfuhr, daß er vier Monate nach ihrem dreizehnten Geburtstag gestorben war, was genau der Anderthalbquadratur von Saturn s mit ihrem MC entsprach. Ihre Erklärung zeigte keine große Gefühlsbewegung. Sie vermißte ihren Vater – damit war die Sache erledigt. Natürlich war dies ein kritischer Punkt bei der Analyse, der nicht nur die Klientin, sondern auch ihre Mutter betraf, die nie wieder geheiratet hatte. Es gab jedoch keinen Grund dafür, tief in das Leben dieser Frau einzudringen: Seine Starrheit und Abgeschlossenheit waren erkannt und assimiliert worden. Es lag keine Betonung auf veränderlichen Zeichen, welche die Reaktion oder Fähigkeit zu rascher Veränderung hätte sichtbar machen können. Emotion und Selbstbeobachtung waren unterentwickelt. Es hatte sich keine besondere Verletzung oder Problematik niedergeschlagen.

Als nächstes erkundigte ich mich nach ihrer Vorstellungswelt. Die Frage wurde mit einem Lächeln begrüßt. »Welchen Inhalt haben Ihre Wunschvorstellungen?« – »Wie ich mit Menschen zurechtkomme; wie sie auf mich reagieren.«

Dies entsprach der Opposition zwischen Mars und Mond/Neptun, Hauptachse des T-Quadrats der Eckfelder und Kardinalzeichen. Ich drang weiter in sie. Die Klientin verriet, daß sie Vorstellungsbilder von Menschen hat, die »mit mir kämpfen oder boxen. Manchmal gewinne ich«. Ein deutliches Lächeln überflog ihr Gesicht.

Ihre Spannungen entluden sich tatsächlich in ihren Wunschvorstellungen. Ihr Zorn, ihre Energien waren im Kampf gegen die äußere Welt in ihren Tagträumen gefangen. Sie wußte, daß sie sich in einem Kampf um Identität befand – und damit war auch dies wieder erledigt.

»Was, glauben Sie, ist es, das Sie zurückhält?« fragte ich. – »Geld. Ich möchte wieder nach Europa gehen.«

»Was hält Sie davon zurück, zu arbeiten und damit Geld zu verdienen?« Sie entgegnete: »Es kommt ständig zu Ablehnung.«

Ich erfuhr, daß sie häufig mit ihrer Mutter in deren Urlaub Reisen unternommen hatte. Die Mutter mußte die Tochter mit sich nehmen, und diese Reisen waren für die Tochter sehr wichtig gewesen. Es waren in der Tat die einzig bedeutsamen Erfahrungen, die sie gemacht hatte.

Hier zeigte sich das Quintil von Venus und Mond, der mütterliche Einfluß, der auf irgendeine schöpferische Weise eine gewisse Grundlage für das Identitätsprofil des jungen Mädchens errichtete. Die Klientin zeigte ein sehr großes Interesse an Museen, Blumen und Kunstwerken. Sie wollte arbeiten und Geld verdienen, damit sie weitere Reisen machen und sich an Museen, Blumen und hübschen Kleidern erfreuen konnte.

In unserem gemeinsamen Gespräch waren niemals emotionale Werte zur Sprache gekommen. Die Unterhaltung blieb nüchtern, weil sie fehlten; das Leben der Frau war einsam, weil sie diese Werte niemals entwickelt hatte (das Kreuz der Fixfelder). Selbstwert war ein bedeutungsloses Konzept. Geld war an die Stelle von Liebe getreten, der Job ersetzte die Identität. Ich wollte dies noch weiter überprüfen.

Ich machte ihr gegenüber die Bemerkung, daß sie während unseres Gespräches kein einziges Mal von Gefühlen, von Beziehungszielen gesprochen hätte. Sie erwiderte, daß sie immer gut mit Menschen ausgekommen wäre (die problemlose Sonne/Mond-Analyse). Ich fragte sie nach einem Freund, und sie entgegnete: »Noch nicht jetzt.«

Ihre Antwort »noch nicht jetzt« war dramatisch. Sie zeigte eine Bewußtheit ihrer eigenen Unsicherheit und emotionalen Unausgereiftheit. Diese junge Frau, die so viele Probleme hatte, besaß eine fast unheimliche Weisheit, sich nicht in Selbst-Mitleid zu ergehen und das Vertrauen zu haben, daß die Entwicklung früher oder später schon von selbst kommen würde. Dies war ein Schlüssel für unsere Begegnung, der uns zu der Untersuchung führte, welche Werte im Laufe der Zeit und im Rahmen künftiger Erfahrungen ausgebildet werden müßten.

Ich forderte sie auf, mir zu beschreiben, was sie »von mir dachte«. Sie antwortete: »Ich denke, daß Sie ziemlich viel Sinn für Humor haben; Sie sind unbeschwert, und Sie sind sehr groß.« Diese Beschreibung war natürlich oberflächlich, wie zu erwarten war, und deshalb machte ich den Einwand: »Wie aber steht es um mein Denken, um meine Gefühle?« Damit war der entscheidende Punkt angesprochen. Wir untersuchten, wie wichtig diese anderen, tieferen Dimensionen für erfolgreiche und vertrauensvolle Beziehungen zu anderen Menschen waren. Rasch gerieten wir in eine lebhafte Diskussion über zwischenmenschliche Dynamik. Die Verbindung dieser Beobachtungen mit ihren Eindrücken aus Zeitschriften und Fernsehstücken gab ihr ein Hilfsmittel in die Hand, menschliche Werte zu bestimmen und sich regelmäßig daran zu erinnern.

Schließlich verfolgte ich den Gedanken, wie sie es lernen könnte, diese Wertvorstellungen für sich selbst, in sich selbst zu errichten. Ich ließ mich von dem Einfluß der Symbolik ihres Neptun lenken und fragte sie, ob sie Interesse an Fotografie hätte. Ich hatte recht, und dies veranlaßte uns zu einem faszinierenden Experiment, das darauf hinarbeitet, innerhalb von wechselseitigen Beziehungen persönliche Werte ohne das Vorhandensein von Angst aufzubauen. Das Grundprinzip besteht darin, das Ich durch die Linse einer Kamera zu projizieren; in Teil III dieses Buches, »Heilung«, wird dies ausführlich behandelt werden.

Bemerkungen

Das Horoskop dieser Frau zeigte kaum Entsprechungen zu laufenden Planeten und Auslösung durch Sonnenbogen. Der Tod des Vaters war die einzige wesentliche Bestätigung von astrologisch einflußreichen Messungen. Während der Konjunktion des laufenden Uranus mit ihrem Aszendenten ereigneten sich einige Urlaubsreisen - mehr nicht. Als der laufende Uranus mit Mond und Neptun in Konjunktion stand, war sie besorgt wegen ihrer Schulzensuren. Ihr Versuch an der Hochschule wurde abgebrochen, als der laufende Saturn im Krebs stand und mit ihrer Mond/Neptun-Konjunktion ein Quadrat bildete. Sie verriet soviel von den Problemen des Wechselfelder-Kreuzes, als sie schlicht und einfach mit einem Lächeln sagte: »Meine Professoren waren für meine Ideen nicht zu haben . . . und ich war spät dran mit meinen Prüfungsarbeiten.«

Ich war beeindruckt von dem Gleichmut dieser Frau, die über all ihren Problemen stand. Die Rationalisierungsversuche arbeiteten auf vollen Touren, doch gleichzeitig mit jeder lächelnd vorgebrachten Rechtfertigung existierte auch eine klare, bewußte Selbst-Erkenntnis. Sie war sich klar darüber, daß ihre Mutter ein allzu leicht verfügbares Ruhepolster für sie war. Sie wußte, daß sie in ihrer Entwicklung zurückblieb. Der laufende Saturn in Opposition mit ihrer Sonne hatte vor zwei Jahren einen teilnahmslosen Rückzug aus ihrer Frustration bestärkt. Sie sah sich selbst als Opfer ihrer eigenen routinemäßigen Gewohnheiten. Wir stimmten darin überein, daß es für sie an der Zeit wäre, »ihre eigene Sache zu finden«.

Es war beeindruckend, daß sich die Konsultation dann ereignete, als der laufende Pluto genau an ihrem Aszendenten stand. Sie war vollkommen dazu bereit, ihre Lebensperspektive zu verändern, ihre Selbstwert-Fähigkeiten aufzubauen (Pluto herrscht in ihrem II. Feld), sich neue Ziele zu setzen (Pluto steht in ihrem XI. Feld). Sie war total gewillt, ihr

Bewußtsein von Wertvorstellungen und Beziehungen wieder neu anzupassen. Sie mußte zuerst einige Schritte unternehmen, bevor sie es mit Beziehungen versuchen konnte (»noch nicht jetzt«), doch war sie bereit dazu, den Anfang zu machen.

In der vergangenen Woche hatte der laufende Saturn ein Halbquadrat mit ihrem Mond gebildet, während Mars in Opposition zu ihrem Saturn gestanden hatte. Sie schrieb auf eine Stellenannonce. Das Interview verlief gut. Einige Tage später, als der laufende Mars ein Quadrat mit ihrem Pluto bildete, war sie zur Berufsausbildung angenommen worden – ein Triumph! Sie war davon beeindruckt, daß die Astrologie diese Ereignisse genau vermessen konnte; daher erhielten die Projektionsmethoden eine direkte Bedeutung: In den folgenden drei Monaten würde der laufende Jupiter starke unterstützende Aspekte mit ihrem Saturn, mit Sonne, Merkur und Pluto bilden. Sie hatte tatsächlich eine gute und geschickte Startmöglichkeit gewählt.

Die Starrheit des Horoskopmusters und die fehlende Betonung auf veränderlichen Zeichen würden eine Veränderung der inneren Struktur oder der Umwelt nicht ohne Schwierigkeit zulassen. Eher war es die Betonung auf den Kardinalzeichen, ausgelöst von Plutos Lauf durch ihren Aszendenten, die ihr bewußt gemacht hatte, etwas durch die Struktur hindurch zu tun und wieder Anschluß an ihre Entwicklungszeit zu finden.

FALL 3 (Schaubild auf Seite 137)

Vorbereitende Notizen

Es wird auf den ersten Blick deutlich, daß sich das gesamte Horoskop auf die Opposition von Sonne/Saturn in den Wechselfeldern konzentriert. Die Sonne steht im XII. Feld und herrscht im IV. Feld. Saturn ist rückläufig und befindet sich im VI. Feld; er herrscht in einem weiteren Gebietsbereich des Wechselfelder-Kreuzes, im IX. Feld. Uranus steht in der verbleibenden Zone des Wechselfelder-Kreuzes und bildet ein Quadrat mit der Oppositionsachse von Merkur/Neptun, die ebenfalls im XII. bzw. VI. Feld plaziert sind. Obgleich der Orbis zwischen Merkur und Neptun groß ist, verraten uns Instinkt und Erfahrung, daß diese nervös besetzte Vorstellungsdimension in den Verhaltensmustern als Schutzmaßnahme für das Phänomen des rückläufigen Saturn Bestätigung finden wird.

Dieser erste Blick auf das Horoskop verbindet die vier Felder des Wechselkreuzes mit den Herrschern der elterlichen Achse, der Sonne und Uranus. Es gibt kaum Zweifel daran, daß diese Frau eine verunsicherte Wahrnehmung von sich selbst hat und daß diese unsichere Haltung durch die Umwelt des frühen Elternhauses angenommen worden ist. Wir stellen weiterhin fest, daß Venus, Herrscher des Aszendenten, ein Quadrat mit Pluto bildet, der im VII. Feld herrscht. Die Signifikatoren der beiden übrigen Felder des Eckkreuzes stehen in starker Entwicklungsspannung zueinander. Pluto ist rückläufig und im IV. Feld, was die elterlich bedingte Grundlage der Probleme bestärkt; Venus im XII. Feld läßt ein ganz verborgenes Gefühl für das vermuten, was für die Selbst-Verwirklichung ideal ist, und dies ist wahrscheinlich eng verbunden mit den Schutzvorstellungen gegen die Vorschriften der frühen Umwelt.

Auch dieses Horoskop zeigt wiederum auf beredte Weise eine klassische Verbindung von normalen Entwicklungsumständen, die in individueller Form verinnerlicht werden. Es gibt allgemeine Problemfragen im Bereich des Felderkreuzes von Information/Perspektive, die sich auf Status/Identitäts-Belange auswirken. Die Entwicklungsspannung ist in der familiären Umwelt verwurzelt und dehnt sich weiter auf Beziehungen zu der äußeren Umgebung aus.

Durch dieses »Kanalisationssystem« als Energieverteilung in der Entwicklung muß auch die Sonne/Mond-Analyse gelenkt werden. Bei der Sonne im Stier und dem Mond im Schützen existiert ein tiefes Bedürfnis dafür, eine klar artikulierte Struktur von moralisch-ethischen Werten und Wahrnehmungen zu errichten, auf denen sich die Identität aufbaut. Diese Frau wird wissen müssen, was richtig und absolut zuverlässig ist; sie wird Sicherheit in ihren Wahrnehmungen brauchen und das zur Anwendung bringen, was sie weiß, damit sie ihre eigene Identität aufbauen kann. Die Energieverteilung in ihrer Entwicklung, die sich im Horoskopentwurf zeigt, legt die Vermutung nahe, daß ihr eine strenge häusliche Umwelt die innere Struktur eines anderen auferlegt hat und daß sich diese Struktur nicht mit der eigenen Strukturierung dieser Frau verträgt. Hier werden die individuellen Bedürfnisse innerhalb der Entwicklung von der Prägung durch elterliche Maßstäbe bedroht. Der rückläufige Saturn, die Sonne, die im IV. Feld herrscht und unter starker Spannung steht, Uranus, der im X. Feld herrscht, eine Anderthalbquadratur mit dem Mond bildet und in Konjunktion mit der Mondknotenachse steht – alle diese Aspekte lenken die Aufmerksamkeit deutlich auf dieses frühe Entwicklungsprofil. Der Vater und die Mutter werden in ihrer Vorstellungs-

Fall 3: Weiblich

KFV
4 7 3
FLWE
4 3 2 5

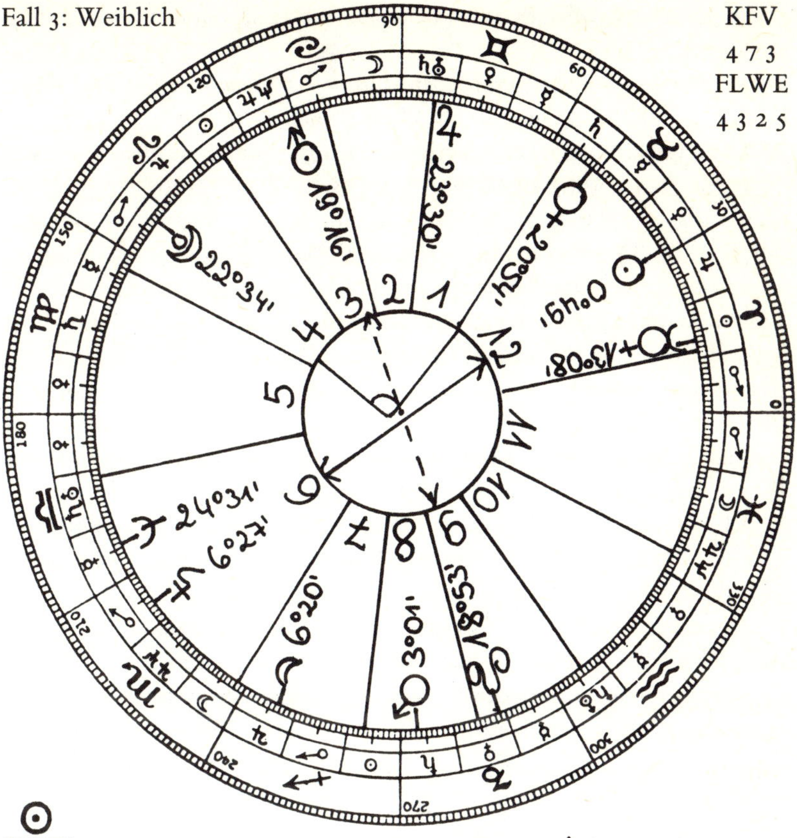

	☉	☽	☿	♀	♂	♃	♄ R	♅	♆ R
☽									
☿		△							
♀									
♂	△								
♃	✱		Q						
♄ R	☍				✱	⚼			
♅		⚼	□	✱					
♆ R	☍	/	(☍)		✱	△		□	
♇ R									

☉ = ♄/♆

♅ = ☿/♆ = MC/♂

♄ = AS/☿ = ☊/♇ = ♅/♇

MC = ♅/♇

AS = ☽/♀ = ♂/♆

♃ = ♆/♇

bildung von sich selbst deutlich hervorgehoben und sind Anlaß zu innerer Unruhe.

Der Selbstwert steht unter Anspannung, da Merkur, Herrscher im II. Feld (Zwillinge), ein Quadrat mit Uranus bildet. Merkur befindet sich im Widder, wodurch starke geistige Bedürfnisse und Energien mit einer betonten Ausrichtung des Ichs auf den Selbstwert verbunden werden. Jupiter im II. Feld bildet Sextile mit der Sonne und Pluto und ein Quintil mit Merkur. Die Bedürfnisse nach einer Bestätigung des Ichs sind im Hinblick darauf klar hervorgehoben, daß eine deutlich artikulierte Selbstwert-Sicherheit erreicht werden will. Jupiter befindet sich jedoch auch in Anderthalbquadratur mit Saturn, wodurch diese Selbstwert-Bedürfnisse mit der Vaterfigur, mit der (den) Autoritätsfigur(en) des frühen Elternhauses in Verbindung stehen. Jupiter bildet ein Trigon mit Neptun, was darauf hinweist, daß die Selbstwert-Belange mittels der Wunschvorstellung gemildert oder bewahrt werden. Neptun herrscht im XI. Feld, das Liebe erhofft und Liebe empfängt: Die Wunschvorstellung wird hauptsächlich damit beschäftigt sein, im Hinblick auf persönliche Leistung und enge Beziehungen Anerkennung zu finden.

Der taktisch vorgehende Merkur herrscht im V. Feld. Die Beunruhigung über den Selbstwert, die mit einer Angespanntheit des Ichs in Verbindung steht, mittels der Wunschvorstellung geschützt und mit verstandesbetonten Wissensbegriffen nervös projiziert wird, ist auch mit der Unsicherheit verbunden, ohne Schwierigkeit Liebe geben zu können. Das gesamte Horoskop ist von der Verstandestätigkeit geprägt. Wir sehen, wie sich eine gesamte kognitive Erkenntnisstruktur darauf bezieht, Information/Perspektive-Fähigkeiten herauszufinden, die sich unter einem starken Druck des Elternhauses entwickelt haben, wodurch eine Unsicherheit über Status/Identität entsteht. Der gesamte Vorgang ist erfüllt von Selbstwert-Belangen, die sich darauf beziehen, in Übereinstimmung mit idealisierten, geistigen Maßstäben Liebe zu geben und zu empfangen.

Danach wäre eine junge Frau zu erwarten, die sich auf nervöse Weise eingeschränkt fühlt, die sich als unzulänglich empfindet. Die Intelligenz würde wahrscheinlich äußerst scharf entwickelt sein. Die Ausbildung wäre von Unterbrechung bedroht (Saturn herrscht im IX. Feld), doch die geistigen Bedürfnisse, zu lernen und für die Identität den Platz in der Welt herauszufinden, würden sich durch jedes Hindernis hindurchkämpfen, um einen gesicherten Ort für Status, Identität, Information, Perspektive zu finden und dann selbst die Sicherheit zu besitzen, innerhalb von Beziehungen Liebe geben und empfangen zu können.

Durch die Halbsummenbilder werden viele Einzelheiten dieser vorbereitenden Analyse bestätigt: Sonne = Saturn/Neptun – eine starke, möglicherweise körperliche Reaktion auf gefühlsbedingten Streß; Uranus = Mars/MC – die Möglichkeit zu vorschnellem Zorn bei Enttäuschung; Saturn = Merkur/Aszendent – Hemmungen und Einsamkeit; Saturn = Pluto/Mondknoten – die Neigung, Beziehungen schroff abzubrechen; Saturn = Uranus/Pluto – Auflehnung gegen Kontrolle durch andere; MC = Uranus/Pluto – ein starkes inneres Anliegen, sich über die persönliche Perspektive bewußt zu sein.

Wir erkennen die innere Unruhe, die Unsicherheiten; aufgrund der nervösen Reizbarkeit können wir den Abbruch von Beziehungen vorausahnen. Gleichzeitig können wir jedoch auch einen in sich ruhenden inneren Gleichmut bei der Suche nach Identität wahrnehmen, da der Aszendent ein Quadrat mit der Halbsumme von Mond/Venus und Jupiter ein Quadrat mit der Halbsumme von Neptun/Pluto bilden. Mars im VIII. Feld steht im Zeichen Steinbock und symbolisiert damit ein sehr großes Potential an Selbstbeherrschung, um aus den Gefühlen von Unzulänglichkeit und Beschränkung herauszukommen (Mars herrscht im XII. Feld). Mars bildet ein Trigon mit der Sonne und Sextile mit Saturn und Neptun. Der Mond im VII. Feld (durch Wissen und Erfahrung Anerkennung und Achtung erreichen zu wollen) bildet ein Trigon mit Merkur und eine Halbquadratur mit Neptun.

Die schriftlich vorgetragene Bitte der Frau um einen Termin verriet einen scharfen Verstand, eine wache und unermüdliche, nach innen gerichtete Suche und eine Vergangenheit mit abgebrochenen Beziehungen und Unschlüssigkeit bei der Berufswahl. Sie hatte mehrere Hochschulen besucht und wieder verlassen und befand sich in Verwirrung darüber, was sie eigentlich im Leben tun wollte. Flüchtig erwähnte sie Schwierigkeiten bei der Zielsetzung im Hinblick auf das, was sie wollte, und das, wozu ihre Familie sie drängte. Sie hatte einen libanesischen Namen.

Es war klar ersichtlich, daß sich die gesamte vorbereitende Analyse in eine kulturelle Spannung innerhalb ihrer Familie einfügte, vielleicht konzentriert auf die Rolle der Frau mit einem kulturellen libanesischen Hintergrund und einer modernen amerikanischen Kulturerwartung. Diese junge Frau war mit ihrer gesamten geistigen Sensibilität zwischen zwei Welten, zwischen zwei Elternteilen gefangen. Sie konnte sich selbst nicht finden. Ihre Sonne stand im XII., ihr Mond im VII. Feld.

Analyse und Resonanz bei der Klientin

Die junge Frau ist Anfang Zwanzig. Ihr zierlicher Körperbau läßt auf einen Zwillings-Aszendenten schließen. Ihre Geburtsurkunde verzeichnete ihre Geburtszeit auf die Minute genau und schien absolut zuverlässig zu sein. Wesentliche Aspekte von Sonnenbogen-Projektionen und laufenden Planeten zu den Eckpunkten ihres Horoskops bestätigten die Lebensgeschehnisse in signifikanter Weise; die Geburtszeit war tatsächlich sehr genau. Die nervösen Merkmale des Zeichens Zwillinge konnten sehr wohl die Ausdrucksform der nervösen, innerlich unruhigen Wahrnehmung sein, die durch den Mond im Schützen gelenkt wurde.

Die Klientin ist von einer zarten Schönheit und außerordentlich intelligent. Ihr Hauptinteresse hat immer Sprachen gegolten. Sie ist weitgereist und hat viele verschiedene Berufe ausgeübt, unter anderem in der Forschung, als Sekretärin und Anwaltshilfe gearbeitet. Alle diese Versuche, eine berufliche Rolle für sich selbst zu finden, standen in offensichtlicher Beziehung zu Jupiter, dem Mond im Schützen und dem III. Feld.

Das Gespräch verlief äußerst mühelos. Wortschatz und intellektuelle Fähigkeiten der Frau waren beeindruckend. Sie wollte sich selbst besser verstehen und die »versteckte innere Strömung von ungelösten Spannungen« erforschen, »die vor zwei Jahren durch eine Beziehungskrise aufgewühlt worden sind«. Diese Krise war durch den Abbruch einer tiefen und außerordentlich wichtigen Liebesbeziehung hervorgerufen worden. Sie hatte das Verhältnis überstürzt aufgelöst und unter sehr großen Gewissensbissen darüber gelitten. Nach der Krise folgte eine tiefe Depression, und außerdem wurde ein leichter Fall von multipler Sklerose diagnostiziert. Die Krankheit »war eindeutig psychosomatisch. Es war sinnbildlich, daß sie meine Augen befiel: Ich weigerte mich zu erkennen, wie ich selbst zum großen Teil verantwortlich war für den Überdruß, dem ich zum Opfer fiel, und mein Körper zeigte eine entsprechende Reaktion«. (Sklerose ist eine Verhärtung des Zellgewebes, symbolisch dargestellt durch Saturn.)

Ich vermied es, direkt in die Dynamik der Beziehungskrise einzudringen, und versuchte, eine Bestätigung für den Einfluß der frühen häuslichen Umwelt zu finden, der sicherlich den Ausgangspunkt für ihre intellektuelle Verwirrung und die schleichende gefühlsbedingte Erschöpfung bildete.

Die Klientin erhärtete jede Schlußfolgerung aus der vorbereitenden

Analyse. Es existierte eine eindeutige kulturelle Kluft innerhalb ihrer Familie: Der Vater ist sechsunddreißig Jahre älter als sie und selbst streng und »altmodisch« aufgezogen worden. Seine Autorität im Elternhaus war dominierend, aber nicht unterdrückend. In diesem Falle bildete das Phänomen des rückläufigen Saturn eine seltene Ausnahme für den Hauptinhalt der gewohnten analytischen Erfahrung. Der Vater trat klar in Erscheinung, er war weder passiv noch tyrannisch. Sie hatte das Gefühl, sehr geliebt worden zu sein und die größtmögliche Sicherheit erhalten zu haben.

Ich drang noch weiter in sie, um die ganz individuelle Ausdrucksform der unleugbaren Symbolik herauszufinden. Ich fragte danach, wie sie tatsächlich die Liebe und Beachtung ihres Vaters wahrgenommen hätte. Die Verwendung des Wortes »wahrgenommen« ersetzte die Beschreibung der äußeren Wirklichkeit durch ihre individuelle Wahrnehmung, die im Mittelpunkt der Spannung ihres Horoskops stand. Sie entgegnete: »Nun, ich hielt seine Liebe und Beachtung immer für narzißtisch. Er war stolz darauf, mein Vater zu sein. Mit anderen Worten, ich war da, um ihm Ehre einzulegen; ich, meine Existenz, bedeutete sein Verdienst.«

Es wurde deutlich, daß die der Klientin entgegengebrachte Liebe und Aufmerksamkeit von ihr als Lob und eine auf den Vater zurückfallende Widerspiegelung wahrgenommen wurden. Ihre Wahrnehmung paßte die Verhältnisse in einer Weise an, daß sie sich in ihre seit der Geburt bestehende Anfälligkeit für Unsicherheit einfügten.

Ich fragte nach dem Inhalt ihrer frühen Wunschvorstellungen, nach ihren Tagträumen. Sie erklärte: »Ich träumte im allgemeinen davon, für irgend etwas Anerkennung zu finden, das ich tun würde – etwas, das wirklich weltweite Ausmaße hatte, beispielsweise etwas unerhört Philanthropes. Ich träumte davon als einer Möglichkeit, den Stolz meiner Eltern auf mich zu ziehen.« Wir besprachen dies gründlich und stellten fest, daß hier ein Kurzschluß im Denken vorlag: Ihre Träume galten nicht der persönlichen Anerkennung, sondern dem Stolz der Eltern, und dadurch blieb sie in der Wahrnehmung vom Narzißmus des Vaters befangen. Sie reagierte bestätigend auf meine Vermutung, daß diese Tagträume, diese Vorstellungsprojektionen auf den Stolz ihrer Eltern zu einer übertriebenen verstandesmäßigen Analysierung ihrer eigenen Unzulänglichkeit führten, als sie älter wurde: »Bei allem, was ich tat, war ich ständig besorgt, daß ich von meiner Mutter einen ermahnenden Blick erhielt oder daß sich mein Vater Verdienst und Stolz aneignete.«

Die Analyse ließ sich ohne Schwierigkeit durch alle Wahrnehmungsebenen fortsetzen. Im wesentlichen konnten wir gemeinsam erkennen, daß ihr eigener Wert während des frühen Lebens im Elternhaus wiederholt nicht von Belang gewesen war. Ihre eigenen Wahrnehmungen waren durch das Verhältnis zu ihren Eltern stark modifiziert worden. Ihr Elternhaus hatte nichts Beschränkendes, nichts führte zu Einsamkeit oder war auf traumatische Weise zwanghaft – einzig die Art und Weise, in der die Klientin alles dies wahrnahm, errichtete persönliche Mängel, ob sie nun real vorhanden oder eingebildet waren. Beziehungen wurden übermäßig analysiert; Ablehnung wurde befürchtet; Beziehungen wurden abgebrochen; es entstand Verwirrung über berufliche Ziele; ein Mangel an Vertrauen schwächte allmählich den Einsatz von Energien und ihre Fähigkeit, vertrauensvoll zu geben.

Bemerkungen

In intellektueller Hinsicht wurde alles von der Klientin verstanden. Ich hatte das Gefühl, daß die emotionale Sicherheit innerhalb ihres intellektuellen Begreifens eine längere Zeit benötigen würde, um Form anzunehmen. Obgleich Merkur im Widder sehr stark betont war und mit Uranus ein Quadrat bildete, war er doch durch seine Opposition mit Neptun und seine Stellung im XII. Feld blockiert. Die kooperative Unterstützung von anderen (das XII. Feld ist das sechste Haus des VII. Feldes) würde als Versuchsgelände für die intellektuelle Anpassung von außerordentlicher Wichtigkeit sein. Die Herausforderung durch Beziehungen wäre für den Verstand unbedingt erforderlich, damit er sich selbst in angepaßten Realitäten überprüfen könnte.

Wir gaben uns gegenseitig das Versprechen, an diesen Einsichten festzuhalten und zu versuchen, sie in nutzbringender Weise auf die Herausforderungen für sie in der nahen Zukunft zu beziehen. Im Wissen darum, daß wir die Situation weiter erforschen würden, da sie begann, sich selbst als neue Erfahrung zu gestalten, konzentrierten wir uns auf eine größere berufliche Entscheidung: den Eintritt in eine Dolmetscherschule in einer anderen Stadt, in einer anderen Umwelt. Die Klientin entschied sich für diesen Schritt und meldete sich für das Ausbildungsprogramm an; mit dieser neuen Anpassung sollten Sprachstudien durch internationale Angelegenheiten erweitert werden. Alle Entscheidungen und praktischen Schritte wurden im voraus geplant und mittels der Astrologie bekräftigt.

Nach jenem ersten Besuch schrieb sie mir einen Brief; ein Auszug daraus verrät ihre angespannte Wahrnehmung und gleichzeitig ihr wachsendes Verständnis: »Ohne Zweifel bin ich mit einer klareren Sicht über meine Zurückhaltung im Geben fortgegangen – keine angenehme Betrachtung, doch ist sie es sicherlich wert, daran zu arbeiten. Es ist interessant genug, daß ich bei einem Rückblick auf Zeiten, wo ich mehr als gewöhnlich gab, festgestellt habe, daß ich gerade denjenigen mehr gab, die unempfänglich oder nicht sichtbar aufnahmefähig dafür waren – vielleicht eine weitere Widerspiegelung meiner eigenen Ungeschicklichkeit und eine Bestärkung für mein eigenes Abwehrverhalten. Jetzt besteht meine größte Angst darin, daß ich mich in Dinge hineinstürzen werde mit der falschen Perspektive: daß ich die verlorene Zeit wieder aufholen möchte und mich selbst dann dafür ausschelte, dies nicht von Anfang an in jenen Zeiten getan zu haben, die – so wie ich es heute wahrnehme – unter günstigeren Vorzeichen dafür gestanden haben. Die andere Seite dabei ist, daß ich heute stärker und zuversichtlicher dazu entschlossen sein mag, nachdem ich mich selbst erforscht und andere Bereiche überprüft habe.«

Der Verstand dieser zarten, wißbegierigen Frau unterliegt einem starken Zwang. Ihr Denken arbeitet auf vollen Touren, und so ist es schon immer gewesen. Sie hat viele, viele Vorzüge und muß es lernen, diesen durch direkte, wechselseitige Beziehungen zu vertrauen. Der Zwang ist durch ihre Wunschvorstellungen noch verstärkt worden. Im allgemeinen beschäftigt sich die Vorstellungswelt mit der Befreiung von einem Zwang, wenn dieses Bemühen auch wirklichkeitsfremd sein mag. In diesem Falle hier haben sich ihre Vorstellungsbilder auf die Entstehung dieses Zwanges ausgewirkt und ihn im Hinblick auf persönlich wahrgenommene Verwundbarkeiten verstärkt. Sie läßt sich selbst beiseite und sieht sich ständig in Relation zum Stolz ihres Vaters. Die innere Unruhe wirbelt noch immer im Intellekt umher, der sich um ein Verständnis der Situation bemüht. Die Wahrnehmungsfähigkeiten innerhalb der allgemeinen Zuordnung zur Erkenntnisstruktur von Information/Perspektive sind eine Quelle von großer Kraft und gleichzeitig das Dilemma.

Eine weitere geplante Sitzung beschäftigte sich mit dem Ursprung der Spannung, welche die Klientin noch immer auf die große Krise in ihrer Liebesbeziehung vor einigen Jahren zurückführte. Sie schrieb sie sozusagen dem Mond im VII. Feld zu; ich erkannte, daß sie auf ihre Jugend im Elternhaus, den Beginn ihrer Konzentration von Lebensenergie, die Sonne im XII. Feld zurückgeführt werden sollte. Als die Gelegenheit dazu kam, wurde sie wieder ebenso ängstlich und unruhig wie zuvor. Neue Herausforderungen unterzogen ihre persönliche Perspektive einer Feuerprobe.

Wir trafen uns erneut, und gemeinsam kamen wir der Sache auf den Grund: die Projektion von persönlichem Stolz auf ihren Vater und die ein Gegengewicht schaffende Projektion von Eifersucht auf ihre Mutter. Wir können uns ohne Schwierigkeit ins Gedächtnis zurückrufen, daß ihre Sonne in Opposition zu dem rückläufigen Saturn stand und daß ihr Uranus nur 23 Bogenminuten von exakter Konjunktion mit ihrer Mondknotenachse entfernt war. Uranus herrscht in ihrem MC. – Die analytische Technik, die uns half, und ihre Ergebnisse werden in Teil III dieses Buches, »Heilung«, vollständig wiedergegeben werden.

FALL 4 (Schaubild auf Seite 145)

Vorbereitende Notizen

Der nächste Klient in meinem Terminplan war ebenfalls eine Frau. Ihr Name gab Anlaß zu einer Erkundigung über ihre Familie: Ihre Eltern waren slowakischer Herkunft, in erster Generation in Amerika und katholisch. Sie war 1941 am Übergang von der Überlebensgesellschaft zur Identitätsgesellschaft geboren. Familiärer Hintergrund, Religionszugehörigkeit, kleinstädtische Umwelt würden alle wichtige Erwägungen innerhalb ihrer Entwicklung sein.

Der Umwelthintergrund wird zu einem unmittelbaren Brennpunkt in der Entwicklung, als wir den Mond im Widder und sein Quadrat mit Pluto jenseits der Zeichengrenze bemerken. Das Hauptbedürfnis bei dieser Frau ist es, die Nummer eins spielen zu wollen. Eine starke Betonung auf dem Ich würde quer durch due Generationsgrenze gehen und Ansporn oder Hemmnis für die Entwicklung bedeuten – oder beides.

Beim ersten Blick auf das Horoskop erkennen wir ebenfalls, daß sich der Mondknoten in Konjunktion mit dem Aszendenten befindet. Der Einfluß der Mutter auf die persönliche Projektion der Frau würde eine sehr wesentliche Rolle innerhalb der Analyse spielen. Rasch sind wir so auf das Kreuz der Eckfelder aufmerksam gemacht worden: der Mond im VII. Feld, die Mondknotenachse oberhalb der Horizontlinie, der Mond als Herrscher des X. Feldes. Saturn herrscht im IV. Feld und bildet ein äußerst exaktes Quadrat mit Mars, dem Herrscher des VII. Feldes. Die Erkenntnisstruktur der Status/Identitäts-Belange ist stark belastet innerhalb einer soziologischen Stereotype von ausländischem Hintergrund und Katholizismus, und im Brennpunkt von all dem steht besonders der

Fall 4: Weiblich

KFV
5 8 1
FLWE
4 2 1 7

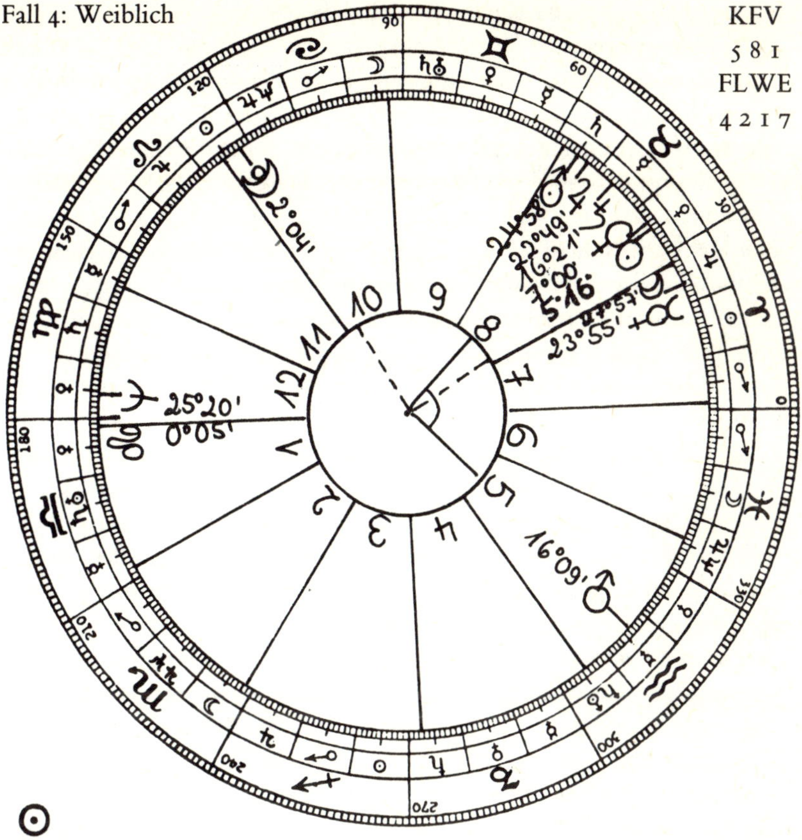

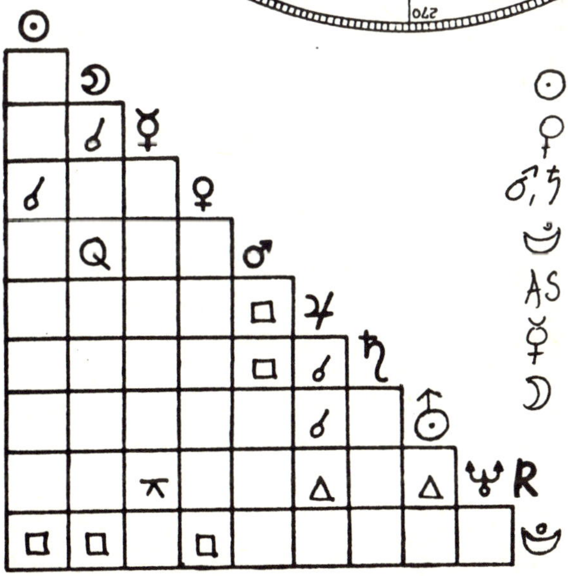

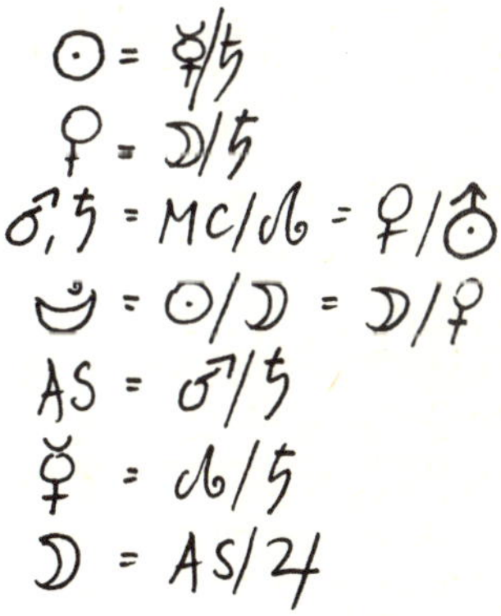

mütterliche Einfluß, da sich bei der Klientin generationsmäßig bedingte Werte überkreuzen.

Das Horoskop zeigt keine Opposition, was darauf schließen läßt, daß der individuelle Konzentrationspunkt innerhalb der Entwicklung nicht ohne weiteres nach außen verlegt wird. Die Klientin dürfte wahrscheinlich nicht wissen, »wo sie zu Hause ist«. Ihre Selbstwert-Belange würden stark einbezogen sein, da Venus, Herrscher des Aszendenten und des II. Feldes, ein Quadrat mit Pluto bildet. Venus und Pluto beherrschen die IX/III-Achse, welche die Information/Perspektive-Fähigkeiten einschließt; dies läßt vermuten, daß die Erziehung und/oder der Lernvorgang über andere Formen der Umwelt auf irgendeine Weise unterbrochen wurde, daß vielleicht die Ausbildung des Selbstwertes auf die Perspektive des frühen Elternhauses beschränkt war (Pluto im X. Feld). Da sich nur der MC in einem Wasserzeichen befindet, könnten wir davon ausgehen, daß sich die Bezugsgrößen für die emotionalen Ausdrucksformen nicht leicht errichten ließen. Das Quadrat zwischen Venus und Pluto würde nahelegen, daß diese Unbestimmtheit in der emotionalen Orientierung einen übertriebenen Gefühlsausdruck zur Folge haben könnte, um damit eine Selbstwert-Bestimmung zu erhalten.

Sehr rasch erkennen wir, daß das Hauptbedürfnis, welches sich auf die Betonung des Ichs richtet, aus eigenem Antrieb in eine neue Generation von Werten ausbrechen will, doch wird es durch die in der frühen Entwicklungszeit von der Mutter bestärkten Werte eingeschränkt. Das Quadrat zwischen Mars und Saturn läßt eine Bestätigung dieser Entwicklungsspaltung durch häufig unzulängliche Beurteilung, Unschlüssigkeit, Vorstoß und Rückzug, Selbstbehauptung und Selbstverleugnung erwarten.

Das Aspektnetz zeigt eine geringe Integration der Aspekte. Der Einfluß von Merkur im Widder und in Konjunktion mit dem Mond (vielleicht nur eine Anpassung an den Kommunikationseinfluß der Mutter: Merkur bildet einen Quincunx-Aspekt mit Neptun; Neptun steht im XII. Feld, dem dritten = kommunikativen Haus des X. Feldes) verstärkt die Ich-Bedürfnisse des Widder-Mondes innerhalb von Beziehungen. Mars, der im VII. Feld herrscht und ein Quadrat mit Saturn bildet, läßt nicht nur vermuten, daß diese Beziehungen, welche eine Ich-Bestätigung finden wollen, abwechselnd heiß und kalt sind, auf und ab gehen, sondern auch, daß ein Mangel an Fähigkeiten von demjenigen Elternteil empfunden wird, der durch das IV., von Saturn beherrschte Feld symbolisiert wird. Bei der Polarität von Krebs/Steinbock auf der elterlichen Achse und der Konjunktion von Aszendent und Mondknoten war die als Vorbereitung dienende Zuordnung der Mutter zum X. Feld und des Vaters zum IV. Feld plausibel.

Die Sonne/Mond-Analyse, Sonne im Stier und Mond im Widder, zeigt natürliche Eigenart und Ich-Antrieb innerhalb einer starken Struktur an – die Erwartung alles dessen, was für die Ausbildung des Ego benötigt wird. Besonders bei der Stellung der Sonne im VIII. Feld innerhalb eines derart kraftvollen Bereiches von Ich-Bedürfnissen können wir davon ausgehen, daß die Bedürfnisse von anderen in Beziehungen nicht leicht oder vollständig anerkannt werden; dieses Versäumnis in der Entwicklung ist auch im Quadrat von Mars/Saturn enthalten, der Verbindung von V. Feld (Liebe geben), VII. Feld (Beziehungen), VIII. Feld (Fähigkeiten und Selbstwert-Belange anderer) und IV. Feld (das zehnte Haus des VII. Feldes – das Wachstum durch fruchtbare Beziehungen).

Die Konstellation im VIII. Feld konzentriert sämtliche Fähigkeiten dieser Frau auf die Erkenntnisstruktur von Geld/Liebe-Fähigkeiten: Uranus herrscht im V. Feld, wo Mars steht; die Sonne herrscht im XI. Feld; Venus herrscht im II. Feld; die Konstellation selbst im VIII. Feld hat den Saturn im Mittelpunkt, auf den das einflußreiche Quadrat von Mars einwirkt. Durch Mars und Saturn ist die gesamte Struktur von Fähigkeiten der Selbstwert-Dynamik mit den Strukturformen der Identität verbunden, die durch das Kreuz der Eckfelder verknüpft werden. Pluto und Venus, die ein Quadrat bilden und die Beziehung zur III/IX-Achse herstellen, nehmen eine Schlüsselstellung für die Fähigkeiten von Information/Perspektive ein. Die VI/XII-Achse steht nicht unter besonderer Anspannung, doch wahrscheinlich wird ihr Einfluß in abgeleiteter Form durch die Kommunikationsachse der Mutter aufgefangen (indem sie deren Aszendenten im X. Feld der Klientin plaziert).

Die Halbsummenbilder bekräftigen die gesamte vorbereitende Analyse: Die Sonne steht am Halbsummenpunkt von Merkur/Saturn, wodurch eine frühe Beschränkung des Lernvorgangs und mögliche spätere Wissenserkenntnis angezeigt werden; Venus = Mond/Saturn läßt auf starke Selbstwert-Belange bei strategisch vorgehenden, ehrgeizigen Bestrebungen des Ichs schließen, die sich wahrscheinlich in Hemmungen niederschlagen; Mars und Saturn stehen in Beziehung zu den Halbsummenpunkten von Venus/Uranus und Mondknoten/MC, ein Hinweis auf Reizbarkeit und Rückzug, Hauptinhalt des Quadrates von Mars/Saturn, besonders innerhalb von Liebesbeziehungen und beruflicher Zusammenarbeit; Pluto bildet ein Quadrat mit der Halbsumme von Sonne/Mond und bestätigt dadurch den inneren Konflikt der persönlichen Perspektive, symbolisiert durch den Elternteil des X. Feldes (wahrscheinlich die Mutter) und den generationsmäßig bedingten Hintergrund. Die gesamte vorbereitende Analyse läßt sich am besten zusammenfassen durch die Stellung des Aszendenten auf der Halbsummenachse von Mars/Saturn, was anzeigt, daß der Fortschritt im Leben aufgrund von widerstreitenden Kräften mit großer Schwierigkeit vorangetrieben werden wird.

Ein zeitlicher Schlüssel wäre die Sonnenbogen-Projektion von Neptun über dem Aszendenten, ein früher Verlust des Identitätsbewußtseins im Alter von sieben oder acht Jahren, während der laufende Uranus im nächsten Zeichen kurz vor dem Lauf durch den MC stand.

Analyse und Resonanz bei der Klientin

Die Frau, heute Ende Dreißig, kam mit ziemlicher Verspätung zu ihrem Termin. Ich hatte ihr den Weg genau beschrieben, doch sie hatte sich an andere Anweisungen gehalten. Sie hatte die Orientierung verloren und rief aufgeregt an. Die sich anschließenden Termine mußten zeitlich abgestimmt werden. Außer Atem kam die Klientin schließlich an. Diese kleine Episode schien den inneren Wesensgehalt des Quadrates von Mars/Saturn einzufangen, so wie sich dieses im gesamten Horoskop und besonders im Umkreis der Verhaltensformen zur Bedürfniserfüllung des Mondes im Widder niederschlägt.

Die Frau ist schlank und ziemlich attraktiv, individualistisch gekleidet und hat einen lebhaften Charme (Mond = Jupiter/Aszendent). Ein scharfes Auge kann jedoch die gequälte Einsamkeit unter der Oberfläche von Herzlichkeit spüren. Sie hat niemals geheiratet und lebt allein.

Es machte mir keine Mühe, die starken Ich-Bedürfnisse und die Art und Weise ihrer Problematik für eine Frau innerhalb dieser Gesellschaft zu erklären, besonders wenn sie von einem soziologischen und generationsbedingten Hintergrund wie dem ihrigen auf Erfüllung drängen. Diese einführende Darstellung wurde von der Klientin völlig bestätigt. Ich machte den Vorschlag, über die Entwicklungsschwierigkeiten innerhalb der Ich-Struktur und verschiedenen Ebenen zu sprechen: Beziehungen, Selbstwert-Bewußtsein und besonders die Relation zum Einfluß ihrer Mutter.

Auf die Erwähnung des Wortes »Mutter« folgte eine augenblickliche, fast erleichterte Bestätigung durch die Klientin: »Mein Gott, das stimmt!

Meine Mutter war vernarrt in mich und hat mich sicherlich übermäßig beschützt.« Ich erkundigte mich, ob es eine größere Veränderung in der Familienstruktur gegeben hätte, als sie etwa sieben oder acht Jahre alt war. »Damals haben sich meine Eltern getrennt.«

Mit der Trennung ihrer Eltern war die Klientin als junges Mädchen unter der Obhut der Mutter und einer dreizehn Jahre älteren Schwester. Sie wurde zärtlich geliebt und übermäßig verwöhnt. Überkommene slowakische Auffassungen und eine katholische Lebensweise wurden dem jungen Mädchen übergestülpt, dessen Bedürfnisse ganz und gar im Sinne der Bedürfnisse und Maßstäbe von Mutter und Schwester erfüllt wurden. »Ich war der Strategie von Frauen überlassen.«

Die Einführung der Schwester in die Analyse kann eine weitere Bestätigung für den deutlich hervortretenden Pluto im X. Feld sein, der zudem im III. (Geschwister-)Feld herrscht. Eine enge Beziehung zu einem Bruder kam später in der Analyse zum Vorschein, und diese kann vielleicht erhärtet werden durch die innerhalb des III. Feldes eingeschlossene Herrschaft von Jupiter, der mit Uranus und Saturn in Konjunktion steht und außerdem ein Trigon mit Neptun bildet.

Die Überprüfung des Inhalts ihrer Wunschvorstellungen während der Kindheit zeigte eine normale hauptsächliche Beschäftigung mit dem Abenteuer des Reisens, »zum Zwecke von Freiheit und Entdeckungsfreude auf eigene Faust«. Die Wunschvorstellungen waren keine Flucht vor der Wirklichkeit, da die Klientin in ihrer Identität geliebt und verwöhnt wurde – wenn auch im Rahmen von starren Strukturen, die nicht ihre eigenen waren. Die unterstützenden Bestätigungen entfachten die Ich-Bedürfnisse innerhalb des jungen Organismus; die Anpassung stellte die Bestätigung sicher, unterdrückte jedoch die individuellen Bedürfnisse, die mit zunehmendem Alter deutlich zum Ausdruck kommen würden.

Die Wunschvorstellungen enthüllten eine Hoffnung auf ungebundene Freiheit.

Die Klientin ging noch weiter und verriet: »Ich träumte jedoch häufig von einer Spinne; es war eine Spinne, die mich angriff.« Ich fragte sie, wer diese Spinne ihrer Meinung nach gewesen wäre, und sie entgegnete: »Meine Mutter oder meine Schwester.«

Während eines ergiebigen Gespräches stimmten wir darin überein, daß die frühe Umwelt ihre Bedürfnisse auf einer oberflächlichen, nicht individuell ausgeprägten Ebene vollständig erfüllt hätte. Als individuelle Persönlichkeit war sie nicht anerkannt worden; sie wurde nicht so wirksam wie möglich dazu herausgefordert und darin gelenkt, sie selbst zu sein. Die Abwesenheit des Vaters und die übermächtige weibliche Dominanz gaben ihr das Gefühl von Wichtigkeit, solange wie sie sich den Erwartungen fügte. Ich äußerte die Vermutung, daß dieses Strukturmuster tief in ihr verwurzelt wäre und daß sie heute, immer noch, diese Form der Beachtung von jedem erwarte, dem sie begegne. Die Klientin bestätigte diese Schlußfolgerung vollständig und ergänzte: » . . .und ich fühle mich schrecklich zerrissen.« Wir waren uns darin einig, daß die gefühlsmäßigen Übertreibungen der Mutter ihr selbst und nicht der Tochter galten, daß sie auf einer oberflächlichen Ebene zufriedenstellend waren, aber keineswegs eine Erfüllung oder Hilfe im Sinne der Individualität. Die persönliche Freiheit wurde herbeigesehnt, doch hatte sich die Entwicklungsstruktur festgesetzt, daß sich das Ich die Beachtung nicht »verdiente«, sondern sie in allen Beziehungen erwartete.

Im Alter von achtzehn Jahren stand die Frau noch immer stark unter der weiblichen Dominanz ihres Zuhauses. Auch die Erfahrung des Hochschullebens konnte diesen Einfluß kaum durchbrechen. Ein Teil von ihr fand tatsächlich Gefallen an dieser oberflächlichen Sicherheit, während der andere Teil, der individualisierte Bedürfnisse erfüllen wollte, um das Ich in den Vordergrund treten zu lassen, keinerlei Fähigkeiten ausgebildet hatte. Die häusliche Umwelt hatte keinen persönlichen Einfallsreichtum im Hinblick auf die individuellen Bedürfnisse entstehen lassen, daher besaß die Sicherheit des mütterlichen Zuhauses immer noch ihren Wert. Je länger diese Situation andauerte, desto schwieriger wurde es für die Frau, ohne fremde Hilfe frei zu sein und in nutzbringender Weise und ohne Schwierigkeit Beziehungen einzugehen. Als sie achtzehn Jahre alt war, überquerte der laufende Saturn ihre vierte Felderspitze, während der laufende Neptun in Opposition zu ihrer Sonne stand: »Ich ging nicht auf und davon, aber meine Träume begannen, mich weg von diesen Hausfrauen zu projizieren.«

Unser Gespräch folgte den Ausbildungsjahren und der frühen Berufserfahrung als Lehrerin (sie gab diesen Beruf auf, weil er nicht genügend persönliche Anerkennung im Hinblick auf die Bezahlung zu bieten hatte).

Ungefähr für das Alter von sechsundzwanzig oder siebenundzwanzig Jahren deutete eine Sonnenbogen-Projektion des Aszendenten in Opposition mit ihrem starken, aber unentwickelten Widder-Mond einen wesentlichen Zeitpunkt innerhalb ihrer Entwicklung an. Als sie siebenundzwanzig Jahre alt war, fand eine äußerst wichtige Liebesbeziehung ihr

Ende. Ihr Freund starb; sie ging fort in eine neue Umgebung. »Mein Freund starb. Er hatte versprochen, mir dabei zu helfen, mit den Dingen klarzukommen. Er verstand meine Konflikte.«

Ich fragte, ob der Freund wie ihr Vater gewesen wäre. (Ich wollte herausfinden, wie diese Frau ein Gleichgewicht zwischen dem extremen mütterlichen Einfluß und der väterlichen Führung herstellen würde, die sie niemals in ihrer häuslichen Umwelt erhalten hatte.) Sie erwiderte: »Ja! Er war meinem Vater sehr ähnlich. Er war neunzehn Jahre älter als ich. Ich habe ihn so sehr geliebt; ich sagte ihm, daß keiner ihn jemals würde ersetzen können. Er starb an einem Herzanfall . . . genauso wie mein Vater.«

Das Übergewicht der Beeinflussung durch Mutter und Schwester hatte die Ausdruckskraft des Widder-Mondes verstummen lassen. Der Aszendent in der Waage war besonders anfällig für diese oberflächliche Form des Verwöhntwerdens. Die Unausgewogenheit des weiblichen Einflusses wurde durch den traumatischen Tod ihres Freundes weiter verschlimmert. Beziehungen wurden bedrohlich, besonders im Hinblick auf die flüchtigen Liebeskontakte in den hektischen Großstädten, wo sie jetzt lebte und in verschiedenen Verkaufsberufen arbeitete (auch hier wieder die Betonung von Pluto als Herrscher des III. Feldes und selbst im X. Feld, mit Bezug zu den Werten anderer, der Konstellation im VIII. Feld).

Ich gab die Anregung, daß eine Anpassung in ihren Erwartungen geschehen müßte, die sie an Beziehungen stellte. Unsicherheit und eine mangelnde Ausbildung von Fähigkeiten hatten dazu geführt, daß sich ihre Ich-Bedürfnisse einer unentschlossenen Haltung, schlechten Urteilskraft, Vergeudung von Emotionen und einer verwirrten Perspektive unterwarfen (die Erweiterung der Mars/Saturn-Analyse in den vorbereitenden Notizen). Ich setzte ihr auseinander, daß es als eines der ersten Grundprinzipien für die Herstellung von bedeutungsvollen, ausgewogenen Beziehungen zu lernen wäre, anderen Komplimente zu machen, die Kerninteressen und Wertvorstellungssysteme bei anderen zu achten (der deutliche Brennpunkt im VIII. Feld und die potentiellen Möglichkeiten der Sonne/Mond-Analyse). Sie entgegnete: »Ich muß versuchen, dies im Gedächtnis zu behalten. Ich denke zu viel an mich selbst.« Eine dramatisch umgesetzte Anleitung zu diesem Beziehungsvorgang hatte eine starke Wirkung; sie wird in Teil III dieses Buches, »Heilung«, ausführlich dargestellt werden.

Bemerkungen

Die Klientin mußte einsehen, daß in ihrem Alter die Hoffnungen auf Mutterschaft zum größten Teil nicht mehr praktikabel waren (Geburtspluto = Mond/Venus – »ein tiefer Wunsch nach Mutterschaft«). Dies war von entscheidender Wichtigkeit zum Zeitpunkt der Konsultation, die einen Monat nach einer Fehlgeburt stattfand (Quadrat zwischen Neptun s und Pluto, Konjunktion zwischen laufendem Mars und Mond).

Die Klientin mußte sich eingestehen, daß sie eine berufstätige Frau war (Anderthalbquadratur Mars/Aszendent, Sextil Pluto/Aszendent, Sextil Sonne/MC, Anderthalbquadratur Mars/MC, Halbquadrat Saturn/MC). Die sehr starke Betonung auf dem Erd-Element, ein Indiz für Verkaufsgeschäfte, und die Hervorhebung der Werte anderer waren ein Hinweis auf Immobilienhandel. Zum Zeitpunkt der Konsultation, als sich Pluto s in Anderthalbquadratur mit dem Geburtsmerkur befand, hatte die Klientin gerade einen Ausbildungslehrgang für ihre Maklerkonzession belegt. Am Ende ihrer Studien würde Uranus s ein Quadrat mit ihrem Aszendenten bilden und vier Monate später mit ihrem MC in Konjunktion stehen: Ihre Individualität würde einen neuen Anfang machen und durch berufliche Leistung im Hinblick auf das Ich Erfüllung finden. Dieser berufliche Status würde den Identitätsbelangen Sicherheit verleihen und damit einen gesicherten Selbstwert-Austausch und Ausgewogenheit in ihren Beziehungen ermöglichen. Das Überleben würde endlich der Identität weichen müssen.

Schlußfolgerung

Bei diesen vier »normalen« Fällen, die astrologisch untersucht wurden, dürfte es bemerkenswert sein, daß keine besondere Frage vorlag, wie etwa eine Heirat, Probleme mit den Kindern, mit der Gesundheit, ein Geschäftsbeginn; es ging nicht um Hausverkauf oder Umsiedlung, nicht um sogenannte »geheime Feinde« oder Erbschaften. Dies läßt darauf schließen, daß die stereotype Betrachtungsweise der Astrologie als »Antwort« auf solche spezifischen Angelegenheiten entweder ungültig ist oder nur gelegentlich zutrifft. In der Tat ist eine derart spezifische Ausrichtung der astrologischen Analyse nur selten der hauptsächliche Konzentrationspunkt bei der eigentlichen analytischen Ganzheitspraxis.

Wenn ein Klient einen Astrologen zum Zwecke einer derart speziellen Beratung aufsucht, so ist die im Brennpunkt stehende Angelegenheit nur die Spitze des Eisbergs. Dieser Brennpunkt einer bestimmten Frage ist aus Jahren der Entwicklung und Strukturierung von Werturteilen hervorgegangen. Eine gründliche Untersuchung der Fähigkeiten von Status/Identität, Geld/Liebe und Information/Perspektive führt den Brennpunkt weg von der speziellen Entscheidung oder dem besonderen Geschehnis und tief in die gesamte Lebensentwicklung hinein, welche die persönliche Urteilsfähigkeit innerhalb der Entscheidung und die persönlichen Werte begründet, die jedem Geschehnis beigemessen werden. Dies erkennen wir mühelos, wenn wir einen Augenblick lang Dinge aus dem alltäglichen Leben betrachten: Beispielsweise kann eine Frau ihre Kinder zornig behandeln und das Gefühl haben, mit ihnen vor ein großes Problem gestellt zu sein; dieses Problem mag jedoch nicht durch die Kinder verursacht werden, sondern durch die überaus große Unsicherheit der Frau in Beziehung zu ihrem Ehemann, durch dessen eigene innere Unruhe über sein Arbeitsverhältnis usw. Die Kinder können zu einem Sündenbock für andere Spannungen werden. Die Unzufriedenheit eines Mannes mit seinem Beruf oder das Gefühl mangelnder Leistungsforderung mag nichts mit dem Beruf selbst zu tun haben, sondern verbunden sein mit unstimmigen Maßstäben, die aus dem Elternhaus übernommen wurden, welchen Lebensstandard er für sich selbst erreichen sollte. Diese Situation könnte sich jedesmal wieder erneuern, wenn die Familien in der Ferienzeit zusammentraf.

Jede Frau weiß, daß Überarbeitung oder seelischer Kummer ihren Menstruationszyklus beeinflussen kann. Menstruationsstörungen bedeuten nicht unbedingt ein gynäkologisches Problem. Jeder Mann weiß, daß jegliche Belastung des Status das Bedürfnis und die Bereitschaft zur Sexualität beeinträchtigen kann. Ein verminderter Geschlechtstrieb und gelegentliche Impotenz bedeuten nicht unbedingt ein sexuelles Problem, welches nur allzu leicht und fälschlicherweise auf Unzufriedenheit mit dem Partner übertragen werden kann.

Es ist eine feststehende Tatsache, daß Krankheiten als leichter zu handhabende Bereiche zum Brennpunkt für viele, viele andere Probleme werden können. Es ist eine feststehende Tatsache, daß unsere Identität von äußerst komplexen Verhaltensmustern überdeckt wird, die durch eine Entwicklungsspannung mit äußerst komplexen Umweltvorschriften angenommen worden sind. In jedem beliebigen Augenblick weiß jeder von uns nur mit großer Schwierigkeit, wer wir wirklich sind. Wir werden damit täglich konfrontiert: Wir betrachten eine Persönlickeit des Fernsehens, mit der wir schon seit vielen Jahren vertraut sind, und überlegen: »Wie ist er wohl in Wirklichkeit?« Wir führen ein wichtiges Gespräch mit jemandem und fragen uns: »Was hat sie eigentlich gesagt; was hat er tatsächlich damit gemeint?«

Da unsere gesamten Umweltzwänge auf eine stereotype Persönlichkeitsentwicklung hinarbeiten, wird die innere Welt nach und nach immer mehr vernachlässigt: Das menschliche Wesen wird allzu leichtfertig außer acht gelassen. Wenn die Herausforderung einer Entscheidung oder ein Geschehnis eintritt, sind wir alle allzu rasch und allzu häufig verwirrt, wie wir handeln und welchen Wert wir den Dingen geben sollen. Die Unsicherheit entsteht aus dem Konflikt zwischen dem, was wir geworden sind, und dem, was wir tatsächlich sind.

Da Astrologen ebensolche Menschen wie ihre Klienten sind, existiert diese Spannung zwischen dem, was oberflächlich leichter zu handhaben, und dem, was von tieferer Bedeutung ist, zwischen dem stereotyp Bequemen und dem individuell Notwendigen auch innerhalb unserer Astrologie. Wie ist unsere Astrologie wirklich beschaffen? Wie wirklichkeitsbezogen möchte sie sein? Sollte sie das menschliche Wesen beiseite lassen und sich völlig der Botschaft der Umwelt anschließen? Sollte sie die Umwelt ignorieren und den Menschen auf irgendeine überirdische, spirituelle Ebene versetzen? Oder sollte sie die schicksalhafte Struktur, die in der Umwelt enthalten ist und sich im Verlaufe der Zeit artikuliert, mit dem Druck des freien Willens verbinden, der durch Bedürfnisse in ein System und durch die Lebensweise zum Ausdruck gebracht wird? – Diese Fragen bestimmen die Unterschiede in der Orientierung zwischen einer »Deutung« und einer »Analyse« des Horoskops.

Ungeachtet dessen, wie das spezifische Problem in der Lebenswirklichkeit des Klienten aussieht, muß die holistische Analyse das gesamte Spektrum der Entwicklungsfähigkeiten untersuchen: die Beziehungsdynamik, die sich aus dem Kreuz der Eckfelder ergibt; die Stärkung der Selbstwert-Fähigkeiten, die aus dem Kreuz der Fixfelder hervorgeht; die Klärung der Wahrnehmung, die auf das Kreuz der Wechselfelder zurückzuführen ist. Alles dies muß dazu dienen, die eigene Lebenswirklichkeit des Klienten im Hinblick auf individuelle Ziele zu klären, die allzu leicht durch den angestauten Umweltdruck während der Entwicklung verwischt werden. Bei der Ganzheitsanalyse hat der Astrologe die Funktion, zu erhellen und zu bestärken, zu lenken und anzugleichen, bei der Bewertung zu helfen und Anerkennung zu geben.

Bei diesen ersten Fallstudien haben wir bisher nur die Vorgehensweise der holistischen Analyse geshen. Die Darstellungen schließen noch keine

Heilungsmethoden ein, die in Teil III dieses Buches dargelegt werden. Vielleicht haben die kurz angedeuteten Heilungsmaßnahmen bei einigen Fällen den Eindruck erweckt, zu stark vereinfacht oder oberflächlich in Relation zur inneren Struktur der verschiedenen Entwicklungsprobleme zu sein. Dies könnte beispielsweise bei Fall 4 für die Empfehlung an die ich-bezogene Frau zutreffen, daß es zum Gleichgewicht bei der Interaktion in Beziehungen beitragen würde, anderen Komplimente zu machen. Diese gemeinsam unternommene Heilungsmethode war alles andere als zu stark vereinfacht oder oberflächlich, sondern wurde vollständig nutzbar gemacht und sehr wirkungsvoll dramatisch umgesetzt, wie wir später sehen werden. Das hauptsächliche Anliegen bestand jedoch darin, die Ichprobleme im Hinblick auf die Beziehungsprobleme in ein Gleichgewicht zu bringen, die ständig ein Problem darstellen und keinen befriedigenden Austausch von Fähigkeiten zuließen. Darum ging es – nicht um die Beschäftigungsfrage, um den neuen Beruf, den Verlust an Hoffnung auf eine sinngebende Ehe, die Fixierung auf den Freund, der gestorben war; es drehte sich auch nicht darum, wann ein Märchenprinz aus der Vorstellungswelt in der realen Wirklichkeit auftauchen würde. Es ging darum, wie diese Frau im Hinblick auf alle Verhaltensgewohnheiten und Wertvorstellungen, die sie durch umweltbedingte Strukturierung angesammelt hatte, besser und in einer zufriedenstellenderen Weise mit Menschen zurechtkommen konnte. Hätte ein Astrologe diesen wesentlichen Punkt nicht erkannt, so wäre die Analyse zu einer »Deutung« geworden – und die Astrologie hätte keinen anderen Wert als die gestrige Zeitung oder das abgetrennte Ziel eines Nirvana, das durch eine astrologische Messung grundlos in die Zukunft projiziert wird.

Die Verhaltensmuster, die im 2. Kapitel spezifisch ausgearbeitet worden sind, wurden hauptsächlich für die auf den Menschen bezogene Bewußtseinsdimension des Astrologen und weniger für die analytische Dimension oder die Erfahrungsdimension des Klienten dargelegt. Kaum einmal wird ein Klient dem Astrologen gegenüber direkt natürliche Verhaltensmuster an den Tag legen; gewöhnlich wird er sich von der vorteilhaftesten Seite zeigen, wenn die Haltung des Astrologen dies für sich beanspruchen kann. Diese Verhaltensmuster, die mit Abwehrhaltungen verbunden sind und die verschiedene Grade von Aggression und Rückzug einschließen, existieren jedoch auf individuelle Art und Weise bei jedem Menschen in der normalen sozialen Interaktion außerhalb des Astrologenbüros. Der Astrologe muß sich über die Gesamt-Gestalt des Verhaltens im Leben bewußt sein, er muß die wechselseitige Verflechtung der Verhaltensfähigkeiten ableiten und sie während des Konsultationsgespräches herausfinden können. Auf diese Weise wird die in der Konsultation mitgeteilte innere Welt in ein Gleichgewicht gebracht mit der im Leben geteilten äußeren Welt.

Wir wollen nun einen anderen Fall betrachten, der zeitlich auf die bereits dargestellten Fälle folgte. Ein Ehepaar in den Siebzigern rief wegen eines Termins an. Die Geburtszeit der Frau war ungefähr bekannt, nicht aber die Geburtszeit des Ehemannes. Sie bestanden auf einem Termin, obgleich ich sie darauf hinwies, daß die Analyse aufgrund der unbestimmten Geburtsdaten astrologisch nicht umfassend sein könnte. Die Konsultation, die dann stattfand, stützte sich fast völlig auf die Botschaft der Umwelt, die durch ihre Geburt gleich in den ersten Jahren dieses Jahrhunderts und die allgemeinen Umrisse ihres beruflichen und sozialen Lebens enthüllt wurde.

Die Frau hatte eine enge Konjunktion von Sonne-Saturn-Venus im Widder: ein sehr starker Ich-Antrieb und eine strenge Zielsetzung. Diese dreifache Konjunktion bildete eine Opposition mit einem richtigen Waage-Mond: Der Ich-Antrieb und die Zielsetzung benötigten als Grundlage die soziale Widerspiegelung. Die dreifache Konjunktion im Widder bildete ein Quadrat mit Neptun, der selbst wiederum in Opposition mit Uranus stand. Das gesamte Profil ließ sich ohne Schwierigkeit klären: Die Ausformung von Ich-Antrieb und Zielsetzung für eine Frau, die während ihrer Pubertät und frühen Adoleszenz den Ersten Weltkrieg erlebt hatte, würde mit großen Schwierigkeiten verbunden gewesen sein. Sie würde sich etwas ausgesucht haben, das gesellschaftlichen Wert hatte, um damit persönliche Bedeutung zu erlangen. Wahrscheinlich hatte sie sich dies mühsam erkämpfen müssen, denn die damalige Gesellschaft setzte sich gewiß nicht für die Interessen der individualistischen Frau ein.

Unser gemeinsames Gespräch, nur mit der Frau, verlief genau in dieser Weise, mit diesen Gedankengängen, die von ihr völlig bestätigt wurden. Ihr Vater war Ungar, eine strenge Autoritätsfigur. Sie hatte wirklich hart gekämpft und war Krankenschwester geworden. »Ich war eine sehr gute Krankenschwester und bekam so viel Verantwortung übertragen. In diesem Krankenhaus fand ich wirkliche Erfüllung.«

Die Konjunktion von Sonne-Venus-Saturn im Widder bildete mit dem Mond in Waage eine vollkommene Ergänzung. Da war jedoch ebenfalls das Quadrat mit Neptun, der eine Opposition mit Uranus bildete, und dies führte meine Schlußfolgerungen weiter, als sie begann, etwas mehr über ihr Leben zu erzählen.

Die warmherzige, fröhliche, überaus anziehende Frau erzählte, wie sie überstürzt geheiratet hatte, dies bedauerte, sich scheiden ließ und zur Krankenpflege zurückkehrte, wo sie wiederum volle Erfüllung fand (Wechsel der Umwelt, der Rollenwechsel war nicht gelungen). Als Krankenschwester traf sie ihren nächsten Mann, der im Nebenraum auf seine Untersuchung wartete.

Ich fragte: »Nun, ist das denn eine gute Ehe gewesen? Ist sie in all den Jahren gut verlaufen? Was ist aus der Krankenpflege geworden?« Sie zögerte mit der Antwort, doch schließlich verriet sie, daß ihr künftiger Ehemann ihr bei der ersten Begegnung rundheraus gesagt hatte, er »könnte niemals eine Frau befriedigen«. Während all der Jahre war ihr Sexualleben dürftig gewesen. Ihre eigenen Bedürfnisse waren noch immer lebendig, doch spielte sich zwischen ihnen in dieser Richtung nichts mehr ab. Die Ehe war kinderlos geblieben.

Die Frau hatte ihn – mit der seltsamen Warnung, die vorausging – in dem Gedanken geheiratet, daß sie »ihn lieben, für ihn sorgen und ihn wieder auf die Beine bringen könnte«. Sie übertrug ihre Pflegeinstinkte auf die gesellschaftlich notwendige Institution der Ehe. Im Verlauf der Jahre hatte sie häufig die Pflege von kranken Eltern, Schwiegereltern, Verwandten übernommen, war das Heim dieses Paares auf vielerlei Art ein Pflegezentrum; in dieser Weise erfüllte die Frau ihre Ich-Bedürfnisse, während sie alle weiteren Bedürfnisse in das Reich der Phantasie verbannte (das Neptun-Quadrat).

Der erstaunliche Schlüssel zu diesem ach-so-normalen Lebensdrama war jedoch die Tatsache, daß ihr Ehemann eine bedeutende Karriere in der militärischen Verwaltung gehabt hatte. Seine Sonne stand im Steinbock, der Mond im Löwen und die Venus im Skorpion. Die Ehefrau bestätigte alle seine bürokratischen Fähigkeiten und persönlichen Stärken, die ich als Überkompensation und Verdrängung von irgendeinem sexuellen Problem zu sehen begann. Ich erkundigte mich nach »Großtuerei« oder Arroganz bei ihm, und sie erklärte, wie stark diese ausgeprägt wäre, wie er sie häufig bei gesellschaftlichen Anlässen in Verlegenheit bringen und ihr immer Schweigen gebieten würde. In letzter Zeit jedoch, sagte sie, »ist er äußerst aufmerksam und besorgt gewesen. Er versucht, sich in irgendeiner Weise zu verändern, und aus diesem Grunde sind wir hier bei Ihnen!«

Das Gesicht des Ehemannes zeigte eine gefrorene Strenge, doch sprach er mit großem Verständnis, einer eifrigen Bereitschaft zur Selbst-Enthüllung. Ich brachte ihn dazu, daß er lächelte und lachte, zeigte ihm damit, wieviel Humor er noch immer hatte. Unter Wahrung der vertraulichen Mitteilungen seiner Frau erkundigte ich mich dann nach der Zeit, als er ihr begegnet war, und hoffte auf seine Bereitschaft, aus freien Stücken über die sexuelle Warnung zu sprechen, die er ihr gegenüber geäußert hatte. Ohne weiteres brachte er dieses Thema zur Sprache, und wir unterhielten uns ausführlich darüber. Das sogenannte »Problem« trat in den Zeiten seiner frühen Entwicklung tatsächlich immer wieder auf: vorzeitige Ejakulation unter den Angstgefühlen von soziologisch-sexuellen Einstellungen und eine unglaubliche Naivität über sexuelle Dynamik. Sein Stolz (Steinbock-Löwe) und seine starken sexuellen Bedürfnisse (Venus im Skorpion) prallten mit den gesellschaftlichen Maßstäben zusammen. Seine frühen sexuellen Versuche waren immer von Furcht, Heimlichkeit, Hast und einer Unwissenheit über die sexuellen Abläufe begleitet. Die vorzeitige Ejakulation führte zu Schuldgefühlen, und mit diesen drohte eine Verminderung des Status. Die starke Persönlichkeit gewann die Oberhand und erlangte dadurch »Identitätsbehaglichkeit«, daß sie den Status vom eigenen Ich wegnahm. Er warnte seine spätere Braut, daher konnte ihm kein Vorwurf gemacht werden. Doch das eigentliche Problem bestand darin, daß er sie vor einem Problem gewarnt hatte, das in Wirklichkeit gar keines war – sondern eine ganz normale Sache. In dieser Weise verliefen die folgenden Jahre. Seine autoritären Verhaltensweisen waren eine Überkompensation für seine mutmaßliche sexuelle Unzulänglichkeit. Seine Frau fügte sich, er beharrte darauf, und diese Strukturmuster wurden vorherrschend.

So taktvoll wie möglich setzte ich ihm dies alles auseinander, und es war ihm ungeheuer anzurechnen, daß er jeden Punkt der Analyse bestätigte – ja, mehr noch, er war eifrig darauf bedacht, jetzt sofort etwas daran zu ändern . . . endlich, in seinen Mittsiebzigern!

Er hatte zwei Herzanfälle erlitten, doch im Augenblick war sein Gesundheitszustand gut und kein Schaden zurückgeblieben. Er nahm Medikamente, erklärte jedoch, daß diese keinerlei Nebenwirkungen hätten. Er und seine Frau machten Spaziergänge zwecks körperlicher Bewegung und hatten eine täglich gleichbleibende Routine des Lesens und Fernsehens. Sie unternahmen wenige Reisen, da er »Angst hatte, sich zu weit vom Krankenhaus zu entfernen«. Er war seit vielen Jahren impotent; sie schliefen in Einzelbetten und verfolgten das Fernsehprogramm von getrennten Sesseln aus. Er wußte, daß seine Frau noch nach mehr verlangte und war zutiefst frustriert darüber.

Ich bat um seine Erlaubnis, seine Informationen über Sexualität zu verbessern. Erfreut gab er seine Zustimmung. Durch eine Verbesserung seiner Kenntnisse konnten wir seine Perspektive der sexuellen Fragen angleichen, die sein Leben und das Leben seiner Frau beherrscht hatten. Der Nutzen aus diesen verbesserten Fähigkeiten würde auf ihre Selbstwert-Belange übergreifen und der Liebe neuen Ausdruck verleihen. Damit würde sein Status als Ehemann und die Identität als Mensch, als Paar, geklärt. Das Leben könnte wieder einen tieferen Sinn für sie beide erhalten.

Die sexuellen Informationen, die mit der Unterstützung von erläuternden Darstellungen und viel Humor gegeben wurden, beruhten auf der Unterscheidung zwischen Geschlechtsverkehr (der offensichtlich unmöglich war) und enger Vertrautheit (die niemals verstanden worden war).

Dann sprach ich mit dem Ehepaar zusammen, wobei ich die vertraulichen Mitteilungen eines jeden wahrte. Ich nutzte das Gespräch dazu, um die Fähigkeiten jedes einzelnen im Hinblick auf das zukünftige Leben zu bestärken, das vor ihnen lag. Mit Humor und jugendlicher Fröhlichkeit beschlossen sie, ihre Einzelbetten zusammenzuschieben und damit eine neu verstandene Vertrautheit zu unterstützen, ihr Fernsehgerät so zu plazieren, daß sie gemeinsam auf einem Sofa sitzen konnten, oft bei Wein und Kerzenlicht, sich häufiger zu berühren. Sie faßten den Entschluß, den Träumen einer Europareise nachzugehen. Wir suchten Rundfahrten mit einem Reiseführer heraus, die für Menschen ihres Alters bestimmt waren. Die Begeisterung erreichte ihren Höhepunkt, als wir alle feststellten: Wenn es um die Angst ging, an einem Herzanfall zu sterben, so war es weitaus unterhaltsamer, dies in Paris als in einer kleinen Stadt in Virginia zu erleben! Das Gelächter war markerschütternd. Vielleicht war die stärkste Bestätigung für die Zeit, die wir miteinander verbracht hatten, dann gekommen, als der Ehemann lachend sagte: »Mein Arzt würde hundertprozentig mit Ihnen übereinstimmen« und dann seine Frau herzlich umarmte und zum Essen einlud.

Dieses Paar erkannte in jenem Augenblick den gegenseitigen Wert füreinander. Die beiden hatten die routinemäßigen Gewohnheiten durchschaut, von denen sie so viele, viele Jahre eingeschlossen waren. Es war schön zu sehen, wie der freie Wille die gewohnheitsmäßige Struktur des Schicksals auseinanderbrach. Sie konnten sich gegenseitig Zufriedenheit schenken.

Ich persönlich war fast dankbar dafür, daß das Horoskop ihre Situation nur minimal bekräftigen konnte. Ich war direkt mit menschlichen Wesen umgegangen, die durch eine Verschlimmerung von normalen Umweltverhältnissen aufgrund individueller Verwundbarkeiten eine Herausforderung erfahren hatten. Die Erfahrung sagte mir, daß sich eine sehr große Anzahl von Messungen ihres lebenslangen astrologischen Profils nicht deutlich gezeigt hätte – es hatte zu viele »Kurzschlüsse« gegeben. Wären einzig die Messungen auf ihr Leben angewendet worden, so wäre dieses Leben durch den stereotypen Inhalt dieser Messungen begrenzt worden. Mit einem minimalen astrologischen Gerüst war das menschliche Drama um so erregender deutlich geworden. Die Botschaft der Umwelt war klar vorausempfunden, eingeschätzt, geklärt und angeglichen worden.

Zweiter Teil

Die Bewußtwerdung innerer Unruhe

Viertes Kapitel

Beobachtungen

Wer von uns hat noch keine »Angst«, im Sinne von innerer Unruhe, verspürt? Wir sprechen mit besorgniserregender Selbstverständlichkeit über die atomare Bedrohung für die gesamte Welt, über die Möglichkeit, daß ein Knopfdruck eine Existenzform auslöschen könnte, die Millionen Jahre für ihre Entwicklung benötigt hat. In allem, was wir tun oder denken, sind wir uns gleichzeitig auch über die potentielle Möglichkeit von Schrecken und Verunsicherung bewußt. Die innere Unruhe ist unabdingbar mit unseren Überlebensvorstellungen auf kollektiver und individueller Ebene verbunden. Dies ist, in verschiedenen Zeitaltern und in unterschiedlicher Form, schon immer so gewesen.

Trotzdem taucht der Begriff »Angst« kein einziges Mal als Stichwort im Register des umfangreichen elfbändigen Werkes *The Story of Civilization*, von Will und Ariel Durant auf. In den gesamten acht Bänden der Collier/Macmillan *Encyclopedia of Philosophy* wird das Thema »Angst« nur in drei kurzen Abschnitten und – wie gehabt – im Bannbereich von Religion und Ethik abgehandelt. Erst als Sigmund Freuds Arbeiten auf das Bewußtsein der Welt einzuwirken begannen, konnten Angst und innere Beunruhigung wirklich die analytische Beachtung der Sozialtheoretiker auf sich lenken.

Wenn wir innerlich beunruhigt sind, verstehen wir selten, warum dies so ist. Grundsätzlich ist die Angst immer irrational gewesen. Im Verlaufe der gesamten Geschichte war nichts haltbar, was nicht rational war: Philosophen wurden verdammt, religiöse Menschen wurden zu Märtyrern, Visionäre wurden auf dem Scheiterhaufen verbrannt. Die Menschen unterdrückten ihre Beängstigung, bewahrten Stillschweigen darüber oder befreiten sich durch religiösen Glauben davon. Die rationale Denkweise wurde zunehmend weiter entwickelt, als der Mensch die Beherrschung der äußeren Welt anstrebte. Das Zeitalter der Entdeckungen konnte mit der Irrationalität der inneren Unruhe nicht in Zusammenhang gebracht werden; sie wurde erst dann erforscht, als die innere Welt des Menschen eingestanden wurde.

Ebenso wie die Psychologie bereits existiert hat, bevor der Begriff dafür geprägt wurde, so existierte auch die innere Unruhe schon vor ihrer formalen Anerkennung. Sie wurde hauptsächlich in Emotionen und konkrete Ängste umgesetzt. Die rationalistischen Philosophien des siebzehnten Jahrhunderts, die sich während der Renaissance entwickelt hatten, erklärten, daß der Mensch mittels des Verstandes die Emotionen kontrollieren und mit den Ängsten fertig werden könnte. Auch heute noch gelten die vernunftgemäße Erklärung, logische Untersuchung und praktische Selbstkontrolle als Allheilmittel, wenn jemand über Angst- oder Unsicherheitsgefühle klagt. Wir sagen dann: »Sei doch vernünftig, du mußt dich doch beherrschen können!«

Der Verstand gehört jedoch zur äußeren Welt: Er beurteilt konkrete Alternativen, objektive Wahlmöglichkeiten. Er kann eine Stütze für die Zuversicht sein, das Leben trotz der inneren Unruhe fortzusetzen, doch kann er diese im ganzen genommen nicht vertreiben. Beispielsweise habe ich während der letzten Stunde einen Telefonanruf von einer Klientin erhalten, die unter starker innerer Unruhe und Beängstigung leidet. Ihr Mann hat ein außerordentlich günstiges berufliches Angebot angenommen, das es ihnen ermöglichen wird, sich in wenigen Jahren zur Ruhe zu setzen. Das Ehepaar muß dafür den Ort verändern. Die Frau setzt der Umsiedlung Widerstand entgegen, weil sie viele Probleme der Neuanpassung befürchtet, und zur Bestärkung ihrer Ängste verwendet sie auch noch ihr Wissen von der Astrologie. Sie sagte mir, daß sie jetzt ständig an Selbstmord denke. Angesichts dieser herrlichen Gelegenheit und dieses Abenteuers leidet diese feinfühlige Frau unter akuter innerer Beunruhigung. Ihr Mann, der ebenfalls mein Klient ist, beschreibt sie als »paranoid«.

Keine verstandesmäßige Überlegung, keine astrologische Methode kann die innere Unruhe dieser Frau vertreiben, die sie während ihres ganzen Lebens gehegt und gepflegt hatte. Die einzige Hilfe, die ich ihr anbieten konnte, war die Klärung eines wesentlichen Punktes – des Kernpunktes dieser Diskussion über die innere Unruhe: Das Ausfechten des Lebenskampfes durch die innere Unruhe hindurch erhält den Menschen lebendig. Die Vernunft begründet das Vertrauen, ausdauernd zu sein; die Ausdauer führt zum Wachstum der Persönlichkeit.

Viele Theoretiker halten die innere Unruhe für angeboren. Das neugeborene Kind begrüßt die Welt mit der Befürchtung, ob es wohl überlebt – und diese Besorgnis entspricht innerer Unruhe, die sich in zahllose spezifische Ängste unterteilt, wenn das Leben weitergeht. Die jeweiligen spezifischen Ängste werden im Laufe des Entwicklungsprozesses bewältigt, und die innere Unruhe läßt weitere Ängste deutlich hervortreten. Als ein bei der Geburt auftretendes Phänomen muß dieses Angstgefühl mit seinen individuellen Ebenen innerhalb des Geburtshoroskops sichtbar sein.

Die in der inneren Welt existierende Unruhe soll unsere Verhaltensfähigkeiten dazu aufrufen, für unsere Bedürfnisse von Nutzen zu sein. Sie entspricht dem Zustand des inneren Potentials. Ich würde sogar behaupten, daß das Herz zwischen zwei Herzschlägen beunruhigt ist: Im Zustand der Ruhe existiert das Potential, die Bewußtwerdung der körperlichen Bedürfnisse. Wird es wieder schlagen oder nicht? Die innere Unruhe läßt die äußere Leistung erforderlich werden.

Rollo May, der brillante Psychoanalytiker, schreibt in seinem Buch *The Meaning of Anxiety*: »Das Gefühl von innerer Unruhe ist essentiell notwendig für die Situation des Menschen ... Die Konfrontation mit innerer Unruhe kann uns von Langeweile befreien, unsere Sensibilität schärfen und das Vorhandensein jener Spannung sicherstellen, die für die Aufrechterhaltung der menschlichen Existenz notwendig ist.«[9]

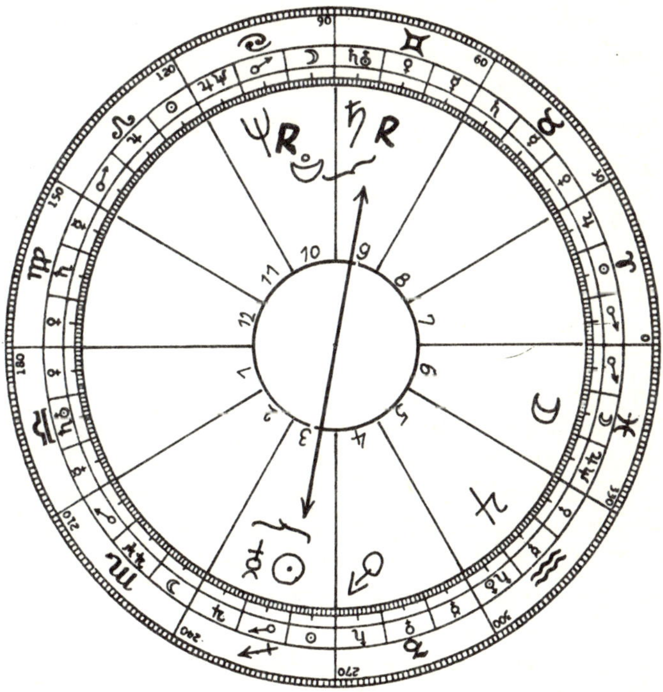

May sieht die innere Unruhe als Reaktion auf die »Bedrohung für jegliches Strukturmuster, das der Einzelne entwickelt hat und wovon er seine Sicherheit abhängig glaubt.« Im wesentlichen ist innere Unruhe damit die Art und Weise, in der wir mit »Streß« umgehen. Hier erkennen wir den klaren bewußtseinsmäßigen Gegensatz zwischen innerer und äußerer Welt: Die innere Unruhe stößt auf starke äußere Beanspruchung; die potentiellen inneren Energien treffen auf äußere Reize. Die Bewußtwerdung der inneren Unruhe findet ihren Ausdruck im Denken, das wiederum zum Anstoß für die Fähigkeiten zu Überleben und Wachstum wird. Die im Horoskop sichtbaren Strukturmuster der Identität treten deutlich hervor.

Innere Unruhe ist ein Zustand von potentiellen Möglichkeiten. Sie drückt sich in ganz persönlicher Form im Denken aus. Das Kreuz der Wechselfelder wird die Fähigkeiten von Information/Perspektive in Relation zu äußerem Umweltstreß anzeigen, und die Planetensymbole werden auf ein Profil von Bedürfnissen der inneren Welt und der Reaktion auf Entwicklungsspannung hinweisen.

In dem Horoskopausschnitt (Seite 165) sehen wir deutliche Anzeichen für innere Unruhe. Das individuelle Muster von Bedürfnissen und Verhaltensfähigkeiten ist eindeutig mit Entwicklungsstreß im Hinblick auf die Fähigkeiten von Information/Perspektive verknüpft. Die dreifache Konjunktion von Merkur-Sonne-Mars bildet eine Opposition mit der starken Konjunktion von Pluto und Saturn, die beide rückläufig sind. Diese machtvolle Opposition setzt die III/IX-Achse eindeutig als dominierendes Rückgrat des ganzen Horoskops fest. Merkur herrscht im IX. und XII. Feld, und der rückläufige Neptun regiert den verbleibenden Bereich des Wechselfelder-Kreuzes, das VI. Feld im Zeichen Fische. Neptun bildet einen fast exakten Quincunx-Aspekt mit der Sonne (eine sehr starke Angleichung zwischen dem Kern der Lebensenergie und der Fähigkeit zu schöpferischer Visualisierung). Der Mond in den Fischen ist schwach aspektiert, das heißt, in seinen starken Bedürfnissen des Aufnehmens und Fühlens nicht fest verankert. Jupiter, der Herrscher des III. Feldes, bildet eine Anderthalbquadratur mit Pluto. Das Gefühl von innerer Unruhe ist jederzeit sehr stark ausgeprägt. Wahrnehmung und Aktivierung der Fähigkeiten von Information/Perspektive unterliegen immer einer hohen Entwicklungsspannung durch die grundlegende Erkenntnisbildung innerhalb des frühen Elternhauses, besonders im Hinblick auf den Elternteil des IV. Feldes, da Saturn rückläufig ist, eine Opposition mit der Konjunktion von Sonne-Merkur-Mars bildet und das IV. Feld im Steinbock regiert. Natürlich sind die Selbstwert-Belange des II. Feldes durch Pluto als Signifikator des II. und durch die Sonne als Signifikator des XI. Feldes damit verknüpft. Die Analyse läßt sich augenblicklich holistisch erweitern. Dieses Horoskopfragment gehört zu einer Frau, die vor kurzem anrief und den ernsthaften Versuch machte, die Freiheit einer günstigen Gelegenheit innerhalb der lebenslangen Umklammerung von innerer Unruhe zu genießen, während der laufende Pluto bei seinem Durchgang durch ihren Aszendenten zu einer neuen Lebensperspektive herausfordert.

Wir können einen Augenblick lang zu Fall 3 (Seite 137) zurückkehren, zu der jungen Frau mit libanesischem Hintergrund, die eine verunsicherte Wahrnehmung der Beziehung zu ihren Eltern hat. Auch hier sahen wir das Wechselfelder-Kreuz der Fähigkeiten von Information/Perspektive innerhalb der Horoskopanalyse auf dramatische Weise hervorgehoben, wobei Merkur unter starker Belastung stand. Diese junge Frau hat so viele Vorzüge. Alles in ihrem Leben verläuft gut. Sie steht an der Schwelle zu großen beruflichen Möglichkeiten. Ihre scharfe Intelligenz akzeptiert die Maßstäbe der Vernunft ganz und gar, doch ihre innere Unruhe, die sie während ihres ganzen Lebens aufgebaut hat, läßt ständig Befürchtungen entstehen – und gleichzeitig inneres Potential.

Ebenso selbstverständlich, wie wir in Teil I dieses Buches gesehen haben, kann die Entwicklungsspannung bei den Fähigkeiten von Information/Perspektive auf die anderen Bereiche von Geld/Liebe und Status/Identität übergreifen. Die innere Unruhe erforscht das ganze Denken, damit sie eine bedeutungsvolle Verbindung zu irgendeiner spezifischen Fähigkeit eingehen kann. Sie ist bestrebt, sich spezifisch auf etwas zu konzentrieren, das sich leichter handhaben läßt; sie versucht, ihre Befürchtungen in Form einer spezifisch festgelegten Angst zu artikulieren. Damit ist das Gefühl innerer Beunruhigung nicht vertrieben; es bleibt für die verschiedenen Individuen immer auf unterschiedlichen Ebenen vorhanden. Doch treibt es den Organismus dazu an, etwas wegen der Herausforderung für das Wachstum zu unternehmen. *Innere Unruhe ist ein Brennstoff.*

Wenn wir uns der inneren Unruhe bewußt werden, so zeigt unser Körper Reaktionen. Ungeplant auftretende Bewegungen signalisieren in sich einen inneren Zustand der Befürchtung. Der Körper ist bestrebt, in Bewegung zu kommen, die Existenz zu schützen. Ein Vortragskünstler vor einer Hörprobe, ein angehender Vater im Wartezimmer der Entbindungsstation, jeder, der vor einem entscheidenden beruflichen Gespräch steht, eine Ansprache hält, den Kontakt für eine wichtige Begegnung herstellt – sie alle werden eine bestimmte körperliche Funktion in Relation zu der inneren Unruhe zeigen, die sehr stark mit der bevorstehenden Herausforderung und/oder günstigen Gelegenheit verbunden ist. Das eigene Selbst befindet sich sozusagen »auf der Kippe«. Die Befürchtungen tauchen an die Oberfläche. Wir laufen hin und her, unsere Blase arbeitet auf Hochtouren, wir transpirieren. Wenn wir unsere Hände »ringen« bzw. drücken – selbst um zu beten oder Beifall zu klatschen –, können wir damit Reflex- (Akupressur-) Punkte in den Händen berühren, welche die körperlichen Reaktionen in ein verläßliches Gleichgewicht bringen. Wir können die körperliche Aktivität als Wirkung von Adrenalin benennen, das Energiestimulans, das mit Mars assoziiert wird. Unser Körper ist aufs höchste wachsam, in Aktion zu treten, damit die Strukturmuster der Identität bewahrt bleiben.

Mit unserer ängstlichen Bereitschaftsstellung sind wir ständig in einem Dilemma befangen: Wir möchten verzweifelt die Sicherheit des Status quo aufrechterhalten, die Formen der Gleichheit, die wir uns in der lebenslangen Interaktion mit der äußeren Welt erarbeitet haben – und gleichzeitig möchten wir Veränderung schaffen, damit wir unsere Persönlichkeit ausbilden, mehr von unseren Bedürfnissen erfüllen können. Wir fürchten uns vor einem Rück-Schritt, um damit einen Fort-Schritt zu erreichen. Bei einem Mond im Widder beispielsweise, der ein Hauptbedürfnis anzeigt, das Ich bei jeder sich bietenden Gelegenheit in den Vordergrund zu schieben, kann der Betreffende jeden Schritt überhaupt zur Erfüllung seiner Identitätsbedürfnisse verwenden, wodurch sich ein hoher Grad an Selbst-Motivation ausdrückt. Die innere Unruhe könnte hochempfindlich auf minimale Auslösungsmomente reagieren, um der Belastung durch Streß sofort die Stirn zu bieten. Steht der Mond im Stier, was ein Hauptbedürfnis anzeigt, den Status quo aufrechtzuerhalten, so kann die betreffende Person davor zurückschrecken, jenen Schritt zu tun. Die innere Unruhe könnte gewohnheitsmäßig in einer leicht gereizten Enttäuschung zurückgehalten werden. Steht der Mond in den Zwillingen und zeigt damit ein Hauptbedürfnis nach Abwechslung und Vielfältigkeit an, so kann der Betreffende mehrere Schritte gleichzeitig unternehmen, damit den inneren Unruheherd aufspalten und das Energiepotential sich zerstreuen lassen.

Die Beschaffenheit des Mondzeichens kann damit also einen Hinweis auf die Art und Weise geben, durch die wir die Bewußtwerdung von innerer Unruhe zum Ausdruck bringen. Diese Prägung läßt sich auf die

Natur eines jeden Planeten in Relation zu den Bedürfnissen anwenden, für die er symbolisch steht.

Das Element des Mondzeichens kann die Qualität der Vorgehensweise beim Ausdruck von bewußtgewordener innerer Unruhe anzeigen. Der Mond im Krebs läßt darauf schließen, daß das Hauptbedürfnis nach emotionaler Sicherheit bei der Handhabung von innerer Unruhe im Bewußtsein des Betreffenden an erster Stelle stehen wird. Zuerst und am schnellsten wird er die emotionale Sicherheit innerhalb der Beunruhigung suchen müssen. Steht der Mond im Löwen, wird die feste Annahme von persönlicher Wichtigkeit in ihrer natürlichen Unbiegsamkeit einer gründlichen Prüfung unterzogen, wenn innere Unruhe zum Ausdruck kommt. Der Mond in der Jungfrau führt bei der Handhabung von innerer Unruhe zu einer Zerstreuung von Idealisierungen in der Wahrnehmung, wodurch sich möglicherweise eine noch stärkere Beunruhigung verzeichnet.

Bei Fall 1 (Seite 115) wurde der Mond im Widder für die Entwicklung außer acht gelassen. Die Bedürfnisse wurden in hohem Maße zum Schweigen gebracht; vorherrschend wurde die Verdrängung innerhalb der Trigonstruktur der Erdzeichen. Die innere Unruhe wurde weniger durch Selbstbehauptung als durch eine praktische Selbstgenügsamkeit gehandhabt.

Bei Fall 2 (Seite 127) ließ der Mond in der Waage ein ungestümes Bedürfnis erwartet, eine Klärung der Identität mittels der sozialen Widerspiegelung zu erlangen, doch die Verdrängung dieser Energie innerhalb der Entwicklung zeigte sich deutlich in den starren Strukturmustern der beiden T-Quadrate. Die Bedürfnisse, die in der inneren Unruhe zum Ausdruck kamen, wurden mittels der Wunschvorstellung, durch die Konjunktion von Mond und Neptun am Aszendenten, freigesetzt.

Die junge Frau von Fall 3 (Seite 137) hat einen Mond im Schützen, der auf ein Bedürfnis hinweist, Achtung für die eigenen Wahrnehmungen und Ansichten zu finden, sich auf Wagnisse einzulassen, damit sich das Ich durchsetzen kann. Doch auch hier wieder – und das ist ganz normal – arbeiten Entwicklungsspannungen an der Verfeinerung von persönlichen Fähigkeiten. Die innere Unruhe wird schließlich zur Klärung der Identität führen, wie es normal der Fall ist, und der Mond im VII. Feld wird sich zu weiteren Herausforderungen aufmachen; er wird mehr in sich bestärkt sein, und die innere Unruhe wird als Brennstoff für eine noch weiter führende Entwicklung dienen.

Bei Fall 4 (Seite 145) muß der Mond im Widder sich darum bemühen, die Wertvorstellungen des Ichs gegen einen Hintergrund des Entwicklungsdrucks innerhalb des frühen Zuhauses neu anzupassen. Die sich hier abzeichnende innere Unruhe dient dazu, eine Veränderung von Wertstrukturen in Beziehungen hervorzurufen.

Das Problem der inneren Unruhe bei der Frau, die sich mit ihrem Ehemann einer Ortsveränderung gegenübersieht, wird nicht nur durch ihr angespanntes Strukturmuster der Fähigkeiten von Information/Perspektive betont, sondern gleichzeitig auch durch die Bedürfnisse ihres Mondes im Zeichen Fische, die emotionalen Wahrheiten durch den Filter verborgenen Leidens abzuklären, Gefühlen mittels der Erfahrung Form zu verleihen.

Befindet sich der Mond im Skorpion, so wird die Festigkeit von Willen und Zielsetzung, wenn sie aus der Verborgenheit auftaucht, durch innere Unruhe auf dramatische Weise herausgefordert werden. Der Brennstoff kann tief verborgene potentielle Energien in seine Kanäle aufnehmen, bevor er im Interesse des Wachstums an die Oberfläche gelangt.

Beim Mond im Steinbock kann das Hauptbedürfnis, Verantwortung zu übernehmen und Fähigkeiten geschickt zu verwalten, die innere Unruhe willkommen heißen, um der taktisch geplanten Entwicklung einen kräftigen Anstoß zu geben.

Das Hauptbedürfnis bei einem Mond im Wassermann, humanitär zu sein und Neuerungen herbeizuführen, kann die innere Unruhe in echte persönliche Stärke umsetzen, aber auch in eine vage Spiritualität oder diffuse Überspanntheit.

Die Schritte, welche die einzelnen Menschen innerhalb ihrer Lebensentwicklung unternehmen, werden durch den Brennnstoff der inneren Unruhe über das Wachstum und Überleben gelenkt. Die Sonne/Mond-Analyse zeigt den Kern der Lebensenergie und das Hauptbedürfnis in jedem menschlichen Organismus an. Die Persönlichkeit setzt ihre eigene Methode der Handhabung von innerer Unruhe fest, wenn diese auf Überbelastung durch die Umgebung stößt. Die Formen der Interaktion mit der Umwelt sind auslösend für persönliche Fähigkeiten im Austausch mit anderen, und dies führt zur Ausbildung der Persönlichkeit. Die gesamte Entwicklung aller menschlichen Wesen charakterisiert ein Zeitalter: seine Religion, seine Wissenschaft, seine Kunst, seine Politik, seine Geschichte. Rollo May stellt die gleiche Beobachtung an: »Die Kultur ist insofern das Ergebnis aus dem Sieg des Menschen über die innere Unruhe, als daß sie seine fortgesetzte Bemühung verkörpert, seine Umwelt für sich adäquat und sich adäquat für seine Umwelt zu gestalten.«[10]

Wir müssen bedenken, daß innere Unruhe weder negativ noch positiv ist – sie ist im eigentlichen Sinne Seinszustand, Hilfsmittel der Entwicklung, Verteidigung der Identität. Die Bewußtwerdung von innerer Unruhe läßt Abwehrverhalten innerhalb der Herausforderung entstehen und erweckt Argwohn bei günstigen Gelegenheiten. Die innere Unruhe befreit von Selbstzufriedenheit, damit Wachstum entstehen kann; sie versorgt mit der notwendigen Spannung für die Entwicklung. Wenn wir unsere Stimme einem anderen gegenüber befehlend erheben – sei es unser Kind, ein Kollege oder jemand, der für uns arbeitet –, so projizieren wir persönliche innere Unruhe gereizt auf jenen anderen Menschen, damit der gleiche Motivationsantrieb in ihm wachgerufen wird. Es heißt dann: »Nur vorwärts! Mach doch weiter! Keine Müdigkeit vorschützen!« Für den Einzelnen und in Beziehungen ist die innere Unruhe ein Katalysator für die Weiterentwicklung.

Das Ziel liegt natürlich in der persönlichen Entwicklung – einer ungefährdeten persönlichen Weiterentwicklung. Diese stellt die Essenz der persönlichen Freiheit dar. Das Dilemma zwischen Gleichheit und Veränderung, mit dem wir uns bei jedem Entwicklungsschritt konfrontiert sehen, ist Schauplatz für die Bewußtwerdung von innerer Unruhe. Der große dänische Philosoph Søren Kierkegaard, der häufig als erster bedeutender Existentialist angesehen wird, hat diesen Gedanken meisterhaft formuliert: »Angst (= innere Unruhe) ist das Schwindligsein der Freiheit«.

Innere Unruhe und das Gefühl von Opfer/Verzicht

Die Geschichte berichtet ausführlich von dem großen Erschrecken, mit dem unsere Vorfahren der Alten Welt (östliche Hemisphäre) die Erscheinung der Sonnenfinsternis erlebten. Für sie wurde der Sonnengott seines Lichtes beraubt, oder aber er war es, der sein Licht von der Erde fortnahm. Leben und Licht waren bedroht, wurden geopfert. Um die Erklärung dieser Phänomene rankten sich Legenden. Der Verlust von Licht, wortwörtlich und symbolisch genommen, ist immer mit innerer Unruhe, mit Angst in Verbindung gebracht worden.

Es ist interessant, daß Himmelsverfinsterungen für die Mittelamerikaner in der westlichen Hemisphäre keine Schauspiele des Schreckens waren. Sie hatten ein außerordentlich hochentwickeltes Wissen von astronomischen Messungen der ganzen Welt. Sie betrachteten die Verfinsterungen als eine Möglichkeit zur weiteren Überprüfung ihrer Messungen, die in dynamischer Weise die Rückkehr sämtlicher Planeten zu bestimmten Positionen miteinander in Verbindung brachten. Ihre vernunftmäßig begründeten Messungen unterstützten ihr Vertrauen und die Hoffnung, daß sich das Leben fortsetzen würde. Ihre innere Unruhe existierte zwar noch, doch gingen sie anders damit um: Die Azteken glaubten beispielsweise daran, daß die Erde vier Zyklen der Weltzerstörung durchlaufen hatte. Sie selbst waren die »Söhne der Sonne«, die ganz direkt und metaphysisch von der Sonne ernährt wurden; sozusagen als Gegenleistung mußte der Sonne als Nahrung menschliches Blut geopfert werden. Sie schnitten ihren Opfern zu Tausenden das Herz heraus, um damit kosmische Katastrophen abzuwenden.

Zwei Gedankengänge sind hier wichtig für unsere Diskussion: Erstens, die Sonne verkörpert die Lebenskraft. Wird diese ständig bedroht, so zeigt sich eine fortdauernde innere Unruhe, und die Beziehung von Bedrohung/Beunruhigung manifestiert sich auf verschiedenen Bewußtseinsebenen, was von den äußeren Umständen und der individuellen Veranlagung abhängig ist. Zweitens, damit Vertrauen in das Wachstum vorhanden sein kann, muß das Verhalten im Leben durch Strukturmuster der Wechselwirkung zwischen inneren Bedürfnissen und äußeren Erwartungen in Verbindung mit der Sonne stehen. Innerhalb des Horoskops wird die innere Unruhe deutlich alarmiert, wenn Aspekte, die unter Entwicklungsspannung stehen, in erster Linie zur Sonne und in unterschiedlichem Ausmaß zu allen anderen Planeten-/Bedürfnis-Symbolen vorhanden sind. Wir können ohne Schwierigkeit feststellen, daß alle horoskopischen Fallstudien in Kapitel 3 eine scharf aspektierte Sonne haben. Auch die Frau, die unter akuter Unsicherheit angesichts der Herausforderung einer Ortsveränderung leidet, hat eine Sonne, die unter starker Spannung steht.

In unserer Berührung mit der Sonne, in unserer Einbeziehung in das Leben stoßen wir auf drei hauptsächliche Erfahrungen, die innere Unruhe und die Fähigkeiten zur Wiederherstellung von Sicherheit auslösen. Als erstes ist da die Erfahrung der Trennung: Wir haben das Gefühl, vom Pfad der Sonne, in seiner besonderen Ausformung innerhalb unseres Lebens, abgekommen zu sein; wir spüren, daß uns eine bestimmte Lebensenergie fortgenommen worden ist. Wenn uns die Eltern frühzeitig entrissen werden, sind wir allein. Wir müssen uns selbst durchschlagen. Einige Fähigkeiten bleiben unterentwickelt. Wir machen die Erfahrung einer inneren Unruhe, die uns dazu antreibt, daß wir den Mangel überwinden wollen, den wir empfinden. Wenn wir die Legitimation durch eine Arbeit verlieren, wenn wir eine günstige Gelegenheit verpassen, wenn uns etwas versagt bleibt, das wir brauchen, machen wir die Erfahrung einer inneren Unruhe, die zur Angleichung an eine neue Sicherheit anregt.

Der Psychologe Otto Rank betrachtete die innere Unruhe im Sinne der Individuation durch notwendige Trennung. Jedes Gefühl von Getrenntsein erhöht die Möglichkeit zu individueller Autonomie. Unter diesem Aspekt können wir stichhaltig erklären, daß unsere Bedürfnisse nach unseren Eltern zweifacher Natur sind: Sie dienen der Ernährung und Erziehung und schließlich dem Kontrast. Wir können begreifen, daß uns der Verlust einer Stellung die Möglichkeit zu etwas anderem oder sogar Besserem gibt. Wir können voll und ganz erkennen, daß Ehepartner einfach deshalb eine Trennung vorziehen, weil sie sich gegenseitig entwachsen sind, das heißt, weil der eine den anderen in seinem Individuationsprozeß hinter sich gelassen hat.

Ranks Ansichten basierten zum großen Teil auf dem Gefühl von Trennung, das während des Geburtstraumas erlebt wird. Er bezeichnete die Grundlage der inneren Unruhe des Neugeborenen als »die Angst angesichts des Lebens«. Rank setzte den Begriff der inneren Unruhe fest, bevor das neugeborene Kind mit der Welt zusammentrifft.

Die innere Unruhe ist damit offensichtlich in der Bedrohung durch Trennung enthalten. Wir spüren innere Unruhe, wenn wir »auf dem Holzweg« sind; umgekehrt, wenn wir »auf der richtigen Spur« sind, werden wir von dem Gedanken beunruhigt, daß wir wieder davon abkommen könnten. Die dynamische Selbsterhaltung, welche das Wachstum des Lebens begründet, schließt die ständige innere Unruhe über Trennungen ein. Was den Bereich des Himmels angeht, sind wir instinktiv darüber beunruhigt, von der Sonne getrennt zu werden. Innerhalb unseres Lebens sind wir instinktiv beunruhigt über die Trennung von dem, was wir zu unserer Lebenserfüllung benötigen. In unserem Horoskop zeigen sich Strukturmuster von innerer Unruhe durch den himmlischen Bereich und unser Leben hindurch, da die planetarischen Symbole das Licht der Sonne reflektieren und im Hinblick auf die Entwicklung in gegenseitiger Beziehung zueinander stehen.

Die innere Unruhe über Trennung schließt das Gefühl ein, daß etwas für uns Wesentliches geopfert werden wird. Wir müssen etwas aufgeben – ein Teil dessen, was wir sind. Wir haben Schwierigkeiten bei der objektiven Einschätzung, daß wir durch die Anpassung an einen vorübergehenden Mangel wachsen können. Die Mittelamerikaner setzten Vertrauen in ihre objektiven Messungen. Sie wußten während einer Sonnenfinsternis, daß die Sonne zurückkehren würde.

Es ist faszinierend, daß wir unter der Bedrohung von Trennung instinktiv mit dem Leben »feilschen«. Die Gebete von Kindern – und von Erwachsenen – handeln mit Werten. Es wird etwas geopfert, wenn etwas anderes dafür zugesichert wird. Wir halten uns für großmütiger, wenn wir auf etwas verzichtet haben; einen Augenblick lang – oder ein ganzes Leben – haben wir das Gefühl, daß uns aufgrund des Opfers, welches wir gebracht haben, irgendeine Form von Freiheit zustehen müßte. Das Gefühl von persönlichem Opfer/Verzicht wirkt darauf hin, der äußeren Ablehnung vorzubeugen. Die Mittelamerikaner zeigten sich nicht über die Rückkehr der Sonne besorgt, da sie den Sonnengott mit blutigen Opfern genährt hatten.

Ein zweiter Hauptbereich der Lebenserfahrung, der auslösend für die innere Unruhe und die Fähigkeiten zur Wiederherstellung von Sicherheit wirkt, ist die Mißbilligung oder Zurücksetzung: Wenn eine Lichtquelle in unserem Leben ausgelöscht wird, verspüren wir innere Unruhe aufgrund von Zurücksetzung; wir können nicht länger das Licht reflektieren, das uns Wärme oder Helligkeit gegeben hat. Wenn Mutter oder Vater das Zimmerlicht löschen, damit das Kind einschläft, muß ihre Handlungsweise von einer Erklärung begleitet werden, damit keine innere Unruhe in dem Kind entsteht. Die drohende Zurücksetzung, die mit dem Alleingelassenwerden in der Dunkelheit verbunden ist, muß vermieden werden. In ähnlicher Weise kann gegenseitige Kritik bei Liebenden, die jeweils das Licht des anderen reflektieren, als schmerzvolle Zurücksetzung aufgefaßt werden und quälende innere Unruhe hervorrufen.

Der Psychologe Harry Stack Sullivan untersuchte die innere Unruhe im Rahmen von zwischenmenschlichen Beziehungen. Wie Rank setzte auch er den Beginn der inneren Unruhe bei der frühesten Erfahrung des Säuglings mit der Welt fest. Das Kleinkind erfaßt instinktiv die potentielle Mißbilligung von seiten der Menschen, die für seine wachsende zwischenmenschliche Erfahrungswelt von allergrößter Bedeutung sind. Sullivan behauptet, daß sich die Persönlichkeit aus der Notwendigkeit zur Unterscheidung entwickelt, welche Verhaltensweisen Unterstützung und Bestätigung erhalten werden und welche nicht. Die Sicherheit innerhalb des frühen Lebens im Elternhaus ist das natürliche Ziel für das Kleinkind, während das Ziel der inneren Unruhe im Verlaufe der gesamten Lebensentwicklung darin besteht, den der Sicherheit dienenden Verhaltensprozeß aufrechtzuerhalten. Hier erkennen wir in dramatischer Weise, wie die Maßstäbe der äußeren Welt die Verhaltensmuster formen, die aus der inneren Welt hervorgehen.

Sullivan vertritt die Ansicht, daß »sich das Ich bildet, um uns vor der inneren Unruhe zu schützen«. Diejenigen Verhaltenstendenzen, die Mißbilligung auf sich ziehen, werden soweit wie möglich aus dem Bewußtsein herausgehalten. Dabei handelt es sich um einen klassischen Abwehrmechanismus – das Phänomen der Verdrängung. Ein Großteil der Individualität wird geopfert, um mittels Verdrängung Billigung und Anerkennung zu finden.

Wenn unsere Vorfahren der Alten Welt eine Himmelsverfinsterung erlebten, projizierten sie ihr eigenes Gefühl von Zurücksetzung und Mißbilligung auf den Sonnengott. Ihre Bestrafung wurde durch das Entziehen des Lichtes symbolisiert. Irrationale Gefühle von Angst und Unruhe geboten Opfer im Hinblick auf den religiösen Glauben, den Sturz eines Herrschers, die Beachtung eines Propheten, die Preisgabe an eine einfallende Horde. Die dauerhafte Rückkehr des Lichtes erforderte Anpassung.

Wir alle überprüfen ständig unsere Verhaltensmuster, damit wir die Mißbilligung von anderen vermeiden. Die innere Unruhe hält den Überprüfungsvorgang in Alarmbereitschaft. Kritik wird äußerst schnell als ein Entziehen von Licht, von Liebe ausgelegt. Unterdrückung und Verdrängung treten auf; das Licht der individuellen Sonne, die potentiellen Energien der lebenserhaltenden inneren Unruhe erstarren in Unbehagen, Unnatürlichlichkeit oder inneren Qualen. Das individuell geprägte Wachstum wird mittels der Verdrängung geopfert, wenn die äußeren Maßstäbe verinnerlicht werden.

Der dritte Hauptbereich der Lebenserfahrung, der als Auslöser für die innere Unruhe wirkt, ist eine wahrgenommene Bedrohung unserer Existenz. Diese Bedrohung gilt natürlich unserer persönlichen Sicherheit, doch ist damit auch die Bedrohung für unser psychodynamisches Identitätsbewußtsein gemeint.

In seinem Buch *Der Mut zum Sein* führt der Theologe Paul Tillich die innere Unruhe aufgrund von Tod, Sinnlosigkeit und Schuldbewußtsein als die großen Problemfragen des modernen Menschen an. Wir müssen beachten, daß die Unsicherheitsgefühle, die wir über den Tod empfinden, nicht unbedingt mit der Beendigung des Lebens zu tun haben. Innerhalb des Horoskops wird das IV. Feld abgekürzt als »das Ende der

Materie« bezeichnet, doch gleichzeitig ist es auch das Feld für neue Anfänge, sukzessiv auftretende Stationen von Konzentrationspunkt und neuem Anstoß auf der Spirale von Feldern entlang einer Achse der Zeit. Ständig machen wir Erfahrungen von Ende und Neuanfang, ständig erleben wir innere Unruhe über jeden Schritt im Leben, der mit dem Wachstum durch diese Formen von Tod und Neubeginn verbunden ist. Die reale Lebenssituation kann auf dramatische Weise besonderes Gewicht erhalten durch tatsächliche Todesfälle (wie in Fall 1 des dritten Kapitels) oder durch die Trennung der Eltern und die damit verbundene unausgewogene Zuwendung (wie in Fall 4) oder durch die Situation der Ortsveränderung, die früher in diesem Kapitel erwähnt wurde. Auf jeder Bedeutungsebene setzt der Begriff des Todes Trennung voraus. Dieser Bereich der inneren Unruhe ist deutlich innerhalb der Status/Identitäts-Belange im Kreuz der Eckfelder enthalten.

Gefühle von innerer Unruhe aufgrund von Sinnlosigkeit beruhen auf der Vorstellung eines Wertes im Sinne von Geld und/oder Liebe – das Kreuz der Fixfelder. Die Sinnlosigkeit ist eng mit der inneren Unruhe aufgrund von Mißbilligung und Zurücksetzung verbunden. Unterstützung und Bestätigung werden jederzeit verzweifelt benötigt, damit das Leben seinen Sinn erhält. Die Befürchtung von möglicher Mißbilligung kann die Verdrängung und eine beklemmende Beibehaltung des Status quo forcieren. Fall 2 im dritten Kapitel, die junge Frau in ihrer untätigen Routine und unausgereiften Vorstellungswelt, die von der Ablehnung durch die Umwelt genug hatte, ist zweifellos ein Beispiel für die innere Unruhe aufgrund von Sinnlosigkeit.

In meinen früheren Werken habe ich den Vorschlag gemacht, daß der Gedanke der Schuld in produktiver Weise im Sinne eines Gefühls verstanden werden kann, nicht unser möglichstes getan zu haben, um anderen bei der Erfüllung *ihrer* Bedürfnisse oder ihrer an *uns* angelegten Maßstäbe zu helfen. Schuldbewußtsein kann nicht ohne die Beziehung zu irgend etwas, zu einer Person, einer Glaubens- oder Wertvorstellung existieren. Diese Prämisse erkennt nicht nur die entscheidende Bedeutung von Beziehungen und dem Austausch von Fähigkeiten im Leben an, sondern auch unsere individuelle Wahrnehmung der Dynamik in diesen Beziehungen. Die Schuldvorstellung ist eng verknüpft mit der Wahrnehmung, mit dem Bewußtsein der persönlichen Perspektive in vielerlei Arten von Beziehungen. Zur Verminderung von Schuldgefühlen opfern wir unser eigenes Ich durch die »Wiedergutmachung«.

Die Befürchtung von Trennung oder Tod in vielen Formen bei

Veränderung des Status und Wachstum der Identität; die Befürchtung von Mißbilligung oder Sinnlosigkeit als Ergebnis aus dem Verlust an (Selbst-) Wert-Bewußtsein; und die Befürchtung von Schuldgefühlen innerhalb der Wahrnehmung von Beziehungen – alle bisher entwickelten Überlegungen in der Topographie des Horoskops sind darin eingeschlossen. Unsere Konzeption des holistischen Übergreifens von Fähigkeitsbelangen zur Unterstützung der Persönlichkeitswerdung läßt sich ebensogut auf den Gedanken der inneren Unruhe anwenden: Innere Unruhe ist all-gegenwärtig im Leben wie im Horoskop; sie ist ein Schlüssel für die dynamischen Verhaltensmuster, die das Leben des Individuums aufrechterhalten – ein Schutz gegen das Nicht-Sein, die Nicht-Erfüllung.

Das Christentum stellt ein deutliches Beispiel für diesen gesamten Vorgang dar: Die Vorstellung, mit der Trennung durch den Tod zu einem Leben im Himmel zu gelangen, stellt eine Belohnung des Status für die Umwandlung der Identität in Aussicht; der Begriff der Sünde und Bestätigung bietenden Vergebung klärt die von Liebe und Wertvorstellungen getragene Beziehung zur Gottheit; der Begriff der Schuld bestärkt die Wahrnehmung von Beziehungen innerhalb von vorbildhaften Maßstäben, die durch den geopferten Sohn Gottes festgesetzt worden sind.

In jedem Leben entspricht die innere Uruhe stets dem Zustand des Seins, dem Maßstab von potentieller Energie, dem Schutz vor Auslöschung. Sie ist Druck und Unterstützung der Erde, das Schwindligsein der ungehindert wehenden Winde und das Opfer der Blätter an den Lauf der Jahreszeiten, die jede Blume dazu auffordern, sich der Sonne entgegenzurecken.

Innere Unruhe trifft auf die Umwelt

Die innere Unruhe bei allen Menschen dient der Verteidigung des Seinszustandes. Häufig nimmt sie die spezifische Form von leichter zu handhabenden Ängsten an. Der Verstand lenkt die praktische Anwendung von Fähigkeiten, damit die Identität verteidigt und Wachstum bewirkt wird. Die sich im Denken niederschlagende innere Unruhe trifft auf den »Streß« der äußeren Welt. Die innere Welt sammelt ihre Kräfte, um den äußeren Forderungen zu entsprechen. Das Horoskop zeigt auf dramatische Weise das Zusammentreffen zwischen den Bedürfnissen und Fähigkeiten der inneren Welt und den Maßstäben unserer äußeren Welt. Dies ist die Bewußtwerdung von innerer Unruhe, die auf die Botschaft der Umwelt trifft.

Der Theologe Reinhold Niebuhr hat die Theorie aufgestellt, daß die Menschen ihre persönlichen Unsicherheitsgefühle durch die Kritik an sich selbst und ihrer Welt lebendig erhalten. Sie erkennen persönliche Begrenzungen (Mangel an Fähigkeiten) innerhalb der Bedrohung durch eine kurze Existenz in einer unruhigen Welt. Zu ihrem Schutz stellen sie sich ein unendlich besseres Leben vor als das, was tatsächlich ist. – Wir erkennen hier die scharfe Bewußtwerdung der persönlichen Perspektive innerhalb der Welt, die in der Astrologie durch Pluto versinnbildlicht wird. Wir erkennen hier das Idealisierungspotential der Wuschvorstellung, das – wie wir wissen – in der Astrologie durch Neptun symbolisiert wird.

Niebuhr erklärt im Sinne der Theologie, daß die innere Unruhe zur Sünde führen kann, daß sich dies jedoch abwenden läßt, wenn wir uns selbst der vergebenden Liebe und höchsten Macht Gottes anvertrauen. Dies entspricht dem Phänomen der religiösen Erweckung: Wir werden »errettet« und »neu geboren«. Die persönliche Perspektive wird Gott geweiht; der in der Renaissance aufgekommene Grundgedanke der Selbst-Verwirklichung wird zugunsten des Erlösungsgedankens aufgegeben, der so rigoros im Mittelalter verfochten wurde. Der entgegengesetzte Pfad, der von »Sünde«, von unbelohnter innerer Unruhe wegführt, ist der Anspruch, Kraft, Wissen oder eine besondere Entschädigung von Gott zu erhalten. Niebuhrs mittleres Reaktionsfeld entspricht unserer Neigung, die Bewußtwerdung von innerer Unruhe mit Hilfe von Rollenspiel, Sinnlichkeit, Alkohol und Drogen zu betäuben. – Auch hier können wir wiederum das Wechselspiel von Pluto und Neptun zwecks einer besseren oder schlechteren Situation im Kampf zwischen innerer Unruhe und äußerer Welt leicht erkennen. Vielleicht tritt dies nun Ende der siebziger Jahre besonders in den Vordergrund, da sich Pluto in den Wirkungsbereich von Neptun hineinbewegt hat – vielleicht als Signal für eine neue Generationsperspektive: eine spirituelle Gesellschaft.

Diese im wesentlichen ähnliche Betrachtung kann von einem völlig unterschiedlichen Standpunkt aus in den Arbeiten von Haridas Chaudhuri studiert werden, einem Schüler von Sri Aurobindo, dem bekannten indischen spirituellen Lehrer. Auch Chaudhuri betrachtet den Konflikt zwischen individuellem Verhalten und sozialer Norm als Hauptursache für die innere Unruhe. Einige von uns versuchen, den Konflikt durch gedankenlose Konformität zu lösen, andere mittels offenen Widerstandes

(Schicksalsergebenheit bzw. Veränderungswillen). Seine Zusammenfassung ist eine Wiedergabe unserer bisherigen Diskussion: »Je mehr es dem Menschen gelingt, sein Leben in entsprechender Weise in die Hand zu nehmen, desto mehr wird die innere Unruhe von einer zehrenden Kraft in einen anregenden Faktor umgewandelt. Dasjenige, was das geistige Gleichgewicht bedroht, wird ein Bestandteil des geistigen Wachstums.«[11]

In der Astrologie ist die Feldposition von Pluto in einem Horoskop ein direkter Schlüssel für die Dynamik der Perspektive von persönlicher innerer Unruhe angesichts von Umweltstreß. Sie kann uns wachsam erhalten für die bewußte Lenkung des Lebens, die stattfinden muß, um schnell vorübereilende Augenblicke der Wahl während der Lebensentwicklung zu nutzen.

Seit seiner Entdeckung in der Nacht des 18. Februar 1930 in Flagstaff (Arizona)[12] ist dem Pluto symbolische Bedeutung im Sinne von großer Kraft und Beziehung zur breiten Masse zugewiesen worden. Obgleich es sich mit diesen symbolischen Dimensionen in der Mundanastrologie gut arbeiten läßt, haben sie sich schwerlich für die Analyse von Einzelhoroskopen anwenden lassen. In meinen früheren Büchern habe ich dazu angeregt, Pluto als Symbol für die persönliche Perspektive zu betrachten. Die Vorstellung von »Kraft« wird übertragen auf die adverbiale Bestimmung des Grades an Aktivität und Intensität bei der Anwendung von persönlichen Fähigkeiten, die sich zur Begründung einer persönlichen Perspektive innerhalb der Maßstäbe der äußeren Welt – der »Massen«, wenn man so will – manifestieren. Innerhalb des analytischen Bezugsrahmens der holistischen Astrologie symbolisiert Pluto spezifisch die persönlichen Anstrengungen, eine persönliche Perspektive zu erwerben, aufrechtzuerhalten und zu verteidigen. Diese Anstrengungen sind die Reaktionen der inneren Unruhe auf die Anforderungen durch äußeren Streß. Wo auch immer sich Pluto im Rad der Felder innerhalb des Horoskops befindet, wird die betreffende Person notwendigerweise hart dafür arbeiten müssen, um persönliche Fähigkeiten zu erwerben, aufrechtzuerhalten und zu verteidigen. Die Interessensbelange desjenigen Feldes, in dem Pluto steht, werden die Bezugsdimensionen dieses Bemühens zur Bildung einer persönlichen Perspektive sein.

Pluto am Aszendenten begründet ein starkes Selbst-Bewußtsein. Die innere Unruhe über Status und Identität wirkt darauf hin, eine persönliche Perspektive festzusetzen und nachdrücklich darauf zu projizieren, persönlich geprägte Fähigkeiten zu erwerben, aufrechtzuerhalten und zu verteidigen. Der Betreffende erkennt scharfsinnig seine persönliche Stellung innerhalb von zwischenmenschlichen Beziehungen. Der Austausch von Fähigkeiten im Hinblick auf persönlichen Status/Identität ist von entscheidender Wichtigkeit für die Erweiterung von Dimensionen des Selbst-Bewußseins. Dieses Status/Identitäts-Profil muß durch alle Beziehungen hindurch bewahrt und durch alle erdenklichen Fähigkeiten verteidigt werden.

Steht Pluto im II. Feld, so richtet sich die Akzentsetzung der persönlichen Perspektive offensichtlich auf Geld/Liebe im Sinne von materiellem Wert und psychodynamischer Bewußtheit des Selbstwertes. Sehr schnell wird starke Belastung durch die Umwelt hauptsächlich in diesen Kategorien aufgenommen. Die Verhaltensfähigkeiten werden dazu gedrängt, symbolische und konkrete Inhalte von materieller oder emotionaler Sicherheit zu erwerben, zu bewahren und zu verteidigen. Die der Entwicklung dienende innere Unruhe drückt sich aus in der Motivationsfrage: »Wie wertvoll bin ich?«

Pluto im III. Feld zeigt an, daß die persönliche Perspektive mit Informationsaustausch verbunden ist, mit dem Aufbau von Selbst-Bewußtsein durch die Angleichung von persönlichen Anschauungen und Kenntnissen an andere. »Wo stehe ich?« lautet die Frage, und die Antwort darauf ist eine Klärung von Status/Identität, da die Fähigkeiten hier auf das Kreuz der Eckfelder übergreifen. Diese begriffliche Orientierung der persönlichen Perspektive kann von einer sich fügsam anpassenden Meinungsbildung bis hin zu einem progessiven und beherzten Vorgehen reichen, was natürlich von der Aspektkonfiguration abhängig ist.

Wenn die innere Unruhe auf Umweltstreß trifft, werden die gesamten persönlichen Fähigkeiten einer Herausforderung unterzogen. Wenn die Fähigkeiten innerhalb des zwischenmenschlichen Austauschs einen kritischen Punkt erreichen, kann die persönliche Perspektive – das Dasein – bedroht sein. Häufig zeigt sich dann der Symbolgehalt der Feldposition von Pluto am deutlichsten in seiner defensiven Form. Pluto am Aszendenten legt den Schluß nahe, daß eine Bedrohung aufgefangen und der Betreffende dann mit allen verfügbaren Fähigkeiten zum Gegenangriff gegen die Herausforderung ausholen wird; bei Pluto im II. Feld kann sich derjenige mit einer äußerst starken Verunsicherung über den persönlichen Wert konfrontiert sehen und ziemlich lange Zeit in qualvollem Selbst-Mitleid versinken oder seine Anstrengungen auf materiell bedeutsame Rekonstruktionspläne projizieren; jemand mit Pluto im III. Feld wird sehr oft Verwirrung und nervöse Beunruhigung an den Tag legen, bevor er neue und objektive Ansichten über die persönliche Perspektive sammeln wird. Bei jeder Analyse von Spannung in der persönlichen Perspektive können wir, was das defensive Verhalten betrifft, immer eine *Implosion vor einer Explosion* erwarten, einen vorübergehenden Rückzug von zeitlich unterschiedlicher Länge vor einer Selbstbehauptung. Dieser Prozeß macht die Handlung möglich, organisiert die Bedürfnisse der inneren Welt, bevor sie auf die streßerzeugenden Maßstäbe der äußeren Welt treffen. Dieser Prozeß ist es, der die potentiellen Energien der inneren Unruhe nutzbar macht.

Steht Pluto im IV. Feld, so ist die persönliche Perspektive mit großer Wahrscheinlichkeit eng mit den Problembelangen der frühen häuslichen Umwelt verbunden. Es kann sein, daß die Perspektive von Status/Identität unerfüllte Dimensionen aus jener frühen Zeit aufholen muß. Unter Druck kann der Betreffende ein überempfindlicher »Kampfhahn« sein und damit die Abwehrmechanismen weiter fortsetzen, die sehr früh in der Entwicklung begonnen haben, oder er kann eine übermäßig kompensierende Selbstbehauptung von persönlicher Autorität zeigen, so als wäre der gegenwärtige Status entscheidender als die gesamte bisherige Entwicklung. Die Fälle 1 und 3 (Seite 115 und Seite 137) im dritten Kapitel sind sehr gute Beispiele dafür, wie Plutos Stellung im IV. Feld die persönliche Perspektive fest in den Entwicklungsproblemen des frühen Elternhauses verankert. Die frühe Position muß einer Klärung unterzogen werden, da die Fähigkeiten während des ganzen Lebens erworben und aufrechterhalten werden. Der damit verbundene Vorgang wird ständig auf vielerlei Arten verteidigt.

Pluto im V. Feld kann die persönliche Perspektive auf den Schauplatz der Emotionen konzentrieren, auf die vielfältigen Dimensionen, Liebe zu geben. Der Vorgang, das Selbst-Bewußtsein mit anderen zu teilen, kann durch komplexe Unsicherheiten überdeckt oder durch ein Übermaß an Erfahrungen zu weit ausgedehnt werden. Es kann außerordentlich wichtig werden, die richigen Maßstäbe für das Geben von Liebe zu erlernen. Die Art und Weise, wie dem betreffenden Menschen Liebe entgegengebracht wird, kann eine entscheidende Einschätzung für die persönliche Perspektive bedeuten. Fähigkeiten werden erworben, aufrechterhalten und verteidigt, damit der Wert der Liebe, die empfangen wird, fest begründet werden kann und es möglich wird, selbst Liebe sicher und frei zu geben.

Pluto im VI. (!) Feld stellt die persönliche Perspektive in einen Zusammenhang mit der Kooperationsdynamik, gewöhnlich in Arbeits-/Dienstleistungssituationen. Während der kooperativen Unternehmungen werden die persönlichen Anschauungen innerhalb von zwischenmenschlichen Beziehungen überprüft und bemessen. Dies wird eine wesentliche Rolle für die Begründung und Aufrechterhaltung von persönlichem Selbstbewußtsein spielen. Der Betreffende kann sich mit einer größeren Gruppe verbinden – mit der Gewerkschaft, der engeren sozialen Clique, dem Proletariat. Unter Druck wird jemand mit Pluto im VI. Feld sich selbst als »Underdog«, als ein zu Unrecht Benachteiligter oder Verfolgter, empfinden und sich der Sache der Unterlegenen annehmen, damit die Stärke seiner persönlichen Perspektive – erweitert durch ähnliche Interessensfragen bei anderen – wiederhergestellt wird. Es können sehr reale Erkrankungen auftreten, damit sich die innere Unruhe in leichter zu handhabenden Symptomen entladen kann.

Wir müssen im Horoskop nicht nur die Feldposition von Pluto beachten, sondern auch das Feld, in dem Pluto herrscht. Im Sinne der ganzheitlichen Betrachtung haben wir in dramatischer Weise gesehen, wie ein Netzwerk von Signifikatoren Feldposition und Feldherrschaft dynamisch einbezieht, um innere Bedürfnisse und äußere Interessensbereiche miteinander zu verbinden. Ausgehend von einem Schlüsselsymbol wie Pluto gehen wir ganzheitlich auf das komplexe horoskopische Umfeld über. Die innere Unruhe über die persönliche Perspektive liegt im Einflußbereich eines bestimmten Feldes begründet und steht gleichzeitig auch direkt mit einem weiteren Feld in Zusammenhang.

Bei Fall 1 (Seite 115) beispielsweise zeigte Pluto im IV. Feld Ursachen für mangelnde Erfüllung aufgrund der frühen häuslichen Umwelt an. Dies wurde sofort deutlich und während der Analyse konkret erhärtet. Dieser Pluto im IV. Feld (Löwe) herrscht im VII. Feld (Skorpion). Die Problemfragen des frühen Elternhauses müssen in einem Zusammenhang mit Beziehungen im allgemeinen stehen. Dies läßt sich kaum anzweifeln und ist genauso einfach zu erkennen. Auch bei Fall 3 (Seite 137) stand Pluto im IV. Feld und regierte das VII. Feld im Skorpion, und wiederum waren die Problembelange des Elternhauses die Grundlage für die Projektion von innerer Unruhe auf Beziehungen.

Wenn Pluto am Aszendenten steht, beispielsweise im Zeichen Krebs, wird er meistens Skorpion im V. Feld regieren. Die potentiell kraftvolle Projektion von Selbst-Bewußtsein wird außerordentlich verstärkt im Hinblick auf die Dynamik, Liebe zu geben, sich selbst zu geben, die persönliche Perspektive in spekulativer Weise nutzbringend zu projizieren. Wenn dieser Pluto am Aszendenten aufgrund von Feldereinschließung im IV. Feld herrscht, so wird die Projektion der persönlichen

Perspektive mit den Fähigkeiten und Entwicklungsfragen der frühen häuslichen Umwelt verbunden sein. Dies alles erfährt natürlich eine genaue Klärung durch die Aspektstrukturen, die innerhalb des gesamten horoskopischen Umfeldes sichtbar werden.

Wir können verallgemeinernd davon ausgehen, daß Pluto im Krebs gewöhnlich durch Trigon mit Skorpion in dem komplementär entsprechenden Feld verbunden sein wird. Pluto im Krebs zeigt den Wesensgehalt eines Kardinalzeichens in seiner Symbolik der persönlichen Perspektive und setzt diese in starkem Ausmaß mit den Werten der Überlebensgeneration gleich, wie wir gesehen haben. Die Trigon-Beziehung mit dem Feld des Skorpion wird unterstützende (»trigonale«) Fähigkeiten für diesen Überlebensprozeß erschließen. Das Netzwerk der Aspekte, zu dem Pluto innerhalb des gesamten horoskopischen Umfeldes gehört, wird die Wechselbeziehung derjenigen Fähigkeitsbereiche deutlicher entwickeln, die persönliche Perspektive erwerben, aufrechterhalten und verteidigen.

Wenn Pluto im Krebs aufgrund von Feldereinschließung mit einem Skorpion-Feld verbunden ist, das die gleiche Modalität eines Eck-, Fix- oder Wechselfeldes besitzt, können wir verallgemeinernd sagen, daß eine zusätzliche Dimension von Entwicklungsspannung im Hinblick auf das wachsende, holistische Fähigkeitsprofil der persönlichen Perspektive vorausgesetzt werden kann. Steht Pluto im Löwen und ist damit ein Signifikator für die Identitätsgesellschaft, so wird er zumeist zwei Felder der gleichen Modalität durch seine Feldposition und Feldherrschaft miteinander verbinden. Die Verbindung durch Quadrat wird die Möglichkeit und Wahrscheinlichkeit einer scharfen Entwicklungsspannung zwischen den beiden Feldern begründen, die als miteinander verknüpfte Fähigkeiten während des ganzen Lebens mit der Ausbildung von persönlicher Perspektive beschäftigt sein werden. Wenn die beiden betreffenden Felder durch Quadrat miteinander verbunden sind, werden wir rasch auf die Dynamik aufmerksam gemacht, die wir im Rahmen der Kreuze von Eck-, Fix- und Wechselfeldern diskutiert haben.

Als sich Pluto von Mitte 1884 bis 1913 in den Zwillingen befand und damit die »erfindungsreiche Gesellschaft«, die Arbeit und Erfindungskraft der industriellen Revolution symbolisierte, war er gewöhnlich aufgrund seiner Feldposition durch einen Quincunx-Aspekt, durch Anpassung, mit den Fähigkeiten des Skorpion-Feldes verbunden. Pluto am Aszendenten in den Zwilligen war mit Skopion im VI. Feld verbunden und vereinigte damit die Projektion von persönlicher Stärke mit den Arbeits-/Dienstleistungsfähigkeiten; die Geld/Liebe-Belange des II. Feldes waren mit den Beziehungsfähigkeiten des VII. Feldes verknüpft; das III. Feld mit dem Konzept von persönlicher »Verkaufstüchtigkeit«, wenn man so will, bezog sich in der Anpassungsdynamik des Quincunx-Aspektes auf das VIII. Feld, die Werte anderer. Bei dieser engen Verbindung des III. Feldes mit dem inneren Wesen des Zeichens Zwillinge können wir ein Gefühl dafür entwickeln, daß diese Position des Pluto das Zeitalter von Expansion, Wachstum und der Geburt von Ideen versinnbildlicht.

Bei Plutos Stellung im Zeichen Jungfrau zwischen 1957 und 1971 wird gewöhnlich eine Sextilverbindung zum Skorpion-Feld existieren, die wiederum eine unterstützende Beziehung zwischen den Fähigkeiten anzeigt. Sozusagen als abgeschwächte Wiederholung eines Trigons verbindet das Sextil in der Regel den Aszendenten und das III. Feld, das II. und das IV. Feld, das III. und das V. Feld, das IV. und das VI. Feld usw. Wir können ein Gefühl dafür entwicklen, wie die Spannungen der Identitätsgesellschaft (Pluto im Löwen) nachlassen, das Samenkorn Halt im Boden findet, denn die nächste Generation wird in eine sich verändernde Welt hineingeboren.

Das symbolische Signal des Pluto beschleunigt seine Geschwindigkeit (siehe Seite 79). Pluto in der Waage weist auf die persönliche Perspektive einer Generation hin, die sich in einer Dynamik des zwölften Hauses zum Bereich des Skorpion befindet: vielleicht Ausdruck einer umfassenden Bewußtwerdung von Möglichkeiten einer sozialen Umgestaltung, besonders durch das Wiederaufleben alter Weisheitslehren, da Pluto bald sein eigenes Zeichen (Skorpion) erreichen wird. – Als Symbol für die persönliche Perspektive dehnt Pluto seinen Einfluß sehr leicht von der persönlichen Orientierung eines Individuums innerhalb der Weltgesellschaft auf das Profil eben dieser Gesellschaft selbst aus. Dies steht im Brennpunkt der persönlichen Unruhe, wenn die innere Welt auf die äußere Welt trifft.

Steht Pluto im VII. Feld, so stützt sich die persönliche Perspektive auf die soziale Widerspiegelung, werden Beziehungen zum Schauplatz für ihre Klärung. Ein Öffentlichkeitsenthusiasmus, eine sehr starke Projektion auf die Öffentlichkeit, aber auch durchgängige Schwierigkeiten bei der Herstellung von produktiven Beziehungen sind möglich. Unter Entwicklungsdruck kann sich der Betreffende mit einem Pluto im VII. Feld verbittert den öffentlichen Projektionen beispielsweise eines Partners fügen oder einen Kampf um persönliche Unabhängigkeit ausfechten, der zu Exzentrizität und Meinungsverschiedenheiten führen kann. Pluto mit einem VII. Feld im Krebs ist durch Trigon mit Skorpion im XI. Feld verbunden, wodurch Beziehungen zur Begründung der persönlichen Perspektive sehr leicht eingegangen und aufrechterhalten werden können. Pluto mit einem VII. Feld im Löwen wird sich zumeist in einer Quadratverbindung zum Skorpion-Feld am MC befinden und dadurch zu einer starken Entwicklungsspannung bei der Begründung von Identität innerhalb der Gesellschaft mittels der beruflichen Stellung beitragen. Die Spannungen können im Fähigkeitsbereich von persönlichem Status/Identität auftreten, da sie mit der frühen häuslichen Umwelt und der Anerkennung der öffentlichen Etablierung in Zusammenhang stehen. Diesen Konflikt erkennen wir immer wieder bei denjenigen, die mit einer Konjunktion von Saturn und Pluto innerhalb des VII. Feldes geboren sind.

Pluto im VIII. Feld verbindet die persönliche Perspektive mit einer tiefgreifenden Inanspruchnahme durch die Werte von anderen. Die II/VIII-Achse des Selbstwertes ist scharf aspektiert. Die Selbstbeobachtung geht in der Regel tief und ermöglicht den Zugang zu dem wirklichen Wertbewußtsein des Individuums. Die Frage lautet: »Wie wertvoll bin ich in Relation zu anderen?« Bei Pluto im Krebs besteht gewöhnlich ein Zusammenhang zu den Fähigkeiten von Skorpion im XII. Feld. Bei Pluto im Löwen ist die klare Bewußtwerdung von Selbstwert-Belangen scharf mit dem XI. Feld verbunden, einem weiteren Arm des Geld/Liebe-Kreuzes der Fixfelder. Die Forderungen nach Selbstbeobachtung bei einem Pluto im VIII. Feld führen sehr häufig zur Beschäftigung mit den okkulten Wissenschaften, mit Astrologie, mit dem Unbewußten und – unter Druck – mit dem durch die Psychotherapie ermöglichten Wachstum.

Pluto im IX. Feld hebt wiederum das Informations-Felderkreuz hervor. Die persönliche Meinungsbildung ist eng verbunden mit der Kommunikation der Gesellschaft (drittes Haus des VII. Feldes). Die persönliche Perspektive wird an den Richtlinien der Massen festgemacht. Unter scharfem Druck während der Entwicklung kann der Betreffende mit Pluto im IX. Feld seine persönliche Autonomie durch das völlige Einverständnis mit den sozialen Maßstäben verlieren, oder er kann – ebenfalls unter Druck – seine Selbständigkeit dadurch mit Nachdruck behaupten, daß er seine persönliche Autorität durch all-wissenden, dogmatischen Starrsinn zum Ausdruck bringt. Ohne Zweifel läßt die Beziehung zwischen Plutos Stellung im IX. Feld und seiner Herrschaft im XII. Feld oder am Aszendenten in zuverlässiger Weise auf den Grad von öffentlicher Meinungsäußerung schließen, die von nervös zurückgehaltener Befangenheit bis zu einer unter starkem Antrieb stehenden persönlichen Projektion reichen kann. – Das Schaubildfragment auf Seite 165, das zu der Frau gehört, die einer Ortsveränderung mit tiefer innerer Unruhe entgegensieht, weist ein Netzwerk auf, das von der allgemeinen Norm abweicht, doch läßt sich das Grundprinzip unserer Diskussion noch darauf anwenden: Ihr Pluto im IX. Feld herrscht im II. Feld – eine Verbindung durch Quincunx-Aspekt. Ihre scharf ausgeprägte, während des ganzen Lebens vorhandene Unsicherheit in der Begriffsbildung (das Kreuz der Wechselfelder) verursacht ständig ein verunsichertes Selbstwert-Gefühl und macht nicht nur Anpassungen im Verhalten, sondern auch in der Begriffsbildung erforderlich. Die starren gedanklichen Konstruktionen der III/IX-Achse lassen die Unruhe tief im Innern bleiben. Diese Frau ist unaufhörlich mit ihrer eigenen Zergliederung der persönlichen Verhältnisse beschäftigt, und ihre Ansichten darüber, die von einer starken Geringschätzung sich selbst gegenüber bestimmt werden, lassen sich schwerlich erschüttern.

Unsere zunehmende Bewußtmachung von Pluto, wofür die Feldposition und dann die Beziehung zum Skorpion-Feld ein Schlüssel ist, muß natürlich auch direkt die Aspektdynamik mit einbeziehen. In unseren bisherigen Fallstudien haben wir gesehen, in welcher Weise Aspektstrukturen Felderbereiche von Bedeutung miteinander in Verbindung bringen. Die innere Unruhe schlägt sich in ihrer Qualität im Netzwerk der Aspekte und in ihrem Inhalt in den entsprechenden Fähigkeiten der Felder nieder.

Steht Pluto im X. Feld, benötigt die persönliche Perspektive zu ihrer Klärung die Leistung und bestätigende Anerkennung. Er symbolisiert eine natürliche Ausdehnung derjenigen Form von Status/Identität, die im frühen Elternhaus begründet ist, auf jene Form von Status/Identität, die auf der Ebene von gesellschaftlicher Bestätigung und Anerkennung liegt. Persönliche Autorität, Macht oder exhibitionistische Betätigungsmöglichkeiten sind erforderlich – besonders unter Druck. Dies zeigt sich natürlich auf vielen unterschiedlichen Ebenen. Die Frau von Fall 4 beispielsweise (Seite 145) muß die Probleme ihrer frühen Kindheit verstehen lernen, sie muß erkennen, daß sie selbst nicht ohne Schwierigkeit Mutter sein wird, und stolz auf ihren Status/Identität als berufstätige Frau sein. Ihr Pluto im Löwen ist aufgrund von Feldereinschließung durch einen Quincunx-Aspekt mit ihrem III. Feld verbunden: Im Sinne dieser

Anpassung nimmt sie sich selbst in ihren eigenen Fähigkeiten von Information/Perspektive wahr. Pluto bildet Quadrate mit Sonne, Mond und Venus (Herrscher des IX. Feldes und des Aszendenten). Sie hatte versucht, als Lehrerin zu arbeiten (der Mond steht östlich), diesen Beruf jedoch aufgegeben und dann im Verkauf gearbeitet. Jetzt arbeitet sie als Immobilienhändlerin und hat das Gefühl, auf der richtigen Spur zu sein. Dies ist ein ausgezeichnetes Beispiel dafür, wie sich Pluto durch Felderstellung auf die anderen Fähigkeiten innerhalb der Dynamik von Entwicklungsspannung bezieht.

Im XI. Feld legt Pluto den Akzent auf einen weiteren Arm im Kreuz der Fixfelder. Die persönliche Perspektive ist im allgemeinen abhängig von Bestätigung, von Liebe, die erhofft oder erwartet wird, von der Unterstützung durch Freundschaft. Außerdem kann eine Naivität über diese Belange vorhanden sein sowie das Vertrauen, die gesellschaftliche Ebene von persönlicher Perspektive durch das berufliche Einkommen errichten zu können. Die junge Frau von Fall 2 (Seite 127) stellt ein ausgezeichnetes Beispiel dafür dar: Pluto steht aufgrund von Aspekten unter kritischer Spannung und ist durch Feldposition mit ihrem II. Feld durch Quadrat verbunden. Wie wir uns aus den Aufzeichnungen der Analyse ins Gedächtnis zurückrufen können, war sie »der Ablehnung müde«; ihre Freunde »hatten alle geheiratet und waren fortgezogen«. Sie selbst zog sich zurück. Ihre Naivität und ihr Rückzug ersparten ihr die Bewußtwerdung, eine tiefe Verletzung erfahren zu haben. Ihr berufliches Einkommen würde zur Grundlage ihrer persönlichen Perspektive werden (das XI. Feld ist das zweite Haus des X. Feldes). Diese Mittel würden entscheidend dafür sein, eine persönliche Perspektive zu erwerben, aufrechtzuerhalten und zu verteidigen. Zusätzlich enthüllte unsere Analyse eine unbestimmte Haltung über persönliche Wertvorstellungen. Hoffentlich werden diese Fähigkeiten mit ihrer Entwicklung Schritt halten und ihre persönliche Perspektive erweitern, wenn sie auf immer reifer werdenden Ebenen Freundschaften eingehen wird.

Pluto im XII. Feld begründet die persönliche Perspektive innerhalb des Bereiches der erworbenen Erfahrung, die sehr empfindsam und ganz persönlich bewertet und geordnet wird. Wie ich in einer früheren Veröffentlichung vorgeschlagen habe, bilden das IV., VIII. und XII. Feld die Grundlage für die Matrix des Unbewußten.[13] Pluto im XII. Feld verbindet die persönliche Perspektive nicht nur mit den gesammelten Beschränkungen der festgelegten gesellschaftlichen Erfahrung oder mit den daraus resultierenden Entdeckungen, sondern auch mit dem Bedürfnis, alles einer tiefgehenden Bewertung zu unterziehen. Unter übermäßig starkem Druck übersteigen die erworbenen Fähigkeiten häufig das analytische Vermögen und werden einfach ad acta gelegt. Der Betreffende nimmt die resignierte Haltung an: »Die Welt versteht mich eben nicht!« Unter Druck kann derjenige starr an seinen Fähigkeiten festhalten, die durch lebenslange Ansammlung angepaßt worden sind, und sich in begrifflicher Verwirrung verlieren. Pluto im XII. Feld ist durch Quadrat mit dem II. Feld verbunden, wodurch die Problembelange des Information/Perspektive-Kreuzes der Wechselfelder hevorgehoben werden; oder durch Trigonverbindung mit dem IV. Feld, wodurch die Maßstäbe des frühen Elternhauses als Wertgrundlage für das Sammeln von Lebenserfahrung Eingang finden; oder durch Quincunx-Aspekt mit dem V. Feld, was viele Anpassungen zwischen dem eigenen Vorstellungsbild aufgrund von Erfahrung und dem Geben von Liebe erforderlich werden läßt. Jedes Wahrnehmungsprofil trägt in sich die innere Unruhe über die Veränderung zu einer neuen Ebene von Sicherheit, da das XII. Feld in Aussicht stellt, den Entwicklungszyklus zu einer neuen Aszendent-Ebene aufsteigen zu lassen.

Pluto ist unleugbar ein verbindender Schlüssel für die persönliche Perspektive. Er ermöglicht einen raschen Zugang zur holistischen Analyse, die auf der Bewußtwerdung der persönlichen Stellung im Einflußbereich der äußeren Umwelt beruht. Er zeigt den Brennpunkt von erhöhter innerer Unruhe unter scharfer Entwicklungsspannung auf und verknüpft als Signifikator durch Feldherrschaft und durch Aspektbestimmung verwandte Problembelange unmittelbar miteinander. Pluto stellt die persönliche Perspektive in einen deutlichen Zusammenhang mit der Welt in ihrer Gesamtheit. Wenn Pluto *östlich* ist, das heißt, unmittelbar vor der Sonne aufgeht und damit longitudinal der nächste Planet hinter der Sonne ist, läßt das Horoskop stark vermuten, daß die persönliche Perspektive zum großen Teil durch die Annahme von Prestige erlangt wird. Mit einem östlich stehenden Pluto ist die Neigung vorhanden, persönliche Kontakte zu sammeln, welche die persönliche Perspektive sehr sicher auf dem Schauplatz der Öffentlichkeit etablieren. Wenn also Pluto vor der Sonne aufgeht, kündigt er damit Bestimmungsgrößen der persönlichen Perspektive an, bevor die Identität voll ins Blickfeld gerückt wird.

Niebuhrs Theorie, wonach die persönliche innere Unruhe durch Kritik an der eigenen Stellung innerhalb der persönlichen Sicht der Welt wachgerufen wird, zeigt sich in eindrucksvoller Weise durch das Symbol des Pluto. Wenn wir persönliche Begrenzungen (Mangel an Fähigkeiten) erkennen, werden wir uns der inneren Unruhe bewußt. Plutos Wechselbeziehungen innerhalb des horoskopischen Umfeldes sind in verläßlicher Weise ein Schlüssel für die Bewußtwerdung. Zu unserem Schutz stellen wir uns ein Leben vor, das unendlich viel besser als das tatsächliche ist. In unserer Vorstellungswelt errichten wir eine völlig losgelöste Ebene und erschaffen besonders zugeschnittene Idealisierungen, die uns dabei helfen sollen, die Hoffnung zu behalten; wir machen uns die idealisierenden Maßstäbe einer formellen Religion zu eigen, oder wir trüben die Bewußtwerdung von innerer Unruhe durch Rollenspiel, Sinnlichkeit, Drogen, Alkohol. Damit wird die symbolische Bedeutung von Neptun zur Sprache gebracht.

Wir lernen mittels Erfahrung, wie die Ausdrucksform von starker innerer Unruhe in einem horoskopisch abgebildeten Leben sehr häufig auch in symbolischer Form das Fluchtventil oder die Verflechtungen der Wunschvorstellung, der neptunischen Fähigkeiten, darstellt. Wenn die innere Unruhe auf umweltbedingten Streß trifft, wird ein Gefühl von Opfer/Verzicht empfunden oder ein tatsächliches Opfer gebracht. In irgendeiner Form sind wir bemüht, die Dinge anzupassen, unter Belastung aufzuschieben oder ganz zu umgehen. Eine scharfe Aspektierung von Neptun mit Saturn wird zum Beispiel darauf hinweisen, daß ambitionierte Fähigkeiten unter Druck auf ihre Antriebskraft verzichten, untätig werden und für unterschiedlich lange Zeitphasen den Rückzug antreten mögen, damit Wunden verheilen können, und dieser Prozeß kann zu einem Gewohnheitsmuster werden.

Im Bereich der Felder kann die Symbolik des Neptun eine unbestimmte Haltung, eine potentielle Opferbereitschaft, irgendeine andere Problemebene anzeigen, die erwartungsgemäß auf Entwicklungsdruck reagiert. Bei Fall 2 beispielsweise (Seite 127) ist die Konjunktion von Mond/Neptun am Aszendenten ein eindeutiger Sclüssel für das Vorstellungsleben der jungen Frau. Ihre Kernbelange von Status/Identität werden in einem ganz realen Sinn zum großen Teil den Bestätigungen durch die Wuschvorstellung geopfert. Ihre mangelnde Bewußtheit über ihre persönliche Stellung entspricht einer Naivität, die ihr allerdings auch viel Kummer erspart. Diese Unkenntnis beraubt sie jedoch einer Konzentration ihrer inneren Unruhe, die zu einer Veränderung der Situation führen kann. Ihr Neptun herrscht im IV. Feld: Ihre beruflichen Hoffnungen bedeuten den einzigen Traum ihres Lebens.

Bei Fall 1 (Seite 115) steht Neptun im V. Feld, herrscht in den Fischen im XI. Feld und gehört zur defensiven Trigonstruktur der Erdzeichen. Diese Frau, die unverheiratet ist, Mißtrauen gegenüber Beziehungen und Unsicherheit auf der leicht zu erschütternden Grundlage von Problembelangen des frühen Elternhauses zeigt, hat sich in ihrer Vorstellung ideale Liebessituationen ausgemalt; sie ist jedoch außerordentlich beunruhigt, wenn es darum geht, die Verhältnisse zu schaffen, welche diese Beziehungen möglich machen würden. Anstatt daß sie es weiterhin versucht, neigt sie dazu, auf den Versuch zu verzichten, diese Fähigkeiten zu opfern und ihre defensive, praktische Selbst-Genügsamkeit fortzusetzen.

Bei Fall 3 (Seite 137) steht Neptun im VI. Feld und wird scharf durch Sonne und Merkur im XII. Feld aspektiert. Neptun herrscht im XI. Feld. Wir haben untersucht, in welcher Weise das begriffliche Gerüst der Perspektive ihres frühen Elternhauses (Pluto im IV. Feld) im Brennpunkt ihrer inneren Unruhe steht. Im realen Leben konzentrieren sich diese Problembelange auf die Frage, den richtigen Beruf für ihre äußerst spezialisierten Fähigkeiten zu finden. Sie würde auf jeglichen Beruf verzichten (was völlig unrealistisch ist), wenn ihr der Austausch in einer Liebesbeziehung Sicherheit vermitteln könnte (Merkur, in Opposition mit Neptun, herrrscht im V. Feld; Pluto, der im VII. Feld herrscht, bildet ein Quadrat mit Venus im XII. Feld). Das VI. Feld ist das dritte Haus des IV. Feldes (die Kommunikation des betreffenden Elternteils) und das neunte Haus des X. Feldes. Die Verunsicherung in der Wahrnehmung dieser Frau wird durch Neptun an den Information/Perspektive-Fähigkeiten ihrer Eltern festgemacht. Wir haben gesehen, daß es sich dabei tatsächlich um das Kernproblem für ihre innere Unruhe handelt. Durch Einsicht und mit Hilfe der Zeit in neuer Umgebung wird sie ohne Zweifel auf ihr begriffliches Gerüst, das auch ihre Eltern einbezieht, verzichten müssen, und dieses Opfer wird gewiß eine Befreiung für sie bedeuten.

Bei Fall 4 (Seite 145) befindet sich Neptun im XII. Feld, unmittelbar oberhalb des Aszendenten, der so deutlich mit der Mondknotenachse verbunden ist. Diese Frau hat sich zeit ihres Lebens in Verwirrung über die Erfahrungen befunden, die sie in ihrer frühen häuslichen Umwelt gesammelt hat. Dies hat sich auf ihre Unsicherheit übertragen, ob sie Mutter und/oder berufstätig sein soll (Neptun herrscht in den Fischen im VI. Feld). Ihr Neptun bildet Trigone mit Jupiter (Bedürfnisse nach Bestätigung) und Uranus (Hervorhebung der Individuation). Die Forderungen nach Anpassung werden durch den Quincunx-Aspekt zwischen

Neptun und Merkur deutlich. Sie muß auf alles, was sie angesammelt hat, durch Angleichung ihres Verstehens verzichten, da ihre wechselseitigen Beziehungen davon in Mitleidenschaft gezogen werden. Der Übergang zur Freiheit kann Gefühle des Schwindligsein und der Verwirrung mit sich bringen, doch ist dies normal für den Vorgang der Anpassung und des Wachstums.

Bei dem Horoskopfragment auf Seite 165, wo Neptun im X. Feld steht, droht die innere Unruhe immer mit dem Verzicht auf persönlichen Status/Identität, besonders durch Neuanfänge im Wachstum des Ehepartners (das X. Feld ist das vierte Haus des VII. Feldes). Die Forderungen nach Anpassung innerhalb der Verwirrung durch innere Unruhe werden deutlich durch den fast exakten Quincunx-Aspekt zwischen Neptun und Sonne bestimmt. Die Fähigkeit zu schöpferischer Visualisierung steht unter ständiger Anspannung durch die scharfe Unsicherheit in der Wahrnehmung, welche durch die Matrix des Kreuzes der Wechselfelder angezeigt wird. Neptun herrscht hier im VI. Feld: Sie befindet sich in Verwirrung darüber, wie ihre »Kooperation« mit dem sie umgebenden und auf ihr lastenden »Streß« der Umwelt auszusehen hat. Ihre Form der Kooperation ist eine sehr sensible Beziehung zu ihrem Ehemann (das VI. Feld ist das zwölfte Haus des VII. Feldes). Er selbst sagte mir, daß einzig und allein die Angst und Abneigung seiner Frau gegenüber einer Ortsveränderung ihn davon abhalten könnten, die glänzende Gelegenheit zu ergreifen, die ihm angeboten worden war.

Wenn Neptun im II. oder III. Feld steht, können wir davon ausgehen, daß unter Druck etwas von dem Selbstwert oder den Wahrnehmungsfähigkeiten geopfert wird. Der Betreffende mag das Gefühl von Erschöpfung haben oder eine andere Strukturebene der Bewußtmachung als tröstliche Illusion, verdrehte Darstellung oder Schutzhandlung erschaffen. Steht Neptun im IV. oder VII. Feld, wird gewöhnlich etwas geopfert im Hinblick auf das frühe Leben im Elternhaus oder im Hinblick auf Beziehungen. Es wird etwas aufgegeben, niemals erhalten oder nicht gewürdigt. Bei einem Gefühl von vager oder auch sehr spezifischer Unvollkommenheit muß die äußere Erscheinungsform so angepaßt werden, daß die Welt inneres Gleichgewicht und Zufriedenheit wahrnimmt. Über die Verwundbarkeit wird ein Schleier gezogen; die wirkliche Bedeutung dieser Felder wird eine andere, als wie es den Anschein hat. Schwierigkeiten im Elternhaus können als Entschuldigung für einen gewissen Motivationsmangel zu einem Neubeginn übermäßig strapaziert werden; jemand kann eine entscheidende Bestärkung von Status/

Identität aus der Unterstützung eines Partners oder durch die völlige Hingabe (Selbst-Aufopferung) an ihn beziehen, wobei dessen eigene Bedürfnisprobleme mit den Dienstleistungsfähigkeiten seines Partners, dessen Neptun im VII. Feld steht, vollkommen übereinstimmen.

Neptun im VIII. Feld kann mit einer tiefgehenden Selbstbeobachtung, psychischer oder spiritueller Bewußtheit verknüpft sein, wobei viel vom eigenen Realitätsbewußtsein über gesellschaftliche Werte aufgegeben wird. Der Rationalisierungsprozeß kann auf Hochtouren arbeiten, um die plötzlich hervorbrechende Unruhe mittels Idealisierung oder transzendenter Überhöhung zu mildern. Neptun im IX. Feld kann das Bewußtsein durch abenteuerliches Lernen und Träumen fort von einer wirklichkeitsbezogenen Begriffsbildung der inneren Unruhezustände führen, ebenso wie – als extremes Beispiel – die Astralprojektion vom Körperumfeld wegführt. Neptun im XI. Feld kann eine starke Idealisierung der erhofften Liebe mit der Absicht von persönlicher Erfüllung anzeigen, die möglicherweise bis zu dem Punkt geht, daß die Erfüllung unerreichbar ist, das heißt, geopfert wird.

Wenn Neptun östlich ist und unmittelbar vor der Sonne aufgeht, sozusagen als Vorbote für die Identität der Persönlichkeit, sucht der Betreffende eine idealisierte Vollkommenheit zu erlangen – die Harmonie zwischen dem, was erwartet wird, und dem, was sein kann.

Zwei kurze Beispiele sollen unsere Diskussion über Pluto und Neptun abschließen, die sich mit der Bewußtwerdung der persönlichen Perspektive und der Idealisierung als Schutz des Gefühls von Opfer/Verzicht beschäftigt hat. Erstens, wir können feststellen, daß der große spirituelle Lehrer Paramahansa Yogananda, der am 5. Januar 1893 geboren wurde, Pluto und Neptun, beide rückläufig, im X. Feld plaziert hat; sie sind nur 45 Bogenminuten von exakter Konjunktion miteinander entfernt und bilden eine ungenaue Opposition mit der Konjunktion von Merkur und Venus im Schützen. Bei diesem Lehrer war die Konzeption einer persönlichen Perspektive völlig mit dem Idealisierungsprozeß verschmolzen. Tatsächlich lehrte dieser Meister, daß der einzelne Mensch eins mit der Welt ist, daß er im Rahmen von Status/Identität dieses Eins-Seins seine eigene Realität erschafft.

Zweitens, wir können feststellen, daß dieses Jahrhundert kein Quadrat zwischen Neptun und Pluto erleben wird, doch das Sextil zwischen ihnen (Idealisierung, Illusion, das Gefühl von Opfer, das sich unterstützend mit den Bedürfnissen zur Begründung einer persönlichen Perspektive verbindet) trat am 11. Januar 1979 auf. Einige Tage vorher, als nur wenige Bogenminuten Neptun von dem exakten Sextil mit Pluto trennten, ereignete sich der Massenselbstmord in Jonestown (Guyana), wo Hunderte die innere Unruhe, die sie in dieser Welt wahrgenommen hatten, hinter sich zurückließen, um sich in einer anderen Welt wieder zu begegnen.

Fünftes Kapitel

Entwicklungsspannung

»Er hat Beziehungen!« – Dieser Satz beschreibt einen Menschen, der die Dinge leicht fertigbringt. Gute Beziehungen zu haben schließt strategisch kluges Vorgehen, Einfallsreichtum und ein Energiepotential ein, verspricht Handlung, Entwicklung und konkrete Ergebnisse. »Beziehungen« sind von grundlegender Wichtigkeit innerhalb des Lebens. Sie bilden den Rahmen für den gesamten Austausch von Fähigkeiten und ermöglichen damit die Ausbildung von Information, finanziellen Möglichkeiten und Status zur Klärung von Identität, Wert und Perspektive. Beziehungen lenken die Lebensenergie, das Verhalten und die Bewußtwerdung der Bedürfnisse zum Zwecke von Erfüllung von der inneren zur äußeren Welt und wieder zurück. Beziehungen lassen die Dinge geschehen.

Astrologisch gesehen sind Beziehungen Aspekte. Die Planetensymbole stehen in gegenseitigem Zusammenhang und bestimmen verschiedene Netzwerke von Verhaltensfähigkeiten, die an der Erfüllung von Bedürfnissen arbeiten. Das gesamte horoskopische Netzwerk bringt die innere Unruhe zum Ausdruck, die das Leben überhaupt ermöglicht; bestimmte Aspektkonstellationen mit einem starken Brennpunkt innerhalb des horoskopisch abgebildeten Lebens stellen die innere Unruhe in Form einer besonderen Entwicklungsspannung dar. Diese speziellen Entwicklungsspannungen drängen den Menschen dazu, sich Urteile zu bilden, Werte festzusetzen und Status zu erwerben.

Der schärfste Aspekt von Entwicklungsspannung, den wir in der Astrologie kennen, ist natürlich das Quadrat. Diese Dimension der Viererharmonie, die den Kreis quadriert, gibt der geschlossenen Ganzheit eine Richtung durch Eckpunkte. Diese erleichtern die Handhabung des Kreises, machen ihn zweckmäßig und dynamisch, bilden Ausgangspunkte für eine aktive Orientierung. Halbquadrat, Quadrat und Anderthalbquadratur setzen Beziehungen fest, welche die innere Unruhe in den Brennpunkt von Entwicklungsspannung stellen.

Wenn wir wach und aktiv sind, stehen wir in einem Winkel von 90

Grad zur Oberfläche der Erde. Dies entspricht der aufrechten Haltung des Menschen und unserer Betrachtungsweise der Welt. Alles, was von diesem Winkel abweicht, ist weniger produktiv, ist abgeschwächt und steht auf wackligen Beinen.

Andere Aspekte, die durch andere harmonische Unterteilungen des Kreises festgesetzt werden, stellen eine Ergänzung der Quadrat-Familie dar, die sich aus der Viererharmonie ableitet. Die Konjunktion verweist auf Einklang, einen starken, synthetisch verbundenen Brennpunkt; das Sextil auf Unterstützung; das Trigon auf Mühelosigkeit; das Quintil auf Kreativität; der Quincunx-Aspekt auf Anpassung; und die Opposition auf eine Bewußtheit von Polarität. Ich habe jedoch in meinen früheren Veröffentlichungen aufgezeigt, daß alle Aspekte die wesensmäßige Essenz des Quadrates in sich enthalten, da sie alle innerhalb der Bezugspolarität des Halbkreises gemessen werden und jeder in einem Halbkreis einbeschriebene Winkel ein rechter Winkel, ein Quadrat ist. In diesem Sinne ist jeder Aspekt, jede Beziehung innerhalb des Horoskops ein Symbol für Entwicklungsspannung. Die Aspekte, die aus dieser Wesensessenz von Entwicklungsspannung hervorgehen, nehmen unterschiedliche Qualitäten an, doch sie alle wirken darauf hin, die innere Unruhe innerhalb ihrer Funktion von Lebenserhaltung und Seinsäußerung in den Brennpunkt zu rücken.[14]

Bei dem Horoskop Beispiel 1 läßt die Sonne/Mond-Analyse vermuten, daß sich die Selbst-Darstellung abwechselnd zwischen zwei Polen bewegen wird: zurückhaltende, bescheidene Friedfertigkeit und aggressive, auf Theatralik bedachte Propaganda. Eine extreme Sicherheit kann wirkliche Schüchternheit überdecken. Wir spüren eine Spaltung, eine Teilung zwischen äußerem Auftreten und innerem Gefühl. Wir sehen einen Löwe-Mond im VII. Feld, der dramatisch und stark ist; wir sehen die Fische-Sonne im Feld des Aszendenten, die mit dem rückläufigen Neptun im VII. Feld eine Opposition bildet. Zwischen persönlicher Welt und äußerer Welt existiert ein deutlicher Bruch. Bei Neptun im VII. Feld wissen wir außerdem, daß ein Teil des Ichs zur Unterstützung anderer geopfert zu sein scheint. Die Sonne herrscht im VII. Feld und bildet eine Opposition mit Neptun. Die innere Dimension wird geopfert oder verborgen, damit die äußere Dimension (der Mond im Löwen) voll und deutlich ins Blickfeld gerückt wird.

Augenblicklich haben wir etwas anhand der Beziehungen zwischen Sonne und Neptun feststellen können. Die Lebensenergie ist in ihrer Bewußtwerdung verbunden mit der Fähigkeit zu schöpferischer Visua-

Beispiel 1: Männlich

KFV
365
FLWE
3461

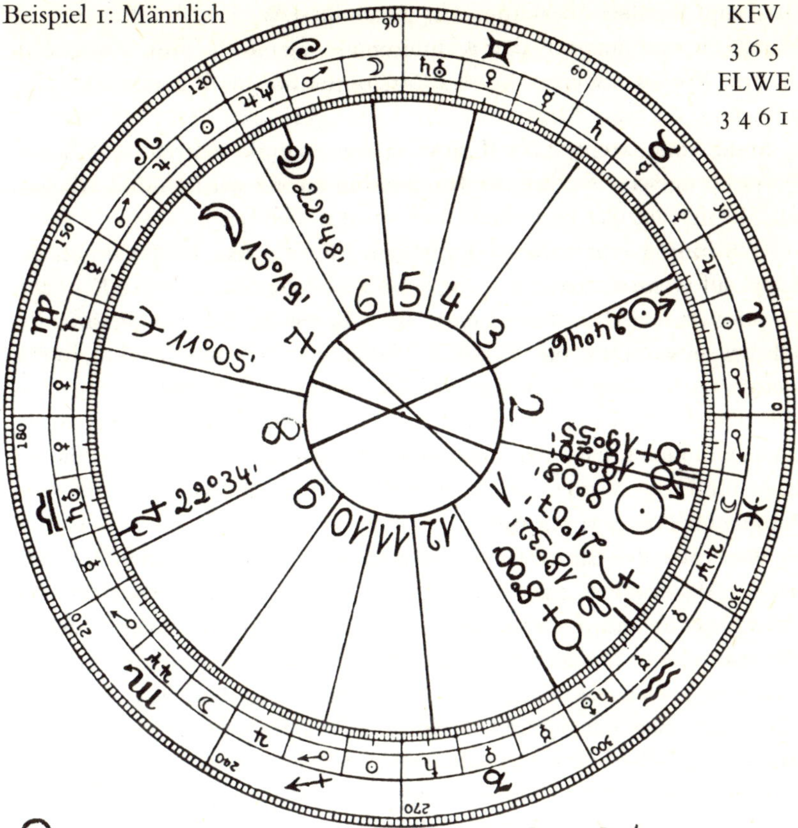

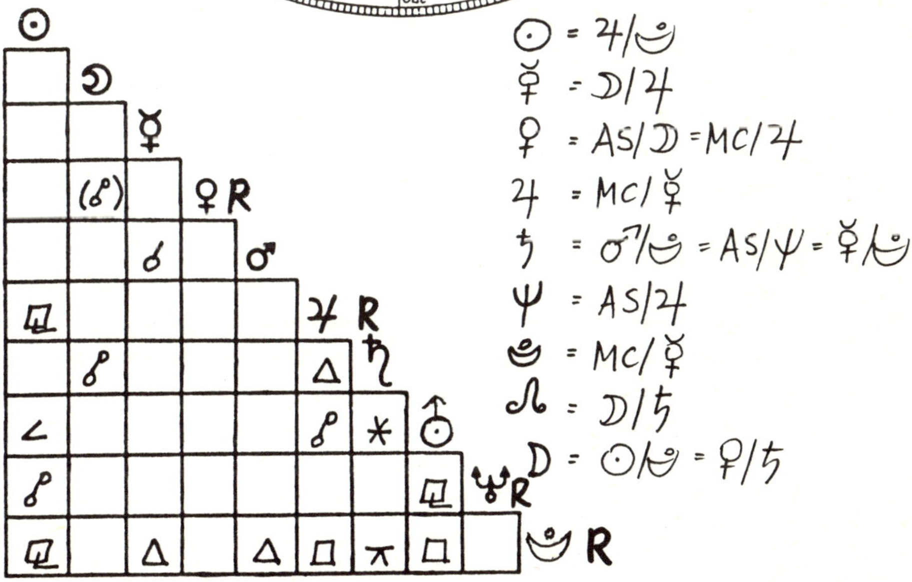

lisierung, mit dem Vermögen, die persönliche Welt so zu sehen, wie sie innerhalb irgendeiner Ersatzidealisierung sein kann. Neptun herrscht im II. Feld des Selbstwertes. Die Schlüsselopposition wird damit durch die Dynamik der Signifikatoren noch weiter verstärkt. Der Aszendent, in dem die Sonne steht, das VII. Feld, in dem Neptun steht und die Sonne herrscht, und das II. Feld, das von Neptun regiert wird, sind sämtlich in eine Dämpfung der persönlichen Identität mit einbezogen.

Gleichzeitig erhält der einflußreiche Mond starke Kräfte durch die Opposition mit Saturn. Die volle Bewußtheit der notwendigen Kontrollen, der strategischen Vorgehensweisen, die für die dramatische öffentliche Präsentation und die Begründung von Status erforderlich sind, ist mit dem Mond verbunden. Dieser Oppositionsaspekt durchkreuzt ebenfalls die Eckfelder an der Horizontlinie. Dies entspricht dem kraftvollen, zielbewußten Antrieb der äußeren Status-Dimension des Ichs, während die sensible, idealistische, vielleicht introvertierte Dimension des inneren Ichs in den Hintergrund tritt.

Wir sehen, daß Saturn im XII. Feld herrscht und der Mond im VI. Feld regiert. Es existiert eine starke Entwicklungsspannung innerhalb der Antriebskraft und des Ehrgeizes der Mond/Saturn-Opposition, welche die Information/Perspektive-Fähigkeiten der VI/XII-Achse einbezieht. Da Pluto im VI. Feld plaziert ist, können wir augenblicklich vermuten, daß sich die persönliche Perspektive dieses Mannes auf Arbeit und Dienstleistung beziehen wird, vielleicht gegenüber dem zu Unrecht benachteiligten »Underdog«, den seine introvertierte, von Fische geprägte Empfindlichkeit gleichzeitig auch als Vorstellungsbild von sich selbst erzeugt haben mag (Neptun herrscht im II. Feld). Zusammenfassend läßt sich sagen, daß wir die Vorbedeutung der Sonne/Mond-Analyse herausgearbeitet und eine doppelte Organisation der Identität festgestellt haben: Das ganz persönliche, sensible Ich kann völlig nach innen gekehrt, im Sinne einer starken Zielsetzung geopfert sein und schonungslos und dramatisch auf die Öffentlichkeit projiziert werden. Das öffentliche Leben ist alles – oder jedenfalls alles, was sich zeigt.

Die Felder des Fixkreuzes werden alle scharf durch Signifikatoren bestimmt: Der rückläufige Neptun, der im II. Feld herrscht, ist in die Opposition mit der Sonne einbezogen und bildet eine Anderthalbquadratur mit Uranus, dem Herrscher des Aszendenten (eine weitere Unbestimmtheit in der intensiven Verstärkung der Identität); Merkur, der im V. und VIII. Feld herrscht, ist rückläufig und steht im II. Feld in einer Konjunktion mit Mars; Jupiter herrscht im XI. Feld und ist nicht nur rückläufig, sondern bildet auch vom VIII. Feld aus eine Opposition mit Uranus. Wenn das Kreuz der Fixfelder so scharf ausgeprägt ist, wissen wir, daß eine Frage von Wertbegriffen im Hauptbrennpunkt der Persönlichkeitsentwicklung und der Projektion auf die Welt in ihrer Gesamtheit steht. Wir können uns aufgrund der Analyse einen Menschen vorstellen, der sich selbst ganz den Werten des sozial Benachteiligten, des Arbeiters, des Proletariats weiht, der sich selbst durch ein dramatisches Bewußtsein von Dienstleistung erfüllt. Der deutliche, kontrapunktisch wirksame Faktor der Rückläufigkeit zeigt weiterhin auf, wie unsere Analyse des äußeren Bildes mit einer verborgenen, inneren Bewußtseinsschicht zusammenwirkt, aus welcher das äußere Auftreten sicherlich seine Nahrung bezieht.

Ein weiterer wesentlicher Aspekt/Beziehungs-Brennpunkt ist das T-Quadrat zwischen Jupiter-Uranus und Pluto. Die Hoffnung dieses Mannes auf öffentliche Bestätigung (Jupiter in der Waage bedeutet eine leicht abgeschwächte Wiederholung des Löwe-Mondes im VII. Feld) ist sich ganz einfach seiner individuell erhöhten Identität voll bewußt (Uranus, Herrscher des Aszendenten, steht im Widder), und beide erhalten durch die Symbolik des Pluto eine scharf ausgeprägte Energie. Alles wird dann miteinander verknüpft durch Plutos Herrschaft am MC und das Trigon, welches er damit bildet. Dieser Mann wird ohne weiteres seine persönlichen Problembelange unbeachtet lassen und sich selbst in dramatischer Weise in den Dienst der Öffentlichkeit stellen; er wird dabei Problembelange über persönliche Werte auf die Interessensbereiche der Werte für andere übertragen und sich vielleicht der Sache der sozial Benachteiligten annehmen. – Dies ist das Horoskop des Verbraucheranwaltes Ralph Nader.[15]

Die Aspektbeziehungen sind außerordentlich deutlich im Hinblick auf die Art und Weise, wie sie Handlung entstehen lassen: indem sie nämlich potentielle Verhaltensmöglichkeiten mit der Erfüllung von Bedürfnissen verbinden und die persönliche Identität zum Zwecke dieser Erfüllung auf die Öffentlichkeit projizieren. Nader ist ein äußerst zurückgezogen lebender Mensch. Wir kennen nur seine Mondseite.

Die Halbsummenbilder sind eine weitere Bestätigung für diese allgemeine Analyse: Die Sonne befindet sich auf der Halbsummenachse von Jupiter/Pluto. Hier ist die Beziehung vorhanden, welche die verborgenen Unsicherheiten der inneren Welt den Energieformen der persönlichen Perspektive zuführt, die durch die äußere Welt gewonnen wird. Das gleiche Thema wird noch einmal durch das Quadrat des Mondes mit der

Halbsumme von Sonne/Pluto zum Ausdruck gebracht: Es könnte eine Unterdrückung von persönlichen Gefühlen unter dem Namen des öffentlichen Einsatzes vorliegen. Saturn bildet ein Quadrat mit der Halbsumme von Mars/Pluto, wodurch der Eindruck von harter Arbeit, strategischem Vorgehen, Ernsthaftigkeit und einer außerordentlich starken Antriebskraft ensteht. Saturn ist östlich, geht unmittelbar vor der Sonne auf und symbolisiert damit sehr große Geduld und Durchhaltevermögen. – Die naheliegende Vermutung aus der Sonne/Mond-Analyse wird mühelos durch das Aspektnetzwerk bestätigt. Die innere Unruhe gegenüber dem Leben und Wachstum ist von persönlichen Wertbelangen und einer Gehemmtheit in persönlichen Beziehungen in die Richtung von öffentlichen Werten und bravourösem Auftreten in der Öffentlichkeit gelenkt worden. Die Erfüllung der inneren Welt ist durch die Hingabe an die äußere Welt sublimiert worden.

Eine abschließende Beobachtung zeigt die gleiche holistische Einsicht noch einmal auf: Venus ist sehr schwach aspektiert. Sie bildet eine ungenaue Opposition mit dem Mond – das ist alles. Sie ist scheinbar »vagabundierend«, das heißt, nicht eingebunden, obgleich sie scharf am Aszendenten plaziert ist. Venus im Wassermann steht symbolisch für ästhetische und soziale Bedürfnisse, die humanitären Charakter haben. Ohne Zweifel werden diese Bedürfnisse hier erfüllt durch die Projektion auf den Dienst für die Öffentlichkeit, durch die zielstrebige Ausrichtung der gesamten Identität (der einzige Aspekt des Mondes ist die Opposition mit Saturn); vielleicht ist der persönliche Bezugspunkt für diese Bedürfnisse der Venus geopfert worden, da es keine entwicklungsfähige Beziehung zwischen ihnen und den anderen Symbolen für Verhaltensfähigkeiten gibt.

Bei der astrologischen Analyse können wir im allgemeinen davon ausgehen, daß ein vagabundierender, nicht aspektierter Planet ungebundene Freiheit symbolisiert. Vielleicht hat sich folgendes hier ereignet: Der Kern des Selbst-Bewußtseins ist über die Problembelange der mangelnden Erfüllung im frühen Elternhaus (Venus herrscht im IV. Feld) hinausgegangen und hat alle der Kompensation dienenden Anstrengungen auf die Fähigkeitsbereiche von Recht und öffentlicher Meinung projiziert, die Naders gesamte Aktivitäten in der Öffentlichkeit unterstützen (Venus herrscht im IX. Feld). Auch hier werden Sublimierung und Überkompensation deutlich symbolisiert.

Naders Horoskop zeigt einfache, wenige und ausdrucksstarke Aspektbeziehungen. Pluto ist der Schlüssel. Als Herrscher des MC lenkt er die persönliche Perspektive deutlich auf die Karriere: Er bildet ein Trigon mit dem MC und steuert von dort die Energie des T-Quadrats, das Uranus einschließt. Eine weitere Verbindung zwischen Aszendent und MC wird in sehr subtiler Weise durch Plutos Einbeziehung in das Halbsummenbild Aszendent = Venus/Pluto begründet. Dieses Bild läßt starke emotionale Anziehungskraft erwarten (im Sinne der Venus im Wassermann), setzt sie jedoch in der Hauptsache beruflich ein. Wir können feststellen, daß Venus und Neptun (zwei Schlüssel für private Gefühlsangelegenheiten) beide Quintile mit dem MC bilden, was erneut daraufhinweist, daß die persönlichen Belange in schöpferischer Weise auf das berufliche Statusprofil konzentriert werden. Nader hat seine Ausbildungsmöglichkeiten, starke Antriebskraft und besondere Zielstrebigkeit für die Überwindung von Problembelangen der persönlichen Welt eingesetzt und ihre Entwicklungsspannungen für die Veränderung von Werten der äußeren Welt verwendet. Der hervorstechende Mond im Löwen verhindert gesellschaftliche Widerspiegelung oder Fügsamkeit.

Bei Beispiel 2 läßt die Sonne/Mond-Analyse darauf schließen, daß Emotionen und praktische Wesensseite immer darauf bedacht sein werden, im Mittelpunkt zu stehen. Dies wird sehr durch die Konjunktion der Sonne mit Pluto am Aszendenten im Krebs und die Konjunktion des Mondes mit Jupiter im VII. Feld im Steinbock verstärkt. Damit wird ein außerordentlicher Brennpunkt von persönlicher Macht auf die Öffentlichkeit projiziert. Dieser Einfluß wird noch dadurch vergrößert, daß der Betreffende bedeutende andere Menschen um sich sammelt, die ebenfalls sehr einflußreich sind (Pluto ist östlich). Die hin- und hergehende, polarisierte Dimension innerhalb dieses Profils ist jedoch unverkennbar. Aufgrund der Rückläufigkeit von Jupiter mit dem Mond im VII. Feld beginnen wir eine mangelnde Ausgewogenheit zu fühlen. Steinbock im VII. Feld wird von Saturn beherrscht, der rückläufig ist, im V. Feld steht und Quadrate mit Merkur, Venus und Mars im II. Feld bildet. Durch den rückläufigen Saturn und die bedeutungsvollen Quadrate zum II. Feld werden ganz offensichtliche Selbstwert-Spannungen angezeigt. Persönliche Gefühlsangelegenheiten können sehr leicht gegenüber administrativem Einfluß und der Sammlung von bedeutenden Kontakten in den Hintergrund treten (Pluto ist östlich und in Opposition mit dem Mond). Der gefühlsbetonte Teil des Ichs kann von dem Drang in die Öffentlichkeit, der außerordentlich groß ist, völlig getrennt sein. Die Fähigkeiten von Status/Identität stehen unter heftiger Entwicklungsspannung (stark ausgeprägte Aspekte zwischen den Herrschern der Eckpunkte). Diese

Entwicklungsspannung stellt einen natürlichen Ansporn für die Entwicklung dar (Anderthalbquadratur von Mars/MC, Anderthalbquadratur von Saturn/MC, Trigon von Saturn/Aszendent, Sextil zwischen Mond-Jupiter und MC), besonders mittels der beruflichen Stellung. Zusätzlich bildet die Konjunktion von Sonne/Pluto ein ungenaues Trigon mit dem MC, während zwischen dem kraftvollen Mond und dem Saturn ein Quintil besteht.

Auch hier können wir leicht erkennen, wie persönliche Entwicklungsfragen innerhalb des Selbstwert-Profils die innere Unruhe bestimmen, welche die Entwicklung anspornt. Die Entwicklungsspannung wird in den Beruf gelenkt. Plutos Stellung am Aszendenten verspricht eine dramatisch hervorgehobene persönliche Macht im Hinblick auf die persönliche Projektion und Kreativität (Pluto regiert Skorpion im V. Feld) – trotz oder gerade wegen der frühen Entwicklungsschwierigkeiten, die durch das Profil des rückläufigen Saturn versinnbildlicht werden. Persönliche Beziehungen auf einer vertrauten Gefühlsebene können problematisch sein (Saturn herrscht im VII. Feld; die Selbstwert-Belange), doch diese Schwierigkeiten, diese Ausdrucksformen von innerer Unruhe sind Brennstoff für den beruflichen Aufstieg durch administrativen Einfluß.

Neptuns Stellung im II. Feld läßt weiterhin darauf schließen, daß unter Entwicklungsstreß ein Opfer bei der Erfüllung des Selbstwertes gebracht und der Idealisierungsprozeß zwecks Erfüllung auf den Beruf projiziert worden sein könnte: Neptun bildet Anpassungskontakte (Quincunx-Aspekte) zu MC, Mond und Jupiter. Er ist sozusagen ungebunden und mag sich »frei laufen«, da er nicht wirklich fest innerhalb des Netzwerkes der Aspekte verankert ist. Er herrscht am MC, und die damit vorhandene Dualität der Fische läßt mehrere berufliche Betätigungsmöglichkeiten und ständige schöpferische Aktivität vermuten. Uranus am MC, der schwach aspektiert ist (ein ungenaues Trigon mit Merkur), könnte ebenfalls beruflich im Hinblick auf Erfindungsgabe, Kommunikation und Selbsterhöhung in dramatischer Weise überbetont werden. Alle diese Aspekte, in administrativer (Mond im Steinbock) und kreativer (Angleichung an Neptun) Form auf die Öffentlichkeit projiziert, weisen auf einen Menschen hin, der in den öffentlichen Medien auftritt, von wichtigen Personen umgeben wird und deren persönliche Perspektive teilt (Pluto ist östlich). – Dies ist das Horoskop von Merv Griffin, der nicht nur Gastgeber in seiner eigenen, im ganzen Land beliebten täglichen Talk-Show ist, sondern auch noch einige weitere Fernseh-Shows unter der Leitung von Griffin Productions und anderen Firmen produziert.[16]

Beispiel 2: Männlich

KFV
752
FLWE
4073

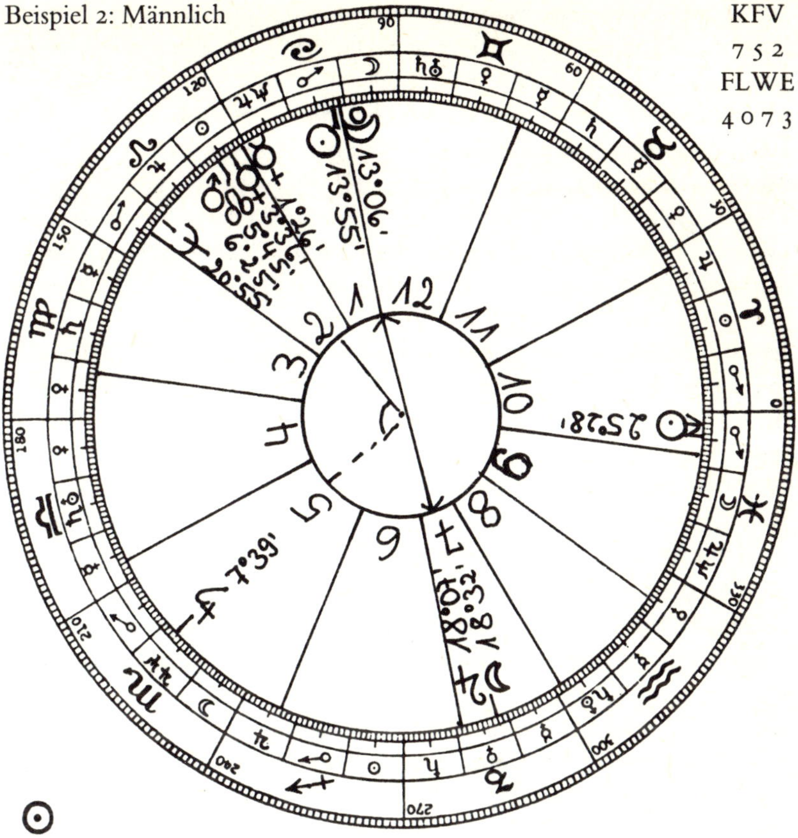

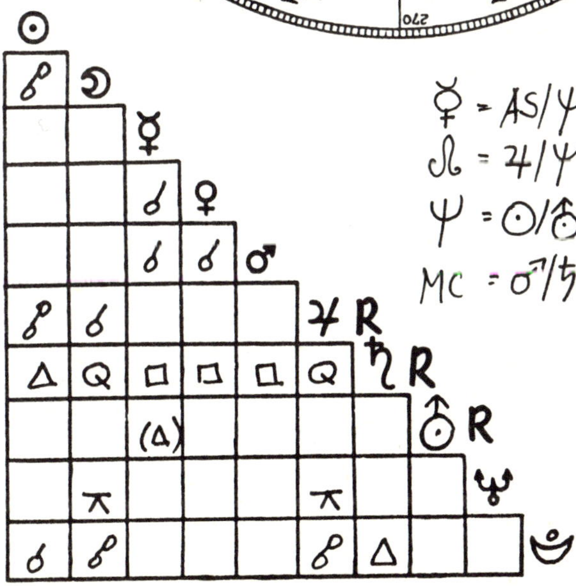

☿ = AS/♆
☊ = ♃/♆ = ☽/♆
♆ = ☉/♅ = MC/☽ = MC/♃
MC = ♂/♄ = ☊/♄

Die weitere Untersuchung des Horoskops zeigt eine fehlende Betonung der Luftzeichen, was im allgemeinen auf eine Schwierigkeit hinweist, sich selbst so zu sehen, wie es andere tun. Hierbei handelt es sich um einen äußerst empfindlichen Punkt: Der öffentliche Beifall und der aufgebaute Hoheitsbereich können sich mit den Anfängen tiefer Unsicherheit weiterhin in Konflikt befinden. Die verborgene, gefühlsbetonte Welt der Selbstwert-Belange kann selbst innerhalb des öffentlichen Glanzes, der von anderen übernommen und auf der äußeren Ebene gehandhabt wird, noch immer nagend eine Lösung verlangen. Das dramatische Halbsummenbild von MC = Mars/Saturn weist gleichermaßen auf die außerordentlichen Schwierigkeiten hin, welche dieser schöpferische Mensch zu überwinden hatte, auf sein Durchhaltevermögen und seine Widerstandskräfte. Hier zeigt sich das Dilemma von persönlicher Freiheit der Gefühle innerhalb der Betonung von öffentlichem Image. Der einflußreiche Saturn im V. Feld hat die Entwicklungsspannung während des ganzen Lebens auf die Errichtung eines öffentlichen Bollwerks konzentriert, und dieses ist nun hauptamtlich mit der Erfüllung von öffentlichen Erwartungen beschäftigt (das V. Feld ist das elfte Haus des VII. Feldes).

In diesen beiden Beispielen ist das Leben von talentierten und schwierig strukturierten Menschen einer holistischen Analyse ihrer Entwicklung unterzogen worden. Die Sonne/Mond-Analyse wurde durch Aspektbeziehungen gelenkt, die symbolisch für Verhaltensbedürfnisse und persönliche Fähigkeiten in Wechselbeziehung mit der Umwelt stehen. Zufällig ist das Netzwerk beider Horoskope insofern ähnlich, als daß beide ihre öffentliche Karriere mittels der inneren Unruhe aufgebaut haben, die sich spezifisch als starke Belastung in ihrer Jugend, besonders im allgemeinen Bereich der Selbstwert-Belange, niedergeschlagen hat. Dieses Strukturmuster ist allgemein im Leben verbreitet.

Aus diesen Analysen kann das Wissen gezogen werden, in welcher Art und Weise diese Männer vermutlich ihre Karriere aufzubauen hatten. Die astrologische Analyse enthüllt keine Probleme, die gelöst werden müssen, sondern sie zeigt vielmehr die natürlichen Strukturmuster der Individuation auf, die zum Ausdruck gebracht werden müssen. Nicht der Astrologe, sondern das Individuum selbst hat die Qualität seines eigenen Lebens zu bestimmen. Das Verständnis von spezifischen Auswirkungen der lebenserhaltenden inneren Unruhe ermöglicht Objektivierung und Angleichung, sofern dies notwendig ist. Doch die Problembelange werden immer solange weiter fortbestehen, wie die innere Unruhe gegenwärtig ist und das Leben andauert.

Beispiel 3: Männlich

KFV
4 3 7
FLWE
4 4 1 5

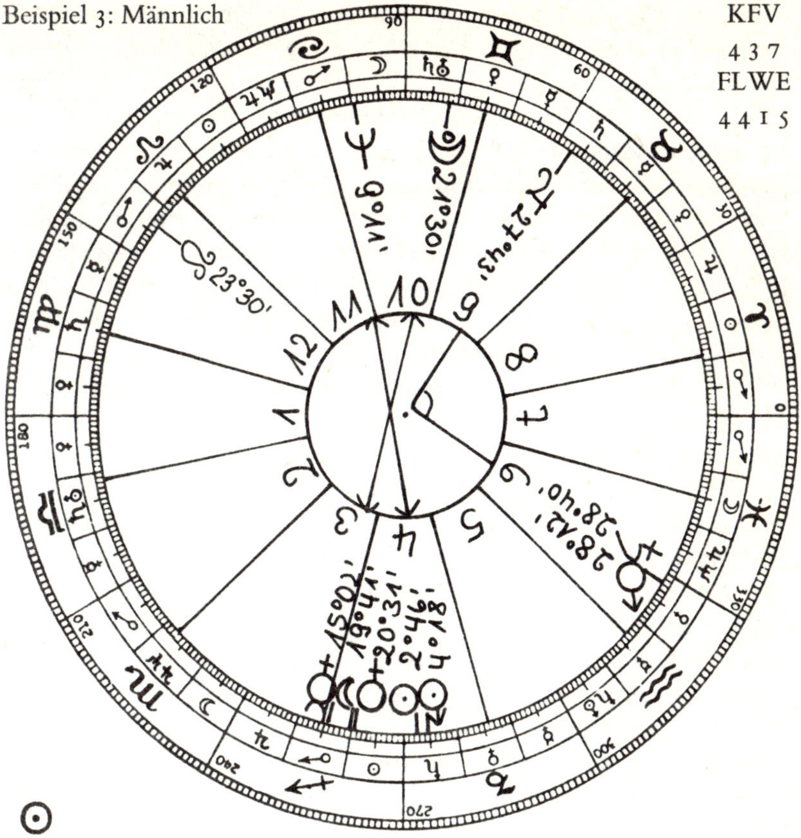

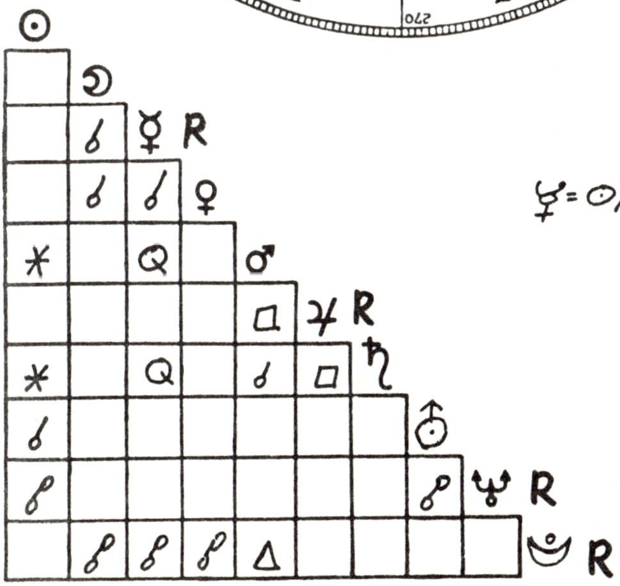

☿ = ☉/♃

Beispiel 3 zeigt ein Horoskop von außergewöhnlicher Stärke und – natürlich auch – extremer innerer Unruhe. Die Sonne/Mond-Analyse läßt vermuten, daß ausgeprägter Ehrgeiz zu dynamischem Eigensinn erhoben wird. Die Zähigkeit des Steinbocks treibt den Mond im Schützen zu intellektueller Selbstherrlichkeit und ruheloser Bereicherung. Darüber kann kein Zweifel bestehen, besonders aufgrund der Konjunktion von Sonne und Uranus sowie der Opposition von Mond und Pluto. Die dynamische Persönlichkeitsstärke nimmt einen betont individuellen Brennpunkt und eine vollausgeprägte Bewußtheit der maximalen Perspektive an. Die Hervorhebung der Eckfelder innerhalb der IV/X-Achse ist für das Horoskop dominierend.

Pluto im X. Feld setzt die persönliche Perspektive mit exhibitionistischen Fähigkeiten, mit öffentlichem Beifall gleich. Doch auch Neptun befindet sich in diesem Feld und legt die Vermutung nahe, daß wahrscheinlich ein Teil der Status/Identitäts-Fähigkeiten für so viel Macht geopfert werden muß. Pluto in den Zwilligen regiert Skorpion im III. Feld, was darauf hinweist, daß es klug ist, die Machtposition der persönlichen Perspektive auf Verkäufen, Reisen, Erfindungsgabe aufzubauen. Neptun im Krebs herrscht im VII. Feld und deutet an, daß ein Teil von Status/Identität im Hinblick auf Beziehungen oder öffentlichen Beifall geopfert worden sein könnte. Ein ausgesprochen starker Konflikt zeichnet sich in der Analyse ab.

Merkur regiert MC und Aszendenten und ist mit beiden durch starke Aspekte verbunden. Er ist rückläufig und bildet eine Opposition mit Pluto: Im Bereich der Fähigkeiten von Status/Identität existieren kontrapunktisch wirksame Problembelange. Schließlich sehen wir, daß Neptun eine Opposition mit der Konjunktion von Sonne/Uranus bildet. Der Ehrgeiz wird in irgendeiner Form verhüllt, der öffentliche Beifall zwar erreicht, doch wieder geopfert werden. Der Verstand (Merkur) wird mit sich selbst zerfallen sein und immer auf zwei Ebenen, der inneren und der äußeren, arbeiten. Wir können sagen, daß hier ein Konflikt zwischen dem Bewußtsein von rationaler Macht und dem Bewußtsein von irrationaler Motivation vorliegt.

Ein weiteres Anzeichen für die außerordentliche starke, Macht aufbauende innere Unruhe ist die fast exakte Konjunktion von Mars und Saturn im VI. Feld, die beide ein Quadrat mit dem rückläufigen Jupiter im IX. Feld bilden. Hier zeigt sich ein Zurückhalten von Begeisterung – ein weiterer Konflikt mit den Bedürfnissen des Mondes im Schützen. Im VI. Feld wirken sich die Spannungen von Mars und Saturn abwechselnd begeisternd und abkühlend innerhalb der Dynamik von Kooperation aus. Die VI/XII-Achse ist nicht nur in dramatischer Weise mit dieser Konjunktion von Mars/Saturn verbunden, sondern auch mit der Konjunktion von Sonne und Uranus, den Herrschern von Löwe und Wassermann.

Das gesamte Profil von Status/Identität steht unter außergewöhnlich starker Entwicklungsspannung, wie durch Merkur, Jupiter und Neptun angezeigt wird; die begriffsbildenden Dimensionen des Information/Perspektive-Profils stehen ebenfalls unter hoher Entwicklungsspannung, angezeigt durch Sonne, Pluto, Uranus, die Herrscher des XII., III. und VI. Feldes, und durch den rückläufigen Jupiter im IX. Feld, der den Einfluß des Quadrates zu Mars/Saturn empfängt. Das II. Feld der Fähigkeiten von Geld/Liebe, Schlüssel und Grundlage der Selbstwert-Belange, wird von Venus beherrscht, die mit dem Mond und Merkur in Konjunktion steht. Venus befindet sich in gegenseitiger Rezeption mit Jupiter, wird jedoch nur von Pluto aspektiert, und diese Opposition deutet auf einen möglichen Verlust an Wertperspektive hin. Die Feststellung, daß Saturn im V. Feld herrscht und in dem unter Druck stehenden Netzwerk der Aspekte besonders belastet ist, zeigt die mögliche Schwierigkeit im Geben von sich selbst, im Geben von Liebe an. Das Gefühl von Werten kann daher dem Geld überlassen werden, und die der Überkompensation dienende Erwerbung von Reichtum mag die Perspektive von persönlicher, emotionaler Erfüllung weit hinter sich lassen.

Dies ist das Horoskop von Howard Hughes, dem milliardenschweren Industriellen im Flugwesen, Öl und Grundstückshandel, der als irrationaler Einsiedler starb und schon seit Jahren ein Hypochonder gewesen war.[17]

Das einzige scharfe Halbsummenbild in Hughes' Horoskop ist Merkur = Sonne/Jupiter, was symbolisch für einen sehr großen Erfolg im Bereich von Denken, Kommunikation, Beredsamkeit und Ideenbildung steht. Dies widerspricht deutlich Hughes' scharfem, sarkastischem, herausforderndem Kommunikationsstil in seinen frühen Jahren und dem völligen Verzicht auf Kommunikation während seiner letzten Lebenshälfte. Merkur, der am MC und Aszendenten herrscht und mit beiden scharfe Aspekte bildet, tritt in diesem Horoskop deutlich in den Vordergrund. Durch seine Rückläufigkeit und die Opposition mit Pluto können wir vermuten, daß sich das Denk- und Kommunikationsvermögen ebenfalls innerhalb der Machtperspektive verloren haben könnte. Alle materiellen Mittel waren zur Hand, doch die innere Unruhe über emotionale

Erfüllung regte sich noch immer. Vielleicht verlor das Denken seine Fähigkeiten im Bereich von persönlichen Beziehungen und zog sich nach innen zurück. Das Versteckspiel mit dem persönlichen Image (Opposition von Sonne/Neptun) könnte als Schutz gegen den Streß angenommen worden sein, der in emotionaler Hinsicht beim Vorgang des Gebens empfunden wurde (Saturn herrscht im V. Feld). Der Verstand war in kreativer Weise erfolgreich darin, der Entwicklungsspannung aus dem Weg zu gehen (Quintil von Merkur/Saturn), wirkte sich jedoch in kontrapunktischer Weise nachteilig auf eine ausgewogene Erfüllung aus. Hughes »erkaufte« sich die Freuden von vielen Hollywood-Starlets, wie weithin bekannt ist, doch trat kaum in eine Beziehung zu ihnen. Das Erwerben machte das Teilen unmöglich.

Schließlich können wir noch feststellen, daß die einzige Betonung des Wasser-Elementes (Emotionen) auf Neptun im Krebs liegt – das Opfer, welches für das Streben nach Macht gebracht worden ist. Wir kennen auch den Schlüssel, der dem gesamten Kampf zugrunde liegt: die Jugendzeit im Elternhaus und im besonderen die Figur des Vaters, von dem Hughes den Grundstock seines Vermögens in sehr jungen Jahren geerbt hat.

Mit der Ausarbeitung von holistischen Analysen innerhalb dieses Buches werden wir uns in zunehmendem Maße der Allgegenwart jener Strukturmuster bewußt, mit denen wir uns in Teil I gründlich beschäftigt haben. Wir erkennen immer das Wechselspiel der Fähigkeiten von Status/Identität, Geld/Liebe und Information/Perspektive innerhalb von Bedürfnissen der inneren Welt, wenn ihre innere Unruhe nach Wachstum und Entwicklung auf die belastenden und streßerzeugenden Vorschriften der äußeren Welt trifft. Jeder Mensch sieht sich mit diesen stets gleichbleibenden Herausforderungen konfrontiert. Das individualistisch geprägte Strukturmuster, das bestimmt, wie diesen Herausforderungen begegnet wird, zeigt sich im Muster der Beziehungen im Horoskop jedes Einzelnen. Individuelle soziologische Verhältnisse bilden eine Grundlage für die Erfüllungsebene dieses Individuums, sein »Gesetz der Natürlichkeit«, da die Strukturmuster die persönliche Bezugsebene von Erfüllung mit Energie versorgen.

Die Gesamtkonzeption der astrologischen Ganzheitsanalyse ist außerordentlich einfach: Wir wissen von der Bedeutung der drei Felderkreuze und ihrer gegenseitigen Verbindung aufgrund der Dynamik von Signifikatoren; wir wissen von den Bedürfnissen der inneren Welt und den Vorschriften der äußeren Welt; wir wissen von der Notwendigkeit innerer Unruhe und ihrer Äußerung in Form von Entwicklungsspannung; und wir können den Grad der Erfüllung bei einem Individuum zu jedem beliebigen Zeitpunkt durch seine berufliche Stellung und Selbsteinschätzung in Erfahrung bringen. Die Gesamtkonzeption ist für jeden dieselbe, nur die Bezugsebene ändert sich. Die Integration dieser begrifflichen Konzepte stützt sich nicht auf irgendein magisches Lexikon astrologischer Schlagworte, sondern auf das genaue Wissen des Astrologen von den überall gegenwärtigen Strukturmustern, da sie das natürliche Wachstum in der Gesellschaft widerspiegeln. Das Horoskop wird im wahrsten Sinne des Wortes zum Leben erweckt, wenn seine Strukturen und Begriffskonzepte der Entwicklungsspannung zur Lebensrealität eines jeden Menschen in Beziehung gesetzt werden und dadurch Sinn erhalten.

Angst und Hoffnung

In seinem Buch *The Meaning of Anxiety* stellt Rollo May zusammenfassend fest, daß das Individuum, wenn es ihm gelingt, sich durch die innere Unruhe hindurch und nicht fort von ihr zu bewegen, nicht nur seine selbständige Entwicklung finden, sondern auch den geistigen Horizont seiner Welt erweitern kann. In der Astrologie erkennen wir, daß allgegenwärtige innere Unruhe zu Entwicklungsspannung wird und sich innerhalb von Aspektstrukturen und der Dynamik von Signifikatoren in den Einzelhoroskopen verzeichnet. Diese Entwicklungsspannung findet ihren Brennpunkt im Denken des Individuums, wenn dieses das Gefühl innerer Unruhe in Form von Angst und Hoffnung spezifischer festlegt.

Der Verstand arbeitet, weil er herausgefordert wird. Die bewußte Wahrnehmung von innerer Unruhe und das Bedürfnis zu planen, Dinge zu durchdenken und zu bewältigen, sind normalerweise nicht voneinander zu trennen. Das Zeichen des Merkur weist auf das ergänzende Bedürfnis hin, wie wir bei unserer Handhabung von innerer Unruhe zu denken haben. Aspekte mit Merkur spiegeln entwicklungsmäßige Spannungsbeziehungen wider, die sich auf die Art und Weise unseres Denkens auswirken; die Dynamik der Signifikatoren von Merkur und jedem anderen Planeten, der in ein Aspektnetzwerk mit Merkur einbezogen ist, verbindet die Umweltbelange (innere Fähigkeiten und äußere Erfahrungen) mit der Denkfunktion.

Ralph Naders Merkur (Seite 197) steht beispielsweise in den Fischen und ist rückläufig. Wir wissen, daß sein Bedürfnis, in einer bestimmten Art und Weise zu denken, sehr stark von Sinneseindrücken beeinflußt und äußerst empfänglich sein wird. Dies wird durch die gegenseitige Rezeption von Merkur und Neptun in seinem Horoskop noch verstärkt. Da Neptun im VII. Feld steht, können wir davon ausgehen, daß der überaus empfindliche Denkprozeß im wesentlichen mit öffentlichen Beziehungen (auf persönlich vertrauter oder kollektiver Ebene) in Zusammenhang stehen wird. Neptun herrscht im II. Feld des Selbstwertes, wo Merkur plaziert ist. Die geistige Sensibilität wird die Problembelange von Selbstwert und Beziehungen miteinander verbinden. Dies wird verstärkt durch die Sonne in den Fischen, die im VII. Feld herrscht, am Aszendenten plaziert ist und von dort aus eine Opposition mit Neptun im VII. Feld bildet. Merkur wiederum herrscht im V. und VIII. Feld, zwei weiteren Bereichen im Geld/Liebe-Kreuz der Fixfelder. Merkurs Rückläufigkeit läßt darauf schließen, daß diese sensiblen und persönlich ausgerichteten Dimensionen des Denkprozesses auf einer Ebene wirksam sind, während gleichzeitig noch eine andere Ebene existiert.

Merkur befindet sich in Konjunktion mit Mars, was eine kräftigende Belebung des Denkvorgangs anzeigt, gleichzeitig aber auch eine verstärkte Empfindlichkeit, da Mars ebenfalls in den Fischen plaziert ist. Wir können ein Gefühl dafür entwickeln, daß dieser Denkprozeß immer noch Schwierigkeiten mit direkten Ausdrucksformen hat. Dies wird noch durch die Herrschaft von Mars im kommunikativen III. Feld verstärkt.

Merkur und Mars bilden beide nur noch einen weiteren Aspekt, ein Trigon mit Pluto. Die in der persönlichen Empfindlichkeit enthaltene Unrast wird durch Pluto zur Begründung von persönlicher Perspektive gemildert werden (Trigon). Dieser Pluto ist ebenfalls rückläufig, eine Wiederholung der Rückläufigkeit von Merkur, und sicherlich der Kanal für die andere Ausdrucksebene. Diese andere Ebene führt ohne Zweifel fort vom persönlichen und hin zum beruflichen Bereich, denn Pluto herrscht am MC, bildet ein Trigon mit ihm und wird durch den Mond im Löwen disponiert, der mit Neptun im VII. Feld steht. Der Mond wiederum herrscht im VI. Feld und wird von der Sonne disponiert, die im VII. Feld herrscht. Das gesamte, von Merkur ausgehende Netzwerk versetzt persönlichen Selbstwert-Druck und Empfindlichkeit mittels einer großangelegten und dramatisch-öffentlichen Ausdrucksform in eine kontrapunktisch wirksame Entwicklung.

Naders Merkur, der innerste Planet, ist mit dem Brennpunkt von

Energie (Mars) und der öffentlichen Perspektive durch Pluto, den äußersten Planeten, verbunden. Dieses Netzwerk zeigt eine außerordentliche Klarheit.

Wir wissen nun, daß die innere Unruhe durch geistige Bewußtheit und Findigkeit Wachstum hervorruft. Wir kennen die Qualität des geistigen Einfallsreichtums und wissen vom Vorhandensein zweier Ebenen. Wir können mit Sicherheit behaupten, daß Naders persönliche innere Selbstwert-Spannungen seine innere Unruhe im Brennpunkt einer defensiven Überkompensation durch seine beruflichen Dienstleistungen sammelten, welche gerechte Wertmaßstäbe für eine breitere Öffentlichkeit begründen wollten.

Im persönlichen Leben drücken sich diese Spannungen konkret in Form von Angst aus. Bei Merkur in den Fischen kann sich diese Angst leicht als Furcht davor äußern, ausgenutzt zu werden. Im Widder kann die Angst davor, nicht beachtet zu werden, zum Brennstoff für die Konstruktionen des Ich-Bewußtseins innerhalb des Horoskops werden, gewöhnlich unter Einbeziehung des Nervensystems, um die persönliche Position hervorzustreichen, um sich durch Angriff zu schützen. Leidenschaftliche Gefühlsausbrüche und Gereiztheit können häufig auftretende Ausdrucksformen sein. Bei Merkur im Löwen und Schützen dürfte die Angst – mit augenscheinlichen, geringfügigen Abweichungen – ähnlich sein. Bei den Wasserzeichen beruhen alle Versuche der Angleichung an gedankliche Angstkonstruktionen auf emotionaler Verteidigung. In den Luftzeichen existieren Ängste vor mangelnder Würdigung, in den Erdzeichen vor dem Verlust von Werten.

Diese Ängste reflektieren, wie der Verstand arbeiten muß, damit sich durch die innere Unruhe hindurch die selbständige Entwicklung entfalten kann. Das Denken versorgt alle übrigen Verhaltensfähigkeiten in ihrem besonderen Netzwerk von ergänzender Bedürfniserfüllung mit Energie.

Merv Griffins Merkur steht in einem kraftvollen Aspektnetzwerk im Zeichen Löwe, in Konjunktion mit Venus, dem Mondknoten und Mars, die alle ein Quadrat mit dem rückläufigen Saturn im Skorpion bilden (Seite 203). Die miteinander verknüpften Fähigkeiten innerhalb der Entwicklung treten sehr deutlich hervor: das elterliche Profil (rückläufiger Saturn, Merkur als Herrscher des IV. Feldes, die dichte Konjunktion von Mondknoten und Mars); die Kommunikation mit dem Elternteil des X. Feldes (Merkur herrscht im XII. Feld, dem dritten Haus des X. Feldes); die Beunruhigung über den Selbstwert (die Planetenhäufung im

II. Feld, das Netzwerk der Sonne als Herrscher des II. Feldes). Durch die sehr starke Aspektierung dieses Merkur mit dem rückläufigen Saturn im Skorpion ist die Angst davor, keine Beachtung zu finden (Feuer), außerordentlich heftig, real und bedeutungsvoll. Aufgrund unseres Wissens von den Entwicklungsstrukturen des Lebens können wir hier das gesamte Entwicklungsdrama allein durch dieses Netzwerk von Merkur deutlich wahrnehmen. Die Angst, die Entwicklungsspannungen haben ein der Kompensation dienendes Verhalten entstehen lassen und die persönliche Identität durch glanzvollen öffentlichen Status geschützt.

Howard Hughes' rückläufiger Merkur im Schützen ist komplex, wie wir gesehen haben (Seite 205), doch die Entwicklungsspannungen sind eindeutig: Die Status/Identitäts-Belange haben sich im Bewußtsein des Erbes und der materiellen Mittel und gleichzeitig durch das mangelnde Selbstvertrauen in persönlichen Beziehungen in einem tiefgreifenden Konflikt befunden. Die beiden Quintile von Merkur mit der Konjunktion Mars/Saturn bringen die wesentliche Essenz des gesamten Horoskops deutlich zum Ausdruck: die Angst davor, nicht beachtet zu werden, doch gleichzeitig auch die Schwierigkeit, Anerkennung akzeptieren zu können.

Im offenen Eingeständnis von Angst oder in den instinktiven Reaktionen darauf trifft die innere Unruhe auf Streß, auf die Anforderung der äußeren Welt, die in verschiedenen umweltbezogenen Gedankenkonstruktionen während des ganzen Lebens konkrete Form annimmt. Letztlich ist Saturn das Symbol für diese Angst vor der Umwelt. Er verkörpert die Angst vor Verlust mittels Kontrolle. Wenn Saturn scharf durch andere Bedürfnissymbole innerhalb des Horoskops aspektiert wird, so wird damit eine Angst im Hinblick auf mangelnde Erfüllung begründet, die mit den aspektierten Bedürfnissen verknüpft ist. Bei Fall 1 (Seite 115) steht Saturn am Aszendenten, herrscht im X. Feld und bildet ein Quadrat mit der Sonne im Wassermann im X. Feld: Wir sahen deutlich den Umweltdruck auf den Kernbedürfnissen der Identität, den Bedürfnissen nach individueller Bedeutung. Diese Frau wird im Hinblick auf das Geben von Liebe stark von Ängsten beherrscht, da ihre Sonne im V. Feld herrscht. Bei Fall 2 (Seite 127) ist die Ausdrucksform sehr ähnlich, wobei die Achse des Gebens und Empfangens von Liebe in dramatischer Weise damit verknüpft ist. Bei beiden Frauen ist Merkur im Wassermann plaziert: In Fall 1 wird die starke nervöse Anspannung über das Gefühl von mangelnder Würdigung (Merkur in einem Luftzeichen und im Quadrat mit Uranus) durch die verfestigte Abwehrstruktur des Erdtrigons (verknüpft durch Uranus) unter Kontrolle gehalten; bei Fall 2 trübt die Depression (Quadrat von Merkur/Saturn) die Bewußtmachung der Angst vor mangelnder Würdigung und lenkt diese mittels der Wunschvorstellung (Merkurs Trigon mit der Schlüsselkonjunktion von Mond/Neptun).

Bei Fall 3 (Seite 137) zeigt sich eine überaus nervöse Reaktion auf die innere Unruhe in der Wahrnehmung (Merkur im Widder bildet ein Quadrat mit Uranus), eine große Angst vor Zurückweisung (Nichtbeachtung) im Hinblick auf das Geben von Liebe (Merkur herrscht im V. Feld), eine kreative Anstrengung, Sicherheit innerhalb der Lebensentwicklung durch eine erweiterte Berufsausbildung zu gewinnen (Quintil von Merkur/Jupiter). Diese Ängste wirken als Reaktion auf die tiefergehenden Problembelange, die durch die Opposition zwischen Sonne und Saturn begründet werden. Bei Fall 4 (Seite 145) wird die gleiche Angst davor, keine Beachtung zu finden (Merkur im Widder in Konjunktion mit dem Mond im VII. Feld), durch keinerlei deutliche Aspektbeziehung verschlimmert; die Angst ist unbestimmt, überall gegenwärtig, unangenehm – doch in keinen scharfen Brennpunkt gerückt. Natürlich ist sie, wie wir gesehen haben, ein Bestandteil der Problembelange der frühen Jugend in Relation zu ihren eigenen Maßstäben, die sie an persönliche Beziehungen anlegt (Mars herrscht im VII. Feld und bildet ein Quadrat mit Saturn, der im IV. Feld herrscht). Merkur herrscht im IX. und XII. Feld, der Kommunikation und Kooperation mit und von anderen.

Wenn Merkur scharf mit Uranus aspektiert ist, können wir spontan von einer verstärkten Bewußtwerdung der inneren Unruhe ausgehen. Der Verstand wird erwartungsgemäß das Nervensystem stark in die Wahrnehmung von Angst einbeziehen. Wenn Merkur scharf mit Neptun aspektiert ist, kann die geistige Bewußtheit von innerer Unruhe unklar, die Ausformung zu spezifischen Ängsten eher verschwommen sein. Während Saturn Verlustangst durch Kontrolle und Uranus Angst durch Bedrängung versinnbildlicht, zeigt Neptun Angst durch Vorstellungsbildung oder Selbsttäuschung, ihre Auflösung durch Selbstentfremdung oder Verschleierung an. Pluto in scharfem Aspekt mit Merkur kann auf Angst im Hinblick auf Sinnlosigkeit hinweisen.

Im Brennpunkt der Angst, der durch starke Aspektstrukturen symbolisch dargestellt wird, steht die Bewußtheit, daß die gewohnte, individualistisch ausgeprägte Erfüllung von spezifischen Bedürfnissen durch irgendwelche Umstände vereitelt wird. Dieser Alarmzustand stört die Gleichförmigkeit und erzeugt Veränderung. Wie wir in Teil I dieses

Buches gesehen haben, drängt die Umwelt das Individuum ständig zur Wahl. Durch die Bewußtwerdung von innerer Unruhe im Rahmen der Umweltvorschriften muß sich der Einzelne im Hinblick auf die Bedürfnisse der inneren Welt und auf die Bestätigungen der äußeren Welt dafür entscheiden, ob er die Umwelt um jeden Preis widerspiegeln will (durch ein unterschiedliches Ausmaß an Verzicht auf die eigene, selbständige Entwicklung), ob er von der Umwelt ausgenutzt wird (durch völlige Gefügigkeit und Unterordnung) oder ob er die Umwelt verändern will (durch persönliche Entwicklung).

Das individuelle Bewußtsein von innerer Unruhe, das sich in spezifischen Ängsten niederschlägt, muß innerhalb dieser Wahlmöglichkeiten ständig abgewogen werden. Durch den lebenslangen Entwicklungsprozeß ordnen sich Reaktionen zu einem System von Strukturmustern, von Stereotypen. Aggressives Verhalten wirkt sich auf die Überwindung von Angst aus und ruft Veränderung und Weiterentwicklung hervor; Rückzugsverhalten sucht Angst zu vermeiden und Sicherheit durch Widerspiegelung zu gewinnen.

Wenn wir die Horoskope von berühmten Menschen untersuchen, so erkennen wir kontinuierlich Strukturmuster von hoher Entwicklungsspannung. Wenn wir etwas von ihrem Leben erfahren, so hören wir von dramatischen Härten, bitteren Kämpfen, großen Spannungen. Diese Mühen scheinen irgendwie in einem proportionalen Verhältnis zu ihrem Ruhm zu stehen. Wir sagen häufig: »Er ist ein Selfmademan«, »Bei Gott, sie hat eine Menge durchgemacht, um dahin zu kommen, wo sie jetzt ist« oder »Soundso hat es wirklich zu etwas gebracht«. Entwicklungsspannung und Angst sind ein Ansporn für Wachstum und Erfüllung. Die Berühmten werden dadurch berühmt, daß sie Mißgeschicke überwinden, Rollen spielen, wenn sich die Identität entwickelt, in diese Rollen hineinwachsen, auf vieles verzichten, um vieles zu gewinnen. Häufig schließt der Entwicklungsfortschritt außerordentlich große Veränderungen in der geographischen Umgebung, in der Staatsangehörigkeit und selbst im Namen mit ein.

Während dieses Entwicklungsprozesses – der Spannung zwischen Sozialisation und Individuation – schreibt unsere Kultur jedoch vor, daß wir Spannung vermeiden, daß wir Ruhe und Sicherheit suchen sollten. Wir werden dazu angehalten, »die Sache nicht ins Wanken zu bringen« und »unseren Verpflichtungen nachzukommen«, das heißt, uns einzufügen. Diktum und Beispiel schreiben uns vor, so zu leben, wie unsere Eltern gelebt haben, wie unsere Nachbarn leben, wie unser sozialer Status es bestimmt. Das Dilemma zwischen Vorschrift der äußeren Welt und Bedürfnis der inneren Welt ist kritisch, doch diese kritische Spannung ermöglicht unsere eigene, selbständige Entwicklung.

Im Unterschied dazu haben wir das unbewegte Meer von Menschen, die sich angepaßt haben, die sich vorschriftsmäßig nach Routine verhalten, die Botschaft der besonderen Umwelt erlernt und die gesellschaftlichen Vorschriften gegen die Belohnung von Sicherheit widergespiegelt haben, die sich der Ausnutzung fügten, um damit Angst zu vermeiden. Diese Horoskope zeigen Netzwerke von Spannungen, die sich kaum manifestiert haben. Das Leben verläuft gleichbleibend, festgefügt, voraussagbar. Die inneren Bedürfnisse sind gemeinsam mit den Verhaltensweisen, sie in individualistischer Weise zu befriedigen, unterdrückt worden. Die Selbstbeobachtung ruht. Ehe, Job und Zeit gehen weiter. Die eigene Entwicklung steht still.

Wenn Entwicklungsspannung vermieden wird, um die Unterstützung und Billigung der äußeren Umwelt zu gewinnen, so wird die persönliche Perspektive reduziert. Die natürliche Ausdrucksform von innerer Unruhe wird in einem beschränkten Wirkungskreis zum Verstummen gebracht. Ein kleiner Entwicklungsschritt kann zu einem gewaltigen Bruch werden, da es an den persönlichen Fähigkeiten mangelt, mit der geringfügigen Bedrohung für die Sicherheit fertig zu werden. Die innere Unruhe taucht schwach an der Oberfläche auf, Ängste werden vage benannt, wenn überhaupt, und es zeigt sich ein irrationales Verhaften an Kleinigkeiten. Ebenso wie Angst vermieden wird, so wird auch Hoffnung aufgegeben. – Wie viele Klienten weisen genau diesen Symptomenkomplex auf!

Angst ist innere Unruhe, die sich spezifisch niederschlägt, die einen bestimmten Brennpunkt gefunden hat, die sozusagen rational geworden ist. Sie erkennt die Herausforderung an, der mit Verhaltensfähigkeiten zu begegnen ist, die von der Vernunft gelenkt werden. Mein Vorschlag, daß Saturn – als ein allgemeines Symbol für Angst (die Herausforderungen für das Wachstum, welche der Entwicklung im Verlaufe des Lebens Struktur geben) – notwendige Kontrollen versinnbildlicht, erfaßt die Wesensnatur der inneren Unruhe und die rationale Rolle der Angst.

Wenn wir fürchten, daß uns etwas fortgenommen wird (Trennung, Mißbilligung oder Nicht-Sein), so haben wir gleichzeitig auch die Hoffnung, daß sich irgend etwas als Bestätigung oder »Belohnung« ereignen wird. Angst und Hoffnung sind unfehlbar reziprok aufeinander bezogen. Wir sehen diese Verbindung durch Jupiter, das Symbol für Hoffnung auf

– oder das Bedürfnis nach – Bestätigung, die symbolische Umkehr von Saturn.

Jupiter in Feuerzeichen zeigt verschiedene Verzweigungen einer Hoffnung auf (eines Bedürfnisses nach) Bestätigung, die sich auf Anerkennung richtet, offensichtlich im Hinblick auf das Ego. In Wasserzeichen richtet sich diese Hoffnung auf emotionale Sicherheit; in Luftzeichen auf die Bestätigung durch Würdigung; in Erdzeichen auf die Bestätigung der Begründung von persönlichen Werten. Ralph Naders Jupiter in der Waage im VIII. Feld steht symbolisch für seine Hoffnung auf soziale Würdigung im Sinne von öffentlichen Wertbegriffen. Sein Jupiter herrscht im XI. Feld, einem weiteren Bereich der »Wert«-Fähigkeiten des Kreuzes der Fixfelder. Sein Jupiter ist rückläufig und wiederholt damit den kontrapunktischen Faktor zwischen dem persönlichen Leben und der öffentlichen Arena, wie durch die Analyse seines Horoskops deutlich bewiesen wurde.

Merv Griffins Jupiter steht im VII. Feld im Steinbock in einer Konjunktion mit seinem Mond. Was könnte klarer auf der Hand liegen, als daß seine Hoffnung auf Bestätigung mit der Begründung von persönlichen Werten durch Projektion auf die Öffentlichkeit verbunden ist? Sein Jupiter herrscht im VI. Feld: Er muß eine Dienstleistung, einen Informationsdienst ausführen, damit er diese Stellung erwerben kann. Sein Jupiter ist rückläufig und wiederum ein Echo des kontrapunktischen Gegensatzes zwischen der Entwicklungsspannung im persönlichen Leben und der Überkompensation im öffentlichen Leben.

Auch Howard Hughes' Jupiter war in einem Erdzeichen plaziert und damit ein Symbol für die Hoffnung/das Bedürfnis nach Bestätigung durch die Errichtung von Werten (Stier). Sein Jupiter bildet die einzigen Quadrate innerhalb des Horoskops, und zwar mit Mars und Saturn. Jupiter ist rückläufig und herrscht im IV. Feld, womit er die Aufmerksamkeit deutlich auf das kontrapunktische Prinzip lenkt, dessen Entstehung auf die frühe häusliche Umwelt, die Vaterfigur, das Erbe zurückzuführen ist.

Im Falle von Hughes bildete Jupiter ein scharfes Quadrat mit Saturn: Es herrschte eine Entwicklungsspannung zwischen Hoffnung und Angst, zwischen Werturteil und rational bestimmter Wahlmöglichkeit. Dieser Quadrataspekt läßt immer auf eine starke Verwirrung innerhalb des Selbstbewußtseins schließen, auf die Notwendigkeit einer Auseinandersetzung mit Selbstverachtung. Aufgrund des Widerspruchs zwischen Hoffnung und Angst, zwischen Urteilskraft und Vernunft, kann die

Begeisterungsfähigkeit unterdrückt werden. Die innere Unruhe verliert ihren spezifischen Brennpunkt von Angst, obwohl ihre antreibende Energie überreichlich vorhanden ist. Der Betreffende muß einen dynamischen Kampf der Selbstachtung und des Wagnisses ausfechten. Im Leben und Horoskop von Hughes ist der psychologische Kampf außerordentlich groß gewesen.

Wenn Jupiter in Opposition mit Saturn steht, ist sich die Hoffnung voll der Angst bewußt. Das persönlich orientierte Netzwerk der Hoffnung scheint gegen die gesellschaftlichen Vorschriften zu verstoßen. Wenn sich die innere Unruhe ihren Weg sucht, eine Angst spezifisch zu bestimmen, kann Unsicherheit angesichts der Werte anderer vorherrschend sein und damit zur Motivation für das Entwicklungsverhalten werden. Hier bei dieser Opposition sind die Wahlmöglichkeiten immer noch verschwommen, schwankt die Urteilsfähigkeit hin und her, doch ist alles auf Übereinstimmung und Wachstum angelegt.

Wenn sich Jupiter und Saturn in Konjunktion befinden, werden Hoffnung und Angst stark in den Brennpunkt gerückt. Es scheint ein Gefühl von gerechtem Ausgleich innerhalb des psychologischen Erscheinungsbildes zu herrschen. Bei den Fällen 1 und 4 (Seite 115 und Seite 145) hat die Symbolik dieser Konjunktion jede der beiden Frauen darin unterstützt, ihre persönlichen Verhältnisse zu rechtfertigen und sich in die Gesellschaft einzufügen. Die Hoffnung auf Wachstum hält sich im Gleichgewicht mit der Angst vor Herausforderung; diese Konjunktion im Zeichen Stier legt besonderen Nachdruck auf die Festsetzung von Werten, was für jede der beiden Frauen von größter Wichtigkeit ist (für Fall 1 in persönlicher Hinsicht, für Fall 4 im Hinblick auf das Einfühlungsvermögen).

Dieses Gefühl von Gerechtigkeit, von Ausgewogenheit zwischen Hoffnung und Angst innerhalb der Konjunktion von Jupiter und Saturn erfaßt schließlich das natürliche menschliche Bewußtsein, daß Erfolg und Erfüllung aus Schwierigkeiten und Mühen hervorgehen. Irgendwie wissen wir instinktiv, daß Härten gerechtfertigt sind, wenn Wachstum erreicht wird. Dies entspricht einem Gefühl von natürlicher Gesetzmäßigkeit und Ordnung.

Unsere Kultur wirkt jedoch darauf hin, dieses natürliche Gleichgewicht aufzuheben. Sie rät uns, Angst und Spannung um jeden Preis zu vermeiden und fordert uns mit Nachdruck dazu auf, Hoffnung zu haben, unsere Lebensqualität zu verbessern. Diese Botschaft der Hoffnung drückt sich konkret in dem erschreckend mächtigen Konsumdruck unseres Wirtschaftssystems aus. Es wird uns geraten, laufende Konten in unbegrenzter Höhe für ständig weiter zunehmende Luxusgüter in Anspruch zu nehmen. Ein verbesserter Status wird vermeintlich dadurch aufgebaut, daß man auf die Arbeit verzichtet, arbeitsparende Vorrichtungen verwendet, für ein geruhsames Luxusleben eintritt. Die allmächtige Botschaft der Hoffnung auf Erfolg entlang den Leitmaßstäben der Medien lenkt unsere Aufmerksamkeit auf unsere persönlichen »Mühen«. Wir tadeln uns selbst dafür, daß wir nicht »auf Draht« sind. Wir neigen dazu, unerwartete Belohnungen für unseren schweigenden Kampf zu erwarten. Langsam beginnen wir, unseren Ehepartner, unsere berufliche Stellung, unser ganzes Leben abzuwerten. Ängste, Spannungen und Entwicklungsprobleme werden aus dem Gesichtsfeld verbannt und Hoffnungen, Werturteile und Entwicklungsbestätigungen in das Blickfeld hineingerückt. Wir werden energie- und einfallslos, haben nicht die Spannung, uns für Werte zu entscheiden; die innere Unruhe macht sich irrational und unbestimmt bemerkbar. Wir ziehen die Ergebnisse unserer eigenen Entwicklungserfahrung in Zweifel; wir zeigen Geringschätzung für die Bestätigungen, die wir erhalten haben, indem wir sie als selbstverständlich betrachten; wir werden unzufrieden mit dem, was wir sind. Fortschritt wird persönlich zu unserem entscheidendsten Problem.

Wie oft habe ich im Leben von Klienten gesehen, wie akute innere Unruhe innerhalb von Verwirrung produktiv genutzt werden kann, wenn der Entwicklungsvorgang erklärt und notwendige Ängste und realistische Hoffnungen in gerechter Weise ausgeglichen und direkt auf die Person bezogen werden. Dann entwickelt sich Stolz und wird zu einem sehr starken, stabilisierenden Brennpunkt des Selbst-Bewußtseins: der Stolz der Erfüllung während des Wachstums, die lebensnotwendige Beziehung zu uns selbst.

Abwehrmechanismen

Jemand, der Beziehungen hat, bringt die Dinge leicht fertig. Beziehungen fördern die Entwicklung und verteidigen zugleich die persönlichen Fähigkeiten von Status/Identität, Geld/Liebe und Information/Perspektive. Mit der Planung von Weiterentwicklung ist die Bewahrung des Status quo von entscheidender Bedeutung. Schimpansen tun sich zusammen und stellen Spähposten auf, das Chamäleon verändert die Farbe, um sich seiner unmittelbaren Umwelt anzupassen, Stachelschweine versteifen ihre Stacheln, um sich zu schützen – und der Mensch tut dies alles und noch viel mehr zur Verteidigung seiner »Flanken« während des Entwicklungsprozesses. Er setzt viele unterschiedliche Verhaltensfähigkeiten ein, um wie ein Widder mit dem Kopf zu stoßen, starrköpfig wie ein Stier seine Stellung zu behaupten, sich erfindungsreich doppelte Argumentationsstandpunkte zu eigen zu machen, seine Scheren tief in emotionaler Sicherheit zu versenken, herausfordernd wie ein Löwe zu brüllen, Werturteile peinlich genau abzusichern, soziale Anerkennung geschickt im Gleichgewicht zu halten, bei Einmischung der Umwelt zurückzustechen, der Verwurzelung zu entfliehen, eine herbe Zurückgezogenheit zu erreichen, ungewöhnliche Formen der Befreiung einzuführen und Selbstaufopferung nutzbringend einzusetzen.

Ebenso wie die innere Unruhe in natürlicher Weise die um Wachstum bemühten Anstrengungen hervorruft, so läßt sie auch notwendigerweise Kräfte zur Verteidigung dieser Bemühungen entstehen. Innerhalb des Horoskops kennzeichnen Beziehungsstrukturen nicht nur Entwicklungsspannung und spezifische Ausdrucksformen der Angst zur Erfüllung persönlicher Bedürfnisse innerhalb des Umweltdrucks, sondern auch die systematische Organisation von Verteidungsmaßnahmen zum Schutze des Status und zur Abschließung der Identität.

Abwehrkonstruktionen sind nicht unbedingt negativ. In unserer Gesellschaft wird ein defensives Verhalten häufig als symptomatisch für Probleme auf einer persönlichen Ebene, doch als Haltung der Stärke auf der nationalen Ebene angesehen. Wenn wir zu jemandem sagen: »Sei doch nicht so defensiv«, so geben wir damit eigentlich eine Bereitschaft zu verstehen, Fähigkeiten zu teilen, das heißt: »Hab' doch keine Angst vor mir, laß uns teilen.« Auf der nationalen Ebene sagen wir: »Ihr sollt ruhig Bescheid wissen, wie stark wir sind und Angst vor uns haben!«

Dann kommt es zu Positionsverschiebungen: Sobald auf der persönlichen Ebene Mittel oder Fähigkeiten angesammelt worden sind – ein Geschäftsbeginn, ein Hauskauf, eine angesehene Stellung –, haben wir nichts Eiligeres zu tun, als sie nach besten Kräften zu verteidigen. Wir heuern Rechtsanwälte zu unserem Schutz an, wir installieren Alarmanlagen, wir machen Überstunden, damit wir die Vorzugsstellung halten können. Die Verschiebung auf der nationalen Ebene wird deutlich, wenn wir sagen: »Unsere Stärke ist schon ausreichend, wir sollten das Verteidigungsbudget kürzen und die Mittel für die Verbesserung unserer Situation im Inland verwenden.«

Obgleich diese Einsichten einen faszinierend vielschichtigen Diskussionsbereich enthüllen, können wir mit Sicherheit verallgemeinernd feststellen, daß Abwehrverhalten einerseits Schutz von Verwundbarkeit und andererseits Schutz von Stärke bedeutet. Die Betrachtungsweise ändert sich, nicht aber die Verhaltensform. Ebenso wie innere Unruhe notwendig für das Leben selbst ist, so ist das defensive Verhalten wesentlich für die Sicherheit während eben dieser Lebensentwicklung.

Wenn wir auf abwehrendes Verhalten bei anderen stoßen, so hegen wir unwillkürlich den Verdacht, daß es Verwundbarkeiten schützen soll. Mit dieser Haltung können wir uns identifizieren, da wir uns selbst ebenfalls mit einer Festung umgeben haben. Wir sagen: »Verteidige dich doch nicht *so*«, wenn wir anderen versichern wollen, daß ihre Verletzlichkeit nicht ausgenutzt werden wird, wenn sie ihre Abwehrmaßnahmen etwas lockern. Die adverbiale Bestimmung »so« benennt das Ausmaß. Wenn wir andererseits abschätzen, daß andere ziemlich viele Fähigkeiten besitzen und sich trotzdem defensiv verhalten, dann sagen wir: »Du *brauchst* dich doch nicht zu verteidigen.« Wir vergleichen unsere Beobachtung der Fähigkeiten anderer mit unserem Gefühl von Sicherheit, wenn wir über solche Fähigkeiten verfügen würden. In beiden Situationen und in allen möglichen Zwischenstufen sind Formen der Defensive mit dem inneren Bewußtsein und der äußeren Einschätzung von persönlichen Fähigkeiten verbunden. Auch hier bilden Entwicklungsdynamik und Gestaltung des Standortes zwischen innerer und äußerer Welt die Grundlage für das Ausmaß von Spannung und Abwehrverhalten.

Es ist daher eindeutig positiv, daß Abwehrmechanismen innerhalb der Lebensentwicklung gut artikuliert zum Ausdruck kommen. Entscheidend ist jedoch das Ausmaß des defensiven Verhaltens, und mit diesem muß sich die holistische Astrologie beschäftigen. Dieses Ausmaß variiert gewöhnlich in Relation zu der wirklichen oder vorgestellten Einschätzung von Fähigkeiten innerhalb der Lebensentwicklung. Das Abwehrverhalten kann beispielsweise so stark ausgeprägt und isolationsschaffend werden, daß kaum noch Gelegenheit besteht, Unsicherheiten durch den Austausch von Beziehungen und Fähigkeiten zu heilen. Dies entspricht dem Profil des *defensiven Rückzugs*.

Das Abwehrverhalten kann die Form eines gewohnheitsmäßigen Musters annehmen und eine Vergeudung von Energien darstellen – Energien, die vom Entwicklungsvorgang abgelenkt werden. Dies ist besonders kennzeichnend für die Zeit, wenn man »erwachsen« geworden ist und die Probleme der Jugend nicht mehr existieren oder in die richtige Perspektive gerückt worden sind. Doch können die Strukturmuster in diesem Profil der *defensiven Gewohnheit* noch weiter fortbestehen.

Das Abwehrverhalten kann durch Bedürfnisse abgeschwächt werden, die auf einer nicht-defensiven Beziehung beruhen. Die emotionale Sicherheit durch die Bindung an einen anderen Menschen kann so stark sein, daß andere Fähigkeiten der Identität, die nicht verteidigt wird, völlig vernachlässigt und aufgegeben werden. Dies entspricht dem Profil der *defensiven Selbstaufopferung*.

Wir haben in diesem Buch klassische Abwehrmechanismen schon kurz gestreift. Wir hörten von Harry Stack Sullivans Sicht der Verdrängung (Seite 175), mit deren Hilfe wir Verhaltenstendenzen aus unserem Bewußtsein heraushalten, die Mißbilligung auf sich lenken mögen. Natürlich zieht die Verdrängung potentielle Verhaltensenergie aus dem Verkehr und drängt andere Verhaltensformen zu erhöhter Leistung. Ein Junge mit großer Sensibilität beispielsweise, die von seiner Familie nicht verstanden oder gewürdigt oder bestätigt wird, kann es lernen, diese zu unterdrücken und männlichere Verhaltensweisen anzunehmen. Die Überkompensation kann ihn, wenn er erwachsen ist, in eine materialistische Haltung und einen übertriebenen Männlichkeitskomplex hineindrängen, während die unerfüllte Sensibilität in dieser mangelnden Ausgewogenheit dahinsiecht und starke innere Unruhe verursacht.

Die Verdrängung der Beunruhigung über den Selbstwert während der frühen Entwicklungszeit bewirkt eine Überkompensation innerhalb von Werten der äußeren Welt, wie wir es aus den Horoskopen von Ralph Nader und Merv Griffin vermuten können. Die Verdrängung tilgt keine spezifischen Formen innerer Unruhe; sie hemmt lediglich ihren Druck auf Erfüllung mittels Ersatzhandlung.

Wir haben den klassischen Abwehrmechanismus der Projektion besprochen, der dann auftritt, wenn die Quelle der inneren Unruhe mit einer äußeren Herausforderung in Form von Angst gleichgesetzt wird. Dieser Vorgang der Projektion kann mittels symbolischer Verdrängung und Ersatzhandlung außerordentlich kompliziert und tiefgründig werden. In Teil III dieses Buches werden wir beispielsweise sehen, wie die junge Frau von Fall 3 (Seite 137) ihre Fähigkeit, in Liebesbeziehungen und einer weiterführenden Ausbildung erfolgreich zu sein, als projizierte Verdrängung des von ihr wahrgenommenen Konfliktes mit ihrer Mutter fürchtet; sie hat Angst vor persönlichem Erfolg, der die Eifersucht ihrer Mutter auf sie verstärken könnte.

Reaktionsbildungen (Seite 72) wurden in Relation zu der Verlagerung oder Verdrängung eines inneren Unruheherdes auf einen entgegengesetzten Komplex besprochen, gewöhnlich aggressive, äußere Formen der

Überkompensation anstelle von verwundbaren, inneren Fähigkeiten. Präsident Richard Nixon, dessen rückläufiger Saturn ein Quadrat mit seinem Mond, dem Herrscher des XI. Feldes, und ein Quadrat mit seiner Venus, dem Herrscher des II. Feldes, bildet und dessen rückläufiger Neptun in Opposition mit seiner Sonne steht, hat sehr reale, tiefe Minderwertigkeitsgefühle. Sein Horoskop veranschaulicht in vollkommener Weise sowohl Projektion als auch Reaktionsbildung: Für einen patriotischen Politiker ist der zu fürchtende »Feind« die andere Partei oder die fremden Mächte, die das staatliche System allmählich zu zerstören drohen. Nixons Ehrgeiz als junger Kongreßabgeordneter im Jahre 1948 war außerordentlich groß und brachte ihm selbst damals schon den Ruf von rücksichtsloser politischer Taktik ein. Nixon machte sich dadurch einen Namen, daß er eine führende Stellung bei der überstarken Reaktion dieser Ära gegen Kommunisten einnahm, besonders gegenüber Alger Hiss. Wir können dies als eine Projektion von Nixon erkennen, wobei er seine eigene Unsicherheitsspannung als Kongreßabgeordneter und Rechtsanwalt auf Hiss ersatzweise verdrängte. Übereifrige patriotische Leistung (politisches »Overkill«) war die Reaktionsbildung gegenüber der inneren Unsicherheit, doch auch Anfang und Ende von Nixons Karriere.

Sublimierung ist ein weiterer klassischer Abwehrmechanismus innerhalb der Psychologie. Mittels Sublimierung wird bestimmten Verhaltensweisen oder Bedürfnissen um einer vermeintlich höheren Selbstbestimmung willen entsagt. Dieser Vorgang ist gleichzeitig außerordentlich gefährlich und außerordentlich einfach: Die Entsagung ist sehr einfach, da sie von Gesellschaft und Religion gerühmt wird (äußere Belohnungen), doch sie weicht der vollen Verantwortung des Wachstums in Relation zu den Wagnissen innerhalb der Lebensentwicklung aus (die inneren Bedürfnisse in ihrer Relation zu anderen Menschen). Gewöhnlich werden sexuelle Energien sublimiert, um damit innerer Unruhe in Beziehungen aus dem Weg zu gehen. Wird ein Problembereich des Austauschs von Fähigkeiten und der Verhaltensformen zur Bedürfnisbefriedigung sublimiert, ohne vorher behoben worden zu sein, so wird sich dies stets zerstörerisch auf den Organismus auswirken. Wird der Problembereich zuerst gelöst, bevor er sublimiert wird, so kann sich der Organismus dadurch höher entwickeln. Dies zeigt uns, wieviel Selbsterkenntnis, Umsicht und Reife für die Sublimierung erforderlich ist.

Das Horoskop kann auch in beredter Weise über andere Abwehrstrukturen Aufschluß geben. Die Trigonstruktur ist der hauptsächliche defensive Beziehungsaspekt. Sie verbindet Planetensymbole von Bedürfnissen und Verhaltensfähigkeiten zu reibungslos dahinfließenden, geschlossenen Kreisläufen der Selbst-Genügsamkeit. Das Gefühl von Selbst-Genügsamkeit zeigt augenblicklich den Wesenskern von Abwehr an. Das Selbst wird vor sich selbst beschützt. Eine derartige Abwehrmaßnahme wirkt sich natürlich gegen Beziehungen und den Austausch von Fähigkeiten mit anderen aus, die für Wachstum und Entwicklung unbedingt notwendig sind. Wir können verschiedene Grade von Rückzug, Gewohnheit und Selbstaufopferung vorwegnehmend erkennen.

Die Trigonstruktur der Erdzeichen beschreibt einen geschlossenen Kreislauf der praktischen Selbst-Genügsamkeit. Hier herrscht das Gefühl von »Ich brauche deine Hilfe nicht«, das sich aus der praktischen Erfindungskraft herausgebildet haben kann, die zur Begründung eines Wertgefühls in der frühen häuslichen Umgebung notwendig gewesen ist. Wenn sich die Erd-Trigonstruktur auf kraftvolle Fähigkeiten stützt, so kann sie sich ausdrücken als »Ich werde alles dies übertreiben, um damit etwas Bestimmtes zu beweisen«. Wenn die Fähigkeiten einzig und allein erschöpft werden, so herrscht das eher eitle Gefühl des »Ich brauche deine Hilfe nicht«. Die Selbstgenügsamkeit bestimmt und schützt das Ichbewußtsein von Werten. Sie betont die Individuation, richtet sich aber gegen Beziehung. Der geschlossene Kreislauf kann sich zu einem Gewohnheitsmuster verfestigen, muß jedoch gelockert werden, damit Energien freigesetzt und der Austausch von Fähigkeiten innerhalb von Beziehungen gefördert werden.

Die Trigonstruktur der Wasserzeichen beschreibt einen geschlossenen Kreislauf der emotionalen Selbst-Genügsamkeit. Die Abwehr richtet sich gegen Ausnutzung in dem Gefühl von »Ich bin schon so oft verletzt worden, deshalb bleibe ich auf mich gestellt«. Im Extremfall kann sich daraus die Haltung »Ich brauche deine Gefühle nicht, und du brauchst meine nicht« entwickeln, die sich gegen Beziehungen und den Austausch von Fähigkeiten richtet und zur Selbstisolation führt, oder diese Strukturierung kann zu völliger äußerer Abhängigkeit führen.

Die Trigonstruktur der Luftzeichen zeigt einen geschlossenen Kreislauf der intellektuellen oder sozialen Selbst-Genügsamkeit an, der gegen die Angst verteidigt, keine Würdigung zu finden. Diese Art der Verteidigung ist wie geschaffen für die Probleme, die durch den rückläufigen Saturn symbolisiert werden (Seite 84-94), und taucht auffallend häufig gemeinsam mit diesem auf. Es herrscht das Gefühl von »Stöcke und Steine können mir die Knochen brechen, doch Worte können mich niemals verletzen!« Der Betreffende zeigt eine tiefgehende Reaktionsbildung von Überlegenheitsgefühlen, die sich um die Fähigkeiten der Luft-Trigonstruktur dreht und die innere Welt gegenüber der äußeren Welt stark macht: »Tief im Innern weiß ich, daß ich gut bin – sogar noch viel besser als alle ihr anderen.« Im Extremfall ist die Trigonstruktur der Luftzeichen Sinnbild für eine außerordentlich große Selbstisolation, wobei keinerlei Bedürfnis nach Beziehungen verspürt wird.

Die Trigonstruktur der Feuerzeichen verteidigt gegen die Angst, keine Beachtung zu finden. Sie steht symbolisch für einen geschlossenen Kreislauf der Selbst-Genügsamkeit von Motivation: »Du kannst mir nichts erzählen, was ich nicht schon selbst weiß.« Dies ist natürlich eine aggressive Übertragung von Status auf das eigene Ich, häufig Bestandteil einer deutlichen Reaktionsbildung zur Verteidigung von innerer Unsicherheit. Der innerste Gedanke dabei ist oft: »Ich weiß genau, wo mein Weg entlanggeht und brauche deine Energie nicht, um dorthin zu kommen!«

Diese allgemeinen Feststellungen müssen sich in der holistischen Einschätzung des gesamten Horoskopdramas im Rahmen der umfassenden Lebenserfahrung des Menschen erweisen. Jede von ihnen erfordert die Anpassung an den individuellen Einzelfall; für den holistisch arbeitenden Astrologen ist daher das Grundprinzip von Bedeutung, das durch die Trigonstruktur symbolisch dargestellt wird: Hier ist einfach zuviel des Guten vorhanden. Der potentiell gute (offensive) Anstoß verliert sich in der völligen Inanspruchnahme durch die Defensive. Zumindest drei Verhaltens- und Bedürfnisfähigkeiten sind auf ein bestimmtes Element begrenzt und allzu problemlos miteinander verbunden. Es herrscht ein ersticktes Gleichgewicht, keine ausreichende Entwicklungsspannung für die umfassende Anwendung dieser Fähigkeiten im Leben. Sie schließen sich zu einem immer gleichbleibenden Muster zusammen und lassen sich mühelos innerhalb des Verhaltens nachweisen.[18]

Zumeist sind Sonne und/oder Mond in die Trigonstruktur mit einbezogen. Dadurch wird das durch die Trigonstruktur errichtete Abwehrverhalten mit der Lebensenergie und dem Hauptbedürfnis der Sonne/Mond-Analyse verbunden. Wenn jedoch weder Sonne noch Mond mit zur Trigonstruktur gehören, dann zeigt die selbstgenügsame, defensive Strukturierung der Verhaltensweisen die Tendenz, in dramatischer Weise lösgelöst vom Sonne/Mond-Einfluß der Lebensentwicklung zu existieren.

Bei Fall 1 (Seite 197) weist das Horoskop der Frau eine klare Erd-Trigonstruktur auf, die Sonne oder Mond nicht einschließt. Es war im

Verlauf der Analyse leicht zu klären, wie sich das Abwehrsystem der praktischen Selbst-Genügsamkeit als Reaktion auf den Tod beider Elternteile herausgebildet hat. Sie hat ihr Leben einer prächtigen Sammlung von Beschäftigungen gewidmet. Durch ihre berufliche Arbeit konnte sie häufig ihre Umgebung verändern. Sie arbeitet auf dem Gebiet der Öffentlichkeitsarbeit, was genau ihren persönlichen Interessen entspricht. Die praktische Selbst-Genügsamkeit hat es geradezu bewundernswert fertiggebracht, ihr Status zu geben, doch sie gleichzeitig auch daran gehindert, ohne Schwierigkeit zufriedenstellende persönliche Beziehungen einzugehen. Das defensive Verhalten, das sich aus den traumatischen Erfahrungen in der Jugend entwickelt hat, ist im späteren Leben zu Stärke geworden, die jedoch mehr auf den öffentlichen Status als auf die ganz persönliche Identität ausgerichtet ist. Ihre Venus, die zur Trigonstruktur gehört, herrscht am Aszendenten, bildet jedoch keine weitere Aspektbeziehung außerhalb der Trigonstruktur. Dieses Strukturmuster existiert völlig autonom und betont mit Nachdruck ihre private Einsamkeit. Die Heilung muß darauf einzuwirken suchen, daß sie sich ihrer Vorzüge bewußt wird, an ihre vielseitigen Fähigkeiten glaubt und richtig einzuschätzen lernt, daß die defensiven Verhaltensweisen der Selbst-Genügsamkeit nicht mehr so unnachgiebig zu sein brauchen.

Fall 5 ist auf Seite 227 dargestellt. Beim ersten Blick auf das Horoskop erkennen wir deutlich die Konzentration im Zeichen Skorpion (Merkur, Aszendent, Mars und Sonne). Sein Herrscher Pluto ist im VIII. Feld plaziert. Wir können sofort einen stark gefühlsbetonten Brennpunkt erwarten, vielleicht ein Gefühl von innerer Unruhe darüber, ausgenutzt zu werden (Merkur im Skorpion im XII. Feld), und eine Verbindung der persönlichen Perspektive mit tiefgehender Selbstbeobachtung, die zur Psychotherapie führen könnte, wenn die emotionalen Belastungen während der Entwicklung stark gewesen sind (Pluto im VIII. Feld). Deutlich tritt Neptun am MC hervor, und wir können ein Gefühl für die potentielle Selbstaufopferung im Hinblick auf das Ich-Bewußtsein entwickeln (das X. Feld). Auf den ersten Blick ist das Potential für eine sich außerordentlich stark manifestierende innere Unruhe im Hinblick auf die persönliche Bewußtheit wahrzunehmen.

Das Aspektnetz zeigt uns, daß es nur ein Quadrat und eine Opposition in diesem Horoskop gibt. Die Entwicklungsspannung konzentriert sich hauptsächlich auf das Quadrat zwischen Neptun und Sonne und auf die Opposition zwischen Uranus und Mond. Die Sonne herrscht im X. Feld, in dem Neptun steht, und Uranus herrscht im IV. Feld, wo er auch plaziert ist. Offensichtlich ist bei dieser Frau im Kern der Entwicklung eine ungewöhnlich große Spannung zu den Eltern vorhanden.

Weiterhin erkennen wir die Trigonstruktur der Wasserzeichen, welche die Konjunktion von Mars/Sonne, die Konjunktion von Jupiter/Uranus, beide rückläufig, und Pluto einschließt: ein kraftvoller geschlossener Kreislauf der emotionalen Selbst-Genügsamkeit, der wahrscheinlich als Abwehrmechanismus gegen frühe Entwicklungsprobleme in Verbindung mit den Eltern eingesetzt worden ist.

Auffallend ist das Fehlen von Verhaltensfähigkeiten, die durch Planeten in den Erdzeichen symbolisiert werden, was auf eine mangelnde praktische Orientierung im Netzwerk der Entwicklungsspannung hinweist. Neptun wird durch sein Quadrat mit der Sonne in die isolationsschaffende Trigonstruktur mit aufgenommen; auch Merkur wird aufgrund seiner Dynamik des XII. Feldes und seiner Anderthalbquadratur mit Jupiter in diese Aspektkonstellation einbezogen. In ähnlicher Weise werden auch der Mond durch seine Opposition mit Uranus und die Venus durch ihre Konjunktion mit dem Mond mit der Trigonstruktur verbunden. Einzig und allein Saturn ist nicht in die emotionale Gedankenkonstruktion integriert. Er ist schwach aspektiert (nur das Sextil mit der Venus); da er im Schützen steht, können wir annehmen, daß sich sein hohes geistig-ethisches Profil ungebunden in der gesamten Persönlichkeit ausdehnt, besonders da er in dem geistig betonten III. Feld herrscht.

Da sich die Zenit-Nadir/MC-IC-Achse aufgrund von Feldposition und Aspektierung unter offensichtlicher Entwicklungsspannung befindet, wissen wir, daß die elterliche Umgebung für die Status/Identitäts-Belange eine wichtige Rolle spielen wird. Da die Herrscher der Aszendent/Deszendent-Achse in die Trigonstruktur einbezogen sind, wissen wir, daß persönliche Projektion und Beziehungen entscheidende Bereiche für die Entwicklung sein werden. Ohne Zweifel sind die Status/Identitäts-Probleme stark, und es liegt klar auf der Hand, daß sie das Abwehrverhalten des Ichs in emotionaler Hinsicht auslösen.

Die einundfünfzigjährige Frau erschien wortkarg und etwas aufgelöst zu ihrer Konsultation. Sie nuschelte. Ich fragte sie, ob sie irgendein Medikament eingenommen hätte, was sie verneinte. Als wir eine Weile zwanglos miteinander geplaudert hatten, wurde mir bewußt, wie intelligent und genau sie in ihren Gedanken und Worten war. Der Kontrast ihrer äußeren Erscheinung und ihre Lethargie ließen mich vermuten, daß sie während einer langen Zeit ziemlich viel mitgemacht hatte und irgendwie abgestumpft war. Im späteren Verlauf der Konsultation bestätigte sie

Fall 5: Weiblich

KFV
473
FLWE
3380

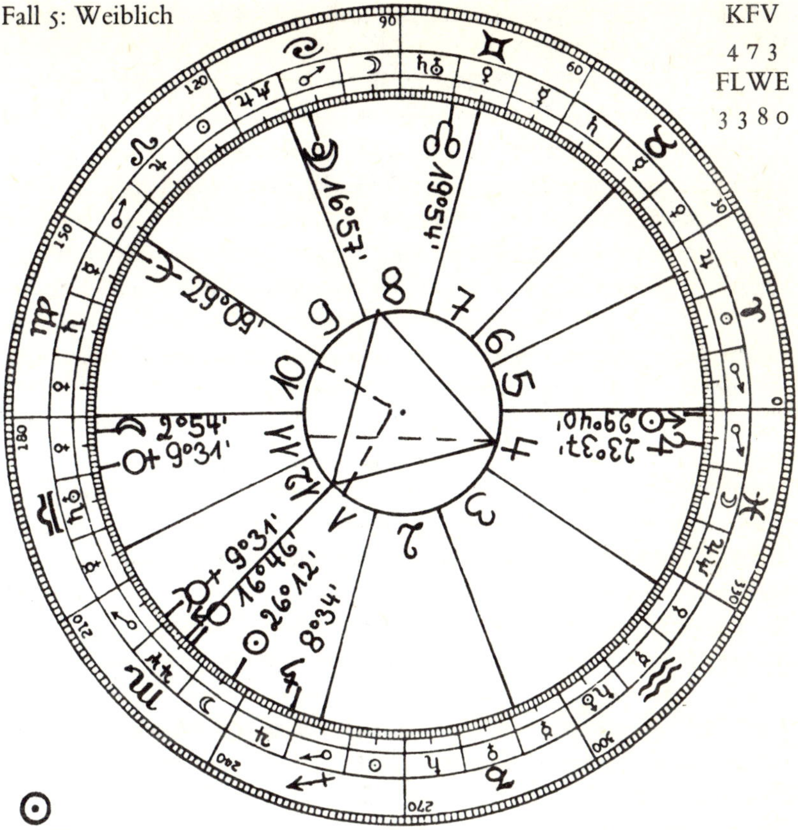

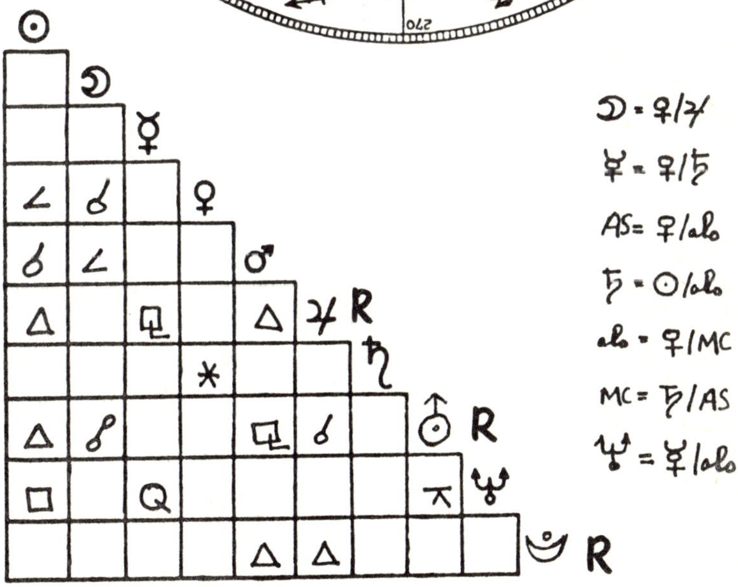

meinen Verdacht aus eigenem Impuls und sagte: »Durch all diesen Streß habe ich das Gefühl von Abstumpfung.«

Als ich sie nach ihrer Jugend fragte, hörte ich eine nicht alltägliche Geschichte: Ihre Familie hatte eine größere Ortsveränderung vorgenommen, als sie ungefähr zwei Jahre alt war (Aszendent s in Konjunktion mit Mars). Sie hatte eine förmliche holländische Erziehung gehabt; alles im Elternhaus war streng geregelt worden. Ich äußerte die Vermutung, daß sich diese Starrheit gegen ihre Anerkennung als individuelles Wesen ausgewirkt haben könnte, und darauf entgegnete sie nur »Ja, sehr«. Sie berichtete von drei älteren Brüdern, denen alle Beachtung geschenkt worden war (Saturn, Herrscher des III. Feldes, nahezu vagabundierend?; eine generationsbedingte Soziologie).

Während sie sprach, begann ich damit, die Messungen und anfängliche Schlußfolgerungen an ihr Leben anzugleichen. Ich erkundigte mich nach ihrem Vater. Sie sagte: »Mein Vater hat mich wirklich geliebt, doch pflegte er immer zu sagen, daß wir alle wie ›Mutter‹ sein sollten. Sie hatte den Haushalt in höchst perfekter Weise organisiert.« Ich spürte, daß das X. Feld dieser Frau – Neptun in Konjunktion mit dem MC – als Symbol für die Mutter stehen mußte. Es war einleuchtend, die Einmischung der Mutter in das Leben meiner Klientin in dem Quadrat zwischen Neptun und ihrer Sonne zu sehen. Ich machte die Bemerkung: »Und das Ideal Ihrer Mutter ist zu *Ihrem* Ideal geworden? War es nicht schwierig, den Erwartungen gerecht zu werden?« Als Bestätigung meinte die Frau nur: »Ach du lieber Gott!« Die Trigonstruktur war ganz in den Dienst dieses Ideals gestellt worden.

Die Frau verriet, daß sie seit drei Jahren in psychotherapeutischer Behandlung gewesen war und kurz vor deren Abschluß stand (zum Zeitpunkt der Konsultation existierte ein exaktes Quadrat zwischen laufendem Pluto und Geburtspluto sowie zwischen dem laufenden Saturn und ihrem Saturn). Ich bestätigte ihr, wie folgerichtig ihre Lebensgeschichte klang (ein Kompliment sowohl für ihren Therapeuten als auch für sie selbst), als sie herzzerreißende Darstellungen von persönlicher Ausnutzung durch das Idealbild der Mutter gab.

Ich begann das Strukturmuster zu überprüfen, von dem ich wußte, daß es in ihrem Leben existieren würde: Das junge Mädchen mit tiefen emotionalen Bedürfnissen (Skorpion und Trigonstruktur) und starken sozialen Bedürfnissen (Konjunktion von Mond/Venus in der Waage im XI. Feld, Venus als Herrscher des VII. Feldes), das sich ganz auf die liebevoll gemeinte Suggestion des Vaters einstellte, wie die Mutter zu sein, das Tag und Nacht arbeitete, um innerhalb der starren, kirchlich und ethisch geprägten häuslichen Umwelt genauso perfekt wie die Mutter zu sein (Saturn im Schützen, der nicht eingebunden und vagabundierend ist); das sich auf der persönlichen Ebene alleingelassen fühlte und Wunschvorstellungen zur Begründung von Identität nachging. Dies alles wurde von der Klientin ohne weiteres bestätigt, außerdem »ungeheuer große Ausdehnungen der Vorstellungswelt« bis zu dem Punkt, daß sie schließlich »die Wirklichkeit nicht mehr erfassen konnte.«

Ich äußerte die Vermutung, daß sie sich dann um so mehr hätte anstrengen müssen, damit sie die Idealvorstellungen erfüllen konnte, die sich am Vorbild der Mutter festmachten. Damit hatte ich recht. Ich begann zu erkennen, wie die Trigonstruktur gegen sie arbeitete und für das Bemühen eingespannt wurde, der Mutter nachzueifern: Neptuns Quadrat mit der Sonne vom MC aus, sein Quintil zu Merkur im XII. Feld und sein Quincunx-Aspekt mit Uranus, dem Herrscher des IV. Feldes, der eine Opposition mit dem Mond bildet. Die gesamte Kreisbewegung des Horoskops mündete in dem Brennpunkt der Mutter. Das Wissen um die mütterliche Symbolik der Mondknotenachse ließ die Halbsummenpunkte Mondknoten = Venus/MC und Neptun = Merkur/Mondknoten um so bedeutungsvoller werden.

Sobald ich sagte: »Sie mußten um jeden Preis das verteidigen, was Sie *im Hinblick auf das Bild Ihrer Mutter* zu sein glaubten?«, unterbrach sie mich mit einer scheinbar falschen Schlußfolgerung: »Wissen Sie was? Bis heute fürchte ich mich vor Wasser. Meine Brüder schütteten Wasser über mich, wenn ich Wutanfälle hatte. Bis heute kann ich kein Wasser auf meinem Kopf vertragen, selbst meine Haare muß ich in einer besonderen Art und Weise waschen.«

Die Symbolik war überaus deutlich. Ihr eigenes emotionales Gleichgewicht war durch das Vorbild der Mutter völlig ausgelöscht worden. Niemals konnte sich in irgendeiner Hinsicht Selbstvertrauen herausbilden. Die gestaute Enttäuschung entlud sich in Wutanfällen. Emotionen wurden zur Strafe mit einer Flut von »Wasser« weggespült. Sie verteidigte sich selbst in dem und durch das Idealbild der Mutter.

Die Identitätsprobleme setzten sich später in ihrer Ehe fort: Die Sexualität fand praktisch nach drei Jahren ein Ende – das war vor achtundzwanzig Jahren gewesen! Sie gab sich selbst die Schuld dafür und sah es als Ablehnung an (Neptun herrscht im V. Feld). Ich äußerte die Vermutung, daß sie damals wahrscheinlich wiederum versucht hätte, ebenso perfekt wie ihre Mutter zu sein, und die Klientin bestätigte dies im einzelnen: »Ich hatte die fixe Idee, daß mein Haushalt schmutzig war und die Dinge aus diesem Grunde schlecht liefen . . .« Sie versuchte zwanghaft, den Ehemann wieder für sich zu gewinnen, scheiterte, hatte einen Nervenzusammenbruch und verübte einen Selbstmordversuch.

Da ich irgendwo innerhalb ihrer gesamten Spannung herauszufinden suchte, ob ihr Mars im Skorpion, der in Konjunktion mit dem Aszendenten und östlich war, jemals defensiv über die Wutanfälle hinaus aktiviert worden war, fragte ich sie danach, warum sie sich niemals von ihrem Ehemann hätte scheiden lassen. Sie meinte, daß ihr Mann zu sagen pflegte: »Du läßt dich doch niemals von mir scheiden – deine *Mutter* würde es nicht dulden!« – Ein qualvolles Szenarium tat sich hier auf, während die Klientin gefaßt alles in eine klare Perspektive rückte: ein Leben, das einem äußeren Idealbild geopfert worden war, emotionale Fähigkeiten, die sich an der Mutter fixierten, und das Leiden unter all diesem offensichtlich ausgenutzt durch den Ehemann aufgrund von besonderen Aggressionsbedürfnissen innerhalb seiner eigenen Entwicklung.

Ihre tiefen, aus der Analyse gewonnenen Einsichten gaben mir weiteren Aufschluß über das Erscheinungsbild ihrer Trigonstruktur. Wir sollten genau beachten, wie die Trigonstruktur formal eigentlich nur Mars, Pluto und Jupiter einbeziehen dürfte. Die Basis, von der aus Orbismessungen ihren Ausgang nehmen sollten, wird tatsächlich durch Mars und Pluto in 16 Grad Skorpion bzw. Krebs begründet. Diese Trigonstruktur würde demnach *ohne* Sonne und Mond wirksam sein, deren Analyse Selbstvertrauen und inneres Gleichgewicht und schließlich Stolz erwarten läßt, der in einem reibungslosen Verhältnis zur sozialen Welt erfahren wird – das genaue Gegenteil zu der tatsächlichen Lage der Dinge in ihrem Leben. Wahrscheinlich hatte sie sich anfänglich so verhalten, doch mit der Zeit und im Laufe der Entwicklung, mit der liebevoll drängenden Aufforderung des Vaters im Rahmen einer starren Umgebung, »so wie Mutter zu sein«, waren Sonne und Uranus in den gefühlsmäßig idealisierten, geschlossenen Kreislauf hineingezogen worden. In ähnlicher Weise können wir die Opposition des Mondes über der Zeichengrenze mit Uranus deuten, wodurch der Mond ebenfalls in den Einfluß der Trigonstruktur hineingeriet. Uranus (die Verstärkung der Individuation) bildet einen fast exakten Quincunx-Aspekt (Anpassung) mit dem einflußreichen Neptun. Wir können erkennen, wie die planetarischen Bedürfnis/Verhaltenssymbole von der dominierenden Trigonstruktur aufgesogen und dort durch die Aspektkonfiguration und die Eckpunkte des Horoskops in den fixen Zeichen starr festgehalten wurden, während das eigentliche Ich auf der Strecke blieb.

Diese Frau hatte niemals um ihrer selbst willen existiert. Sie fürchtete Mißbilligung. Das gesamte Horoskop kann mittels des X. Feldes, die Mutter, als Aszendent gedeutet werden: Dann wäre der Mond meiner Klientin im zweiten Haus ihrer Mutter plaziert; Mars, Sonne und Saturn stünden im vierten Haus ihrer Mutter; der Pluto meiner Klientin befände sich im elften Haus ihrer Mutter und würde damit die Dynamik der mütterlichen Erwartungen auf die persönliche Perspektive meiner Klientin übertragen. Die Angleichung zwischen den Eltern meiner Klientin, das heißt, ihr Vater, der sie in Richtung der Perfektion ihrer Mutter drängte, wird umrissen durch den Quincunx-Aspekt zwischen Uranus und Neptun vom IV. zum X. Feld, vom siebenten Haus der Mutter zu ihrem abgeleiteten Aszendenten.

Die emotionale Energie dieser Frau wurde davon in Anspruch genommen, ihr idealisiertes Konzept zu verteidigen, anstatt daß sie sich selbst darin zum Ausdruck brachte. Dies entsprach einem defensiven Rückzugsprofil mit Projektion auf die Mutter, welches zu einer Gewohnheit wurde und sich zu Selbstaufopferung steigerte, die sich in der Fixierung auf das Ideal und in der versuchten Auslöschung des Ichs (und seiner inneren Unruhe) durch Selbstmord zeigte. In der Ehe wurde das Strukturmuster wiederholt und erweitert, wurden ihre Verwundbarkeiten in schmerzlicher Weise ausgenutzt.

Die Frau ist heute bewußt, geistig gesund und endlich stolz (das Potential des Aszendenten). Sie bemüht sich, ihre Kraft und das Interesse an ihrer eigenen persönlichen Perspektive zurückzugewinnen, eine Anstellung zu finden, aus den Jahren des abgestumpften Identitätsbewußtseins herauszukommen, während der laufende Saturn und Pluto Quadrate mit ihrer Geburtsposition bilden und der progressiv vorgeschobene Mond in Konjunktion mit ihrem MC steht. – Ihr Psychiater und sie hatten gut daran getan, Sonne und Mond aus der Trigonstruktur herauszunehmen und die Anderthalbquadratur zwischen Uranus und Aszendent/Mars zu stärken. Sie hat gewiß die Möglichkeit zu einem Neubeginn – ohne weitere Selbstkritik.

Dieser Fall war ohne Zweifel außerordentlich kompliziert. Meine Hilfe dabei bestand hauptsächlich in der Bestätigung der analytischen Perspektive, die sie aus drei Jahren der intensiven psychotherapeutischen Behandlung gewonnen hatte. Die Frau und ich kamen gut miteinander zurecht. Sie war darüber erstaunt, wie die Astrologie die Entwicklungsspannungen genau beschreiben konnte, die sie tatsächlich erlebt hatte. Sie konnte daraus weitere Sicherheit für die neuen Startversuche gewinnen, die durch die natürliche Projektion von Messungen von der Vergangenheit auf die nahe Zukunft symbolisch wiedergegeben wurden.

Fall 6 (Seite 235) ist weitaus weniger kompliziert. Die Sonne/Mond-Analyse läßt einen starken Einfluß von Überzeugungen und die Hervorhebung von höherentwickelter geistiger Gesinnung erwarten, die ein klares administratives Betätigungsfeld finden sollten. Wir wissen jedoch, daß dazu starke Energie und Antriebskraft eingesetzt werden müßten. Das Horoskop weist nur ein einziges Quadrat, zwischen Jupiter und Neptun, auf: Hoffnung und Visualisationsvermögen befinden sich in Entwicklungsspannung, »Einsicht in Philosophie und Religion. Die Grundlage des Denkens bildet eine mystizistische Bewußtseinsschicht. Die Realität ist dort, wo die Füße allzu selten sind.«[19] Neptun ist rückläufig und geht am Aszendenten auf. Er herrscht im IX. Feld und ist eine weitere Bestätigung für die enge Verbindung von Philosophie und Religion mit dem Kern der Persönlichkeitsbildung. – Der administrative Einfluß der Sonne/Mond-Analyse ist eindeutig geschwächt oder abgelenkt.

Auch Mars (das Bedürfnis, Energie in einer spezifischen Art und Weise zur Erfüllung von Bedürfnissen einzusetzen) ist in Relation zu der Sonne/Mond-Analyse geschwächt. Er steht in Konjunktion mit Uranus in den Fischen im VIII. Feld. Er herrscht am MC, ist jedoch durch die festgefügte Trigonstruktur der Wasserzeichen eingebunden, zu der Mars/Uranus, Pluto und Jupiter gehören. Neptun wird durch das Quadrat mit Jupiter in diese Aspektkonfiguration mit einbezogen. Sonne und Mond sind aus dem Netzwerk der Trigonstruktur ausgeschlossen und sehr schwach aspektiert. Die Sonne hat nur die lockere Verbindung mit Neptun (Trigon) und die schöpferische Beziehung (Quintil) zu Uranus innerhalb der Trigonstruktur.

Es wird auf den ersten Blick deutlich, daß die Sonne/Mond-Analyse ganz einfach keine Unterstützung durch die Verhaltensfähigkeiten findet. Ihr administratives Anliegen ist stark abgeschwächt. Vorherrschend ist ein in emotionaler Hinsicht selbstgenügsames Netzwerk, das philosophisch, religiös, hochgeistig, vielleicht okkult orientiert ist. Die Trigonstruktur nimmt die Felder der Matrix des Unbewußten ein.[20]

Die einzige Opposition innerhalb des Horoskops besteht zwischen Merkur und Pluto. Merkur ist sich dieser philosophischen, spirituellen Perspektive voll bewußt. Aufgrund dieser Opposition könnte sich das

Denken leicht von den praktischen Bedürfnissen entfernen, die durch Steinbock symbolisiert werden, da die persönliche Perspektive von der Trigonstruktur bestimmt wird und sich zweifellos den Abwehrmechanismus des »Die Welt versteht mich nicht« zu eigen macht (Pluto im XII. Feld). Neptun am Aszendenten, der indirekt durch das einzige Quadrat mit Jupiter in die Trigonstruktur einbezogen ist, läßt einen potentiellen Verzicht auf Status/Identitäts-Bewußtsein vermuten.

Die Opposition von Merkur/Pluto, das »Rückgrat« der Trigonstruktur, verknüpft zwei Bereiche des Wechselfelder-Kreuzes der Fähigkeiten von Information/Perspektive miteinander. Außerdem herrscht Merkur im III., Neptun im IX. Feld. Die Information/Perspektive-Fähigkeiten stehen unter deutlicher Entwicklungsspannung.

Bei der holistischen Analyse müssen wir bis zur Grundursache in der Entwicklung zurückgehen. Jupiter im IV. Feld bildet das starken Einfluß nehmende Quadrat mit Neptun am Aszendenten. Venus, die im IV. Feld herrscht, hat als einzigen Aspekt die Anderthalbquadratur mit Pluto. Venus herrscht auch im Stier, der innerhalb des X. Feldes eingeschlossen ist, und Pluto regiert den im IV. Feld eingeschlossenen Skorpion. Uranus, der Herrscher des VII. Feldes, dem vierten Bereich des Status/Identitäts-Kreuzes der Eckfelder, befindet sich in Konjunktion mit Mars, dem Herrscher des X. Feldes, und ist in die Trigonstruktur einbezogen. Auch hier wird deutlich, daß eine scharf ausgeprägte Entwicklungsspannung innerhalb der Status/Identitäts-Belange existiert, die in der frühen häuslichen Umgebung Form angenommen hat. Diese Entwicklungsprobleme greifen auf die Fähigkeiten von Information/Perspektive über, und der gesamte Entwicklungsprozeß wird verteidigt durch die Trigonstruktur im Element Wasser, durch einen geschlossenen Kreislauf der emotionalen Selbst-Genügsamkeit.

Das Kreuz der Fixfelder steht gleichermaßen unter Spannung: Jupiter herrscht im V., Uranus herrscht im VIII. und Merkur herrscht im XI. Feld. Die sich auf Wertbegriffe beziehenden Fähigkeiten sind mit irgendeinem emotional-spirituellen Grundprinzip verknüpft. Die Sonne herrscht über die Selbstwert-Belange des II. Feldes, ist jedoch schwach aspektiert. Hier ist die Entwicklungsspannung nicht kritisch und wird auch nicht verstärkt. Durch das Trigon der Sonne mit Neptun und ihr Quintil mit Uranus werden die Selbstwert-Belange an der geistigen Tendenz der Trigonstruktur festgemacht sein.

Die Halbsummenbilder bestätigen diese vorausgehenden Schlußfolgerungen aus meinen Notizen vor der Konsultation: MC = Sonne/Neptun, leicht beeindruckbar, möglicher Verlust des Ichbewußtseins; Saturn = Sonne/Aszendent, Hemmung oder Beschränkung auf der Ebene der persönlichen Entwicklung; Sonne = Mars/Saturn, Zersplitterung der Entwicklung in zwei Richtungen; Mond = Neptun/Pluto, Gefühlsschwankungen und vielleicht »seltsame« Ansichten.

Die Frau mittleren Alters erschien pünktlich. Sie war gepflegt, attraktiv und wirkte aufgeweckt; ein kaum merkliches Lächeln während unseres Eingangsgesprächs umgab sie mit einem Hauch von wissender Einsicht. Aufgrund ihres Verhaltens hatte ich Schwierigkeiten, einen Anfang zu finden. Ich spürte Mond und Merkur im Steinbock und den Löwe-Aszendenten, wollte jedoch zu den begriffsbildenden Spannungen tief in ihrem Innern, zu ihrer Kritik an sich selbst und ihrer Stellung im Leben vorstoßen (Seite 178 und 188). Ich hatte das Gefühl, als sollte ich unter Kontrolle gehalten werden, um die astrologische Analyse auf einer oberflächlichen Ebene zu belassen.

Ich entschied mich dafür, die Abwehrmechanismen zu durchbrechen und sagte entschlossen: »Sehen Sie, dieses Horoskop zeigt mir eine Menge, und dies würde ich gerne in seiner ganzen Tiefe mit Ihnen teilen. Ich möchte nicht nur einfach hier herumsitzen und mich darüber unterhalten, wie Sie all ihre Emotionen tief im Innern beschützen und der Welt mit einem defensiven, launenhaften Wesen entgegentreten. Seien wir doch ehrlich, Sie sind in Wirklichkeit doch gar nicht die empfindliche Prinzessin!« Dies war in der Tat ein heftiger Angriff, der sich auf die offensichtlich kriegerische Abwehrhaltung stützte, die ihr Steinbock-Mond durch die Konjunktion von Mars/Uranus einnehmen würde (Uranus herrscht im VII. Feld); den Rahmen dafür lieferte der Löwe-Aszendent und den Brennstoff die innere Unruhe, die in dem außergewöhnlich starken Netzwerk der Trigonstruktur tief verborgen gehalten wurde. – Die Frau lächelte, entspannte sich und machte mit ihrer Hand eine Bewegung in der Luft, wie um zu sagen: »1:0 für den Astrologen!« Wir konnten beginnen.

Ich sprach über alle meine Vermutungen (natürlich ohne die Verwendung irgendeines astrologischen Fachjargons) und achtete bei jedem Schritt unseres Gesprächs sorgfältig auf Bestätigung. Der Austausch klärte ihre persönliche »Ebene der Natürlichkeit«, und ich paßte ihr Horoskop dieser Bezugsebene, ihrem Leben, an. Die deutlichen Status/Identitäts-Belange wurden durch ihre strenge, religiöse Erziehung bekräftigt, »sehr strikt und auf Gott gerichtet«. Sie hatte ihren Vater niemals gekannt und ihren Stiefvater als autoritär und ungerecht in Erinnerung.

Fall 6: Weiblich

KFV
6 4 4
FLWE
5 1 5 3

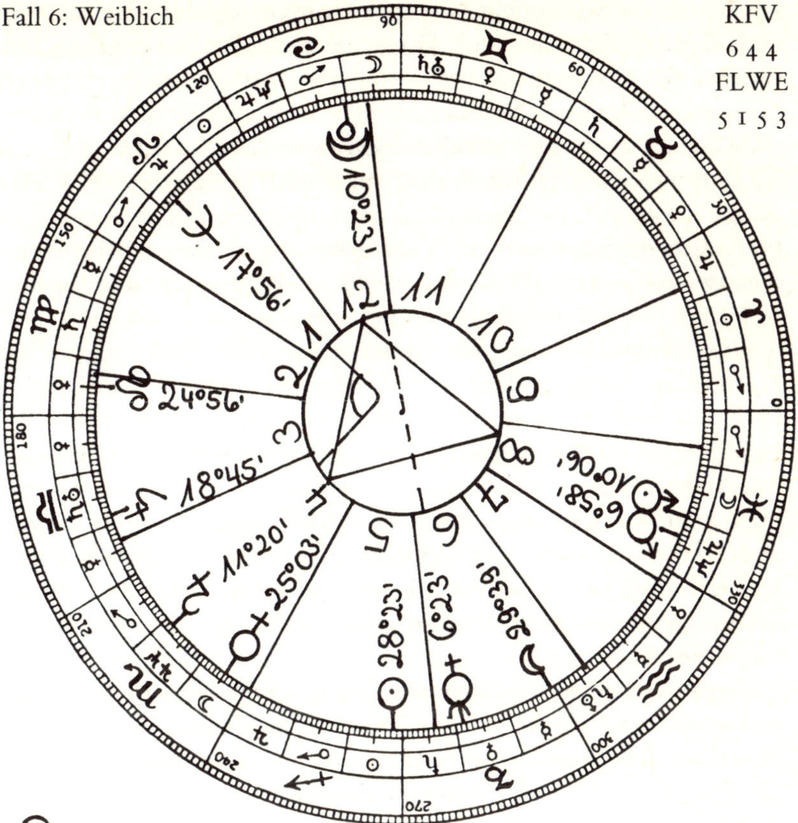

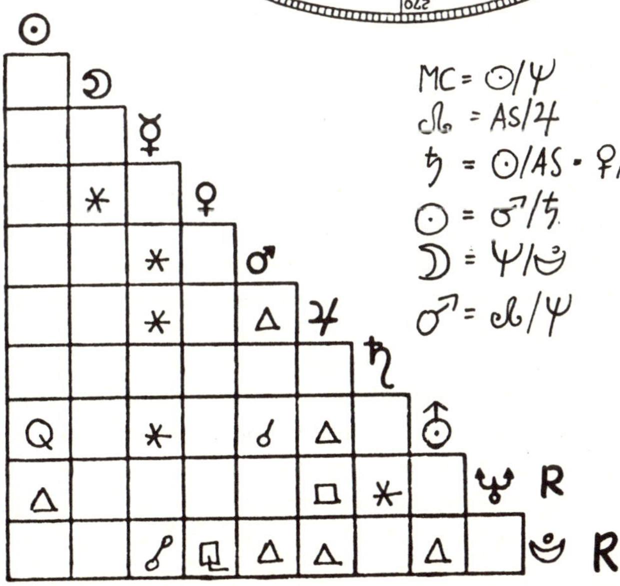

MC = ☉/♆
☊ = AS/♃
♄ = ☉/AS = ♀/♅ = ☽/☿ = ☊/♃
☉ = ♂/♄
☽ = ♆/♇
♂ = ☊/♆

Ich äußerte die Vermutung, daß diese Entwicklungsschwierigkeiten innerhalb der frühen häuslichen Umgebung, die wir gerade besprachen, »begriffliche Probleme darüber, warum sie überhaupt lebte«, hervorgerufen haben könnten. Ich formulierte diese Beobachtung mit der Absicht, das Gespräch auf die philosophische, spirituelle Ebene zu heben, die – wie ich annahm – vorherrschend bei ihr war. Sogleich entgegnete sie: »Das ist die größte Frage überhaupt. Bei meiner Geburt und noch einmal im vergangenen September bin ich fast gestorben. Schon oft habe ich die [Geistwesen] gefragt: ›Was, zum Teufel, wollt ihr eigentlich von mir? Laßt mich etwas Konstruktives im Leben tun‹.«

Unser Gespräch konnte sich nun richtig entfalten. Die Frau bestätigte jede Schlußfolgerung, die ich als Vorbereitung für die Konsultation abgeleitet hatte. Kurz gesagt, sie fühlte sich »von der Reinkarnation betrogen. Ich lebe mein Leben mehr oder weniger vor mich hin, bis ich eine andere Chance bekomme. Ich bin wirklich sehr an Metaphysik interessiert, dabei fühle ich mich am glücklichsten. Es gibt mich doch nicht nur einmal, nicht wahr? Ich habe das Gefühl, daß alles die Schuld meiner Mutter ist. Ich liebe sie sehr und habe nicht wahrhaben wollen, daß sie das Trauma verursacht hat, denn dies würde ihr Bild in meinen Augen zerstören.«

Sie gab zu, daß sie hin und wieder zornig auf die Welt ist, daß sie eine »sadistische Ader« hat (Mars in Konjunktion mit Uranus), aber »ich finde mich trotzdem schon ganz in Ordnung so«. Ihr strenges Leben im Elternhaus war mit dem Schuldkomplex ihrer Mutter verbunden, weil sie meine Klientin unehelich zur Welt gebracht hatte. Diese Spannung kann leicht befriedigt werden innerhalb der Schuldvorstellung in einer strikten religiösen Umwelt – eine weitere analytische Angleichung an die Bezugsebene ihrer Entwicklung. Die Sensibilität der Klientin als junges Mädchen wurde ignoriert. Sie wurde persönlich verwundbar für die übermäßig kompensierenden Härten sowohl von seiten der Mutter als auch des Stiefvaters und machte sich eine allzu einfache Kette von Abwehrmechanismen in ihrer Einsamkeit zu eigen: emotionale Selbst-Genügsamkeit, überladen mit Wunschvorstellungen und wirklichkeitsfremder Überempfindlichkeit.

Ich erkundigte mich nach einem traumatischen Brennpunkt dieser Entwicklung, als sie ungefähr fünf Jahre alt war (Saturn s in Konjunktion mit der vierten Felderspitze und damit verbundene Messungen). Sie erwiderte: »Ich weiß, daß es so etwas gegeben hat, ein nervöser Anfall ungefähr zu dieser Zeit, doch die Erinnerung daran ist völlig ausgelöscht worden.« Was auch immer es gewesen sein mag – zu diesem Zeitpunkt trat sie wahrscheinlich als Selbstschutz den Rückzug an.

Als ich feststellte, daß etwa in ihrem achtzehnten Lebensjahr gleichzeitig ein Quadrat zwischen Uranus s und ihrer Sonne und eine Opposition zwischen Pluto s und ihrem Mond existiert hatten, fragte ich danach, ob sie damals davonlaufen, ihre Umgebung verändern wollte, vielleicht geheiratet hätte. Sie bestätigte, daß sie tatsächlich – völlig naiv und unerfahren aufgrund der beschränkten Umgebung – bei der erstbesten Gelegenheit geheiratet hätte. »Ich heiratete, um der Beherrschung durch meine Eltern zu entkommen. Mein Mann war nahezu Analphabet, aber so anständig; doch meine Eltern wollten nichts mehr mit mir zu tun haben.«

Die begrenzenden Zwänge im frühen Elternhaus waren so groß gewesen, daß die Frau zum Zeitpunkt ihrer Eheschließung völlig unaufgeklärt war. Sie nahm sogar noch ihre »Lieblingspuppe« mit in die Ehe – im Alter von achtzehn Jahren! Sie berichtete von sich aus, daß es ihr nicht erlaubt worden war, Verabredungen zu haben, und daß sie zwar einen reifen Körper, aber das Denken einer Zwölfjährigen hatte.

Weitere Parallelmessungen bestätigten ihre langsame Entwicklung, die von der einen Alltagsroutine der Autorität zur nächsten Alltagsroutine der Unwissenheit geführt hatte. Die emotionale Selbstgenügsamkeit wurde zu einer starken Abwehrstruktur. Ich suchte nach einem Einschnitt und tippte auf das Alter zwischen siebenundzwanzig und achtundzwanzig Jahren, als Pluto s zu ihrem Aszendenten gelangt war. Sie sagte: »Zu dieser Zeit erkannte ich, daß ich eine Frau war. Die Sexualität kam zu voller Entfaltung, und ich wurde zu einem wahren ›Berserker‹.«

Jahrelang wurde die Sexualität zu ihrem bevorzugten »Hobby«. Sie brach aus der Einsamkeit aus. Die Ehe blieb trotz ihrer privaten Lieblingsbeschäftigung weiter bestehen. Die Abwehrmechanismen der emotionalen Selbstgenügsamkeit hatten eine neue Ebene erreicht: vom Schutz zu Wachstum, von der Wunschvorstellung zur Sexualität. Der nächste Schritt würde zur Spiritualität führen.

Nach der Ehescheidung im Alter von sechsunddreißig Jahren und nach dem Tod ihrer Mutter – kurz nachdem der laufende Uranus über ihren Aszendenten gegangen war und der laufende Saturn eine Konjunktion mit ihrer Sonne gebildet hatte – heiratete sie ein zweites Mal, schränkte ihr »Hobby« ein und ließ sich dann fünfzehn Jahre später wieder scheiden, als der laufende Uranus über ihre vierte Felderspitze ging.

Als die Strukturmuster der emotionalen Selbst-Isolation alle klar hervortraten, füllten sich die Augen dieser überaus sensiblen Frau mit Tränen, und sie war einen Augenblick lang verlegen. Es entschlüpfte ihr der faszinierende Versprecher: »Niemand sieht mich jemals mit Wasser.« Ich fragte nach dem Warum. »Das ist Privatsache.« Ich machte sie darauf aufmerksam, daß fruchtbare Beziehungen ganz persönliches Miteinanderteilen erfordern. »Das kenne ich gar nicht.« Ich fragte, ob sie sich klarmachen würde, daß Beziehungen erschwert werden und sich ihre Einsamkeit fortsetzt, wenn sie sich anderen nicht offen mitteilt. Sie entgegnete: »Ich mag es aber so.«

Die Trigonstruktur im Element Wasser hatte einen außerordentlich starken Einfluß in ihrem Leben ausgeübt. Sie wurde durch ein strenges Elternhaus bedingt, durch eine inhaltslose erste Ehe intensiviert und mittels Wunschvorstellung und sexueller Abenteuer heimlich verstärkt (das Quadrat zwischen Neptun und Jupiter, dem Herrscher des V. Feldes, die Stellung der Sonne im V. Feld, die Hervorhebung von Pluto innerhalb der Trigonstruktur usw.). Beziehungen gestalteten sich zunehmend schwierig, da die Emotionen nicht aus dem selbstschützenden und sich selbst gegenüber allzu nachsichtigen Gewohnheitsmuster hervortreten konnten (Uranus, Herrscher des VII. Feldes und Teil der Trigonstruktur, Schlüssel für ihre Heiraten und deren Auflösung). Ihre äußere Welt verstand sie nicht; sie gab sich ganz ihrer inneren Welt hin.

Die innere Welt, der nächste Schritt im Wachstum ihrer Wahrnehmung, trat allmählich in Erscheinung, als der laufende Neptun im Jahre 1962 eine Konjunktion mit dem Geburtsjupiter bildete und Neptun s sein Quadrat zur Geburtssonne begann. Nach fünf Jahren war die Beschäftigung mit »allem und jedem, was metaphysisch war«, vorherrschend in ihrem Leben geworden, als der laufende Uranus im Jahre 1967 ein Quadrat mit ihrer Sonne bildete und als eine Häufung von Sonnenbogen-Progressionen von 45 Grad die von der Halbquadratur bestimmte Entwicklungsspannung während ihres ganzen Lebens unterstrich. Diese neue Entwicklungsebene führte zu ihrer zweiten Scheidung, als der laufende Uranus über die vierte Felderspitze ging.

Die Trigonstruktur wurde nun dafür eingesetzt, das Selbstbewußtsein mittels einer metaphysischen und spirituellen Grundlage zu verteidigen. Ihre anfänglichen Worte über ihre Perspektive als Erwachsene nahmen nun wirklich Form an: »Es gibt mich doch nicht nur einmal, nicht wahr?«

Nach ihrer Ehe gab sie die Sexualität auf; sie sublimierte diese Energien und lebte enthaltsam. Sie mäßigte ihr Temperament, reduzierte ihren Hang zum Okkulten und verzichtete auf die Sexualität genau mit dem

Übergang des Uranus über ihre vierte Felderspitze. Die gesamte Trigonstruktur der Selbst-Genügsamkeit errichtete eine neue und einsame Bezugsebene. Saturn s bildete ein Quadrat mit Uranus und einen Quincunx-Aspekt mit Pluto, während Aszendent s mit der Sonne im Quadrat stand.

Die Frau hatte durch ihre privaten Streifzüge von der inneren, defensiven Welt in die äußere, verständnislose Welt sehr viel an Wissen erworben. Saturn in der Waage, von Geburt aus fast vagabundierend, hat endlich die Kontrollgrößen für das soziale Bewußtsein mittels philosophischer und religiöser Begriffe ausgebildet. Es ist charakteristisch, daß die Frau von dieser symbolischen Zeichenstellung Feingefühl für ihren minimalen Beziehungskontakt mit der äußeren Welt und Würde durch die Selbstaufgabe an die innere Welt lernte. Ihre Hoffnungen wurden auf die höheren Ebenen des Skorpion gezogen (Jupiter im Skorpion gewinnt durch die Verbindung mit Neptun an Reife). Sie verdient sich ihren Lebensunterhalt als Buchhalterin – ein starker Gegensatz zu ihrer spirituellen Orientierung (Opposition zwischen Merkur und Pluto; Merkur und Mond im Steinbock im VI. Feld).

Sie blickt nun einem größeren Neuanfang in ihrem Leben entgegen. Sie hat das gesamte Spektrum der emotionalen Bewußtwerdung von eingeschränkter Unwissenheit bis hin zu poetischer Weisheit zurückgelegt. Für diesen Wachstumsprozeß sind die Beziehungen zur Welt geopfert worden. Nun bildet der Aszendent s ein Quadrat mit der Halbsumme von Sonne/Pluto, und sie verspürt das Bedürfnis, die persönliche Perspektive in einer ausgewogenen Art und Weise neu zu begründen (immer noch der Bedürfnisanspruch von Saturn in der Waage). Gleichzeitig bereitet sich der laufende Saturn auf seine zweite Rückkehr vor, und der laufende Pluto steht in Konjunktion mit ihrer Geburtssonne.

Diese Beispiele für die Trigonstruktur (Fall 1, 5 und 6) weichen von der Norm ab. Sie sind ohne die klare Einbeziehung von Sonne und/oder Mond wirksam. Daher arbeiten die Abwehrsysteme verhältnismäßig unabhängig von der Sonne/Mond-Analyse und lassen sich schwieriger an die Persönlichkeit angleichen. Die innere Unruhe wird in irgendeiner Form abgetrennt und ist anfällig für die Ablenkung in andere Aspektstrukturen (Realitätsbildungen), die mit Netzwerken verknüpft sind, zu denen Teile der Trigonstruktur gehören. »Ich bin schon so oft verletzt worden, deshalb bleibe ich auf mich gestellt« oder »Ich brauche deine Hilfe nicht« usw. sind nicht unbedingt ausreichend für das Verständnis der komplexen Formen von Trigonstrukturen, die Sonne und Mond nicht einbeziehen. Das »Ich« ist in der Regel aufgegeben worden, und der selbst-genügsame, in sich geschlossene Kreislauf ist bestrebt, aufgegriffen und in Beziehung gesetzt zu werden und in irgendeiner Weise Relevanz zu erhalten. Die erreichte Position wird dann um jeden Preis verteidigt.

Innerhalb der Abwehrform erkennen wir immer sehr deutlich besondere Wirkungsweisen, die symbolisch mit den Planeten in Verbindung stehen. Merkur ist ein überaus feinfühliger Schlüssel, dem die Wahrnehmung, das bewußte Registrieren, zugehörig ist. Diese Wahrnehmung kann Ängste in Einklang mit dem Element des Zeichens zum Ausdruck bringen, in dem Merkur steht (Seite 211) und dann weiter aufgrund von Aspekten artikuliert werden (Seite 213). Bei Venus verhält es sich ähnlich, doch wird Angst beispielsweise im Hinblick auf ästhetische und auf die Sozialisation gerichtete Bedürfnisse registriert. Bei Fall 5 (Seite 227) drückte die Venus der Frau im Zeichen Waage die Angst aus, keine Würdigung zu erfahren (Luft), wenn sie nicht so wie ihre Mutter wäre. Dies wurde auch auf ihre Ehe übertragen (Venus herrscht in ihrem VII. Feld). Bei Fall 6 (Seite 235) verzeichnete die Venus der Frau im Zeichen Skorpion die Angst davor, daß sie ausgenutzt und ihre Sensibilität innerhalb des autoritären Familienlebens nicht anerkannt würde. In der Tiefe ihre skorpionischen Wesens wurde sie sich ihrer Beschränkung deutlich bewußt, doch für das Ausbrechen daraus mußte noch Zeit vergehen, fehlte es noch an Mut. Ihre Venus hatte ähnlich schwache »Beziehungen« wie bei Fall 5. – Wenn Merkur und Venus durch Konjunktion oder Sextil scharf aspektiert sind, kann Idealisierung zur Überwindung von Schwierigkeiten auftreten. Diese Idealisierung ruft zusätzliche innere Unruhe hervor, da sie in der Realität nicht leicht zu erreichen ist. Fast immer schließt die idealisierende Form der Abwehr Merkur, Venus, Neptun und diejenigen Zeichen ein, in denen diese Planeten herrschen, häufig auch Jupiter und das Zeichen Schütze.

Bei Einbeziehung von Mars ist das Potential von Aggression, von Feindseligkeit vorhanden. Unter beschränkenden Umständen empfinden wir Zorn gegen das, was uns unterdrückt. Die Stellung von Mars in seinem Zeichen zeigt das Wesen dieser Aggression an. Bei Fall 5 war Mars im Skorpion, der gewöhnlich heftig auf die Angst vor emotionaler Ausnutzung reagieren würde, nach innen gegen die Frau selbst gerichtet. Die Position von Mars innerhalb der furchteinflößenden Trigonkonstellation hinderte ihn in seinem Einfluß, die Frau aus der unterdrückenden

Umwelt zu befreien, die sie immer in ihren Gefühlen ausnutzte. Bei Fall 6 war Mars in den Fischen schwächer. Es herrschte eine kriegerische Stimmung gegenüber der Welt (Mars in Konjunktion mit Uranus, dem Herrscher des VII. Feldes; Plutos Stellung im XII. Feld), doch diese Mars-Energie wurde völlig von der Abwehrkonstellation der Trigonstruktur aufgesogen und durch die Färbung des Zeichens Fische gedämpft.

Saturn innerhalb des Abwehrverhaltens steht natürlich symbolisch für die Begriffe von Strenge, Konvention, Enthaltsamkeit. Weder in Fall 5 noch in Fall 6 war Saturn durch Signifikatoren in Beziehung gesetzt. Wäre dies der Fall gewesen, so hätte der jeweilige Komplex sich in einem konkreten Brennpunkt konzentriert. Ist Uranus in das Abwehrverhalten einbezogen, so können wir eine nervöse Anspannung, eine Betonung der Sexualität (denn dort verbinden sich Psychologie und Neurologie zu einer unverhüllt zutage tretenden Individuation) und überspannte Wirklichkeitsflucht erwarten. Bei Fall 5 sahen wir, wie das Individuationspotential durch das Vorbild der Mutter von den Status/Identitäts-Problemen aufgesogen wurde (Uranus in Opposition mit dem Mond). Bei Fall 6 sahen wir, wie Uranus selbst die Trigonstruktur miteinander verknüpfte, im VII. Feld herrschte und nur sexuell auf einer Stufe der Entwicklungsreise dieser Frau freigesetzt wurde.

Im Falle von Neptun haben wir schon einige Zeugnisse für seine symbolische Unterdrückung, die Auflösung des Ichbewußtseins und die Wunschvorstellung gesehen. Das deutliche Hervortreten dieser Dimensionen wurde ausführlich sowohl in Fall 5 als auch in Fall 6 aufgezeigt. Wir sahen diese Auswirkung auch schon früher bei Fall 2 (Seite 127), wo die Wunschvorstellung Trost gewährt, und bei Fall 3 (Seite 137), wo die innere Unruhe mittels des Vorstellungsvermögens stets in eine doppeldeutige Wahrnehmung gelenkt wird.

Ist Pluto in das Abwehrverhalten einbezogen, so existiert das Problem der persönlichen Perspektive, der Bewußtwerdung von persönlicher innerer Unruhe von Angesicht zu Angesicht mit der Welt (Seite 179). Bei Fall 5 wurde Pluto tief in die Trigonstruktur hineingezogen und herrschte am Aszendenten. Seine Position im VIII. Feld ließ die tiefgehende Selbstbeobachtung erwarten, die zu schmerzlichem Bemühen um Entwicklung und zur Heilung durch die Psychotherapie führen konnte und auch tatsächlich geführt hat. Bei Fall 6 bestand eine Opposition zwischen Pluto und Merkur, was darauf hinwies, daß sich das Denken zur Verteidigung mühelos von der genauen Sicht der realen Situation auf eine andere Ebene verlagern konnte. Plutos Einfluß manifestierte sich in der Weise, daß die Frau zwar einen beruflichen Halt in der Welt hatte, die sie nicht verstand (Pluto im XII. Feld), daß er aber aufgrund seiner Stellung innerhalb der Trigonstruktur eine für sie wesentlichere, eine tiefe, metaphysische Perspektive begründete.

Bei Fall 7 (Seite 243) läßt die Sonne/Mond-Analyse des Mannes auf ein polarisiertes Potential schließen: ein äußerlich prahlerisches Verhalten, das einen überempfindlichen Kern beschützt. Da Sonne und Mond beide im VIII. Feld plaziert sind, können wir den Schutz dieser Polarität deutlich spüren. Der rückläufige Merkur in seiner Stellung zwischen Sonne und Mond ist eine weitere Bestätigung dafür. Diese Gegensätzlichkeit wird sorgfältig beschützt: Der draufgängerische Widder muß die überempfindlichen Fische verteidigen.

Diese rasche Ableitung wird sofort durch Neptuns Opposition mit Sonne und Merkur bekräftigt. Wir sehen die Verknüpfung der Selbstwert-Achse mit Wertbelangen; die Geld/Liebe-Fähigkeiten stehen unter starker Anspannung. Die Selbstwert-Spannung tritt deutlich hervor (Neptun im II. Feld, das von Merkur beherrscht wird, die Opposition und die gegenseitige Rezeption zwischen Neptun und Merkur). Merkur herrscht außerdem im XI. Feld, dem Bereich der erhofften Liebe und der empfangenen Werte. Jupiter herrscht im V. Feld; seine Konjunktion mit dem Mond stellt den einzigen Aspekt für beide Planeten dar. Dieser Mann hofft darauf, anerkannt zu werden (Widder) und eine Bestätigung seines Ichs zu finden. Er hofft darauf, Liebe geben und dafür auch wieder empfangen zu können. Die polarisierte Spaltung bei der Sonne/Mond-Analyse weist ebenfalls auf einen Bruch innerhalb seiner Fähigkeiten bei der Umweltorientierung hin: Er kann einen Turmbau aus Geld errichten und sich nach dem Fundament einer empfindsamen Liebeserfüllung sehnen. Da auch der Mondknoten symbolisch für »enge Verbindungen« steht, sehen wir eine deutliche, fast schmerzhafte Bestätigung dafür in dem Halbsummenbild Mondknoten – Mond/Venus: das Verlangen nach Zärtlichkeit in engen Beziehungen, und dies verbunden mit dem Draufgängertum des Mondes im Widder.

Pluto im XII. Feld zeigt uns an, daß die Verteidigung dieser polarisierten Situation in Form des »Die Welt versteht mich nicht« zu erwarten ist. Pluto herrscht im IV. Feld und bezieht die frühe häusliche Umgebung in diese defensive Wahrnehmung mit ein. Pluto bildet Quadrate mit Venus und Saturn, was einerseits auf ein Übermaß an Emotionen und andererseits auf dynamischen, ichbezogenen Ehrgeiz schließen läßt (Saturn im

Fall 7: Männlich

KFV
464
FLWE
6035

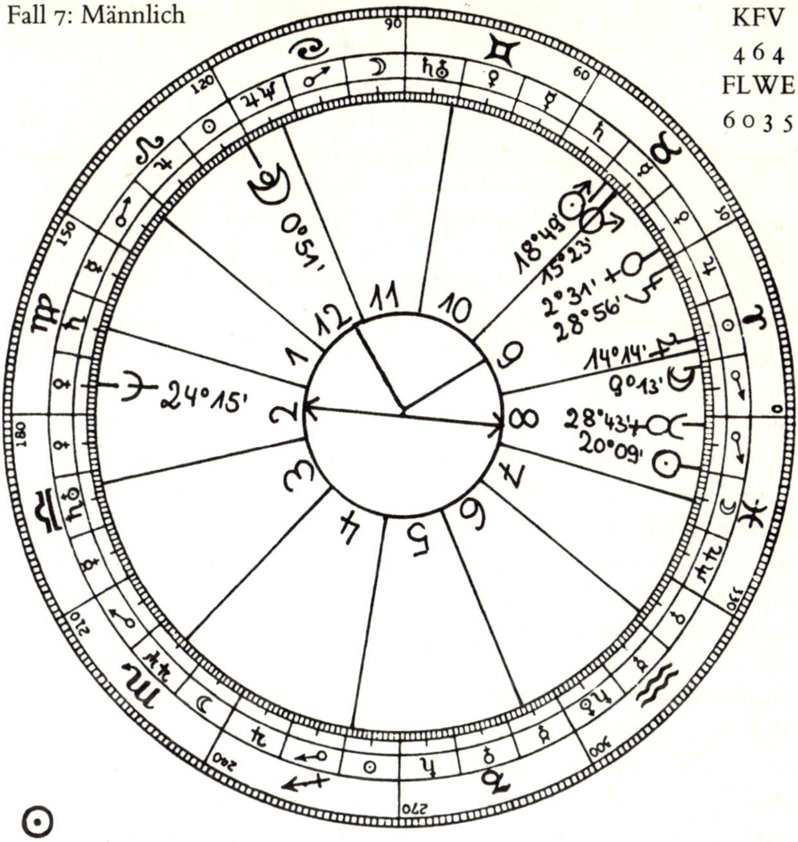

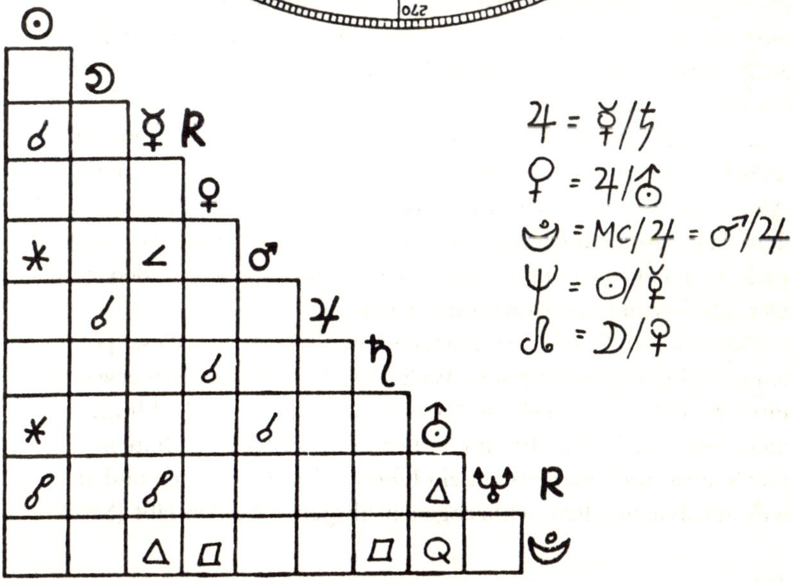

Widder). Auch hier erkennen wir wiederum eine Spaltung zwischen äußerer Antriebskraft und inneren Bedürfnissen.

Dieser Mann hat sich tief in Umwelterfahrungen eingegraben (die Hervorhebung der südlichen Hemisphäre), während sich sein gefühlsbetonter Teil unterhalb der Horizontlinie in der Lebensvorbereitung seiner frühen Umwelt verliert. Mars steht mit MC und Uranus in Konjunktion im Stier, zweifellos ein Sinnbild für den errichteten Turmbau. Auch hier sehen wir erneut die Polarisierung: Mars bildet eine Konjunktion mit dem MC und Uranus (Individuation) ein Quadrat mit dem Aszendenten.

Unsere Betrachtungsweise der Polarisierung wird in subtiler Weise durch die Wahrnehmung ergänzt, daß die Herrscher eines jeden Feldes unter starker Entwicklungsspannung stehen, mit Ausnahme des XII. Feldes (Mond) und des V. Feldes (Jupiter). Diese beiden Herrscher stehen in Konjunktion miteinander und bilden keinen weiteren Aspekt. Das Geben von Liebe (V. Feld) muß außerordentliche große Anpassungen (Quincunx) an die persönliche Perspektive innerhalb der Welt, mit der Kooperation von anderen vornehmen (das XII. Feld ist durch Quincunx-Aspekt mit dem V. Feld verbunden).

Die Matrix der Fähigkeiten von Status/Identität steht unter scharfer Entwicklungsspannung: Pluto, der im IV. Feld herrscht, bildet Quadrate mit Saturn und Venus, wobei Venus im X. Feld herrscht. Im X. Feld steht Mars in Konjunktion mit Uranus, dem Herrscher des VII. Feldes. Hinzu kommt natürlich noch die Opposition zwischen Sonne und Neptun. Tatsächlich bezieht das dynamische Strukturmuster zwischen den Signifikatoren alle Fähigkeiten in die Entwicklungsspannung ein und stellt diese mitten in die Erfahrung hinein, isoliert jedoch das V. Feld innerhalb des empfindsamen, persönlichen Kerns.

Es war nicht überraschend, dem gutaussehenden, energischen Klienten zu begegnen, der Inhaber mehrerer Baugesellschaften ist. Die ersten Worte, die ich zu Beginn der Konsultation an ihn richtete, waren: »Nun, Ihr Leben und dieses Horoskopbild hier lassen den Schluß zu, daß Sie tatsächlich einen Kommandoturm für sich selbst errichtet haben – doch dies alles schützt einen außerordentlich empfindlichen Kern, über den wir uns zu unterhalten haben.« Ein Anflug des Erstaunens flackerte in seinen Augen auf, während er lediglich bestätigend nickte . . . und mich damit weiter fortfahren ließ.

Ich folgte den Richtlinien der holistischen Analyse und fuhr fort: »Wenn wir eine derart außergewöhnliche Entwicklung wie diejenige sehen, die Sie in ihrem Beruf erreicht haben, so müssen wir sie als eine

Form der Überkompensation betrachten. In Form von Geld und Erfolg, im Sinne von Ichbestätigung und draufgängerischer Leistung existiert dieser Kommandoturm für Sie . . . doch dies alles ist eine Überkompensation für eine Selbstwert-Verunsicherung im Hinblick auf Empfindungsvermögen, auf Liebe gewesen. Ich glaube, wir könnten sagen, daß eine sehr große Sehnsucht nach Zärtlichkeit existiert. Das Bild weist auch darauf hin, daß die Ursprünge dieser Spaltung, dieser Trennung zwischen Ichstärke und hochsensiblen Bedürfnissen nach Liebe, in der Jugend, in Relation zu Ihren Eltern auftauchten.«

Wieder nickte mein Klient und sagte bloß: »Ganz gewiß.« Ich drängte ihn dazu, diesen Punkt ausführlicher mit mir zu besprechen. Darauf entgegnete er offen: »Ich kann mich wirklich nicht erinnern. Ich kann mich nicht daran erinnern, daß ich zum Essen mit meinen Eltern zusammensaß. Ich kann mich an überhaupt nichts mehr erinnern!« Er konnte es wirklich nicht. Undeutlich fiel ihm der Name eines Lehrers in der Grundschule ein, doch er konnte sich nichts mehr bewußt ins Gedächtnis zurückrufen. Ich machte die Bemerkung, daß dies eine Form der Amnesie war, und er bestätigte, daß sein Psychotherapeut der gleichen Meinung war. Er hatte gerade mit einer psychotherapeutischen Behandlung begonnen, um einige Antworten zu erhalten, während gleichzeitig der laufende Neptun ein Quadrat mit seiner Sonne bildete und Sonne s in Konjunktion mit seinem Saturn stand.

Während unseres Gesprächs über die Zweiteilung der Geld/Liebe-Fähigkeiten (nach den Richtlinien, die in diesem Buch behandelt werden) bestätigte mein Klient sein bewußtes Erkennen dieser Schwierigkeit, indem er sagte: »Ich habe eine starke Neigung zu Geld. Das möchte ich in Liebe umwandeln.«

Ich versuchte noch einmal, irgendeiner Erinnerung an seine Jugendjahre nachzugehen. Die Eltern meines Klienten leben noch, und er konnte meine Beschreibung von ihnen aus seinem Horoskop als »plausibel« bestätigen: ein unnachgiebiger, strenger, männlichkeitsbetonter Vater, reizbar und prahlerisch (das X. Feld), und eine schweigsame, unterdrückte, geduldige, bescheidene Mutter (das IV. Feld, gekennzeichnet durch Pluto und sein Quadrat mit Saturn). Ich projizierte das für eine derartige Situation typische Strukturmuster: der junge Mann, der aufwächst, ohne daß seine Gefühlsregungen beachtet, verstanden, gelenkt werden. Er unterdrückt diese Sensibilität, damit Verhaltensweisen nach dem Männlichkeitsideal gefördert werden, die Bestätigung bringen. Mein Klient meinte: »Das scheint richtig zu sein.« Da ich versuchen wollte, eine noch tiefere Bewußtwerdung der Spaltung hervorzurufen, formulierte ich mein Resumé in einer bestimmten Art und Weise: »Ich glaube, man kann mit Sicherheit sagen, daß keiner jemals seine Hilfe angeboten hat, wenn Sie weinten?«

Auf diese Frage gab der Klient eine bezeichnende Antwort: »Das stimmt. Ich habe einmal geweint, als mein Vater 1942 einrückte, und dann niemals wieder, bis ich achtzehn Jahre alt war und mich von einem Mädchen trennte, und danach nicht wieder bis zum Jahre 1978, als meine Ehe auseinanderbrach.« Dies waren alle seine Gefühlsregungen, an die er sich erinnern konnte. Zusammenfassend sagte er: »Ich baue einen Schutzschild um mich herum. Ich kann meine Gefühle auf keinen anderen Menschen übertragen. Ich habe mich gerade von einer wundervollen Frau getrennt, weil sie nämlich meine Sensibilität *erkannt* hat, und das hat mich erschreckt.«

Da Uranus im VII. Feld herrschte und in Konjunktion mit Mars am MC stand, äußerte ich die Vermutung: »Gibt es bei Ihnen eine Vergangenheit mit raschen Trennungen?« Er erwiderte: »Ja! Zwei in dieser Woche!« – Er zeigte einen gewissen Humor, doch der wesentliche und ernste Punkt dabei war die Tatsache, daß der Bruch zwischen dem Geschäftsführer und dem empfindsamen Romantiker außerordentlich groß war; der »Kommandoturm« brachte keine Freude, weil sein Fundament schwach war. Im Privatleben sammelt dieser Mann Rosen, um seine Sensibilität einzugestehen und ihr Rechnung zu tragen, meidet jedoch jede zwischenmenschliche Beziehung, deren Same in seinem Garten aufgehen könnte.

Er wurde zum Alkoholiker (die einflußreiche Neptunstruktur, die gegen Selbstkritik schützt). Jetzt trinkt er nicht mehr und stimmte meiner Vermutung zu, daß sein Alkoholismus keine Flucht, sondern eher der angestrengte Versuch war, tief nach innen zu tauchen und sich mit seiner Sensibilität und den Ängsten davor, sie zum Ausdruck zu bringen, auseinanderzusetzen; alles dies war in dem Gedächtnisverlust seiner frühen Entwicklungsumstände eingeschlossen.

Dieser Mann konnte sich selbst durch seine außergewöhnlich starke berufliche Antriebskraft mühelos gegenüber Ängsten verteidigen, keine Beachtung zu finden (Widder-Betonung), doch war er aufgrund dieser ausgeprägten Überkompensation nicht dazu in der Lage gewesen, sich durch die innere Unruhe in seinen empfindsamen, emotionalen Bedürfnissen (Fische-Betonung) hindurch zu entwickeln. Die Isolation, die durch seine äußeren Abwehrmechanismen errichtet wurde, konzentrierte seine Unruhe auf inneren Schmerz und die Angst vor vertrauten Beziehungen.

Er erzählte, wie er im Januar 1979 einen »Anfall von innerer Unruhe« erlebt hatte, genau dann, als *Neptun s in Opposition mit seiner Geburtsvenus stand* und *Pluto s einen Quincunx-Aspekt mit seinem Mond bildete*. Er nahm eine Anpassung seiner Lebensperspektive vor, gab das Trinken auf, verlor fünfzig Pfund an Körpergewicht und beendete seine Ehe. Er sagte: »Meine gesamten Verteidigungsmittel waren weggefallen. Ich konnte sie nicht wieder neu aufbauen.« Ich gab die Anregung, daß dies gut gewesen wäre, und er entgegnete: »Das stimmt. Ich mache mir jetzt einen Heidenspaß daraus und gestehe es mir zu, in einer Situation zu sein, wo ich verletzt werden kann. Es macht mir heute nichts mehr aus.«

Seine Worte zeigten große Stärke und Einsicht.

Während die innere Unruhe durch uns hindurchfließt, sich in Entwicklungsspannung äußert und in spezifischen Ängsten näher bestimmt wird, entfaltet sich unser Leben mit seinen Schmerzen und Freuden. Wir müssen der inneren Unruhe ihre Existenz zugestehen und sie mit Abwehrmaßnahmen im Gleichgewicht halten; wir müssen uns der Kausalzusammenhänge bewußt werden, die zu Kompensationsleistungen anregen. Wir müssen ständig in jedem Stadium der Veränderung unser inneres Gleichgewicht behaupten, während wir das Schwindligsein unserer Freiheit durchleben, während unsere Sonne zurückkehrt, um wieder zu scheinen.

Als der berühmte Fernsehreporter Mike Wallace einmal gefragt wurde, wie er seine Gesprächspartner auswählt, gab er die Antwort: »Mir gefällt der Gedanke von Schwierigkeit. Keiner ist ein Gespräch wert, der diese Erfahrung nicht gemacht hat.«[21]

Sechstes Kapitel

Das Sexualprofil

»Vielleicht bietet die sexuelle Persönlichkeit den umfangreichsten Einblick in die menschliche Natur. Sexuelle Einstellungen, Aktivitäten und Wunschvorstellungen setzen den anschaulichsten Maßstab für die charakterliche Wesensart fest. In unserem Sexualleben bringen wir unsere grundlegende Beziehung zu anderen zum Ausdruck. Wir zeigen, ob wir es im wesentlichen vorziehen, die Dinge allein zu tun oder im Einverständnis mit anderen zu handeln. Wir enthüllen unsere Neigungen zu Unterdrückung, Dominanz, Abhängigkeit, Eroberung oder Kooperation. In der Sexualität können Großzügigkeit oder Selbstsucht, Verantwortungsgefühl oder Sorglosigkeit eines Menschen so leicht bestimmt werden, daß es kaum verwundert, wenn so viele Menschen Sexualität entweder in der Anonymität oder innerhalb einer tiefen Vertrauensbindung bevorzugen. Wir geizen mit Informationen über unser Schlafzimmerleben, selbst gegenüber unseren besten Freunden, aber nicht aus dem Grunde, weil die Geschlechtsorgane die meiste Zeit über verborgen sind, sondern weil wir einfach psychologisch nicht nackt dastehen wollen. – Unser sexuelles Verhalten, Denken und Fühlen ist stellvertretend für das gesamte Spektrum unserer persönlichen Charakterzüge.«[22]

Diese eindrucksvollen und mutigen Worte stehen in der Einleitung des Buches *Das sexuelle Ich* von Dr. Avodah K. Offit, Psychiaterin und Koordinatorin des Sexual Therapy and Consultation Center (Konsultationszentrum für Sexualtherapie) am Lenox Hill-Krankenhaus in New York. Sie sind eindrucksvoll, weil sie in dramatischer Weise scharfsichtig sind; sie sind mutig, weil sie in das verborgenste Innenleben eines jeden Lesers eindringen.

Offits Ansicht mag zwar die voreingenommene Erfahrung einer Spezialistin widerspiegeln, doch vielleicht haben wir diesen Gedanken auch nur, weil wir unser eigenes Privatleben schützen wollen. Keinesfalls aber kann die holistische Astrologie – jede Astrologie, die ernst zu nehmen ist – die sexuellen Bedürfnisse, die sexuellen Wunschvorstellungen und die sexuelle innere Unruhe ignorieren, die im Leben eines jeden Menschen Ausdruck finden oder Unterdrückung erfahren, die zu Freude im Austausch von Fähigkeiten oder zu Schmerz im Vermeiden von Beziehungen beitragen. Unzulänglichkeiten auf dem Gebiete der Astrologie sind sehr, sehr lange Ausdruck für das Vermeiden von echter inhaltlicher *Substanz* gewesen, wofür die Vernachlässigung der Sexualität zum Teil ein Symptom war. Die Unzulänglichkeiten waren natürlich die Widerspiegelung von unaufgeklärten und unterdrückten Menschen (Astrologen), die in Zeiten der Unwissenheit und Unterdrückung lebten.

Ebenso wie die Psychologie existierte, bevor der Begriff geprägt wurde, und ebenso wie es die innere Unruhe schon gab, ehe man sich formal mit ihr beschäftigte, so hat die Sexualität Leben hervorgebracht und Persönlichkeitsausdruck widergespiegelt, bevor sie noch als besonders individuell, psychodynamisch und für die Entwicklung dringlich eingeschätzt wurde. In unseren heutigen Zeiten, wo die innere Welt in ihrer Begegnung mit der äußeren Welt eine ständig wachsende Anerkennung erfährt, werden die Licht- und Schattenseiten der Sexualität weiter freigelegt und tragen zu einer holistischen Ausdehnung von Individuation und Beziehung bei.

Es gibt jedoch immer noch analytische Probleme mit der Sexualität. Dieses Thema ist so empfindlich persönlich und von einer derart holistischen Dynamik, daß eine eingehende Untersuchung der Sexualität innerhalb von ein oder zwei Besuchen bei einem Psychotherapeuten oder Astrologen relativ unmöglich ist; außerdem erfordert die richtige Behandlung dieses ausgedehnten Bereichs eine spezialisierte Ausbildung, Schulung und Erfahrung. Gewissermaßen bleibt der Astrologie ein Großteil dieser Verfahrensprobleme erspart, da kaum jemand aufgrund eines spezifisch sexuellen Problems einen Astrologen aufsuchen wird, es sei denn, daß dieser auf diesem Gebiet wirklich besonders ausgebildet ist und Fachkenntnis hat. – Dies bedeutet aber nicht, daß die Sexualität von einem Astrologen ohne spezifische Ausbildung bei der astrologischen Analyse vernachlässigt werden sollte. Da die sexuellen Belange, die innerhalb der normalen astrologischen Praxis zutage treten, kaum einmal wirklich kritisch sind, können sie in die inhaltliche Substanz der Analyse und häufig auch in die beginnende Heilung einbezogen werden.

Die Sexualprofile, die sich normalerweise dem Astrologen enthüllen, der ihre holistisch bedeutsamen Dimensionen herauszufinden sucht, spiegeln das Ausmaß wider, in dem die mit der Sexualität verbundene innere Unruhe die Fähigkeiten von Status/Identität, Geld/Liebe und Information/Perspektive innerhalb der Strukturen des Austauschs in Beziehungen beeinflußt und reflektiert. Die am meisten verbreiteten Problembelange sind mit der Kluft zwischen gesellschaftlichen Generationen, mit gewohnheitsmäßiger mangelnder Erfüllung und Kommunikationsschwierigkeiten verbunden; sie spiegeln Persönlichkeitsprofile der Identitätsabhängigkeit, der Selbstwert-Verunsicherung und defensiven Begriffsbildung wider. Diese Problembelange sind unerbittlich mit den Entwicklungsspannungen zwischen innerer und äußerer Welt, zwischen inneren Bedürfnissen und äußeren Vorschriften verknüpft. Wir erkennen ohne Schwierigkeit, wie das gesamte Horoskopmuster der persönlichen Fähigkeiten, das durch die drei Felderkreuze festgelegt wird, innerhalb des Sexualprofils Aktivierung erfährt. In der Sexualität verbinden sich Psychologie, Soziologie und Neurologie zur unverstellten Enthüllung der Persönlichkeit.

Häufig haben Klienten und ich die Hälfte der Konsultationszeit oder mehr darauf verwandt, analytische Bedeutung, praktische Technik und emotionale Angleichung im Bereich ihres Sexualprofils zu besprechen. Andere Lebensfragen wurden nicht außer acht gelassen, sondern vielmehr in dramatischer Weise einbezogen, da das Sexualprofil die ganze »holistische« Persönlichkeit widerspiegelt: Beziehung zu den Eltern, Idealisierung und Wunschvorstellung, Abwehrmechanismen, Ausbildung, gesellschaftliche Identifikation und zwischenmenschlicher Austausch von Fähigkeiten. Diese Fragen reflektieren generationsbedingte Strukturmuster, religiöse Orientierung, Liebesäußerung, Schuldgefühle und Gesundheitszustand. Es besteht kaum ein Zweifel darüber, daß viel mehr Menschen – in getarnter Form – Unterstützung für ihr Selbst-Bewußtsein bei Ärzten, Geistlichen und Astrologen suchen als bei Psychologen und Psychotherapeuten. Die analytische Bewußtmachung des Sexualprofils muß nicht zum abgeschlossenen Spezialgebiet der zuletzt erwähnten Gruppe gehören. *Dies muß nicht der Fall sein,* wenn in einfühlsamer Weise zu der holistischen Einschätzung eines menschlichen Wesens beigetragen werden soll.

Im Rahmen der Diskussionsthese dieses Buches, der Anerkennung von individueller Entwicklung innerhalb des Zugriffs der Umwelt, können wir uns das philosophische Dilemma ins Gedächtnis zurückrufen, die soziale Wirklichkeit auf die individuelle Wirklichkeit reduzieren zu wollen (Seite 17). Wir wissen, daß der Mensch bei der Assimilation von innerer Unruhe im Brennpunkt von beiden steht. Während des Entwicklungsvorgangs schaffen wir ständig Momente von individueller Mündigkeit und schützen unseren Standort zur Bestimmung von Status und Identität. Innerhalb des Geschlechtslebens müssen wir gesellschaftliche Informationen und Vorschriften über die Sexualität auf eine individuell bedeutungsvolle und zufriedenstellende Ebene reduzieren. Dazu gehört auch das Herausdestillieren von persönlichen Bedürfnissen durch die Filter von elterlichen Einflüssen, religiösen Vorschriften und sozialer Propaganda. Die Position der individuellen Mündigkeit wird begründet, nur um dann in Entwicklungsspannung zu einer anderen individuellen Mündigkeit, zu einem anderen Menschen gesetzt zu werden, damit die Sexualität in möglichst adäquater Weise Erfüllung finden kann.

Zwischen Individuation und Beziehung besteht ein Entwicklungskonflikt, der einen außerordentlich scharfen Brennpunkt der inneren Unruhe bildet, wenn im unverhüllten Alleinsein bei der sexuellen Beziehung die gesamte Identität auf dem Spiel steht. Bedürfnisse und Schutzmechanismen des einen Menschen treffen auf Bedürfnisse und Schutzmechanismen eines anderen Menschen. Innere Unruhe und potentielle Schuldgefühle, Vereinigung und Trennung, Zustimmung und Zurückweisung, Sein und Nicht-Sein sind in subtiler, aber dynamischer Weise miteinander verflochten. Durch die Vorteile eines Austauschs von Fähigkeiten werden Wachstum und Veränderung zu neuen Positionen der individuellen Mündigkeit ermöglicht; durch schweigende Aufrechterhaltung des Gleichgewichts (Homöostasie) ist die gewohnheitsmäßige Widerspiegelung eines unterdrückten Status quo, durch Opferung der Identität die Ausnutzung des persönlichen Bewußtseins möglich.

Eine der Hauptschwierigkeiten bei der analytischen Bewußtmachung der Sexualität ist die Tatsache, daß Sex bei Frauen und Männern Brennpunkt unterschiedlicher Bedürfnisse, Maßstäbe, Formen der Erfüllung und Reaktionen ist. Während der gesamten Geschichte sind Frauen gegenüber den Männern als untergeordnet und von ihnen abhängig betrachtet, erzogen und behandelt worden. Im Hinblick auf die Sexualität bestand ihre Funktion darin, sich zu unterwerfen, geduldig auszuharren und ruhig zu bleiben. Die Fortpflanzung war ihre Verantwortung, ihre Aufgabe und ihr Ruhm. Während der gesamten Geschichte sind Männer als dominierend betrachtet, erzogen und behandelt worden. Für sie bestand die Funktion der Sexualität darin, von Spannung zu befreien, Macht und Vorrecht des Mannes zu behaupten, etwas zu verfolgen, zu erobern und den Erfolg zu verkünden. Die Zeugung war für sie nebensächlich – Belohnung genug für die Frau.

Als Folge aus dieser primitiven und polarisierten Entwicklung suchten die Frauen Erfüllung mittels Idealisierung, durch Wunschvorstellung und Romanzen, während der Mann nach weiteren Eroberungen strebte. Die Gesellschaft sanktionierte diese Polarisierung mittels religiöser Grundlage und politischer Organisation, doch schrieb sie, zur Aufrechterhaltung der sozialen Ordnung, den Menschen die Monogamie vor – derjenigen Gattung der Säugetiere, für welche sich die Monogamie niemals als wirklich notwendig erwiesen hat. Die Frauen wurden immer ausgenutzt, die Männer immer gefeiert; die Gesellschaft setzte den Mond in eine abhängige Stellung zur Sonne, um deren Licht widerzuspiegeln.

Diese Polarisierung hat sich bis in unsere heutigen Zeiten erhalten. Religiöse Lehren, gesellschaftliche Institutionen, die von den Eltern übernommenen Verhaltensmaßregeln und ihr Vorbild ordnen die Frauen immer noch als unterlegen, selbstlos, negativ und die Männer als überlegen, selbstbewußt, positiv ein. Die Frau empfängt ihre Initiation durch den Mann. Gefühlsausdruck wird bei Frauen für Hysterie, bei Männern für betonte Männlichkeit gehalten. Empfindsame Selbstbeobachtung ist das Spezialgebiet der Frau; Männer brauchen sie nicht, es sei denn, »irgend etwas stimmt mit ihnen nicht«. Aggressive Antriebsenergie ist das Vorrecht des Mannes; Frauen bringen sie nicht zum Ausdruck, es sei denn, »irgend etwas stimmt mit ihnen nicht«.

Doch heute ändern sich die Zeiten. Die Identitätsgesellschaft hat den Ruf nach Anerkennung von individuell differenzierten Rollen laut werden lassen. Die Gleichberechtigung der Geschlechter wird politisch, religiös, sozial und im Hinblick auf die Sexualität verfochten. Ältere Menschen werden von innerer Unruhe über ihre Selbsteinschätzung in bezug auf frühere Vorschriften und neue Freiheiten erfaßt; jüngere Menschen werden von innerer Unruhe über dramatisch pionierhafte, neue Wertvorstellungen ergriffen, die sich gegen alles richten, was sie in Lehreinrichtungen und von nicht mehr jungen Eltern gelernt haben. Es entstehen neue Probleme. Heute wird die empfindsame Selbstbeobachtung von Männern verlangt und die aggressive Antriebsenergie von Frauen erwartet. Beide haben heute Anspruch auf sexuelle Befriedigung, da die Sexualität in so umfassender Weise sämtliche Bereiche der Identität in den Brennpunkt rückt. Beide haben mit dem beunruhigten Schwindligsein der neuen Freiheiten zu kämpfen.

Es gibt kein Bedürfnis, das ohne Verbindung, ohne Kontakt, ohne Beziehung zu einem anderen, zu etwas anderem, einer Wunschvorstellung, einem Ideal, einer gedanklich errichteten Wertkonstruktion befriedigt werden kann. Die Erfüllung eines jeden Bedürfnisses ist Erfüllung aufgrund von Beziehung. Die innere Unruhe wird durch Entwicklungsspannung befriedigt, die mit Wachstum, mit Ängsten, mit weiterem Wachstum verbunden ist. Das Erfüllen von Bedürfnissen bedeutet, mit irgend etwas in Berührung, in Verbindung zu stehen. Ohne verbindende Beziehungen kann das Leben nicht fortdauern und ist ohne Hoffnung.

In ihrer frühesten Form ist Sexualität die ursprüngliche Bewußtwerdung der für das Leben notwendigen inneren Unruhe. Das Kind gelangt aus dem Mutterleib in die Beziehung zu einer neuen Welt. Es wächst in Vorschriften hinein, die schon Monate oder Jahre zuvor im Hinblick auf Namen und Verhaltensmuster aufgrund des Geschlechts festgelegt worden sind. Seine Rolle ist vorherbestimmt. Der Umweltschock des selbständigen Atmens wird augenblicklich durch elterliche und gesellschaftliche Vorschriften erschwert. Das Kind hat dringende Bedürfnisse; sie richten sich auf Erfüllung durch Kontakt und Beziehung zu den Eltern, durch die Berührung von jemandem, der für es sorgt.

Wir können ohne weiteres mit Offit darin übereinstimmen, daß »Berührung die Grundlage für alle Formen der sexuellen Verbindung ist«. Sie beginnt bei der Geburt und setzt sich bis zum Tode fort. Berührung ist die Grundlage für jegliche Bedürfniserfüllung und wechselseitige Beziehung, doch drückt sie sich in dramatischer Weise spezifisch in der Sexualität aus. »Berührung« ist Beziehung und Austausch von Fähigkeiten.

Wir sagen: »Das war (be)rührend (ergreifend)« oder »Du hast mich berührt (getroffen)«, wenn uns etwas gefühlsmäßig bewegt. Wir bitten Freunde darum, »in Berührung (das heißt, in Verbindung) zu bleiben«. Angesichts von Schönheit in einem Museum oder innerhalb des sozialen Umgangs werden wir durch ein »Bitte nicht berühren!« vor der Zerbrechlichkeit der Beziehung gewarnt. Berührung ist überaus empfindlich; sie stellt die Bestätigung *und* die Verpflichtung einer Beziehung in Aussicht.

Angefangen von der ersten Berührung in den Armen unserer Mutter streben wir nach Erfüllung unserer Bedürfnisse. Wir lernen es bald, uns selbst zu berühren, weil wir wissen wollen, wer wir sind. Wir müssen schließlich andere berühren lernen, damit wir wachsen können.

Natürlich werden wir in vielfacher und unterschiedlicher Art und Weise berührt und geben die Berührung zurück, zum Beispiel taktil, gefühlsmäßig, zur Einholung von Informationen. In der Berührung mit unserer Umwelt lernen wir uns zu verhalten, zu fühlen und zu denken. Von Anfang an bestimmt die Art und Weise, in der wir berührt werden, die Form, wie wir die Berührung zurückgeben. Es können außerordentlich große Lücken in bestimmten Bereichen von persönlichen Fähigkeiten existieren, in denen wir überhaupt keine Berührung erfahren haben, und dieselben Fähigkeitsbereiche werden uns dann zur Berührung von anderen fehlen. Es mag Bereiche geben, wo die Berührung rauh verlief und wo wir als Kinder keine andere Wahl hatten, als das strenge Anfassen von seiten der Eltern mit elterlicher Liebe gleichzusetzen.

Das Bedürfnis, die Eltern zu lieben und ihnen zu gehorchen, ist grundlegend für das abhängige Überleben. Die Dynamik dieser Interaktion wird in natürlicher Weise fortgesetzt, wenn sich das Individuum aus der Abhängigkeit von den Eltern loslöst und nach persönlicher Autonomie strebt. Für den Bereich der Sexualität hat das Entwicklungsspektrum der Berührung seinen Ursprung in jener allerersten Zeit und erstreckt sich durch das gesamte Leben.

Auf dieser Grundlage liegen die Bewahrung von Gleichheit und die Hoffnung auf Individuation innerhalb des Entwicklungswachstums im Kampf miteinander. Wir haben gesehen, wie der elterliche Einfluß in dynamischer Weise mit den individuellen Bedürfnissen in den frühen Streßsituationen für das Leben eines Menschen verbunden ist. Unter besonderer Bezugnahme auf die Sexualität müssen wir uns darüber im klaren sein, daß die Sexualität, Berührung, schon vor der Assoziation mit einem romantischen Liebesverhältnis oder vor der vollentwickelten biologischen und anatomischen Reife beginnt. Die schaukelnde Wiege, das Saugen an der Mutterbrust und die Stimulation der Geschlechtsorgane haben sämtlich beruhigende Funktionen in der frühen Jugend. Die innere Unruhe wird beschwichtigt, wenn die grundlegenden Bedürfnisse vollauf gesättigt sind. Im Laufe der Entwicklung werden die individuellen Bedürfnisse zunehmend differenzierter. Information und Erfahrung wachsen ständig. Das Denken wird selbständig, der Körper verändert sich. Der gesamte Vorgang treibt in einen Entwicklungskonflikt hinein: das Angewiesensein auf die Eltern und gleichzeitig der Drang nach Individuation, nach Begründung von persönlicher Autonomie, die von den Eltern fortstrebt. Die »erste Liebe« ist der Brennpunkt dieses Drängens nach Autonomie, das Erwachen von Idealen, und auch die erste kritische Konzentration auf sexuelle Fähigkeiten in nach außen gerichteten Beziehungen. Sie ist Teil der Pubertätskrise.

Wir sind uns klar darüber bewußt, wie entscheidend der elterliche Einfluß für die Organisation der Fähigkeiten eines jungen Menschen ist. Wir wissen, daß elterliche Beziehungen unsere Entwicklung formend beeinflussen, und ebenso wissen wir, daß wir uns aus eigenen Kräften darum bemühen müssen, unserer Entwicklung weitere Form zu geben, die immer von den formbildenden Entwicklungszeiten in der häuslichen Umgebung geprägt ist. Im Hinblick auf die Sexualität kann das Leben eines Kindes durchaus mit zärtlicher Berührung und liebevoller Fürsorge begonnen haben, doch wenn sich die Eltern selbst innerhalb von spannungsvollen Mustern weiterentwickeln, kann sich die Beziehung zu dem Kind verändern. Vertrauen und Liebe des Kindes zu seinen Eltern können sich allmählich in Mißtrauen und Furcht verwandeln, wenn die Eltern zärtliche Berührung und Liebe durch aggressive Bestrafung und Teilnahmslosigkeit ersetzen. Das Selbstwert-Profil des Kindes wird unklar. Als Abhilfe für das in Verwirrung geratene Bild von sich selbst entwickelt sich Rückzugsverhalten in die idealisierende Wunschvorstellung darüber, wie Liebe und Erfüllung aussehen sollten. Die Projektionen dieses Ideals spiegeln unbewußt wider, wie ideal es früher zu sein pflegte. Diese Vorstellungsprojektionen werden aus Märchen, Geschichtenbüchern und dem ständigen Einfluß der öffentlichen Medien genährt.

Für Mädchen spiegeln diese Wunschvorstellungen gewöhnlich den Gedanken wider, von einem strahlenden Ritter gerettet zu werden, zu heiraten, sechs Kinder zu haben und in einem kleinen weißen Haus hinter einem kleinen weißen Lattenzaun zu leben; für Jungen reflektieren sie in der Regel den Sieg über eine Armee, über die Welt, das Erwerben von Stärke und Ruhm. Für beide zeigen die Wunschvorstellungen eine Bereitschaft zur Flucht.

Die erste Liebe ist das erste Experiment einer Verwirklichung der Vorstellungswelt. Die Wunschvorstellungen erfahren eine Angleichung. Die Abhängigkeit von den Eltern verlagert sich für den Augenblick auf einen anderen Menschen. Jeder von uns sucht eine Form von Berührungsdynamik zu finden, die Sicherheit verkörpert und ein Bedürfnis erfüllt. Mit der eintretenden Autonomie differenzieren sich scharf ausgeprägte Bedürfnisse, und der junge Mensch entwickelt sich allmählich von seinen Eltern fort.

Es haben sich jedoch schon tiefe Strukturmuster festgesetzt. Erwartungsvorstellungen sind häufig sexuell durch Masturbation verstärkt worden, die das sexuelle Individuationspotential scharf hervortreten läßt. Schuldgefühle, die durch elterliche Einflüsse und/oder religiöse Grundprinzipien hervorgerufen wurden, sind reine Formsache geworden. Die Ideale werden durch den Prüfstein der Realität erschüttert. Die Nerven sind aufs äußerste gespannt, es bildet sich Hautausschlag; der starke Einfluß der Sexualität schlägt sich umfassend in der Individuation nieder.

In diesem Stadium unserer Untersuchung können wir Jungs Postulat von *Animus* und *Anima,* der männlichen Komponente innerhalb des Weiblichen bzw. der weiblichen Komponente innerhalb des Männlichen, zur Unterstützung heranziehen. Diese Komponenten helfen jedem Geschlecht dabei, das andere Geschlecht zu verstehen, es zu schätzen und zu ergänzen. Dies entspricht einer Konzeption des Ausgleichs zwischen dem Weiblichen und dem Männlichen, und dieser Gedanke läßt sich auch auf die Beziehung zu den Eltern anwenden: Wir müssen sowohl mit der Mutter als auch mit dem Vater in Berührung, in enger Verbindung stehen. Wir sehen nur zu unwiderlegbar das Phänomen des rückläufigen Saturn, insofern als es eine mangelnde Ausgewogenheit durch das Fehlen, die Abwesenheit oder die tyrannische Herrschsucht des Vaters anzeigt, was sich störend auf die Vorstellungsbildung eines gesicherten Selbstwertes auswirkt. Wir erkennen nur zu mühelos, wie Verwirrung über den Selbstwert innerhalb der Entwicklung mit der Fähigkeit verbunden ist, Liebe zu geben (Quadrat zwischen II. und V. Feld) und sie zu erwarten (das XI. Feld).

Bei Fall 5 (Seite 227) wurde die Frau von ihrem Vater in liebevoller Weise dazu gedrängt, dem Idealbild der Mutter nachzueifern. Wir sahen die außerordentliche Anfälligkeit der Frau gegenüber einer derartigen Suggestion (die Trigonstruktur der Wasserzeichen, die Sonne und Mond in sich aufsog). Wir sahen, wie das Ideal tief von ihr Besitz ergriff (Neptuns Quadrat mit der Sonne vom MC aus) und wie der Abhängigkeitskomplex auf die Ehe übertragen wurde (Venus herrscht im VII. Feld). Ihr eheliches Geschlechtsleben war praktisch gleich Null (ihr einflußreicher Neptun herrscht im V. Feld), da das komplexe Strukturmuster ihrer Bedürfnisse und deren Inbesitznahme durch das mütterliche Ideal auf die offensichtlichen Aggressionsbedürfnisse ihres Ehemannes stießen. Das Opfer begegnete dem Sieger.

Bei Fall 6 (Seite 235) wurde die Frau durch ihr Elternhaus und die eigenen sexuellen Schuldgefühle ihrer Mutter vollkommen eingeengt. Ohne Zweifel wurde sie zum Sündenbock für die Probleme ihrer Mutter. Völlig naiv und unerfahren ging sie in die Ehe. Ihre Lebensperspektive veränderte sich, als sie entdeckte, daß sie eine Frau war (Pluto s auf ihrem Aszendenten) und die Sexualität unersättlich erprobte in der Hoffnung, darin eine gewisse emotionale Bestätigung zu finden (Jupiter herrscht im V. Feld und bildet das einzige, kraftvolle Quadrat mit Neptun).

Der Mann in Fall 7 (Seite 243) erinnert sich daran, dreimal geweint zu haben; als sein Vater einrückte, bei der Trennung von seiner wichtigen »ersten Liebe« und beim Auseinanderbrechen seiner Ehe. Sex war immer eine Eroberung für das Ego gewesen, da er sich selbst gegen vertrautes Miteinanderteilen geschützt hatte. Er leidet an Gedächtnisverlust über seine gesamte Kindheit. Die mangelnde Ausgewogenheit zwischen den elterlichen Vorbildern kann nur durch Mutmaßungen erschlossen werden: der starke Vater, der das Widder-Profil meines Klienten bekräftigte, und die stoische Mutter, welche die Sensibilität meines Klienten nicht bestärkte.

Keiner dieser drei Menschen hat ein spezifisch sexuelles Problem, doch die Sexualität eines jeden spiegelt die Lebensverhältnisse der frühen häuslichen Umgebung wider. Die Frau, die unter der Zwangsvorstellung des Idealbildes ihrer Mutter leidet, konnte aufgrund der Implosion der Wasser-Trigonstruktur ein Vierteljahrhundert lang ohne Sexualität leben; die Frau, die sich auf dem Weg befand, Erfüllung in der Spiritualität zu finden, konnte die Sexualität nach so vielem Experimentieren aufgrund ihrer emotionalen Selbst-Genügsamkeit völlig aufgeben. Der Geschäftsdirektor konnte endlich erkennen, daß die Bereitschaft zu vertrautem Umgang nun eine nüchterne Kindheit aufholen muß, an die er sich nicht erinnern kann. Diese drei Menschen haben alle charakterologische Bedürfnisbelange, die auf vielen Ebenen der Interaktion mit der Umwelt in Erscheinung treten, wozu auch die Sexualität gehört.

Es gibt nur wenige Menschen, die Liebe durch Berührung zum Ausdruck bringen können, wenn sie sich nicht daran erinnern können, selbst im Elternhaus berührt worden zu sein oder Liebesäußerungen zwischen ihren Eltern gesehen haben.

Wenn wir uns entwickeln und die Bedeutung von Beziehung erkennen, suchen wir die Abhängigkeit von anderen. Wir fürchten uns davor, allzu sehr mit uns selbst allein gelassen zu sein. Wir suchen den Austausch von Fähigkeiten auf vielen verschiedenen Ebenen. Wir können auch abhängig werden, was die Sexualität betrifft: An dem einen Pol können sich zwei Menschen dahin entwickeln, im Hinblick auf vollkommenes Vertrauen, Austausch von Stärke und Erfüllung aufeinander angewiesen zu sein; am Gegenpol können sich zwei Menschen dahin entwickeln, als Angelegenheit der Routine, aus Angst vor dem Alleinsein voneinander abhängig zu sein. Für die Erstgenannten ist Sex frei und bereichernd, für letztere mechanisch und langweilig.

Innerhalb der gewohnheitsmäßigen Routine hört die Sexualität auf, eine Ausdrucksform der Individuation zu sein. Ihr Reiz in der »ersten Liebe« (oder in Frühehen) beim Ausbruch aus dem elterlichen Schutz in individuelle Autonomie mag sich schnell verlieren. An die Stelle dieses erregenden Reizes der Unabhängigkeit tritt die Abhängigkeit und zieht die betreffenden Personen auf ein Kampffeld von Treibsand. Konkurrenzverhalten und Bestrafungen werden in anderen Lebensbereichen ausgetauscht und fordern langsam ihren Tribut auf dem Gebiet der Sexualität. Die Frau verliert das Interesse an und/oder die Fähigkeit zu Reaktion, oder sie unternimmt den Versuch zu vergeltenden Maßnahmen oder Forderungen an den Ehemann. Versteckter Ärger dehnt sich auf weitere Lebensgebiete aus. Die Kommunikation bricht zusammen. Der Mann leidet unter allmählich fortschreitender Impotenz und Zweifeln an sich selbst und/oder schiebt seiner Frau die Schuld an der Abstumpfung zu. Versteckter Ärger dehnt sich auf weitere Lebensgebiete aus.

Die Frauen werden Wunschvorstellungen über romantische Liebesbeziehungen nachgehen und/oder für idealisierte Männer »schwärmen«, die unerreichbar sind, aber in irgendeiner Form das Bedürfnis nach Berührung mit dem befriedigen, was die Frau braucht oder zumindest zu brauchen glaubt. Der Mann wird Wunschvorstellungen über sexuelle Eroberungen haben und zur Stützung seines schwindenden Ego mit anderen Frauen flirten. Diese Frauen werden wahrscheinlich die gleichen Probleme wie seine eigene Ehefrau haben, und in dieser Weise stützt der eine die Illusion des anderen. Die Frau wird träumen, der Mann großsprecherisch sein oder sich zurückziehen. Gemeinsam stagnieren sie, doch keiner von beiden kann dem Alleinsein aufgrund von Veränderung mutig entgegenblicken.

Es macht keine Schwierigkeit, dieses allgemeine Profil der sexuell enttäuschenden Ehe richtig einzuschätzen, da jeder von uns so viele, viele Paare kennt, die sich in dieses mechanisch-gewohnheitsmäßige Muster von Abhängigkeit einfügen. Sie gehören allen Altersstufen an und kommen aus allen sozialen Schichten. Es sind Menschen in Not.

Wodurch aber ist das Problem verursacht worden? – Ich glaube, daß vier Betrachtungen zu unserem Verständnis beitragen können: idealisierte Erwartungen, Bedürfnisse nach Bestätigung, Austausch von Fähigkeiten und Kommunikation.

Idealisierte Erwartungen

Während der Entwicklung werden die Selbstwert-Vorstellungen immer wieder gekränkt. Diese Kränkungen kommen und gehen normalerweise, wenn wir den Status verändern und die Identität erweitern, wenn wir mit Geld umgehen und unsere Liebesfähigkeiten einsetzen, wenn wir Information aufnehmen und unsere Perspektive angleichen. Für einige Menschen kommen die Selbstwert-Belange mehr als daß sie wieder verschwinden (und dies zeigt das Horoskop eindeutig auf, wie wir wissen). Wir alle errichten Ideale, die uns dabei helfen sollen, eine Zielscheibe für die Handhabung der Selbstwert-Verunsicherung während des Wachstumsvorgangs zu visualisieren. Einige von uns vertrauen weitaus mehr als andere auf die in der Vorstellungswelt errichtete Bestärkung durch diese Ideale.

Jedesmal, wenn wir einen »Wunsch« aussprechen oder denken oder davon träumen, projizieren wir eine Idealvorstellung, errichten wir eine Hoffnung – die Hoffnung auf Bestätigung, auf »Belohnung«. Die Vorbilder aus den Geschichtenbüchern der Kinder und heute aus dem Fernsehen werden zum Grundgerüst für die eigenen Wunschvorstellungen der Kinder, und diese imaginären Idealbilder werden allmählich zu Erwartungen. Es ist äußerst instruktiv, wenn wir uns vor Augen führen, daß das XI. Feld der erhofften, empfangenen, »verdienten« Liebe auch das Feld der Erwartungen ist und daß sich die Erwartungen des Elternteils im IV. Feld mit unserem II. Feld decken. Kurz gesagt, der Idealisierungsprozeß wird – als Widerspiegelung oder Abwehrmechanismus – rasch und mühelos von unseren Eltern und unserer Umgebung übernommen. Er speist unsere frühesten Fähigkeiten von Information/Perspektive mit Energie und setzt den Anfangspunkt für unser Lebensmuster aus Erfüllung und Enttäuschung. Persönliche Bedürfnisse, die sich gerade erst zu differenzieren beginnen, bleiben unbeachtet.

Es ist einfach und bequem, Erleichterung schaffende und rasche Anpassungen an diese idealisierten Wunschvorstellungen vorzunehmen, um damit Befriedigung für den Augenblick zu finden. In der Aufregung der »ersten Liebe« (selbst beim vierten oder fünften Mal!) übersehen wir Dimensionen, die unsere Ideale enttäuschen, und heben Dimensionen hervor, die unsere Ideale erfüllen. Unsere Ideale sind frisch, nicht durch

Erfahrung gereift und haben sich uns tief eingeprägt. Durch ihre Fortbildung sind sie die direkte Ausdehnung unserer Eltern und unserer frühen häuslichen Umwelt, ob wir uns nun bewußt gegen diese Tatsache aufzulehnen versuchen oder nicht. Die Ideale haben unsere frühesten Bedürfnisse befriedigt, und diese von den Eltern vermittelten Eindrücke bleiben ihrem Wesen nach erhalten, obgleich sie die Form verändern mögen.

Innerhalb von Anpassungen wird eine sexuelle Bindung eingegangen. Es können sexuelle Funktionsstörungen als Anhaltspunkt dafür auftreten, daß sich irgendeine Beziehungsdimension unter Spannung befindet, doch dies kann aufgrund von Unwissenheit, Abhängigkeit und Aufregung übersehen werden. Nachdem die neue Ebene von Autonomie innerhalb der neuen Beziehung errichtet worden ist, werden die Mängel des Partners in Relation zu den Idealen sichtbar.

Dieses hier abgebildete Horoskopfragment zeigt eine dramatische Konstellation, welche die Sexualität in entscheidender Weise einbezieht. Pluto und die Konjunktion von Mars/Saturn innerhalb des II. Feldes stehen im Quadrat zu der dreifachen Konjunktion von rückläufigem Merkur, Mond und Sonne. Diese reizende, schwungvolle, äußerst intelligente alleinstehende Frau um die Dreißig erlebt eine ständige Entwicklungsspannung zwischen den Polen von »heiß« und »kalt«. Sie findet in jeder Hinsicht Anklang, doch unter der starken, »idealen«, immer lächelnden Selbstdarstellung verbirgt sich eine außerordentlich große Spannung, die mit ihrem frühen häuslichen Umfeld (Mars herrscht am MC im Widder), ihren Beziehungsfähigkeiten (Saturn herrscht im VII. Feld) und ihrer Bereitschaft, Liebe zu geben (Pluto herrscht im V. Feld usw.), verbunden sein muß. Die schöne Selbst-Projektion, die sie ausstrahlt, ist ein Ausdruck ihres Idealismus (Konjunktion von Venus/Jupiter im Schützen und Sextil mit Neptun im IV. Feld), der über ihre quälenden Selbstwert-Belange hinausgeht (die Sonne, die im II. Feld herrscht, im Quadrat und in gegenseitiger Rezeption mit Pluto).

Obgleich die Konstellation dynamisch ist, läßt sie sich äußerst einfach analysieren. Ohne Zweifel hat es ernstliche Probleme im frühen Elternhaus gegeben, wodurch dieses auseinanderbrach. Die junge Frau entwickelte Idealisierungen über ihre geschädigte Selbstwert-Vorstellung, die einerseits sehr stark auf Prinzipien gegründet (Saturn) und andererseits sehr avantgardistisch (Mars) waren. Diese Idealisierungen würden ein Elternteil sehr stark einbeziehen, wahrscheinlich den Vater.

Meine Klientin bestätigte meine Schlußfolgerungen in allen Einzelheiten: Ihr Vater war ein sehr schöner, künstlerischer und genialer Mensch.

Seine Vorliebe für Frauen und Alkohol entsprach einer schmerzlichen Unausgereiftheit, die das Elternhaus auseinanderbrechen ließ, als sie acht Jahre alt war. Seit früher Kindheit hat sie ihn unaufhörlich idealisiert und legt heute an jeden, »in den sie sich verliebt«, anspruchsvolle Maßstäbe nach seinem Vorbild an. Sie hat keine sexuelle Funktionsstörung oder Problematik, sondern erfährt nur eine ständige emotionale Verletzung, da niemand ihren idealisierten Maßstäben entsprechen kann. Als kürzlich Ehepläne gescheitert sind, während der laufende Uranus in Konjunktion mit ihrer Sonne stand, hat sie alles dies endlich erkannt und kann nun an der Angleichung ihres Idealisierungsmodells arbeiten, damit das Leben erfreulicher und sie selbst das wird, was sie wirklich ist.

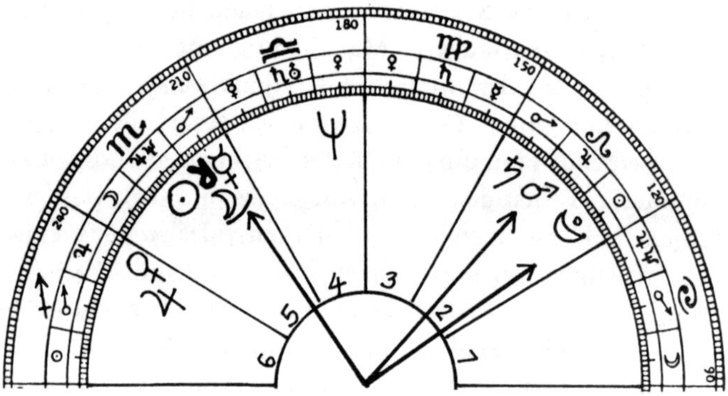

Für diese junge Frau war die Wunschvorstellung ein kraftvoller Abwehrmechanismus gegen den Umbruch in ihrem Elternhaus und das große Bedürfnis nach ihrem Vater (Neptun = Venus/Pluto; Saturn, der im VII. Feld herrscht und ein Quadrat mit der Sonne bildet). Ihre verborgenen sexuellen Wunschvorstellungen haben sich immer um »Vergewaltigung und Knechtschaft« gedreht und kommen symbolisch in ihren Worten zum Ausdruck, »einen Mann zu suchen, der stärker ist als ich«. Sie stimmte dann mit meinem Zusatz überein: »Einer, der Sie festhalten, der Sie stark berühren könnte, der Sie niemals loslassen würde, um seine Liebe und Ihr Vertrauen unter Beweis zu stellen, so wie es Ihr Vater getan haben sollte.«

Sie hat immer einen sehr starken Drang zu heiraten in sich verspürt, um die Bindung an ein Heim und die Bedürfnisse ihres Krebs-Aszendenten nach häuslicher Sicherheit zu befriedigen. Denken wir nur daran, wenn diese Frau einige Jahre früher geheiratet hätte; denken wir nur an die Enttäuschung, wenn sie erkannt hätte, daß ihre idealisierten Wunschvorstellungen nicht erfüllt worden wären. Würde sie in diesem Fall den Mut dazu gehabt haben, die Ehe zu beenden, eine Lehre daraus zu ziehen und sich weiterzuentwickeln? Oder hätte sie sich angepaßt in mechanisch-gewohnheitsmäßiger Abhängigkeit von der ehelichen Verbindung, wäre in die Tiefen ihrer Vorstellungswelt zurückgekehrt und hätte sich von ihrem Partner fortentwickelt?

In dem oben abgebildeten Horoskopfragment herrscht Venus nicht nur im IV., sondern auch im XI. Feld. Das Ideal, das aus dem zerrütteten Familienleben heraus begrifflich entstand (Merkur ist rückläufig und herrscht im III. und XII. Feld), wurde durch die Wunschvorstellung bestärkt, in diesem Falle besonders mittels der Sexualsymbolik. Merkur ist nicht aspektiert, ausgenommen die Konjunktion mit dem Hauptbedürfnissymbol des Mondes im Skorpion (das Bedürfnis nach Erfüllung von persönlicher Bedeutsamkeit, das tiefe Gefühl einer Zielsetzung). Ihre Emotionen und die Sexualität waren fest mit einer Zielsetzung verknüpft, die stark idealisiert und zum Gegenstand ihrer Erwartung im Hinblick auf verdiente und erhoffte Liebe wurde. Jupiters Konjunktion mit Venus, dem Herrscher des XI. Feldes, und Neptuns Stellung am Halbsummenpunkt von Venus/Pluto ließen die Hoffnung in eindrucksvoller Weise mit dem Ideal verschmelzen. Hier wird das deutlich hervorgehoben, was innerhalb der Idealisierung so gebräuchlich ist: Die Hoffnung wird zur auf den Kopf gestellten Realität. Jupiters einziger Aspekt ist die Konjunktion mit Venus.

Bedürfnisse nach Bestätigung

Wie häufig hören wir bei Gesprächen über Beziehungswerte die Klage: »Mein Mann (oder meine Frau) gibt mir nicht das, was ich brauche« oder »Er (oder sie) versteht mich nicht«. Dies ist eine direkte Bezugnahme auf persönliche Bedürfnisse nach Bestätigung, auf persönliche Bedürfnisse, die innerhalb der Beziehung nicht zufriedengestellt werden. Diese Bedürfnisse können sich natürlich durch jahrelang angesammelte, der Kompensation dienende Idealvorstellungen in betont eigenwilliger Form äußern, und dies alles wird durch die Tatsache erschwert, daß die Bedürfnisse nach Bestätigung zu einem Zeitpunkt nahezu Erfüllung fanden –

denn sonst wäre die Bindung überhaupt erst gar nicht eingegangen worden.

Die Errichtung dieser Bindung unterliegt jedoch vielen Zwängen und Anpassungen, wie wir gesehen haben. Wenn beispielsweise der Herrscher des VII. Feldes oder Planeten darin in scharfer Entwicklungsspannung zur Mondknotenachse oder zum Herrscher eines elterlichen Feldes stehen, sind die Aussichten sehr groß, daß die Mutter oder derjenige Elternteil, für den der Feldherrscher Signifikator ist, den Betreffenden im Hinblick auf die Wahl des Partners stark beeinflußt hat. Bei einem derartigen Strukturmuster wird der elterliche Idealisierungsprozeß fast immer auf die Tochter oder auf den Sohn ausgedehnt, damit durch Anpassung der persönlichen Bedürfnisse die elterlichen Erwartungen zufriedengestellt werden. Wie viele, viele Menschen werden durch subtilen, kräftigen, liebevollen oder strafenden Druck der Eltern in die Ehe gedrängt? Die Ehe bedeutet eine Flucht vor den Eltern und stellt sie gleichzeitig zufrieden. Das eigene Ich bleibt unbeachtet, bis es kurz danach, nach dem erregenden Reiz von Aufbruch und Neuheit, wieder erwacht.

Innerhalb der Angleichung durch die Wunschvorstellung sind die persönlichen Bedürfnisse einer ständigen Differenzierung und Weiterentwicklung ausgesetzt. Die gesamte Persönlichkeit kommt zum Ausdruck. Die Bedürfnisse nach Bestätigung, symbolisch durch die Planeten dargestellt, sind mit den Elementen ihrer Zeichen verbunden: Feuer, das Bedürfnis nach Anerkennung; Luft, das Bedürfnis danach, geschätzt zu werden; Wasser, das Bedürfnis nach Sicherheit; Erde, das Bedürfnis danach, einen Wert zu erhalten. Diese Bedürfnisse werden natürlich näher bestimmt durch die besondere kardinale, fixe oder veränderliche Natur der Zeichen in jeder Elementenfamilie; durch die spezifischen Fähigkeiten, für die der Planet Symbol ist; und durch die Aspektstruktur und die Dynamik zwischen den einbezogenen Signifikatoren. Mit der Zeit und der sich entwickelnden inneren Unruhe im Verlaufe des Lebens werden die Bedürfnisse jedoch zunehmend mehr verfeinert und individualistisch geprägt.

Die Betrachtung der Sexualität muß unter Bezugnahme auf das V. Feld beginnen. Die Sexualität ist in komplexer Weise persönlich; sie ist eine der vielen Formen von persönlicher Projektion in unserem Leben. Das V. Feld ist in der natürlichen Stellung der Zeichen mit dem Aszendenten und dem IX. Feld verbunden und gehört der Familie der Feuerzeichen an: das Bedürfnis nach Anerkennung, ausgedrückt durch unsere spekulative Betrachtung der Stellung des Ichs in der Anpassung an die berufliche Position (Quincunx-Aspekt zwischen V. Feld und MC), durch unsere assimilierende Aufnahme von Lehren und den Gesetzen des Landes (IX. Feld) und durch unsere Kinder, Enkel und Urenkel. Die Sexualität bedeutet für die Persönlichkeit eine weitere Grundlage für Anerkennung durch das Miteinanderteilen von tiefgehenden Fähigkeiten.

Das VIII. Feld ist nicht einfach aus dem Grunde die Basis für die Skizzierung der Sexualität, weil bei der natürlichen Stellung der Zeichen dort das Zeichen Skorpion plaziert ist. Das VIII. Feld ist zwar – wie alle übrigen Felder – mit in die Sexualität einbezogen, doch dies innerhalb der Dimensionen des Selbstwertes von anderen, da dieser mit dem persönlichen Selbstwert in Zusammenhang steht (Opposition zwischen VIII. und II. Feld). Diese einflußreiche Achse der Selbstwert-Belange wird zwar in dynamischer Weise mit in die Sexualität einbezogen, doch der Ausgangspunkt für die persönliche Sexualität liegt im V. Feld als einer *persönlichen* Selbst-Ausdehnung, die entwicklungsmäßig mit den Selbstwert-Belangen verknüpft ist und dann im Rahmen von Beziehungen auf diese Belange bei anderen projiziert wird. Durchgängig in diesem Buch haben wir immer wieder diese Werte des Kreuzes der Fixfelder richtig einzuschätzen und verstehen gelernt.

Auch das XII. Feld, als ein weiteres Beispiel, ist nicht die Basis für die Skizzierung der Sexualität, selbst wenn diese problematisch ist. Das XII. Feld spielt eine gewisse Rolle innerhalb der Sexualität, da sich das persönliche Bewußtsein von Sexualität an die institutionellen Vorschriften der Gesellschaft, an die Kooperation mit anderen und die Kommunikation mit den Eltern anpaßt (das XII. Feld bildet einen Quincunx-Aspekt mit dem V. Feld und ist das sechste Haus des VII. und das dritte Haus des X. Feldes). Das gesamte Horoskop, sämtliche persönlichen Fähigkeiten und Bedürfnisse konzentrieren sich innerhalb der Sexualprofils, wofür das V. Feld die Ausgangsbasis darstellt.

In dem gerade untersuchten Horoskopfragment (Seite 262) ist das V. Feld offensichtlich stark betont. Es wird von Pluto beherrscht, der im II. Feld plaziert ist. Das Wasserzeichen Skorpion ist ein Hinweis auf die der Persönlichkeit tief eingeprägte Angst davor, ausgenutzt zu werden, und auf das Bedürfnis nach tiefgehender emotionaler Sicherheit. Die außerordentliche Konzentration darauf ist bei diesem Fragment klar ersichtlich. Pluto im II. Feld und als Herrscher des V. Feldes zeigt an, wie wir in diesem Abschnitt des Buches gesehen haben, daß das Bewußtsein von persönlicher Perspektive innerhalb der Selbstwert-Belange in grundlegender Entwicklungsspannung mit der Fähigkeit steht, Liebe unter idealisierten Bedingungen zu geben (Konjunktion von Jupiter/Venus im V. Feld usw.). Sexualität ist hier eine, Liebeserfüllung eine andere Sache. Das Gefühl von Opfer/Verzicht, das sich unter den Bedürfnismotivationen nach kompensatorischer Erfüllung verbirgt, wird durch Neptun im IV. Feld versinnbildlicht. Die gesamte Begriffsbildung der holistischen Analyse wird dann durch das Netzwerk von Aspekten und Signifikatoren erhärtet und durch die Bestätigung der Klientin abgerundet.

Im Bereich von Ästhetik, Emotionen und Liebe – innerhalb der idealisierten Komponenten der Sexualität kann uns die Venus viel verraten. In Erdzeichen, welche die Bedürfnisse nach Wertgebung anzeigen (und die Ängste davor, keinen Wert zu erhalten), kann sich die emotionale Ausreifung bei der Differenzierung dieser Bedürfnisse im Zeichen des Steinbocks verzögern; sie können im Stier in materialistischer oder idealistischer Form um Zuverlässigkeit angeordnet oder in der Jungfrau nach kritischen Prinzipien eingeschätzt werden. In Wasserzeichen, welche die Bedürfnisse nach emotionaler Sicherheit anzeigen (und die Ängste vor Ausnutzung), kann sich die emotionale Abhängigkeit im Krebs in Form von verschwommener Sinnlichkeit manifestieren, im Skorpion in schützender Weise unter Kontrolle gehalten oder in der Reaktion darauf übermäßig betont werden oder in den Fischen in vorgestellten Wertbegriffen märtyrerhafte Züge annehmen. In den Luftzeichen, welche die Bedürfnisse nach Würdigung und Achtung anzeigen (und die Ängste davor, keine Achtung zu finden), kann die soziale Dimension den Bereich des Emotionalen und Neurophysiologischen überhöhen, wenn Venus in der Waage steht; im Wassermann werden die Rücksicht auf Freundlichkeit und die Freude an Neuerungen betont, und in den Zwillingen sind die geistigen Voraussetzungen für idealisierte Möglichkeiten dominierend. Bei den Feuerzeichen schließlich, welche die Bedürfnisse nach Anerkennung anzeigen (und die Ängste davor, nicht beachtet zu werden), kann Venus im Widder eine kokette Gefallsucht für die Befriedigung von Anerkennung und regelmäßige Bestätigung der Attraktivität erforderlich machen; Venus im Löwen kann Bedürfnisse nach emotionaler Macht und Selbsterhöhung hervortreten lassen, und Venus im Schützen kann die Bedürfnisse in Abwechslung und Unbeständigkeit oder die Begeisterung für abenteuerliches Miteinanderteilen differenzieren.

Diese Bedürfnisse der Venus sind natürlich äußerst wichtig innerhalb der Beziehungsdynamik. Sie erfahren eine starke Betonung in der Sexualität, so wie alle übrigen Persönlichkeitsdimensionen auch. Wir wissen von der natürlichen Stellung der Zeichen, daß Venus Stier im II. Feld des

Selbstwertes und Waage im VII. Feld der Beziehungen regiert. In ähnlicher Weise schließt Jupiter – als unser Bedürfnis nach Bestätigung, unsere Hoffnung auf Erfüllung – Assoziationen in sich ein, die durch Element, Natur des Zeichens, Aspektstruktur und Felderstellung begründet werden. Die Konjunktion dieser beiden Planeten innerhalb der auf Abwechslung bedachten Dimensionen des Schützen, mittels Idealismus verstandesmäßig begründet, war für das Sexualprofil des oben dargestellten Horoskopfragments wiederum vollkommen eindeutig.

Im Bereich der Sexualität drängen die Bedürfnisse auf Erfüllung, auf Bestätigung. Dies gilt für alle Bedürfnisse der Persönlichkeit, die gelenkt werden von Venus/Jupiter-Idealisierungen, die mit Merkur verknüpft sein können, oder von Energien, die mit Mars verbunden sind, Abwehrsituationen, die durch Saturn, Neptun und Pluto angezeigt werden, einbezogen in die Intensivierung, für die Uranus das Symbol sein kann. Durch dieses komplex aufgebaute Netzwerk hindurch zeigt sich das Individuum in seiner Sexualität und trifft auf einen anderen Menschen, der das gleiche tut. In Relation zu ihrer inneren Kraft ist die potentielle Möglichkeit, daß Bedürfnisse *keine* Bestätigung finden, außerordentlich groß.

Ähnlich ist auch die Felderstellung der Planeten häufig ein ausdrucksstarker Schlüssel im Bereich von sexuellen Problembelangen. Wenn Venus beispielsweise im XII. Feld steht, so ist »ein verborgen gehaltenes Gefühl für Schönheit« sehr stark ausgeprägt. Die ästhetischen und emotionalen Bedürfnisse werden im Rahmen sämtlicher sozialer Vorschriften im verborgenen geschützt und sind von daher schwierig zu erfüllen. Wir können dieses Symptom deutlich an der Metapher eines Musikkritikers erkennen, der eine Sinfonie fünf Jahre lang zu Hause durch die allerbesten Stereo-Kopfhörer hört und dann völlig enttäuscht ist, als er die gleiche Sinfonie in einer Live-Aufführung im Konzertsaal hört. Es ist sehr schwer, diese Venus zufriedenzustellen, und sehr viel taktvoll gelenkte Selbstbeobachtung ist notwendig, nur um die Beziehungsgrößen für diese Bedürfnisse aus der Analyse zu gewinnen.

Ich habe einen Klienten, dessen Venus im Steinbock im XII. Feld plaziert ist. Die Ausreifung in seinen emotionalen Bedürfnissen wurde gewiß verzögert, und diese entluden sich in die Fähigkeiten der Wunschvorstellung (Quadrat zwischen Venus und Neptun). Der rückläufige Uranus, Mars und der rückläufige Saturn sind im V. Feld plaziert, das von Venus beherrscht wird. Venus herrscht auch im IV. Feld. – Allein aus diesem Fragment erkennen wir Spannungen im Elternhaus, verzögerte emotionale Reifung, vorgestellte Idealbilder, zweifellos freigesetzt in energiegeladenen sexuellen Vorstellungsbildern. Dieser Mann hat sehr starke sadomasochistische Wunschvorstellungen, wie viele, viele andere Menschen auch. Seine emotionalen Bedürfnisse sind in starkem Ausmaß durch das Leben im Elternhaus beeinträchtigt worden und können kaum außerhalb der verborgenen Vorstellungswelt befriedigt werden.

Wenn Saturn im XI. Feld plaziert ist, so bemerken wir augenblicklich ein sehr starkes Bedürfnis nach Liebe. In irgendeiner Weise geschieht im Leben die Aufnahme einer Beschränkung, einer für das Wachstum notwendigen Kontrolle innerhalb des Gebietes, das die erhoffte Liebe verzeichnet.

Bei Saturns Stellung im V. Feld bemerken wir augenblicklich eine Beschränkung darin, leicht und mühelos Liebe geben zu können. Beispielsweise befindet sich bei einer meiner Klientinnen der rückläufige Saturn im V. Feld und herrscht auch darin. Sonne, Merkur und Venus stehen in dreifacher Konjunktion in den Zwillingen im IX. Feld und bilden ein Quadrat mit Neptun im XII. Feld. Sie kommt mit der Sexualität in ihrer Ehe sehr gut zurecht, doch die Ehe ist kühl und reserviert bis zu dem Punkt, daß das Teilen von Fähigkeiten in der Sexualität selten geschieht und noch weiter abnimmt. Es haben sich Entfremdungen eingestellt. Sie kann sexuell nicht befriedigend auf andere Männer außerhalb ihrer Ehe reagieren. Ihre idealisierte Wunschvorstellung ist sehr stark innerhalb ihrer verstandesbetonten Bedürfnisse wirksam (die Betonung auf den Zwillingen), wohin sie viele Jahre zuvor unter dem Namen der »jungfräulichen Ehe« durch den Einfluß der Mutter gelangt ist (die Mondknotenachse steht in Konjunktion mit Neptun und bildet ebenfalls ein Quadrat mit der Sonne).

Bei einer anderen Frau steht die Venus in den Zwillingen im XII. Feld und herrscht im V. Feld. Saturn ist rückläufig, herrscht im VII. Feld und steht in Konjunktion mit dem rückläufigen Pluto im II. Feld. Allein aufgrund dieses winzigen Fragments können wir sicher annehmen, daß Unausgewogenheit zwischen den Eltern, Vernachlässigung durch den Vater und geistig durchdachte, emotionale Bedürfnisse vorliegen, die aus der tiefen Verborgenheit heraus schwierig zu erfüllen sind. Die Selbstwert-Spannung ist deutlich, und es ist schwierig, leicht und mühelos Liebe zu geben. Es müssen Orgasmusstörungen auftreten, wenn der Versuch zu sexuellen Beziehungen unternommen wird. Dies alles wurde von meiner Klientin voll und ganz bestätigt. Für sie »wurde Camelot besser erträumt als besucht«; ihr Mond in den Fischen bildet ein Quadrat mit der Venus im XII. Feld. Bei der Masturbation treten keine Orgasmusschwierigkeiten auf. Sie unterhält eine dürftige sexuelle Beziehung zu einem Mann im Alter ihres Vaters. Die analytischen Umrisse zeichnen sich äußerst klar aus dem Horoskopfragment ab.

Die Menschen bringen besonders ausgeprägte Bedürfnisse nach Erfüllung in sexuelle Beziehungen ein. Die Idealbilder ihrer Vorstellung entsprechen einer Ausdehnung ihrer Eltern; auch die Flucht aus dem elterlichen Umfeld befreit selten von diesen Idealvorstellungen. Die persönlichen Bedürfnisse werden durch den Filter von idealisierten Erwartungen differenziert. Innerhalb von Beziehung treten verschiedene Grade der Abhängigkeit von Erfüllung zutage. Hoffnung wird erfüllt oder erstickt. Es entstehen Abwehrmechanismen; die routinemäßige Gewohnheit schützt die Sensibilität. Das eigene Ich kommt nicht mehr zum Ausdruck. »Mein Mann (meine Frau) gibt mir nicht das, was ich brauche«; »Er (oder sie) versteht mich nicht«.

Austausch von Fähigkeiten

In Geldangelegenheiten, bei der Spekulation im Anbieten finanzieller Mittel, haben wir zumindest die Hoffnung darauf, ohne Verlust abzuschneiden. Wir hoffen niemals auf weniger. Wir wissen aus der Astrologie und Sozialpsychologie, daß die Geld/Liebe-Fähigkeiten eng miteinander verflochten sind. Innerhalb dieses allgemeinen, grundlegenden Bereichs von Fähigkeiten schließt auch die Sexualität die Mindesthoffnung auf einen gerechten Austausch, auf ein Abschneiden ohne Verlust in sich ein. Während der gesamten Lebensentwicklung stellt die sexuelle Enthüllung auf dem Wege zum sexuellen Miteinanderteilen die Forderung nach einer Schritt für Schritt vorgehenden Parität. Kinder sagen bei ihren sexuellen Erkundungsspielen: »Wenn du mir deines zeigst, dann zeige ich dir auch meines.« Jugendliche achten genau darauf, welche Formen von Petting und sexuellem Austausch von ihrer sozialen Gruppe vorgeschrieben werden und wägen diese gegen die familiären und religiösen Maßstäbe ab, die im Elternhaus aufgestellt werden. Erwachsene spielen mit versteckten Schachzügen innerhalb von komplizierter sich äußernden Normen durch verführerische Kosmetik und Kleidung, versteckte Andeutungen in Gesprächen und durch alle möglichen Analysen von Formen des sozialen Austauschs in der Vorstellung. Die Selbst-Enthüllung in der Sexualität ist allgegenwärtig, heikel und von essentieller Bedeutung. Während des gesamten Vorgangs ist das Streben nach

Parität, die Suche nach Gleichheit gegenwärtig. Wir vergleichen uns selbst mit anderen aus Gründen der Sicherheit, und die Sexualität bildet keine Ausnahme dabei.

In jeder Beziehung muß ein Austausch von Fähigkeiten stattfinden. Der eine Mensch verfügt über etwas, das der andere braucht. Der Austausch wird hergestellt, und jeder hofft zumindest auf gleichwertige Erfüllung. Die Fähigkeiten in den Bereichen von Status/Identität, Geld/Liebe und Information/Perspektive unterliegen ständig gegenseitiger Beeinflussung, wie wir gesehen haben. Eine Fähigkeit wird eingebracht, damit eine Fähigkeit in einem anderen Bereich, wo ein Mangel empfunden wird, Bestärkung findet. Innerhalb der Sexualität ist dieser Vorgang mit der Wunschvorstellung als einer Schutzmaßnahme, rationalen Grundlage und idealisierten Hoffnung aufgeladen.

In den Freiheiten der heutigen Zeit werden Männer und Frauen von den Medien mit Enthüllungen über das Abenteuer der Sexualität überflutet. Bei der Offenheit, mit der über dieses Thema gesprochen wird, werden sie stutzig und vergleichen in ihrer sexuellen Bewußtheit ständig die Darstellungen in den öffentlichen Medien mit ihrer privaten Lebensrealität. Die Frauen erfahren von der Befriedigung durch den Orgasmus, wo sie doch selbst Orgasmusstörungen beim Geschlechtsverkehr haben; sie hören von ihrer Fähigkeit zu mehrfachem Orgasmus, wo sie doch selbst immer nur an einen einzigen gewöhnt gewesen sind. Sie beginnen sich persönlich beraubt oder unzulänglich zu fühlen, oder sie machen ihren Partnern den Vorwurf von mangelndem Einfühlungsvermögen oder Ungeschicklichkeit. Die Männer erfahren von übertriebener Penisgröße und sexueller Ausdauer, wenn sie dies selbst nicht vorzuweisen haben, und sie beginnen sich persönlich unzulänglich und verlegen zu fühlen. Männer wie Frauen hören von der Intimität des oralen sexuellen Verkehrs, wo sie diese Erfahrung in ihrem Leben doch selbst nicht machen, und beide empfinden Verlust. – Es können auch alle Gefühle der Unzulänglichkeit zur Verteidigung des Status quo rigoros unterdrückt werden. Bei einer derartigen Verdrängung schleichen sich die Gefühle und Bilder meist jedoch weiterhin in die Vorstellungsstruktur ein.

Unter diesem Druck, der uns durch die in den Medien verbreiteten Umweltmaßstäbe aufgezwungen wird, wird unsere Sexualität erschüttert. Unsere Bedürfnisse nehmen neue Nuancierungen an, eine neue Erregung ergreift die Masturbationsphantasien. Ein verändertes Verhalten innerhalb der Beziehung läßt neue Spannungen in anderen Bereichen entstehen. Der Klient sagt: »Etwas stimmt mit meiner Ehe nicht, doch kann ich nicht genau aufzeigen, was es ist.«

Erneut sehen wir hier die persönlichen Fähigkeiten im Kampf gegen die Vorschriften der äußeren Welt. Es ist faszinierend, daß Mann oder Frau außerhalb der häuslichen Umwelt, außerhalb der gewohnheitsmäßigen Routine wahrscheinlich die sexuelle Befriedigung von neu differenzierten Bedürfnissen erproben werden. Selbst ein Paar, das zur Entspannung ein Wochenende außer Haus verbringt oder gemeinsam eine Urlaubs- oder Geschäftsreise unternimmt, wird eine größere sexuelle Aufgeschlossenheit feststellen, weil das häusliche Umfeld, das sich auf einen routinemäßig festgelegten Austausch von Fähigkeiten stützt, und bestimmte Vorschriften wegfallen. Als Alleinstehende im Kontakt mit relativen Fremden können Mann oder Frau die sexuellen Bedürfnisse von Status/Identitäts-Belangen trennen und Erfüllung suchen.

Langsam verändern sich die individuellen Bedürfnisse, wird eine unterschiedliche Haltung im Hinblick auf die allgegenwärtigen Umweltvorschriften angenommen. Der Verstand muß sich unermüdlich mit der Anpassung von Ethik, Moral und Schuldgefühlen beschäftigen. Wir erkennen Umweltbewußtsein innerhalb des Gedankens »Niemand darf je etwas davon erfahren«, und wir erkennen Identitätsbewußtsein innerhalb des Gedankens »Ich lebe nur einmal, das heißt, jetzt oder nie.«

Wenn sich jemand »betrogen« fühlt (dieser Begriff aus der Geldsprache wird ohne weiteres auf die Fähigkeiten von Liebe und Sexualität bezogen), so zeigt sich die Unzufriedenheit in vielen anderen Bereichen außerhalb der Sexualität. Der Betreffende wird sich mehr und mehr mit sich selbst beschäftigen, und narzißtische Dimensionen werden eine starke Betonung erfahren. Frauen kann es nach Kleidern oder Schmuck verlangen, Männer mögen sich besondere Anzüge oder Autos kaufen. Beide können in jeder ihnen möglichen Art und Weise Status zu bestärken oder vorzugeben suchen. Das Wettbewerbsverhalten kann ohne Frage den Gedanken einschließen, spezifischen äußeren Merkmalen von Erfolg und Anziehungskraft zu entsprechen und Aufmerksamkeit und sexuelles Interesse anderswo auf sich zu lenken, um damit den Partner praktisch zu »bestechen«, in anderer Form Notiz zu nehmen, seine »Dienste« anzugleichen und Fähigkeiten auf einer veränderten Ebene auszutauschen. Doch die routinemäßige Gewohnheit ist schwerfällig. Bei der unverhüllten Sexualität wird der Aufputz des Status abgelegt. Die Identität ist im Bett, der Status im Kopf.

Wir haben in Teil I dieses Buches gesehen, wie sich Menschen mit

Status/Identitäts-Belangen den Aufbau von äußerem Status in aggressiver Weise durch Erwerbsstreben, berechnenden Anschluß an andere und Anmaßung zunutze machen können. Wir haben gesehen, wie Menschen mit Geld/Liebe-Belangen emotionale durch materielle Fähigkeiten ersetzen können, da die letzteren leichter zu handhaben sind. Wir haben gesehen, wie die Fähigkeiten von Information und Perspektive scharf in den Entwicklungsprozeß einbezogen werden und wie von selbst auf andere Fähigkeitsbereiche übergreifen. So verhält es sich auch in der Sexualität: Wenn wir mehr lernen, wird unsere Perspektive herausgefordert; wenn wir mehr verdienen, fühlen wir uns attraktiver und liebens-werter; wenn wir Status begründen, hoffen wir auf das Wachstum von Identität. In der Beziehung zu anderen streben wir nach Gleichheit, damit wir uns selbst enthüllen, Vertrautheit schaffen und Austausch herstellen können. Wir finden vergängliche Formen der Freiheit, wenn wir uns außerhalb der Routine der gewohnten Umgebung befinden. Doch immer nehmen wir uns selbst mit: die Idealbilder unserer Vorstellungswelt, unser Bedürfnisprofil, unser Austauschpotential, und ständig sind wir der Herausforderung ausgesetzt, *gemeinsam mit anderen zu wachsen, während auch sie sich weiterentwickeln.*

Bei einer meiner Klientinnen aus der letzten Zeit befindet sich Jupiter im Widder und herrscht in ihrem II. Feld. Dieser Jupiter ist mit keinem Planeten ihres Horoskops durch Aspekt verbunden. Er bildet vom VI. Feld aus ein fast exaktes Trigon mit ihrem MC. Der Signifikator ihres VII. Feldes steht in enger Verbindung zu ihrem elterlichen Profil. Dieses winzige Fragment kann so viel innerhalb der holistisch eingeschätzten Lebensstrukturen erklären: Sie wurde tatsächlich aus liebender Sorge heraus in die Ehe gedrängt. Es entsprach den Erwartungen ihrer Mutter für sie, »jemand zu sein«, »gut versorgt zu werden« (die Mutter = IV. Feld meiner Klientin; das elfte Haus des IV. Feldes ist ihr II. Feld, in dem der vagabundierende Jupiter im Trigon zum MC herrscht). Meine Klientin erinnert sich an frühe Wunschvorstellungen beim Schaufensterbummel und das Herbeisehnen der Zeit, wo sie sich alles würde kaufen können, was sie nur wollte. Mit ihrer Heirat war ihr dies möglich, doch viele, viele Jahre lang blieb weiterhin ein sehr starker Wechsel von idealisierten Stimmungen und Gefühlsbildern vorherrschend. Diese Vorstellungsbilder blieben unklar, bis sie durch Lektüre einige sexuelle Entdeckungen machte; diese waren in ihrer Ehe nicht realisierbar. Sie entwickelte neue Bedürfnisse, die sie in die Grübeleien ihrer Vorstellungswelt einfügte, doch im Hinblick auf ihre eigenen persönlichen Bedürfnisse hatte sie immer noch keine Antwort gefunden.

Als Uranus einen starken Einfluß innerhalb ihres Horoskops ausübte, brach sie aus, um die »große Liebe« zu finden. Scheidung und Wiederverheiratung setzten ihre Wunschvorstellungen in individueller Form frei. Sie begann mit einer verlegerischen Arbeit und war außerordentlich erfolgreich darin; die früheren Wunschbilder über ihren Selbstwert gewannen an Stärke, und ihre schwankende Gefühls- und Vorstellungswelt fand praktisch ein Ende. Ihr Jupiter hatte Erfüllung gefunden. Jupiter im Widder im VI. Feld und im Trigon mit dem MC hatte es ihr durch Leistung erworben, »jemand zu sein«, und auch Sexualität und Liebe waren »verdient«. Ihr zweiter Mann unterstützt und fördert die Hoffnungen, die sie immer für ihr Ich gehabt hat.

Bei einem anderen Klienten ist Mars der Signifikator seines XI. Feldes. Der Saturn seiner Frau, Signifikator ihres III. Feldes, bildet eine Opposition mit seinem Mars. Seine starke Energie stößt ständig auf ihre dogmatischen Kontrollen. Es ist keine größere Polarität innerhalb von Beziehung möglich. Wenn seine außerordentlich großen Energien nach außen drängen, werden sie mühelos von ihr zurückgedrängt. Bei diesem Vorgang neigt er dazu, sich ungeliebt zu fühlen (XI. Feld). Die Spannung hat beide dazu veranlaßt, die Dynamik gründlich mit mir zu untersuchen.

Es ist interessant, daß der Mars des Mannes auch der Signifikator seines V. Feldes ist. Unter dem kontrollierenden Einfluß der Ansichten seiner Frau pflegte seine Sexualität zu erkalten. Innerhalb der Sexualität übte sie kaum irgendeine Kontrolle aus und verzichtete fast völlig auf ihre saturnische Dimension in der Beziehung. Gemeinsam bemühten wir uns um das Verständnis, wie ihre Kontrollmechanismen sich vor Veränderung fürchteten und wie seine Energien dies fälschlich als mangelnde Zuneigung auslegten. Sie lockerten das gemeinsame Übereinkommen und gestalteten die Bindung in strategischer Weise dadurch fruchtbar, daß jeder die Stärken des anderen achtete, taktvoll die Bedürfnisse des anderen anerkannte und die Erfüllung bringende Umkehrung dieser Fähigkeiten innerhalb der Sexualität aufrechterhalten wurde, wo die Kontrollierung der Energie fast völlig dem Mann überlassen blieb. Das gemeinsame Gleichgewicht in ihrer Entwicklung weist ein achtungsgebietendes Potential auf.

Innerhalb des Austauschs von Fähigkeiten werden psychodynamische Rollen auf der Suche nach Parität in empfindlicher Weise festgelegt. In der Sexualität sind die Rollen häufig maskenhafte Verstellung. Eine von der Vernunft bestimmte Aufrichtigkeit hat es aufgrund der stark gefühlsbetonten Subjektivität von sexuellen Standpunkten hier sehr schwer. Die

Objektivität des Astrologen spielt eine außerordentlich wichtige Rolle für den Heilungsprozeß von sexuellen Problembelangen, die mit dem Paritätsgedanken im Austausch von Fähigkeiten verbunden sind. In ähnlicher Weise können Schuldgefühle, wie wir auf Seite 176 besprochen haben, durch die objektive Einschätzung von Bedürfnisnetzwerken innerhalb des Austauschs gemildert werden.

Wenn die Beunruhigung über den Selbstwert aufgrund von Wunschvorstellung oder Anpassung an die Realität nicht aufgelöst wird, kann die defensive Neigung zu Narzißmus übermäßig stark werden. Frauen können wahllose Beziehungen unter der rationalen Begründung aufnehmen, daß sie Status erlangen, wenn sie »Männern eine Gunst erweisen«, wenn sie sexuelle Gefälligkeiten gegen materielle Geschenke eintauschen oder Männer zur Begründung einer potentiellen weiblichen Selbsterhöhung gefühllos zum besten halten. Männer können wahllos wechselnde Beziehungen eingehen, um Status mittels Eroberung zu erreichen und das ganz persönliche Ichbewußtsein zu stützen; sie mögen sich nur dann sexuell frei fühlen, wenn sie in irgendeiner Form dafür »bezahlt« haben, oder sie werden in selbstsüchtiger Weise penisfixiert und heben nachdrücklich das große Geschenk hervor, das sie dem weiblichen Geschlecht zu bieten haben. – Alle diese stereotypen Möglichkeiten sind Symptome für scharf ausgeprägte psychodynamische Probleme, die mit dem Ausdruck von Sexualität im Rahmen des Austauschs von Fähigkeiten verknüpft worden sind. Der Austausch ist innerhalb des Ideals von Parität zusammengebrochen, und es tritt Einsamkeit auf.

Die gesamte begriffliche Konzeption des Austauschs von Fähigkeiten fängt die dynamischen Wesensinhalte der astrologischen Elemente ein. Feuer braucht Luft, damit Flammen auflodern, doch die Luft kann das Feuer auslöschen. Die Erde braucht Wasser, damit sie fruchtbar ist, doch Wasser kann die Erde wegschwemmen. Feuer kann die Erde versengen, doch Erde kann das Feuer ersticken. Wasser kann sich selbst an die Luft verlieren. Da diese Elemente die Verhaltenssymbole für Bedürfnisse einschließen, die auf Erfüllung drängen, erhebt sich die Frage, welche Fähigkeiten in welchem Ausmaß einbezogen sind. Auf welche Art und Weise individualisieren sich diese Fähigkeiten innerhalb des Beziehungsnetzwerks der Lebensentwicklung? Worin liegt die tiefere Bedeutung unserer oberflächlichen Äußerung »Steinbock nutzt Fische aus«? Besteht sie darin, daß die Bedürfnisse des einen Menschen nach Wertgebung sich der emotionalen Fähigkeiten des anderen Menschen bemächtigen, der durch Bedürfnisse der Abhängigkeit von Gefühlen der Sicherheit an den

Prozeß gebunden ist? – Diese und viele weitere Nuancierungen machen die Lehren der Astrologie und die Lebensäußerung aus, die sich innerhalb von individuellen Bedürfnisprofilen konzentriert und von dem einsichtsvollen Astrologen im Sinne der Ganzheit erhellt wird.

Kommunikation

Vielleicht existiert die größte Schranke, mit der die Menschen innerhalb der sozialen Interaktion konfrontiert werden, zwischen ihren Gedanken. Diese lassen sich kaum in einfache Worte fassen, doch selbst dann haben sie im objektiven Verstehen selten die gleiche umfassende Bedeutung wie bei der subjektiven Begriffsbildung. Die gedankliche Wahrnehmung zeigt Strukturen von außerordentlicher Komplexität. Alles das, was wir zu jedem beliebigen Zeitpunkt sind, spiegelt sich in Inhalt und den miteinander verbundenen Strukturmustern des Denkens wider. Auch alles das, was wir uns zu sein wünschen, klingt darin nach. Diese Gedanken sind es, die auf die Verhaltensmotivation übergreifen und die Dinge geschehen lassen. Einige Gedanken sind flüchtig und schnell vorüberziehend, andere halten sich hartnäckig oft ein ganzes Leben lang. Im Bereich der Sexualität werden die Gedanken durch verborgene Wunschvorstellungen und soziale Tabus abgeschirmt. Sie nehmen die Form eines symbolischen Zeichensystems an und lassen sich nur sehr schwierig kommunizieren.

Bei der modernen sexuellen Freizügigkeit, die heute in den öffentlichen Medien, von Regierung und Marktwirtschaft, mehr oder weniger verantwortungsbewußt propagiert wird, heißt es häufig: »Teilen Sie Ihre Wunschvorstellungen miteinander; sagen Sie Ihrem Partner, was Sie möchten.« Dieser Ratschlag zeigt insofern Verantwortungsbewußtsein, als daß er darauf einwirkt, individuelle Schranken niederzureißen; er ist jedoch gefährlich aufgrund der möglichen Fehlinterpretation der Symbolik durch beide Seiten, sobald verborgene Gedanken enthüllt werden.

Beispielsweise tauchen in den sexuellen Wunschvorstellungen einer Frau mehrere gesichtslose Menschen auf. Sie selbst verhält sich passiv. Die Männer und Frauen leisten ihr sexuelle Dienste, während andere dabei zuschauen. (Wie allgemein verbreitet diese Wunschvorstellung ist!) Es könnte vielleicht peinlich sein, diese Wunschvorstellung mit ihrem Partner zu teilen, und wahrscheinlich wäre es niederschmetternd für sein Ego. Der Mann könnte den Vorgang persönlich nehmen, anstatt in liebevoller Weise an der Erforschung der Symbolik teilzuhaben. Tatsächlich würde seine Frau es sich selbst kaum zugestehen, eine derartige Vorstellung auszuleben. Vielleicht will die Wunschvorstellung in verschlüsselter Form ihr Bedürfnis zum Ausdruck bringen, Bewunderung zu finden, sinnlich befriedigt zu werden, Beachtung zu erhalten. In diesem Sinne könnten Mann und Frau gemeinsam und kreativ eine solche symbolische Darstellung mit Blumen, Kerzen, Räucherwerk, besonderer Kleidung und Musik in Szene setzen; sie könnten vorgeben, daß sie mit anderen zusammen wären und ihrer Einbildungskraft in diesem »Als-ob-Schauspiel« freien Lauf lassen. Genauso wie Kinder ihre Wunschvorstellungen von »Mutter und Vater«, »Krankenschwester und Arzt« in Spielen ausdrücken, können zwei erwachsene Menschen ihre sexuellen Wunschvorstellungen von »Verführerin und Eroberer« spielerisch umsetzen. Die Vorstellungen werden freigesetzt, beide haben an der Erfüllung teil, die Kommunikation läßt eine tiefere und freiere Bindung entstehen.

Ein Mann stellt sich vor, daß zwei toll aussehende Frauen mit ihm spielen. Wenn er diese Wunschvorstellung mitteilt, ohne ihren symbolischen Gehalt zu untersuchen, wird seine Partnerin ein Gefühl von Unzulänglichkeiten haben. Tatsächlich kann der Mann das Bedürfnis danach haben, sich attraktiv zu fühlen – ein Sinnbild für Stärke. In seiner Vorstellungswelt mag er ein Sultan sein. Gemeinsam mit seiner Partnerin *könnte* eine derartige Szene ausgeführt werden: Er könnte die Augen schließen und sich vorstellen, daß mehr als nur eine Frau anwesend ist, wobei er von der kommunikativen Teilnahme seiner Frau im Rahmen der Wunschvorstellungen gelenkt wird, die sie miteinander geteilt haben. Damit ist Spaß verbunden, man genießt Freiheit, die Selbstachtung wird bewahrt. Die Routine wird durchbrochen, Geheimnisse werden miteinander geteilt, keiner erfährt eine Kränkung.

Wenn die Vorstellungswelt von Vergewaltigung, Unterwerfung oder Sadomasochismus erfüllt ist, so muß die Symbolik mit größerer Sorgfalt behandelt werden. Gewöhnlich taucht tiefe innere Unruhe, die mit den Eltern in Zusammenhang steht, an der Oberfläche auf, wie wir gesehen haben, und diese muß zuerst ohne Einbeziehung der Sexualität mit einem taktvollen und geschickten Berater gründlich untersucht werden. Die Bedürfnisse in solchen Wunschvorstellungen sind im wesentlichen Bedürfnisse nach Liebe und Sicherheit, die durch Besitznahme zum Ausdruck kommen, worin sich Stärke und Vertrauen verbinden, um Liebe und Berührung eindringlich und überzeugend festzulegen.

Die Kommunikation ist auf jeder Ebene und in jedem Bereich des zwischenmenschlichen Austauschs eine gewagte Angelegenheit, weil sie verrät, wo wir stehen, was wir brauchen, wie wir eine Beziehung herstellen, was wir über uns selbst und andere empfinden. Die sexuelle Kommunikation erfordert persönlichen Mut und wechselseitiges Vertrauen und – wie wir in Teil III dieses Buches sehen werden – die innere Reife dazu, über sich selbst lachen zu können.

Sexuelle Phantasievorstellungen können auch weniger einfach als die oben skizzierten sein und nicht so sehr die allgemeine Stimmung und den symbolischen Hintergrund betonen als spezifische, persönlich festgemachte Attribute. Eine Frau kann sich besondere Merkmalsgruppen bei Männern vorstellen, die in der Realität absolut unerfüllbar sind. Ein Mann kann sich außergewöhnliche weibliche Attribute ausmalen, die völlig wirklichkeitsfremd sind, doch in tatsächlicher menschlicher Gestalt konkret bestimmt werden. Begreiflicherweise ist diese komplexe Symbolik schwieriger zu analysieren. Die Vorstellung von einem übergroßen Penis beispielsweise muß nicht dem tatsächlichen Verlangen der Frau nach einem solchen Penis entsprechen, sondern sie kann etwas derart Einfaches versinnbildlichen wie falsche Information über den Mechanismus der sexuellen Befriedigung (ein größerer Penis ist niemals die Antwort auf sexuelle innere Unruhe) oder etwas derart Komplexes wie ihre tatsächliche Angst vor *jedem* Penis, die in der Vorstellungswelt übertrieben, symbolisch verschlüsselt und umgekehrt wird. Es kann eine psychodynamische Angst vor männlicher Autorität vorliegen, verschärft durch Kindheitserzählungen über das herrische, grobe und selbstsüchtige Wesen der Männer. Die Vorstellung von übergroßen Brüsten kann bei einem Mann eine komplex aufgebaute Projektion seines Bedürfnisses nach Bemutterung sein. Männer, die sich einen übergroßen Penis, Frauen, die sich übergroße Brüste vorstellen, mögen damit die Aufmerksamkeit auf Probleme der eigenen Unzulänglichkeit lenken, die ihren Ursprung mehr im Rollenbewußtsein als in tatsächlichem sexuellen Verlangen oder anatomischer Gegensätzlichkeit haben. Die Kommunikation darüber ohne umfassendes Verständnis ist schwierig und stellt eine Bedrohung dar.

Wunschvorstellungen homosexueller Art innerhalb eines heterosexuellen Lebens sind häufig Projektionen der Selbstidealisierung, die wiederum ein deutliches Licht auf Gedanken der persönlichen Rollenunzulänglichkeit werfen, ob diese nun real ist oder nur in der Einbildung existiert.[23]

Der schwierigste Vorstellungsgehalt innerhalb des normalen Spielraums ist vielleicht darin zu sehen, wenn sich bestimmte idealisierte

Maßstäbe für Charakter, Verhalten, Technik, Atmosphäre in realitätsbezogenen Begriffen verstecken und aktiv in realen Beziehungen verfolgt werden.

Das hier gezeigte Horoskopfragment gehört beispielsweise zu einer Frau mit äußerst idealisierten Maßstäben. Aufgrund ihrer scharfen Intelligenz achten die Menschen in ihrem Umkreis auf jede Silbe, die sie aussprechen. Ihre sehr große Attraktivität erweckt bei jedem den Wunsch, es bei ihr zu versuchen. Was die Sexualität betrifft, hat sie außerordentlich hohe Maßstäbe für Beziehungen entwickelt (die Sonne herrscht im VII. Feld, steht in Opposition zu Neptun, und zu dieser Achse bildet die Konjunktion von Mars/Saturn in den Zwillingen an ihrer V. Felderspitze ein Quadrat). Beachten wir auch, daß Merkur im Widder ebenfalls eine Opposition mit Neptun bildet und sich in gegenseitiger Rezeption mit Mars befindet. Merkur herrscht in der Jungfrau im VIII. Feld, dem Selbstwert anderer. Ihre Idealisierung der Selbstwert-Fähigkeiten bei anderen ist außerordentlich stark und konzentriert sich auf Fragen der Beziehung und Sexualität.

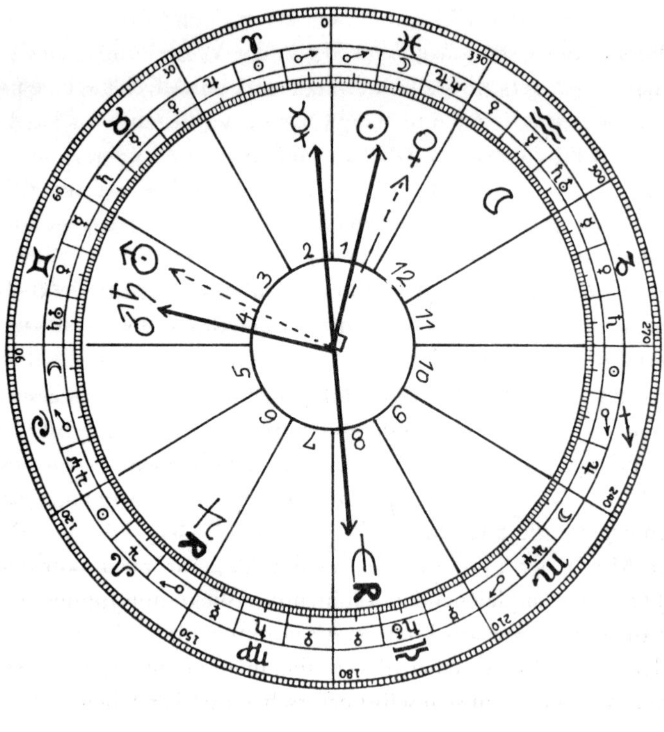

Beachten wir weiterhin, daß sich Venus in den Fischen in gegenseitiger Rezeption mit Neptun befindet und ein Quadrat mit Uranus bildet, der an ihrem Aszendenten herrscht und in ihrem IV. Feld plaziert ist. Es kann kein Zweifel bestehen, daß ihre frühen Spannungen zu den Eltern innerhalb einer italienischen Familie einen starken Schutz ihrer Selbstwert-Belange durch die Vorstellungswelt verursacht haben und daß dieser Schutz auf Beziehungsmaßstäbe übertragen wurde, die für jeden äußerst schwierig zu erfüllen sind. Sie empfindet extreme innere Unruhe über Beziehungen. Sie weiß Beziehungen in jedem Bereich perfekt zu handhaben – ausgenommen die Sexualität. Ihre Masturbationsphantasien handeln in einem Szenarium, daß sie in einer spezifisch idealisierten Situation vollkommene Bewunderung findet, wobei die Männer besonders festgelegte soziale Kennzeichen und Qualifikationen haben.

Die doppelte gegenseitige Rezeption zwischen Merkur und Mars und zwischen Venus und Neptun verbindet Koketterie zur Bestätigung des Selbstwertes mit romantischer Wunschvorstellung zu seinem Schutz. Es existiert eine klare Spaltung. Diese junge Frau steht unter einem schlimmen Zwang. Uranus verstärkt das ganze Bild und zeigt gleichzeitig die frühen Familienverhältnisse als Ursprung für diesen Prozeß auf. Selbst der rückläufige Jupiter im VII. Feld, der im XI. Feld herrscht und innerhalb des Horoskops sehr schwach aspektiert ist, läßt darauf schließen, daß keiner, dem sie begegnet, ihren Maßstäben gerecht werden und ihr das zurückgeben kann, was sie dafür erwartet, wenn sie sich selbst gibt. Vor kurzem konnte sie in der Kommunikation und Beziehung mit einem impotenten Mann eine gewisse passive Erfüllung finden (seine Sonne im XII. Feld bildet ein Quadrat mit Neptun im IX. Feld; Mond, Merkur und Pluto stehen mit seiner Mondknotenachse in Verbindung; sein Mars, der im V. Feld herrscht, ist stark im Steinbock am Aszendenten plaziert, doch allzu mühelos durch Trigon mit Neptun verbunden); seine durch die Mutter bedingte Vorstellungswelt hat sich seiner starken sexuellen Energie bemächtigt und sie nach innen auf sein eigenes Bild von sich selbst entladen. Gemeinsam können sich diese beiden sexuell gestörten Menschen in irgendeiner Weise ihre problematischen Phantasievorstellungen gegenseitig erfüllen.

Der Mond der Frau im XII. Feld bildet nur zwei unbedeutende Aspekte: einen angleichenden Quincunx-Aspekt mit Jupiter und eine Anderthalbquadratur mit Uranus. Als vor kurzem ihr Vater starb, hat sie sich dazu entschlossen, einen Psychotherapeuten aufzusuchen. Sie muß tiefere Beziehungen zu sich selbst erforschen und herstellen.

Dies ist ein Beispiel für zwei Menschen, die auf einer Problemebene miteinander kommunizierten. Jeder benötigte den anderen für die Erfüllung von komplexen persönlichen Bedürfnissen. Doch ihr Miteinanderteilen trug wenig dazu bei, jedem von beiden zu einer größeren Freiheit im Verstehen oder Genießen ihres Lebens zu verhelfen. Sie konnte einem anderen zugetan sein, der aus ihren unrealistischen spezifischen Vorstellungen herausfiel (da sich diese als so enttäuschend erwiesen hatten), und er konnte ihre passiven Bedürfnisse erfüllen.

Offit macht eine wichtige Feststellung, welche diese Diskussion über Kommunikation und Wunschvorstellung unterstreicht: »Ebenso wie eine der Funktionen des Therapeuten darin besteht, Phantasievorstellungen zu zähmen, die schwer zu kontrollieren sind, so liegt eine andere Aufgabe darin, die streng eingeengte Wunschvorstellung im Dienste des sexuellen Vergnügens freizusetzen. Derartige Einschränkungen sind bei Frauen außerordentlich verbreitet. Der Schlüssel für die Freisetzung der Wunschvorstellung und ebenso die Enthebung von Schuldgefühlen bei von der allgemeinen Norm abweichenden Vorstellungsdimensionen ist nicht einfach nur ihre Zulässigkeit. Es liegt an der Befähigung des Therapeuten, die geistigen Hervorbringungen, wie eingeschränkt und zögernd sie auch sein mögen, zum größten Teil mit frühen Erfahrungen in Verbindung zu setzen.«[24]

Für diejenigen, die gehemmt sind, können die Symbolformen erforscht, die Hemmungen aufgezeigt, kann die taktvolle Kommunikation erlernt werden. Für denjenigen, der sich selbst aufgrund von Idealisierungen isoliert, können die an die Realität angelegten Maßstäbe nach ihrer Entwicklungssymbolik untersucht, kann dann diese Realität einer Klärung unterzogen werden, um dem Betreffenden bei der richtigen Einschätzung zu helfen, daß es bisher noch keine menschliche Vollkommenheit gibt. Im Bereich der Sexualität stehen die planetarischen Symbole der Astrologie für psychodynamische Symbolzeichen, die vom Menschen im Laufe seiner Lebensentwicklung geistig errichtet werden. Ihre Kommunikation muß zuerst sich selbst und dann anderen gegenuber im Rahmen einer offenen Selbst-Enthüllung erfolgen. Der Astrologe kann richtungsweisend für diese neue Freiheit sein.

Kommunikation ist ganz eindeutig eine Form der Berührung. In den meisten Kulturen – mit Gewißheit in allen westlichen Kulturen – beginnt Kommunikation mit Berührung: Zwei Menschen begegnen sich und geben sich die Hand, sie küssen einander auf verschieden festgelegte Art und Weise, umarmen sich, berühren sich mit den Knien unter dem Tisch.

Die Kulturformen haben sehr viele Vorschriften aufgestellt, wie durch das Ausmaß und die Art der Berührung, welche die Kommunikation begleitet, Achtung und Vertrautheit zum Ausdruck gebracht werden können. Instinktiv berühren wir unbelebte Gegenstände, um zu wissen, »wie sie sich anfühlen«.

Innerhalb dieser kulturellen Vorschriften existieren Widersprüche, welche den gesamten Prozeß für die Gefühlsregungen des Einzelnen außerordentlich verwirrend werden lassen. Beispielsweise werden Jungen dazu angehalten, »tapfer wie ein Mann zu sein« und von den Dingen nicht berührt zu werden, als Kind nicht zu weinen und nach der Pubertät ihre Väter nicht mehr zu küssen und zu umarmen. Mädchen werden durch Beispiel und Erwartung der Eltern zu ständiger Berührung gedrängt; sie werden von Müttern *und* Vätern umarmt und geküßt, und dies setzt sich normalerweise während des ganzen Lebens fort – es sei denn, daß ein Elternteil, gewöhnlich der Vater, Schwierigkeiten mit dem Berühren hat. Als Erwachsene brauchen Frauen Berührung normalerweise in einem hohen Maße, und Männer berühren normalerweise nicht genügend, doch jeder ist vermeintlich in großer Vertrautheit mit dem anderen verbunden.

Wieder einmal erkennen wir, wie leicht die Formungskräfte der elterlichen Umgebung sexuelle Spannungen innerhalb der frühen Entwicklung verursachen. Probleme mit dem Berühren können leicht große Schwierigkeiten bei der engen und vertrauten Kommunikation des erwachsenen Menschen hervorrufen. Frauen, die starke Problembelange mit Identität/Status, Selbstwert und Vorstellungsbildung haben, können innere Verunsicherungen spezifisch in sexuellen Ängsten zum Ausdruck bringen und sich sexuelle Erfahrungen *allein der Berührungsdimension wegen* zugestehen. Sexuelle Funktionsstörung wird hingenommen, idealisierende Wunschvorstellungen dienen der Abwehr, und die sexuelle Aktivität wird nur zum Zwecke der Bestätigungen durch Berührung zugelassen. Männer mit starken Problembelangen in ihren persönlichen Fähigkeiten können in der Sexualität nach deren »Belohnungen« durch neurophysiologische Befreiung und eine technisch ablaufende »Eroberung« ohne Beachtung der Bestätigungen durch Berührung suchen. In beiden Fällen findet der technische Ablauf der sexuellen Aktivität ohne die Harmonie einer echten Kommunikation statt.

Die Sexualtherapie gründet sich für Männer ebenso wie für Frauen auf zwei Ebenen der Betrachtung: auf Erhellung und Kommunikation der Symbolik der Vorstellungswelt und auf der Untersuchung des Bewußtseins über das Miteinanderteilen durch Berührung.

Selbst wenn sich Kommunikationsprobleme spezifisch innerhalb der Sexualität niederschlagen mögen, selbst im Rahmen der komplizierten Umweltvorschriften für die intime Kommunikation, setzen Menschen mit starken Problembelangen die sexuelle Kommunikation – manchmal bis zum Übermaß – fort. Der Drang dazu ist natürlich, instinkthaft, animalisch. Anthropologen haben beispielsweise aufgezeigt, daß Frauen durch das Auftragen von Lippenstift symbolisch auf die Rötung der erregten Vulva hinweisen; wie Büstenhalter die Konturen der weiblichen Brust zu höchstmöglicher, stilisierter Attraktivität formen, die durch die spezifischen Besonderheiten einer jeden Kulturepoche festgelegt wird; die aufreizende Enthüllung durch ein Dekolleté; enganliegende Hosen, Pullover, Blusen, Kleider; Parfüm für die Nachahmung animalischer Gerüche; glänzender Schmuck und klirrende Armbänder, um die weibliche Gegenwart anzuzeigen und die Aufmerksamkeit auf sich zu lenken; wie der Schönheitsfleck eine Imitation der primitiveren Tätowierung ist; wie der Wechsel der Haarfarbe das erfüllt, was in den Wunschvorstellungen von Frauen und Männern vermeintlich für attraktiver gehalten wird. Alle Frauen erkunden fast alle diese (und andere) Formen der sexuellen Kommunikation, doch zugleich haben viele von ihnen spezifische Problembelange innerhalb der Sexualität. Sehr häufig stellen diese symbolhaften Kommunikationsformen eine Überkompensation für tiefere, verborgene Mängel dar.

Die Anthropologen haben aufgezeigt, daß auch Männer auf vielfach symbolische Art und Weise zur Unterstützung der sexuellen Kommunikation beitragen: Schnelle Autos haben den einstigen Zuchthengst verdrängt; »Sportwagen« werden mit Mußestunden, der Entspannung von innerer Unruhe und dem besten Temperament für die Sexualität assoziiert, der Gangschaltungs-»Knüppel« hat eine phallische Symbolik (Anm. der Übers.: In den USA haben Familienautos traditionell Automatic, die sogenannten »macho«-Sportwagen, welche die Männlichkeit betonen sollen, Gangschaltung. Das übertrieben männliche oder »macho«-Verhalten wird in den USA auch als »Charles Bronson-Syndrom« bezeichnet.) Selbst Halstücher sind als phallisches Werbemittel betrachtet worden, die leuchtenden Farben von Halstüchern und Krawatten als Ersatz für das bunte Gefieder, das die Natur den Männchen vieler Gattungen verleiht; heute betonen enganliegende Hosen die männliche Figur und die Genitalien, so wie es in früheren Zeiten Trikot und Hosenlatz getan haben. Ein Schwelgen in Kleidung, Schmuck, statusträchtigen Häusern und Autos zeigt Geldmittel und errungene Siege an und soll die

Aufmerksamkeit des weiblichen Geschlechts auf sich lenken; ein Überfluß an den erwähnten »macho«-Symbolen soll die Manneskraft begründen helfen. Sehr häufig stellen diese symbolhaften Kommunikationsformen eine Überkompensation für tiefere, verborgene Mängel dar.

Diese äußeren Symbolformen können mühelos den Großteil der zwischenmenschlichen Kommunikation übernehmen. Der Gebrauch von Symbolen – sexuellen und anderen – setzt sich tief innerhalb der gewohnheitsmäßigen Routine fest, und das ganze Leben wird durch ihre Kommunikation gestaltet. Das menschliche Wesen schläft hinter symbolischen Masken; es ist bemüht, der Berührung aus dem Weg zu gehen, Kontakt zu vermeiden: Der Blick wird abgewendet, damit man nicht den Augen des anderen begegnet; man sagt nicht das, was man denkt, sondern das, wovon man glaubt, daß es gehört werden will; Unaufrichtigkeit setzt sich durch, Vertrautheit und Offenheit werden unterdrückt.

In jedem Restaurant können wir mühelos das sinnlose Schweigen der »Kommunikation« zwischen Paaren beobachten. Kaum einmal wird dem anderen tatsächlich etwas mitgeteilt. Die Gespräche folgen einem schleppenden Rhythmus und oberflächlichen Themen. Wir können uns vorstellen, wie tiefgehend und kompliziert die Schranken geworden sind, wie sehr auf vertraute Offenheit verzichtet worden ist. Das Ehepaar hat gerade eine Nacht miteinander im Bett verbracht; es hat ein Vierteljahrhundert des Lebens miteinander geteilt. Routinemäßige Gewohnheit ist vorherrschend in der Kommunikation, doch sind Symbolformen im Überfluß vorhanden, welche Vertrautheit auf sich ziehen, Identität bewahren und die Selbstgefälligkeit vergrößern. Jeder ist für sich allein damit beschäftigt, die Routine aufrechtzuerhalten und offene Berührung zu vermeiden. Jeder befreit sich von seiner inneren Unruhe mittels verborgener Wunschvorstellungen. Keiner erinnert sich an die Gemeinsamkeit der »ersten Liebe«, an die vertraute gegenseitige Offenheit und die individuelle Spontaneität.

Von der Astrologie her wissen wir, daß die Kommunikation zum Bereich der Information/Perspektive-Fähigkeiten des Wechselfelder-Kreuzes gehört. Sie stützt sich auf das III. Feld. Topographisch betrachtet sollte die Kommunikation (das III. Feld) innerhalb des Horoskops die Funktion haben, Beziehungen zu erleichtern (das III. Feld bildet ein Trigon mit dem VII. Feld). Die Kommunikation unterstützt die persönliche Projektion und das persönliche Auftreten (III. Feld im Sextil zum Aszendenten). Sie übernimmt die Anpassung vom Status der beruflichen oder sozialen Stellung (das III. Feld ist durch Quincunx-Aspekt mit dem

X. Feld verbunden). Sie klärt das Bewußtsein über den eigenen Selbstwert (das III. Feld ist das zweite Haus des II. Feldes); auf so vielfache Art und Weise teilen wir in der Kommunikation unsere Gefühle von uns selbst mit. Sie wirkt unterstützend darin, wie wir Liebe geben, wie wir uns sexuell verhalten wollen (III. Feld im Sextil zum V. Feld). Sie befindet sich in einer ständigen Entwicklungsspannung mit der kooperativen Dynamik derjenigen Menschen, mit denen wir arbeiten und jederzeit unsere Ansichten austauschen (III. Feld im Quadrat zum VI. Feld). Die Fähigkeiten von Information/Perspektive, die mittels der Kommunikation weiter ausgebildet werden, greifen auf die Begründung neuer Ebenen von Status/Identität über, da das III. Feld an die Grenze der Zenit (MC)/Nadir-Achse zum Netzwerk der Eckfelder stößt.

Die innere Unruhe, nach Befriedigung und Erfüllung im Leben zu suchen (und damit Mißbilligung, Entfremdung und Nicht-Sein zu vermeiden), durchfließt unser Nervensystem und unsere Kommunikationsfähigkeiten: Wir sind ängstlich besorgt um unser Auftreten und unsere Erscheinung, um den Status unserer beruflichen oder sozialen Stellung, um unser Selbstwert-Bewußtsein und unsere Fähigkeiten, die uns liebens-wert machen, wegen unserer Spannungen in der Kooperation mit anderen. Wir fühlen uns beunruhigt bei einer Abweichung vom routinemäßig festgelegten Status quo, und wir fühlen uns verunsichert, wenn unser Partner den Status quo verändert. Wir gestehen das Wachstum aufgrund von innerer Unruhe ein, doch nach und nach erleben wir im Verlaufe der Entwicklung eine ständig zunehmende Beunruhigung über weiteres Wachstum auf Kosten des Status quo. In der Kommunikation fürchten wir jegliche Störung. Wir bilden Abwehrmechanismen und schenken den energetischen Kräften der Individuation keine Beachtung; wir leiden in Form von Schweigen und Wunschvorstellung, während wir uns abfinden, träge werden und den Kampf aufgeben. Wir verlieren die direkte Berührung mit dem Leben.

Das Sexualprofil in jedem horoskopisch abgebildeten Leben bedeutet tatsächlich eine Quelle von sehr tiefer Einsicht in die menschliche Natur und Persönlichkeitsbestimmung. Das Sexualprofil ist ein Sammelbecken symbolischer Formen, die von der Wunschvorstellung hervorgebracht, durch die Entwicklung in der Persönlichkeit verwurzelt und durch das Verhalten verteidigt werden. Als ein derart lebendiger Spiegel des psychodynamischen Aufbaus der Persönlichkeit ist die Sexualität ein heikles Thema. Der informierte und gleichzeitig taktvolle Astrologe kann jedoch bei jedem Klienten idealisierte Erwartungen, Bedürfnisse nach

Bestätigung, Austausch von Fähigkeiten und Dimensionen der Kommunikation richtig einschätzen und ihre Erscheinungsform innerhalb der individuell ausgeprägten Sexualität besprechen. Die Botschaft der Umwelt und die Bewußtwerdung von innerer Unruhe grenzen im Bereich der Sexualität außerordentlich dicht aneinander. In dieser Nebeneinanderstellung kann viel Einsicht erfahren und viel Freiheit erlebt werden.

Schlußfolgerung

Die innere Unruhe ist unbezwingbar und von essentieller Bedeutung für die Erhaltung des Lebens. Metaphorisch ausgedrückt können wir die innere Unruhe als Licht sehen, das sich in Herausforderungen widerspiegelt, die sich in Beziehungen zur äußeren Welt zeigen. Das Licht ist hell und fördernd oder trüb und hindernd, was von der Perspektive eines Individuums über seine persönlichen Fähigkeiten abhängig ist. Ebenso wie das Sonnenlicht von den Planeten zurückgestrahlt wird, so unterscheiden sich Verhaltensfähigkeiten und Bedürfnisse in ihrer Erhellung durch die innere Unruhe. Es bilden sich Verhaltensmuster, um den Herausforderungen zu begegnen.

Der Mensch wandelt die irrationale innere Unruhe in leichter zu handhabende Ängste um. Sein Verstand arbeitet mit Lichtgeschwindigkeit unaufhörlich an der Anpassung an neue Herausforderungen. Im Verlaufe der Entwicklung werden Opfer gebracht und Perspektiven festgesetzt. Augenblicksbedingte Bestätigungen begründen Status und Identität, die soweit wie möglich verteidigt werden. Dann macht sich ein neuer Druck von innerer Unruhe nach neuen Ebenen von Angst bemerkbar; stetig pulsiert die Hoffnung, bemüht man sich um einen neuen Standort von Status und Identität.

Die Existenz ist zwischen der Ichbezogenheit des Überlebens und der Kooperation von Beziehungen eingebettet. Bedürfnisse treffen auf Bedürfnisse, Fähigkeiten treffen auf Fähigkeiten. Ständig drängt die Möglichkeit zur Wahl auf Entscheidung. Der Mensch ist frei und gleichzeitig nicht frei. Das Dasein ist schwindelerregend.

So kann es leicht dazu kommen, daß der Mensch innerhalb eines für den Augenblick adäquaten Status quo auf seine weitere Entwicklung verzichtet. Gewohnheitsmäßiger sozialer Trott schützt Status und Identität. Die Fähigkeiten von Geld/Liebe und Information/Perspektive treten konstant auf der Stelle. Die innere Unruhe verliert ihre äußere

Klärung und entlädt sich nach innen. Krankheit und Unzufriedenheit signalisieren tiefgehende Enttäuschung und Frustration. Das Abwehrverhalten nimmt starre Formen an. Die aufsteigenden Ängste bleiben irrational, da sich die Entwicklungsspannung, die sie entladen könnte, in einer Sicherheit zur Ruhe gesetzt hat, welche die Leistungen weit hinter den Fähigkeiten zurückhält. Die Wunschvorstellung ist damit beschäftigt, die Unzufriedenheit anzugleichen. Die Sexualität ist ein besonders wichtiger und empfindlicher Bereich, wo innere Unruhe und Wunschvorstellung sich schmerzhaft verborgen halten können.

Mittels der Einsicht, daß innere Unruhe lebenswichtig ist, müssen wir unsere Angst vor dieser Unruhe an sich aufgeben. Wir dürfen weder auf Wunder hoffen, die uns retten oder erwecken, noch dürfen wir es uns zugestehen, Planeten zu sehen, die sich zum Angriff auf uns rüsten und uns aus dem Lebenszusammenhang reißen. Wir müssen das holistisch umfassende und natürliche Drama schätzen lernen, das wir in Richtung seiner Erfüllung leben. Wir müssen unseren Verstand dafür gebrauchen, daß wir uns notwendige Kontrollen aneignen und Energie richtig einsetzen durch das Verständnis unserer persönlichen Bedürfnisse und der Bedürfnisse all jener, mit denen wir in Berührung gekommen sind. Wir müssen uns mit dem Profil von persönlicher Erfüllung bei unseren Klienten beschäftigen, da die innere Welt um Verwirklichung in der äußeren Welt bemüht ist. Wir müssen ehrlich mit uns selbst und stolz auf uns selbst sein. Wir müssen unseren Klienten Aufschluß über ihre Entwicklung geben können und ihren Stolz auf sich selbst bestärken.

Verstand, Körper und Geist verfügen über außerordentlich große Widerstandskraft, Geschicklichkeit und Flexibilität. Sie können Krankheit, Enttäuschung und Fehlinterpretation überwinden. Dazu benötigen sie *Zeit*: die Chance, die das Immunsystem des Körpers durch Arzneimittel erhält; die Entwicklung, welche die Bedürfnisse der Persönlichkeit durch das Älterwerden erfahren; die Klärung, der die geistige Begriffsbildung durch den Lernprozeß unterzogen wird. Die Zeit ist ein strategisches Hilfsmittel für unser offensives Vorgehen und eine Stärkung für unser defensives Verhalten; sie läßt die innere Unruhe ein Strukturmuster annehmen, um ein Leben gemäß dem inneren Potential zu führen.

Dritter Teil

Der Prozeß der Heilung

Siebentes Kapitel

Beobachtungen

»Was macht eigentlich ein Astrologe?« Diese Frage ist nicht nur für die allgemeine Öffentlichkeit, sondern auch für die Astrologen selbst von größter Wichtigkeit. Die Antwort in den Köpfen des Laienpublikums ist zumeist unrichtig; die Antwort auf den Geschäftskarten und in der Praxis der Astrologen ist sehr oft anmaßend.

Das Wort »Astrologe« ist vor langer Zeit entstanden, als privilegierte Weise Symbole am Himmel lasen, und dies zu einem Zeitpunkt, als die überwiegende Mehrheit der Menschen überhaupt noch nichts lesen konnte. In jeder Zeitepoche erhalten die Symbole Bedeutungen im Sinne der zeitgemäßen Lebenswirklichkeit. Symbole spiegeln immer die Realität wider, so wie sie sich in demjenigen konzentriert, der sie deutet. Die damaligen Zeiten waren hart und grausam für alle Menschen; das Leben war kurz, stetig herrschten die Gefahren von Kampf, Einschränkung und Krankheit. Die Symbole wurden zu einem Omen für diese harte Realität. Die Astrologen haben beide ausgedeutet, und die Geschichte hat die Astrologen und ihre Arbeit mit diesen Lebenswirklichkeiten gleichgesetzt.

Vor langer Zeit hat der entmutigende Mangel an Fähigkeiten bei den Menschen die gebieterischen Gesetze des Schicksals bestärkt. Das Schicksal lag in den Händen von Astralgottheiten, und die Astrologie blieb zumeist sakrosankten Führern überlassen. Das Schicksal mußte hingenommen werden; kaum einmal konnten die Menschen dem ausweichen, was ihnen widerfuhr. Im Brennpunkt dieses außerordentlich dramatischen Geschehens standen die Astrologen, Ihre Position verlieh ihnen Macht, aber gleichzeitig mußten sie für ihre Deutungen auch buchstäblich ihr Leben aufs Spiel setzen.

In der heutigen Zeit, nach Jahrtausenden der Evolution, des Lernens und Erfahrens, verfügen Hunderte Millionen von Menschen über viele Hilfsmittel und Fähigkeiten. Der Begriff des Schicksals existiert noch immer in ihrem Bewußtsein und ist Teil des religiösen Dogmas (Gottes

Wille), doch ist er weitaus mehr säkularisiert für die praktische Handhabung im Leben, das heute freie Möglichkeiten zu individueller Wahl, Veränderung der Umgebung, Ausbildung, freie Wirtschaft, Schutz gegen Kampf, Einschränkung und Krankheit zu bieten hat. Der Astrologe hat seine persönliche Macht und Vorrangstellung innerhalb des dramatischen Lebensgeschehens verloren. Im Stolz auf ihren individuellen Einfallsreichtum werten viele Menschen die Astrologie und die Astrologen sogar als veraltet, überflüssig oder betrügerisch ab.

Die Veränderung ist allmählich, aber nicht umfassend verlaufen. Mittel und Fähigkeiten des Individuums werden in großem Ausmaß durch die Sozialökonomie gestützt: Die äußere Welt ist einflußreich genug, das Leben des Individuums vorzuschreiben, zu erhalten und zu schützen; im Rahmen dieser bestätigenden Sicherheit hat die innere Welt des Individuums die Freiheit und Gelegenheit zu Wachstum und Weiterentwicklung. Doch die Mehrheit der Weltbevölkerung ist heute noch in ihrer Sozialökonomie beschränkt: Eine verarmte äußere Umwelt unterliegt immer noch, wie in alten Zeiten, den Vorschriften einzelner privilegierter Führer, während die innere Welt des Menschen der religiösen und spirituellen Rechtfertigung des Status quo überlassen wird. Umgekehrt unterstützt jede Gesellschaft ihre eigene Astrologie im Rahmen ihrer eigenen Kultur. Die Symbole reflektieren jeweils die innere Unruhe dem Leben gegenüber, die in jeder Kultur- und Gesellschaftsform ihren konkreten Ausdruck findet. Die Sozialökonomie setzt politische und persönliche Freiheiten fest, die sich selbstverständlich in der astrologischen Ausdeutung von natürlichen Symbolformen widerspiegeln.

Auch heute noch sind Astrologen ein Spiegelbild ihrer Epoche, Gesellschaft und Kultur, doch sind sie keine Priester oder königlichen Ratgeber mehr. Wir verfügen über geringe anerkannte Macht, da wir unser Leben mit der übrigen Welt teilen. Weil das Leben jedoch humaner und im Hinblick auf die persönlichen Fähigkeiten individueller geworden ist, haben wir Astrologen in unserer interpretierenden Stellung zwischen den durch die äußere Welt bedingten Symbolformen vergangener Gesellschaften und den durch die innere Welt bereicherten Symbolformen der gegenwärtigen Gesellschaft eine Herausforderung erfahren. Die Astrologie und die Astrologen werden nachdrücklich dazu aufgefordert, sich auf den Menschen, auf das Individuum zu beziehen.

Unsere heutigen Deutungen bringen nicht nur die Astralgottheiten von ehedem auf die Erde herab, sondern versetzen sie tatsächlich in den Menschen hinein. Heute gestehen wir das ein, was der große Arzt,

Astrologe und Seher Paracelsus vor fast fünfhundert Jahren behauptet hat. »Die Planeten befinden sich im Innern.« Die Alten haben das, was oben ist, mit dem, was unten ist, im Gleichgewicht gehalten. Heute bringen wir das, was außen ist, mit dem, was innen ist, ins Gleichgewicht[25]. Obgleich wir heute auf einer außerordentlich umfangreichen empirischen Grundlage in der astrologischen Theorienbildung arbeiten, gehen wir neue Wege, sind wir (Er)Neuerer. Mit der Anerkennung der inneren Welt haben wir eine holistische Achse geschaffen, die vollkommen neu für die astrologische Denkweise und Praxis ist.

Als Neuerer müssen wir uns jedoch daran erinnern, daß dasjenige, »was üblich zu sein pflegte«, zeitlich nicht allzuweit zurück und nicht allzuweit außerhalb unserer Denkstruktur liegt. Astrologen können immer noch den Reichtum psychodynamischer Bewußtheit unbeachtet lassen und die Betonung auf die »seelenlosen« Prinzipien eines anthropomorphen Schicksals legen. Ihr Leben steht nicht mehr auf dem Spiel – wohl aber das Leben ihrer Klienten: Genug davon existiert noch, so daß die historische Verbindung zwischen Astrologie und unerbittlich-tragischem Geschick aufrechterhalten bleibt.

Der Einwand zählt nicht, daß es in der heutigen Welt im allgemeinen und im individuellen Bereich im besonderen keine Härten mehr gebe – die gibt es ohne jeden Zweifel. Doch das Leben und die Menschen, die jetzt leben, sind anders: Sie leben länger, sie verfügen über größere Sicherheiten, Fähigkeiten und Freiheiten (innerhalb der westlichen Welt, die uns am meisten betrifft) und sind wie niemals zuvor der Integrität ihrer persönlichen inneren Bewußtheit gewahr. Das Argument muß daher ganz eindeutig so lauten, daß wir Astrologen, die wir die Zeitepoche, Gesellschaft und Kultur widerspiegeln, in denen wir leben, unsere Arbeit durch holistische Bewußtheit bereichern müssen. Unser Wissen über das Leben – über äußere und innere Welten, über äußeren Druck und innere Bedürfnisse, über die innere Unruhe dem Leben gegenüber – sollte für unsere Auslegung eine wesentlichere Rolle spielen als unsere Kenntnis von formalisierten astrologischen Meßtechniken. Diese Techniken bringen eine Klärung der Symbole, doch wir als Astrologen legen diese aus, und dies müssen wir im Sinne eines bereicherten Wissens über das Leben tun.

Was also machen Astrologen eigentlich? Darüber herrscht Verwirrung, weil Astrologen, die mit den Zeiten und dem Innovationsprozeß der modernen Astrologie nicht Schritt halten, ihren Klienten immer noch unerbittlich Voraussagen ohne Berücksichtigung der Integrität der inneren Welt und des Einfallsreichtums des modernen Lebens überstülpen. Diese Astrologen »deuten« Symbole; sie produzieren sich selbst in einer Rolle, erlangen Status durch Verkündungen; sie erzeugen Ängste, womit sie die Aufmerksamkeit auf sich lenken und Abhängigkeit schaffen. Sie sagen die Zukunft voraus, anstatt daß sie Messungen projizieren. Sie glänzen mit ihrer prophetischen Rolle, indem sie sich mit Hilfe der öffentlichen Medien an Berühmtheiten versuchen, und da die sensationslustige Effekthascherei als Unterhaltung gilt, wird nie über die unglaublich hohe Fehlerquote bei diesen Prophezeiungen berichtet. Man erinnert sich lediglich an die machtvolle Gewichtigkeit der Aussage. Diese Astrologen lesen in den »Sternen«, lassen jedoch den Menschen in der Dunkelheit zurück.

Sensible Astrologen wissen um diese Schwierigkeit. Sie kennen die Neigung bei allen Menschen, das Schlimmste zu erwarten, und sie leiden unter den Astrologen, welche diese Erwartung erfüllen. Daher versuchen wir, das zu erklären, was wir tun; viele von uns wählen die Bezeichnung »Berater« oder »Ratgeber«.

Ich kann an das Wort »Ratgeber« nicht denken, ohne die D-Dur-Klänge und die Worte des Chors »Denn es ist uns ein Kind geboren« aus Händels *Messias* im Ohr zu haben: ». . . und die Herrschaft kommt auf Seine Schulter; und Er wird genannt: Wunderbarer Ratgeber, Starker Gott, Ewiger Vater, Friedefürst.« Sicherlich ist es schwierig, diesen Schritt nachzuvollziehen! Dieses ganz persönliche Gefühl über das Wort »Ratgeber« drückt meine Achtung für die Verantwortung aus, die es einschließt.

Es erfordert Sachverständnis, ein Ratgeber, ein Berater zu sein. Diese Statusbezeichnung sollte durch persönliches Ansehen gestützt und nicht lediglich im Sinne einer Intention angenommen werden. Man sucht einen Berater wegen professioneller Anleitung in einer besonderen Fertigkeit auf. Diese Fertigkeit ist jedoch nur im Hinblick auf ihre Verbindung mit dem Leben im allgemeinen und mit dem Leben eines Individuums im besonderen von Bedeutung und wird deshalb herangezogen. Wenn wir einen Rechtsanwalt um Rat bitten, so suchen wir seine professionelle Anleitung im Hinblick darauf, wie das Gesetz mit unseren persönlichen Lebensumständen, unseren Bedürfnissen, Hoffnungen, Ängsten und unserem Status in Einklang zu bringen ist. Wenn wir den Rat eines Astrologen suchen, so sollte dies aus den gleichen Gründen geschehen: Wir sollten daraus lernen können, in welcher Art und Weise unsere persönliche Astrologie mit unseren persönlichen Lebensumständen, unseren Bedürfnissen, Hoffnungen, Ängsten und unserem Status übereinstimmt. Es muß eine Beziehung zwischen Klient und Berater existieren, und diese muß der gemeinsam versuchten Lenkung des Lebens, dem Verständnis in der Bewußtheit über die Zielsetzung des Lebens dienen.

Ratschläge zu erteilen heißt, Lebenserfahrung zu haben. Es ist schon soviel an Gesetzen zu erlernen, soviel an astrologischem Wissen zu verarbeiten. Doch das Leben verändert sich in jedem Augenblick, ist für jeden Menschen unterschiedlich. Die Gesetze des Landes oder die Grundsätze der Astrologie stellen äußere Maßstäbe dar, deren Bedeutung sich in Relation zu den Verhaltensweisen und Bedürfnissen des einzelnen Menschen erweisen muß. Eine Beratung ohne tiefgehendes Verständnis, ohne Würdigung der inneren Welt des Menschen ist verantwortungslos.

Was machen Astrologen? Viele von ihnen erteilen Rat. Harry S. Truman hat einmal gesagt: »Ich habe festgestellt, daß die beste Methode, seinen Kindern einen Rat zu geben, darin besteht, daß man das herausfindet, was sie tun möchten und ihnen dann dazu rät, es zu tun.« Dieser Aphorismus hat eine nur allzu-menschliche Gültigkeit: Er fängt die praktische Lebenserfahrung ein, daß Menschen um Rat bitten, damit sie von einem anderen das hören, was sie bereits selbst wissen. Ratgeber müssen sich nicht aufs äußerste anstrengen, um eine Wirkung zu erzielen; sie können einfach die Komplexität der Individuation in der Hoffnung auf ihre Überzeugungskraft negieren (und Status erlangen, ohne Verantwortung zu übernehmen), indem sie sagen: »Wenn ich an Ihrer Stelle wäre . . .!«

Viele von ihnen »lösen Probleme«, und auch hier müssen wir uns wiederum selbst fragen: »Versuchen wir, die Probleme unserer Klienten von unserem eigenen Standpunkt aus zu lösen, oder helfen wir den Klienten dabei, ihre Probleme selbst zu lösen?« König Salomo ist für seine Weisheit berühmt gewesen, daß er die Probleme anderer durch die anderen selbst löste. Die Beziehung zu anderen, die von entscheidender Bedeutung für die Lösung von Problemen ist, klingt in den Worten von Francis Bacon an: »Eine kluge Frage ist die eine Hälfte der Weisheit.«

Astrologen können eine Menge bewirken. Wenn wir über den Statusanreiz von Macht und Kontrolle über andere hinausgehen, wenn wir die Nachahmung von Schicksalsprophezeiung und Voraussagen vermeiden, wenn wir einen engen Kontakt zu unseren Klienten herstellen, von ihren

Bedürfnissen erfahren und an ihrer objektiven Bewußtmachung teilhaben, wenn wir ihre Probleme und ihre Lösungen reflektieren, wenn wir sie in ihrem Stolz und der Zielsetzung bestärken, lebendig zu sein, so erwecken wir damit ihr Wissen, ihre Sinngebung und ihren eigenen Reichtum an Fähigkeiten. Am besten leiten Astrologen andere zur richtigen Einschätzung und Würdigung von sich selbst an. Dafür gibt es kein anderes Wort als »Astrologe« – und die Bedeutung, die es zu diesem Zeitpunkt in der Geschichte durch unser Auftreten und unsere Leistung erhält.

Es gibt sehr, sehr viele Methoden als Hilfsmittel für jeden Analytiker, andere zu richtiger Selbsteinschätzung (innere Welt) und strategisch klugem Vorgehen (äußere Welt) anzuleiten; doch hat es sich deutlich gezeigt, daß das Verhalten des Analytikers einen stärkeren Einfluß als jede Methode oder Verbindung von Methoden ausübt. George Mora hat im *American Handbook of Psychiatry* berichtet: »Wir finden eine zunehmende Bestätigung der Tatsache, daß die psychotherapeutischen Erfolge – ungeachtet des theoretischen Gerüsts, an das sich jeder Therapeut hält – verblüffend ähnlich sind, daß die Persönlichkeit des Therapeuten eine wesentlichere Rolle als seine Zugehörigkeit zu einer bestimmten Denkrichtung spielt.«[26]

Das ist überaus verständlich. Wir Astrologen leben mit den Klienten, für die wir arbeiten, gemeinsam in dieser Welt. Wir haben keinen privilegierten Status, keine genügend spezialisierte Ausbildung, um besondere soziale Anerkennung zu erlangen, und doch können wir eine sehr große Hilfe sein, da wir eng mit der menschlichen Lebenssituation verbunden sind. Wir erforschen in schöpferischer Weise die Gleichheiten der menschlichen Existenz, die wir mit unseren Klienten gemeinsam haben. Da wir an den gleichen Entwicklungsstrukturen teilhaben und uns analytisch über die Manifestation der inneren Unruhe bewußt sind, verfügen wir über Einfühlungsvermögen, Objektivität und nützliches Sachverständnis. Unsere Persönlichkeit und unser berufliches Fachwissen nehmen die Erfahrung eines jeden Lebens an, in dessen Dienst wir uns stellen. Wie bei jeder fruchtbaren Beziehung teilen Klient und Astrologe Fähigkeiten miteinander: Der Klient läßt an einem individuell ausgeprägten Lebensmuster teilhaben, das der Astrologe benötigt, damit er helfen kann, und der Astrologe teilt seine erhellende Reflexion mit, die der Klient benötigt, damit er sich selbst klarer wahrnehmen kann. Das theoretische Gerüst des einfühlsamen und hilfreichen Astrologen muß sich auf die kreative Beziehung zu dem Klienten, auf die individuell ausgerichtete Anwendung von astrologischen Messungen und auf eine reiche Lebenserfahrung stützen. Dieses Gerüst hilft uns Astrologen nicht nur dabei, anderen dienlich zu sein, sondern es bedeutet auch eine Hilfe für unser eigenes Wachstum. Es ist unser Dienst für die äußere Welt und unsere Bestätigung für die innere Welt.

Praktisch jeder Anrufer, der sich zwecks Festsetzung eines Termins in meinem Büro meldet, stellt mir die Frage, was ich denn tun werde, was während des Termins, während der Konsultation geschehen wird. Dies ist ein sehr entscheidender Augenblick für die Herstellung einer Beziehung zu dem potentiellen Klienten. Die Antwort muß Befürchtungen zerstreuen und auf Potential hinweisen. Ich betone die gemeinsame Diskussion, damit die Befürchtungen vor fatalistischen Voraussagen zerstreut werden; ich unterstreiche das Potential für Bestätigung im Hinblick auf diese gleiche Gemeinsamkeit in der Diskussion. Ich sage immer: »Wir werden gründlich über alles diskutieren, was wir als wichtig in Ihrem Leben empfinden, und das ist in der Regel äußerst lohnenswert.« So einfach ist das, und so häufig wird der Anrufer sagen: »Das hört sich gut an!« – Was sagen Sie? Was machen Sie?.

Kommunikation

Die Kommunikation ist unerläßlich für die Kunst des Astrologen. Ohne Kommunikation bleiben die Symbole Meßwerte, bleibt der Astrologe ohne wirklichen Kontakt zur Welt. Starke Kommunikationsfähigkeiten lassen die astrologischen Messungen lebendig werden und stellen eine Verbindung zwischen Astrologen und Klienten her. Schwache Kommunikationsfähigkeiten binden den Astrologen und seine Messungen an das, was systematische Regelwerke mitzuteilen haben, lassen ihn das nachplappern, was Astrologen über andere Lebensformen zu anderen Zeiten gesagt haben.

Die Kommunikation enthüllt die persönlichen Fähigkeiten von Information/Perspektive. Mittels der Kommunikation werden die persönlichen Begriffsbildungen und Werturteile eines Menschen, sein Gefühl von eigenem Wert und Status um der Identität willen in einem Brennpunkt konzentriert und um der Beziehung willen mit der Welt geteilt.

Die Information/Perspektive-Fähigkeiten jedes Astrologen unterliegen den gleichen Entwicklungsspannungen wie die Information/Perspektive-Fähigkeiten jedes Klienten, mit dem er zusammentrifft. Jeder

Mensch arbeitet an der Begründung des Bewußtseins von individueller Mündigkeit. Er kann persönliche Ansichten zum Zwecke von Autorität auf die Mehrheit oder zwecks Unterstützung auf seine persönliche Gruppe projizieren. Auf diese Art und Weise werden Formen der Gleichheit gesammelt, wird die Position gerechtfertigt und fest verankert.

Wie selbstverständlich klingt dies im Leben: »Jessica stimmt mit mir darin überein, daß . . .« oder »Meine Erklärung dieses Aspekts ist genau die gleiche wie diejenige von Herrn Soundso«. Dann schmeicheln wir uns selbst, indem wir unsere persönliche Unterstützung für andere im Sinne unserer eigenen Werte projizieren: »Wenn ich an Ihrer Stelle wäre, so würde ich diese Sache folgendermaßen betrachten . . .« Wie gefährlich ist dies für die astrologische Beratung, wo sich der Brennpunkt, der bei der einleitenden Analyse ganz beim Astrologen lag, beim abschließenden Kommunikationsaustausch völlig auf den Klienten verlagern sollte. Wie leicht wird der Sprung von sich selbst zum anderen vergessen, wird der einfache Weg gewählt, sich selbst durch das Hervorsprudeln eines rätselhaften Fachjargons und persönlicher Werturteile zufriedenzustellen.

Wenn wir in Unkenntnis über die menschliche Lebenssituation oder nicht dazu in der Lage sind, die astrologischen Symbolwerte, die sich innerhalb eines bestimmten Horoskops finden, an das Leben anzupassen, so wie es von einem bestimmten Menschen gelebt wird, so verbergen wir unser mangelndes Geschick hinter einer astrologischen Fachsprache; es findet kein wechselseitiger Meinungsaustausch statt, es entsteht keine Kommunikation. Wenn der Astrologe den Fachjargon völlig aus der Kommunikation mit dem Klienten heraushält, ist sehr viel Zeit und Raum dafür vorhanden, in denen sich bedeutungsvoller Inhalt entwickeln läßt, sinnvolle Kommunikation entstehen kann. Fachsprache und Symbolbegriffe sind ein und dasselbe – nichts anderes als Abkürzungsformeln. Damit sie bedeutungsvoll sein können, müssen sie erweitert und im Hinblick auf das Leben des Klienten und seine Bezugsebene von Information/Perspektive vermittelt werden.

Bekräftigung, Bestätigung ist essentiell für jeglichen Austausch von Fähigkeiten zwischen zwei Menschen. Man bestätigt die Meinung, den Wert, die Identität des anderen. Durch das gemeinsame Teilen von Information wird für beide Perspektive begründet. Die kluge Frage erhält die andere Hälfte der Weisheit: *die aufschlußreiche Antwort*. Die astrologische Messung, die der Astrologe innerhalb vorweggenommener Verhaltensmuster in allgemeinverständlichen Begriffen formuliert hat, wird vom Klienten nach seinen eigenen Begriffen und Werten bestätigt.

Das gegenseitige Verstehen zwischen Astrologen und Klienten ist von Bestätigung abhängig; der Vorgang der Bestätigung ist ohne Kommunikationsprozeß unmöglich.

Ein kommunikativer Austausch ist Aufforderung und Ermutigung zu einem weiteren, stützt sich auf die Substanz von vorherigen Formen des Austauschs. Kommunikation schafft vertraute Offenheit und Einfühlung, die wiederum Objektivierung ermöglichen. Die gesamte Konsultation zwischen Astrologen und Klienten baut sich auf bedeutungsvollen Themen auf, die von Strukturmustern der Entwicklungszeit eingerahmt werden und durch Erfahrung gesammelte Werte vom Klienten erhalten.

Schöpferische Kommunikation ist eine Kunst. Sie wird ausgebildet durch Selbstbeherrschung und die Fähigkeiten des Zuhörens und Analysierens, durch ökonomisch eingesetztes Beobachtungsvermögen und durch die Bestätigung der Erfahrung. Kommunikation ist das Hilfsmittel, um Einsicht gewinnen und Rat geben zu können. Die Hälfte dieses Vorgangs ist in der klugen Frage enthalten, die andere Hälfte ist das aufmerksame Hinhören auf die aufschlußreiche Antwort. Die beiden Hälften werden durch Wissen, Experiment und Erfahrung schöpferisch miteinander verbunden.

Mit Hilfe der Schlüsselbegriffe, die bisher in diesem Buch dargestellt worden sind, kann der erfahrene Astrologe systematisch einen Kernpunkt für den Beginn der bedeutungsvollen Horoskopanalyse aufbauen. Wird dieser Kern holistisch abgeleitet, so schließt er die allgemeine Entwicklungsposition des Menschen im Rahmen seiner inneren und äußeren Welt ein. Besonders spezifische Kennzeichen innerhalb der Kernanalyse (beispielsweise ein rückläufiger Saturn) können unmittelbar scharfen Einblick gewähren. Der Vorgang, die Horoskopanalyse mitzuteilen, bedeutet immer eine Einmischung, ist immer ein Eindringen in das Privatleben. Dies ist unumgänglich, muß jedoch taktvoll gehandhabt werden, so daß die Reaktion des Klienten in Form von Bestätigung, Angleichung und Erweiterung frei, natürlich und hilfreich und soweit wie möglich auf Selbstbeobachtung gegründet sein wird.

Andererseits wird der Klient durch die Erklärung von astrologischen Rezeptlösungen mit fatalistischen Vorschriften überfallen. Sofort werden seine Abwehrmechanismen aktiv, oder er fügt und unterwirft sich den »Fakten« und »Beschreibungen«, dem Fachjargon und der Gelassenheit ausstrahlenden Persönlichkeit des Astrologen.

Feststellungen, die etwas in Erfahrung bringen wollen – kluge Fragen also –, lassen beide an der Untersuchung teilhaben, fordern zur Diskussion auf und lassen Raum für die persönliche Angleichung. Die Willenskraft wird anerkannt, die Gemeinsamkeit bietet Unterstützung; der Klient ist nicht mehr allein. Der Astrologe kann ohne den Klienten nichts ausrichten.

In den Fallstudien beispielsweise, die formal in diesem Buch – besonders im dritten Kapitel – vorgeführt worden sind, haben wir mit einer Klärung der Sonne/Mond-Analyse begonnen[27]. Dieser Brennpunkt von Lebensenergie und Bedürfniskonzentration der Persönlichkeit ist offensichtlich und unbestreitbar von essentieller Bedeutung. Wir gehen von der Annahme aus, daß sein »Licht« durch den Entwicklungsprozeß des Menschen fließen muß und durch Verhaltensmuster konditioniert (hervorgehoben, modifiziert usw.) wird, die in der aufeinander einwirkenden Entwicklung von innerer und äußerer Welt enthalten sind. Wir dehnen dieses »Licht« durch die allgemeinen Zuordnungen zu den Fähigkeiten von Status/Identität, Geld/Liebe und Information/Perspektive aus. Wir bemerken die hervorstechenden Punkte von Entwicklungsspannung innerhalb dieser Fähigkeiten, die durch Verhaltensformen und Bedürfnisse miteinander verknüpft und durch die Planeten und ihre Aspekte zueinander symbolisch dargestellt werden. Alles dies verbinden wir mit einer Bewußtmachung des generationsbedingten und soziologischen Hintergrundes und konzentrieren es noch weiter durch unsere persönliche Wahrnehmung des individuellen Klienten. Diese Orientierung führt wiederum zu einer Angleichung der ursprünglichen Verallgemeinerung bei der Sonne/Mond-Analyse.

Unsere Kommunikation kann sehr zwanglos und einfach mit ein paar Worten über die Arbeit des Astrologen beginnen. Ich halte es für sehr nützlich, dem Klienten eine saubere Zeichnung seines Horoskops zu schenken und ihm dabei zu erklären: »Der Astrologe legt die Horizontlinie im Augenblick Ihrer Geburt vom Ausgangspunkt Ihres Geburtsortes aus fest. Dann weist er den einzelnen Planeten ihren Platz am Himmelsgewölbe zu. Sehen Sie, wie sie Muster zu bilden beginnen? Nun, diese Muster werden uns hoffentlich eine ganze Menge erklären können. Ich habe hier eine Kopie des Horoskops, die weitaus mehr Einzelheiten ausgearbeitet hat, wie Sie feststellen können. Bitte legen Sie Ihre Zeichnung beiseite und nehmen Sie sie mit meinen besten Empfehlungen nach Hause mit. Wir werden sie für unsere Diskussion nicht benötigen. – Ich danke Ihnen sehr. – Gut. Nun, Paul, das allgemeine Gesamtmuster läßt darauf schließen, daß . . .«

Durch diese kurze Einführung kann ich den Hintergrund erklären, auf den sich die anschließende Analyse stützt; ich kann ein wenig von der technischen Vorbereitung zeigen, dem Klienten ein persönliches Geschenk machen und klarstellen, daß die ersten persönlichen Feststellungen allgemeiner Natur sind (und daher offen für Angleichung und Berichtigung). Kein einziges Wort aus dem Fachjargon findet Verwendung. Durch die Wahrnehmung von »Mustern« werden Klient und Astrologe bereits auf das Gespräch über symbolische Bedeutungen vorbereitet, die in persönlichen Verhaltensmustern ihre individuelle Ausprägung gefunden haben. Der Klient muß nicht erwarten, mit irgend etwas Bestimmten bombadiert zu werden. – So weit, so gut. Die allgemeine Orientierung leitet über zu der ersten klugen Frage, die mit der Einbeziehung des Klienten beginnen wird.

Bitte erinnern Sie sich an Fall 1 (Seite 115). Wir haben gesehen, daß die starke, direkte Sonne/Mond-Analyse von Wassermann/Widder nicht deutlich in Erscheinung trat. Dies konnte während des Telefongespräches zur Festsetzung des Termins, im Auftreten der Klientin, als sie zur Konsultation erschien, durch ihren Händedruck wahrgenommen werden. Zu Beginn der Unterhaltung mit ihr sprach ich offen über die allgemein zu erwartende Form der Sonne/Mond-Analyse – Schnelligkeit, Aggressivität, an Neuerungen orientierte Antriebskraft des Ichs –, und während meiner Worte konnte ich mühelos ihre Unfähigkeit erkennen, sich selbst mit dieser geistigen Ausrichtung zu identifizieren. Ich fügte einfach den Gedanken an: »Nun, dies können wir gewöhnlich erwarten, doch die übrigen Strukturmuster deuten auf abschwächende Umstände innerhalb der Entwicklung hin. Sie können das Potential dessen wahrnehmen, wovon ich spreche, aber wir wissen, daß sich diesem mühelosen Energiefluß bestimmte Erfahrungen in den Weg gestellt haben. Ich glaube, wir müssen über Ihre frühe Jugend im Elternhaus sprechen, nicht wahr?« Weil ich das Eindringen in eine – wie ich vorwegnehmend erschließen konnte – stark beanspruchende elterliche Situation mildern wollte, machte ich mir dann das astrologische Anfangswissen der Klientin zunutze und wies auf das T-Quadrat hin. Hier bedeutete ein gelegentlicher Anflug von Fachsprache kein Hindernis, sondern trug zu einer Objektivierung ihrer Situation bei, führte sie nur für einen Augenblick fort von ihren Erinnerungen, ihrem Herzen, und hin zu Messungen und logischen Schlußfolgerungen.

Für Fall 2 (Seite 127) lauteten meine Notizen für die Sonne/Mond-Analyse von Wassermann/Waage: »Dem Sozialen und dem Romantischen kommt eine besondere Bedeutung zu. Das doppelte Auftreten anderer ist verblüffend, da das Ich seine eigene Loyalität und Gleichmütigkeit hoch bewertet. Toleranz und mitfühlende Sympathie werden erlernt. Die Leichtigkeit im sozialen Umgang kann mühelos die Hartnäckigkeit mildern.« Dies ist zwar gültig, doch hat die vorbereitende Untersuchung des Horoskops der jungen Frau eine außerordentlich starke Einschränkung dieses Potentials aufgezeigt (das einflußreiche T-Quadrat, das die Sonne einbezieht; die Konjunktion von Mond und Neptun am Aszendenten). Durch den Telefonanruf ihrer Mutter und die offensichtliche Wortkargheit und Naivität der Klientin selbst wurden diese Abweichungen voll und ganz bestätigt. »Die Leichtigkeit im sozialen Umgang«, welche »die Hartnäckigkeit mildert«, bezieht sich natürlich auf den Mond in der Waage und eine vermutete Leichtigkeit durch das Trigon mit der Sonne im Wassermann; die Einschränkung hier zeigt jedoch klar, daß sich die Unterstützung durch das Zeichen Wassermann unter starker Spannung befindet und der soziale Impuls durch die Wunschvorstellung, durch eine verborgene Traumwelt aufgeschluckt wird. Aus ihrer abgestumpften Gemütsverfassung heraus schuf sie für sich eine einsame »Gesellschaft« aus Fernsehprogrammen und Zeitschriften. Ihr Mars im Widder entlud sich in ihren Wunschvorstellungen und Träumen. Ihre gesamte Matrix von Fähigkeiten konzentrierte sich auf eine besondere Ebene, die sie völlig unausgelastet ließ und ihr die Behaglichkeit von gewohnheitsmäßiger Routine gab. Das Bewußtsein vom »doppelten Auftreten anderer« war Auslöser für ihre Toleranz und wurde selbst in Rückzug und Vorstellungswelt gelenkt.

Bei Fall 7 (Seite 243) legte der Geschäftsmann offensichtlich bei mehreren Kontakten vor der Konsultation die Antriebskraft des Widders und das Organisationsvermögen des Stiers an den Tag: Seine Sekretärin rief wegen der Festsetzung eines Termins an. Ich bestand darauf, persönlich mit ihm zu sprechen; er rief mich an, und seine Sprache, seine Findigkeit im Jonglieren mit seinen Geschäftsterminen, um meinem Zeitplan entgegenzukommen, zeigten ein forsches Selbstgefühl. Die Geburtszeit, die er mir angab, war unzuverlässig dokumentiert. Ich drängte darauf, daß er seine Geburtsurkunde besorgte. Es gab eine Verzögerung. Er ging persönlich hin, um seine Urkunde abzuholen, und rief an, um mir zu berichten, daß ich mit meinem Verdacht recht behalten hatte. Er war immer noch übertrieben geschäftig, doch gleichzeitig war seine Neugier geweckt. Er ließ das Ausmaß seiner geschäftlichen Unternehmungen und seiner Berufspraxis erkennen. Dies alles deutet auf einen mächtigen materiellen Turmbau hin, was in der Konsultation bestätigt wurde, wie wir gesehen haben. – Die Sonne/Mond-Analyse (Sonne in den Fischen und Mond im Widder), die durch meine Notizen angedeutet wurde, war jedoch unvollständig: »Das Ich ist zurückhaltender, als es den Eindruck erweckt, selbst-genügsamer, als es sich zeigt. Das Temperament unterstützt und verteidigt die Ausdrucksform. Gelegentliche Prahlerei schützt einen hochempfindlichen Kern.« Ich hatte das prahlerische Auftreten, den Hinweis auf die berufliche Selbst-Genügsamkeit gehört und gespürt. Ich wußte, daß alles dies einen empfindsamen Kern schützte (Sonne und Mond im VIII. Feld, Opposition von rückläufigem Merkur und Sonne mit dem rückläufigen Neptun usw.). Als wir mit unserem Gespräch begannnen, erweiterte ich die Sonne/Mond-Analyse durch eine Beobachtung, die allgemein gültig ist, wenn irgendein hauptsächliches Verhaltensmuster offensichtlich im Leben dominiert: »Wenn wir eine derart außergewöhnliche Entwicklung wie diejenige sehen, die Sie in Ihrem Beruf erreicht haben, so müssen wir sie als eine gesunde Form der Überkompensation betrachten« (siehe Seite 244/245).

Die Sonne/Mond-Analyse ist somit immer gültig, wird jedoch stets durch die individuellen Verhältnisse abgeschwächt oder berichtigt werden. Wir müssen uns das Hauptanliegen dieses Buches ins Gedächtnis zurückrufen: Ein Horoskop wirkt durch ein Individuum hindurch, in natürlicher Weise potentielle Möglichkeiten zum Ausdruck zu bringen und Bedürfnisse zu erfüllen, soweit die Umwelt dies erlaubt, unterstützt oder bestärkt. Die Sonne/Mond-Analyse kann innerhalb der Entwicklung eine Blockierung erfahren, wodurch die Entstehung einfallsreicher Abwehrmechanismen angeregt wird; sie kann durch äußere Umweltverhältnisse völlig verschüttet werden (siehe besonders Fall 5, Seite 227), oder sie kann durch Überkompensation aufgespalten oder ins Gleichgewicht gebracht werden. Diese Abweichungen zeigen die Tätigkeit der inneren Unruhe, die sich in Entwicklungsspannungen manifestiert, in der kognitiven Wahrnehmung verzeichnet und durch persönliche Fähigkeiten systematisch geordnet wird, die sich in Ängsten konzentriert und in Beziehungen verstärkt wird.

Fall 8 (Seite 303) ist das Horoskop eines großen, kräftigen, sensiblen jungen Mannes von neunundzwanzig Jahren. Seine Sensibilität zeigte sich in seinem Anruf zur Festsetzung eines Termins durch die Fragen, die er stellte, durch Wortwahl und Tonfall der Stimme. Seine Gegenwart ließ das Gefühl von Stärke und innerer Ausgeglichenheit entstehen. Er arbeitet im Bereich von Rundfunk und Fernsehen.

Die vorbereitenden Notizen über das Horoskop wurden wie gewöhnlich durch die Sonne/Mond-Analyse eingeleitet: »Die außergewöhnlichen, auf Neuerung gerichteten Qualitäten des Wassermanns werden durch das rezeptive Aufnahmevermögen der Fische bestärkt. Intutition sowie okkulte, mystische und religiöse Einflüsse vermischen das Wirkliche und das Unwirkliche, das Praktische und das Theoretische, das Wissenschaftliche und das Poetische. Ohne starke Strukturierung des übrigen Horoskops kann diese Position zu Selbst-Täuschung führen.« Dieses starke Reservoir des Fische-Potentials kann offensichtlich durch die Neuerungsgedanken des Wassermanns bekräftigt werden. Die Sonne/Mond-Analyse hat ihre Gültigkeit. Es geht nun darum, ihre Ausgewogenheit bei diesem Menschen herauszufinden, der das Potential dieser Verbindung in seiner Erfahrung mit der Umwelt durchlebt hat.

Deutlich erkennen wir den Schlüssel des rückläufigen Saturn. Dies führt uns zu einer sofortigen Überprüfung der elterlichen Achse. Wir sehen, daß die elterlichen Herrscher (Venus und Pluto) in Opposition zueinander stehen. Sie sind beide rückläufig und verknüpfen das IV., V., IX., X. und XI. Feld durch Feldherrschaft, das I. und VII. Feld durch Feldposition miteinander. Der rückläufige Saturn herrscht am Aszendenten. Wir wissen augenblicklich, daß das Eckfelder-Kreuz der Status/Identitäts-Belange durch die Entwicklung stark belastet ist, daß ohne Zweifel der Vater mit dieser Entwicklungsspannung in Verbindung steht und daß der junge Mann unter dem Einfluß von innerer Unruhe als Abwehr, um möglicherweise einen Brennpunkt für die Identität zu finden, oder aus Unbehagen heraus das »Okkulte, Mystische, Religiöse . . . das Unwirkliche, Poetische und Theoretische« erforschen wird.

Merkur im Steinbock deutet auf das starke Bedürfnis hin, »das Gras wachsen zu hören« (Grant Lewis wunderschönes Bild), die Dinge perzeptiv wahrzunehmen, wirklichkeitsnah zu sein. Doch auch der Merkur dieses jungen Mannes ist rückläufig und befindet sich in gegenseitiger Rezeption mit dem wirkungsvollen Saturn. Wiederum bemerken wir eine Aufspaltung des Bewußtseins, wie durch die Sonne/Mond-Analyse angedeutet wird. Merkur bildet ein Quadrat mit Neptun. Damit hat sich das Vorgefühl völlig bestätigt.

Merkur und Neptun sind Signifikatoren des I., VIII., II. und VI. Feldes. Uranus, der im II. Feld des Selbstwertes herrscht, bildet ein Quadrat mit Mars, dem Herrscher des III. Feldes, und bezieht die Bedeutung des II., III., VI. und IX. Feldes mit in das Gefüge der Entwicklungsspannung ein.

Die Sonne ist schwach aspektiert, sie bildet nur den engen Quincunx-Aspekt mit Uranus: die Angleichung, die er im Ausdruck seiner Lebens

Fall 8: Männlich

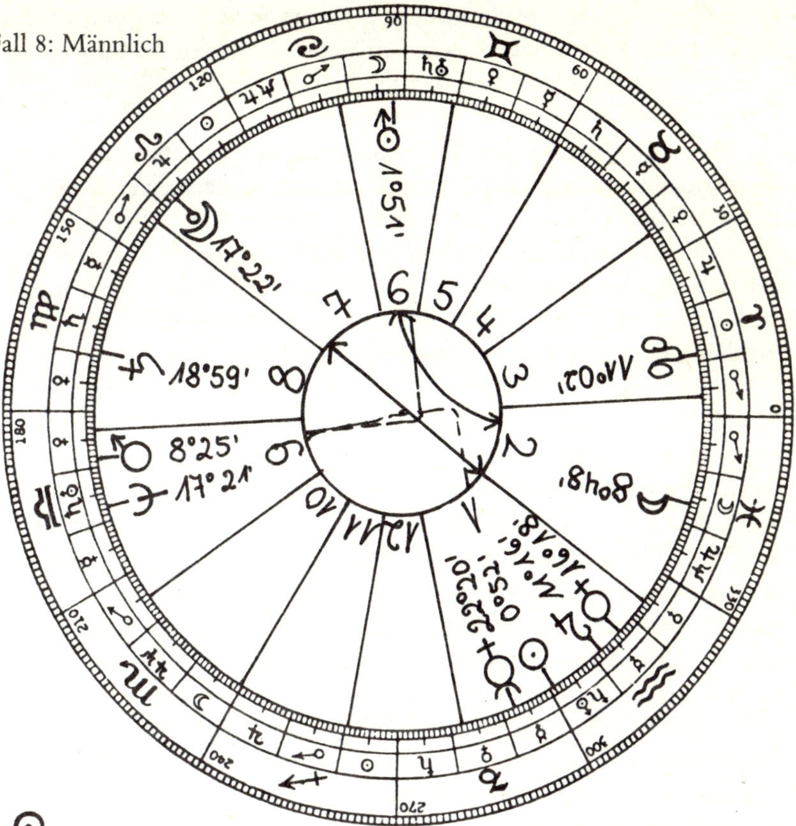

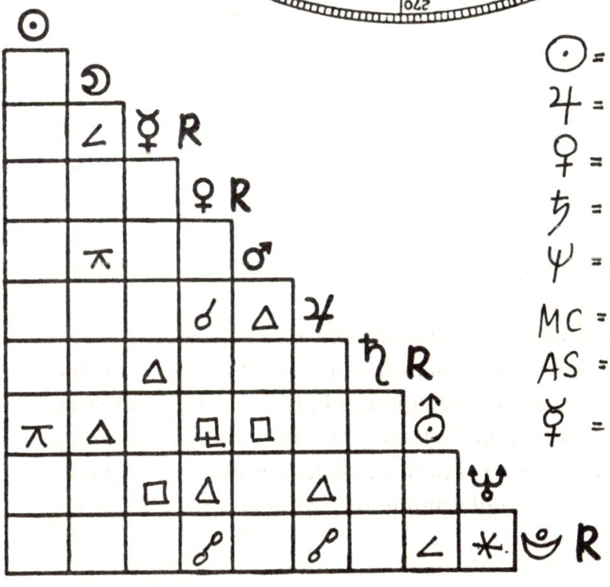

☉ = AS/♇
♃ = AS/☽
♀ = ☽/☿ = AS/♄
♄ = MC/☉
♆ = AS/☿
MC = ☿/♇ = ☽/♅
AS = ☿/♅ = MC/♄
☿ = ☉/AS = MC/♂

energie (in individueller Hinsicht) in Relation zu seinem ausgewogenen, kooperativen Bewußtsein des eigenen Selbstwertes und des Selbstwertes von anderen vornehmen muß (Uranus herrscht im II., die Sonne im VIII. Feld, dem zweiten Haus des VII. Feldes).

Jupiter, das Symbol für seine Hoffnung auf Bestätigung, hier im Wassermann und am Aszendenten plaziert, strebt nach einer Individuation unter dem Zeichen der Neuerung. Jupiter bildet aber auch eine Opposition mit Pluto: Seine Hoffnung und Begeisterungsfähigkeit können sich über das Potential ihrer persönlichen Perspektive im Schauplatz der Öffentlichkeit so sehr bewußt sein, daß die Wahrscheinlichkeit ihrer Erfüllung gering ist. Jupiter herrscht im XII. Feld.

Das gesamte horoskopische Netzwerk, angefangen von der Sonne/Mond-Analyse und weiterentwickelt durch den Schlüssel des rückläufigen Saturn und die frühen Entwicklungsmuster, ist sehr stark von ständigen persönlichen Anpassungen besetzt, die durch okkulte, mystische, religiöse, theoretisch-spekulative Selbstbeobachtung vorgenommen werden. Alles greift zwischen seinen Erfahrungsbereichen und Brennpunkten von Verhaltensfähigkeiten aufeinander über. Wohin auch immer wir blicken, sehen wir, wie sich dies wiederholt: Neptun im Quadrat mit Merkur bildet Trigone mit (= unterstützt) Venus und Jupiter. Jupiter steht in Opposition mit Pluto, bildet jedoch ein Trigon mit Mars, der im III. Feld herrscht, dem grundlegenden Bereich der Begriffsbildung. Der Mond, schwach aspektiert, versucht die Individuation durch sein Fische-Potential zu unterstützen (Trigon Mond/Uranus), muß sich in seinen sensiblen Bedürfnissen jedoch immer an die andere Seite der Münze anpassen (Quincunx-Aspekt zwischen Mond und dem Mars in Waage) – den Ansichten anderer und wahrscheinlich Religion und Philosophie, da Neptun und Mars im IX. Feld stehen, in dem die rückläufige Venus herrscht. Selbst das Halbquadrat zwischen Mond und Merkur – wobei Merkur in diesem Horoskop aufgeht, rückläufig ist und ein Quadrat mit Neptun bildet – weist auf eine geistige Spannung innerhalb des Netzwerks hin.

Wenn wir dem Potential der Sonne/Mond-Analyse stetig folgen innerhalb der umweltbedingten Entwicklungsstrukturen, die im Horoskop durch Signifikatoren bezeichnet werden, so taucht ein Bild vor uns auf, das immer wieder Bestärkung gefunden hat. Selbst zwei ausdrucksstarke Halbsummenbilder weisen die gleichen Tendenzen auf: Sonne = Pluto/Aszendent, Möglichkeit einer rücksichtslosen Selbst-Projektion; Saturn = Sonne/MC, Rückzug aufgrund von Stimmungsschwankungen.

Es war ausgesprochen einfach, das Gespräch mit diesem jungen Mann zu beginnen. Ich gab die Sonne/Mond-Analyse in ihrer verallgemeinerten Form wieder und führte abschließend den Schlüssel des rückläufigen Saturn ein: »Und bei dieser großen Sensibilität, und vielleicht Ihrer Verwirrung darüber, wer Sie eigentlich sind, muß fast ohne Zweifel eine ganz besondere Erwägung berücksichtigt werden. Gewöhnlich können wir überkommene Minderwertigkeitsgefühle – in Ermangelung eines besseren Ausdrucks – erwarten, die meistens auf die Autoritätsfigur des frühen Elternhauses zurückgehen, in der Regel den Vater. (Ich achtete auf die geringste Reaktion der Bestätigung. Ich spürte seine gespannnte Aufmerksamkeit, den Anflug eines Lächelns; ich bemerkte eine kaum merkliche Bewegung in seinem Körper.) Gewöhnlich tritt der Vater aus irgendeinem Grunde in der Jugend nicht in Erscheinung: Er stirbt, ist abwesend, verhält sich äußerst passiv oder ist so tyrannisch – jeweils eine oder mehrere dieser Möglichkeiten –, daß er niemals die maßgebliche Unterstützung und Liebe gibt, die ein junger Mensch benötigt. John, könnte dies der Fall bei Ihnen gewesen sein ? Hat Ihr Vater Sie jemals umarmt und gesagt: ›John, mein Kind, ich habe dich sehr lieb. Darf ich dir bei deiner Entwicklung helfen‹?«

John reagierte sofort. Er lachte warmherzig und sagte: »Erstaunlich! Das stimmt. Mein Vater war mir von Kindheit an feindlich gesinnt. Und wissen Sie, was seltsam ist? Ich habe dies gerade vor kurzem selbst festgestellt.«

Ich fuhr fort: »Nun, gewöhnlich ist es so, daß der junge Mensch stillschweigend, ganz allein für sich leidet. Die Wunschvorstellung kommt ihm dabei zu Hilfe. Wahrscheinlich haben Sie von Abenteuern, Unabhängigkeit, Eroberung geträumt, nicht wahr?«

John entgegnete: »Auch das stimmt. Meine Vorstellungswelt handelte von Eroberung und Herrschaft; ich träumte davon, aus meinem Elternhaus auszubrechen und selbständig zu sein.«

»Was haben Sie sonst noch, abgesehen von der Wunschvorstellung, zu Ihrer Befreiung versucht?« Ich wollte die Energie und innere Ruhe dieses großen Burschen aufspüren, die so deutlich hervortraten, während er mir gegenübersaß.

»Der Sport kam hinzu. Ich war jung . . . und weich, ziemlich passiv. Dies – meine Sensibilität, wie Sie erklären – wurde fälschlicherweise als weibisches Verhalten ausgelegt. Ich entdeckte den Sport und wurde ein Fußballstar. Verteidigungsstürmer.«

Es erforderte keine Mühe, den Hinweis auf »Verteidigungsstürmer« als

Überkompensation für versteckte Sensibilität innerhalb der Maßstäbe des übertriebenen Männlichkeitsideals der späten sechziger Jahre zu beachten; zu dieser Zeit hatte John die Adoleszenz erreicht. Sein Überblick über die »Vaterszene« war klar und konnte gut unterscheiden. Er hatte dies gerade für sich selbst »entdeckt«, und ich brauchte nicht mehr hinzuzufügen. Mein Interesse richtete sich auf die Strukturierung des Selbstwertes zum jetzigen Zeitpunkt, im Rahmen von Beziehungen und in der Fähigkeit, Liebe zu geben und zu erwarten (die einzige Oppositions-Matrix innerhalb des Horoskops, welche die Herrscher der V/XI-Achse, die rückläufige Venus und den rückläufigen Pluto, miteinander verbindet; dies alles innerhalb des Idealisierungspotentials, das durch seine Sonne/Mond-Analyse, die Verbindung von Merkur/Neptun und die Einbeziehung Jupiters in die Opposition Venus/Pluto zu erwarten ist).

»John, Ihre Mutter hat Ihnen sicherlich viel Liebe gegeben, nicht wahr?« Diese Frage wurde ausgelöst durch die annehmbare Nähe von Mars und Mondknotenachse und die voraussehbare kontrapunktische Ausdrucksform durch die Rückläufigkeit beider elterlichen Herrscher. Ich wollte die Selbstwert-Strukturen in seinem frühen Elternhaus erforschen.

»Ja, meine Mutter hat mir Liebe geschenkt, aber ich habe mich selbst geliebt.«

Hier war die Angleichung des Quincunx-Aspektes zwischen Sonne/Uranus, die sich auf das Trigon Mond/Uranus ausdehnte; die Anderthalbquadratur zwischen Uranus und rückläufiger Venus; Uranus als Herrscher im II. Feld des Selbstwertes, in dem auch der Fische-Mond steht.

»John, haben Sie als Fußballstar an der Hochschule viele Verabredungen gehabt? Sie sind doch wahrscheinlich sehr beliebt gewesen?« Hiermit prüfte ich das Gleichgewicht der persönlichen Seite innerhalb der sportlichen Überkompensation, die Beziehungsprobleme im Umkreis der Status/Identitäts-Belange.

»Das Fußballspiel war wie eine Therapie für mich. Ich beseitigte gerne Hindernisse (das Halbsummenbild Sonne = Pluto/Aszendent). An Verabredungen war ich jedoch nicht interessiert.«

Ehe John zur Konsultation erschienen war, hatte ich angenommen, daß er mit (Homo)Sexualität zu kämpfen hatte. Diese Vermutung beruhte auf meiner Kenntnis des Lebensmusters in Relation zu den persönlichen Bedürfnissen, die nicht unbedingt durch Planetensignaturen angezeigt sein müssen. Die Strukturen von sensibler Selbstbeobachtung, ein feindlicher Vater, Wunschvorstellungen als Abwehrmechanismus, Eigenliebe, eine nachgiebige Mutter, Abwehrverhalten gegen »Weichheit«, Sensibilität, »weibisches Wesen«, und die kontrapunktischen Faktoren innerhalb der Liebes-Achse legten sämtlich eine Überlegung nahe, einen möglichen Kampf mit der Sexualität.

»John, wenn Sie nichts dagegen haben, sollten wir jetzt über die Sexualität sprechen. Wie würden Sie selbst Ihr Sexualprofil beschreiben?« – Wiederum maßte ich mir nicht an, John einfach irgend etwas zu erzählen. Ich bemühte mich um eine Auflockerung der Beziehung. Es waren erst fünfzehn Minuten der Konsultation vergangen. Ich bat John um Erlaubnis, ich stellte ihm eine Frage nach seiner Selbsteinschätzung.

John entgegnete warmherzig: »Sie brauchen sich nicht zu scheuen, mir alles zu sagen, was Sie sagen möchten. Ich bin hier, um ganz offen zu sein.«

»Ich danke Ihnen für Ihr Vertrauen.« Ich bestärkte unsere Verbindung, während John seine Gedanken sammelte.

»Ich fühle mich nicht wohl mit meiner Sexualität. Ich habe seit meinem zehnten Lebensjahr homosexuelle Neigungen gehabt. Ich bin mit Männern einfach besser zurechtgekommen.«

Ich unterbrach ihn mit einer Beobachtung, die auf der Erfahrung mit diesem Verhaltensmuster beruhte: »Es ist jedoch lange Zeit zu keiner richtigen homosexuellen Aktivität gekommen, stimmt das?« Ein Fußballstar an der Hochschule würde diese Neigungen mit ziemlicher Sicherheit unterdrücken, besonders wenn er Johns Fähigkeit zur Wunscherfüllung in der Vorstellungswelt besaß.

»Das stimmt. Ich dachte nur einfach daran, besonders mit jemandem, mit dem ich flüchtig zusammentraf; jemand, der mich nicht kannte und den ich niemals wiedersehen würde.«

»Kam es zu Ihrer ersten homosexuellen Erfahrung in dem Sommer, als Sie zweiundzwanzig Jahre alt waren?« Ich projizierte die im Brennpunkt stehende Venus durch Sonnenbogen-Progression auf die Konjunktion mit seinem Geburtsmond, den Herrscher seines V. Feldes auf den Signifikator für seine außergewöhnliche Sensibilität: Das ergab 22½ Grad, sechs Monate nach seinem 22. Geburtstag im Januar, als der laufende Saturn das Schlußquadrat zu seiner Geburtsposition bildete und der laufende Uranus sein Eröffnungsquadrat hinter sich gelassen hatte, um sich dem Geburtsneptun anzunähern.

John sagte sofort: »Das stimmt genau!«

Gemeinsam ergründeten wir seine Gefühle über sein Unbehagen mit der Sexualität. Ich bat ihn darum, seine Sexualität im einzelnen untersuchen zu dürfen und erhielt wiederum die Erlaubnis dazu.

»John, welches Kompliment berührt Sie in einer sexuellen Situation am stärksten?« Hiermit versuchte ich ihm kunstvoll eine Antwort zu entlocken, die seine mangelnden Selbstwert-Fähigkeiten klären würde, welche aus seinem unausgewogenem Elternhaus herrührten, so stark von seinen übersensiblen Bedürfnissen benötigt wurden und mit den Spannungen im Kreuz der Fixfelder verbunden waren.

»Nun, ich sauge Komplimente wie ein Schwamm auf!« Er machte keine spezifischen Angaben.

»Warum ist das Ihrer Meinung nach so?« Eine weitere vorsichtige Frage, um seine Antwort zu erhalten.

»Wahrscheinlich zur Stärkung meiner Unsicherheiten.«

»Und warum, John, glauben Sie, daß Sie diese Unsicherheiten haben?«

»Meine lange Beziehung zu meinem Vater.«

Unser Gespräch verlief genauso einfach. Seine Effektivität beruhte auf der schöpferischen Ökonomie unseres Austauschs, dem Diskussionsverlauf nach den Schlußfolgerung aus dem Horoskop und der vertrauensvollen Beziehung (»Rapport«), die wir mühelos gemeinsam hergestellt hatten. John entdeckte, wer er wirklich war.

Ich stellte eine weitere, tief eindringende Frage: »Ich habe sehr viele homosexuelle Klienten, und praktisch für alle von ihnen bedeutet die Homosexualität kein Problem mehr. Die Gesellschaft ist viel aufgeschlossener dafür geworden, wie Sie wissen. Sie sagen jedoch, daß Sie sich mit Ihrer Sexualität nicht wohl fühlen. Warum fühlen Sie sich unwohl damit?«

Johns Antwort ergänzte alles das, was ich aufgrund der vorbereitenden Analyse angenommen hatte, nämlich die Vermischung zwischen dem Wirklichen und dem Unwirklichen, die religiösen Dimensionen und weiteres mehr: *»Ich möchte lieber in den Himmel kommen, als Sex zu haben und eine Sünde zu begehen.«*

Diese Tiefe der Analyse war das Ergebnis aus einer gemeinsamen Bemühung zwischen Astrologen und Klienten. Taktvolle Fragen hatten zu aufrichtigen Antworten ermutigt; die Kommunikation war wechselseitig; wie von selbst zeigten sich tiefe Einsichten; das Eindringen wurde durch Zustimmung und Vertrauen erleichtert.

Gewisse Schlüsselsätze sind eine Hilfe für eine geschickte Kommunikation. Beispielsweise kann der Astrologe die Untersuchung einer stark belasteten elterlichen Situation, die im Horoskop sichtbar wird, mit einem so einfachen Satz einleiten wie: »Ich glaube, es wäre wichtig, wenn wir über Ihre Eltern sprechen würden, oder?« Wenn der Klient am

Anfang nicht sehr gesprächig ist, muß er behutsam dazu aufgefordert werden, frei zu sprechen. Dies kann häufig so geschehen, daß der Astrologe mit entschlossenem Tonfall sagt: »Bitte sprechen Sie über Ihren Vater. Ich glaube, Sie stimmen mir zu, daß dies wichtig sein könnte.« Der Klient wird gewöhnlich antworten: »Gut, was möchten Sie denn wissen?« Dann hat der Astrologe einen guten Anknüpfungspunkt gefunden: »Wie war Ihr Verhältnis zu ihm (zu Ihrer Mutter usw.)? Wurde viel Liebe ausgetauscht oder herrschte Distanz? Bitte teilen Sie mir dies mit.«

Der Astrologe sollte auch die schützende Kraft des Wortes »wahrscheinlich« erproben. Wenn er die Analyse nach den Richtlinien der im voraus angenommenen Strukturen fortsetzt, die er durch Erfahrung, Beobachtung und Studium erkannt hat, so kann er die Erklärungen des Klienten durch zusätzliche Einzelheiten ergänzen: »Und wahrscheinlich haben Sie sich sehr einsam gefühlt. Ihre Eltern waren so sehr mit ihren eigenen Problemen beschäftigt, daß sie unwissentlich bestimmte Bedürfnisse bei Ihnen nicht beachtet haben – und dies besonders in jenen Bereichen, wo Sie am stärksten verwundbar waren ...?« Das Wort »wahrscheinlich« schützt den Kernpunkt der Diskussion: Es geht dabei nicht um richtig oder falsch, sondern der Klient wird durch seine Bestätigung Abstufungen vornehmen. Die Analyse wird eine individuell geprägte Bedeutung erhalten.

Zu der kreativen Kommunikationstechnik des Fragens kommt die kreative Kommunikationstechnik des Zuhörens. Kreatives Zuhören setzt eine gute Arbeitsorganisation voraus, die auf einer sorgfältigen Vorbereitung des Horoskops beruht. Der Astrologe muß ein übersichtlich geordnetes Konsultationsbuch haben. Er achtet auf die Beziehungen, wodurch die Dinge geschehen, und diese Beziehungen im Leben erhärten jene Beziehungen, die sich im Horoskop zeigen.

Die Bedeutung einer planmäßigen Arbeitsorganisation läßt sich am Dilemma eines jeden studierenden Astrologen – und häufig auch bei erfahrenen Astrologen – erkennen: An welchem Punkt in der Lebensrealität eines Klienten kann die Horoskopanalyse einsetzen? Dieses Buch folgt dem Grundsatz, mit der Bewußtmachung der natürlichen Lebensstrukturen innerhalb des Entwicklungsdrucks zu beginnen, der während des ganzen Lebens auftritt, wenn die innere Welt auf die äußere Welt trifft. Die in diesem Buch dargestellten allgemeinen Umrisse für eine systematisch vorgehende Arbeitsweise beschäftigen sich gründlich mit dieser Bewußtmachung, so daß die horoskopischen Symbole ein tatsächliches Verhaltenspotential widerspiegeln. Im Rahmen der holistischen

Astrologie können wir allgemein behaupten, daß alle Klienten, alle Menschen, die Erfahrung von Problembelangen machen werden, wenn innere Unruhe zur Aufrechterhaltung von Leben und Wachstum sichtbar wird, und daß diese Problembelange immer als »Rückstand« in den Bereichen von Status/Identität, Geld/Liebe und Information/Perspektive nachwirken werden. Der allgemeine Rahmen dieser dreiteiligen analytischen Orientierung bildet die Grundlage für eine sich am Menschen orientierende, planmäßige Arbeitsorganisation bei der Analyse.

Zugegebenermaßen wird der Klient nicht unbedingt spezifische Belange von innerer Unruhe benennen, die genau auf einen dieser drei Bereiche zutreffen. Der Klient wird fast immer wegen eines *Symptoms* und nicht aufgrund einer *Ursache* beunruhigt sein. Eheprobleme oder Beziehungsschwierigkeiten können das Symptom für tiefgreifende Selbstwert-Belange sein; berufliches Mißbehagen kann ein Symptom für elterliche Erwartungen, allgemeine Unzufriedenheit, das Gefühl von Druck sein; Beziehungsschwierigkeiten können Anzeichen für berufliche Unsicherheiten sein. Der Klient wird seine gegenwärtigen Probleme im Brennpunkt dieser Fähigkeiten festmachen, da er mit diesen leichter umgehen kann. Eine einfühlsame, systematische Arbeitsweise vor der Konsultation bereitet den Astrologen auf eine Vorwegnahme von tiefen Ursachen vor. Durch kreatives Zuhören wird es ihm ermöglicht, diese im voraus erkennbaren Strukturen zu klären oder von ganz neuen Dimensionen zu erfahren, die als Begleiterscheinungen der Individuation aufgetreten sind.

Beispielsweise wurde ich während des Niederschreibens dieser Seiten von einem jungen Mann aufgesucht. Als Grund für die Konsultation erwähnte er seine Schlaflosigkeit. Sein Horoskop weist kein Quadrat auf, und sein Mond im VIII. Feld bildet lediglich einen Quincunx-Aspekt mit der Sonne. Die Entwicklungsspannung ist außerordentlich gering. Er ist lustlos, passiv, an nichts interessiert. Auf einige Fragen hin erzählte er offen, daß er lange in psychiatrischer Behandlung gewesen wäre und einmal einen Selbstmordversuch verübt hätte.

Es ist äußerst schwierig, bei diesem Horoskop einen klar umrissenen Ausgangspunkt zu finden. Die Sonne/Mond-Analyse läßt ein deutlich ausgeprägtes moralisches Empfinden, erhöhte Ausdruckskraft, soziale Empfänglichkeit erwarten, dies alles im Rahmen eines starken ichbezogenen Interesses, das durch den Aszendenten im Widder noch weiter verstärkt wird. Doch würde dies durch sehr schwache Aspektstrukturen hindurch wirksam sein, die auch Sonne und Mond einbeziehen.

Es fehlt nicht nur eine klare Entwicklungsspannung, sondern auch eine Betonung auf dem Wasser-Element, das heißt, die Bestimmungsgrößen für die emotionalen Fähigkeiten sind verschwommen. In der *Neigung* zu einer Feuer-Trigonstruktur durch Mars (den Herrscher des Aszendenten), Jupiter und den Aszendenten zeigt sich ein schwach ausgebildetes Abwehrssystem. Der junge Mann würde sich wahrscheinlich isolieren und defensiv in dem Versuch zu selbst-genügsamer Motivation zurückziehen.

Im IV. Feld hat er eine dreifache Konjunktion von Mars, Saturn und Pluto. Hier lag offensichtlich der Ausgangspunkt für die Analyse: ein fixierter Brennpunkt von Grundursachen unter den äußeren Erscheinungsformen des Verhaltens. Das frühe häusliche Umfeld war von Problemen der Vernachlässigung erfüllt. Sofort wurde mit der Untersuchung von tiefen Entwicklungsspannungen begonnen, und das Symptom der Schlaflosigkeit fand ein Ende.

Ein anderer junger Mann hat mich gerade »wegen eines Rates« angerufen. Er gehört seit zwei Jahren zu meinen Klienten. Er hat neun Monate lang ein sehr unruhiges Verhältnis mit einer verheirateten Frau gehabt. Am Anfang der Beziehung hatten wir über ihre Komplikationen gesprochen, doch war er zu dem Versuch entschlossen, mit den Schwierigkeiten fertigzuwerden und »etwas zu lernen«. Gleichzeitig war seine berufliche Position ebenso unsicher. Astrologisch gesehen gab es keinen klaren Anhaltspunkt für diese komplizierte mangelnde Festigkeit.

»Jack« rief an, um zu berichten, daß er die Beziehung endgültig abgebrochen hätte. Er kennt sich etwas mit Astrologie aus und schob seine innere Unruhe nun auf Messungen, die mit weiterer Verwirrung in Beziehungen drohten. Beziehungen waren schon seit langem sein »Symptom«. Merkur herrscht am MC und am Aszendenten und ist in seinem VI. Feld plaziert, von wo aus er mit Mond und rückläufigem Saturn im XII. Feld eine Opposition bildet. Neptun herrscht im VII. Feld und bildet eine Anderthalbquadratur mit Merkur und ein Trigon mit seinem MC. Sein Denkvorgang und sein Nervensystem waren fast ausschließlich auf Beziehungsfragen gerichtet. Sein sehr starker Merkur wurde von seiner Herrschaft am MC weggezogen (er bildet ein Trigon mit Uranus im X. Feld) und durch den Spannungsaspekt mit Neptun, dem Herrscher des VII. Feldes, abgelenkt. Sonne und Mars, die sich im VII. Feld in Konjunktion befinden, bilden ein Quadrat mit Uranus am MC. Diese Messungen zeigen den ständigen Kampf zwischen Beruf und Beziehungen um den Hauptbezugspunkt der Status/Identitäts-Fähigkeiten.

Als ich nach seiner beruflichen Position fragte, sagte Jack: »Wenn ich nur irgendeine Art von Sicherheit in Beziehungen erreichen könnte, so würde ich meine Gedanken auf die berufliche Sicherheit richten können.« Ich hörte aufmerksam zu, denn Jack beschrieb gerade die hauptsächlichen Spannungsausrichtungen in seinem Horoskop.

Ich drehte, um ihm zu helfen, seine Aussage einfach herum, das heißt, ich lenkte seinen Merkur zum MC zurück; mein »Rat« entsprach einer Angleichung an Gegebenheiten, die bereits in seinen Denkstrukturen vorhanden waren: »Aber Jack, wie wäre es denn, wenn Sie umgekehrt dabei vorgingen, wenn Sie sich zuerst einmal völlig der beruflichen Sicherheit widmen würden? Ich wette, daß Sie sich selbst dann viel besser fühlten, und Ihre Beziehungen würden sich von allein gestalten.«

»Aber ich habe doch immer angenommen, daß es genau umgekehrt sein sollte.«

»Ich weiß, doch warum ändern Sie das nicht?«

»Bei Gott! Darüber muß ich nachdenken.«

Jack hatte voller Spannung angerufen. Warum hatte er angerufen? Er hatte das Gefühl, daß ich ihm helfen könnte. Wie konnte ich helfen? Ich half ihm dabei, sich selbst zu helfen. Woher wußte ich, wie ihm zu helfen war? Ich versuchte, ihn durch Zuhören darin zu unterstützen, sich selbst zu helfen.

Wenn wir dem Klienten bei unserer astrologischen Arbeit zuhören, so achten wir auch auf seine Werturteile. Wir wissen, daß Entwicklungsspannungen in den Bereichen von Status/Identität, Geld/Liebe, Information/Perspektive die Werturteile eines jeden Menschen regulieren werden. Sie bilden den Rahmen für den Status quo eines jeden Individuums. *Da jedes Geschehnis nur dann einen Wert hat, wenn ein Mensch ihm diesen Wert zuschreibt,* wissen wir, daß die Werte im menschlichen Leben auf persönlichen Vorstellungen beruhen. Wir achten auf diese Werturteile, da sie sich im Laufe der Entwicklungszeit in den Verhaltensmustern ansammeln.

Immer wieder habe ich die Falle bemerkt, der sich jeder Astrologe bei jeder Konsultation gegenübersieht. Während ich den persönlichen Werturteilen zuhöre, welche die Individualität eines Klienten begründen, stelle ich fest, wie meine eigenen persönlichen Werturteile im Vergleich damit wachgerufen werden. Dies ist im Rahmen von vertrauter Offenheit und des Austauschs von Fähigkeiten vollkommen normal, doch für den Astrologen ist es unbedingt notwendig, persönliche Werturteile beiseite zu lassen. Der Astrologe kann beispielsweise die Beziehung zu den Eltern sehr hoch einschätzen und hören, wie ein Klient Feindseligkeit oder Haß gegenüber seinen Eltern an den Tag legt. In einem derartigen Fall muß das kreative Zuhören die vergleichenden persönlichen Werturteile abtrennen, damit die persönliche Perspektive des Klienten richtig eingeschätzt werden kann. Haß ist ganz offensichtlich eine gefühlsmäßige Fehlfunktion; die Energie wird durch Voreingenommenheit und Ausdrucksstärke erschöpft, und es kann leicht zu einer Schwächung in anderen Fähigkeitsbereichen kommen. Es ist jedoch nicht die Aufgabe des Astrologen, den Haß zu beseitigen, sondern die Perspektive des Klienten mittels der Objektivierung des Entwicklungsproblems anzugleichen. Durch die Angleichung der Perspektive hilft der Astrologe dem Klienten bei der Errichtung einer anderen Grundlage für andere Werturteile. Die Energien können von einer Fixierung befreit werden.

Für den Objektivierungsvorgang greift der Astrologe das auf, was er durch Zuhören erfährt, formuliert eine weitere Frage und versucht, zwischen dem Problemkern und der gewohnheitsmäßigen, subjektiven Betrachtungsweise davon eine gewisse Distanz zu schaffen. Der Vorgang der Objektivierung – der Beseitigung von Subjektivität – ermöglicht es dem Klienten, innerer Unruhe und spezifischen Ängsten in einer kreativen Art und Weise gegenüberzutreten. Diese direkte Konfrontation bringt Verständnis und die Anregung zu einfallsreicher Reaktion.

An erster Stelle muß der Astrologe die Werturteile und Gefühle des Klienten *anerkennen*. Werden diese Werturteile und Gefühle ignoriert oder angegriffen, so geraten Astrologe und Klient in ein Konkurrenzverhalten; der Astrologe sucht nach einer Rechtfertigung, und der Klient fühlt sich herabgewürdigt. Die Anerkennung kann so einfach aussehen: »Lois, ich habe wirklich volles Verständnis für das, was Sie sagen. Ganz bestimmt. Aber darf ich Sie bitte etwas fragen: Ihre Eltern hatten sehr viele eigene Probleme, nicht wahr?« Wenn der Klient diese lebensnahe Tatsache eingesteht, so kann sich dadurch der Brennpunkt der Diskussion verlagern; diese Frage erschließt neues Gebiet, ohne das alte außer acht zu lassen. »Halten Sie es für möglich, daß Sie einfach zwischen die dynamischen Verhaltensstrukturen Ihrer Eltern geraten sind?« Mit einem Anflug von ruhiger Logik und menschlicher Wärme kann der Astrologe eine gewisse Distanz zwischen dem Klienten und seiner gewohnheitsmäßigen Begriffsbildung und dem Kern eines tiefen Problems bewirken. Mitgefühl aufgrund von Verständnis beginnt den Haß zu ersetzen.

Erinnern wir uns an Johns Fall (Seite 303). Auf die Frage, warum er sich mit seiner Sexualität nicht wohl fühle, gab er die Antwort: »Ich möchte lieber in den Himmel kommen, als Sex zu haben und eine Sünde zu begehen.« Die feinnervigen Dichotomien seiner Sonne/Mond-Analyse wurden deutlich sichtbar.

Obwohl ich in meiner eigenen Lebenserfahrung erlebt und durchdacht habe, wie die Probleme von Himmel und Hölle durch Schuldgefühle mit sexuellen Fragen verbunden sind, hatte ich weder das Recht noch die Möglichkeit, meine Werturteile an John anzulegen. Ich mußte seine eigenen wohlüberlegten Werturteile aus ihm herausbringen, mußte mich bemühen, *seine* Perspektive anzugleichen, damit er sich zufriedener fühlen konnte.

Während ich aufmerksam seiner eindringlichen Erklärung zuhörte, hatte ich das Gefühl, daß sie allzu konkret war, um in diesem Augenblick formuliert worden zu sein. Er hatte diesen logischen Gedankengang schon viele Male durchdacht. Fast mit Gewißheit hatte er diesen strittigen Punkt schon mit anderen »Ratgebern« besprochen. Sicherheitshalber fragte ich ihn einfach: »Haben Sie mit vielen Menschen darüber gesprochen?«

John sagte, daß er sein Dilemma nur wenigen anderen Menschen mitgeteilt hätte.

Ich fragte: »Haben Sie jemals mit einem Geistlichen darüber gesprochen?« Diese Frage war logisch, sie wurde von den religiösen Hinweisen innerhalb seiner Sonne/Mond-Analyse und von der offensichtlich religiösen Förmlichkeit seiner Erklärung bestimmt.

John lachte: »Ja, das habe ich! Der eine Priester sagte, ich würde in die Hölle kommen; ein anderer machte eindeutige Annäherungsversuche, und ein dritter meinte, es wäre in Ordnung.« – Es hat den Anschein, als würden viele Priester bei ihren Werturteilen die gleichen Fehler wie die Astrologen machen.

Wo konnte ich hier einhaken? Es gab keine Astrologie, die sich dieses Dilemmas hätte annehmen können, keine Planetenbewegung, die dieses Problem erleichtern, Klärung bringen, von der inneren Unruhe befreien würde.

Während ich aufmerksam auf Johns Worte achtete, als er ausführlicher von seinen Erfahrungen mit den priesterlichen Ratschlägen berichtete, erkannte ich, daß John in Wirklichkeit noch gar nicht zu der Überzeugung gelangt war, Sex wäre unrecht und würde ihn daran hindern, in den Himmel zu kommen. Seine diesbezügliche Aussage war ein »Versuchsballon«. Er war verunsichert und bat mich um Hilfe für seine weitere Orientierung. Während unseres Gesprächs hatte er mehrfach gesagt:

»Bitte verschweigen Sie nichts, ich möchte wissen, was Sie denken.« – Darin liegt eine Gefahr für den Astrologen, denn das Erteilen von Ratschlägen ist fast immer nur dann produktiv, wenn der Rat bereits in den Gedanken des Empfängers formuliert ist; doch gleichzeitig stellt es auch eine günstige Möglichkeit für den Astrologen dar, da ein neues Gedankenmuster dem Klienten dabei helfen kann, seine eigene Antwort mittels einer neuen Perspektive zu finden. Ich wollte ihm dabei helfen, sein Dilemma von einem anderen Standpunkt aus zu betrachten.

John sprach ausführlich über sein Empfinden, »von Schuldgefühlen kontrolliert zu werden«. Schließlich fand das Gespräch ein Ende; John hatte alles gesagt, was zu sagen war. Ich hatte auf diese Lücke gewartet, um mit Überlegung und Nachdruck einen objektiven Gedankengang für seine Bewertung einzufügen: »John, ich möchte Ihnen gerne einen Gedanken zu erwägen geben. Wir alle brauchen alle möglichen Kontrollen, die uns dabei helfen, unser Leben effektiv innerhalb der Freiheit zu führen. Können Sie sich damit identifizieren?« (Achten Sie auf das Wort »identifizieren«.) John bestätigte dies, und ich fuhr fort: »Gut, was halten Sie davon: *Keine Kontrolle ist wirklich effektiv, wenn sie unsere Freiheit beschneidet.*«

Meine Erklärung machte starken Eindruck auf John. Sie hatte die Weisheit des Saturn berührt – ein starker Brennpunkt in Johns Horoskop und außerdem ein starker Brennpunkt in seinem Prozeß der Selbstfindung, da in zwei Monaten die Rückkehr seines Saturn bevorstand.

John zeigte Erleichterung. Er lächelte und sagte: »Ich habe immer angenommen, daß mich mein Karma bestrafen würde. Das ist ja sehr interessant. Ich glaube, daß ich mich durch allzu viele Gedanken selbst in Schrecken versetzt habe . . .«

»Wichtige Gedanken, John, die Sie dafür vorbereitet haben, in Ihrem Denken weiterzugehen. Sie können damit fortfahren, nur lassen Sie das Denken nicht die Energien von Ihrem übrigen Leben fortnehmen.«

Am nächsten Tag erhielt ich einen Anruf von der lokalen astrologischen Buchhandlung. Im Laufe des Gesprächs erfuhr ich, daß ein großer junger Mann voller Begeisterung und Interesse in den Laden gekommen wäre. Es war John. Er war direkt nach seiner Zusammenkunft mit mir zu der Buchhandlung gegangen und hatte dort nach neuen Büchern gefragt, um sein Wissen über das Leben zu erweitern. Das Theoretische führte ihn zum Praktischen, seine unwirkliche Vorstellungswelt löste sich zum Wirklichen hin auf.

Bei all diesen fragmentarischen Fallstudien hat die vorbereitende astrologische Analyse auf Kernprobleme hingewiesen, die mit Symptomen von innerer Unruhe in Verbindung stehen. Der Astrologe stellt die symbolischen Beziehungen im Rahmen seines Wissens von Lebensmustern her, bewirkt vertraute Offenheit durch kunstvolle Kommunikation und achtet in kreativer Art und Weise auf die Werturteile des Klienten. Während des Vorgangs der Kommunikation wird die Perspektive des Klienten begründet, werden die Beziehungen im Horoskop bestätigt und angeglichen. Der Astrologe untersucht das eigene Bewußtsein des Klienten über diese Beziehungen. Vielleicht beruht seine Wahrnehmung von Beziehungen auf mangelnder oder fehlerhafter Information, oder es haben sich subjektive Abwehrhaltungen als Folge von mißverstandenen Beziehungen eingestellt (die häufig aufgrund von Phantasievorstellungen die richtige Proportion verloren haben). Wenn diese Form von angleichender Heilung mittels schöpferischer Kommunikation stattfindet, sagt der Klient fast immer: »Daran habe ich noch nie gedacht« oder »Ach so, ich verstehe!« Die erste Aussage zeigt, wie ein Gedankenablauf durch einen anderen ersetzt wird, und die zweite deutet darauf hin, daß die Sichtweise durch informative Angleichung der objektiven Perspektive verbessert wird.

Das Herstellen von Beziehungen

Beziehungen lassen die Dinge geschehen. Wir verbinden eine Handlung mit einer Ursache, eine Verhaltensform mit einem Bedürfnis. Der Astrologe stellt Beziehungen zwischen horoskopischen Signifikatoren und Verhaltensmustern her, die er logisch und empirisch im voraus erkennen kann. Er arbeitet die analytischen Beziehungen genauer aus, wenn der Klient die tatsächlichen Beziehungen innerhalb seines Lebens aufzeigt. Die feiner ausgearbeiteten Beziehungen lassen die Analyse fruchtbar werden.

Im Rahmen der kunstvollen Kommunikation habe ich den Vorschlag gemacht, daß Beziehungen niemals mittels der Fachsprache hergestellt werden sollten (mit der möglichen Ausnahme, daß der Klient selbst Astrologe ist und Nutzen aus der astrologischen Signatur einer Beziehung, die besonderen Einblick gewährt, ziehen würde). Der Fachjargon kommt einer augenblicklichen Geringschätzung der Willenskraft des Klienten gleich und läßt erneut die Härte des Schicksals wiederaufleben. Beispielsweise bestätigte mir eine junge – und ausgesprochen hübsche –

Klientin Phasen von tiefer Depression. Meine Erkundigung nach ihren Depressionen wurde ohne Zweifel angeregt durch ihr ausdrucksstarkes Halbsummenbild Neptun = Mond/Saturn und seine Übereinstimmung mit ihrer gesamten Horoskopstruktur: Es war Teil des Profils einer Konjunktion zwischen Mars und rückläufigem Saturn, wobei der rückläufige Saturn an ihrem Aszendenten herrschte. Es wäre jedoch einem sinnlosen Überfall auf ihre Sensibilität und einer Zeitverschwendung gleichgekommen, wenn ich ihr dies im Fachjargon erklärt hätte. Eine derartige Reaktion würde unzweifelhaft anzeigen, daß ich nichts Besseres zu sagen wußte. Statt dessen entgegnete ich: »Wir können Ihre Depressionen sicherlich richtig einschätzen im Rahmen Ihrer Isolation, Ihrer Einsamkeit, wovon wir gesprochen haben. Wir können Beziehungen nicht in Gang bringen, weil dabei Ideale im Weg stehen – jene Ideale, die als Überkompensation für das unklare Verhältnis Ihres Vaters zu Ihnen dienen. Wir wissen nun, daß Beziehungen für alles, was geschieht, von entscheidender Bedeutung sind; wir brauchen diese Beziehungen. Lassen Sie uns ein Experiment versuchen.« – Ich erkannte die Depressionen an, wiederholte die Hauptpunkte unseres Austauschs bis zu diesem Augenblick und zeigte durch die Verwendung des Wortes »wir« immer eine Identifikation mit ihr; dann verlagerte ich den Brennpunkt des Gesprächs auf das Ziel des Kontaktes zu anderen und leitete ein Experiment ein.

»Strecken Sie Ihre rechte Hand in dieser Weise vor sich aus (Unterarm senkrecht, parallel zur Wirbelsäule, die Hand geöffnet), und halten Sie Ihren linken Arm hinter Ihren Rücken. Tun Sie bitte, was ich sage. Fertig? *Klatschen Sie nun mit einer Hand.*« Ich hatte die gleiche Haltung wie sie eingenommen, den einen Arm hielt ich hinter meinem Rücken, den anderen vor mir im Gleichgewicht. Jeder von uns bog die Finger, schlug sich auf eine Schulter und versuchte in anderer Weise »mit einer Hand zu klatschen«. Plötzlich streckte sie ihren Arm aus und schlug auf *meine* Hand. Genau dies hatte ich erhofft! Ich wiederholte das Klatschen mit einem kräftigen Schlag auf ihre Hand. Wir lachten beide, und während ich ihre Hände festhielt, erklärte ich ihr mit Wärme, daß wir gerade einen Kontakt hergestellt hätten, daß die Energie des Kontaktes nur durch die Beziehung zu einem anderen Menschen, zu einer Sache, einer Erinnerung, einem Traum oder einem Ziel eine Bedeutung erhalten würde. – Damit war das Entscheidende zum Ausdruck gebracht worden: Depression tritt auf; der Kontakt nach außen geht verloren; das Ich ist isoliert; der Kontakt nach außen muß wiederhergestellt werden. Dies war von besonderer Wichtigkeit für meine Klientin, da ihre schönen Hände auf traurige Art und Weise hochempfindlich geworden waren. Mit einem wissenden Lächeln bemerkte sie: »Seitdem ich meine Pulsadern aufgeschnitten habe, bin ich nicht mehr in der Lage gewesen, irgend jemanden anzufassen ... Ich habe auf Berührung verzichtet.« (Bitte erinnern Sie sich an Kapitel 6.)

Ich hielt ihre Hände weiter fest, während sie unser Experiment mit einer ihr bekannten Geschichte verglich, wo Menschen in der Hölle verhungern, die zwar einen Überfluß an Nahrung, aber Löffel von einer derartigen Länge haben, daß sie sich selbst damit unmöglich Nahrung zuführen können, während Menschen im Himmel mit der gleichen reichlichen Nahrung und ähnlich langen Löffeln herausfinden, *wie sie sich gegenseitig mit Nahrung versorgen können* (Austausch von Fähigkeiten). Das Experiment hatte die Depression und Selbstisolation aufgegriffen und in einem Zusammenhang mit Beziehungspotential gestellt. Sie war dazu fähig gewesen, mich mit ihren Händen zu berühren, und als sie später die Konsultation verließ, konnte sie mich umarmen.

Kurz danach erhielt ich einen Telefonanruf von einer Klientin mittleren Alters. Sie litt unter tiefen Depressionen. Wieder mußte ich irgend etwas sagen, daß über die Zusicherung hinausging, der laufende Saturn würde bald seine Anderthalbquadratur mit ihrem Mond im Steinbock beenden (wie hohl und verantwortungslos klingt ein derartiger Fachjargon im Rahmen des holistischen astrologischen Bewußtseins). Statt dessen entgegnete ich: »Doris, würden Sie nicht auch sagen, daß das, was Sie jetzt empfinden, eine erschreckte Reaktion auf eine gewisse berufliche Chance ist?«

Doris pflichtete mir bei. Es gab Spannungen in ihrer beruflichen Stellung; sie lebt allein und kann niemandem von ihrem Arbeitstag erzählen. Die Spannungen deuteten alle auf eine Verbesserung in ihrer beruflichen Stellung hin. (Ihr Mond steht in ihrem VI. Feld, das zudem von Saturn beherrscht wird.) Beziehungen des Personals spielten eine Rolle dabei, und Doris bemühte sich um größere Verantwortung.

»Doris, ich weiß wirklich über das Gefühl Ihrer Depression Bescheid. Wie oft habe ich dies schon selbst erlebt (völlige Identifikation mit der Klientin in Anerkennung ihrer Depression). Wenn ich depremiert bin, fühle ich mich immer wie eine große, schwere Sprungfeder, die nach unten gedrückt wird, so daß die Spiralen in einem Gittergewirr zusammengepreßt werden.«

Doris konnte meiner bildlichen Darstellung völlig zustimmen.

»Nun, wenn dies geschieht, so frage ich mich selbst – und jetzt frage ich *Sie*, – was sich ereignen wird, wenn wir den Druck fortnehmen?«

Natürlich – die Sprungfeder schnellt wieder nach oben zurück! Dies brachte unser Gespräch mühelos aus der Depression und in die objektive Einschätzung der realen Lebenssituation hinein, wodurch Energien für Handlung freigesetzt wurden. Als Teil meiner Rolle als Astrologe wurde ich zu einem Berufsstrategen in innerbetrieblicher Politik. Ich äußerte die Vermutung, daß die gesamte Situation in vier Wochen einen Brennpunkt erreichen würde (bei einer Konjunktion des laufenden Pluto mit ihrem Saturn) und die Chancen wirklich zu ihren Gunsten stünden, ihre berufliche Position zu verbessern (gleichzeitig unterstützende Aspekte durch den laufenden Jupiter).

Doris meinte: »Oh, jetzt verstehe ich! Das ist gut zu hören. Genauso sehe ich es auch!« – Doris hatte jemanden gebraucht, mit dem sie sich aussprechen konnte. Wir stellten gemeinsam eine Beziehung zueinander her, wodurch sich die Beziehungen in ihrem Horoskop, in ihrem Leben und in ihrem Denken weiter entwickeln konnten.

Depression kann normale oder pathologische Formen annehmen. An der ersten Form haben wir alle teil, und sie kann ohne weiteres in die astrologische Konsultation integriert werden. Die letztgenannte Form benötigt eine tiefgehende Diagnose und langfristige Heilung durch einen Psychiater oder spirituellen Lehrer. Die normale Depression tritt sporadisch auf, und die persönlichen Fähigkeiten werden instinktiv zu ihrer Überwindung eingesetzt. Die pathologische Depression ist chronisch; die persönlichen Fähigkeiten und die eigentliche Lebenskraft werden unterdrückt. Die normale Depression ist die Phase der Ebbe innerhalb des natürlichen Lebensstroms; sie entspricht dem subjektiven Kontakt mit der inneren Unruhe vor oder nach dem objektiven Kontakt mit der äußeren Umwelt.

Beim astrologischen Heilungsprozeß können wir Klienten dabei helfen, die Depression aus sich herauszulassen, ihre Fähigkeiten an andere weiterzugeben, den Druck von ihren schwerbelasteten Sprungfedern fortzunehmen. Wir können dramatisch hervorheben, daß Fehlschläge ein integraler Bestandteil des Lebensstroms sind. Tatsächlich kann aus Fehlschlägen viel mehr als aus Erfolgen gelernt werden; nach dem anfänglichen subjektiven Schock erfährt die objektive Perspektive eine Klärung und Stärkung. Normalerweise können wir immer auf Zeiten der Depression zurückblicken und die Einsicht erkennen, die wir aus der Depression heraus erlangten. Die rückblickende Untersuchung ist immer leichter als die Bewußtheit in dem betreffenden Augenblick selbst, da die unterstützende Perspektive der Distanz in der Rückschau immer größer als während der konkreten Erfahrung ist. Objektivität bildet eine Grundlage für das Verständnis, und diese Objektivität kann auch in der Gegenwart untersucht werden.

Wenn ein Rückschlag innerhalb der beruflichen Situation erfahren wird, so können die subjektiven Gefühle der Depression auf viele verschiedene und damit verbundene Lebensbereiche von Erfahrung und Verhaltensäußerungen übergreifen (bitte erinnern Sie sich an Seite 61/62). Dieses Übergreifen schließt sehr wichtige Beziehungen in sich ein, die der Astrologe durch schöpferische Kommunikation mit dem Klienten aufdecken kann. Spannungen aufgrund dieses Übergreifens können in der Analyse gelöst werden; die gestaute innere Unruhe kann unterstützt, die potentiell in ihr enthaltene Kraft zum Weiterleben kann ökonomisch und fruchtbar gelenkt werden. Strategisches Vorgehen bringt Fähigkeiten von der Re-aktion zur Aktion. Der Vorgang gestaltet sich im Rahmen der Zeit.

Die Analyse mehrerer solcher Rückschläge in der Vergangenheit verrät die Findigkeit des Klienten, unter dem Druck von innerer Unruhe seine Fähigkeiten einzusetzen; sie bringt die Werturteile des Klienten zum Ausdruck und verdeutlicht die symbolische Bedeutung der Planeten. Das umfassende Verstehen mittels der rückblickenden Analyse – »Was ist damals geschehen? Wie sind Sie damit fertiggeworden? Was haben Sie aus dieser Situation gelernt?« – kann die objektive Einschätzung und eine einfallsreiche Strategie bei gegenwärtigen oder zukünftigen Schwierigkeiten klären. Die verschiedenen Botschaften der äußeren Welt werden erlernt, wenn sich der Mensch mehr und mehr der inneren Unruhe bewußt wird.

Wenn eine Zurücksetzung in einer Liebesbeziehung erlebt und die Erfahrung von tiefer Depression gemacht wird, so können wir das Ausmaß an Abhängigkeit überprüfen, das auf die Beziehung verwendet worden ist. Übermäßige Abhängigkeit kann leicht persönliches Wachstum, Selbst Bewußtsein und Freiheit hemmen. Das Persönlichkeitsbild kann verlorengehen, und wenn sich der Brennpunkt für die Status/Identitäts-Abhängigkeit entzieht, wird ein bedenklicher Mangel an Fähigkeiten wahrgenommen. Der Prozeß der Abhängigkeit kann durch idealisierte Wunschvorstellungen übermäßig gesteigert werden, wie wir gesehen haben. Eine solche übertriebene Abhängigkeit läßt auf eine Beziehung zu bestimmten Fähigkeitswerten schließen, die der Brennpunkt der Abhängigkeit aufzuweisen hat, der abhängigen Person jedoch fehlen.

Beispielsweise projizierte eine Klientin viele, viele Jahre lang ihre

Wunschvorstellungen aus dem Elternhaus heraus auf Elvis Presley, da sie zu Hause keinerlei persönliche Anerkennung fand. Die Frau sagte: »Als ich dreizehn Jahre alt war, lebte ich in einer völlig imaginären Welt. Ich wollte in irgendeiner Weise entdeckt und befreit werden.« Dieser Gegensatz zeigte sich deutlich in ihren begriffsbildenden Fähigkeiten von Information/Perspektive, die durch Feldherrschaft mit Beziehungsfragen (VII. Feld), Selbstwert (II. Feld) und erhoffter Liebe und Anerkennung (XI. Feld) verbunden waren, dies alles im Bewußtsein eines betonten Jupiter. Die von ihr erhofften Werte, ihre Bedürfnisse wurden innerhalb des familiären Umfeldes nicht anerkannt: Die Hervorhebung des Ichs (Widder-Aszendent, Mars im Löwen); das Bedürfnis, ihre Ansichten weit und breit beachtet zu finden (Mond im Schützen). Elvis Presley war eine Verkörperung dieser Wertbegriffe.

Die Frau wuchs über Elvis hinaus, er starb. Ihre überkommenen Minderwertigkeitsgefühle und die Abhängikeit, die sie aus dem frühen Elternhaus übernahm, entluden sich tief nach innen. Sie »blieb die ganze Zeit über wie erstarrt« in ihrem depressiven Rückzug. Ich äußerte die Vermutung, daß sie es sich mit der Abhängigkeit von jemand anderem außerhalb von ihr selbst zu einfach gemacht hatte. Sie konnte sich nicht auf ihre Eltern stützen und hatte sich selbst veloren. Ich stellte die Behauptung auf, daß ihre »Erstarrung« eine angestrengte Bemühung gewesen wäre, ihren eigenen Mittelpunkt der Schwerkraft in sich selbst zu finden, anstatt immer in irgendwelchen Höhen entfernt davon zu schweben! Wir arbeiteten dann gemeinsam in der Diskussion daran, die Wichtigkeit von Beziehungen zur äußeren Welt zu erkennen, und kurz danach konnte sie zum erstenmal nach vielen Monaten eine Stellung annehmen.

Bei übertriebenen Erwartungen oder Hoffnungen, besonders im Bereich der allgemeinen Zuordnung zu Geld/Liebe-Fähigkeiten, können wir ein Gefühl für die angestrengten Bemühungen entwickeln, die der Überkompensation dienen. Fast immer kommt die idealisierte Wunschvorstellung der Beunruhigung über den Selbstwert zu Hilfe. Die Ansprüche, die an Beziehungen gestellt werden, sind sehr hoch; sie können selten oder überhaupt nicht zufriedengestellt werden. Aus der Einsamkeit heraus entsteht Enttäuschung, entwickelt sich Depression. Das Unruhegefühl entlädt sich nach innen. Die Wunschvorstellungen werden übermäßig strapaziert, bis sie sich dann als Selbst-Geringschätzung entladen. Die objektive Distanz geht verloren, der subjektive Standort ist einer starken Depression ausgesetzt. – Die Erklärung dieses Vorgangs mittels der rückblickenden Objektivität des Klienten und in Verbindung mit den

Grundproblemen der frühen Entwicklung ist eine außerordentlich große Hilfe dabei, im Rahmen von gegenwärtigen und zukünftigen Wiederholungen ähnlicher Problembelange Objektivität und ein einfallsreiches strategisches Vorgehen (gestärktes Selbst-Bewußtsein) zu finden.

Die breitere Auffächerung von Interessen kann zu einer Heilung von gefühlsmäßiger Fixierung beitragen. Hier zeigt sich das Konzept des Übergreifens in seiner Umkehrung : Bei einer Fixierung im Zustand der Depression werden andere Fähigkeiten überschattet und ausgeschlossen. Die volkstümliche Weisheit fängt diese Einsicht in dem Sprichwort ein: »Sei dankbar für alles, was du hast!« Der Astrologe kann einen Klienten darin unterstützen, seine Vorzüge wieder in den Brennpunkt zu rücken, spezifische Eigenschaften des Selbstwertes zu bestärken, das Profil seiner Status/Identitäts-Fähigkeiten herauszuarbeiten und seine Idealvorstellungen an praktisch anwendbare Formen anzugleichen.

Häufig kann die Depression Selbstbestrafung sein, was durch die Entstehung von Schuldgefühlen bestärkt wird. John glaubte, daß ihn das Karma bestrafen würde. Sein Wissen von der Philosophie des Karma war unrichtig – Karma wirkt *nicht* strafend, sondern ausgleichend –, und diese falsche Ansicht, verbunden mit religiösen Schuldgefühlen, drückte seine Lebensfreude herab. Seine Sensibilität war während seiner frühen Entwicklung niemals von einer Autoritätsfigur anerkannt und liebevoll gelenkt worden. In solchen Fällen wird der Astrologe, wird das, was er über das Leben weiß und wirkungsvoll kommunizieren kann, zu einem entscheidenden Brennpunkt, zu einer Beziehung für eine derart liebevolle und anleitende Autorität. Der Astrologe spiegelt eine anerkennende und objektive Sicht des Klienten für diesen zurück – genauso wie man es von Eltern erwarten sollte.

Viele Klienten können überhaupt keine Beziehungen in ihrem Leben herstellen. Sie sind in gewohnheitsmäßiger Routine abgestumpft. Ihr Leben entspricht den Umweltvorschriften, sie sind in »Blahsville«, dem Reich totaler Langeweile, zu Hause. Es kann keine Entwicklungsspannung geben, da für alles gesorgt ist. Es gibt keine Hoffnung auf irgend etwas anderes als die fortgesetzte Gleichheit. Diese Menschen suchen den Astrologen in Erwartung eines Wunders auf.

Diese Fälle sind die schwierigsten für jeden Astrologen; zumeist präsentieren sie sich denjenigen Astrologen, deren Leben nach einer sehr ähnlichen Routine, innerhalb der gleichen Umweltvorschriften verläuft. Die einzige Dimension, die solche Klienten von ihren Astrologen/Freunden trennt, ist häufig nur das außergewöhnliche, aufregende

Hobby ihrer Freunde. Diese Astrologen müssen ihr Handwerk ausüben, um zu lernen. Sie kommen in Berührung mit diesen äußerst schwierigen Fällen, die gewohnheitsmäßige Isolation im Gegensatz zu Entwicklungsenergien darstellen. Sie werden zu routinemäßigen Beschreibungen des Status quo und – unglücklicherweise – zu Wundervoraussagen gezwungen. So leicht wird das Interesse, dem Klienten/Freund eine Freude zu machen, den Astrologen in eine einfühlsame Subjektivität hineindrängen. Die Objektivität geht verloren. Klient, Astrologe und Astrologie haben ihre Chance verwirkt.

Selbst erfahrene Astrologen sehen sich diesem Druck ausgesetzt. Ein gewohnheitsmäßig verlaufendes Leben ist wie ausgetrockneter Ton: Es hat keine Flexibilität, keine Spannkraft, kein Reaktionsvermögen. Das Leben wird sich nicht um das Rahmenwerk irgendeiner günstigen Gelegenheit formen – ein Wunder eingeschlossen. Es wird nicht haften, wird keine Beziehung eingehen. Vom Standpunkt der Menschlichkeit aus möchten wir dem Klienten einen eindrucksvollen Dienst erweisen, und nur allzu leicht können wir subjektiv in die Träume des Klienten verstrickt werden, die nicht auf aktivierten Fähigkeiten beruhen.

Der Schlüssel dafür, mit diesen Fällen in einer hilfreichen Weise umzugehen, ist darin zu sehen, die Analyse fort von dem zu lenken, was erwartet wird, das heißt, fort von einem Wunder, das von der Außenwelt kommt, etwas »Interessantes und Aufregendes«. Die Analyse sollte sich darauf richten, die *innere* Welt aufzuwecken und die Selbstbeobachtung zu bestärken. Bei einem Mann kann der Astrologe die Wertbegriffe der Befriedigung im Beruf, das Potential für Beweglichkeit, die Freizeitbeschäftigungen untersuchen, die wirklich sein Gefühl von Selbst-Erfüllung ausfüllen könnten. Bei einer Hausfrau kann der Astrologe ihr Gefühl von Langeweile, ihre sozialen Tätigkeiten, ihre Lesegewohnheiten, ihre Freizeitinteressen und diejenigen Wertbegriffe einer Prüfung unterziehen, die sie für sich selbst durch ihre Kinder erhalten hat. Die kreative Kommunikation über diese Bezugsbereiche für Status/Identität sollte die Fähigkeiten zu objektiver Sicht und richtiger Selbst-Einschätzung wachrufen. Dann können die gleichen Erkundigungen im Hinblick auf den Ehepartner des Klienten eingezogen werden, damit die Kenntnis des einen von den Bedürfnissen und Fähigkeiten des anderen ermittelt werden kann.

Nachdem die Kommunikation enthüllt hat, daß sich im Leben »nichts ereignet hat« und nachdem der Astrologe die potentiellen Interessen und die mögliche soziale, berufliche oder geographische Beweglichkeit wachgerufen hat, können Astrologe und Klient allmählich damit beginnen, Hoffnungen in Relation zu Fähigkeiten, Stolz innerhalb von Selbst-Bewußtsein und Beziehungen wieder neu zu beleben. Die ersten Heilungsmaßnahmen können häufig im Bereich der Sexualität unternommen werden, wo sich so leicht routinemäßige Gewohnheit und Abstumpfung einnisten können. Die Einführung von Neuerungen in der Sexualität – die Enthüllung von verborgenen Wunschvorstellungen, Zimmerwechsel, andere Techniken – lädt die Energiebatterien fast immer neu auf und bringt die Partner in jedem Alter enger zusammen. Mit erhöhter Energie und größerer Gemeinsamkeit kann mehr geschehen. Mann und Frau werden – jeder individuell für sich und beide als Einheit – ein besseres Gefühl von sich selbst haben.

Bei einem Mann können Schlüsselfragen Anregungen für seinen Stolz und strategische Vorgehensweisen in seinem Beruf sein: »Was könnten Sie Ihrer Meinung nach tun, um Ihre beruflichen Leistungen zu verbessern? Was würde Sie, realistisch gesehen, in Ihrem Beruf zufriedenstellen? Wie sehen Ihre Chancen für eine Umsiedlung, für einen Neubeginn an einem anderen Ort, für eine Beförderung aus?« Natürlich sind solche Fragen mit der Position von laufenden Planeten und Projektionsmessungen verknüpft (Sonnenbogen-Progressionen, Sekundär-Progressionen), die mit Energie, Einfallsreichtum und Veränderung zu tun haben (Verbindungen zu Mars, Beziehungen zu den Eckfelderspitzen, Kontakte von Jupiter mit Pluto, Beziehungen von Saturn zu seiner eigenen Position, zu Sonne oder Mond, Uranus-Kontakte usw.). Für die Hausfrau oder die alleinstehende, nicht berufstätige Frau können Fragen, die ihre Neugier auf eine großzügigere Welt als ihr eigenes unmittelbares Umfeld wachrufen, zu Aktivität anregen: »Welche Körperübungen machen Sie? Haben Sie jemals daran gedacht, an einem Yoga-Lehrgang teilzunehmen? Wie sieht es mit Vorträgen an Ihrer örtlichen Volkshochschule aus? Sie und Ihr Mann könnten einen Urlaub in Mexiko planen, die Pyramiden besuchen und sich vor Antritt der Reise mit diesem Gebiet beschäftigen. Wie sehen Ihre heimlichen Träume aus, die Sie und Ihr Mann früher miteinander geteilt haben?« Diese Fragen könnten auf Messungen in Zusammenhang mit Sozialisation, Visualisationsvermögen und Studium bezogen werden (Merkur, Venus, Jupiter, Neptun zusätzlich zu den einflußreicheren Messungen von Energie und Veränderung). Das Ziel besteht darin, eine Klärung von potentiellen Möglichkeiten bei dem Klienten zu bewirken, ihm bei der praktischen Angleichung zu helfen und ihn dann in seiner Aktivität zur Erfüllung dieses Potentials zu bestärken. Die innere Welt wird wachgerufen, und die Dinge können sich ereignen, wenn sie wieder in Verbindung mit der äußeren Welt gebracht wird.

Vor zwei Jahren suchte mich ein Mann – Mittdreißiger, gutmütig und erfolgreich, aber allein und unverheiratet – wegen einer Beratung auf. Er hatte ein sehr hohes Gehalt als »Nummer Zwei« in der großen Firma seines Vaters, kleidete sich jedoch offensichtlich nachlässig. In vieler Hinsicht zeigte er eine geringe Selbstschätzung und mangelnde Übereinstimmung mit seinem Status: Er nahm seinen Platz ein, doch alles an ihm wies darauf hin, daß er sich dort nicht zugehörig fühlte. Er lebte immer noch bei seinen Eltern. (Denken wir nur daran, wie andere leitende Angestellte in der Firma ihn betrachteten!) Im Leben dieses Mannes hatte sich absolut nichts ereignet, auch nicht in Verbindung mit den stärksten astrologischen Messungen. Sein Leben verlief routinemäßig in außerordentlich starker Isolation durch seine Familie zu Hause und durch seinen Vater im Beruf. Er war allzu bequem und gewohnheitsmäßig festgefahren, um sein eigener Herr zu sein.

Er konsultierte mich, weil er einige seiner neugierigen Fragen über Astrologie überprüfen und sein Potential für romantische Beziehungen in Erfahrung bringen wollte. Dies war sein »Symptom«. Im Gespräch mit ihm drang ich in die innere Welt vor, und gemeinsam erkannten wir das Kernproblem: das routinemäßig verlaufende Leben im Schatten seines Vaters. Ich hörte aufmerksam zu, als er berichtete, daß sein Vater ziemlich alt und sehr krank wäre, aber immer noch aktiv im Beruf.

Ich stellte ihm eine Schlüsselfrage: »Warum hat Ihr Vater nach dem Pensionierungsalter noch so lange weitergearbeitet?« Die Art und Weise, in der ich die Frage stellte, erforderte eine sehr bedachte und selbstprüfende Antwort.

Der junge Mann entgegnete bedächtig und ruhig: »Ich glaube, er traut mir nicht zu, daß ich die Geschäftsleitung übernehme.« Diese Antwort hatte ich im voraus erwartet: Sie zeigte den persönlichen Mittelpunkt seiner deutlich belasteten Status/Identitäts-Belange.

Das Horoskop des jungen Mannes wies in der Tat eindeutige elterliche Einschränkungen auf, und seine Antwort zu diesem Zeitpunkt der Konsultation verriet, wie durchgreifend diese Einschränkungen gewesen waren. Die Zurückweisung seines objektiven Status durch seine Kleidung und Verhaltensformen, die fast einem Heranwachsenden entsprachen, ließen den Schluß zu, daß er den tieferen Status subjektiv akzeptiert hatte.

»Ist es richtig, daß Sie schon vor langer Zeit jede Bemühung aufgegeben haben, seine Meinung zu ändern?« Dies wurde bestätigt. Der Mann hatte sich in der gewohnheitsmäßigen Routine niedergelassen, im Schatten seines Vaters zu leben und zu arbeiten. Er bezog ein stattliches Gehalt, doch sonst gab es keine anderen bedeutungsvollen Werte in seinem Leben. Seine eingeschränkte Entwicklung und die daraus folgende Abhängigkeit von dieser eingeschränkten Situation beeinträchtigen seine zwischenmenschlichen Beziehungen. Ich äußerte die Vermutung, daß er wahrscheinlich weiterhin zu Hause wohnen bliebe in der Hoffnung, schließlich doch noch die Liebe und Achtung seines Vaters zu erringen. Er stimmte mir zu.

Ich spürte, daß ich sein Selbstvertrauen und seine Entschlußkraft wieder neu beleben mußte. Sein Horoskop zeigte entscheidende Veränderungen innerhalb des nächsten Jahres auf – Veränderungen, die realistisch gesehen den Tod seines Vaters und das Aufsteigen des Sohnes in die Geschäftsleitung einschließen könnten. Ich spürte, daß auch der Vater seine Reaktion dem Sohn gegenüber routinemäßig festgelegt hatte, daß er jedoch, alt und kränklich, an die Veränderung in der Geschäftsleitung denken und die Hoffung haben würde, endlich stolz auf seinen Sohn sein zu können.

Ich stellte dem jungen Mann eine inhaltsschwere Frage: »Bitte denken Sie sorgfältig darüber nach: Bitte sagen Sie mir, welche Worte Sie gerne von Ihrem Vater auf seinem Sterbebett hören würden?«

Diese Frage hatte eine ziemlich starke Wirkung. Sie mußte so dramatisch gestellt werden, um dem Heilungsprozeß Nachdruck zu verleihen. Die Antwort des Mannes war eine Formulierung seines eigenen Persönlichkeitsbildes, objektiv durch die Augen seines Vaters gesehen. Es war ein Profil dessen, was wirklich im Idealfall von ihm erwartet wurde, um seinen Vater zufriedenzustellen. Im wesentlichen wurde die *Stärke und Unabhängigkeit* des Sohnes erhofft. Genau diese Eigenschaften konnte der Vater aufgrund von eigenen Problemen niemals in seinem Sohn bestärken, und der Sohn hatte daher den Versuch aufgegeben, sie zu erlangen. Wir sprachen ausführlich darüber, und der junge Mann faßte den Entschluß, sich wieder um diese Eigenschaften zu bemühen. Wir stellten eine ziemlich lange Liste von spezifischen Projekten zur Veränderung seines Persönlichkeitsbildes auf, wie beispielsweise eine eigene Wohnung, Weihnachten mit seinen Eltern in seinem Zuhause zu feiern, die Veränderung seines Kleidungsstils, seines Geschäftsprofils und vieles mehr. Wir wußten beide, daß sein Vater sein neues Persönlichkeitsbild bald anerkennen würde; er mußte dies endlich tun, denn die Zeit drängte.

Der Astrologe macht damit, in jeder Hinsicht, auf ein schöpferisches Gleichgewicht zwischen innerer und äußerer Welt im Leben eines jeden

Klienten aufmerksam. Während dieses Vorgangs unterstützt der Astrologe den Klienten bei Regulierungen dieses Gleichgewichts. Gemeinsam arbeiten sie daran, die Ausnutzung zum Zwecke des individuellen Überlebens zu vermeiden, das Maß der Umweltwiderspiegelung abzuschätzen, das für die Aufrechterhaltung der Sicherheit ausreichend ist, und das Potential für Veränderung durch die Anwendung von persönlichen Fähigkeiten nutzbar zu machen. Der Astrologe hilft dem Klienten dabei, Beziehungen innerhalb von Ängsten herzustellen, so daß die innere Unruhe über die Erfüllung im Leben ursächlich verstanden wird. Die Objektivierung dient dann dazu, die Angst vor dieser inneren Unruhe an sich zu beseitigen. Probleme werden mit Hilfe von bedeutungsvollen Beziehungen analysiert, um sie zu verstehen, und dann werden taktische Vorgehensweisen erarbeitet, die sich auf praktische Lösungen richten. Gemeinsam erforschen Astrologe und Klient das Wachstum in dem Wissen, daß es wichtiger ist, das Leben in irgendeiner Weise zu verändern, als es auf die eine oder andere Art zu beenden.

Die Dynamik der Wahl

Die Möglichkeit der Wahl ist eine zentrale Tatsache innerhalb der menschlichen Natur. Sie bildet den Brennpunkt der inneren Unruhe, wenn die innere Welt auf die äußere Welt trifft. Die Möglichkeit zur Wahl läßt Wachstum entstehen und kennzeichnet die Individuation.

Wir haben in diesem Buch immer wieder gesehen, wie die Vorschriften der äußeren Welt Wachstum und Entwicklung des Individuums konditionieren. Diese Entwicklungsspannung führt dazu, daß ständig eine Wahl unter verschiedenen Verhaltensmustern getroffen wird. Wir wählen diejenigen Verhaltensweisen aus, die Unterstützung und Bestätigung der äußeren Umwelt einbringen werden, und wir unterdrücken und verdrängen jene Verhaltensweisen, bei denen dies nicht der Fall ist. Jede getroffene Wahl spiegelt sich in der Gesamtstruktur des Verhaltens wider. Das Wachstum wird zu einem dynamischen Kreislauf: Die eine Wahl bedingt die nächste Wahl, während sich die Entwicklung durch die Zeit fortsetzt. Verhaltensmuster bestimmen die Individualität. Das horoskopische Abbild kommt zum Ausdruck, wenn die individuelle menschliche Natur durch die Möglichkeit der Wahl in Erscheinung tritt.

Während des Vorgangs, eine Wahl zu treffen, bilden wir uns Werturteile im Sinne unserer persönlichen Bedürfnisse, gemäß unserer inneren

Welt. Wenn eine Wahl für uns getroffen wird, wenn Geschehnisse in unserer äußeren Welt auftreten, müssen wir uns Werturteile bilden, mit denen wir eine Angleichung an die Lebensverhältnisse schaffen. Der Kreislauf ist dann geschlossen, wenn wir diese Werturteile über die Lebenssituation im Sinne unserer Individualität bilden, die auf Entscheidungen beruht, die wir im Laufe unserer Entwicklung getroffen haben.

Wenn sich beispielsweise Bedürfnisse im Bereich der Status/Identitäts-Belange unter Spannung befinden, wird eine Wahl getroffen, welche diese Spannung mildert und für die Erfüllung dieser Bedürfnisse sorgt. Durch die Freisetzung von innerer Unruhe entwickelt sich das Leben weiter. Die Verhaltensmuster werden auf Wahlmöglichkeiten beruhen, die Aggression (wenn die Energiereserven stark sind oder unterstützt werden) oder Rückzug (wenn die Angleichungskontrollen groß sind) widerspiegeln. Bitte rufen Sie sich die allgemeine Untersuchung dieser problematischen Verhaltensmuster in Erinnerung, die in Kapitel 2 behandelt wird.

Alle Berühmtheiten müssen sich beispielsweise in aggressiver Weise einer Sache verpflichten, damit sie die Energie für das Erwerben des Prominenten-Status aufbringen. Dieser Status mag eine Überkompensation für geschwächte persönliche Identitätsfähigkeiten sein, und tatsächlich kann Status zu Identität werden. Bei Ralph Naders Horoskop (Seite 197) sahen wir die deutliche Aufspaltung zwischen innerer und äußerer Welt, die Erfüllung des Status in der Öffentlichkeit durch die Wertstrukturen anderer, während die Erfüllung der Identität verborgen im Hintergrund bleibt. Der Löwe-Mond im VII. Feld, der durch die Opposition mit Saturn im Wassermann sehr starke Energie und humanitären Ehrgeiz erhält, läßt mit Gewißheit auf eine aggressive Bestätigung der öffentlichen Zielsetzung schließen, doch – wie wir gesehen haben – ist die Mars-Dimension in den Fischen geschwächt. Die Aggression, mit Hilfe des Berufs Eindruck in der Öffentlichkeit zu machen, bezieht auch Pluto, den Herrscher des MC, mit ein, und hier erkennen wir die außerordentlich starke Überkompensation für Status/Identitäts-Belange: Pluto bildet ein Quadrat mit Uranus, dem Herrscher des Aszendenten, ein Quadrat mit Jupiter, dem Herrscher des XI. Feldes, und Trigone mit Mars und Merkur. Wir können sogar die Neigung zu einer Wasser-Trigonstruktur zwischen Mars-Pluto-MC wahrnehmen: einen in sich geschlossenen Kreislauf der emotionalen Selbst-Genügsamkeit, welche durch den Beruf Erfüllung findet.

Außerdem müssen wir Pluto als einen der elterlichen Signifikatoren betrachten. Zusätzlich zu seinen anderen Aspekten bildet Pluto einen Quincunx-Aspekt mit Saturn: Durch den Einfluß eines Elternteils im besonderen würde die berufliche Perspektive in bewußten Ehrgeiz fließen. Ein Elternteil würde seinen Brennpunkt der Status/Identitäts-Erfüllung durch den Beruf angleichen. Dies würde in der Konsultation genauer untersucht werden müssen. Der Klient würde im Hinblick auf die Unterstützung des Status durch den Beruf mit einer elterlichen Einschätzung reagieren. In diesem Falle hat es sich meiner Meinung nach um Ralph Naders Mutter gehandelt. Eine gewisse Bestätigung dieser Möglichkeit erhalten wir durch das Halbsummenbild Mondknoten = Mond/Saturn.

Bei Merv Griffins Horoskop (Seite 203) können wir in ähnlicher Weise erkennen, wie Aggression zur Bestätigung von Status auf die Öffentlichkeit projiziert wird (Konjunktion von Mond/Jupiter im Steinbock im VII. Feld, in Opposition mit der Konjunktion von Sonne/Pluto am Aszendenten). Wir haben die denkbaren Umrisse von komplexen Schwierigkeiten im Bereich seiner Status/Identitäts- und Selbstwert-Belange untersucht. Mit Mars im Löwen haben wir hier ein dramatisches Kräftepotential und gleichzeitig eine Wiederholung der Probleme als Ansporn für die Entwicklung, da Mars mit dem rückläufigen Saturn ein Quadrat bildet. Mars steht in Konjuktion mit der Mondknotenachse, und aufgrund unseres Wissens über den rückläufigen Saturn können wir ohne Zweifel im voraus annehmen, daß Merv Griffins aggressives Vorgehen in entscheidendem Maße von seiner Mutter unterstützt wurde.

Bei Howard Hughes' Horoskop (Seite 205) haben wir ähnlich problematische Status/Identitäts-Belange, die durch die Probleme der Konjunktion von Mars/Saturn noch verstärkt werden. Im Verlaufe seiner Lebensentwicklung unternahm er den Versuch zu Aggression, doch die Identitätskontrollen, die in psychodynamischer Hinsicht durch die Struktur des Elternhauses weitergegeben wurden (die Übernahme des väterlichen Imperiums in sehr jungen Jahren), gewannen die Oberhand und ließen ihn den Rückzug antreten. Durch die Opposition von Sonne/Uranus mit dem rückläufigen Neptun, der im X. Feld plaziert ist und im VII. Feld herrscht, wird diese Schlußfolgerung deutlich bestätigt.

Ein äußerst wesentlicher Punkt muß hier erneut hervorgehoben werden: Diese Prominenten erlangten Ruhm und Bedeutung in ihren Lebensbereichen gerade aufgrund von Entwicklungsspannungen. Jede Wahl, die sie trafen – unterstützt von ihren Müttern, Vätern, Beratern und ihrem eigenen Visualisationsvermögen –, wurde im Hinblick auf eine Verbesserung des Gleichgewichts zwischen innerer und äußerer Welt verstanden. Feste Strukturmuster führen, ihrem Begriff nach, leicht zu Überkompensation. Vielleicht war im Falle von Hughes die Überkompensation so groß, daß ihre Werte für die innere Bestätigung verlorengingen und er sich für den Rückzug entschied.

Wenn bewußt oder unbewußt ein Mangel empfunden wird, ist der Organismus sofort um die Befriedigung dieses Mangels bemüht. Darin liegt, wie wir gesehen haben, die Funktion der inneren Unruhe, damit das Leben von einem Punkt des Gleichgewichts weiter zum nächsten verläuft. Die Wahlmöglichkeiten zeigen die Marschroute im Hinblick auf die Mängel an, die als Motivationsantrieb wahrgenommen werden. Die soziale Interaktion findet statt, und Verhaltensweisen, die eine Bestätigung oder Belohnung finden, verstärken sich zu einem Wiederholungsmuster. B. F. Skinner, einer der bedeutendsten Psychologen unserer Zeit, schreibt: »Der äußere Mensch, dessen Verhalten erklärt werden soll, könnte dem inneren Menschen sehr ähnlich sein, von dessen Verhalten es heißt, daß es jenes erklärt. Der innere Mensch hat sich im Bild des äußeren Menschen manifestiert.«[28]

Skinner erinnert uns daran, daß wir die tatsächlichen Kräfte nicht *fühlen*, die während der Entwicklung auf uns einwirken. Zum Beispiel spürt der Introvertierte nicht wirklich seine Introversion, spürt der Intelligente nicht konkret seine Intelligenz. Kein Mensch fühlt tatsächlich eine astrologische Symbolik oder die »Beziehungen«, welche die Dinge geschehen lassen. Diese immateriellen Einflüsse sind innere Manifestationen für äußere Bestimmungsgrößen. Bei Skinner heißt es: »Die Umwelt wirkt auf unmerkliche Art und Weise; weder stößt sie noch zieht sie, sondern sie *selektiert*«.

Die gesamte Natur arbeitet nach den Prinzipien der natürlichen Selektion. Unsere unmittelbare gesellschaftliche Umwelt selektiert mittels ihrer Vorschriften diejenigen Verhaltensweisen von uns, die sie benötigt. Die äußere Welt bestätigt und belohnt uns für die Fügsamkeit gegenüber diesen Vorschriften. Die vorgeschriebenen Kräfte der Selektion fordern den Menschen zur Wahl heraus. Von der frühesten Kommunikation mit unseren Eltern bis hin zur Kommunion mit Gott wird uns gesagt, was wir nicht tun dürfen und was wir »zu Meinem Gedächtnis« tun sollen. Das gesamte Lebensspektrum wird von den Forderungen der selektiven Vorschriften und den Verantwortungen der freien Wahl eingeschlossen.

Denken wir an alle die Probleme, die innerhalb des Vorgangs der Wahl existieren und uns alle einbeziehen – Astrologen wie Klienten! Ständig sind wir gefangen zwischen den Polen von Aggression und Rückzug im Hinblick auf Status/Identität, Überkompensation und Opfer/Verzicht im Hinblick auf Geld/Liebe, zwischen sich aufdrängendem und sich anpassendem Verhalten im Hinblick auf Information/Perspektive. Ständig steht alles das, was wir sind, auf dem Spiel, da eine Wahl das Strukturmuster für die nächste Wahl bestätigt, da sich die individuellen Fähigkeiten innerhalb der Lebensrealität zu einem Muster formen. Das Gleichgewicht kann sehr leicht durch Werturteile gestört werden, die entweder nur aus der äußeren oder nur aus der inneren Welt abgeleitet sind, und entsprechend wird auch die Wahl getroffen. Mehr noch als jeden anderen Dienst bietet der Astrologe seine objektive Hilfe dabei an, dieses Gleichgewicht zu erreichen.

Die innere Unruhe ist während des Vorgangs der Wahl stark in den Brennpunkt gerückt. Angst und Hoffnung sind gleichzeitig gegenwärtig – Verzweiflung und Vertrauen, Gewohnheit und sich bietende Gelegenheit. Alle Verhaltensfähigkeiten werden aufgeboten, um eine Entscheidung zu treffen und auf eine Wahl einzuwirken. Holistisch gesehen ist der Vorgang der Wahl abhängig von der Betrachtungsweise des Individuums dem Leben gegenüber.

Wir haben zuvor in diesem Buch gesehen, wie ein Klient zu Beginn der Konsultation sehr häufig über ein Symptom anstatt über eine Ursache sprechen wird. Die Subjektivität hat die Objektivität verdrängt, und der Prozeß, eine Entscheidung zu treffen, verliert seine umfassende Betrachtungsweise an eine engbegrenzte Sicht, die sich auf einen bestimmten Standpunkt konzentriert. John war beispielsweise in innerer Unruhe über die Sicherheit in seiner Fernseharbeit zu mir gekommen. Er nahm an, daß er aufgrund komplizierter Gewerkschaftsvorschriften für Minoritäten, Senioritätsprinzipien usw. seine Stellung verlieren würde. Zwei Monate vor seiner Konsultation mit mir hatte der laufende Jupiter innerhalb von 45 Tagen eine Opposition mit seiner Sonne und dann ein Quadrat mit seinem MC gebildet. Er bestätigte diese Daten genau als Zeitpunkt für eine Gehaltserhöhung und Beförderung in seinem Beruf. Alles verlief außerordentlich gut. Unser Gespräch wandte sich sehr rasch tieferen Überlegungen zu, und es wurde eine deutlich umfassendere Betrachtungsweise begründet, wie wir gesehen haben. Es stand außer Zweifel, daß die innere Unruhe über seine Sexualität, seine Gedanken von Schuld und karmischer Bestrafung auf seine Haltung gegenüber beruflicher Sicherheit übergriffen. Als dies klar wurde, waren auch die Pläne für berufliche Entscheidungen innerhalb der näheren Zukunft objektiv, strategisch und ermutigend.

Wie oft wird ein Mann oder eine Frau Scheidungspläne in Erwägung ziehen, wenn tatsächlich berufliche Sicherheit oder Beunruhigung über den Selbstwert das eigentliche Problem ist. Wird dies geklärt, so kann eine umfassendere Betrachtungsweise begründet werden. Der Ehepartner wird nicht als Sündenbock gebraucht. *Die Objektivität muß immer das Gleichgewicht wiederherstellen und eine Klärung der Wahlmöglichkeiten bringen.*

Fall 9 (Seite 333) bringt eine Synthese aus allem, was wir in diesem Buch miteinander geteilt haben und legt besonderen Nachdruck auf die Dynamik der Wahl.

Meine vorbereitenden Notizen stellten, natürlich, die Sonne/Mond-Analyse an den Anfang: »Von der Intuition gelenkter Intellektualismus. Das Spektrum der Gefühle und die Bedürfnisse nach genauer Erforschung werden durch eine hochsensible Empfänglichkeit feiner entwickelt. Ein ausgeprägtes Unterscheidungsvermögen lenkt die persönliche Stärke durch Begriffe, Menschen, Gefühle und Ideale. Die innere Seite bringt Zufriedenheit und kann Trost gewähren, wenn die Realität für den Augenblick unnachgiebig wird. Es ist ein instinktives Gefühl für das vorhanden, was ›richtig‹ ist.« Dieses Wissen ist gültig für die Tiefgründigkeit des Skorpion und die Sensibilität der Fische, besonders bei einem Aszendenten in der Waage. Die sehr ausdrucksvollen Aspektstrukturen lassen jedoch eine starke Modifikation erwarten: Saturn ist rückläufig und steht in Konjunktion mit dem rückläufigen Mars; beide bilden ein Quadrat zu der Opposition zwischen Mond und Venus/Neptun. Venus herrscht am Aszendenten, Mars herrscht im VII. Feld. Zwei Bereiche der Status/Identitäts-Belange stehen unter starkem Druck und werden wahrscheinlich in das Strukturmuster hineingezogen, das wir vorwegnehmend aus dem rückläufigen Saturn erkennen können.

Die Konjunktion von Sonne/Merkur bildet vom Aszendenten aus ein Quadrat mit Pluto im X. Feld. Sonne und Pluto befinden sich in gegenseitiger Rezeption und verstärken damit diese einflußreiche Entwicklungsspannung. Die Sonne herrscht am MC, wo Pluto plaziert ist; Pluto regiert Skorpion im II. Feld. Es kann keinerlei Zweifel darüber bestehen, daß die Status/Identitäts-Belange dieser Frau – zudem im Rahmen der Struktur des rückläufigen Saturn – unter starker Belastung stehen. Durch den Kontakt zwischen Mondknoten und Pluto und die mutmaßliche Stellung des Vaters durch den rückläufigen Saturn können wir den überwiegenden Einfluß der Mutter über die persönliche Perspektive dieser Frau im voraus annehmen. In irgendeiner Weise hat der Druck

Fall 9: Weiblich

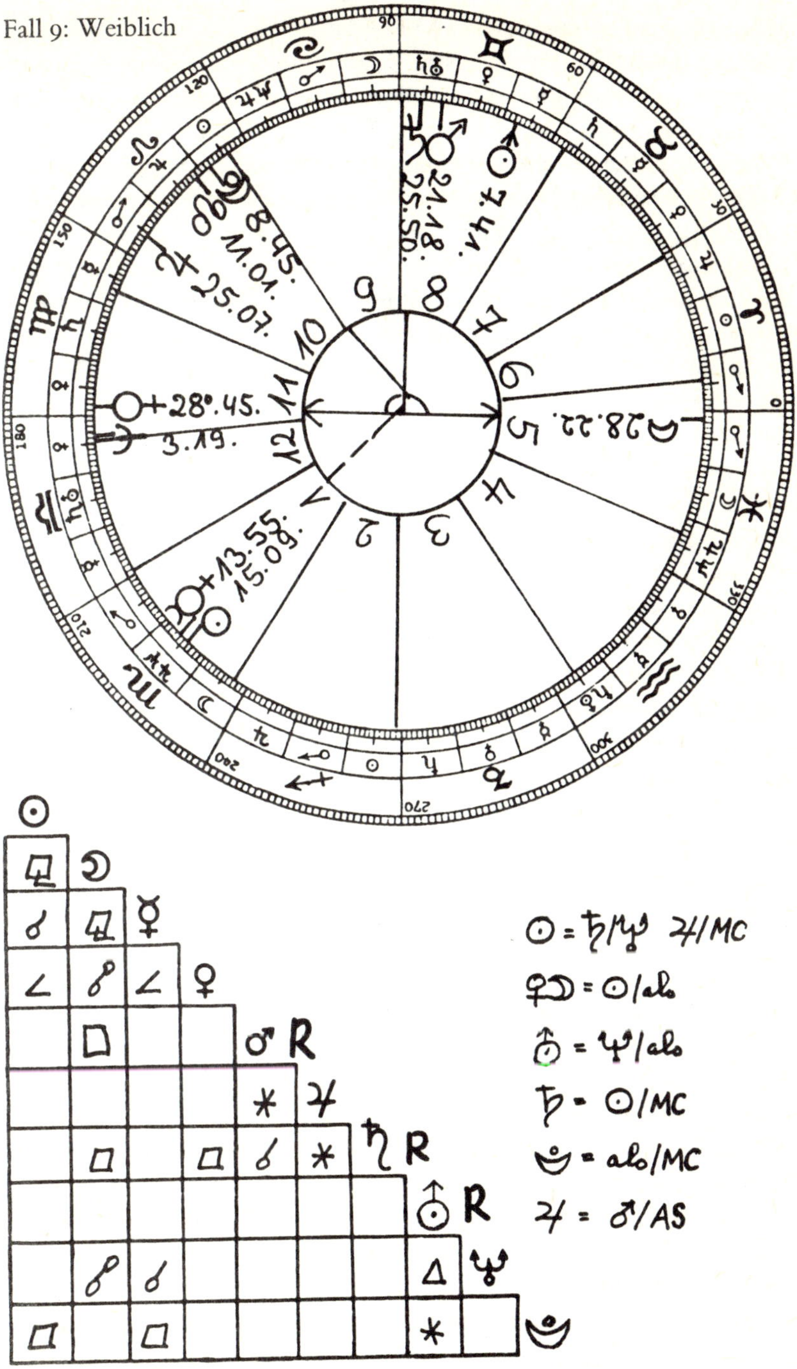

dazu geführt, die persönlichen Kräfte dieser Frau zu überdecken. Wir erinnern uns daran, daß Venus in Konjunktion mit Neptun steht und Quadrate mit Mars und Saturn bildet. Ihre Empfindlichkeit über den Selbstwert läßt sich leicht aus unserer Kenntnis von holistischen Verhaltensmustern ableiten, und wir können das stumme Leiden des Mondes in den Fischen nachempfinden.

Die Begriffs- und Vorstellungsbildung des Ichs ist ohne Zweifel zum Erliegen gekommen. Ihre Information/Perspektive-Fähigkeiten stehen deutlich unter Spannung: Merkur bildet ein Quadrat mit Pluto und herrscht im IX. Feld; der Mond regiert Krebs im IX. Feld und bildet Quadrate mit Mars und Saturn; Saturn regiert Steinbock im III. Feld; Venus herrscht im XII. Feld, steht in Konjunktion mit Neptun und bildet Quadrate mit Mars und Saturn; Mars herrscht im VI. Feld, ist rückläufig und steht in Konjunktion mit Saturn.

Der Bereich des Selbstwertes steht unter offensichtlicher Belastung: Die Herrschaft von Venus im VIII. Feld, Merkurs Herrschaft im XI. Feld, Neptuns Herrschaft im V. Feld und Plutos Herrschaft im II. Feld werden durch das Muster des rückläufigen Saturn miteinander verknüpft, wie wir gesehen haben.

Pluto an ihrem MC läßt darauf schließen, daß sie unter Entwicklungsspannung beruflichen Aufstieg anstreben würde. Sie würde berufliche Anerkennung gerade *wegen* all der übrigen Spannungen finden, wozu ohne Zweifel innere Unruhe über Beziehungen gehörte (Mars herrscht im VII. Feld). Neptun würde durch idealistische Vorstellungen über das Geben und Empfangen von Liebe (Neptun herrscht im V. Feld und ist im XI. Feld plaziert) und vielleicht durch den Verzicht darauf einbezogen sein, besonders durch seine Konjunktion mit Venus und das Quadrat, das beide mit Saturn bilden.

Ich hatte weiterhin notiert, daß der rückläufige Saturn eine scharfe Halbquadratur mit ihrem Mondknoten bildet, wodurch meine Vorwegnahme des starken mütterlichen Einflusses und des fehlenden Vaters bestärkt wurde.

Die Halbsummenbilder Saturn = Sonne/MC (Saturn im Quadrat zur Halbsumme von Sonne/MC) und Sonne = Saturn/Neptun wiesen auf eine negative Lebensanschauung, gefühlsmäßiges Leiden und wiederum auf den elterlichen Druck hin. Die innere Welt befand sich in Aufruhr, war nicht im Gleichgewicht mit der äußeren Welt.

Aus unserem Telefongespräch zur Festsetzung des Termins erfuhr ich, daß sie berufstätig war und therapeutisch mit kleinen Kindern im mittleren Westen arbeitete. Ich hörte, daß sie eine Farbige war. Ihr Geburtsort zu Beginn der vierziger Jahre bildete das soziologische Gerüst, das auf ihre Eltern und durch diese auf meine Klientin einwirken würde. Ihr Bedürfnis nach Anerkennung und Würdigung ihrer gefühlsmäßigen Sensibilität und Tiefe war sehr groß; sie würde sich vor Ablehnung fürchten und auf unterstützende Anerkennung und Wertschätzung hoffen (Jupiter im Feuerzeichen Löwe im X. Feld bildet Sextile mit Mars und Saturn; der Aszendent in der Waage; das Halbsummenbild Jupiter = Mars/Aszendent).

Im Rahmen der holistischen analytischen Darstellung dieses Buches war dieser Fall, in seinen astrologischen Grundzügen, Routine für mich. In seiner Übereinstimmung mit der Lebenswirklichkeit und individualisierten Entwicklung meiner Klientin würde er in dramatischer und lohnenswerter Weise für mich und für sie mit Leben erfüllt werden. Sie wollte mich wegen ihrer Ehe aufsuchen, da sie die Absicht hatte, sich scheiden zu lassen.

»Ann« erschien pünktlich – eine wirklich schöne, starke, Ruhe ausstrahlende Farbige. Mit viel Humor und Herzlichkeit kamen wir gut miteinander aus. Ich gab ihr ihr Horoskop und erklärte sehr kurz, was es darstellte. Ich begann mit einer verallgemeinerten Formulierung der Sonne/Mond-Analyse unter Einschluß der Modifikationen, die in meinen vorbereitenden Notizen angedeutet worden waren.

»Ann, ich würde gerne einige allgemeine Gedanken mit Ihnen besprechen, einige Hinweise aus diesen Strukturmustern Ihres Horoskops. Wir werden diese allgemeinen Aussagen bald genauer entwickeln. Das Horoskop deutet auf eine tiefe, intuitive, träumerische, vielleicht sogar intellektuelle Sensibilität hin. Vielleicht haben Sie diese mittels eines starken Unterscheidungsvermögens weiter ausgebildet und lassen sich im Umgang mit Menschen, mit deren Gefühlen, mit Ihren eigenen Gefühlen, Ihren Idealen usw. davon lenken.«

Ich beobachtete Ann sehr aufmerksam. Ihr Gesicht war ausdruckslos, sie starrte mich an. Ich hatte das Gefühl, daß sie mich zwar hörte, aber nicht wirklich zuhörte oder daß sie sich mit dem, was ich sagte, nicht identifizieren konnte. Ich sprach langsamer und machte einige Handbewegungen, um ihren Blick aus der hypnotischen Fixierung herauszulösen.

»Sie wissen, daß Sie dies in sich haben, Ann. Es ist jene innere Stimme, auf die Sie lauschen, wenn sich Schwierigkeiten einstellen, ist das richtig?« Sie stimmte mir zögernd zu. Sie konnte die tatsächlichen Vorgänge in ihrer inneren Welt nicht *fühlen*.

»Würden Sie nicht auch sagen, daß Sie das instinktive Gefühl für das haben, was richtig ist?«

Dies wurde von Ann entschieden bestätigt und zeigte mir, daß ihre Sensibilität wahrscheinlich sehr stark zwischen den beiden Polen gefangen war, was richtig und was falsch war, was war und nicht das *war*, was sein sollte. Diese Haltung ist typisch für eine vorherrschende Fixierung auf Idealbilder oder Wunschvorstellungen.

»Sie besitzen diese große Feinfühligkeit, aber ich wette, *niemand hat dies jemals wirklich zu würdigen gewußt*!« Dies war ein Vorstoß, um die innere Welt mit der äußeren Welt in Verbindung zu setzen, was inmitten aller Spannungen geschehen mußte, die sich – wie ich wußte – gegen die Bedürfnisse nach Bestätigung (Jupiter im Löwen) richteten.

Ann begann sich zu entspannen. Sie veränderte ihre Haltung (ein wichtiges Zeichen, wie wir im nächsten Kapitel sehen werden) und bestätigte, daß ihre Sensibilität tatsächlich nicht entsprechend gewürdigt werde.

»Alles dies weist uns auf die Wahrscheinlichkeit von überkommenen Minderwertigkeitsgefühlen hin, Ann, die in der Regel auf die Vaterfigur im Elternhaus zurückzuführen sind. Hat es sich so verhalten? Ist Ihr Vater gestorben, oder war er passiv? Hat er Sie jemals umarmt, in den Armen gehalten und in Ihrer Sensibilität unterstützt?«

Ann wurde aufgeschlossener und erklärte, fast mit Erleichterung, daß ihr Vater so schwer gearbeitet hätte und immer so beschäftigt gewesen wäre, so daß sie niemals Beachtung und Anerkennung bei ihm gefunden hätte.

»Dann hat Ihre Mutter den Ton angegeben?«

Hier wurde das Gespräch praktisch von Ann mit nachdrücklicher Bestätigung übernommen: »Ich erhielt nicht nur keine Liebe, sondern wurde immer zurückgewiesen. Ich habe meiner Mutter niemals etwas bedeutet. Sie hat einer älteren Schwester den Vorzug gegeben. Ich habe mich so sehr um ihre Beachtung bemüht . . . und ich möchte mir jetzt keine Gedanken mehr darüber machen. Ich . . . ich möchte mich jetzt einfach darüber hinwegsetzen.« In Anns Augen standen Tränen.

Ich führte das Strukturmuster weiter aus, das von den Messungen und aus der Erfahrung heraus zu erwarten war, wobei ich versuchte, die Konsultation an einer allzu ausführlichen Beschreibung vergangener Probleme vorbeizuführen: »Sind Sie oft allein in Ihr Zimmer gegangen und haben dort geträumt, sind Ihren Wunschvorstellungen gefolgt?«

Ann entgegnete: »Immer wieder. Ich wollte den Zustand von Limbo erreichen . . . allein, friedlich. Es war ein Ort, wo Gott war.«

»Sagte Gott ›Ich liebe dich‹ zu Ihnen?«

»Nein. Es war nur ein freundlicher Ort, ja, ein Ort voller Liebe. Es gab keine Gespräche dort. Aber heute scheine ich nicht mehr dorthin gelangen zu können.«

Anns Bedürfnisse nach Liebe und Beachtung, nach körperlicher Berührung und Festgehaltenwerden traten in der genauen Erinnerung an Zurückweisungen und an Tagträumereien an ihrem »Ort voller Liebe« zutage. Ihre Bemerkung, daß sie nicht mehr in der Lage dazu wäre, an diesen tröstlichen Ort der Vorstellungswelt zurückzukehren, war sehr wichtig: Sie war eine Bestätigung für gegenwärtige Spannungen und ihre geschwächten Abwehrfähigkeiten, die sie vor langer Zeit und sehr lange eingesetzt hatte.

»Ann, glauben Sie, daß die Schwierigkeit, zu den Trostspendern der alten Zeit zurückzukehren, bedeuten könnte, daß Sie die *entgegengesetzte* Richtung einschlagen sollten, mit dem Leben fertigzuwerden und die Probleme zu meistern?«

»Das nehme ich an, Herr Tyl, aber ich habe Angst vor *jedem* Menschen, vor jedem mit Ausnahme von Kindern und alten Leuten.«

Das gesamte Horoskopmuster wurde zweifellos bestätigt. Zehn Minuten waren vergangen, und wir steckten mitten in den Grundursachen für das Symptom, das sie zu Anfang ausgesprochen hatte: »Ich glaube, ich möchte mich von meinem Mann scheiden lassen.« Natürlich war ihre Angst vor Beziehungen eine Ausdehnung ihrer tiefgehenden Verunsicherung über den Selbstwert, was so deutlich durch den rückläufigen Mars und seine Aspektkonfiguration mit dem Schlüsselplaneten Saturn signalisiert wurde. Ich ging vorwegnehmend davon aus, daß sie heute, als Erwachsene, diese angesammelten Probleme in den Fähigkeiten von Status/Identität, Selbstwert und Information/Perspektive spezifisch auf ihren Ehemann projizieren würde (Mars herrscht in ihrem VII. Feld).

Ihre frühe Jugend verlief in dieser Weise in gleichbleibender Einsamkeit, doch ich erkundigte mich nach schulischen Erfolgen im Alter zwischen vierzehn und fünfzehn Jahren (durch Projektion des Aszendenten mittels Sonnenbogen-Progression auf die Konjunktion mit Merkur und Sonne).

»Ich war sehr gut in der Schule; ich ging sehr gerne dorthin, doch dies war auch gleichzeitig der Anfang vom Ende, denn ich wurde damals schwanger.« Anns Lächeln verwandelte sich in einen beunruhigten Blick.

Ich sah, daß Uranus ebenfalls zur gleichen Zeit eine Konjunktion mit ihrem Mars bildete. Ich schlug rasch in einer kurzen Übersicht über die

Positionen von laufenden Planeten nach und stellte fest, daß sich der laufende Neptun zu dieser Zeit dem Quadrat mit ihrem MC näherte (eine Verminderung des Ichbewußtseins) und daß der laufende Uranus über ihren MC ging (eine Intensivierung der individuellen Wahl). Es handelte sich um einen Zeitpunkt sehr großer Konflikte über den persönlichen Wert und die Identität.

»Ann, haben Sie dieses frühzeitige Liebesverhältnis gehabt, weil Sie ein so starkes Bedürnis nach Liebe und Beachtung hatten?«

Dies war eine Schlüsselfrage. Ann hatte den jungen Mann tatsächlich geliebt, doch er hatte ihr damit gedroht, sie wegen eines anderen Mädchens zu verlassen, wenn sie nicht mit ihm schlafen würde. Sie brauchte seine Liebe und Beachtung so sehr, daß sie nachgab – und ein Kind unehelich zur Welt brachte.

Ich verlagerte das Gespräch auf die Gegenwart, als sie erwachsen war, denn die Strukturmuster, die aus jenem frühen Trauma hervorgegangen sein würden, waren mir ebenso vertraut wie die Selbstwert-Schwächen, die in ihr zu einem so starken Brennpunkt von Spannung angewachsen waren. Ich erkundigte mich nach ihrem Sexualleben als Erwachsene.

»Bei diesem Strukturmuster von elterlicher Spannung, das wir in so vieler Hinsicht wahrnehmen können, besonders in Verbindung mit Ihrem jungen Freund, möchte ich gerne mit Ihnen untersuchen, welches Gefühl Sie heute in bezug auf die Sexualität haben. Wir kennen Ihre Ängste vor Beziehungen; in der Sexualität nun treffen Neurologie und Psychologie zusammen. Es gibt hier im Horoskop einen Hinweis darauf (dies war eine leichte Objektivierung, damit sie sich bei einer derart heiklen Frage nicht angeklagt oder allzusehr im Brennpunkt fühlte), daß eine sexuelle Funktionsstörung vorliegt. Stimmt das?«

»Ich habe fast keine Sexualität mehr.«

»Das kann ich einsehen, Ann, das verstehe ich. Aber haben Sie Orgasmusstörungen, wenn Sie es tun?«

Ann antwortete ohne zu zögern: »Ja, ich habe niemals einen Orgasmus. Ich habe das Gefühl, den Verstand zu verlieren. Er erlebt seinen Orgasmus, und häufig weine ich nur und schreie. Ich habe mich sogar einmal unter dem Bett versteckt.«

Ich achtete auf die starke Spannung in ihren Worten, drang jedoch weiter in sie, um einen Punkt hervorzuheben, der später bei der Heilung eine wichtige Rolle spielen würde. »Ich verstehe, was Sie sagen, aber wenn Sie onanieren, gibt es *keine* Schwierigkeiten?«

Dies wurde von Ann bestätigt. Sie schien erleichtert zu sein. Wir machten einige Scherze über die Tatsache, daß »dies« in ihrem Horoskop abzulesen war! Ich stellte eine weitere Frage nach dem Hauptinhalt ihrer erotischen Wunschvorstellungen, und sie verriet, daß niemals ein Mensch einbezogen wäre, sondern daß sie darin lediglich umarmt, festgehalten, geliebt würde. Ich versicherte ihr, dies wäre völlig »normal« und bemühte mich, ihre Spannungen zu beruhigen.

»Ann, Sie haben *kein* sexuelles Problem. Ich möchte, daß Sie sich darüber völlig im klaren sind. Es handelt sich dabei um eine Beziehungsfrage.«

Dies war eine sehr wichtige Klarstellung von äußerst spannungsgeladenen Bezugspunkten der inneren Unruhe (wie dies immer der Fall ist). Das Problem – dieses »Problem« – wird so leicht als Ersatz für die eigentlichen, grundlegenderen Fragen herangezogen.

Ann fuhr fort: »Ich fühle mich von meinem Mann total abgestoßen.«

»Warum haben Sie ihn dann geheiratet?« Diese Frage war ein kraftvoller Vorstoß zur Grundlage ihrer Werturteile.

»Meine Mutter . . .« Ann war außerordentlich erleichtert. Es waren erst zweiunddreißig Minuten der Konsultation vergangen.

Diese Antwort hatte ich im voraus erwartet. Der Druck der Mutter, der sich aus den vorbereitenden Messungen ergab, wurde vollkommen bestätigt; ebenso die Selbstwert-Belange und die Probleme, die sie mit verständnisvoller Liebe und ihrer eigenen Liebens-würdigkeit hatte; die Verwirrung darüber, keine Beachtung zu finden und dabei doch sehr schön und anziehend zu sein; das Kind, aufgrund einer frühen Aufforderung zur Liebe geboren; das belastete Sexualprofil nach jenem frühen Trauma; die Fortsetzung der gewohnten Probleme durch den starken Druck der Mutter, einen gebildeten und in gesicherten Verhältnissen lebenden Mann zu heiraten; und jetzt, genau unter dem Einfluß der projizierten Messungen von Sonne s in Opposition mit Mars, dem Herrscher ihres VII. Feldes, Aszendent s = Sonne/Saturn und Uranus s = Mond/Aszendent, die alle zusammenwirkten, hatte sie das Gefühl, »den Verstand zu verlieren«. Sie wollte *Freiheit von* ihrem Mann. Sie wollte sich an den wärmenden Ort in ihrem Innern zurückziehen – in das Alleinsein, das ihr Zufriedenheit gab.

Aufgrund der Feststellung, daß der Mond s ihre siebente Felderspitze überquerte, als sie neunundzwanzig Jahre alt gewesen war, während gleichzeitig der laufende Saturn zurückkehrte, fragte ich Ann, ob es möglicherweise eine Entzweiung in ihrer Ehe gegeben hätte, als sie achtundzwanzig oder dreißig Jahre alt gewesen wäre. Sie bestätigte, daß sie damals ihren Ehemann tatsächlich verlassen hätte, aber von der Mutter zu ihm zurückgebracht worden wäre.

Unser Gespräch wandte sich nun einigen Einzelheiten in den dazwischenliegenden Jahren zu. Das einmal begründete Muster wurde völlig durchgespielt. Ann befand sich ohne Zweifel in innerem Aufruhr; ihr Mann fand sich stoisch mit vielem ab und geriet immer tiefer in seine eigenen Probleme hinein, die aus einem sehr ähnlichen familiären Hintergrund wie bei Ann hervorgegangen waren. Es war einleuchtend, daß jeder die Problembelange des anderen unbewußt und instinktiv verstärkte. Jeder konnte die Verwundbarkeiten des anderen mühelos feststellen; vor einem gemeinsamen Hintergrund waren ihre Anschauungen sehr ähnlich. Ann faßte dies alles in den Worten zusammen: »Mein Mann gibt mir das Gefühl, so schmutzig zu sein.«

Das Problem hatte viele Nuancierungen, doch es stand eindeutig fest, daß Ann vor langer Zeit die Sexualität im Tausch gegen Liebeszuwendung weggegeben hatte. Der Sohn, der aus dieser traumatischen Erfahrung heraus geboren wurde, lebte immer noch bei ihr und ihrem Mann (der nicht sein Vater war). Die Spannung hatte auch mit diesem Sohn zu tun: Er lebte als symbolische Mahnung an Anns frühere Zeiten der Verwirrung weiter. Die Sexualität hatte traumatischen Charakter erhalten.

Wir begannen uns darüber zu unterhalten, was sie tun könnte. In Gedanken konnte ich irgendeinen »in den Sternen lesenden« Astrologen sagen hören: »Nun, der Herrscher ihres VII. Feldes steht in einem zweigeteilten Zeichen. Sie wird mehr als nur einmal verheiratet sein. Daher sollte Ann sich besser jetzt scheiden lassen, wo sie noch eine ganze Reihe von Jahren vor sich hat!« Wie leicht geht man in die Falle, das Leben eines Menschen auf das zu begrenzen, was man über die Astrologie weiß!

Anns außerordentlich große Energie hatte während ihres ganzen Lebens immer eine Zurückweisung durch starke Kontrollen erfahren. Unschlüssigkeit war zu einem Fluch für sie geworden. Immer war die Energie nach innen umgelenkt worden. Nun war sie endlich überzeugt und dazu entschlossen, ihren Mann zu verlassen. Als Beweis für ihre Überzeugung gebrauchte sie die logische Begründung, ihr Weggang würde eine Erleichterung für ihren Ehemann bedeuten und ihr selbst die Gelegenheit geben, anderen Männern zu begegnen und Beziehungen zu verschiedenen Menschen zu erproben. Ann hatte sich immer *innerhalb* ihrer Probleme bewegt und ihre eigenen Energien sozusagen »kurzgeschlossen«, um sich an problematische Unterdrückungen anpassen zu können. Ann hatte alles versucht – *außer einer Lösung für ihre Probleme;* dazu hatte sie sich niemals stark genug gefühlt. Die innere Welt war in bedenklicher Weise aus dem Gleichgewicht mit der äußeren Welt geraten.

Ich leitete jenen Teil der Konsultation ein, der sich mit der Heilung beschäftigte: »Ann, machen Sie und Ihr Mann sich gegenseitig Geschenke an Weihnachten?«

Ann war durch die scheinbare Absurdität meiner Frage verblüfft. Ich drängte auf ihre Antwort, und sie bestätigte, daß ihr Mann und sie sich gegenseitig beschenkten, mußte jedoch hinzufügen: » . . .aber nie gefällt mir das, was er mir gibt.« Sobald sie ihre stehende Redewendung ausgesprochen hatte, war ihr der gereizte Stachel darin peinlich.

»Geht es dabei liebevoll und friedlich zu?«

»Ja, natürlich. Die Familien kommen zusammen. Warum?«

»Auch Liebe ist mit im Spiel, nicht wahr?«

» . . .Ja . . .ich verstehe.«

»Man könnte es also fortbestehen lassen, oder?«

Ann stimmte mir zu. Dies war ein ruhiger, starker Augenblick innerhalb der Konsultation. Ich versuchte, aus Ann Gefühle herauszubringen, die sicherlich irgendwo unter all den Symptomen für innere Unruhe vorhanden sein mußten, welche ihre eigene persönliche Qual widerspiegelten.

»Wenn Sie sich von Ihrem Mann scheiden lassen, glauben Sie dann, daß Ihre Probleme . . . so wie wir sie jetzt gemeinsam gründlich verstehen . . . *glauben Sie, daß Ihre Probleme aufhören werden*?«

»Nein, Herr Tyl . . . Noel . . . sie werden nicht aufhören. Aber mein Zustand wird sich emotional nicht weiter verschlechtern.«

»Aber werden Sie sich weiterentwickeln, Ann?«

Ann hatte begriffen. Eine Stunde war erst vergangen, so viel vom Aufbau des Horoskops und der Manifestation in ihrem Leben war behandelt worden, und Ann hatte so viel verstanden. Ihr Standpunkt war geklärt: ihre Schmerzen, ihre Begriffs- und Vorstellungsbildungen, ihre Ängste, die Beziehungen zwischen all diesem – und die Herausforderung, etwas für die weitere Entwicklung zu tun.

Ihr Gesicht leuchtete auf und ließ sie schöner erscheinen, als ich mich von meinem Schreibtisch zurücklehnte und die gesamte Situation nochmals objektiv von dem Gesichtspunkt aus überblickte, den wir nun miteinander teilten: »Ann, denken Sie nur einmal an die Probleme, mit denen sich Ihre Eltern konfrontiert sahen, als Sie heranwuchsen! Ihr Vater mußte so schwer arbeiten, um den Lebensunterhalt zu verdienen. Ihre Mutter schmiß sozusagen den Laden allein. Beide waren schließlich schrecklichen Rassenproblemen in der Gemeinde ausgesetzt. Kann es da eigentlich verwundern, daß Sie mitten hinein in eine schlimme Verhaltensdynamik gerieten?« Ich sprach bewußt in einer sehr zwanglosen und »prosaischen« Art und Weise.

Ann lachte erkennend. Auch sie hatte sich bequem hingesetzt, während ich einen Überblick über unser Gespräch gab. Sie war an dem Objektivierungsvorgang ganz und gar beteiligt; es ist eine große Hilfe, daß Objektivität immer Humor freisetzen kann.

»Sicher, Sie wurden vernachlässigt; sicher, Ihre Mutter hatte eine besonders enge Beziehung zu Ihrer älteren Schwester. Aber eine wirkliche Feindseligkeit oder Bevorzugung hat es damals nicht gegeben und gibt es heute nicht. Das haben Sie selbst gesagt! Und sehen Sie nur, wie sorgsam Ihre Mutter Ihren Mann für Sie ausgewählt hat!« Dieser Anflug von Humor war uns beiden willkommen. Ann stimmte dem Rückblick, für den ich sorgte, von ganzem Herzen bei.

»Und Sie hassen sie jetzt doch nicht, oder?«

»Nein, überhaupt nicht. Ich liebe ... ich *weiß*, daß sie ihr möglichstes für mich getan haben.«

»Sie aber waren ach so verletzlich! Ihre besonderen Bedürfnisse, Ihre tiefe Sensibilität, die eine ganz spezielle Beachtung brauchte ... nun, Ihre Eltern wußten einfach nicht, wie sie damit umzugehen hatten. Außerdem waren sie mit einer Menge anderem ›Kram‹ beschäftigt. Daher ließen Sie sich mit diesem jungen Mann ein, auf den Sie große Hoffnungen setzten – die Aufregung der ersten Liebe, Unabhängigkeit, jemand, der Sie lieben und Ihnen Beachtung schenken würde, wenn Sie zu sexueller Kooperation bereit wären. Ann, dies ist ein völlig normales und natürliches Strukturmuster, das ich immer wieder höre. Dies bedeutet aber nicht, daß es für *Ihre* Entwicklung nicht schmerzvoll oder einflußreich sein kann. Das *ist* es ohne jeden Zweifel. Ich möchte Sie nur darüber informieren, daß sehr viele Menschen damit fertig werden, und sie sind besser daran, wenn ihnen dies gelingt.

Ihr Kind ist zu einer problematischen Erinnerung an diesen Teil Ihrer Vergangenheit geworden. Sie haben Ihren Sohn jedoch gut aufgezogen und ihm ohne Zweifel als Überkompensation um so mehr Liebe gegeben. (Ann nickte voller Begeisterung.) Nun, ich glaube, Sie sollten alles das, worüber wir heute gesprochen haben, den ganzen ›alten Kram‹ (absichtlich sprach ich noch immer ziemlich ungezwungen, damit die

Objektivität gewahrt blieb und Emotionen aus der Rekapitulation herausgehalten wurden) nehmen und in eine Schachtel stecken. (Ich gab vor, eine Schachtel zu halten.) Stecken Sie alles in die Schachtel, und stellen Sie diese auf Ihr Wohnzimmerregal. (Ich stellte die imaginäre Schachtel auf ein imaginäres Regal.) Wenn immer Ihr Verstand damit beginnt, diese Gedanken, diese gewohnheitsmäßigen Ängste, die wir besprochen haben, aufzuwühlen, so ertappen Sie sich selbst dabei und sagen Sie sich, daß diese Dinge dort in der Schachtel, außerhalb von Ihnen, sind und nur dann von Ihnen Besitz ergreifen können, wenn Sie selbst die Schachtel öffnen. (Ich deutete auf die Schachtel auf dem Regal.)

Merken Sie sich, *zwei* Gedanken können niemals denselben Kreislauf zur gleichen Zeit besetzen. Ich werde Ihnen zum Beispiel jetzt eine Zeile aus einem Lied vorsingen, und ich wette, Sie werden heute auf dem ganzen Heimweg, morgen und übermorgen davon verfolgt werden. Sie werden darüber lachen müssen. (Ich sang den Refrain eines bekannten Volksliedes.) Dies ist ein Beispiel für das, wovon ich rede: Bringen Sie ein paar neue Gedanken, eine neue Betrachtungsweise in Ihr Denken hinein, und machen Sie einen Versuch damit.«

Ann war ganz Ohr. Ich verwendete ein einschmeichelndes Liedstück als Gedächtnisstütze für sie; dies würde ihr mit Gewißheit wieder einfallen, und gleichzeitig damit auch unsere objektive Sichtweise.

»Nun, Sie haben allzu lange nach ›Freiheiten von‹ gesucht: Freiheit von Ihrer Mutter, von Ihren Erinnerungen, von Ihrem Mann. Ich glaube, wir sollten uns nun auf die Zeit für wirkliche Freiheiten konzentrieren: einfach die Freiheit zu wachsen und zu sein. Sie spüren in sich Liebe für Ihren Mann, Sie haben mitfühlendes Verständnis für Ihre Vergangenheit, Sie haben Interesse an Ihrem Beruf. Wir haben gesehen, daß alles gut läuft. *Alles ist da außer Vertrauen*, doch das *Verständnis*, das wir heute gemeinsam erarbeitet haben, *wird Ihnen dieses Vertrauen geben*! Wir sollten darüber sprechen, in welcher Weise Sie versuchen können, die Freiheit zu weiterem Wachstum aktiv werden zu lassen. Schließlich können Sie nicht mehr zu jenem friedlichen Ort in Ihrer Vorstellungswelt zurückkehren! Einverstanden?«

Ann stimmte aus vollem Herzen zu, es versuchen zu wollen. Seit ihrer Erklärung, sie würde aufgrund ihrer Ehe den Verstand verlieren, hatten wir eine weite Strecke hinter uns gebracht.

Ich umriß viele Dinge mit ihr: Dinge, von denen sie ohne weiteres wußte, daß sie natürlich, normal und in ihr vorhanden waren . . . und einige Dinge, die ihr neu waren, aber im Laufe der Jahre ihr Denken und ihre Erfahrung gestreift hatten. Wir besprachen, wie die Reaktionsmuster ihres Mannes wahrscheinlich eine Zeitlang unverändert bleiben würden, da sie zu Routine geworden waren, und daß sie die Art und Weise, wie er Dinge sagte, nicht falsch auslegen sollte. Wir sprachen darüber, wie sie ihn mehr berühren, nahe bei ihm sitzen, in kreativer Weise seinen Gedanken zuhören, das Essen mit einer besonderen Note anrichten und nicht nur an Weihnachten eine vertraute Stimmung schaffen könnte. Wir besprachen, was sie auf seine Beobachtungen (die am Anfang wahrscheinlich unbeteiligt sein würden) über ihr verändertes Verhalten antworten sollte. Wir sprachen darüber, wie die Sexualität durch die Einbeziehung von verläßlichen Masturbationstechniken in Stellungen während des Geschlechtsverkehrs offener werden, wie sie neue Sinneswahrnehmungen und Vertrautheiten mit ihrem Mann erforschen könnte, um gemeinsame Energie freizusetzen. (Sie hatte sich bereits ein Buch über sexuelle Techniken gekauft.) Wir bauten ein geistiges Gerüst auf, das für sie *und* für ihren Mann während der allmählichen Erforschung von Veränderung und Wachstum als Schutz dienen sollte.

»Und am allerwichtigsten ist es, Ann, was Sie dafür tun werden, um sich selbst zu belohnen.« Bei der Heilung durch Selbsthilfe ist die Freude an einer Bestätigung oder Belohnung für den Betreffenden sehr wichtig, damit neue Verhaltensmuster bestärkt werden. Da die Arbeit von der inneren Welt aus geschieht, müssen auch die »Belohnungen« notwendigerweise beim eigenen Ich beginnen.

»Was würden Sie sich selbst am liebsten kaufen?«

»Was meinen Sie damit?«

»Nun, sagen wir einmal, Sie wären ein Mann und würden Ihre Frau schlagen (aus verständlichen Gründen behielt ich noch immer eine humorvolle und zwanglose Ausdrucksweise innerhalb des Objektivierungsvorgangs bei, um damit die Bildung einer neuen Betrachtungsweise zu unterstützen). Nehmen wir an, Sie würden den Entschluß fassen, Ihre Frau nicht mehr zu schlagen. Sie hätten eine Vorliebe für guten Wein. Ich würde den Vorschlag machen, daß Sie sich selbst zum Beispiel mit zwei Flaschen Chateau Margaux belohnen, nachdem Sie sich eine Woche lang tadellos verhalten haben. Sie kaufen den Wein als Belohnung ... und trinken ihn gemeinsam mit Ihrer Frau!«

»Oh, ich verstehe! Nun, ich kaufe mir gerne ein oder zwei Kleider.« Ann fand Gefallen an der Idee.

»Ausgezeichnet. So ist's recht. Geben Sie sich selbst von jetzt an das Versprechen für eine geschickt vorgehende ›neue Gewohnheit‹. Errichten Sie ein neues Strukturmuster. Beginnen Sie, mit Ihrer Einsicht zu arbeiten und das schätzen zu lernen, was Sie und Ihr Mann miteinander teilen.« Während ich dies sagte, veränderte ich meine Körperhaltung, um eine gewisse Autorität geltend zu machen. Wir hatten eine Stunde und zwanzig Minuten miteinander verbracht. Die lange Zeit des emotionalen Miteinanderteilens mußte mit strategischer Stärke enden.

Ann war dazu entschlossen, »mein möglichstes zu tun. Das verspreche ich.« Ihre Worte klangen wie Musik in meinen Ohren. Unsere Augen begegneten sich im Einverständnis. Ein Vertrag war abgeschlossen, *eine Wahl war geklärt worden.*

Rasch wechselte ich das Thema: »Noch etwas, Ann, haben Sie schon daran gedacht, wieder auf die Schulbank zurückzukehren, um sich mehr spezialisieren zu können?« Im nächsten Monat bildete Uranus s ein Trigon mit ihrem Geburtsmerkur, und der laufende Jupiter stand in Konjunktion mit ihrem Jupiter. Ihre Begriffsbildungs-Achse (III/IX) trat nicht nur in unserer gemeinsamen Konsultation in Erscheinung, sondern wahrscheinlich genauso im Rahmen einer weiterführenden Schulausbildung.

»Ja, natürlich. Können Sie das auch sehen?«

»Ja, das kann ich tatsächlich. Das ist ja ausgezeichnet. Tun Sie das. Es wird sehr gut für Sie sein – und lassen Sie Ihren Mann soviel wie möglich daran teilhaben.«

Wir beendeten unsere gemeinsam verbrachte Zeit mit einigen Einzelheiten über ihre berufliche Situation und ein praktisches Übungsprogramm. Als wir uns gemeinsam erhoben und gegenseitig umarmten, spürte ich die Notwendigkeit für ein Schlußwort. Die Herausforderung ihrer Angleichung würde für Ann nicht nur »rosig« aussehen. Ich wollte unsere gemeinsame Erfahrung weiter ausdehnen und jegliches Fehlschlagen ihrer Vorsätze ausschalten, sollten einige ihrer neuen Verhaltensformen auf Ablehnung oder Mißverständnisse stoßen.

»Ann, bitte haben Sie keine Hemmungen, mich jederzeit anzurufen. Ich bin für Sie da. Ich glaube an Sie und schätze Sie. Sie sind eine prächtige Frau.«

»Ich werde mein möglichstes tun, das verspreche ich.«

»Das ist ein Versprechen an Sie selbst. Wir sollten uns, sagen wir, in drei Monaten wiedersehen ... oder morgen, wenn Sie sofortige Hilfe brauchen. (In drei Monaten würde der laufende Saturn ein Quadrat mit seiner Geburtsposition bilden und auf die eine oder andere Weise zu einer Stabilisierung von Anns Verhältnissen beitragen.) Noch etwas, Ann: Wenn Sie für diese neue Anstrengung alles einsetzen, was Sie zu geben haben, und es aus irgendeinem Grunde nicht klappt damit, so stehe ich zu Ihrer Verfügung, um Ihnen in einer anderen Richtung weiterzuhelfen.«

Meine abschließenden Worte zu ihr machten uns zu engen Verbündeten und waren gleichzeitig eine Anerkennung der Jahre sehr realer Qual und Verwirrung sowie ihres ursprünglichen Motivs, warum sie einen Astrologen aufsuchte. Es stand ihr nun der Weg in die positive Freiheit hinein durch ihre Ehe offen, und sollte es sich als notwendig erweisen, so würde sie auch einen Weg heraus durch ihr Wachstum und ihre Stärke finden, da sie mit der Herausforderung konfrontiert worden war, an einen Ort voller Liebe zu gelangen, der außerhalb von ihr selbst lag.

Zeit

Die Lebensentwicklung wird eingerahmt von der Zeit. Wir können den Begriff des Schicksals mühelos auf die Dimension der Zeit übertragen. Innerhalb des unerbittlich wirksamen Zeitgefüges spiegelt jede getroffene Wahl Willenskraft und Individuationsvermögen wider und bestimmt, gemeinsam mit dem soziologischen Bewußtsein (der allgemeinen Sichtweise der Umwelt), das Gesetz der Natürlichkeit eines jeden individuell geprägten Lebens. Die Zeit stellt den äußeren Rahmen dar, an dem sich allmählich entwickelte Verhaltensmuster als Ausdruck des Inneren festmachen. Die Astrologie ist die einzige, der Innenschau dienende Disziplin, die alles dies mißt und zu einer Ganzheit verbindet: Schicksal und Willenskraft, äußere und innere Welt, Ausnutzung und Veränderung.

Jeder Astrologe erfährt mit Spannung und – hoffentlich – Achtung von den strukturellen Wahrheiten der Zyklen laufender Planeten, der Sekundär-Progressionen und Sonnenbogen-Projektionen[29]. Dieses Rahmenwerk der Zeit fügt Vergangenheit, unmittelbare Gegenwart und nahe Zukunft zusammen. Potentielle Bedeutungen innerhalb dieses zeitlichen Rahmens können aufgrund der Erfahrung in brillianten astrologischen Textwerken in ihren allgemeinen Umrissen dargelegt werden, doch diese Bedeutungen können nur im Hinblick auf die individuelle Lebensentwicklung des Klienten exakt definiert werden. Die erkennbare Manifestation eines jeden Meßwertes steht fast immer in direktem Zusammenhang *mit der Art und Weise und dem Ausmaß der Interaktion des Individuums mit der äußeren Welt*, worauf sich die Grundthese dieses ganzen Buches konzentriert.

Zwei Telefonanrufe, die ich vor kurzem erhielt, heben diese wichtige Beobachtung in dramatischer Weise hervor. Der erste Anruf kam von einer jungen Mutter: »Herr Tyl, ich habe gerade ein Baby zur Welt gebracht, eine Tochter. Sie ist jetzt fünf Wochen alt, und ich möchte gerne, daß Sie ihr Horoskop ausarbeiten.«

Meine sorgsam bedachte Antwort an sie war als Warnung formuliert. Ich sagte ihr, daß ich das Horoskop des Kindes nicht ausarbeiten würde, daß sich jedoch andere Astrologen dafür finden ließen. Ich wies darauf hin, daß jede horoskopische Charakterbeschreibung ihres Kindes zum jetzigen Zeitpunkt – gleichgültig, wie grob oder differenziert sie wäre – unweigerlich die spontane Liebe und Beachtung konditionieren würde, die sie dem Kind während seiner Entwicklungszeit entgegenbringen würde. Die natürliche »Chemie« würde durcheinandergebracht. Die Freiheit des Kindes, zu lernen, Fehler zu machen und neu zu lernen, würde eine Beschränkung erfahren.

Ich fragte die Mutter, in welchem Alter das Kind ihrer Meinung nach auf eigenen Füßen stehen würde, und sie meinte: »Ungefähr mit Zwanzig, nehme ich an.« Ich machte sie darauf aufmerksam, daß dies im Jahre 2000 wäre! Ich zeigte mühelos auf, wie die heutigen Bedingungen, die Essenz der astrologischen Symbolformen in ihrer Widerspiegelung künftiger Zeiten, niemals in verläßlicher Weise den Standort eines Menschen innerhalb der Umweltbedingungen des Jahres 2000 projizieren könnten. Mein Standpunkt war gut begründet.

Die Mutter bemerkte wohlmeinend, sie hätte erfahren, daß ihre Tochter Sonne, Mond und Aszendenten in allen drei Wasserzeichen habe und so überaus sensibel wäre. Unter Anerkennung dieser Möglichkeit deutete ich an, daß bei einer derartigen Sensibilität, wenn sie tatsächlich stark ausgeprägt wäre, viele Formen möglich sein würden: Drogenabhängigkeit, Alkoholismus, religiöse Begeisterung, künstlerische Begabung, Prostitution, Krankenpflege usw. Ich wies darauf hin, wie sich das Kind nur entwickeln könnte, wenn es Entscheidungen im Hinblick auf die Liebe und Ermutigung treffen würde, an der Mutter und Kind, Vater und Kind teilhätten; dabei wäre es am Anfang völlig abhängig von den Eltern und würde sich nach und nach mehr auf sich selbst verlassen. Ich schloß mit der Bemerkung, daß Hoffnung das Leben bestärkt und Kontrolle es begrenzt.

Die Mutter hatte verstanden und sagte zum Schluß äußerst effektvoll: »Nun, haben Sie vielen Dank, Herr Tyl. Für den Augenblick werde ich Ihren Rat befolgen.« Ich hatte ihr nicht das gesagt, was sie hören wollte.

Die Umwelt des Kindes wurde bereits konditioniert, und es war erst fünf Wochen als. Die Messungen irgendeines Astrologen würden den Bedürnissen der Mutter entsprechen.

Der zweite Anruf kam von einer außergewöhnlich intelligenten Klientin, die in ihrem Leben tiefgehende traumatische Erfahrungen gemacht hat. Sie hat sich selbst soweit wie möglich von der sie umgebenden Welt isoliert. Sie gesteht die zweckdienliche Kooperation mit der Umwelt zu, läßt jedoch nichts an ihre innere Welt herankommen, während sie versucht, »mit den Dingen allein fertigzuwerden«.

Es ist äußerst interessant, daß sich ihr gesamtes Horoskopmuster oberhalb der Horizontlinie befindet (potentielle Ausnutzung durch die Umwelt; bitte rufen Sie sich Seite 60/61 ins Gedächtnis); dabei steht die Sonne in Konjunktion mit Uranus im VIII. Feld, während der Mond eine Konjunktion mit Neptun im XII. Feld bildet. Zu dem Zeitpunkt, als diese junge Frau mich anrief, befand sich der laufende Pluto in der abschließenden Phase seines viermonatigen Durchgangs durch ihren Aszendenten; in ihrem Geburtshoroskop herrscht Pluto in ihrem II. Feld und bildet ein Quadrat mit ihrem Merkur. Wir hatten vorausgesehen, daß diese starke, allmählich wachsende Herausforderung in ihrem Innern ihre Lebensperspektive verändern und ihre Verunsicherung über den Selbstwert heilen könnte. Dies hatten wir während ihrer Konsultation gründlich besprochen.

In der Nacht vor ihrem Anruf hatte sie einen Traum gehabt, der mit Nachdruck auf den Zeitabschnitt in zwei Wochen hingewiesen hatte. Astrologisch gesehen beendete dieser Zeitpunkt Plutos Durchgang durch ihren Aszendenten und zeigte die Konjunktion des laufenden Saturn mit ihrem Geburtsjupiter (Angst und Hoffnung), während gleichzeitig der laufende Neptun ein Quadrat mit ihrem Jupiter bildete. Dies war die Nebeneinanderstellung von notwendigen Kontrollen, die sie in ihr Leben aufgenommen hatte (Saturn), ihrer Hoffnung auf Bestätigung, einen Wert zu erhalten (Jupiter in einem Erdzeichen), und ihres Gefühls von Opfer/Verzicht (Neptun), das aufgrund der Geburtskonjunktion mit ihrem Mond im XII. Feld so stark in ihr vorhanden war.

Auf diese einflußreiche Zeit folgte kurz danach ein Quadrat des laufenden Pluto mit ihrem MC, während der laufende Jupiter im Quadrat zu ihrer Sonne und im Halbquadrat zu ihrem MC stehen würde. – Dies war eindeutig ein Ausweg für sie, eine Veränderung ihrer persönlichen Perspektive (sie hatte sogar ihren Namen gesetzlich ändern lassen!), eine letzte Konfrontation mit ihren defensiven Idealvorstellungen und ihrer

Selbstisolation und offensichtlich eine Hervorhebung ihrer beruflichen Hoffnungen (Status/Identität).

Ihre Frage über diesen Zeitabschnitt lautete schlicht und einfach, ob sich ein derartiger Fortschritt ereignen könne oder nicht, ohne daß sie selbst etwas dafür unternehmen würde. Neptun wollte Pluto ignorieren.

Meine Antwort war nichts anderes als eine kurze Zusammenfassung von all dem, was wir während der Konsultation über die Lebensnotwendigkeit für den Menschen besprochen hatten, mit der äußeren Welt in Interaktion zu treten, Fähigkeiten zu erwerben, auszutauschen und gründlicher zu entwickeln und ständig den persönlichen Standpunkt anzugleichen. Ich sagte: »Bitte erinnern Sie sich, daß zwei dazu gehören, um Tango zu tanzen.«

Beim ersten Anruf erkennen wir das Bedürfnis, *ein festes Muster zu begründen*, und beim zweiten Anruf sehen wir das Bedürfnis, *ein festes Muster*, die Kräfte der sozialen Existenz, *zu bewahren*.

Fragen schließen Antworten in sich ein. Eine Frage der äußeren Welt – eine Frage, die an den Astrologen gerichtet wird – enthält immer die Antwort in sich, in dem Menschen, der die Frage stellt. Beispielsweise bat mich eine Bekannte, die ich seit langem nicht mehr gesehen habe, um einen bestimmten Rat: »Seit meiner Scheidung hat es mir wirklich Spaß gemacht, in meinem Berghaus zu leben. Glaubst Du, daß ich weiterhin in der Abgeschiedenheit bleiben oder in die Welt zurückkehren sollte?« Sie hatte sich ihre eigene Frage schon selbst beantwortet, so wie es auch die beiden Fragestellerinnen am Telefon getan hatten.

Jemand sagt: »Ich bin zu Ihnen gekommen, weil ich den besten Zeitpunkt in Erfahrung bringen möchte, um mich von meiner Frau scheiden zu lassen.« Diese Frage will Zeit gewinnen . . . Zeit für die Klärung des persönlichen Standpunktes. Ich habe es in meiner ganzen Praxis niemals erlebt, daß sich aus einer derartigen Frage tatsächlich eine Scheidung ergeben hätte. Es ist danach zwar zu Scheidungen gekommen, doch sind sie als logische Schlußfolgerung und gewöhnlich in aller Freundschaft verlaufen, weil der Standpunkt konkretisiert und eine Klärung der ursächlichen Probleme versucht wurde, die den Symptomen zugrunde lagen.

Wenn der Klient den Entscheidungsprozeß auf den Astrologen projiziert, daß heißt, wenn er meint: »Ich brauche ein Wunder – werden Sie mir eines geben können?«, so muß der Astrologe dies für den Klienten mittels der Analyse zurückspiegeln: »Sie brauchen wirklich ein Wunder – lassen Sie sich dabei helfen, eines zu schaffen.«

In ähnlicher Weise schließen Fragen nach der Zeit die Antworten persönlicher Werturteile in sich ein. Die Zeit ist ein Maßstab für entwicklungsbedingte Reaktionen; Der Wachstumsprozeß setzt die Werte durch das Individuum fest. Die sorgfältige Prüfung vergangener Zeiten hebt die erworbenen Werturteile und Standpunkte hervor, die dem Menschen im Erkennen dessen helfen, wozu er in der Gegenwart und nahen Zukunft fähig ist.

Eine Klientin hat seit langem eine erfolgreiche Karriere im staatlichen Auslandsdienst. Alles, was sie in ihrem Leben getan hat, ist unbedingt eine Widerspiegelung der engen Konjunktion von Sonne/Jupiter im Löwen in ihrem IX. Feld, die ein Trigon mit ihrem Mond im Schützen am Aszendenten bildet, wobei der Mond im IX. Feld herrscht. Sie macht selbständig »ihre eigene Sache« (Mond am Aszendenten), verlangt nach Anerkennung und erhält sie, und dies alles geschieht im Sinne internationaler Beziehungen. Venus herrscht in ihrem VII. Feld und bildet eine Opposition mit dem rückläufigen Saturn in ihrem II. Feld; zu dieser Achse bildet Uranus vom V. Feld aus ein Quadrat. Durch den Schlüssel des rückläufigen Saturn wissen wir so viel, so unglaublich viel über die Strukturen ihres Elternhauses und die daraus entstandenen Probleme, die sich in Beunruhigung über den Selbstwert, Liebesangelegenheiten und Beziehungen konzentrieren. Holistisch gesehen wissen wir Bescheid, können wir sicher sein.

Die Frau hat auf Beziehungen und Herzensangelegenheiten zugunsten der problemloseren Selbstverwirklichung durch den auswärtigen Dienst verzichtet (Pluto, der östlich steht, fügt die Dimension von Status durch einflußreiche Verbindungen hinzu). Sie suchte mich in heftiger Erregung auf: Sie war von ihren Pflichten im Ausland entbunden worden und fühlte sich in ihrem »Routinejob zu Hause in den Staaten« eingeschränkt. Sie sah ihrer Pensionierung entgegen, glaubte jedoch, aufgrund der Einschränkung »verrückt« zu werden.

Die Untersuchung ihrer früheren Probleme mit den Eltern, mit dem Selbstwert, mit Beziehungen usw. ließ die Entwicklungsschritte sichtbar werden, die dieses geschäftige Leben der Überkompensation in der äußeren Welt, weit entfernt vom Heimatland und von heimischen Interessen, unter Verzicht auf vertraute Beziehungen, aufgebaut hatten. Jeder Kontakt des Saturn (als laufender Planet und durch Sonnenbogen-Progression) mit ihrer Konjunktion von Sonne/Jupiter im IX. Feld und/oder mit ihrem Mond im Schützen am Aszendenten zeigte im Verlauf ihres ganzen Lebens eine Bedrohung für die Freiheiten auf, die das einflußreiche Trigonmuster nachdrücklich forderte: Als ihre Mutter es nicht zulassen wollte, daß sie eine ganz besondere Schule besuchte, kam es zu Erziehungsproblemen; durch ihre katholische Mutter wurden ihr religiöse Schuldgefühle und geistige Unterdrückung auferlegt. Bei der Betrachtung der Struktur ihrer Lebensentwicklung allein aufgrund des zeitlichen Faktors dieser Signifikatoren konnten wir gemeinsam das mangelnde Gleichgewicht in all diesem erkennen. Wir bemühten uns darum, die gereizte Enttäuschung über die gegenwärtigen Beschränkungen im Rahmen ihres gesamten Lebensmusters dadurch abzuschwächen, daß wir das Gleichgewicht durch die Heilung von Beziehungsproblemen zu verbessern suchten.

Bei der objektiven Analyse ihrer beruflichen Angelegenheiten zum gegenwärtigen Zeitpunkt gab es keinerlei astrologische Messung, die der augenblicklichen Beschränkung ihres »Wandertriebs« entsprochen hätte, so wie es sich in verläßlicher Weise während ihrer ganzen Lebensgeschichte gezeigt hatte. Ganz im Gegenteil: Zeitlich gesehen stand in einem Monat die Konjunktion des laufenden Saturn mit ihrem MC und dann sein Quadrat mit ihrem Mond bevor, während gleichzeitig der laufende Jupiter in Konjunktion mit ihrer Konjunktion von Sonne/Jupiter stand; gleich darauf schloß sich im folgenden Monat die Konjunktion von Mond s mit Saturn und die Konjunktion des laufenden Uranus mit ihrem Aszendenten an. Sie sah einem starken Brennpunkt für ihren Ehrgeiz und ihr Streben nach Bestätigung entgegen, ohne Zweifel aufgrund einer Versetzung ins Ausland.

Während des Gesprächs hatte ich die zyklische Wiederkehr des laufenden Jupiter zu der Konjunktion von Sonne/Jupiter in ihrem Geburtshoroskop überprüft. Seitdem sie erwachsen war, hatten diese Zyklen immer mit Bestätigungen in ihrem Leben übereingestimmt. Alles sprach dafür, eine weitere Übereinstimmung und bestätigende Freiheit vorauszusehen.

Das einzige Hindernis, so schien es, das sich in den Weg stellen könnte, war ihre gereizte Verstimmung, ihre Schwierigkeiten mit Beziehungen, ihre Ungeduld. Dies stand im Mittelpunkt des Heilungsprozesses. Wir beide waren um Geduld und ein Gleichgewicht der inneren Bedürfnisse mit den äußeren Verhältnissen bemüht, besonders im Rahmen von geschickten Möglichkeiten, um eine berufliche Veränderung innerhalb der Regieruingsstruktur und des Zeitgefüges herbeizuführen.

Während der Zeit, als die Klientin ihr strategisches Vorgehen für taktvolle Beziehungen entwickelte, rief sie mich häufig an. Sie regte sich nicht auf, versuchte nicht, jedem zu erzählen, wie er seine Arbeit ausführen sollte; statt dessen betrachtete sie jeden Tag als einen außerordentlich wichtigen, strategischen Schachzug. Dies machte sich bezahlt und ermöglichte ihr den ersehnten Wechsel. Sie wurde genau dann in den Mittleren Osten versetzt, als die projizierten Messungen astrologisch eintraten. Sie hatte sich in Übereinstimmung mit einem Gleichgewicht gebracht, und *sie hatte ihr Leben geschehen lassen. Sie* selbst ließ es geschehen, nicht die Astrologie oder der Astrologe – obwohl sie nun beide vergötterte . . .

Wir haben immer wieder gesehen, wie ein Mensch während der Entwicklung die kognitive Wahrnehmung von persönlichen Fähigkeiten in ein System bringt, während sie in der Interaktion und im Austausch mit vielen verschiedenen Formen der Umwelt eine Klärung erfahren. Vorschriften aufstellende Forderungen stellen die Selektionskräfte der Welt(en) dar, in denen wir leben. Unsere individuelle Wahl, wie wir diesen Vorschriften nachkommen und umgekehrt selbst für die Bestätigung durch die Umwelt ausgewählt werden, bestimmt unsere Ebene der Erfüllung. Die innere Unruhe über das Leben läßt uns weiterleben und schlägt sich in spezifischen Ängsten nieder, die wiederum durch die Hoffnung in ein Gleichgewicht gebracht werden. Wir haben so oft gesehen, wie der Verstand jeden kognitiven Wahrnehmungsprozeß durch Bewußtheit, Bewertung und Begriffsbildung kontrolliert. Die Wunschvorstellung fördert die Hoffnung. Bestärkte Hoffnungen und – oftmals – nur in der Vorstellung existierende Hoffnungen suchen alle nach Erfüllung innerhalb der Zeit.

Wir wissen, daß nicht praktikable Hoffnungen über die verfügbaren Fähigkeiten hinausgehen und daß der Vorgang der Heilung die praktische Durchführbarkeit durch das objektive Verstehen des sozialen Reifungsprozesses verbessern muß. In ähnlicher Weise ignorieren astrologische Voraussagen über die Zukunft leicht praktisch vorhandenes Potential, weil sie den individuellen Entwicklungsprozeß des Klienten nicht einzuschätzen wissen. Ich schlage daher vor, daß der Begriff der *Projektion* oder Hinausverlegung, anstelle von Voraussage, nicht nur für die Sensibilität des Klienten, sondern ebenso auch für das Ansehen des Astrologen und der Astrologie hilfreicher und wirkungsvoller ist.

Ebenso wie sich die Bezugsebene der Identität in einem Menschen jederzeit in Relation zu seiner holistischen Entwicklung von der Geburt an bis zu jenem besonderen Zeitpunkt bildet, so muß eine Diskussion über die Zukunft in ähnlicher Weise von der Geburt an, durch die holistische Entwicklung hindurch und weiterhin Projektionen vornehmen. Der Schlüssel für den Verstehensprozeß der Zukunft liegt darin, in der Lebensäußerung des Individuums während der Vergangenheit einen Sinn zu finden, diesen im gegenwärtigen Leben des Individuums weiter entwickelt zu sehen und im Individuum eine Projektionsmöglichkeit für die Zukunft zu finden. Der einzelne Mensch wird am besten wissen, was möglich ist, da er die Strukturmuster lebt, welche die Zukunft geschehen lassen werden. Auf diese Art und Weise werden die astrologischen Messungen für die Zukunft erneut durch das wirklich gelebte Leben des Individuums mit Lebenskraft erfüllt.

Bei meinem eigenen persönlichen Aufbau der Konsultation werden Projektionen in die Zukunft nur in den letzten 20–25% der Konsultationszeit besprochen, nachdem Vergangenheit und Gegenwart ein umfassendes Verständnis über die Psychodynamik der holistischen Entwicklung bekräftigt haben. Ich fange mit der einfachsten Frage an: »Würden Sie mir nun bitte mitteilen, was Sie für sich selbst auf die nächsten sechs oder sieben Monate projiziert vorhaben?« Der Klient wird (sollte) in vollem Bewußtsein um den eigenen Standpunkt antworten, der in der vorangegangenen Konsultation ins Gleichgewicht gebracht, genauer ausgearbeitet und mit Bedeutung erfüllt worden ist. Während der Klient spricht, werden die projizierten Messungen des Astrologen als Zeitpunkte möglicher Entwicklung in der Zukunft hervorgehoben werden. Ein gesunder Wirklichkeitssinn über das strategische Vorgehen im Leben wird die Dinge plausibel erscheinen lassen, und das objektive, holistische Wissen über die Vergangenheit wird für den Klienten und Astrologen bei der Visualisierung und Vorwegnahme des tatsächlichen Verhaltens in der Zukunft eine Hilfe sein.

Der Astrologe muß dieses holistische Bewußtsein immer im Gedächtnis behalten. Er muß die innere Sicherheit haben, gemeinsam mit dem Klienten zu erkennen und einzugestehen, daß sich wenig erwarten läßt, wenn sich bisher wenig im Leben ereignet hat. Ein Besuch bei einem Astrologen verändert ein Lebensmuster *nur im Hinblick auf das Verständnis, das über die bereits begründeten Strukturen erlangt wird.* Wir wissen sehr gut darüber Bescheid, daß die Vergangenheit bei holistischer Betrachtung die Gegenwart unterstützt; gleichzeitig wirkt sie auch auf die Zukunft ein und konditioniert sie. Dieses Verständnis führt zur objektiven Betrachtung von sich selbst, und aus dem Gleichgewicht der Fähigkeiten, das mit Hilfe von Objektivierung und einfühlsamer Heilung gewonnen wird, ergibt sich das strategisch richtige Vorgehen.

Strukturmuster des Abwehrverhaltens, der Schuld und der Überkompensation durch Wunschvorstellung lasten schwer auf uns. Sie beugen uns nieder, wenn wir der Zukunft näherkommen, drücken uns fortwährend nach unten. Selbst die Körperhaltung ist ein Spiegelbild für diese Last. Wir müssen etwas verarbeiten, die Sprungfeder von ihrem Druck befreien und uns selbst zum Handeln bereit machen. Dieser Vorgang muß durch Verstand, Körper und Geist unterstützt werden. Dies müssen wir bei uns selbst tun und unseren Klienten dabei helfen, es bei sich zu tun.

Eine gute Veranschaulichung dieses Vorgangs kann von den physio-spirituellen Bewegungen des T'ai Chi übernommen werden[30]. Fordern Sie den Klienten dazu auf, genau dasselbe wie Sie zu tun. Erklären Sie, daß die Übung unsinnig aussehen mag, jedoch ein wichtiges Grundprinzip lehren kann.

Halten Sie beide Unterarme vertikal vor Ihre Schultern, wobei die Handgelenke schlaff herabhängen. Die Ellbogen sollten dicht am Rumpf anliegen. Die Handgelenke werden nicht bewegt und hängen ungefähr in Schulterhöhe schlaff nach vorne herab. Sie und Ihr Klient tun das gleiche.

Erzählen Sie Ihrem Klienten, um die Peinlichkeit dieser Stellung zu mildern, über die Schwere von auf uns lastenden Verhaltensmustern, über Abwehrmechanismen, die so leicht übermäßig verstärkt und weiter fortgesetzt werden, lange nachdem sie notwendig gewesen sind, über die Vergeudung von Energien in gewohnheitsmäßigen Verhaltensweisen. Sprechen Sie ungefähr dreißig Sekunden davon.

Bitten Sie Ihren Klienten dann, beide Hände hochzuheben, so daß sie in schöner und graziöser Weise eine gerade Linie mit der Längsachse seiner Unterarme bilden. Lassen Sie ihn dasselbe tun. Wenn die Hände erhoben werden, so empfindet man eine außerordentlich starke Erleichterung in den Handgelenken. Die Wahrnehmung ist natürlich und frei, die Haltung zum Handeln bereit.

Die Handgelenke waren offensichtlich von der Schwerkraft nach unten gedrückt worden. Der rechte Winkel entsprach der Entwicklungsspannung, die der Organismus in sich aufgenommen hatte. Das Hochheben der Hände setzte Energie und abwehrende Depression frei und kennzeichnete die Bereitschaft zur Handlung. Der Vorgang ereignete sich im Rahmen der Zeit und mittels Veränderung; er wurde vom Denken verstanden und vom Körper dankbar aufgenommen.

Im Hinblick auf die Philosophie des T'ai Chi können wir noch mehr über die Ausdrucksform des T'ai im *I Ging* lernen. T'ai verkörpert den Frieden, der durch die Eintracht zwischen der empfänglichen Erde und dem schöpferischen Himmel erreicht wird. Die folgende Beschreibung aus dem *Buch der Wandlungen* ist eine eindrucksvolle Zusammenfassung der holistischen Prämisse unserer Untersuchung in diesem Buch und der philosophischen Zielsetzung, die wir im Gedächtnis behalten, wenn wir anderen bei dem Heilungsprozeß helfen, ihren subjektiven Standort in der objektiven Zeit auszubalancieren:

»T'ai: Das Zeichen deutet in der Natur auf eine Zeit, da sozusagen der Himmel auf Erden ist. Der Himmel hat sich unter die Erde gestellt. So vereinigen sich ihre Kräfte in inniger Harmonie. Dadurch entsteht Friede und Segen für alle Wesen.

In der Menschenwelt ist es eine Zeit gesellschaftlicher Eintracht. Die Hohen neigen sich zu den Niedrigen herab, und die Niedrigen und Geringen sind den Hohen freundlich gesinnt, so daß alle Fehde ein Ende hat . . .

Auf diese Weise kommen beide Teile auf ihre Rechnung. Wenn die Guten in der Gesellschaft in zentraler Stellung sind und die Herrschaft in Händen haben, so kommen auch die Schlechten unter ihren Einfluß und bessern sich . . .

. . . Wollte man auf dem üblichen Weg beharrlich dem Übel widerstreben, so würde der Zusammenbruch nur schlimmer, und Beschämung wäre die Folge.«[31]

Wenn wir Astrologen unseren Himmel im Hinblick auf die Welt des Menschen und seine Anstrengungen betrachten, soziale Harmonie zu erreichen, so müssen wir wissen, daß beide auf ihre Rechnung kommen. Das, was oben ist, ist unten und das, was außen ist, ist innen. Mit unserem Verständnis haben wir die Herrschaft in unseren Händen. Wir müssen daran arbeiten, ständige Weiterentwicklung und Veränderung erreichen zu können und schätzenzulernen. Dieser Prozeß wird mittels unseres Verstandes in seinem Wert bestimmt, er wird durch unseren Körper unterstützt, durch unseren Geist gewürdigt und von unseren Zeiten eingerahmt.

Achtes Kapitel

Spezifische Methoden der Heilung

Das Wort »Therapie« läßt etymologisch auf die Behandlung einer Krankheit oder Störung schließen, während das Wort »Heilmittel« oder der Prozeß der »Heilung« auf Genesung, Gesundung, Richtigstellung hinweist. Die feinen Nuancierungen lassen sich schwierig feststellen. Man macht es sich immer allzu leicht mit der Trennung zwischen einem Menschen, der etwas »tut«, und einem anderen Menschen, der diese »Tätigkeit« empfängt oder benötigt. Ich persönlich habe hauptsächlich deshalb ein ungutes Gefühl bei diesem Konzept, weil es dem Handelnden augenblicklich Autorität, Sachkenntnis, Verantwortung und den Anspruch auf Rechtmäßigkeit zuschreibt – ungeachtet der persönlichen Einstellung und Motivation. Die Leistung im Vorgang des »Tuns« bezieht nicht deutlich genug das menschliche *Subjekt* dieser Tätigkeit mit ein. Ich habe für dieses Buch das Wort »Heilung« gewählt, um damit die Konzeption eines *wechselseitigen Prozesses* einzuführen und hervorzuheben, der Astrologen und Klienten im Bewußtsein um die potentiellen Möglichkeiten der Angleichung zusammenführt. Dieses Wort erkennt den Gedanken der »Hilfe« innerhalb des Vorgangs an. Astrologen sind, wie alle Ratgeber, Helfer (dies wäre die beste Bezeichnung). Die Astrologie hilft anderen zu erkennen, daß sie eine Zielsetzung im Leben, daß sie das Recht auf Erfüllung haben – und daß sie nicht alleine sind.

Es gibt jedoch zahllose Ärzte, Rechtsanwälte, Geistliche und andere Berater auf allen Gebieten des menschlichen Wissens, die unzulängliche Helfer sind. Sie mögen Beglaubigungen und ein spezielles Fachwissen haben, doch sie isolieren sich selbst mittels Status, Geld und Information auf Kosten ihrer Dienstleistung im Sinne der Identität, Liebe und Perspektive. Sie verlieren die Hauptquelle ihrer potentiellen Möglichkeiten, sich des anderen sorgend anzunehmen, weil sie keine Wertschätzung für den grundlegenden Mittelpunkt ihrer Arbeit zeigen: den Menschen, dem sie einen Dienst erweisen, die Beziehung und den Austausch von Fähigkeiten mit diesem Menschen. Über die Beglaubigungen und das technische Wissen hinaus existiert die grundsätzliche Forderung, von Mensch zu Mensch eine Beziehung einzugehen und anderen dabei zu helfen, sich selbst zu helfen. Diese Forderung bildet den Grund, warum es so viele unzulängliche, entmutigende Astrologen gibt und auch so viele, die ausgezeichnet und hilfreich sind.

Die Astrologie schenkt uns die Gabe der Einsicht, doch im Leben und für das Verständnis des Lebens kann jedes Geschenk, jede Begabung, eine Gefahr bedeuten. Begabungen bringen Werturteile innerhalb des gesamten Wirkungsbereichs von persönlichen Fähigkeiten wieder ins Gleichgewicht. Sie legen Nachdruck auf die innere Welt; sie können Abwehrmechanismen stärken oder Wachstum begünstigen. Wir häufen Begleiterscheinungen von Status an, treffen eine Neubestimmung unserer Werturteile und festigen unsere neue Informationsperspektive. Wir vergessen leicht, daß unsere Gaben, unsere Begabung, nur insofern von Bedeutung sein werden, als sie die persönlichen Fähigkeiten vermehren, die wir mit anderen zu teilen haben. Sie müssen uns eine Hilfe dabei sein, eine Beziehung zur äußeren Welt herzustellen. Wird dies nicht beachtet, so isoliert jede Begabung den damit Begabten, und subjektiver Erfolg wird zu objektivem Fehlschlag.

Unsere astrologischen Gaben haben einen Ausgangspunkt in unserem Ichbewußtsein. Jede Technik, die wir lernen, probieren wir an unserem eigenen Leben aus. Aber sind wir selbst verläßliche Modelle für die übrige Welt, für die uns umgebenden Menschen? Suchen wir nach Bestätigung für unsere technische Befähigung im Hinblick auf das, *was sich in unserem Leben ereignet hat*, oder suchen wir Bestätigung im Sinne dessen, *was sich in der Entwicklung befindet*? Erkennen wir, *was wir selbst mit dem zu tun hatten, was sich ereignet*? Sehen wir unsere Technik *als eine Bestandsaufnahme oder als eine wegweisende Richtlinie* an?

Unsere astrologischen Gaben können sich nur in der Orientierung außerhalb von uns selbst erfüllen. Wenn wir unsere Begabung mit anderen im Hinblick darauf teilen, was sich in unserem Leben ereignet hat, so grenzen wir das Leben eines anderen Menschen auf unseren Gesichtskreis ein. Wenn wir unsere Begabung mit anderen im Hinblick auf die Entwicklungsprinzipien teilen, die wir erfahren haben und ständig um uns herum beobachten können, so wird unsere Begabung durch das Leben eines anderen selbst lebendig. Wenn der Astrologe weiß, daß Astrologe und Astrologie wegweisende Helfer sind, so wird dies auch der Klient bei der Konsultation sofort von Anfang an erkennen und daher vertrauensvoll und offen sein für eine fruchtbare Beziehung. Die Fähigkeiten werden miteinander geteilt, die Hilfe wird eine Klärung bringen können, und Astrologe wie Klient werden eine Bereicherung erfahren.

Die folgenden Techniken werden als Hilfe dafür angeboten, die Geschicklichkeit des Astrologen zu schärfen, um die Klienten darin unterstützen zu können, sich selbst zu helfen. Sie sollen dann Verwendung finden, wenn der Astrologe aufgrund des systematischen Aufbaus der Analyse weiß, worauf die Heilung auszurichten ist. Der Grundgedanke der Objektivierung ist dabei vorherrschend. Diese Methoden der Heilung wirken auf eine holistische Neuorientierung des Klienten im Rahmen seines allgemeinen Fragenbereichs ein, wie er in der vorbereitenden astrologischen Analyse in Umrissen sikizziert, in den Beziehungen durch schöpferische Kommunikation mit dem Klienten während der Konsultation bestätigt und durch zeitliche Strategien für eine Verhaltensmodifikation in der Zukunft angepaßt worden ist. Sie helfen bei der Angleichung des Standpunktes dem Leben gegenüber

Status/Identitäts-Belange

Einer der größten Vorzüge bei der Selbstbeobachtung – und vielleicht eine der schwierigsten Herausforderungen dabei – besteht darin, sich selbst so zu sehen, wie andere uns sehen. Dieser Objektivierungsvorgang kann allein nur sehr schwer durchgeführt werden. Während der astrologischen Konsultation ist eine solche Objektivierung unerläßlich. Der Klient überblickt den subjektiven Inhalt seiner Lebensentwicklung, wird vom Astrologen dazu angeleitet, sinnvolle Beziehungen zwischen gewohnheitsmäßigen Verhaltensmustern und Werturteilen herzustellen und ist schließlich darauf vorbereitet, den gesamten Prozeß objektiv zu betrachten. Die abschließende Stufe der Objektivierung mittels Verständnis ist sehr darum bemüht, eine Einschätzung ohne Selbstbeschuldigung zu festigen und Pläne ohne Angst machen zu können.

Wir haben durchgängig in diesem Buch gesehen, daß einem Klienten, der unter Beunruhigung über die Identität (und Unsicherheit über den Status, die aus dieser Unruhe hervorgeht) in Verbindung mit zurückgebliebener Spannung zu den Eltern leidet, die wichtige Einsicht als Rat weitergegeben werden kann, daß auch die Eltern nur Menschen mit ihren eigenen persönlichen Problemen gewesen sind und daß ihr Kind in die »Dynamik ihrer Verhaltensstrukturen« hineingeraten ist. Diese Sichtweise ruft Achtung und Mitgefühl aufgrund von Verständnis hervor. In diesem Verstehensprozeß wird eine Trennung zwischen dem eigenen Ich und den Eltern, zwischen Wirkung und Ursache vorgenommen. Die routinemäßig festgefahrene Beziehung zwischen Gegenwart und Vergangenheit wird in hohem Maße reguliert. Der Klient kann seine Lebensentwicklung durch eine neue Linse sehen. Dies kann, wird es mit Einfühlungsvermögen untersucht, eine außerordentlich große Hilfe sein.

Jeder, der einmal durch die Linse (das »Objektiv«) einer scharfen Kamera geblickt hat, hat die eindrucksvolle Objektivierung erlebt, die dann auftritt, wenn das eigene Ich von anderen getrennt wird. Die Kamera ist ein starker Schutz, ein abtrennendes und dazwischentretendes Medium. Die innere Welt erhält in irgendeiner Form eine »Sicherheitsvorrichtung«, damit die äußere Welt studiert werden kann. Fotografen werden bei der Beschäftigung mit ihrer Technik dazu genötigt, die Werte und Betrachtungsweisen zu analysieren, die für ihre fotografischen Aufnahmen vorherrschend und typisch sind. Diese Werte und Betrachtungsweisen können in alarmierender Weise enthüllend sein[32].

Die Kamera kann während einer Konsultation dramatisch dafür eingesetzt werden, um für den Klienten als Schutz bei tiefgehenden Status/Identitäts-Belangen zu dienen. Häufig habe ich einem Klienten eine Kamera gegeben, nachdem ich sie genau auf die Entfernung zwischen uns eingestellt hatte, und ihn dazu aufgefordert hatte, mich damit genau zu beobachten. Während mich der Klient durch die Kamera betrachtete, bestärkte ich die scheinbar avantgardistische Situation unter Verweisung auf die interessante Trennung, Objektivierung und veränderte Betrachtungsweise, die der Klient erlebt. Die Linse der Kamera trennt den Klienten von unmittelbar auftretenden Gefühlen.

Bei einem Fall stellte ich während dieses Vorgangs den Vater des Klienten dar (»Geben Sie vor, daß ich Ihr Vater bin und daß Sie mich fotografierten«) und fragte ruhig in die Kamera hinein: »Hast du mir wirklich verziehen, David?« In diesem Augenblick löste sich die innere Unruhe des Klienten auf. Die Erleichterung führte zu stummen Tränen, und der Verstehensprozeß warf Licht auf eine neue Sichtweise. Die Aufrichtigkeit konnte sich durchsetzen, weil das eigene Ich nicht mehr als Hindernis im Weg stand; die Last einer lebenslagen Routine wurde hochgehoben. Er hatte nicht verziehen, und jetzt wußte er, daß er es mußte, daß er es tun sollte.

Dieser oder jeder andere Vorgang, den der Astrologe als Hilfsmittel für die Objektivierung gestalten kann, trägt dazu bei, daß der Klient seine Eltern als Individuen mit ihren eigenen Problemen wahrnehmen kann. Er bringt die selbstsüchtigen Instinkte, die wir gegenüber unseren Eltern haben (und die für unsere eigene Erhaltung notwendig sind) ins Gleichgewicht mit den selbstlosen Gefühlen, die mit der Trennung von ihnen einhergehen, wenn wir geistig und körperlich ausgereift sind. Als Erwachsene müssen wir uns im Geiste als deutlich unterschiedene Einzelwesen im Gegensatz zu unseren Eltern einschätzen. Wir müssen ihnen dankbar sein für die Entwicklungserfahrung, und wir müssen eine mitfühlende Perspektive im Rückblick für jene Zeit entwickeln.

Eine Heilungsmethode, die ich der jungen, in sich selbst isolierten Frau von Fall 2 (Seite 127) anbot, war die eingehende Beschäftigung mit ihrem Hobby der Fotografie: Sie sollte nicht nur Blumen, sondern Menschen fotografieren. Dies war eine Möglichkeit für sie, mit dem Aufbau eines Wertbewußtseins über das Leben außerhalb von ihr selbst zu beginnen, ohne daß ihre emotionale Naivität dabei einem Risiko ausgesetzt wurde. – Diese Idee faszinierte sie.

Eine andere ausgezeichnete Objektivierungsmethode ist die Verwendung von Parabeln, kurzen Geschichten, die etwas Entscheidendes lehren oder einen instruktiven Gesichtspunkt begründen. Die Lektion wird mittels der Erfahrung einer anderen Person erteilt. Wenn die Geschichte auf fesselnde Weise erzählt wird, entspannt sich der Klient und begrüßt die Verlagerung des Brennpunktes von sich selbst auf andere.

Oft ziehe ich die folgende wahre Geschichte heran: »Wir sprechen gerade über Depression, und ich möchte Ihnen versichern, daß ich mich wirklich damit identifizieren kann. Ich werde manchmal so deprimiert, daß Sie es nicht glauben würden. Sie halten sich für deprimiert – nun, da sollten Sie mich erst einmal sehen! (Dies ist entspannender Humor und gleichzeitig eine geschickte Verlagerung des Brennpunktes vom Klienten fort.)

Obwohl ich theoretisch weiß, daß Depression eine allzu große Nachgiebigkeit sich selbst gegenüber ist (ein wichtiger Gedankengang, den der Klient in sein Bewußtsein aufnehmen wird und bei dessen Erwähnung er gewöhnlich erkennend lächelt), kann ich sie manchmal einfach nicht abschütteln. Eines Tages blies ich wirklich Trübsal und war vollständig deprimiert. Da erhielt ich einen Telefonanruf von einer Frau irgendwo im Südwesten. Sie befand sich in wirklicher Erregung und begann damit, mir von ihrer Tochter zu erzählen.

Während sie sprach, fing sie merkwürdigerweise gelegentlich damit an, bestimmte Worte zu buchstabieren.Sie sagte etwa: ›Und wenn s-i-e dann mit i-h-r-e-n L-e-h-r-e-r-n sprechen mußte, so war dies für s-i-e eine schreckliche Zeit.‹ Dann sagte sie im Flüsterton: ›Entschuldigen Sie bitte, Herr Tyl, meine Tochter ist gerade in das Zimmer hereingekommen; jetzt ist sie wieder fort.‹ Ich erkundigte mich daher, wie alt ihre Tochter wäre und erfuhr, daß sie siebzehn Jahre alt sei.

Das Problem bestand darin, daß die Tochter ernstlich in ihrer Entwicklung zurückgeblieben war. Im Alter von fünf Jahren hatte sie ein traumatisches Erlebnis gehabt: Sie hatte mit einem elektrischen Bratgrill gespielt; dabei schloß sich das Gerät und drehte sich weiter, während ihre Hände eingeklemmt waren und ihre Finger weggeschmolzen wurden!«

Zu diesem Zeitpunkt wird der Klient völlig von der Geschichte in Anspruch genommen sein und Gefühle über diese beklagenswerte Situation ausdrücken.

»Ich unterhielt mich mit der Mutter fast eine Stunde lang. Wir sprachen über die Jahre der Spannung, die das Familienleben in vieler Hinsicht geschädigt – und gestärkt hatten. Im Augenblick stand ein wichtiger Schulwechsel für die Tochter im Brennpunkt des Interesses. Die Mutter und der Vater hatten unterschiedliche Ansichten darüber. Wir konnten vieles dadurch klären, daß wir die Wertvorstellungen offenlegten und sie in einer praktischen Hierarchie anordneten.

Am Ende des Anrufs war die Frau äußerst dankbar. Sie fragte nach meinem Honorar, und ich sagte, daß ich keines bekommen würde, sondern ihr für die Zunkunft alles Gute wünschte und ihr in jeder erdenklichen Weise helfen wollte.

Das Wichtige bei dieser Geschichte ist nun, daß ich, als ich den Telefonhörer auflegte, bemerkte, daß ich nicht mehr deprimiert war!«

Diese eindrucksvolle Geschichte beweist in dramatischer Form die Selbstisolation innerhalb der Depression, das Verstandesmuster der Nachgiebigkeit sich selbst gegenüber und die schließliche Freiheit für das Ich, wenn es Fähigkeiten innerhalb von Beziehungen teilt. *Wenn wir anderen helfen, so helfen wir uns selbst.*

Eine andere Methode ist ebenso einfach. Klienten werden häufig sagen: »Ich bin deprimiert, ich bin ängstlich, ich *bin* so verdammt unsicher, ich *bin* wirklich unglücklich usw.« Eine objektive Heilung kann in effektiver Weise wie folgt beginnen: »Dies mag absurd für Sie klingen, Henry Kostos, aber Sie sind »Henry« und nicht »Herr Deprimiert«. Betrachten Sie die ganze Sache zum Beispiel in der folgenden Weise, wenn Sie glauben, daß dies einen Wert habe: Ich, Henry Kostos, bin mir bewußt darüber, wer ich bin – besonders mit dem Verständnis, das wir in der heute gemeinsam verbrachten Zeit miteinander geteilt haben –, und ich bin mir bewußt über etwas in meinem Innern, das als »Depression«

bezeichnet wird. Dieses Etwas versucht, meiner habhaft zu werden. Es ist nicht identisch mit mir, aber es ficht mich jetzt an!«

Dies ist ein wichtiger erster Schritt für die Objektivierung des Prozesses, wenn sich die innere Unruhe spezifisch niederschlägt. Der Klient wird dazu veranlaßt, sich selbst als *getrennt* vom Eindringen spezifischer Probleme zu sehen. Bei dieser objektiven Trennung kann die innere Unruhe deutlich bestimmt und eingestanden werden, ist eine Konfrontation mit ihr möglich,

Diese Gegenüberstellung gesteht nicht nur die Schwierigkeit, sondern auch *den getrennten Standort des Ichs* ein. Mit dieser Distanz wird der eigene Standort geklärt, können die Abwehrmechanismen zum Stillstand kommen oder in ökonomischer Weise reguliert werden, werden taktische Fähigkeiten auf den Plan gebracht und strategisch eingesetzt. Das Individuum kann Entschlüsse fassen, die Probleme umgehen oder vor ihnen fliehen. Die Wertbegriffe werden ohne die Erschwernisse einer gewohnheitsmäßigen Nachgiebigkeit gegenüber sich selbst geklärt. Es wird auf eine übertriebene Beschreibung von Problemen verzichtet, um damit zu bestätigen, daß Zeit und Leben weitergehen. Dann ist eine gründliche Untersuchung von Lösungen möglich.

Dieser Vorgang ist Teil der Technik des »Focusing«, die auf den Psychologen Eugene T. Gendlin zurückgeht. Sie entstand, nachdem Gendlin das Problem untersucht hatte, warum die Therapie nicht häufiger von Erfolg ist, und zwar in dem Sinne, daß sie allzu oft keine Veränderung im Leben der Menschen brachte: »Wir haben festgestellt, daß es nicht an der Technik des Therapeuten liegt – Unterschiede in den Therapiemethoden scheinen überraschend wenig zu bedeuten. Der Unterschied liegt auch nicht in dem, worüber die Patienten sprechen; er besteht darin, *wie* sie sprechen. Und das ist nur ein äußeres Anzeichen für den wirklichen Unterschied: nämlich für das, *was die erfolgreichen Patienten in ihrem Innern bewirken.*«

Gendlin spricht nicht davon, persönlichen Gefühlen direkt entgegenzutreten, was er als schmerzvolle Selbstquälerei bezeichnet. (Wenn wir in diesem Buch von der Konfrontation mit der inneren Unruhe sprechen, so meinen auch wir damit nicht, feststrukturierten Gefühlen direkt entgegenzutreten oder in ihrer beschreibenden Wiederbelebung zu »schweigen«. Statt dessen erkennen wir die Werte des Eingestehens von Schwierigkeiten, damit wir neue Gefühle innerhalb einer neuen Perspektive angleichen können. Der Astrologe fordert den Klienten dazu auf, sein Leben einfallsreich fortzusetzen.) Gendlin arbeitet die Bewußtheit eines

»erfühlten Sinnes« heraus. Er zeigt auf, daß niemand intellektuell sämtliche Einzelheiten eines persönlichen Problems erklären kann. Er vermutet, daß wir tiefer blicken müssen und stellt fest, daß diese Einzelheiten im Körper gespeichert sind und häufig durch den Körper enthüllt werden.

Wir alle können uns mit Gendlins inspirierter Schlußfolgerung identifizieren: Wenn wir plötzlich eine Einsicht erkennen oder einen Entschluß fassen, verändert sich unser Körper in kaum merklicher oder dramatischer Weise. Verborgenes Wissen taucht unvermittelt an die Oberfläche; Gefühle und Gedanken befreien sich aus ihrer verkrampften Haltung. Wir *hüpfen* vor Freude, wir *entspannen* uns im Ruhezustand, wir *springen* mitten ins Geschehen hinein; wir können angesammelte Spannungen *durch körperliche Übungen beseitigen*, wir *schaudern* in der Erinnerung, wir *krampfen* uns im Vorgefühl zusammen. Unser Körper berichtet uns von den Einzelheiten der psychodynamischen Bewußtheit. Jeder feinfühlige Astrologe kennt den Wert des Bewußtseins der Körpersprache in jedem Augenblick der Konsultation.

Bei Gendlins organisch aufgebauter Technik des »Focusing« wird ein Führer (der Astrologe) gebraucht, der dem Klienten dabei hilft, problematische Fragen zu objektivieren und sich mit ihnen zu konfrontieren. Die Reaktion des Körpers ist ein Schlüssel für die gewonnenen Einsichten. Der Vorgang wird während einer entspannten Unterhaltung durchgeführt, wobei das Visualisationsvermögen und die Selbstbeobachtung des Klienten mehr durch den Körper als durch den Geist bestärkt werden.

Der Astrologe führt eine Situation herbei, die Objektivierung begründen wird. Während des Gesprächs dringt der Astrologe in den Klienten, mehr mit dem Körper als mit dem Intellekt tiefere Gefühle herauszufinden. Diese Gefühle werden durch eine einfache und kunstvolle Fragestellung gelenkt. Der Astrologe wartet geduldig darauf, daß der Körper des Klienten eine bedeutungsvolle Einsicht bestätigt.

Bitte rufen Sie sich Fall 3 (Seite 137) und die wichtige Einsicht darüber (Seite 144) ins Gedächtnis. »Leslie« ist äußerst intelligent, wie wir gesehen haben, und es steht ihr jede Ausbildungsmöglichkeit offen, aber sie ist gewohnheitsmäßig über alles beunruhigt. Sie konzentriert sich in einem Augenblick auf ihre romantischen Beziehungen und im nächsten Augenblick auf ihre Angst vor einer Fortsetzung ihrer spezialisierten Ausbildung. Wir trafen uns zu einer besonderen Heilungssitzung, wofür wir eine persönlich angepaßte Form der Technik des »Focusing« heranzogen.

»Leslie, bitte entspannen Sie sich einfach nur. Setzen Sie Ihre Brille ab, ziehen Sie Ihre Schuhe aus, wenn Sie möchten; fühlen Sie sich frei dazu, alles zu tun, um es sich bequem zu machen, Sie brauchen mich nicht anzusehen, und ich muß Sie nicht anschauen. Es gibt keine vorgeschriebene Form. Wir wollen einfach ein entspanntes Gespräch miteinander führen. Das Telefon habe ich ausgeschaltet. Wir haben viel Zeit für uns, damit wir einige der Gefühle tief im Innern erforschen können, deren Verständnis uns schwerfällt.

Stellen Sie sich selbst in einem Raum vor . . . Ich glaube, es ist ein Lagerraum. Ja, machen wir einen Lageraum daraus. (Dies ist eine Bestärkung des Visualisationsprozesses, so als würde ich mit ihr daran teilnehmen.) Nun, dort drüben entlang der Seite des Raumes befinden sich gestapelte Kisten. Eine ganze Menge davon. Wenn sie nicht ordentlich aufgestapelt wären, gäbe es keine freie Stelle, wo Sie stehen könnten. Doch jetzt sind sie dort alle ordentlich aufgestapelt, so daß wir zurücktreten und sie alle betrachten können. – Können Sie das sehen?«

»Gut. Nun, diese aufgestapelten Kisten dort drüben sind Ihre Probleme, Ihre Verunsicherungen. Sie sind sicher gegen die Wand gestellt. Sehen Sie alle durch, und *greifen Sie nun eine heraus*. Diese Kiste werden Sie jetzt genau untersuchen. Welche vermittelt im Augenblick das schlimmste Gefühl?«

Leslie antwortete: »Ich fühle mich alt. Ich habe die Zeit der Herausforderung schon hinter mir.« (Leslie plante einen wichtigen beruflichen Studienlehrgang in einem aufregenden Gebiet des Kommunikationswesens. In deutlicher Übereinstimmung mit astrologischen Projektionsmessungen standen ihr alle Möglichkeiten offen. Es gab kaum eine Frage, daß sie auf der richtigen Spur war, aber sie konnte sich nicht so ohne weiteres über den gesamten Prozeß ihres Strebens freuen. Ihre scharfe Intelligenz zermürbte sie, verursachte Zweifel an sich selbst und Unbehagen.)

»Woher kommt dieses Gefühl, an sich selbst zu zweifeln, alt zu sein, sich vor Herausforderungen zu fürchten?«

»Meine Mutter.«

»Vergessen Sie nun Ihren Verstand, Leslie. Fühlen Sie nur Ihren Körper. Was sagt Ihnen Ihr Körper über Ihre Mutter?«

»Hu! Ich würde sie am liebsten die Treppe hinunterstoßen!«

»Was steckt dahinter? Was ist das für ein Gefühl?«

»Nun, ich muß sie eigentlich nicht zufriedenstellen . . . aber ich glaube, ich muß es doch, damit ich nicht zurückgewiesen werde.«

Leslie und ich sprachen, immer noch im Rahmen der objektiven Visualisierung, über ihr Verhältnis zu ihrem Vater und zu ihrer Mutter (bitte erinnern Sie sich an Seite 141). Nach und nach wurden die tiefsten Gefühle freigelegt.

»Leslie, noch einmal, welches Gefühl ist am schlimmsten? Was sagt Ihnen Ihr Körper?«

»Es ist . . . es ist die Angst davor, zu versagen.«

»Aber wir wissen doch, daß Sie aufgeweckter sind als manch einer in Ihrer Umgebung. Häufig waren wir uns darüber einig, daß Ihnen so vieles offensteht. Was steckt also hinter dieser Versagensangst? Was sagt Ihnen Ihr Körper?« (Leslie saß ganz ruhig da, obwohl ihre Augen voller Tränen standen.)

» . . . Mein Körper wird versagen.«

»In welcher Hinsicht?«

»Er wird sich nicht mehr schonen können.«

»Aber Leslie, Sie sind äußerst gesund, jung und stark.«

»Ich möchte in Beziehungen nicht entlarvt werden, doch dies ist mir mit jedem passiert. Ich möchte andere nicht enttäuschen.«

»Jeder braucht Beziehungen. Aber Sie können doch auch einen Beruf ausüben, so daß Sie ein selbständiges Leben beginnen können.«

Leslie antwortete nicht.

»Nun, Leslie, haken Sie hier nach! *Was ist wirklich so schlimm daran*? Was steckt hinter den Ängsten? Was sagt Ihnen Ihr Körper?«

Und hier zeigte sich die eindruckvolle Körperreaktion: Leslie streckte ihre Arme aus und veränderte ihre Haltung, die Spannung wurde freigesetzt: »Meine Mutter wird eifersüchtig darauf sein, wie hübsch und intelligent ich bin!«

Leslie war tief in den Unruhegefühlen den Eltern gegenüber verstrickt, die ihr Verstand in der Situation ihrer frühen Entwicklung hervorgebracht hatte und deren Strukturen so deutlich in ihrem Horoskop angezeigt waren. Wenn sie ihre Ausbildungsziele erreichte, so glaubte sie, damit ihr »Recht« darauf zu verlieren, ihre Mutter zufriedenzustellen.

Unser Gespräch war aus dem »Focusing« heraus ganz ungezwungen geworden (inzwischen waren dreißig Minuten vergangen): »*Was erfordert diese Situation*, Leslie? *Was sollte geschehen*?«

»Ich muß mich von diesem Knoten befreien, aber das ist schwierig, weil ich faul bin.« (Leslie ist alles andere als faul!)

»Vielleicht gehen Sie der Herausforderung aus dem Weg, weil Sie Angst davor haben, mit Ihren neuen Verantwortungen sich selbst gegenüber allein dazustehen?«

» . . . Das stimmt.«

Diese Beobachtung, die wir gemeinsam machten, wurde zum Angelpunkt für das objektive Verstehen und die praktische Strategie. Leslie fürchtete das Alleinsein, weil sie dadurch zurück in die elterliche Abhängigkeit gedrängt wurde. Sie bestimmte das Unruhegefühl den Eltern gegenüber im Hinblick auf den schmerzvollen Abbruch einer Liebesbeziehung, die sie vor zwei Jahren zu einem Zeitpunkt gehabt hatte, als sie ihre Ausbildung für die Zukunft plante. Sie saß mittendrin fest und fühlte sich allein.

Leslie konnte jetzt darüber lachen, und sie sagte: »Meine Mutter ist eine Heilige! Sie wird im nächsten Jahr kanonisiert werden!« (Erinnern Sie sich an die Kraft ihres Uranus, der am MC herrscht und nur dreiundzwanzig Bogenminuten entfernt von der exakten Konjunktion mit ihrer Mondknotenachse ist.) Mit großer Objektivität sprachen wir über ihre gesamte elterliche Situation, über ihre Jugend und ihre potentiellen Möglichkeiten, ihren Stolz, ihre Zukunft, ihr Bedürfnis nach eigenen Werten und Prioritäten.

»Soll Ihre Mutter kanonisiert werden, und soll sie sich daran freuen, während Sie selbst Freude an *Ihrem eigenen Leben* finden!«

Leslie würde sich nicht ohne Schwierigkeiten von diesen zutiefst beunruhigenden Beziehungen in ihrer Entwicklung befreien können, doch sie hatte sich durch das »Focusing« in lohnender Weise auf ein weiterführendes Verständnis davon konzentriert [33].

Geld/Liebe-Belange

In diesem Buch haben wir durchgängig gesehen, wie Geld/Liebe-Belange die allgemeinen und lebenswichtigen Fragen des Selbstwertes einschließen und deutlich zum Ausdruck bringen. Das übergreifende Potential von diesem Brennpunkt der persönlichen Fähigkeiten aus ist äußerst groß. Es herrscht ein sehr starker Bruch zwischen den Beziehungen zur äußeren und zur inneren Welt. Problematische Symptome im erstgenannten Bereich überdecken häufig die problematischen Ursachen im letzteren, und beide beeinträchtigen die planmäßige Handhabung aller übrigen Fähigkeiten. Pablo Picasso, der im selbstgewählten Exil außerhalb seines Heimatlandes lebte, brachte diesen Gedankengang beredt zum Ausdruck: »Ich würde gerne wie ein Armer leben und viel Geld haben.« Damit hat er die Regulierung von persönlichen Werten innerhalb der Forderungen einer materialistischen Umwelt vollkommen erfaßt: Der Arme ist dazu gezwungen, sinnvolle Lebenswerte in sich selbst zu erschaffen, und es wäre ideal, würde man das Geld haben, diese innere Sicherheit mit der äußeren Welt unter deren Bedingungen verbinden zu können.

Ein Klient rief mich aus dem mittleren Westen an. Er ist ein junger, talentierter Künstler. Er hatte gerade eine lange Phase des laufenden Pluto in Opposition mit seiner Sonne in sich aufgenommen – eine sehr große Herausforderung für seine Lebensperspektive. Seine Sonne im Widder steht an seinem Aszendenten und in Opposition mit dem rückläufigen Neptun im VII. Feld; zu dieser Achse bildet Uranus ein Quadrat vom IV. Feld aus. Dies ist ein starkes T-Quadrat von Status/Identitäts-Belangen und, aufgrund dieser, von potentieller Kraft. Sein rückläufiger Saturn ist am Deszendenten plaziert.

Im Rahmen der Richtlinien dieses Buches wird das Strukturmuster von »Pauls« Lebensentwicklung in seinen Jugendjahren sofort überaus deutlich, besonders da der rückläufige Saturn an seinem MC im Steinbock herrscht. Außerdem ist Mars, der Herrscher des Widder-Aszendenten, rückläufig und ebenfalls im VII. Feld plaziert. Das Abwehrverhalten des Rückzugs wegen seiner Status/Identitäts-Belange ist leicht zugänglich für ihn. Er hat eine sehr große schöpferische Vorstellungskraft durch seine Kunst und eine sensible Neigung zum Perfektionismus (idealisierte Verschiebung der künstlerischen Selbstdarstellung innerhalb seiner Beziehungsfragen); dies wird deutlich durch Venus in den Fischen in seinem XII. Feld symbolisiert (ein verborgener Sinn für Schönheit), die in seinem VII. Feld herrscht und sich in gegenseitiger Rezeption mit dem rückläufigen Neptun im VII. Feld befindet.

Die einflußreiche Opposition des laufenden Pluto mit seiner Sonne und seine baldige Konjunktion mit dem Geburtsneptun lenkten die Aufmerksamkeit sehr stark auf seine schöpferischen Kräfte, auf seine Pläne, seine künstlerische Arbeit auf den Markt zu bringen, sowie auch auf die persönliche Perspektive und die Selbstwert-Belange seiner Frau (Pluto durchlief das VII. Feld und herrscht in seinem VIII. Feld, dem zweiten Haus des VII. Feldes).

Paul war tief beunruhigt wegen einer wichtigen Lebensentscheidung. Er erzählte mir, er wolle weit fort in eine gute klimatische Gegend ziehen, auf dem Land leben, ein Haus bauen und seine künstlerische Arbeit auf seinem eigenen Bauernhof ausüben. Dies war der Traum seiner Frau.

Ich wies darauf hin, daß ökologische Fragen nicht unbedingt ein gutes Motiv dafür wären, den Absatzmarkt einer städtischen Umgebung zu verlassen, der für sein aufsteigendes Talent notwendig wäre. Auf seine Reaktion, wie gering seine geldlichen Mittel wären und wie erfolglos seine Arbeit zu sein schiene, gab ich ihm zu verstehen, daß er noch jung wäre, einen stark beanspruchenden Beruf hätte und noch einen ernsthaften Versuch machen müßte, seine Arbeit professionell bekanntzumachen. Es wäre allzu einfach für ihn, wollte er sich zurückziehen; zeit seines Lebens würde ihn im Rückblick die Überlegung plagen, ob er »es hätte schaffen können, wenn er dort geblieben wäre«. Er hatte sich den Luxus noch nicht verdient, vor seinen Problemen mit der äußeren Welt zu fliehen.

Unser Gespräch enthüllte, daß er während der starken Auslösung durch den laufenden Pluto tatsächlich eine möglicherweise äußerst wichtige neue Kunsttechnik konzipiert hatte. Sie war sehr aufregend und könnte außerordentlich gut verkäuflich sein. Sein kardinales T-Quadrat in den Eckfeldern verlangte ein aggressives Auftreten im Hinblick auf die äußere Welt; seine Entwicklungsmuster des idealisierten künstlerischen Rückzugs im Bereich der inneren Welt wurde durch den Traum seiner Frau verstärkt, aufs Land zu gehen und dem ganzen Trubel zu entkommen.

Das Horoskop von Pauls Frau wies starke Ähnlichkeiten auf. Auch sie hat einen Widder-Aszendenten. Venus im Widder am Aszendenten herrscht in ihrem VII. und II. Feld und bildet eine Opposition mit dem rückläufigen Neptun im VII. Feld. Ihr Mond, der im IV. Feld herrscht, von wo aus Uranus ein Quadrat mit ihrem Aszendenten bildet, ist in den Zwillingen im III. Feld plaziert und bildet ein Quadrat zu der Opposition von Mars/Saturn und Jupiter in ihrem VI. bzw. XII. Feld (ihre begriffsbildenden Fähigkeiten im Bereich der Information/Perspektive-Belange). Ganz offensichtlich können wir Status/Identitäts-Belange aus der Jugend im Elternhaus erkennen (der Mond herrscht im IV. Feld; Saturn herrscht im X. Feld; Mars herrscht am Aszendenten; Venus herrscht im VII. Feld), die in ihre späteren Beziehungen hineingetragen werden (Betonung auf dem VII. Feld). Sehr viel von diesen nachwirkenden Erlebnisresten konzentriert sich auf Geld/Liebe-Belange (Venus herrscht im II. Feld, wo Sonne/Merkur plaziert sind, die ein Quadrat mit Pluto im V. Feld bilden, wo der Mond herrscht).

Ihre Selbstwert-Belange sind tiefgehend, nervös, unbestimmt und wahrscheinlich schwächend. Unter Streß arbeitet ihre persönliche Stärke darauf hin, sich vor Beziehungen zu flüchten. Die geldlichen Fragen werden offensichtlich als rationale Begründung verwendet, da sie und ihr Mann versuchen, das Geschäft mit seiner Kunst zu einem Erfolg zu machen. Sie hat einen Traum vom Landleben, und dieser Traum von der Flucht in die Idylle verursacht Probleme der Wahl. Die Freiheit *von* der Herausforderung zeigt sich als eine deutlich negative Freiheit; die Freiheit *für* die Unterstützung der neuen Ideen ihres Mannes (die er in vollkommener Übereinstimmung von astrologischen Messungen mit diesem Potential konzipiert hat) müßte unbedingt auf Überzeugung, Solidarität und einer Ordnung von hierarchischen Werten innerhalb der Realität der Herausforderung beruhen.

In der Unterhaltung mit Paul erklärte ich alles dies präzise und ruhig, wodurch ich sein objektives Verständnis der wirklich damit verbundenen Probleme gewann: sein bequemer Rückzug vor der Herausforderung; die Fluchtmechanismen bei seiner Frau; der Mangel an Solidarität, jetzt einer Herausforderung standzuhalten, die beider Leben verändern und bald Klarheit über die Wahl bringen könnte; der dominierende Einfluß seiner Frau in dieser Situation aufgrund ihrer tiefgehenden Selbstwert-Belange. Um die Sache »abzurunden«, machte ich Paul den Vorschlag: »Bitte sprechen Sie mit Ihrer Frau über diese Aspekte. Ich glaube, wenn Sie ihr sagen, daß ihr mangelnder Stolz auf sich selbst gemeinsam mit Ihrer Anstrengung der Ausgangspunkt für ihre innere Unruhe ist, dann wird sie vor Erleichterung weinen.« Beide mußten sie die Energien freilassen, die in den Ursachen tief unter den Symptomen festgehalten wurden.

Fünfzehn Minuten später erhielt ich einen weiteren Telefonanruf. Es war Pauls Frau. Sie hatte tatsächlich bei Pauls Worten geweint, und die Erleichterung über das Erkennen hatte objektive Stärke freigesetzt. Sie zeigte sehr große innere Sicherheit während des Telefongesprächs, das in so positiver Weise damit abschloß, hierarchische Werte von praktischen Fragen im Rahmen von positiven zeitlichen Projektionen zu ordnen, die festgefügten Abwehrmechanismen der Vergangenheit aus dem Weg zu räumen und mit dem Leben für die Zukuft weiterzukommen. Es wurde zu ihrem unmittelbaren Ziel, ihren Mann von seinem Rückzug abzubringen, während sein Hauptziel darin bestand, sie von ihren Fluchtgedanken zurückzuholen. Gemeinsam hatten sie das Ziel, nach besten Kräften zu versuchen, Pauls Kunst und seine neue Technik auf den Markt zu bringen. Hoffentlich würde eine solche innere Festigkeit einen fruchtbaren Kontakt mit den äußeren Forderungen ermöglichen: entweder, um damit die äußere Anerkennung zu gewinnen, die zur richtigen Zeit die Erfüllung des inneren Traums erleichtern würde, oder innerlich um so reicher dadurch zu werden, es versucht zu haben.

Pauls Frau dankte mir für meine fürsorgliche Anteilnahme. Wir teilten einen gemeinsamen Augenblick des unmittelbaren Kontakts (»Rapport«) miteinander, der sowohl für den Astrologen als auch für den Klienten außerordentlich lohnenswert ist: Keiner von beiden ist allein, jeder ist wichtig. Ich wurde an die schönen Worte von Dr. Willard Gaylin erinnert, einem Psychoanalytiker und klinischen Professor der Psychiatrie an der Columbia University: »Fürsorglich und liebend sind wir, und fürsorglich und liebend müssen wir sein – fürsorglich und liebend werden wir so lange sein, wie wir uns selbst so wahrnehmen. In anderer Hinsicht haben wir die Freiheit, uns zu verändern, abzuwandeln, anzupassen und zu bewegen. Wir verändern die Spielregeln der Existenz. Wir sollten die Spielregeln der Existenz verändern. Dazu sind wir berechtigt. Unsere Natur wird sich in einer noch nicht voraussehbaren Art und Weise entwickeln, und so sollte es auch sein. An fürsorglicher Anteilnahme müssen wir jedoch festhalten.«[34]

Wenn wir Astrologen uns fürsorglich und liebend mit den nagenden Selbstwert-Belangen unserer Klienten beschäftigen, so haben wir es mit Minderwertigkeitsgefühlen zu tun. Der Klient spürt eine Trennung zwischen dem, was er ist, und dem, was er gerne wäre, oder dem, was Eltern, Ehepartner, Chef usw. von ihm erwarten. Auch hier herrscht wieder eine Diskrepanz zwischen der inneren Welt in ihren Erfüllung gewährenden Wahlmöglichkeiten und der äußeren Welt in ihren selektiven Vorschriften für Verhaltensweisen, die Belohnung finden. Häufig ist es nützlich für den Astrologen, dem Klienten diese Diskrepanz objektiv klarzumachen.

Dafür kann der Astrologe zwei ausgeschnittene Papierkreise verwenden. Diese beiden gleich großen Kreise können sich völlig oder zum Teil überschneiden, sie können sich in einem Tangentenpunkt berühren oder durch jede beliebige Entfernung voneinander getrennt sein. Der Klient ordnet dem einen Kreis die Symbolik des *tatsächlichen Ichs* und dem anderen Kreis die Symbolik des *erhofften Ichs* zu. Dann bringt er die beiden Kreise in eine räumliche Beziehung zueinander, die objektiv die Beziehung zwischen den beiden psychodynamischen Konzeptionen versinnbildlicht.[35]

Dieser sehr einfache Kunstgriff der Objektivierung bestimmt den Abstand bei dieser Diskrepanz; der Heilungsprozeß kann mit Fragen darüber beginnen, »welche Dimensionen sich innerhalb dieses Abstands befinden«, der die beiden Kreise voneinander trennt. Vielleicht haben Idealisierungsvorstellungen das erhoffte Ich allzu weit abgedrängt, so daß die Übereinstimmung mit dem tatsächlichen Ich unwahrscheinlich und im Rahmen der wirklichen Fähigkeiten nicht praktikabel ist. Vielleicht wird das tatsächliche Ich durch routinemäßige Abwehrmechanismen von seinem Potential getrennt. Vielleicht wird die Position des einen Kreises durch Dimensionen der inneren Welt und der andere Kreis durch Dimensionen der äußeren Welt bestimmt (wie sehen die potentiellen Schlüsselkontakte zwischen beiden aus?). Die gesamte Grundthese dieses Buches, die der Astrologe vermittelt und die der Klient in seiner eigenen Lebensrealität weiterentwickelt, kann sich zwischen diese beiden Kreise einfügen.

Innerhalb des Objektivierungsvorgangs beginnt sich der Klient deutlich im Rahmen von Entwicklung und Projektion zu sehen. Ein außerordentlich wichtiger Gesichtspunkt wird dabei untersucht und geklärt. Sehr, sehr oft muß der Klient darin unterstützt werden, sich selbst gegenüber Fürsorglichkeit und Liebe zu zeigen.

Eine andere Heilungstechnik, die den gleichen Zweck erfüllt, kann mit der freundlichen Aufforderung des Astrologen beginnen, daß der Klient – falls notwendig, mit der Hilfe des Astrologen – eine Liste mit zehn »tollen« Eigenschaften von sich selbst zusammenstellt. Natürlich ist dieses Vorhaben mit einigem Spaß verbunden – der Astrologe wird mit sanftem Nachdruck dazu ermuntern müssen –, doch das Potential dieser Übung ist äußerst ernst zu nehmen.

Der Klient wird mit einigen offensichtlichen Dingen beginnen: äußere Erscheinungsform, vielleicht sein Konversationsgeschick, Sinn für Humor usw. Währenddessen sollte der Astrologe alle erwähnten Bereiche aufschreiben und sich ermunternd und zustimmend verhalten. Es ist sehr wichtig, daß sich der Astrologe außerdem zusätzliche Anmerkungen zu jedem einzelnen Punkt notiert, die später zu besprechen sind. Wenn der Klient beispielsweise, als Teil eines Übergreifens von Selbstwert-Belangen auf Status/Identitäts-Beziehungsprobleme, offensichtliche Hemmungen in zwischenmenschlichen Beziehungen zeigt (und selbst in der Konsultation mit dem Astrologen), so wird er wahrscheinlich aufzählen: »Ich bin ein guter Zuhörer«. Der Astrologe sollte sich auf die spätere Frage »Vielleicht ein zu guter?« vorbereiten. Ein konstruktives Gespräch über Kommunikationsdynamik könnte sich mühelos anschließen.

Klienten, die unter starkem Druck durch ihre Selbstwert-Belange stehen, werden es gewöhnlich als schwierig ansehen, mehr als drei oder vier »tolle« Eigenschaften bei sich selbst aufzuzählen. Der Astrologe muß sich darauf einstellen, selbst Dinge vorzuschlagen, um die Liste zu vervollständigen, wenn der Klient dabei zögert.

Nehmen wir an, das Ziel des Heilungsprozesses bestehe darin, die Selbstsicherheit innerhalb von Beziehungen durch eine Stärkung des

Bewußtseins von den Selbstwert-Fähigkeiten zu verbessern. Der Klient hat erwähnt, daß er ein guter Koch (eine gute Köchin) sei bzw. hat ihn der Astrologe dazu aufgefordert, dies für sich zu bestimmen. Dann kann der Astrologe diese Eigenschaft in die Idee zu einem Fähigkeitsaustausch für den Klienten einbauen: »Angenommen, Sie würden ein ausgezeichnetes Essen kochen, vielleicht sogar eine hübsche Menukarte malen (als Souvenir für die Gäste) und alles zu einer tollen Party machen. Damit könnten Sie sich selbst in äußerst kreativer Weise einbringen. Sie würden andere glücklich machen und leicht neue Freunde gewinnen. Die Party und Ihr Einfallsreichtum würden ein so gutes Ausdrucksmittel für Sie sein!« Wenn die Fotografie ein Hobby des Klienten ist, so kann der Astrologe den Vorschlag machen, daß der Klient seinen Fotoapparat zu Einladungen mitnimmt, um die Gastgeber zu fotografieren und ihnen später Abzüge als ein ganz besonderes »Dankeschön« zuzusenden.

Die ganze Übung dient offensichtlich der persönlichen Bestätigung für den Klienten; diese Bestätigung ist nur in Relation zu der Objektivität, fürsorglichen Anteilnahme und Würde, die der Astrologe während der Konsultation bewiesen hat, maßgeblich und von Bedeutung. Dieser Vorgang bestärkt Identität und Selbstwert des Klienten im Rahmen der Matrix von jeder erdenklichen inneren Unruhe über Fähigkeiten, die während der Konsultation untersucht wird. Gemeinsam wird die kognitive Wahrnehmung der Fähigkeiten in realistischer Weise geklärt.

Eine junge Frau hat eine traumatische Entwicklung aufgrund der Beziehung zu ihren Eltern hinter sich. Ihre Sonne befindet sich in Opposition mit Neptun, und zu dieser Achse bildet Uranus ein Quadrat. Sonne und Uranus sind ihre elterlichen Herrscher. Ihr rückläufiger Saturn bildet eine Opposition mit Venus im XII. Feld. Der Mond herrscht in ihrem II. Feld des Selbstwertes und steht in Opposition zu Mars. Sie hat in ihrem Leben außerordentlich große Schwierigkeiten gehabt. Ihre Selbstwert-Vorstellung war in jeder Hinsicht schwer belastet durch die Status/Identitäts-Belange, die sie aus der Zeit im Elternhaus übernommen hat. Ich bat sie darum, eine Liste mit zehn Eigenschaften anzufertigen, die an ihr lobenswert und »toll« wären. Sie hatte äußerst große Mühe mit der Liste, doch schließlich war sie fertig:

1. Ich bin aufgeschlossen. *Allzu nachgiebig? Allzu leicht herumgeschubst?*
2. Gefühlsbetont. *Gefühlsbetont mit klar ausgeprägten Werturteilen?*
3. Wißbegierig auf alles. *Aber wie praxisbezogen ist Ihre Wißbegierde?*

4. Ehrlich; ich bin aufrichtig, wenn es darauf ankommt. *Sind Sie auch so sich selbst gegenüber?*
5. Geschmackvoll und empfänglich für Schönheit. *Ein verborgener Sinn für Schönheit? Allzu wenige Dinge?*
6. Gewöhnlich kann ich stark sein, wenn es nötig ist. *In offensiver oder defensiver Art und Weise?*
7. Ich teile gern mein Wissen mit anderen. *Super!*
8. Ich bin nicht selbstgefällig. *Setzen Sie sich auch selbst herab?*
9. Ich versuche, alles genau zu analysieren. *Gehen Sie zu ernsthaft analytisch vor? Können Sie über sich selbst lachen?*
10. Ich versuche, andere sich wie zu Hause fühlen zu lassen. *Fühlen SIE sich auch wohl dabei?*

Nachdem meine Klientin diese Liste mit Hilfe einiger Vorschläge von mir vervollständigt hatte, besprachen wir die zusätzlichen Anmerkungen, die oben in kursiver Schrift verzeichnet sind. Diese kontrapunktisch vorgehende Diskussion bezweckt natürlich niemals, eine positive Eigenschaft zu zerstören; es wird dabei versucht, die Beziehungsperspektive einer jeden Eigenschaft zu klären. Im Hinblick auf Punkt 6 erhielt ich auf meine Frage »In offensiver oder defensiver Art und Weise?« die Antwort: »Wenn ich offensiv denke, kann ich eine Menge bewirken«. Ich fragte nach einem Beispiel und bekräftigte dieses Beispiel dann in positiver Weise dadurch, daß ich ihren Stolz weckte, mit einer offensiven Demonstration ihrer Stärke Erfolg gehabt zu haben. Als wir Punkt 8 überprüften, wies ich darauf hin, daß ihre Liste keine einzige Erwähnung von Attraktivität, Liebe oder Sexualität einschließen würde (»gut im Bett« ist ein sehr einschneidender Bereich, der genau beachtet oder vorgeschlagen werden sollte, da wir wissen, daß sich Selbstwert-Belange innerhalb von Beziehungen in dramatischer Weise in sexuellen Ausdrucksformen niederschlagen). Es waren zwar einige dieser Bezüge in den Punkten 2, 5 und 10 mit eingeschlossen, doch waren sie innerhalb ihres Selbstprofils nicht deutlich ausgebildet. Unser gemeinsames Gespräch über die *objektive* Liste trug viel dazu bei, ihren Standort der Wertbestimmung auf dem Höhepunkt einer eindeutig schwierigen Entwicklungsspannung zu festigen.

Wie wir auf Seite 70 beobachtet haben, sind Menschen mit Selbstwert-Belangen häufig nicht in der Lage dazu, anderen Komplimente zu machen. Aus irgendeinem Grund haben sie das Gefühl, daß sie selbst dadurch herabgesetzt werden. Der Astrologe kann dies aufgrund des vorbereitenden Aufbaus der astrologischen Analyse erwarten, bevor der Klient zur Konsultation erscheint, und er kann dem Klienten aufmerksam zuhören und darauf achten, ob er während der Konsultation natürliche Komplimente zurückhält und im Ausdruck emotionaler Werte eng in sich selbst befangen ist.

Es ist völlig natürlich, daß der Klient angespannt ist, wenn er bei dem Astrologen eintrifft. Er kommt in eine neue Umgebung, worüber er wenig weiß. Der Klient wird versuchen, einen Teil dieser Spannung direkt bei ihrem Zusammentreffen in ein zwangloses Gespräch mit dem Astrologen zu lenken. Dies geschieht häufig dadurch, daß Komplimente gemacht werden und beruht auf der psychodynamischen Prämisse, daß derjenige herzlich empfangen wird, wenn er Anerkennung zeigt. Wir kommen in die Wohnung oder das Büro eines anderen, und sofort finden wir Anlaß, etwas Nettes zu sagen; eine schmeichelhafte Beobachtung sichert einen herzlichen Empfang.

Der Astrologe sorgt seinerseits dafür, daß sein Büro oder Arbeitszimmer ordentlich, interessant und anheimelnd ist, damit etwas über seinen persönlichen Geschmack und sein Organisationstalent ausgesagt wird. Im Konsultationsraum sollte etwas vorhanden sein, das in ganz besonderem Maße Beachtung oder Komplimente verdient. Ein solcher Mittelpunkt der Aufmerksamkeit regt zum zwanglosen Gespräch an, hilft dem Klienten dabei, sich akzeptiert zu fühlen, und unterstützt den Astrologen darin, die innere Sicherheit des Klienten, seine Sensibilität, sein Konversationsgeschick und vieles mehr abzuschätzen. Wenn Komplimente ausbleiben, so muß der Astrologe den tieferen Sinn dieser Tatsache erkennen.

Wenn der Astrologe während der Konsultation beobachtet, daß die Selbstwert-Vorstellung mit Nachdruck verteidigt wird bis zu dem Punkt, daß Beziehungen darunter leiden, da die geschwächte Selbstwert-Vorstellung nicht in ausreichendem Maße eine Verbindung mit den Selbstwert-Begriffen anderer herstellen kann (das II. Feld ist in seiner Bewußtheit dem VIII. Feld entgegengesetzt), so muß dieser entscheidende Gesichtspunkt besprochen werden. Sehr häufig ist diese Situation mit Horoskopmustern verbunden, welche hervorheben, daß der oder die Signifikator(en) des VIII. Feldes unter Spannung stehen.

Zu einem geeigneten Zeitpunkt während der Konsultation kann der Astrologe den Klienten zu einem einfachen Experiment auffordern. Der Klient sollte an einer freien Stelle des Raumes stehen, ohne einen Stuhl, ein Buchregal oder einen Tisch in der Nähe zu haben, worauf er sich stützen könnte. Der Astrologe sollte ungefähr vier Schritte von dem Klienten entfernt in der Nähe der Zimmertür stehen. Der Astrologe sagt zum Klienten: »Ich werde Sie jetzt lediglich darum bitten, nacheinander zwei einfache Dinge zu tun. Bitte machen Sie nur das, wozu ich Sie auffordere, ohne etwas darüber zu bemerken. Wir werden später über alles sprechen. Einverstanden? Nun, als erstes: *Bitte machen Sie mir ein Kompliment.*«

Der Astrologe sollte diese Bitte sehr einfach, freundlich und deutlich äußern und bewegungslos auf die Antwort des Klienten warten. Er sollte sich erwartungsvoll auf den Mund des Klienten konzentrieren (und nicht auf seine Augen, damit er die innere Sicherheit des Klienten nicht übermäßig bedroht, aber seinen eigenen Blick ruhig hält).

Der Klient wird für den Augenblick verdutzt sein und nach den »richtigen« Kompliment suchen. Er wird annehmen, daß der Astrologe etwas im besonderen erwartet.

Der Astrologe wird vielleicht auf eine Antwort drängen müssen. Wenn der Klient ein Kompliment macht – wobei es keine Rolle spielt, wie unpassend, oberflächlich, scharfblickend oder schmeichelhaft es sein mag –, sollte der Astrologe keine Miene verziehen, sich langsam und schweigend von dem Klienten abwenden und sofort einige Schritte von ihm weggehen, vorzugsweise aus dem Raum heraus, aber noch in Sichtweite bleiben. Er sollte keinerlei zusätzliches Werturteil zeigen, auch nicht durch seine Körperhaltung oder die Ansicht des Rückens oder der Schultern von hinten. Nach fünf Sekunden (nicht länger) sollte der Astrologe zu der Ausgangsposition im Zimmer zurückkehren und den Klienten anschauen: »Gut. Jetzt das zweite: *Bitte machen Sie mir noch ein Kompliment.*«

Die Spannung erhöht sich. Der Klient ist verwirrt, aber er wird den Vorgang nicht für absurd halten, wenn der Astrologe ernst bleibt und seine innere Ruhe bewahrt.

Wenn der Klient das zweite Kompliment ausspricht, sollte der Astrologe ein warmherziges Lächeln zeigen, langsam und mit Wohlwollen auf den Klienten zugehen und sagen: »Vielen, vielen Dank.« Dann sollte er in freundlicher Anerkennung seinen Arm um ihn legen.

Der Klient »taut« gewöhnlich auf, wenn er den Gegensatz zwischen den Reaktionen des Astrologen erkennt, und erwidert in der Regel die Umarmung. Es wird in so eindrucksvoller Weise deutlich, wie lohnenswert es im Hinblick auf Beziehungen sein kann, ein Kompliment anzuerkennen. Bei der ersten kalt wirkenden Reaktion wurde das Kompliment des Klienten ignoriert (so viele Menschen mit Selbstwert-Belangen können Komplimente nicht ohne weiteres annehmen; die fehlende Würdigung von Komplimenten ist gleichbedeutend damit, die Beziehung zu demjenigen zu ignorieren, der das Kompliment macht); bei der zweiten warmherzigen Reaktion wurde das Kompliment des Klienten mit der Sicherheit und Wärme einer Beziehung belohnt. »Ich danke Ihnen dafür, daß Sie gemeinsam mit mir dieses Experiment ausgeführt haben. Genau dieser Vorgang spielt sich täglich, während des ganzen Lebens, in so vielen verschiedenen Formen ab. Sehen Sie, wie wichtig es ist, eine positive Beziehung zu anderen einzugehen, indem man ihnen aufrichtige Komplimente macht, ihre Fähigkeiten, ihre Position eingesteht und selbst als Ausdruck der Dankbarkeit die Hand ausstreckt, wenn man ein Kompliment erhält. Sie können andere so glücklich damit machen . . . und sich selbst auch. Sie können dabei so viel gewinnen!«

Information/Perspektive-Belange

Eine gleichnishafte Geschichte, die von vielen spirituellen Lehrern bevorzugt erzählt wird, handelt von zwei Mönchen, die sich auf einer langen Fußwanderung zurück zu ihrem Kloster befinden. Der eine Mönch ist sehr alt, der andere sehr jung. Schweigend wandern sie dahin. Schwere Regenfälle haben ihren Weg schlammig werden lassen und mit Pfützen übersät. Sie gehen gerade und unbeirrbar weiter.

Die beiden Mönche kommen an einem reichen Landsitz vorbei. In der Türschwelle des Hauses steht eine wunderschöne Geisha in prächtigen Gewändern. Nachdenklich betrachtet sie eine große Pfütze davor. Ihre zierlichen weißen Füßchen und ihre Kleiderschleppe sind von Schmutz bedroht.

Der jüngere Mönch verläßt den Weg, um der Geisha zu helfen. Er hebt sie über die Pfütze auf trockenen Boden und kehrt dann zu seinem älteren Gefährten zurück, dessen Gesicht stummen Zorn verrät.

Die beiden Mönche setzen ihre Reise noch drei Tage fort. Sie tauschen kein einziges Wort miteinander aus.

Als sie schließlich sicher in den Mauern ihres Tempels angelangt sind, läßt der ältere Mönch seinem Ärger über den jüngeren Mönch freien Lauf: »Du solltest dich schämen! Es ist uns Mönchen nicht gestattet, in die Nähe von Frauen zu gehen, weil es gefährlich ist. Warum hast du das gemacht?«

Der jüngere Mönch entgegnet: »Ich habe die Frau dort zurückgelassen. *Trägst du sie immer noch?«*

Der Verstand trägt angesammelte Informationen, Werturteile und Standpunkte innerhalb eines gewohnheitsmäßigen Kreislaufes mit sich, der den Vorgang der Wahl lenkt und ständig die persönliche Perspektive bestimmt. Der veränderliche Charakter des Wechselfelder-Kreuzes der Information/Perspektive-Fähigkeiten greift ständig über auf Festsetzungen eines neuen Bewußtseins von Status/Identität und auf die allgemeinen Selbstwert-Belange im Bereich der Geld/Liebe-Fähigkeiten. Die Idealisierungen der Vorstellungswelt und die Begriffsbildung der Realität verschlingen sich untrennbar ineinander. Der Kreislauf des Denkens wird individualistisch strukturiert, und diese Strukturmuster arbeiten für die Erhaltung von Gleichheit, Routine, Voraussagbarkeit, Sicherheit. Wir alle bleiben aufgrund allzu großer Subjektivität »im Schlamm stecken«.

Unsere Verhaltensforschung setzt eine gewisse Übereinstimmung zwischen allen Menschen voraus, da alle Gehirne grundsätzlich und ihrer Funktion nach gleich sind: Sie sind zweiseitig symmetrisch aufgebaut (Zwillinge); der Balken (Corpus callosum) verbindet die beiden Hirnhemisphären miteinander (Horizontlinie), und das Rückenmark setzt sich als Hirnstamm fort (MC-Achse). Das Gehirn des erwachsenen Menschen macht zwei Prozent seines Körpergewichts aus, doch es verbraucht zwanzig Prozent des Sauerstoffs im Körper (Merkur).

Von der Verhaltensforschung wissen wir, daß die Ähnlichkeiten zwischen den Gehirnen von verschiedenen Menschen dann aufhören, wenn das Gedächtnis individuelle Erfahrungen und Reaktionen verzeichnet, wenn die Identität gespeichert und ausgebildet wird. Dieser Individuationsprozeß ist eigentlich die Trennung zwischen der »Wirklichkeit« des Gehirns und dem Konzept des Verstandes. Die Wissenschaft kann diese Trennung bisher noch nicht assimilieren, doch die holistische Astrologie kann dies: Das Gehirn steht für die äußere Aufnahmefähigkeit, der Verstand für das innere Potential. Es ist lohnenswert für uns, dies weiter zu untersuchen, damit wir feststellen können, wie der Verstand im Rahmen der eigenen Vorstellungsbildungen durch die Wahl von Informationen zur Begründung von Perspektive arbeitet.

Ein Reiz wird in unserem menschlichen Bewußtsein registriert. Er wird durch elektrische Signale entlang der Nerven durch unseren ganzen Organismus weitergegeben. Diese Signale wirken im Gehirn aufeinander ein, um Reaktionen hervorzurufen. Bei der Deutung sind wir dazu aufgefordert, zwischen dem Geschehen (dem Reiz) und der Aufnahme davon (der Reaktion) zu unterscheiden. Die Bedeutung eines Geschehens, eines Reizes, wird durch den Verstand erfaßt; sie liegt nicht in dem Ereignis selbst, sondern in unserer Reaktion darauf. Noch einmal: Geschehnisse haben erst dann einen Wert, wenn der Mensch ihnen diesen Wert zuschreibt.

Dies ist ein äußerst wichtiger Gedanke bei der Heilung. Ich erinnere mich an einen dramatischen Fall: Eine Frau, deren Horoskop ich in allen Einzelheiten kannte, rief mich eines Tages an, um mir zu sagen, sie hätte gerade die Nachricht erhalten, daß ihre Mutter einige tausend Kilometer entfernt Selbstmord begangen hätte. Die Tochter war vollkommen ruhig, sachlich, unberührt. Obwohl ich jedes mir bekannte astrologische Hilfsmittel heranzog, konnte ich dieses dramatische Ereignis nicht im Horoskop der Tochter »finden«. Nach einer nicht geringen Verblüffung über dieses scheinbare Versagen der Astrologie (oder des Astrologen!) kam es mir plötzlich in den Sinn, daß ich dieses Ereignis für so besonders bedeutsam hielt, daß ich kulturell so konditioniert war, eine damit konforme Reaktion bei der Tochter zu erwarten, während die Tochter dies völlig individualistisch auslegte: Es bedeutete sehr, sehr wenig – wenn überhaupt etwas – für sie! Das Geschehen ließ sich aus dem Horoskop nicht ablesen, weil es für den individuellen Menschen keine Bedeutung hatte. Aufgrund einer Lebensentwicklung mit Entscheidungen und Reaktionen, die gänzlich individualistisch waren, und aufgrund einer charakterlichen und geistigen Struktur, die ebenfalls völlig individualistisch geprägt war, gab sie dem Geschehen nicht den erwartungsgemäßen Wert – ein Geschehen, das für einen anderen Menschen verheerend hätte sein können.

Umgekehrt ist häufig eine spezifische Entwicklungsspannung im Horoskop, in der holistischen Entwicklung eines Menschen angezeigt, und die Reaktionen des Betreffenden auf das entsprechende Ereignis gehen weit über normale Erwartungen hinaus. Auch hier wieder sind wir uns darüber bewußt, daß irgend etwas in der Psyche vor sich geht, wodurch das voraussagbar Konformistische durcheinandergebracht und das individualistisch Expressive hervorgehoben wird.

Wir wissen, daß alle im voraus angelegten Verhaltensmuster des Individuums astrologisch gesehen durch das Hauptnetzwerk der Aspektstrukturen analysiert werden können. Signifikatoren sind Schlüssel für grundlegende Fähigkeitsbereiche und erhalten psychodynamisches Verhaltenspotential durch Aspektbeziehungen zu anderen Signifikatoren, die symbolisch für andere Fähigkeitsbereiche stehen. Holistisch gesehen sind die Teile Ausdruck für die Ganzheit. Es ist sehr einfach und lohnenswert, einen Zusammenhang zwischen diesen astrologischen Aspektstrukturen und den neurologischen Netzwerken im Gehirn herzustellen. Wenn wir diese beiden parallel zueinander untersuchen, kommen wir sehr nahe an die Bestimmung dessen heran, wie und wo das Gehirn in seiner allgemeinen Form die Oberherrschaft an den individualistisch geprägten Verstand abtritt.

Die graue Substanz des Gehirns (Kortex, die Großhirnrinde, 3–4 mm dick, gefurcht und faserig) ist voller Nervenzellen. Der weiße Bereich, den sie bedeckt, enthält Nervenfaserstränge. Die Anzahl der Zellen, die in Gruppen angeordnet sind, geht in die Milliarden. Die Zellkörper haben lange, verästelte Finger, die von ihrem Mittelpunkt (Zellkern) ausgehen und als Dendriten bezeichnet werden. Einer dieser langen Dendriten entwickelt sich zu einem Neurit (Achsenzylinderfortsatz). In der weißen Substanz des Gehirns liegen unzählige Gruppen von Neuriten.

Am wichtigsten für unser Verständnis ist der Neurit, da er der Leiter des elektrischen Nervenimpulses ist, welcher mit der bestimmten Gruppe von Zellen identifiziert wird. Der Neurit wird von einer stark fetthaltigen Nervenscheide (Myelin) umgeben und hat die höchst wichtige Fähigkeit, die Impulse in jeder Richtung weiterleiten zu können. Ungeachtet der Intensität des Reizes besitzen Neuriten ein inhärentes Reaktionsvermögen. Wenn ein Neurit unter Strom gesetzt wird, so wird er um jeden Preis eine »Entweder-oder-Reaktion« leisten wollen.

Wenn etwas geschieht und in unser Bewußtsein eindringt, so wird ein Reiz in unterschiedlichen Frequenzstärken verzeichnet; Impulse werden empfangen und ausgesendet, und in irgendeiner Weise sind die Zellgruppen nach Kategorien im Hinblick auf spezifisch geprägte Ziele organisiert. Dieser Prozeß läßt sich leicht auf die astrologischen Aspektstrukturen, auf alle Komponenten des Horoskops übertragen: Ein Reiz (laufende Planeten, Sonnenbogen-Progression, Sekundär-Progression) tritt in unterschiedlichen Frequenzstärken auf (Auslösung); Impulse werden empfangen und ausgesendet (Beziehungen durch Aspekte mit anderen Planeten), und in irgendeiner Weise sind die Zellgruppen (die Aspektgruppen selbst) im Hinblick auf spezifische Ziele organisiert (Felderbezüge, die Vorschriften der äußeren Welt und Fähigkeiten der inneren Welt verzeichnen).

Mit der Bezugnahme auf Gehirn/Verstand im Bereich der Information/Perspektive-Belange des Wechselfelder-Kreuzes können wir beginnen, das gesamte Horoskop als eine Analogie zu dem neurologischen

Prozeß des Menschen zu sehen. Die neurologischen Reaktionsfähigkeiten werden durch die Planeten dargestellt: Die Art und Weise, in der wir denken müssen, um die größte Wirksamkeit zu erzielen (Merkur); unser Bedürfnis nach ästhetischer und emotionaler Verbindung (Venus); die Art und Weise, in der wir Energie für die größtmögliche Wirksamkeit einsetzen müssen (Mars); das Bedürfnis nach einer bestimmten Art von Bestätigung, Bereicherung und Wirkung nach außen (Jupiter); unser Bedürfnis nach Aneignung von Kontrollen zu Leistungsfähigkeit und strategischem Vorgehen (Saturn); unser Potential für eine stark ausgeprägte Individualisierung und Intensivierung des Ichs (Uranus); die schöpferischen Visualisationskräfte im Hinblick auf Schutz oder Planung (Neptun); unser Bewußtsein von persönlicher Perspektive im Gesamtplan der Dinge (Pluto). Die Lebensenergie des gesamten Systems wird in der Mischunganalyse von Sonne und Mond gesehen, wobei der Mond das Hauptbedürfnis der Persönlichkeit versinnbildlicht.

Mit dieser Rekapitulation der Kernsymbolik dieses Buches ist die Vorstellung einfach und lohnenswert, daß jeder Planet unzählige, spezifisch ausgeprägte Gruppen von Neuriten verkörpert, die in nach Kategorien festgelegten Funktionseinheiten herumwirbeln und sich mit anderen Gruppen verbinden, die für andere Planeten stehen. Fähigkeiten werden miteinander kombiniert, wenn die innere Welt sich in der Entwicklung anschickt, den Vorschriften der äußeren Welt entgegenzutreten. Es ist einfach, sich das Zusammenfließen von elektrischen Energien zwischen den Gruppen in Form von Aspektbeziehungen zwischen den Planeten vorzustellen. Aufgrund ihrer Strukturierung können wir wahrnehmen, wie die gleichen, nach Kategorien geordneten Gruppen bei jedem Individuum unterschiedliche Beziehungen zueinander eingehen. Wir können sehen, daß die Horizontachse bei jedem Individuum differiert und daher die beiden Großhirnhemisphären (Corpus callosum) in unterschiedlicher Weise miteinander verbindet. Wir können erkennen, daß die MC-Achse bei jedem Individuum anders ist, genauso wie sich die neurologischen Komponenten des Rückenmarks bei jedem Individuum in unterschiedlicher Weise in den Hirnstamm verlängern. Wir können den starken Einfluß des Merkur (»Ich denke, also ich bin«) als Symbol für den lebenswichtigen und unverhältnismäßig großen Sauerstoffbedarf des Gehirns ansehen, wobei das Bewußtsein eines jeden Individuums von sich selbst auf der Symbolik seines individuellen Merkur aufbaut und durch die Beziehungen zwischen den vielfältigen Fähigkeiten strukturiert wird. Innerhalb der Übereinstimmung zwischen Gehirnen als Ganzes gesehen beginnen wir, die individuelle Abweichung der Teile und ihre wechselseitigen Beziehungen beim Individuum zu erkennen.

Im letzten Abschnitt des Reaktionsmechanismus finden wir den »Sitz« des Verstandes. Jeder Neurit endet in einer Synapse (Nervenübergangsstelle), einer Art von bipolarem Gitter. Jede Synapse liegt direkt einer anderen Synapse gegenüber, vergleichbar zwei sich gabelnden Leitungsdrähten. Zwei entscheidende Entdeckungen über die Synapse können für die Astrologie bei der Untersuchung von Begriffsbildung, Wahl und Reaktion außerordentlich wichtig sein. Erstens, *zwischen den Synapsen existiert eine Lücke*. Zweitens, *innerhalb dieser Lücke existiert das Potential für Annahme oder Ablehnung*.

Innerhalb der Lücke zwischen den Synapsen sind gewisse Chemikalien als Auslöser wirksam. Ein »Funken« schafft es irgendwie, diesen Zwischenraum zu überqueren und verbindet die beiden herumwirbelnden Zellkörper in einem Zustand der Annahme oder Ablehnung miteinander. Für die Astrologie gebe ich die Anregung, daß der Synapse-Punkt dem Verbindungspunkt zwischen zwei Planeten im Aspekt zueinander entspricht. In diesem Sinne zeigt ein Aspekt ein Potential an, das realisiert, abgeändert, verfehlt oder überwunden wird, was von dem Verhalten des Einzelnen abhängt. Der Zwischenraum zwischen den Synapsen ist die Lücke bei der Wahl, die das Individuum dadurch füllt, daß es zwei Verhaltensfähigkeiten in der Reaktion auf ein Ereignis miteinander verbindet und ein Werturteil im Rahmen der kognitiven Wahrnehmung von Verhaltensfähigkeiten festsetzt.

Im Rückenmark gibt es Neuronen, die in beiden Richtungen verlaufen, und in der grauen Substanz des Rückenmarks herrscht eine dichte Konzentration von anregenden und hemmenden Zwischenneuronen. Ist dieses Konzept in der Astrologie nicht auf Mars und Saturn übertragbar? Ist dies nicht die Verhaltenspolarität bei jeder Reaktion: Anregung zu weiterem Wachstum und Überleben und notwendige Hemmung zwecks größerer Kontrolle und Lernerfahrung? Entspricht diese Polarität nicht der Herausforderung der Wahl, dem Kampf zwischen heiß und kalt, der die Willensäußerung erforderlich macht? Bringt uns nicht das gesamte Bewußtsein der Wahl zum Denken, zum vollen Gebrauch unseres Gehirns, zur Abschätzung von Bedürfnissen in Relation zu unseren Fähigkeiten und dies im Hinblick auf Erfüllung durch die Beziehung zu der uns umgebenden Welt?

Bei jeder Wahl also, bei jeder Reaktion, die einem Ereignis einen individuellen Wert zuschreibt, arbeitet das Gehirn in seiner Gesamtheit:

Wirbelnde Bewegungen von Nervenzellen werden in individuell ausgeprägte Verhaltensfähigkeiten übertragen, damit individuell ausgeprägte Bedürfnisse erfüllt werden können. Unser Verstand muß in einer bestimmten Weise reagieren (Merkur), und er muß sich notwendige Kontrollen (Saturn) und Energiepotential (Mars) aneignen. Meiner Ansicht nach bestimmen diese drei Planetensymbole die Matrix des Willens.[36]

Dieser gesamte Prozeß wird dann durch unsere Erfahrung während der Entwicklung konditioniert. Ständig speichern wir Informationen, um eine Wahl treffen zu können. Die Gesamtheit der getroffenen Entscheidungen bestimmt, wer wir sind. Unser eigener Verstand formt sich in Relation zu dem Verstand derer, die uns beurteilen. Die Polaritäten von Verstand und Gehirn, eigenem Ich und anderen, Bedürfnissen und Vorschriften, Sein und Nicht-Sein sind ebenso funktional wirksam für die Lebensentwicklung wie die Polaritäten von Tag und Nacht, Sonne und Mond. Die Beziehungen innerhalb der Polaritäten, die Lücken zwischen ihnen, sind der »Sitz« der inneren Unruhe. Dasein ist eine Angelegenheit von Leben *und* Tod.

Wenn ein Klient starke Entwicklungsspannung im Bereich der Information/Perspektive-Belange zeigt, so steht der Begriffsbildungsprozeß im Brennpunkt von stark ausgeprägter innerer Unruhe. Leslie (Fall 3) ist ein eindeutiges Beispiel dafür. Der Verstand hat interpretierende Beziehungen in Form von Reaktionen der inneren Wertgebung auf äußere Verhältnisse hergestellt. Diese interpretierenden Beziehungen verfestigen sich zu gewohnheitsmäßigen Vorstellungen, die gegen Unschlüssigkeit bei künftiger Wahl schützen und Entscheidungen verstandesmäßig rechtfertigen, die in der Vergangenheit getroffen worden sind. Wir kennen die Grundursache einer solchen inneren Unruhe: der Konflikt zwischen inneren Bedürfnissen und äußeren Vorschriften.

Der Verstand ist ständig auf dem Sprung, jede bewußte Wahrnehmung bedeutsam zu machen. Jedes Ereignis, jeder Umstand oder Druck erhält durch den beunruhigten Verstand einen Sinn zugeschrieben. Jedes Stück Information muß zur weiteren Begründung von persönlicher Perspektive in strategische Bedeutsamkeit umgewandelt werden. Diese Beobachtung hat sich für mich bestätigt durch einen fesselnden Bericht in Wilder Penfields Buch *The Mystery of the Mind*. Die Gehirnchirurgen Penfield und William Feindel beobachteten Seite an Seite im Operationssaal die Reaktionen von Patienten, wenn der Schläfenlappen des Gehirns schwache Stromstöße erhielt. Sie stellten fest, daß sie bei einigen Patienten künstlich einen Zustand von automatischer Reaktion, ziellosen Bewegungen und Bemerkungen hervorrufen konnten. Ein Patient sagte:

»Zeit und Raum scheinen ausgefüllt zu sein.«[37] – Welch ein Gedanke! Die Lücken zwischen den Synapsen scheinen geschlossen zu sein. Die gesamte Gehirnfunktion scheint der holistischen Vervollkommnung, der vollständigen Integration zu dienen und subjektive Zeit und objektiven Raum auszufüllen. Umfassende Fülle und Vervollkommnung sind sehr bedeutsame Zustände.

Dieser unwillkürlich ablaufende Prozeß, dieses Rätsel, kann schon an sich zur Heilung herangezogen werden. Der Astrologe kann dem Klienten beispielsweise eine Übung empfehlen, die er ungestört zu Hause ausführen sollte: »Ich möchte Ihnen gerne eine Übung vorschlagen. Sie ist eigentlich absurd, doch genau dies wird beabsichtigt, wie ich gleich erklären werde. Wählen Sie einen Zeitpunkt während Ihres normalen Tagesablaufs, wo Sie fünf Minuten lang allein und ungestört sein können. Nehmen Sie den Telefonhörer von der Gabel, stellen Sie Radio und Fernsehen aus, und sorgen Sie dafür, daß Sie nicht gestört werden. Stellen Sie dann eine Küchenmeßuhr auf fünf Minuten ein. Und nun fordere ich Sie dazu auf, etwas wirklich Absurdes zu tun: Stellen Sie einen standfesten Stuhl in die Mitte eines Zimmers, und stellen Sie sich darauf! Stehen Sie nur auf dem Stuhl und tun Sie nichts anderes, bis die Küchenglocke nach fünf Minuten schellt. *Horchen Sie einfach auf Ihre Gedanken.* Bitte versprechen Sie mir, daß Sie dies drei Tage hintereinander, jeweils einmal am Tag, ausprobieren werden. Rufen Sie mich dann an und lassen Sie uns darüber sprechen.«[38]

Der Klient kann dazu aufgefordert werden, seine Gedanken dabei niederzuschreiben, Der Vorgang kann eine Woche oder beliebig lange wiederholt werden. Der Grundgedanke dabei ist, daß die Übung unsinnig ist, *aber der Verstand bemüht sein wird, sie bedeutsam zu machen.* Während der Klient auf dem Stuhl steht, wird sein Verstand auf Hochtouren laufen, um sich selbst zu beschäftigen. Die innere Unruhe wird sich auf eine Schicht der Selbstbeobachtung nach der anderen konzentrieren. Häufig wird der Klient erstaunliche Entdeckungen dabei machen.

Eine meiner Klientinnen hat eine Konjunktion von Pluto zwischen Sonne und Mond in ihrem XII. Feld (einem Arm des Kreuzes der Wechselfelder). Die dreifache Konjunktion ist, ebenso wie der Aszendent, im Löwen plaziert. Sämtliche Planeten des Horoskops befinden sich in der östlichen Hemisphäre (und schützen damit die Identität; bitte erinnern Sie sich an Seite 60). Ihre elterlichen Signifikatoren stehen unter Spannung (Pluto herrscht in ihrem IV. Feld und steht in Konjunktion mit Sonne und Mond; Venus herrscht an ihrem MC und im III. Feld der

Begriffsbildung und ist durch Quadrat mit Neptun verbunden. Merkur herrscht in ihrem II. Feld, in dem Neptun plaziert ist; Merkur ist rückläufig, bildet ein Quadrat mit ihrem Mars im X. Feld und ein Halbquadrat mit ihrem Saturn im XI. Feld). Es gibt keinen Zweifel, daß ihr Stolz verborgen unter einem unsicheren Selbstwert-Bild liegt, was sehr stark durch ihr elterliches Umfeld konditioniert worden ist.

Diese Frau stand an mehreren aufeinanderfolgenden Tagen fünf Minuten lang auf ihrem Stuhl. Sie berichtete mir aufgeregt von unglaublich lohnenswerten Einsichten, wie ihre Mutter sie in der Kindheit manipuliert hätte. Besondere Erinnerungen wurden wach und dann durch ein neues Verständnis in eine angemessene Perspektive gerückt. Ihre Spannungen ließen sehr stark nach; sie konnte offen sein für einflußreiche Aspekte des laufenden Jupiter mit ihrer dreifachen Konjunktion (Sonne-Pluto-Mond) und zum erstenmal in ihrem Leben, seitdem sie erwachsen war, beruflichen Status und persönliche Identität sicher und selbstbewußt begründen.

Ohne den Nutzen der Selbstbeobachtung – ob sie nun spontan verläuft oder als Heilverfahren eingesetzt wird – bleiben Klienten mit Information/Perspektive-Belangen im »Schlamm« von defensiven Vorstellungsprozessen stecken. Sie werden häufig die Abhängigkeit von anderen zu erlangen suchen, damit sie Unterstützung für den Sinn und die Ausrichtung ihres Lebens finden. Einige werden spirituelle Lehren *falsch auslegen* oder sich *unvollkommene* Lehren erwählen, die sich in ihre hauptsächlichen Problembelange einfügen lassen. Wenn beispielsweise Beziehungen und die Sexualität aufgrund von Selbtwert-Belangen eine Bedrohung darstellen, so könnte eine Lehre, die für die Sublimierung (häufiger die Verdrängung) der Sexualität eintritt, als spirituell-rationale Begründung dienen, womit sich der Betreffende vor diesem allgemeinen Bereich des zwischenmenschlichen Austauschs von Fähigkeiten schützt. Dadurch wird das Problem eher erschwert, als daß es gelöst wird. Haridas Chaudhuri schreibt: »Ethische und religiöse Lehrer müssen damit aufhören, von der Sexualität als etwas Verwerflichem zu sprechen. Sie ist einfach ein natürlicher Drang mit seiner legitimen Funktion im schöpferischen Fluß des Lebens und im psychischen Wachstum der Persönlichkeit. Die Verdrängung der Sexualität kann nur den Erfolg haben, sie in perverse und anomale Kanäle hineinzutreiben. Die vorzeitige Unterdrückung der Sexualität im Interesse von religiösen Zielen erweist sich möglicherweise, trotz eines scheinbaren oder wirklichen Gewinns, als verhängnisvoll. Sie ist dazu bestimmt, die Gesundheit und den Lebenswillen zu schwächen.

Sie fördert den allmählichen Rückzug von der sozialen Wirklichkeit. Der ent-sexualisierte Mensch wird dahin gebracht, mit wahrer Leidenschaft allem entfliehen zu wollen – diesem dunklen Kerker der irdischen Existenz zu entkommen.«[39]

Wir können sehr leicht und instruktiv das Wort »Geld« an die Stelle von »Sexualität« in Chaudhuris einsichtsvoller Behauptung setzen. Keine wirklich vollkommene Lehre kann in brauchbarer Weise die vorzeitige Unterdrückung irgendeiner Fähigkeit oder den vorzeitigen Rückzug aus irgendeinem Beziehungsaustausch begründen wollen. Spiritualität ist kein Ziel, sondern ein Entwicklungsprozeß, eine Seinsweise des Wachstums. Jede Form des Rückzugs aus dem Beziehungsprozeß innerhalb der Welt hemmt die entwicklungsgemäße Reifung. Das Vermeiden einer Herausforderung oder das Ausweichen vor der Möglichkeit eines Fehlschlags bedeutet einen Verzicht auf Wachstum.

Die übermäßig große Abhängigkeit von jeglicher Lehre, Glaubensvorstellung, von jedem Dogma und/oder Menschen kann leicht zu einem Trugbild, zu einer Schwächung, einer Krankheit führen. Wir verlieren unseren eigenen Verstand, unseren »Geist«, an den Geist von anderen. Wir können unsere eigenen Lücken nicht mehr in der uns gemäßen Weise schließen, und daher vergeuden wir unser gesamtes Verhaltenspotential an Bedingungen, die nicht unsere eigenen sind. Die Verantwortung, eine derartige Gefahr zu vermeiden, tragen Lehrer und Schüler gleichermaßen.

Der Psychiater Arthur Deikman fängt dieses Heilungskonzept in einem überraschenden Szenenbild ein: »Stellen wir uns vor, Sie sehen ein Plakat: ›Lehrer in der Stadt!‹ Sie gehen hin, um ihn anzuhören. Er ist jünger, als Sie es sich vorgestellt oder gewünscht haben. Das stört Sie, und Sie sagen es ihm. Er gibt die folgende Antwort darauf:

›Eigentlich fragst du danach, ob ich im Besitz der ›Großen Wahrheit‹ bin. Hätte ich einen langen weißen Bart, so würdest du es für wahrscheinlicher halten. Am besten, ich würde sie in meiner Tasche haben: Dann müßtest du nur noch meine Füße küssen, ein braver Junge, ein braves Mädchen sein, bis ich dir schließlich deinen hübschen kleinen Kopf tätscheln und dir deine Belohnung geben werde – die Erleuchtung! Du befürchtest, ich wäre nicht alt genug, um die Wahrheit in meiner Tasche zu haben, das ist dein Problem. Du bist ein Duldender, der nach einem eindeutigen Rezept sucht und zu mir – der Zielscheibe – kommt, seinen Rosenkranz zählt und sein Mantra murmelt, um mich mit zum Himmel gerollten Augen in perfekter Heiligkeit auszunehmen. . . . Nun, das wird nicht klappen, und wenn ich auf diesen Unsinn hereinfiele, so wäre ich ein größerer Narr als du und all die anderen, ihr mit eurer Schmeichelei, eurer Geziertheit, eurem Aufputz, euren Tränen, eurer Ehrfurcht und dem ganzen Gefühlsüberschwang‹.

Er lehnt sich nach vorn. ›Was möchtest du eigentlich? Weißt du das überhaupt? Möchtest du, daß ich für dich sorge? Nun, das werde ich nicht; es interessiert mich nicht, und ich habe selbst Kinder. Das scheidet also aus. Möchtest du Erleuchtung? Wie kannst du das wollen, wenn du nicht einmal weißt, was das ist? Was, glaubst du, wird geschehen, wenn du sie erlangst? Antworte mir!‹

Es gelingt Ihnen, die Antwort zu geben: ›Ich möchte keine Angst mehr vor dem Tod haben, und ich möchte zufrieden und glücklich sein – wie zu der Zeit, als ich einmal eine mystische Erfahrung hatte. In den Büchern heißt es, daß man die ganze Zeit über so sein kann, wenn man einmal erleuchtet ist‹.

Er stöhnt in vorgetäuschtem Schmerz. ›Ist dir noch nie der Gedanke gekommen, daß du zuerst einmal deine Probleme lösen mußt? Wenn du deine sämtlichen Probleme untersuchst und siehst, was abläuft, wenn du herausfindest, warum dich der Gedanke an das Sterben in Panik versetzt, wenn du damit beginnst, glücklich zu sein und dieses ganze miese Zeug durchschneidest, dann könnte ein Lehrer dir vielleicht etwas zeigen können – wenn du dann noch jemand brauchst, der es dir zeigt‹.

›Wofür ist denn dann ein Lehrer da?‹

»Damit er dich dazu bringt, an dir selbst zu arbeiten – das letzte, wozu du bereit bist, weil du zu faul bist oder weil du glaubst, es wäre hoffnungslos oder würde zu lange dauern . . . Sieh mal, es geht nicht darum, irgendeine Große Wahrheit zu finden, an der alles hängt, sondern es geht um dein Wachstum. Du bist wie eine Pflanze, die aus der Erde herauswächst: Wenn du zehn Zentimeter aus der Erde hervorschaust und drei Blätter hast, wirst du nicht schon drei Monate später eine Eiche sein. Der Versuch, eine Eiche sein zu wollen, würde dich sogar zerstören. Du mußt von dort aus wachsen, wo du bist. Außerdem kannst du in Wirklichkeit auch eine andere Baumsorte sein. Wir brauchen mehr als nur Eichenbäume in dieser Welt, du mußt dein eigenes Wachstum gelten lassen . . . Fürchte dich nicht, daß du versagen, daß du einen Fehler machen und die richtige Antwort nicht finden wirst. Es gibt für dich keine Antwort zu finden. Es geht nur um den Entwicklungsprozeß, geistig gesünder, wirklichkeitsnäher, wahrhaft lebendig zu werden. Wenn du hinschaust, wirst du genau das sehen, was deine Augen zu diesem Zeitpunkt wahrnehmen können und was du gebrauchen kannst; wenn du etwas Vertrauen in diesen Prozeß haben kannst, dann wirst du dich an deinem Leben und Wachstum erfreuen und frei von der Angst sein, die dich dort festhält, wo du jetzt bist.‹

Du siehst also, daß du vor nichts Angst zu haben brauchst und daß es nichts zu verlieren gibt. Es gibt nur die Erfahrung des Lernens, des Freiseins, des Interesses an und Staunens über die unermeßliche weite Realität, die über alles hinausgeht, was du gesehen hast, wovon du ein Teil bist.«[40]

Wir müssen uns zutiefst darüber im klaren sein, daß Astrologen *Lehrer* sind und was diese Verantwortung mit sich bringt.

Auf einer anderen Stufe der Heilung müssen Klienten oft daran erinnert werden, daß viele Menschen – allzu schnell und allzu häufig – bedrückende Umstände dramatischer darstellen, als sie in Wirklichkeit sind; sie wollen damit Status und Identität klären, die unter Druck stehen, und sich selbst als Mittelpunkt der Aufmerksamkeit um so wichtiger fühlen. Häufig werden persönliche Unruhe- und Angstgefühle auf andere projiziert; Spannungen im Austausch von Fähigkeiten werden mit fehlinterpretierten Beziehungen in Verbindung gebracht. Es kann jemand glauben, von einem Partner nicht geliebt oder von einem Kollegen nicht geschätzt zu werden, wenn der Betreffende in Wirklichkeit aufgrund von Schuldgefühlen oder sich selbst herabwürdigender Depression dieses Gefühl von sich selbst hat. Das persönliche Symptom ist in der Projektion auf einen anderen außerhalb des eigenen Ichs leichter zu handhaben. Denken wir nur an die Menge von Zeit und Energie, die durch die quälende Sorge verschwendet wird, daß jemand »mich nicht mag« oder »gegen mich ist«. In diesem Falle stehen Verstand und Nervensystem unter scharfer Entwicklungsspannung über die Kooperation mit der Peer-group – die Spannung zwischen dem III. und VI. Feld.

Natürlich sind wir selten derart wichtig, als daß sich andere – mit dem gleichen Potential von innerer Unruhe – so sehr mit uns beschäftigen, wie wir dies befürchten! Dieser Gedanke ist beruhigend und eine Hilfe beim Heilungsprozeß. Problembelange sind innerlich zu lösen, anstatt daß innere Unruhe nach außen projiziert wird.

Die Information/Perspektive-Fähigkeiten sind während der Konsultation von allen Fähigkeiten am leichtesten zugänglich, weil der Klient sie ständig in vielen Formen mitteilt. Der Astrologe kann dieses Profil mühelos durch schöpferisches Zuhören registrieren. Sehr häufig haben Problembelange mit dem eigentlichen Kommunikationsstil selbst zu tun.

Wenn der Klient während der Konsultation Kommunikationsprobleme gezeigt hat, so kann der Astrologe behutsam darauf hinweisen – sie vielleicht sogar objektivierend mit Humor nachahmen – und Heilungsvorschläge machen. Wenn der Klient beispielsweise seine Augen ständig umherwandern läßt, weil er den direkten Augenkontakt fürchtet (und notgedrungen fürchtet man diesen direkten Kontakt, wenn man unsicher ist; der Kontakt von Auge zu Auge ist eine sehr starke Herausforderung), so kann er dem Klienten vorschlagen, daß er seine Augen statt dessen auf den Mund der anderen Person konzentriert. Zusätzlich kann der Astrologe seine Hand dafür benutzen, um die Augen des Klienten während des ganzen Gesprächs immer wieder zu einem personenbezogenen Brennpunkt zurückzuführen.

Stimmhöhe, Diktion, Wortwahl, Pflege und Kleidung – alle diese Punkte können besprochen werden, damit der Klient bei der Selbstheilung an ihrer Angleichung arbeiten kann. Es handelt sich dabei um sehr wesentliche Dimensionen in zwischenmenschlichen Beziehungen, denn sie begründen die Status/Identitäts-Fähigkeiten während der ersten Begegnung. Es sind äußerliche Symptome für innere Ursachen, und alle Menschen lernen es, sie mit Hilfe der Lebenserfahrung zu »deuten«.

Die Diskussion kann Probleme sichtbar werden lassen, eigene Ansichten anderen mitzuteilen: »Keiner denkt so wie ich – die Welt versteht mich nicht!« (sehr häufig der Abwehrmechanismus von Pluto im XII. Feld). Der Astrologe kann den Klienten dazu auffordern, einige seiner Ansichten während der Konsultation einer Prüfung zu unterziehen. Er wird dann gewöhnlich eine Einstellung bei der Kommunikation von Ideen feststellen können, die jeden Zuhörer aus der Fassung bringt, während eine andere Verhaltensform seine Ansicht völlig »akzeptabel« machen könnte. Wird beispielsweise eine Vermutung mit »Was wäre, wenn . . .« und eine Ansicht mit »Es könnte sein, daß . . .« eingeleitet, so läßt dies die wesentliche Aussage zu, während gleichzeitig abweichende Möglichkeiten offengehalten werden. Für viele Klienten mit Beziehungs- und Kommunikationsbelangen kann dadurch eine wirklich taktvolle Kommunikation erlernt werden.

Bei übernervösen Energien ist der Atem flach, sind die Gedanken unvollständig, können sich die inneren Unruhegefühle nicht ohne weiteres in leichter zu handhabenden Ängsten niederschlagen, weil sie in der Bewegung einer sich regelmäßig wiederholenden »Tretmühle« eingefangen sind. Der Verstand muß darin unterstützt werden, daß er zur Ruhe kommen kann. Der Astrologe kann seine eigene Kommunikationsform verlangsamen und mit warmer Stimme sprechen, um dem Klienten ein Beispiel für ausgeglichene Gelassenheit zu geben. Atemgymnastik kann dem Klienten eine gewisse Entspannung bringen, und auch das Erlernen von einfachen Yoga-Übungen kann sehr gute Dienste leisten.

Vielleicht steht der Signifikator des IX. Feldes unter scharfer Entwicklungsspannung und zeigt damit an, wie wir gesehen haben, daß die Ausbildung des Klienten eine Unterbrechung erfahren hat. Vielleicht sind, als Beispiel, in dem Horoskop einer Frau die Signifikatoren des VII., VIII. und IX. Feldes sämtlich belastet und gegenseitig miteinander verbunden. Vielleicht hat sie ihre eigene Ausbildung abgebrochen, um zu arbeiten, damit ihr Mann weiterstudieren konnte, das heißt, um für sein Selbstwert-Bild zu arbeiten (VIII. Feld). Nun, wo die Kinder erwachsen sind, bedauert sie dieses Opfer vielleicht (weil ihr Mann möglicherweise niemals seine Dankbarkeit dafür gezeigt hat oder dies zumindest nicht mehr tut). Sie muß jetzt etwas für sich selbst tun. Dieses Gefühl ist zu einem Problem in ihrer Ehe geworden. Der Streß äußert sich in vielen Formen, wobei die äußeren Symptome die Ursachen überdecken. Der Astrologe kann Vorschläge machen, wie der Stolz des Ehemanns auf die moralische Stärke seiner Frau geweckt werden kann. Als Konsequenz kann eine neue Perspektive für eine nagendes altes Problem gefunden werden. Fortbildungskurse für Erwachsene können Stolz hervorrufen, die Begriffsbildung in eine sichere Form bringen und ein Betätigungsfeld für diese Frau sein. Sie beleben die Information/Perspektive-Fähigkeiten neu, helfen dabei, mit den Dingen fertig zu werden, und verhindern die Untätigkeit.

Der Astrologe muß im allgemeinen darauf vorbereitet sein, in taktisch kluger Weise die nervösen Dimensionen der Fähigkeiten des Wechselfelder-Kreuzes, die so eng mit dem Verstand und Nervensystem verbunden sind, zur Ruhe und in ein Gleichgewicht zu bringen. In der Hauptsache werden die Probleme von Unschlüssigkeit und Wankelmut durch die Klärung einer Hierarchie von Wertbegriffen und Interessen recht gut geheilt, nachdem die Grundursachen innerhalb der frühen Entwicklung festgestellt und richtig eingeschätzt worden sind. Der Astrologe muß auch die Bereitschaft zeigen, einige Dinge besonders herauszustreichen, indem er individuelles Potential aufzeigt, das Ideen bestärken kann, und zu freierer Kommunikation und Meinungsäußerung ermuntert. Begeisterung und Ideenreichtum sind in der Tat ansteckende Eigenschaften und können, wenn der Astrologe sie zum Ausdruck bringt, Wunder dabei bewirken, dem Klienten wieder Energie und Lebensfreude zu geben. Der Astrologe ist ständig darum bemüht, das Gleichgewicht zwischen den defensiven Polen herzustellen, sich anderen aufzuzwingen oder anzupassen, das eigene Ich über oder unter seinem tatsächlichen Wert zu »verkaufen«.

Ein junger Klient von mir ist Versicherungsvertreter. Sein Horoskop weist eine stark ausgeprägte Dimension der Sensibilität auf, doch während der Konsultation brachte er dies in keiner Weise persönlich zum Ausdruck. Als ich ihn danach fragte, konnte er nur mit Mühe verstehen, was ich meinte. Ich äußerte dann die Vermutung, daß seine Sensibilität nicht stark genug in ihm wirksam wäre, weil seine Umwelt keine Prämie darauf aussetzte. In seinem Arbeits- und Bekanntenkreis im Südwesten war Feinfühligkeit kein prämienwürdiges Wesensmerkmal.

Diese Bermerkung ließ unser Gespräch offener werden, und bestimmte, aber kaum merkliche Äußerungsformen dieser Sensibilität bestätigten sich. Im Augenblick war er vor allem drüber besorgt, seine neue Stellung als Versicherungsvertreter zu verlieren, weil er wohl eine Quote nicht erreichen würde. Der Stichtag dafür war in zwei Tagen, und er hatte sich in verborgene Qualen geflüchtet. Seine Sensibilität arbeitete gegen ihn.

Ich wies ihn darauf hin, wie er seine Sensibilität, sein Einfühlungsvermögen als Geschäftsmann, als Handlungsreisender, besonders als Versicherungsvertreter einsetzen könnte. Ich spielte ihm sogar eine Verkaufsvorführung in zwei Varianten vor: die eine ohne Einfühlungsvermögen in die Bedürfnisse des potentiellen Käufers und die andere mit tiefempfundener Sensibilität. Ich konnte meine Sache an den Mann bringen! Außerdem zeigten – so ungeheuerlich es klingt – Aspekte laufender Planeten für den Vortag unserer Konsultation eine günstige Begegnung, einen sozialen Kontakt an. Ich erkundigte mich danach: »Bitte sagen Sie mir doch, ob Sie nicht in den letzten zwei oder drei Tagen einen möglichen Kontakt für einen neuen Geschäftsabschluß hergestellt haben?«

Er dachte lange nach, bis plötzlich Begeisterung und Hoffnung an die Stelle seines Trübsinns traten. Er hatte tatsächlich einen potentiellen Verkaufskontakt hergestellt, war ihm jedoch nicht auf den Fersen geblieben, weil er so »niedergeschlagen« wegen des Verfehlens seiner Quote war.

Sofort zog ich Nutzen aus der dramatisierten Vorführung, die sich gerade als so wirksam erwiesen hatte, und aus der astrologischen Übereinstimmung mit dem augenblicklichen Zeitpunkt, die sich bestätigt hatte. Ich rüttelte ihn so dramatisch wach, wie es mir möglich war. Ich stand auf, erhob meine Stimme ein wenig. Auch er stand auf. Als wir uns kräftig die Hände schüttelten, drängte ich ihn buchstäblich auf den Weg, diese Sache weiter zu verfolgen. Er war aufgeregt, zeigte Hoffnung und Zuversicht. – Es klappte. Es gelang ihm nicht nur dieser Geschäftsabschluß; er erreichte seine Quote und hatte, nach seinen eigenen Worten, »eine Lektion aus der verdammt besten Verkaufsvorführung gelernt, die ich jemals erlebt habe«!

Eine abschließende Bemerkung bringt uns noch zu einem wichtigen Punkt innerhalb des Heilungsprozesses. Sehr oft wird ein Klient dem Astrologen nach einem ergiebigen, gegenseitigen Austausch sagen: »Sie haben mir eigentlich nichts erzählt, was ich nicht schon selbst gewußt habe.« Ich persönlich empfinde dies als ein großes Kompliment, und meine Antwort darauf lautet immer: »Wenn ich dies getan hätte, so wäre es wahrscheinlich ein Fehler gewesen! Als Astrologe helfe ich Ihnen dabei, sich selbst zu helfen und das Gleichgewicht von Fähigkeiten innerhalb Ihrer Lebensentwicklung wiederherzustellen. Natürlich wissen Sie selbst, was am besten ist. Wir haben es gemeinsam geklärt. Es hat einen zündenden Funken zwischen uns gegeben.«

Wir müssen erkennen, daß Probleme von »Streß« äußerst häufig Probleme der Abspaltung, des Alleinseins sind. Wir sind nicht unvollständig erschaffen worden, Entwicklungsraum und Lebenszeit sind nicht »unrund«. Wir verlieren lediglich die Sicht der Ganzheit auf unserer individuellen Stufe in unseren individuellen Strukturmustern der Lebensentwicklung. Wenn wir unsere Ganzheit wiederfinden, können wir soviel mehr an Raum und Zeit wahrnehmen.

Innerhalb des Heilungsprozesses, im gesamten Bereich der holistischen astrologischen Analyse, müssen wir bescheiden sein und genau erkennen, daß wir ohne Hilfe des Klienten machtlos sind – ebenso machtlos wie ein Führer ohne seinen Kompaß. Wir dürfen anderen nicht unsere eigenen Wertsysteme, unsere eigenen Ich-Bedürfnisse aufdrängen. Es darf nur unsere Objektivität geben, die durch fürsorgliche Anteilnahme, Verständnis und Erfahrung ergänzt wird. Diese taktvollen Grundzüge des gesunden Menschenverstandes erhalten ihren Schliff durch das Wissen der Astrologie.

Neuntes Kapitel

Bedeutungen und Standpunkte

Der Begriff der Bedeutung ist gleichzeitig beschleunigend und begrenzend. Wir entdecken Bedeutungen, und wir lernen die grundlegenden Faktoren der Wahl und Verhaltensreaktion kennen. Dieser Lernprozeß kann zu Wachstum anregen oder den Status quo bestimmen. Bedeutungen, Sinngebungen, setzen fest, wo wir im Hinblick auf unterschiedliche Grade von Ausnutzung, Widerspiegelung der Gleichheit und Fähigkeit zu Veränderung stehen. Die Bedeutung von Standpunkten, die unsere Entwicklung während des ganzen Lebens lenken, drängen das Wachstum voran oder begrenzen es in Anbetracht der Entwicklungsspannung zwischen Bedürfnissen der inneren Welt und Vorschriften der äußeren Welt.

Wir haben deutlich in den Untersuchungen dieses Buches gesehen, daß Ereignisse nur einen Wert erhalten und Bedeutungen annehmen durch das Individuum, das ihnen Wert und Bedeutung zuschreibt. Die Bedeutung ist aufs engste verbunden mit dem persönlichen, individuell ausgeprägten Bewußtsein. Es ist sehr instruktiv zu beobachten, daß dem gleichen Brennpunkt des Interesses durch unendlich vielfältige individuelle Standpunkte und Betrachtungsweisen unendlich vielfältige Bedeutungen zugeschrieben werden können.

Eine durch die fixen Zeichen geprägte Betonung auf den Werten der Sicherheit (ein Hauptbedürfnis, das häufig in der Symbolik des Mondes im Stier stark wirksam ist) wird beispielsweise die Werte bedingen, die der Herausforderung der Veränderung zugeschrieben werden. Diese Werte (gewöhnlich die Angst vor Veränderung, da Veränderung die Sicherheit bedroht) werden sich von einem durch die Kardinalzeichen betonten Standpunkt dem Leben gegenüber unterscheiden. Die Herausforderung der Veränderung erhält unterschiedliche Bedeutungen zugeschrieben, und aus individuell geprägten Verhaltensweisen gehen unterschiedliche Strategien zur Erfüllung von individuell geprägten Bedürfnissen hervor. Die Beziehung zwischen innerer und äußerer Welt wird gänzlich dadurch beeinflußt.

Jemand mit einem schwachen Selbstwert-Profil dürfte einen Scherz über etwas Persönliches kaum verstehen können, während der gleiche Scherz harmlos für einen anderen sein mag, dessen Selbstwert-Profil gestärkt ist. Solche individuellen Verwundbarkeiten drücken sich in allem aus, was wir sagen und tun und werden instinktiv durch das Einfühlungsvermögen von anderen wahrgenommen, Das Erkennen dieser Verwundbarkeit muß nicht offenkundig artikuliert oder bewußt abgeschätzt werden; sie äußern sich essentiell darin, im Rahmen von gesellschaftlich konditionierten Reaktionen lebendig zu sein. Die Wendung eines Satzes, die leichte Modulation der Stimme bei einem Wort, Veränderungen des Augenausdrucks, Bewegungen der Hände, Abweichungen von vorherbestimmbaren Reaktionsmustern – alles dies und mehr noch äußert sich innerhalb eines hochempfindsamen Bewußtseins, das allem Lebendigen gemeinsam ist. Dieses Bewußtsein ist sicherlich im »Äther« enthalten, der philosophisch gesehen das, was oben ist, mit dem, was unten ist, das Außen mit dem Innen verbindet. Dies ist das Reich des Verstandes, des Geistes – Merkur.

Unter Entwicklungsdruck ist das Konzept der Bedeutungsgebung angespannt. Wie wir gesehen haben, arbeitet der Verstand auf Hochtouren, um alles bedeutsam zu machen. Wir können das Schlimmste annehmen, es sogar noch verstärken, um damit irgendwie zu bestätigen, wer wir sind, was wir zu sein glauben. Wir können die Selbstbeobachtung vermeiden, weil wir nicht an uns selbst erinnert werden wollen; wir können ein Bild von uns erschaffen, womit wir uns selbst betrügen. Der Verstand kann uns mittels der Begriffsbildung hinters Licht führen, und bei der Begegnung mit Menschen im Austausch von Fähigkeiten kann uns dann die Kommunikation weitere Streiche spielen. Mittels der Objektivität hilft der Astrologe dem Klienten im Heilungsprozeß dabei, analytische Beziehungen zu klären und Standpunkte zu modifizieren.

Selbst im Rahmen der formal festgelegten Lerngesetze der Astrologie gibt es unzählige Probleme mit Bedeutungen, Standpunkten und Kommunikation. Texte von unterschiedlicher Spitzfindigkeit und Willkür schreiben uns genau vor, was bestimmte Messungen in der Astrologie bedeuten. Allzu leicht und bequem können wir diese Bedeutungen aufgreifen und willkürlich auf das Leben eines anderen Menschen übertragen. Wir können den Fehler der Kategorisierung begehen, indem wir ein Leben auf das begrenzen, was wir oder andere über die Astrologie wissen, und es einzig auf das Horoskop beziehen.

Die gesamte Grundthese dieses Buches hat dazu gedient, diesen Vorgang umzukehren und das Horoskop dadurch zum Leben zu bringen, daß *seine Symbole auf den inneren Gehalt der Lebensentwicklung des betreffenden Menschen bezogen werden, den es abbildet.* Bedeutungen und Symbole erhalten einen individuell ausgeprägten und vertieften Sinn. Gemeinsam können Astrologe und Klient mehr über das individuelle Profil des Wachstums durch innere Unruhe lernen. Bedeutungen und astrologisches Wissen werden erhellt durch die sachdienliche Diskussion über Verhaltensmuster und die Werte, die im Laufe der Entwicklung mit ihnen verknüpft werden.

Wenn wir die Spannung zwischen der Astrologie und der Welt der wissenschaftlichen Methodenlehre untersuchen (die innere und die äußere Welt der Astrologie), so erkennen wir wiederum das Problem der Bedeutungen: Die wissenschaftliche Gemeinde erwartet, daß die Astrologie immer noch das Schicksal einbezieht, so wie sie es jahrtausendelang, in Widerspiegelung der mißlichen sozialen Lage, getan hat; es wird ein Absolutheitsanspruch an die Astrologie gestellt, die den Messungen und der Voraussagbarkeit standhalten muß, um ihre Integrität bewahren zu können. Allzu leicht können wir uns jenen Maßstäben fügen und die Astrologie im Sinne der Wissenschaft in Anspruch nehmen. Dies wird jedoch nicht von Religion, Liebe, Ästhetik oder selbst der Psychologie erwartet, die nicht als »wissenschaftlich« gelten. Ich behaupte, daß die Wissenschaft, wenn die Astrologie tatsächlich wissenschaftlich-methodologisch wäre, dies schon lange herausgefunden, sich im Namen der Wissenschaft die Einsichten der Astrologie angeeignet und sie der Menschheit als eine weitere Schicht gesellschaftlicher Vorschriften aufgezwungen hätte. Das Leben wäre dann noch weniger individualistisch, als es schon ist.

Die Astrologie ist eine Kunstform der individuellen Interpretation, die soziale Wirklichkeit mit individueller Wirklichkeit verbindet, die den einzelnen Menschen als ein mündiges Wesen betrachtet und die ihre grundlegende Bedeutung mit jedem grundlegend verschiedenen Individuum verändert. Wenn dieser Standpunkt der Wissenschaft präsentiert wird, so kann sie ihn nicht entkräften oder widerlegen; wenn man das kategorisierbare Wissen nicht als gegeben voraussetzt, entgeht man damit dem Angriff des wissensmäßig Kategorisierten.

Der bekannte Psychologe Carl R. Rogers fängt diesen Gedanken in eindrucksvoller Weise ein:

»Es ist kein besonderer Vorzug mit der Methode verbunden, unsere Theorien auf wahrnehmbare Verhaltensformen zu beschränken, und ebensowenig, so füge ich hinzu, ist ein inhärenter Vorzug damit verbunden, unsere Theorienbildung auf phänomenologische variable Größen zu stützen. Die grundsätzliche Frage wird von der Zukunft entschieden werden. Es gibt zumindest ebensoviel Grund zu der Annahme, daß sich Theorien, die auf existentiell-phänomenologischen Geisteskonstruktionen beruhen, durchsetzen werden, wie man auch der Meinung sein kann, daß dies auf Theorien zutrifft, die auf wahrnehmbaren Verhaltensformen beruhen. Eine Theorie, die Beziehungen zwischen inneren, subjektiven Phänomenen postuliert, die nicht direkt meßbar sind, kann sich – ähnlich wie die Theorien des nichteuklidischen Raums – wertvoller für den Fortschritt unseres Wissen erweisen als Theorien hinsichtlich des wahrnehmbaren Verhaltens.«[41]

Ebenso wie die Individuen in jeder sozialen Ära Reaktionsgewohnheiten entwickeln, welche dieser Zeitepoche ihre bestimmte Form geben und ihre Wissenschaft, die Künste, Religion und Astrologie stützen, so spiegeln auch die institutionellen Einrichtungen einer jeden Ära die Gewohnheiten der Identität jeder Individuen wider. Vorschriften jeglicher Art setzen Status/Identität fest, da sie Strukturmuster des Verhaltens und Denkens bekräftigen. Gewohnheiten sind der Feind des Wachstums, obwohl sie für die Existenz unbedingt notwendig sind. Auch hier sehen wir erneut das gefährdete Gleichgewicht zwischen Symbolen und vorgeschriebenen Bedeutungen, zwischen fester Struktur und Veränderung, zwischen Leben und Werden.

Auf der persönlichen Ebene sieht sich jeder Mensch diesem Dilemma ständig gegenüber: Dinge in der Erinnerung an die Vorschriften und Maßstäbe anderer zu tun; das zu tun, was erwartet wird; Bestätigung durch Fügsamkeit zu suchen; Verhaltensweisen, die keine Bestätigung finden, zu verdrängen und die Kommunikation nach den Vorschriften der äußeren Umwelt zu gestalten, die von engen Beziehungen bis hin zu sozialen Gruppierungen reicht.

Fall 10 (Seite 397) zeigt das Horoskop einer jungen Frau, die in einer außerordentlich festgefügten Familienstruktur und dem Druck gefangen ist, eine Entscheidung für eine radikale Veränderung zu treffen. Die Sonne/Mond-Analyse (Steinbock-Zwillinge) läßt ein ausgeprägtes intellektuelles, kreatives oder wissenschaftliches Betätigungsfeld erwarten. Konservativismus und Neuerungsdenken können miteinander kollidieren oder Verhaltensschwankungen zwischen diesen beiden Polen auslösen. Dieses Potential der Unschlüssigkeit wird durch die Konjunktion von Mars/Saturn am Aszendenten nachdrücklich bestärkt.

Fall 10: Weiblich

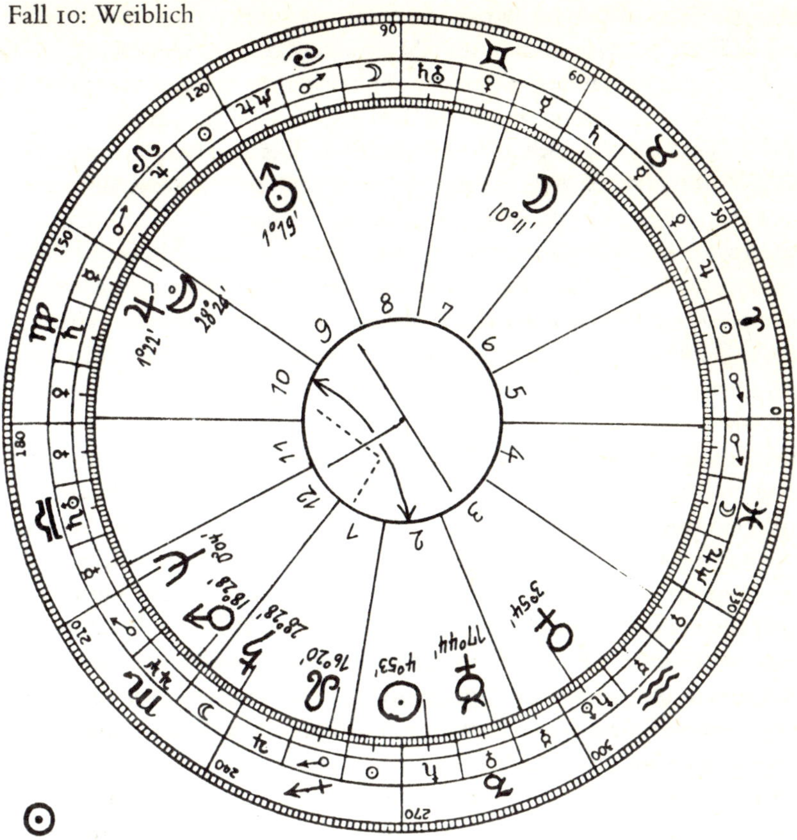

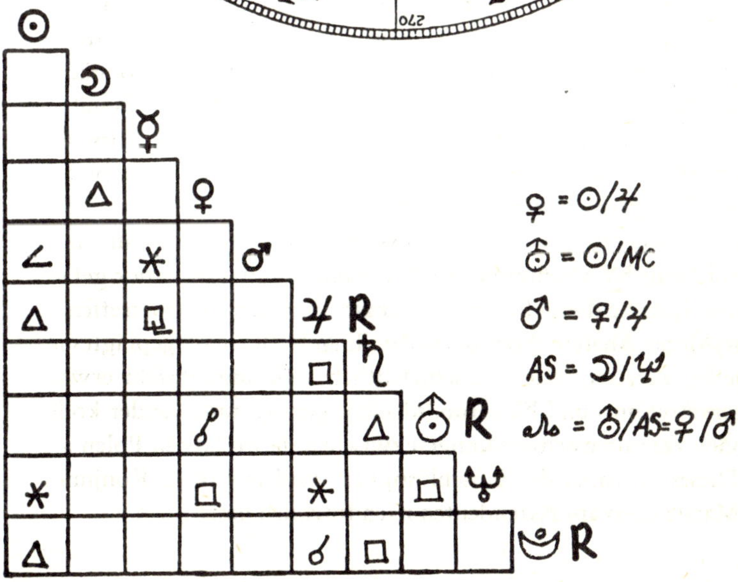

Das Kreuz der Eckfelder ist in eindrucksvoller Weise miteinander verknüpft: die Konjunktion von Mars/Saturn am Aszendenten, wobei Saturn ein Quadrat mit Pluto, dem Herrscher des Aszendenten, bildet, der wiederum in Konjunktion mit dem MC steht; Uranus, Herrscher des IV. Feldes, befindet sich in Opposition zu Venus, Herrscher des VII. Feldes, und zu dieser Achse bildet Neptun vom XII. Feld aus ein Quadrat. Ohne Zweifel existiert eine Entwicklungsspannung von Status/Identität, die gründlich besprochen werden muß, so daß individualisierte Bedeutungen die Symbole des Horoskops erweitern können. Gleichzeitig ist die Sonne, die am MC herrscht, im II. Feld plaziert und bildet ein eindrucksvolles Trigon mit Jupiter im X. Feld; außerdem bildet sie ein Trigon mit Pluto am MC und ein Sextil mit Neptun. Innerhalb dieses »Gefühls« eines Drucks von mehreren Seiten, innerhalb der Schwankungen, die durch den Zwillinge-Mond in Relation zur Steinbock-Sonne und durch die Konjunktion am Aszendenten nahegelegt werden, können wir erkennen, daß das häusliche Umfeld außerordentlich unterstützend (Trigone), aber wahrscheinlich zur gleichen Zeit begrenzend ist. Die wichtige Position von Neptun im XII. Feld (dem dritten Haus des X. Feldes) läßt darauf schließen, daß die Kommunikation mit dem im X. Feld symbolisierten Elternteil ein entscheidender Faktor für die allgemein vorbereitende, holistische Betrachtung des Horoskops ist. Uranus und Neptun bilden eine Anderthalbquadratur bzw. Halbquadratur zum Mondknoten, was nahelegt, daß der entscheidende Elternteil im Netzwerk der Entwicklung die Mutter ist.

Da die Aspektkonfiguration Venus-Uranus/Neptun Wechselfelder einnimmt, können wir auch mit einer Spannung von Information/Perspektive rechnen. Dies wird unterstützt durch Venus als Herrscher des XII. Feldes, durch Saturn, der als Herrscher des III. Feldes ein Quadrat mit Pluto bildet, und durch Mars, der als Herrscher des VI. Feldes im Halbquadrat zur Sonne steht und am Aszendenten aufgeht. Die Aspektbeziehungen von Mond und Merkur sind schwach. Nervosität, innere Unruhe, begriffliche Spannungen müssen sich um die elterlichen Forderungen drehen, da diese die individuellen Bedürfnisse modifizieren. Das persönliche Hauptanliegen der inneren Welt rückt ohne Zweifel den Beruf in den Vordergrund: Pluto in Konjunktion mit dem MC, Saturn im Quadrat mit dem MC, Mars in Konjunktion mit dem Aszendenten, die Sonne im Halbquadrat zum Aszendenten und der Mond im VII. Feld.

Die junge Frau bestätigte alle Einzelheiten der vorbereitenden Notizen: Ihre Mutter hatte einen außerordentlich großen Einfluß und Druck auf ihr ganzes Leben ausgeübt; die Eltern hatten sie finanziell kräftig unterstützt, solange sie das tat, was die Mutter von ihr erwartete. Der Ehemann der jungen Frau arbeitete für ihre Eltern, und sie lebten in einem Haus in der Nachbarschaft der Eltern, ebenso wie auch andere Kinder der Familie in nahe gelegenen Häusern wohnten.

Meine Klientin zitterte vor innerer Unruhe; sie hatte stark abgenommen. Sie befand sich an einem krisenhaften Entscheidungspunkt in ihrem Leben, den wir als die Angst davor herauskristallisierten, das Strukturmuster der mütterlichen Dominanz und ihre eigene festgefügte Abhängigkeit von der Mutter aufzugeben. Die innere Unruhe brachte die Bedrohung von Trennung: der Trennung von Mutter, von Ehemann und beider Unterstützung; die Bedrohung durch ihre Mißbilligung; die Bedrohung, daß sie es allein nicht würde schaffen, daß sie nicht würde existieren können. Die Mutter hatte damit gedroht, daß die Tochter nie wieder eine Unterstützung erhielte, wenn sie sich zum Weggang entschließen würde.

Zum Zeitpunkt der Konsultation waren Saturn s und Pluto s (da sie im Geburtshoroskop ein wirklich gradgenaues Quadrat bilden) gleichzeitig im Aspekt der Viererharmonie zur Halbsumme von Sonne/Mond gelaufen. Mars s befand sich am Halbsummenpunkt von Sonne/Aszendent. Die gesamte gedankliche Konstruktion der Status/Identitäts-Spannung, im Geburtshoroskop angezeigt, stand vor einem totalen Umbruchspunkt. Außerdem bildete der laufende Pluto ein Halbquadrat mit dem Geburtsjupiter, und der laufende Jupiter ging durch ihren MC, Pluto und den Geburtsjupiter. Sie wollte ihren Mann verlassen, die elterlichen Fesseln durchschneiden, weit fort an die Westküste gehen (in eine neue Umwelt) und dort Jura studieren, um diesen Beruf später eventuell in der Vergnügungsindustrie auszuüben.

Es war völlig klar, daß dieser Bruch stattfinden mußte, damit sie in ihr eigenes Potential hineinwachsen konnte.

Die Eltern waren bequem und unterstützend. Das junge Mädchen hatte viel Spaß als Anführerin der Schulclique gehabt. Nach außen hin war alles »in Ordnung«. Doch bei jeder Gesprächswendung war es so, als würde die Mutter das Leben der Tochter für diese leben. Der Vater trat nicht in Erscheinung.

Meine Klientin und ich konnten, um die innere Unruhe abzuschwächen, die Gefühle in Form einer objektiven Angst spezifisch bestimmen, das heißt, »Ich werde die Unterstützung meiner Familie verlieren«. Meine Klientin fürchtete sich davor, allein und von dem Unterstützung bietenden Lebensmuster getrennt zu sein – ungeachtet dessen, wie schmerzlich beschränkend es gewesen sein mochte.

Bei der Heilung ging es darum, einen Standpunkt zu begründen, der sich auf die innere Welt der jungen Frau, auf ihre eigene Identität stützte. Gemeinsam versuchten wir, die Bedeutung(en) ihres Lebens zu verstehen, so wie sie wahrscheinlich von ihrer Mutter, die ihre eigenen speziellen Probleme hatte, wahrgenommen würden. Wie bemühten uns um ein Verständnis der Bedeutung(en), die das Leben hätte, wenn sie diese Ausbildungsmöglichkeit jetzt nicht ergreifen würde. Wir führten den Gesichtspunkt ein, daß ihre Eltern (ihre Mutter) später möglicherweise stolz auf ihre Tochter, »die Rechtsanwältin«, wären und daß sie ihren Entschluß auf dieser Grundlage würde vorbringen müssen – ohne die hysterischen Muster der nervenaufreibenden Kommunikation, die während ihres ganzen bisherigen Lebens typisch für Konfrontationen wie diese gewesen waren.

Wir studierten kleine Reden ein, wobei wir jedesmal ruhige und ordnende Gedanken in Verbindung mit tiefgehenden Beziehungswerten bewahrten (und uns dabei die Sensibilität der Frau zunutze machten, die der Skorpion-Aszendent anzeigte). Mit jeder Wiederholung der inszenierten Konfrontation gewann der rationale Standpunkt an Stärke, Klarheit und Entschlossenheit. Das Leben erhielt eine individuelle Bedeutung; Einfühlungsvermögen der Mutter gegenüber milderte das Ichbewußtsein; die Erklärung wurde eindrucksvoll; die innere Reife wuchs; der Entschluß wurde fest verankert.

Die Fähigkeit zu Veränderung kämpfte gegen die Gewohnheitsstruktur; das Gleichgewicht schwankte zwischen Ausnutzung und Wachstum. Was hatte das Leben bisher bedeutet? Welche Bedeutung(en) würde es haben können? Von wo würden neue Bestätigungen durch Unterstützung und Billigung kommen? Welche Standpunkte würden einen neuen geistigen Horizont klären können?

In der Reaktion auf Verhaltensmuster werden Bedeutungen aus gewohnheitsmäßigen Reiz/Reaktions-Beziehungen abgeleitet. Das Alltagsleben ist im Privatleben und in Beziehungen voll von vorgeprägten Reaktionen auf vorgeprägte Reize: Das »Wie geht es Ihnen?« und »Danke, gut«, die Bilder, die im Denken auftauchen, wenn der Name einer bestimmten Person erwähnt wird, die Ansichten, die durch Gespräche aktiviert werden, die Gefühle, die durch Klänge, Gerüche, Berührungen, Erinnerungen, Hoffnungen belebt werden. Die Heilung im Bereich von Reiz/Reaktions-Bedeutungen erfordert immer eine Konditionierung, die von Gewohnheitsmustern wegführt; sie macht eine *Gegen*konditionierung notwendig.

Diese wurde bei der Klientin von Fall 10 mit dem Einstudieren von Konfrontationsgesprächen begonnen, die auf einem neuen Standpunkt beruhten. Praktisch wurde der Spieß bewußt und strategisch genau umgedreht; festgefügte Strukturen wurden zum Zwecke der beabsichtigten Wirkung für die notwendige Veränderung völlig umgeworfen.

Beachten Sie, wie wirksam Reizreaktionen sein können: Vor kurzem kam bei einer astrologischen Vortragsveranstaltung während der vormittäglichen Pause ein ziemlich schüchtern erscheinender Mann auf mich zu (optische Signale in Verhalten, Kleidung, äußerer Erscheinungsform hatten bereits eine Be-deutung von mir erhalten und werden hier in der Kommunikation durch das Wort »schüchtern« vermittelt). Er schüttelte ungläubig den Kopf und meinte: »Mensch, sind Sie immer so wie heute? Sie sind so kraftvoll!« Ich legte meine Hand auf seine Schulter und gab ihm eine zweiteilige Antwort: »Ich muß Ihnen darauf mit Nein antworten. Heute bin ich vermutlich kraftvoll und eine Hilfe für andere. Ich darf im Sinne dessen, was wir heute hier gemeinsam austauschen, ergänzen, daß Ihre Frage mehr über Sie als über mich verrät.«

In einer ähnlichen Situation können wir so häufig hören, daß jemand als Einleitung zu einem Kompliment sagt: »Das muß man Ihnen wirklich lassen . . .« Hier stellt sich die Frage, warum es so schwierig ist, das Kompliment zu machen. Weshalb muß man zum Ausdruck bringen, dies »wirklich zu müssen« und kann es nicht als die allernatürlichste Sache von der Welt betrachten?

In beiden Fällen wird ein unerwarteter Reiz erkannt und der Versuch unternommen, seine Bedeutung in Form einer individuellen Reaktion zu verstehen. Es findet ein Kampf dabei statt, sich von vorstrukturierten Reaktionen loszureißen und sich vielleicht mehr dem anzunähern, was bei dem anderen Menschen bewundert wird. Die betreffende Eigenschaft, die Wesensart des anderen ist so beschaffen, daß sich das normale Strukturmuster des Kritisierens oder Ignorierens lockert. Diese Auflockerung ermöglicht die kritische Betrachtung und Angleichung des eigenen Standpunktes; sie ermöglicht Wachstum, und der Standpunkt des Wachstums ist im wesentlichen der, den Austausch von Fähigkeiten anzuerkennen, Dinge miteinander zu teilen und sich selbst in die beeindruckende Fähigkeit mit einzuschließen.

Wenn wir in der Astrologie Betrachtungen über Reiz/Reaktion, die mit Symbolen zu tun haben, in die individualistische Analyse dieser

Symbole im Hinblick auf das tatsächliche Leben eines Menschen einfließen lassen, so können wir an den betreffenden Menschen, dem wir einen Dienst leisten möchten, niemals nahe herankommen. Beispielsweise verstehen wir das Grundprinzip von Pluto im VII. Feld (Seite 184/85), doch die wirkliche Bedeutung, Sinn, können wir nur durch das Individuum erkennen, das diesen Sinn lebt. Wir verstehen die Nebeneinanderstellung von Merkur und Neptun als eine Beziehung zwischen dem Bedürfnis, in einer bestimmten Form zu denken, und der Fähigkeit zu schöpferischer Visualisation. Wir geben diesen Gedanken verkürzt als »Tagträumerei« wieder, doch was wirklich entscheidend ist und Bedeutung hat, ist die Art und Weise, wie der Einzelne das Tagträumen innerhalb der holistischen Entwicklung anwendet und welchen individuell geprägten Inhalt diese Tagträume haben. Reiz/Reaktions-Bedeutungen müssen gedanklich gebildeten Bedeutungen Platz machen, das sind Bedeutungen, die auf Ideen, auf Vorstellungen basieren. Auf diese Art und Weise können die astrologischen Symbolformen ständig und in unterschiedlicher Form in die Fülle eines jeden individuellen Lebens hineinwachsen.

Bei der Vermittlung dieser gedanklich gebildeten Strukturen zur Modifizierung von Reiz/Reaktions-Mustern haben wir das Problem der Worte, was sich wiederum auf die Bedeutungsgebung auswirkt. Kein Astrologe kann einem anderen Menschen helfen ohne Kommunikationsvermögen, ohne Geschicklichkeit im Umgang mit Wortschatz, Begriffen und feinen Nuancierungen. Doch wie schwierig kann die Ausbildung dieser flexiblen Fähigkeit sein, wenn das sonstige Leben des Astrologen durch Familienstrukturen, Gemeinde, Gesellschaft und generationsmäßig bedingten Hintergrund auf alles andere als sensible Wahrnehmung und Kommunikation begrenzt ist! Der Fachjargon tritt an die Stelle der eigentlichen Aussage, da es keine etablierte Methode gibt, diese zu begreifen oder in Worte zu fassen. Konventionelle Einstellungen werden aufgrund einer Blindheit gegenüber allem mit Ausnahme des eigenen Standortes im Leben als gegeben vorausgesetzt. Die Verlorenen sammeln sich um die Verlorenen und bestärken die Strukturen damit. Astrologencliquen schließen sich zusammen, um weiter für die fruchtlosen Muster willkürlich festgesetzter Bedeutungen einzutreten und sie fortbestehen zu lassen. Da unsere eigene Astrologie unser persönliches Leben widerspiegelt, dehnt sie sich nur allzu leicht und selbstverständlich aus, um das Leben eines anderen zu begrenzen.

Die Antwort auf dieses komplexe Dilemma von Bedeutung und Standpunkten liegt, wie wir gesehen haben, innerhalb der Objektivierung: Astrologen müssen völlig objektiv bleiben. Während der Horoskopanalyse dürfen die persönlichen Verhaltensmuster des Astrologen nicht gegenwärtig sein. Alle Werturteile, alle persönlichen Unruhegefühle, Ängste, subjektiven Unsicherheiten müssen zurückgehalten werden. Die Objektivierung ermöglicht es dem Astrologen, die Dynamik von Reiz/Reaktions-Verhaltensweisen zu lenken, die der Dialog mit dem Klienten enthüllt, Vorstellungsbildung zu erklären, mittels der Analyse Beziehungen herzustellen und neue Standpunkte herauszufinden. Die durch Objektivität gesammelte Erfahrung stützt die Autorität des Astrologen bei der Ausdeutung.

Gestern morgen empfing ich einen Klienten in meinem Büro, einen jungen Mann, zweiundzwanzig Jahre alt, groß; er sprach sehr leise, fast zurückhaltend. Sein Steinbock-Aszendent wurde durch Mars im Steinbock im I. Feld scharf hervorgehoben, doch seine Konjunktion von Sonne/Merkur in den Fischen und in Opposition mit Pluto schien dominierend zu sein, wie sein überempfindliches Verhalten zeigte. Jupiter, Neptun und Mondknoten standen in äußerst enger Konjunktion am Skorpion-MC. Ich hatte einen überaus sensiblen, akademisch-spirituellen Menschen erwartet, der vielleicht religiöse oder philosophische Themen würde lehren wollen (Mond in den Zwillingen im V. Feld). Der junge Mann machte eine Einzelhandelsausbildung.

Während des ersten Teils unseres Gesprächs bemühte ich mich sehr, eine gewisse Begeisterung in ihm zu erwecken. Ich fragte ihn nach seinen Zukunftsplänen für die nächste Zeit, ungefähr acht Monate bis ein Jahr vom jetzigen Zeitpunkt an gerechnet. Sehr ruhig und ohne Anzeichen einer Gefühlsregung sagte er: »Herr Tyl, meinem Arzt zufolge werde ich im nächsten Februar nicht mehr leben. Ich habe Leukämie; ich habe gerade mit Kobaltbestrahlungen als einer letzten Hoffnung begonnen«.

Alles menschliche Empfinden in mir wurde aufgerüttelt, war betroffen. Ich fühlte mich hilflos. Für den Bruchteil einer Sekunde war ich durch die scheinbare Sinnlosigkeit seines Lebens völlig aus der Fassung gebracht. Mein Objektivierungsvermögen hielt an, und ehe der Sekundenbruchteil verstrichen war, hatte ich die Reaktionsmuster des Mitleids und der Gefühle abgewehrt, die von Natur aus in mir als einem menschlichen Wesen strukturiert sind. (Dies war besonders schwierig, da einige persönliche Freunde in meiner Lebensgeschichte bereits an Leukämie gestorben waren.)

Was sollte ich tun? Würde ein Planet diesen jungen Menschen retten? Würde mir eine magische Messung die Autorität geben, sagen zu können: »Nun, Sie werden nicht sterben« oder »Ihr Arzt hat recht, so etwas geschieht einfach«? Sollte ich dem Tod oder dem Leben Bedeutung zuweisen? Gab es objektiv irgend etwas, das ihn in sinnvoller Weise während der Zeit, die ihm blieb, am Leben erhalten könnte? Gab es irgend etwas, um Zeit und Raum auszufüllen, die noch übrigblieben?

Ich sagte dem jungen Mann, daß die Astrologie eine Verherrlichung des Lebens wäre und daß wir trotz der tödlichen Herausforderung für ihn über das Leben zu sprechen hätten. Ich deutete an, daß seine Einzelhandelsausbildung nicht sein Endziel wäre, aber eine wichtige Ergänzung, eine nützliche Fähigkeit für seine Arbeit auf einem anderen Gebiet sein könnte. Dann fragte ich ihn, ob er sich jemals oder in letzter Zeit spirituellen Interessen zugewendet hätte.

Er entgegnete überrascht: »Ja natürlich! Ein Freund hat mir kürzlich einige Bücher darüber gegeben!« Er sagte, diese Bücher wären einfühlsame Werke über Tod, Sterben und jenseitiges Leben. Ich machte den Einwand: »Wie steht es mit Studien, die sich mit *diesem* Leben hier beschäftigen?« Ich tat mein möglichstes, um ihm dabei zu helfen, einen unterschiedlichen Standpunkt zu begründen, seiner Herausforderung eine andere Bedeutung zuzuweisen.

Ich untersuchte die Konjunktion von Jupiter, Mondknoten und Neptun an seinem Skorpion-MC genauer. Kühn machte ich den Vorschlag, daß er ein spiritueller Lehrer werden und möglicherweise eine Schule leiten könnte, wobei sein geschäftlicher Spürsinn dem Bemühen eine gesunde finanzielle Sicherheit geben würde. Ich erzählte ihm von spirituellen Lehrern, die durch Herausforderungen des Lebens und des Todes Überzeugungskraft und Effektivität erlangt hätten. Ich forderte ihn dazu auf, sich selbst in zehn oder zwanzig Jahren von jetzt an vorzustellen: vor einem Zuhörerkreis stehend und seine spirituelle Entdeckung und Stärke angesichts einer Bedrohung für sein Leben darlegend.

Allmählich erfüllte dieser neue Standpunkt Zeit und Raum seines Lebens. Er war von dem Gedanken fasziniert; seine Energie glühte auf. An diesem und am folgenden Abend besuchte er Vorträge und traf spirituelle Lehrer, um einen Anfangspunkt für seine neue Arbeit zu finden. Gemeinsam hofften wir auf eine neue Bedeutung, eine Sinngebung in einem neuen Leben.

Der Körper heilt sich selbst. Menschen helfen sich selbst. Andere unterstützen sie bei diesem Vorgang.

Die Konzeption eines angeglichenen Standpunktes hat konnotative Bedeutungen, die sich auf den Raum beziehen. Wir können feststellen, wie die rollenorientierte Betonung bei der Identitätsgesellschaft an Begriffen des Raumes festgemacht wird, um die persönliche Perspektive zu kennzeichnen: »Ich brauche mehr Frei-Raum«, »auf einem Trip sein«, »high (in gehobener Stimmung) sein« usw. Der Begriff des Raumes bestimmt ohne Zweifel die Spannungszone zwischen innerer und äußerer Welt, zwischen individuellen Bedürfnissen und gesellschaftlichen Vorschriften. In Ergänzung zu diesem horizontalen Raumgefühl gibt es das vertikale Gefühl: Man wird angeregt durch einen Höhepunkt, ein »High«, und deprimiert durch einen Tiefpunkt, ein »Down«; das Wohlbefinden läßt unseren Gang elastisch werden und unser Leben einen Aufschwung nehmen; dagegen läßt uns die Depression völlig herunterkommen und nimmt uns sozusagen aus dem Geschehen heraus.

Von der Astrologie her wissen wir, daß die Betonung im Leben nach oben, zu einem »High«, zur Himmelsmitte (MC), unserem Platz an der Sonne gerichtet ist. Wir wissen, daß die Vorbereitung während des frühen Lebens im Elternhaus dazu bestimmt ist, uns mit Fähigkeiten auszurüsten, mit deren Hilfe wir uns später in der Kooperation und Beziehung mit anderen über die Horizontlinie erheben und möglicherweise öffentlichen Status und eine erfüllte persönliche Identität erreichen können. Bei den unumgänglichen Entwicklungsspannungen auf dem Wege dorthin kann die Wunschvorstellung solche »Höhenflüge« erzeugen, daß ein Entwicklungsfortschritt schwierig ist; die objektive astrologische Heilung muß diese Vorstellungsprojektionen an eine praktikable Durchführbarkeit angleichen. Die Maßstäbe der Umwelt können Strukturmuster zurückbleibender Leistungen hervorrufen, die durch Visualisation und Strategie von neuem belebt werden müssen.

In seinem ausgezeichneten Buch *The Book of Highs* untersucht Edward Rosenfeld zweihundertfünfzig Methoden der Bewußtseinsveränderung (die Auffrischung des persönlichen Standpunktes durch ein neues Bewußtsein) ohne die Verwendung von Drogen. Andrew Weil, Verfasser von *The Natural Mind*, stellt eine Beobachtung an, die eine völlige Parallele zum Anliegen unserer Untersuchung in diesem Buch darstellt: »›High‹ – Zustände kommen aus dem Innern des Menschen; sie werden durch die Droge lediglich freigesetzt (oder auch nicht), und diese wirkt immer in Verbindung mit Erwartungen und der Umgebung – mit »Set« (innerer Situation) und »Setting« (äußerer Situation).«[42]

Der durch Drogen herbeigeführte »High«-Zustand ist künstlich. Das chemisch induzierte »High« ist eine Illusion vergänglicher Art; das »Tief« ist ebenso intensiv wie das »Hoch«. Dies ist eine leicht verständliche

Parallele zu der Enttäuschung bei Wunschvorstellungen, wo die Begriffsbildung in der Abwehrprojektion so weitentfernte Höhen vom Schmerz in den Problembelangen von Status/Identität und Geld/Liebe erreicht, daß unrichtige Informationen in unzweckmäßiger Weise dem Bewußtsein der persönlichen Perspektive eingegeben werden.

Weil fährt fort: »Wenn wir eine umfassende Aufstellung über alle Methoden, um ›high‹ zu werden, durchsehen, so fällt dabei ein allgemeines Merkmal in die Augen: Bei allen handelt es sich um Techniken der Bewußtseinskonzentration, die uns aus gewohnheitsmäßigen Formen der Wahrnehmung aufrütteln und erreichen wollen, daß wir uns auf etwas konzentrieren, ob es nun ein Klang, eine visuelle Form, eine ungewohnte Sinnesempfindung ist. Und wenn sich unser gewöhnliches Bewußtsein auf etwas konzentriert, so können wir möglicherweise das gewahr werden, was im allgemeinen unbewußt wahrgenommen wird.«[43]

Ich gebe die Anregung, daß ein natürliches und dauerhaftes »High« aus einem konzentrierten Verständnis und einer konzentrierten Verpflichtung entsteht. Immer wieder habe ich in der astrologischen Praxis gesehen, wie das Verständnis von analytischen Zusammenhängen defensive Überkompensationen und die überbeanspruchte innere Unruhe freigesetzt hat, die damit verbunden war. Ich habe gesehen, wie sich neue Beziehungen im Sinne einer inneren Verpflichtung gebildet haben und durch Verständnis bestärkt worden sind. Ich habe gesehen, wie die Hoffnung in Form des Verständnisses der notwendigen Kontrollen lebendig geworden ist, welche die Entwicklung geprägt hatten. Bei einer konzentrierten, von innen kommenden Verpflichtung werden potentiell destruktive Problembelange nebensächlich; das »High« der Verpflichtung geht über die Verwirrung hinaus. In einem sehr realen Sinne wird die potentielle Verwirrung innerhalb der schöpferichen Visualisierungsdimension des konzentrierten planmäßigen Vorgehens »geopfert« (Neptun).

Rosenfeld selbst erklärt: »Konzentration heißt, daß wir es lernen, etwas in den Brennpunkt zu rücken; sie hat die Bedeutung, daß wir uns durch Übung darin schulen, trotz Zerstreuung bei dem Objekt unserer Aufmerksamkeit zu ›verweilen‹; sie bedeutet auch, bei einem Subjekt zu verweilen und unsere Beziehung zu diesem zu ›meistern‹. (Dies heißt jedoch nicht, das Subjekt zu beherrschen! Wirkliche Konzentration zeigt eine Ich/Du-Beziehung zu dem Subjekt an.)«[44]

Diese Begriffe sind während der Diskussion mit dem Klienten sehr bedeutungsvolle Punkte. Die Heilung verläuft mit dem bewußten Erkennen der Entwicklungsbeziehungen während der Lebenszeit und konzentriert sich dann auf die innere Verpflichtung im Rahmen eines neuen Standpunktes. Durch Probleme wird das Leben erst lebendig; die innere Unruhe ist ein Anreiz für das Wachstum der Persönlichkeit und das Leben selbst. Die Erfahrung des Leidens drängt auf eine Bewußtmachung von Werten, eine Angleichung der Reaktion und eine Veränderung der Einstellung. Die ritualistische Aufrechterhaltung von überkommenen Verhaltensmustern sucht die Götter der gesellschaftlichen Vorschrift günstig zu stimmen, bis der Anteil an der göttlichen Natur in der inneren Welt eines jeden Menschen erweckt wird.

Die Verpflichtung beginnt – ebenso wie die Liebe – beim eigenen Ich: Sie bedeutet, Freude über sich selbst zu empfinden; zu glauben, daß man erschaffen ist, um sich voll zu entfalten; die eigenen Fähigkeiten zu schätzen; die Bedeutung der persönlichen Entwicklung zu verstehen; weiteres Entwicklungspotential projizieren zu können. Die Heilung im Rahmen dieser Betrachtungen kann man mit dem einfachen – wenn auch wirkungsvollen – Vorschlag an den Klienten beginnen, sich selbst nackt in einem Spiegel genau zu betrachten; es zu lernen, die persönliche Schönheit zu würdigen; über die Arbeit zu lächeln, die vielleicht nötig sein wird, um die persönliche Ästhetik zufriedenzustellen; sich von der Enge der Beklemmung zu befreien, die uns auferlegt wird, wenn wir uns die Kleider und Beschränkungen der äußeren Welt anziehen. *Verpflichtung beginnt mit einer Bestärkung der inneren Welt.* Ihr Raum wird abgegrenzt und richtig eingeschätzt, ihre Entwicklung im Verlaufe der Zeit untersucht und anerkannt. Raum und Zeit halten miteinander Schritt und bilden die Grundlage für Stolz und Reichtum an Fähigkeiten.

Als eine Richtschnur für Bedeutungsgebung, Standpunkte und Verpflichtung wird die objektive Position des Astrologen in der Analyse strategisch an das persönliche Kontinuum von Lebensraum und Lebenszeit des Klienten angelegt. Wie wir durchgängig in diesem Buch gesehen haben, findet die dynamische Wechselbeziehung zwischen innerer und äußerer Welt in der Entwicklungszeit des Lebens statt. Die gesamten Begriffe der individuellen Wirklichkeit (und Fehler) und der sozialen Wirklichkeit (und Richtigkeit) verschmelzen miteinander innerhalb der Zeit und des Raumes, die durch das Horoskop des Menschen bestimmt werden und durch sein Leben Bedeutung erhalten.

Die Ganzheits-Astrologie arbeitet nach dem analytischen Grundsatz, die komplizierten Muster der Interaktion zwischen innerer und äußerer Welt, so wie sie sich in der Vergangenheit gezeigt haben, zu untersuchen, um damit Bedeutungswerte als eine Grundlage für die strategische Projektion in die Zukunft zu sammeln. Dieser disziplinierte Prozeß ist ebenso vernunftbestimmt wie das zeitliche Rätsel des Himmels, auf das er sich durch unsere Untersuchung stützt: Wenn wir den Sonnenstand bestimmen, blicken wir in die Vergangenheit zurück und sehen das Sonnenlicht so, wie es acht Minuten vorher gewesen ist. Wir sehen den uns nächsten Stern so, wie er vor vier Jahren war, die Milchstraßen wie Millionen Jahre zuvor. Die Lichtgeschwindigkeit – die schnellste Meßgröße, die wir kennen – verbindet uns durch den Raum mit vergangenen Zeiten. Das noch größere Rätsel des Vorrückens der Tagundnachtgleichen gibt uns dann Relativitätswerte von Tierkreismessungen, die wiederum jegliches Heute mit jeder Vergangenheit verbinden. Zeiten, die noch kommen werden, sind Zeiten, die schon gewesen sind.

In seinem Buch *The Tao of Physics* (dt. »Der kosmische Reigen«) zitiert Fritjof Capra Louis De Broglie:

»In der Raum-Zeit ist alles, was für einen jeden von uns Vergangenheit, Gegenwart und Zukunft darstellt, *en bloc* gegeben . . . Jeder Beobachter entdeckt sozusagen beim Verstreichen seiner Zeit immer neue Schnitten (sic!) der Raum-Zeit, welche ihm als aufeinanderfolgende Aspekte der materiellen Welt erscheinen, obwohl in Wirklichkeit die Gesamtheit der Ereignisse, die die Raum-Zeit darstellt, existiert, bevor er davon weiß.«[45]

Diesen Prozeß erkennen wir im Wunder eines jeden horoskopisch abgebildeten Lebens.

Ein neunundvierzigjähriger Mann suchte mich auf. Er war ungezwungen, bescheiden und durchschnittlich in seiner Selbstdarstellung. Die Möglichkeit, daß er ein schwerwiegendes Problem bei der Begriffsbildung haben könnte, wurde angedeutet durch seine Konjunktion von Sonne/Venus in den Fischen im IX. Feld, die mit dem rückläufigen Neptun im III. Feld eine Opposition bildete. Zwei Arme des Wechselfelder-Kreuzes waren nachdrücklich hervorgehoben. Das III. Feld wurde von der Sonne regiert.

Außerdem bildete der Mond im Steinbock, der an seinem Krebs-Aszendenten herrschte, eine Konjunktion mit Saturn im VI. Feld, einem weiteren Arm der Information/Perspektive-Belange, die auf dem Kreuz der Wechselfelder basieren. Ebenso waren Status/Identitäts-Belange angezeigt, besonders durch die Herrschaft des Mondes am Aszendenten und seine Konjunktion mit Saturn, dem Herrscher des VII. Feldes, sowie durch Neptuns Herrschaft am MC und seine Opposition mit Sonne/Venus.

Unser Gespräch ließ ein Strukturmuster des väterlichen Zwangs und der mütterlichen Unterstützung während des Lebens im Elternhaus sichtbar werden. Nach und nach enthüllte das Entwicklungsmuster, das wir besprachen, die Homosexualität meines Klienten.

Sofort war der Mann aufgeschreckt. Er schob sich in seinem Sessel nach vorn, rollte den kurzen Ärmel seines Hemdes hoch und zeigte dramatisch und aggressiv eine große Tätowierung auf seiner Schulter: »Ja, ich bin homosexuell. Ich bin krank. Sehen Sie dies? Das ist die Formel für meine Krankheit. Dr. . . ., der bedeutendste Psychoanalytiker der Welt, hat mir diese Formel beigebracht. Hier ist sie!«

Die Luft war durch den Körper und die Worte des Mannes wie elektrisch aufgeladen. Die Tätowierung zeigte zwei große gekreuzte, orangefarbene Blitze, über denen eine Reihe von Buchstaben in der Art einer chemischen Formel eingezeichnet war. Die Buchstaben waren eine Abkürzungsformel, die etwa den Sinn hatte: »Zwanghafte orale Fixierung an die Mutter entspricht homosexueller Krankheit.«

Was sollte ich tun? Würde ein Planet meinen Klienten retten – oder mich? Würde mir eine magische Messung die Autorität geben, sagen zu können: »Nun, er hat recht, Sie sind krank« oder »Sehen Sie, Homosexuelle sind nicht unbedingt kranke Menschen. Sie sind wirklich genauso wie alle anderen; Sexualität ist Sexualität?« Sollte ich der Krankheit oder der Gesundheit Bedeutung zuweisen? Gab es objektiv irgend etwas, das seine Tätowierung in seinem Denken auslöschen könnte? Gab es irgend etwas, das Zeit und Raum seiner psychoanalytischen Begegnung aus seinem Gedächtnis tilgen könnte?

Ruhig erkundigte ich mich danach, wann er »den bedeutendsten Psychoanalytiker der Welt« aufgesucht hätte und wie alt der Psychoanalytiker damals gewesen wäre. Die Antwort bestätigte meinen Verdacht: Der Psychoanalytiker hatte seinen akademischen Grad wahrscheinlich in den dreißiger Jahren während der Ära des militanten Freudianismus und – nach seinem österreichisch-jüdischen Namen zu urteilen – wahrscheinlich in Wien selbst erhalten.

Mein Klient war bei der Information des Psychoanalytikers voll und ganz steckengeblieben. Seine Fähigkeiten von Information und Perspektive waren völlig in einer Zeit verankert, die etwa fünfzehn Jahre zurücklag. Die Maßstäbe einer autoritativen äußeren Welt waren in dramatischer Weise fast wie ein Wappen in den Körper des Mannes, tief in seine innere Welt eingeprägt worden. Der Arzt hatte diesen Standpunkt entweder hervorgerufen oder bestätigt. Mein Klient hatte seinen Arzt und sich selbst von seiner »Krankheit« überzeugt. Die Ausnutzung meines Klienten, deren Opfer er wurde, bestand darin, an diesem Punkt stehenzubleiben. Der Psychoanalytiker hatte ganze Arbeit geleistet, eine andere Zeitepoche zu repräsentieren und in das Kontinuum der Raum-Zeit eines anderen Menschen einzudringen, für den seine Vergangenheit als Beschränkung weiterlebte.

Wie einige Juden, die in die Duschräume gingen, um sich auf ein neues Leben vorzubereiten, glaubte mein Klient, daß die Ausnutzung durch die Umwelt rechtmäßig wäre. – *Astrologe, klage!*

Am nächsten Tag suchte mich eine Frau, Mittfünfzigerin, auf. Ihr Leben verlief unglaublich routinemäßig – und normal. Sie war streng katholisch erzogen worden, hatte geheiratet und seit einem Vierteljahrhundert in der gleichen untergeordneten Stellung gearbeitet. Ihr Mann und sie langweilten sich miteinander: Sex existierte nicht mehr, sie gingen jeden Abend nach den Spätnachrichten im Fernsehen zu Bett, benutzten gleichzeitig miteinander das Bad, legten sich zur gleichen Zeit in die gleiche Ecke Doppelbettes und tauschten das gleiche »Gute Nacht« aus, während dieselbe Person immer dasselbe Licht auslöschte.

Diese Frau war ganz und gar Lächeln. Selbst als ich sie fragte, wie hoch ihrer Meinung nach ihr IQ wäre, entgegnete sie mit einem offenen Lächeln: »Wahrscheinlich sehr, sehr niedrig.«

Sehr einflußreiche Messungen von laufenden Planeten und Sonnenbogen-Progressionen wiesen äußerst verläßlich darauf hin, daß ihr Liebesleben gerade eine Belebung erfuhr. An der heimatlichen Front war keine Verbesserung eingetreten, und ich fragte taktvoll, ob die Möglichkeit eines Liebesverhältnisses gegeben wäre. Sie hatte tatsächlich eine Liebesbeziehung, doch sie war erfüllt von Schuld- und Angstgefühlen aufgrund der lebenslangen Vorschriften, die sie angenommen und in gewohnheitsmäßiger Routine gehegt und gepflegt hatte. Ihre Vergangenheit lebte noch als Beschränkung weiter. Dies spiegelte sich jetzt, im ersten schwachen Aufglimmen von etwas Persönlichem und Neuem, wider.

Die horoskopischen Messungen zeigten die potentielle Möglichkeit an, daß sich ihr Leben aufgrund dieses Liebesverhältnisses verändern, daß die Routine durchbrochen würde, wenn diese Frau den Mut dazu finden könnte, für sich selbst zu leben, nachdem sie sich ein ganzes Leben lang den Vorschriften und Maßstäben anderer überlassen hatte. Ich erklärte Möglichkeiten zur Verbesserung des häuslichen Lebens und die Probleme, denen sie sich dort oder auch in ihrer anderen Wahlmöglichkeit gegenübersähe, wenn sie ihren Liebhaber heiraten würde.

Ebenso wie die Mittelschüler die Haltung ihrer Eltern widerspiegelten, als sie von der Ermordung des Präsidenten hörten, so spiegelte meine Klientin die Strukturmuster ihrer Lebensentwicklung in einem extremen Ausmaß wider. Nun, angesichts der Herausforderung – *Astrologe, leite an und hoffe!*

Die nächste Klientin war eine fast sechzigjährige Frau. Sie und ihr Mann hatten ein ganzes Leben lang angestrengt dafür gearbeitet, Widrigkeiten entgegenzutreten, ihre Kinder großzuziehen und auf die Pensionierung zu hoffen. Durch viele, viele Herausforderungen hindurch hatten sie sich gegenseitig Liebe und Unterstützung gegeben. Jetzt, im Pensionierungsalter, hatten sie eine Anregung und innere Verpflichtung durch eine spirituelle Lehre gefunden, mittels derer sie anderen helfen konnten. Sie wollten andere das Potential der Veränderung durch die Früchte ihres eigenen Lebens lehren.

Wie die Tausende von Menschen, die sich für die Sonnenenergie einsetzten und auf die Umwelt einwirkten, war meine Klientin um das gleiche bemüht. Nun, im Teilhaben an dem Licht ihrer Sonne – *Astrologe, freude dich!*

Als ich die Niederschrift dieses Buches abgeschlossen hatte, verließ ich mein Büro/Apartment, um einen kurzen Spaziergang zu machen – und dankbar zu sein. Als ich auf den Aufzug zuging, kam meine Nachbarin – Frau Henderson, alleinstehend, hübsch, Mitte Fünfzig, einsam – mit dem gelangweilten »Guten Tag, Herr Tyl, wie geht es Ihnen?« heraus, das ich manchmal viermal am Tag von ihr höre. Ich war so in meine Gedanken vertieft, daß ich keine Antwort gab. Als sich die Aufzugtür schloß, während meine Nachbarin zu ihrer Wohnung ging, hörte ich, wie gewöhnlich, ihr gelangweiltes »Danke, gut«. Wieder einmal erkannte ich Frau Hendersons Lebensmuster.

Ich verließ den Aufzug im ersten Stock und ging heraus zu dem Schwimmbad-Bereich, um dort über den Rasen zu laufen. Meine Zeit und mein Raum waren noch immer von Erfüllung durchdrungen. Eine fröhliche Stimme unterbrach mich: »*Guten* Morgen, nicht wahr, mein Herr?«

Ein etwa zehnjähriger Junge, in weißer Tenniskleidung, saß auf einer Bank neben seinem Fahrrad. Ich konnte sein Lebensmuster spüren. »Das ist er ganz bestimmt, junger Mann. Danke schön!«

Offensichtlich waren wir beide stolz darauf, lebendig zu sein.

Anmerkungen und Literaturverzeichnis

1 Uriel G. und Edna B. Foa: *Societal Structures of the Mind.* Charles C. Thomas Publisher, Springfield, Illinois, 1974, S. 380.

2 Sidney M. Journard: *The Transparent Self.* D. Van Nostrand Company, New York, 1971, S. 104–105.

3 Alan Watts: *Psychotherapy East and West.* Pantheon Books, (Random House), New York, 1961, S. 9.

4 Siehe Anmerkung 2, S. 11.

5 William Glasser: *The Identity Society.* Harper Colophon Books, New York, überarb. Aufl. 1975 (dt. *Identität und Gesellschaft,* Weinheim, Basel: Beltz, 1974), S. 9.

6 In meiner zwölfbändigen Reihe *The Principles and Practice of Astrology* (Llewellyn Publications, St. Paul, MN) habe ich den Begriff der »Perspektive« für die Symbolik des Pluto eingeführt, ein adverbialer Maßstab für die Stellung des Menschen innerhalb seiner Welt. Auf der persönlichen Ebene verbindet dieses Bewußtsein von Perspektive Verhaltensfähigkeiten durch Plutos Aspektbeziehungen zu anderen Planeten mit Intensität, Wirkungsbereich und höchstmöglichem Potential. Im Rahmen unserer Diskussion hier ist Plutos Bewußtsein der Umweltperspektive deutlich umrissen und greift nicht auf das innere kognitive Bewußtsein der persönlichen Perspektive innerhalb des Wechselfelder-Kreuzes der Fähigkeiten von Information/Perspektive über.

7 Männliche Unsicherheitsgefühle im Bereich der Sexualität werden in Kapitel 6 behandelt werden.

8 Wenn innere Spannungen zu stark sind und kein direktes »Ventil« innerhalb von Beziehungen haben, so führt dies häufig zu Krankheit als einem leichter zu handhabenden Brennpunkt für diese inneren Spannungen. Eine Krankheit kann zu einem Gefährten werden. Die Welt des Menschen schrumpft zusammen, um sich auf das eigene Ich und eine besondere Unpäßlichkeit zu konzentrieren. Gesundheit bedeutet andererseits die Freiheit und Verantwortung für den Menschen, potentielle Möglichkeiten in Kooperation mit anderen zu realisieren. Krankheit ist ein Teil der »Körpersprache«.

9 Rollo May: *The Meaning of Anxiety.* Pocket Books, New York, 1977, Vorwort, S. XX.

10 Siehe Anmerkung 9, S. 57.

11 Haridas Chaudhuri: *Mastering the Problems of Living.* Citadel Press, New York, 1975, S. 63.

12 Jeff Jawer: »The Discoveries of Uranus, Neptune, and Pluto« in: *Astrology Now* Zeitschrift, # 26, Bd. 4, Nr. 2, S. 22, Llewellyn Publications, St. Paul, Minnesota.

13 Zur Entwicklung und Darstellung der Matrix des Unbewußten siehe: Noel Tyl: *The Principles and Practice of Astrology.* Band V; *Astrology and Personality.* Kapitel 5.

14 Noel Tyl: *The Principles and Practice of Astrology.* Band IV: *Aspects and Houses in Analysis.* Llewellyn Publications, St. Paul, Minnesota, 1974, S. 139–140.

15 Geburtsdaten: Ralph Nader, 27. Februar 1934, 4.52 Uhr, EST, Winsted, Connecticut, 73W04–41N55, laut der Geburtsurkunde, wiedergegeben in *2001: The Penfield Collection*. Marc Penfield; Vulcan Books, Seattle, WA, 1979.

16 Geburtsdatum: Merv Griffin, 6. Juli 1925, 4.45 Uhr, PST, San Mateo, CA, 112W19–37N34, laut der Geburtsurkunde, wiedergegeben in *Contemporary Sidereal Horoscopes*, dargestellt in *2001: The Penfield Collection*.
Eine zusätzliche Anmerkung zu der umrißhaft dargelegten Analyse von Merv Griffins Horoskop: Ein Buch von Melba Colgrove, Harold H. Bloomfield und Peter McWilliams (Bantam Books, New York, 1977) trägt einen Vermerk von Griffin: »Eines der schönsten Bücher, die jemals geschrieben wurden . . . Jeder sollte es in seiner Bibliothek haben.« Der Titel des Buches: *How to Survive the Loss of a Love*.

17 Geburtsdaten: Howard Hughes, 24. Dezember 1905, 23.00 Uhr, CST, Houston, Texas, 95W23–29N45, laut der persönlichen Erklärung von Howard Hughes' Astrologen, wiedergegeben in *2001: The Penfield Collection*.

18 Noel Tyl: »›Beginners'‹ Improvement Column: The Elements« in: *Astrology Now* Zeitschrift, Bd. 3, Nr. 21, S. 49, Llewellyn Publications, St. Paul, Minnesota.

19 Noel Tyl: *The Principles and Practice of Astrology*, Band III: *The Planets: Their Signs and Aspects*, S. 154.

20 Siehe Anmerkung 13.

21 Marian Christy-Interview mit Mike Wallace; *The Washington Post* Zeitung, 10. Juni 1979.

22 Avodah K. Offit: *The Sexual Self*. J. B. Lippincott Company, Philadelphia und New York, 1977 (dt. *Das sexuelle Ich*. Stuttgart: Klett-Cotta, 1979), S. 11.

23 Die Homosexualität im besonderen ist in diesem Band nicht untersucht worden. Die Einsichten in sexuelle Fragen sind in gleicher Weise auf Homosexuelle und Heterosexuelle anwendbar. Im Rahmen dieser Diskussion ist Sexualität gleich Sexualität. Für eine besondere Untersuchung der Homosexualität siehe Noel Tyl: *The Guide to the Principles and Practice of Astrology* (Llewellyn Publications, St. Paul, Minnesota), Kapitel 9.

24 Siehe Anmerkung 22, S. 219.

25 Ich habe diese komplementäre Achse zu der Hermetischen Lehre im Jahre 1976 begrifflich erfaßt und sie in allen meinen Veröffentlichungen weiter ausgearbeitet. Drei Jahre später habe ich entdeckt, daß Goethe das gleiche erkannt hat, wie berichtet wird bei J. E. Cirlot: *A Dictionary of Symbols*. Philosophical Library, Inc., New York, 1962, S. 278.

26 George Mora, »Recent American Psychiatric Developments« in: *American Handbook of Psychiatry*, 2 Bände, Basic Books, New York, 1960, S. 32.

27 Siehe die ausgezeichnete Darstellung der Sonne/Mond-Analysen in *Heaven Knows What* von Grant Lewi (Llewellyn Publications, St. Paul, Minnesota) und die Aufnahme von Lewis Arbeit in *The Principles and Practice of Astrology*, Band III, von Noel Tyl.

28 B. F. Skinner: *Beyond Freedom & Dignity*. Bantam Books, New York, 1972 (Dt.: *Jenseits von Freiheit und Würde*, Reinbek b. Hamburg: Rowohlt, 1973), S. 13.

29 Empfohlene Nachschlagwerke für diese Studien: Robert Hand: *Planets in Transit* (Para Research, Gloucester, Massachusetts, 1976); Noel Tyl: *The Principles and Practice of Astrology*, Band VII, *Integrated Transits;* Grant Lewi: *Astrology for the Millions* (Llewellyn Publications, St. Paul, Minnesota, überarb. Aufl. 1970); Noel Tyl: *The Principles and Practice of Astrology*, Band VI, *The Expanded Present;* Dane Rudhyar: *The Lunation Cycle;* Noel Tyl: *The Guide to the Principles and Practice of Astrology* (Llewellyn Publications, St. Paul, Minnesota).

30 T'ai Chi ist eine abgekürzte Bezeichnung für T'ai-chi Ch'uan. Das formal gebrauchte, zusätzliche Wort hat die Bedeutung »Faust« oder »Boxen«. Der gebräuchlichere Terminus »T'ai Chi« leitet sich aus einem Begriff der chinesischen Philosophie mit der Bedeutung »höchstes Letztendliches« ab. T'ai Chi ist eine philosophisch erdachte, spirituell bewußte und körperlich anspruchsvolle Sport/Tanz-Übung, die Anmut, Körperbeherrschung und Ganzheit einbezieht. Ein ausgezeichnetes Quellenwerk über T'ai Chi ist Cheng Man-ch'ing und Robert W. Smith: *T'ai-Chi*. Charles E. Tuttle Co., Rutland, Vermont, 1967 (18. Aufl. 1978).

31 »T'ai« ist das elfte Hexagramm des *I Ging*; das Empfangende, die Erde, ist über dem Schöpferischen, dem Himmel. Siehe *I Ging. Das Buch der Wandlungen*. Übers. von Richard Wilhelm, Düsseldorf, Köln: Diederichs, 1950 ff. S. 62–65.

32 Jeder Leser von Büchern über Fotografie sollte die psychodynamischen und spirituellen Einsichten des Autors Ralph Hattersley kennen. Siehe besonders sein *Discover Your Self Through Photography*. Morgan & Morgan Inc., Dobbs Ferry, New York, 1976.

33 Für eine umfassende und anregende Orientierung innerhalb dieser Technik siehe Eugene T. Gendlins: *Focusing*, Everest House, New York, 1978.

34 Willard Gaylin: *Caring*. Avon Books, New York, 1976, S. 178.

35 Dieses Experiment ist eine Aufnahme der Einsichten und Technik von J. M. Shlein, »Toward What Level of Abstraction in Criteria?«, *Research in Psychotherapy*, Band II, Washington, D. C., American Psychological Association.

36 Siehe Noel Tyl: *The Principles and Practice of Astrology*. Band XII, Kapitel 2.

37 Wilder Penfield: *The Mystery of the Mind*. Princeton University Press, Princeton, New Jersey, 1975, Einleitung, S. XXVII.

38 Diese hier aufgegriffenen Übungen, entwickelt zur Stärkung des Willens, gehen auf Boyd Barrett zurück und werden dargestellt von Roberto Assagioli in seinem Buch *The Act of Will*, Penguin Books, New York, 1974, S. 36–45.

39 Siehe Anmerkung 11, S. 58–59.

40 Arthur Deikman: *Personal Freedom: On Finding Your Way to the Real World*. Grossman Publishers (Viking Press), New York, 1976, S. 88–91.

41 Carl R. Rogers: *Readings in Humanistic Psychology*. The Free Press (division of MacMillan Company), New York, 1969, S. 44–45.

42 Edward Rosenfeld: *The Book of Highs*. Quadrangle/The New York Times Book Company, New York, 1973, Vorwort.

43 Siehe Anmerkung 42.

44 Siehe Anmerkung 42, Teil 1.

45 Fritjof Capra: *The Tao of Physics*. Shambhala Publications, Inc., Berkeley, California, 1975 (dt. *Der kosmische Reigen*. Bern, München, Wien: O. W. Barth, 1977), S. 187.

Zusätzliche Bibliographie

Assagioli, Roberto: *Psychosynthesis*. Penguin Books, New York, 1976 (dt. *Handbuch der Psycho-Synthesis*. Freiburg i. Br.: Aurum, 1978).

Bentov, Itzhak: *Stalking the Wild Pendulum*. E. P. Dutton, New York, 1977.

Colgrove, Bloomfield, and McWilliams: *How to Survive the Loss of a Love*, Bantam Books, New York, 1977.

Fensterheim, Herbert, and Baer, Jean: *Stop Running Scared!* Dell, New York, 1977 (dt. *Leben ohne Angst*. München: Mosaik-Verlag, 1980).

Glasser, Ronald J.: *The Body is the Hero*. Random House, New York, 1976.

Hall, Calvin S., and Lindzey, Gardner: *Theories of Personality*. John Wiley & Sons, New York, 1957 *(dt. Theorien der Persönlichkeit.* 2 Bände. München: Beck, 1978/79).

Murphy, Gardner: *Human Potentialities*. The Viking Press, New York, 1975.

Ouspensky, P. D.: *In Search of the Miraculous*. Harcourt Brace & World, Inc., New York, 1949 (dt. *Auf der Suche nach dem Wunderbaren*. Weilheim/Obb: O. W. Barth, 1965).

Puharich, Andrija: *Beyond Telepathy*. Anchor Press/Doubleday, New York, 1973.

Rose, Steven: *The Conscious Brain*. Vintage Books (Random House), New York, 1976.

Schwartz, David J.: *The Magic of Thinking Big*. Simon and Schuster, New York, Nachdruck 1979.

Selzer, Richard: *Mortal Lessons: Notes on the Art of Surgery*. Simon and Schuster, New York, 1974.

Smith, Adam: *Powers of Mind*. Random House, New York, 1975.

Tillich, Paul: *The Courage to Be*. Yale University Press, New Haven, Conn., 1959 (dt. *Der Mut zum Sein*. Stuttgart: Steingrüben, 1953).

Tompkins, Peter: *Mysteries of the Mexican Pyramids*. Harper & Row, New York, 1976 (dt. *Die Wiege der Sonne*. Bern, München, Wien: Scherz, 1977).

Van Pelt-Roemer: »The Cadent Houses« in: *Astrology Now* magazine, Vol. IV, No. 4, whole number 28, Llewellyn Publications, St. Paul, MN.

Watts, Alan: *Nature, Man, and Woman*. Pantheon Books (Random House), New York, 1961.

Register

Inhalt

Reinhold Ebertin

KOMBINATION DER GESTIRNEINFLÜSSE

10. Auflage, 304 Seiten, 60 Abbildungen, gebunden

Dieses Werk gilt als ein Standardwerk der psychologisch fundierten Deutung und Bewertung des individuellen Geburtsbildes. Die Stellung der Gestirne und andere Deutungsfaktoren in den Tierkreiszeichen und Feldern, die Winkelverbindungen untereinander und vor allem die Halbsummen und Strukturbilder werden in über 1100 Aussagekombinationen interpretiert. Hinzu kommen die Deutungen für die Prognosen. Bei allem wird auf kurze und prägnante Aussagen besonderer Wert gelegt. Der Verfasser erkannte schon früh den Wert der Psychologie für die sinnvolle und verantwortungsbewußte Deutung des Geburtsbildes. Seine Interpretationen, die sich seit Jahrzehnten bewährt haben, sind deshalb geprägt von dem Gedanken, sich selbst und andere Menschen besser zu verstehen und eine Hilfe zur Lebensbewältigung zu geben. Man kann dieses Werk ohne Übertreibung als das universale Deutungsbuch bezeichnen.

Reinhold Ebertin

DIE KOSMISCHE EHE

144 Seiten, 29 Abbildungen, kartoniert

Die Aussage dieses Buches liegt vornehmlich darin, daß sich der einzelne Mensch selbst kennenlernt, die Veranlagung seines Lebenspartners richtig erfaßt und dabei erkennt, ob zwei Menschen in ihrem körperlichen, seelischen und geistigen Wesen so zueinander passen, daß sie mit einem harmonischen Zusammenleben rechnen können. DIE KOSMISCHE EHE enthält zahlreiche Geburtsbilder im Vergleich, um daraus Eheveranlagungen beurteilen zu können. Praktische Beispiele und 166 Aspektkombinationen zur Vergleichsanalyse machen das Buch zu einem Standardwerk der Partnerschaftsanalyse, zu einem ständig gebrauchten Nachschlagewerk. Die Regeln zur Vergleichsanalyse sind von Fachleuten geprüft und als ganz vorzüglich eingestuft worden.

Ebertin Verlag · Freiburg im Breisgau

Hermann Bauer Verlag · Freiburg im Breisgau

Thomas Ring

ASTROLOGISCHE MENSCHENKUNDE

Ein wissenschaftlich fundiertes Lehrwerk
zur astrologischen Wesensbeschreibung

Mit diesen vier in sich abgeschlossenen Bänden legt der Autor ein Instrument zur Revision des uralten astrologischen Gedankens vom heutigen Weltbild aus vor, das für den praktisch tätigen Astrologen eine wahre Fundgrube und wirkliche Hilfe bei der Horoskopdeutung bedeutet und dem interessierten Laien einen faszinierenden Einblick in astrologisch-psychologische Zusammenhänge vermittelt.

Band 1: KRÄFTE UND KRÄFTEBEZIEHUNGEN
Mit einem Vorwort von Prof. Dr. Hans Bender.
3. Auflage, 295 Seiten, 10 Abb., Ganzleinen

Eine einheitliche Zusammenfassung der Aufbaukräfte unseres Charakters, ihrer Zwischenbeziehungen und Abwandlungen.

Band 2: AUSDRUCK UND RICHTUNG DER KRÄFTE
3. Auflage, 355 Seiten, 14 Abb., Ganzleinen

Darstellung der Verhaltensgrundformen und Äußerungsgebiete anhand einer neuen Ableitung des astrologischen Tierkreises mit Berücksichtigung heutiger Charakterologie und Typologie.

Band 3: KOMBINATIONSLEHRE
4. Auflage, 549 Seiten, 43 Abb., Ganzleinen

Kombinationslehre der Kräfte in ihren Beziehungen, ihrem Ausdruck und ihrer Richtung sowie dem Stellenwert im Ganzen.

Band 4: DAS LEBENDE MODELL
2. Auflage, 245 Seiten mit zahlreichen z. T. mehrfarbigen Horoskopbeispielen, Ganzleinen

Die Astrologie ohne aufgezwungenes Gut und Böse, ohne abergläubisches Hinaufstarren zum Firmament: Das Verstehen des Menschen als lebensgesetzlicher Mikrokosmos.

Hermann Bauer Verlag · Freiburg im Breisgau